**Die Bonus-Seite**

Ihr Vorteil als Käufer dieses Buches

Auf der Bonus-Webseite zu diesem Buch finden Sie zusätzliche Informationen und Services. Dazu gehört auch ein kostenloser **Testzugang** zur Online-Fassung Ihres Buches. Und der besondere Vorteil: Wenn Sie Ihr **Online-Buch** auch weiterhin nutzen wollen, erhalten Sie den vollen Zugang zum **Vorzugspreis**.

So nutzen Sie Ihren Vorteil

Halten Sie den unten abgedruckten Zugangscode bereit und gehen Sie auf **www.galileodesign.de**. Dort finden Sie den Kasten **Die Bonus-Seite für Buchkäufer**. Klicken Sie auf **Zur Bonus-Seite / Buch registrieren**, und geben Sie Ihren **Zugangscode** ein. Schon stehen Ihnen die Bonus-Angebote zur Verfügung.

Ihr persönlicher
Zugangscode ia36-9t4h-jwer-n52z

Karsten Geisler

Einstieg in Adobe InDesign CS5

Werkzeuge und Funktionen verständlich erklärt

Galileo Press

Liebe Leserin, lieber Leser,

InDesign CS5 scheint auf den ersten Blick ein recht einfaches Programm zu sein: in der Mitte das Dokument und rechts und links am Rand ein paar Icons und Werkzeuge – alles in allem also ziemlich übersichtlich. Doch sobald Sie diese Paletten, Werkzeuge und Funktionen einmal anklicken, ahnen Sie schon, welch gewaltige Funktionsvielfalt dahinter steckt. Ganz ohne Hilfe ist es schwierig, das Programm zu erlernen, denn für die Umsetzung und vor allem für die Ausgabe muss der InDesign-Anwender ein hohes Maß an technischem Hintergrundwissen besitzen.

Damit Ihnen der Einstieg in InDesign gelingt und Sie am Ende perfekte Daten in die Druckerei geben können, wurde dieses Buch geschrieben. Es zeigt Ihnen Schritt für Schritt, wie Sie Ihre Ideen mit InDesign umsetzen und die zahlreichen Funktionen richtig einsetzen. Sie legen Dokumente an, erstellen Mustervorlagen, formatieren Ihre Texte mit den passenden Absatz- und Zeichenformaten, fügen Bilder und Tabellen ein und geben Ihren Layouts mit Farben und Effekten das gewisse Etwas. Am Ende steht natürlich die Überprüfung Ihrer Dokumente und die Übergabe an die Druckerei. Karsten Geisler erklärt Ihnen alle Funktionen im Zusammenhang und erläutert dabei auch das benötigte Fachwissen, und das ganz ohne Fachchinesisch! So lernen Sie wie nebenbei auch die Grundlagen der professionellen Produktion kennen.

Zahlreiche Praxisworkshops geben Ihnen die Möglichkeit, das Gelernte direkt zu erproben. Das benötigte Beispielmaterial finden Sie natürlich auf der Buch-DVD. Dort haben wir außerdem neun Video-Lektionen für Sie zusammengestellt, in denen Sie Ihr Layoutprogramm im Einsatz erleben und einem Trainer bei der Arbeit über die Schulter schauen können.

Nun bleibt mir noch, Ihnen viel Spaß beim Einstieg in Adobe InDesign CS5 zu wünschen. Wenn Sie Fragen und Anregungen zum Buch haben, freue ich mich über Ihre Rückmeldung.

Katharina Geißler
Lektorat Galileo Design
katharina.geissler@galileo-press.de

www.galileodesign.de
Galileo Press • Rheinwerkallee 4 • 53227 Bonn

Auf einen Blick

Der Name Galileo Press geht auf den italienischen Mathematiker und Philosophen Galileo Galilei (1564–1642) zurück. Er gilt als Gründungsfigur der neuzeitlichen Wissenschaft und wurde berühmt als Verfechter des modernen, heliozentrischen Weltbilds. Legendär ist sein Ausspruch *Eppur se muove* (Und sie bewegt sich doch). Das Emblem von Galileo Press ist der Jupiter, umkreist von den vier Galileischen Monden. Galilei entdeckte die nach ihm benannten Monde 1610.

Lektorat Katharina Geißler
Herstellung Steffi Ehrentraut
Korrektorat Angelika Glock, Wuppertal
Einbandgestaltung atelier n & h, Wuppertal
Coverfoto Istock.de, Bildnr.: 000003104238, Künstler: Ijzendoorn
Satz Karsten Geisler
Druck Bercker Graphischer Betrieb, Kevelaer

Dieses Buch wurde gesetzt aus der Linotype Syntax (9,25/13 pt) in Adobe InDesign CS5. Gedruckt wurde es auf chlorfrei gebleichtem Offsetpapier (90 g/m²).

Gerne stehen wir Ihnen mit Rat und Tat zur Seite:
katharina.geissler@galileo-press.de
bei Fragen und Anmerkungen zum Inhalt des Buches
service@galileo-press.de
für versandkostenfreie Bestellungen und Reklamationen
julia.bruch@galileo-press.de
für Rezensions- und Schulungsexemplare

Bibliografische Information der Deutschen Nationalbibliothek
Die Deutsche Nationalbibliothek verzeichnet diese Publikation in der Deutschen Nationalbibliografie; detaillierte bibliografische Daten sind im Internet über http://dnb.d-nb.de abrufbar.

ISBN 978-3-8362-1587-9

© Galileo Press, Bonn 2010
1. Auflage 2010

Inhalt

Workshops

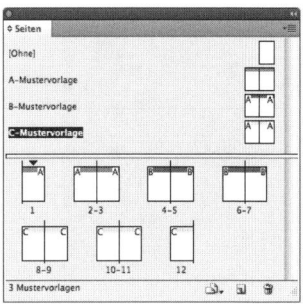

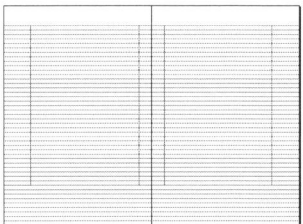

Video-Lektionen

Kapitel 1: Grundlegende Techniken
1.1 Rahmen erstellen (07:51 min)
1.2 Objekte transformieren und ausrichten (12:34 min)
1.3 Effekte erzeugen (06:33 min)

Kapitel 2: Texte und Bilder importieren
2.1 Bilder platzieren (11:19 min)
2.2 Texte importieren (04:02 min)
2.3 Adressfelder ausfüllen (06:40 min)

Kapitel 3: Erweiterte Funktionalitäten
3.1 Werkzeuge für Redakteure (04:24 min)
3.2 Der Flash-Export (03:13 min)
3.3 Die Buch-Funktion (09:01 min)

Vorwort

Adobe InDesign CS5 ist ein ungeheuer mächtiges Werkzeug mit einem schier überwältigenden Funktionsumfang. Dieses Buch soll Sie mit den wirklich wichtigen Funktionen und Arbeitsabläufen in InDesign – auch im Zusammenspiel mit Photoshop, Illustrator, Word und der Bridge – vertraut machen.

Neben den rein programmspezifischen Informationen habe ich den Text, die Bilder und die Workshops mit Hintergrundwissen und Tipps aus der Praxis eines Kommunikationsdesigners angereichert, so dass Sie wie nebenbei einiges über Layout und Typografie, aber auch beispielsweise über Druckverfahren, lernen.

Damit Sie schnell mit den grundsätzlichen Bedienkonzepten von InDesign vertraut werden, geht es in Kapitel 1 mit der Benutzeroberfläche los. Hier finden Sie auch eine Übersicht über alle Werkzeuge, mit denen Sie in InDesign arbeiten können.

Kapitel 2 beschäftigt sich mit der Grundlage, die man für jede Gestaltung in InDesign braucht: dem Dokument. Hier lernen Sie, wie Sie neue Dokumente anlegen, was Sie dabei beachten müssen und wie Sie Dokumente später modifizieren können, indem Sie beispielsweise neue Seiten einfügen.

Nachdem Sie gelernt haben, ein Dokument Ihren Vorstellungen entsprechend anzulegen, erfahren Sie in Kapitel 3, »Typografie«, was Sie zur professionellen Arbeit mit Schrift benötigen. Dieses ist das umfangreichste Kapitel dieses Buches, da ich davon ausgehe, dass den größten Anteil Ihrer praktischen Arbeit die Formatierung von Text ausmachen wird.

Viele Layouts leben von der Kombination Text-Bild, weshalb wir uns in Kapitel 4 mit Bildern beschäftigen. Hier geht es neben dem Import von Bildern um die diversen Bildmanipulationsmöglichkeiten, die InDesign bereitstellt. Darüber hinaus erfahren Sie in diesem Kapitel, wie Sie den Überblick über eine beliebige Anzahl von Grafiken in Ihrem Dokument behalten.

Den ausgereiften Features, mit denen in InDesign Tabellen angelegt und auf effektive Weise gestaltet werden können, ist Kapitel 5 gewidmet.

Um in InDesign freie Formen anzulegen, sind verschiedene Zeichenwerkzeuge mit an Bord. Diese Tools und viele praktische Hinweise zum Umgang mit den verschiedenen Objektarten finden Sie in Kapitel 6.

In Kapitel 7 werden die Konzepte vorgestellt, mit denen Sie Objekten Farben zuweisen können. Hier erfahren Sie auch, welches die wichtigsten Farbsysteme sind und wie Sie selbst Farben und Verläufe anlegen, einsetzen und verwalten können.

InDesign bietet eine ganze Reihe von überaus nützlichen Hilfsmitteln, die einem das Leben als Designer wesentlich angenehmer machen. Diese

Features stelle ich Ihnen in Kapitel 8 vor. Hier lernen Sie beispielsweise auch, was ein Satzspiegel ist und wie Sie ihn in InDesign anlegen können.

Nachdem Sie die praxisrelevanten Konzepte, Funktionen und Beispiele zum Erstellen von professionellen Layouts kennengelernt haben, beschäftigen wir uns schließlich in Kapitel 9 mit der Ausgabe von InDesign-Dokumenten. Hier erfahren Sie alles über den Druck eines Layouts und den Export einer InDesign-Datei als PDF. Und ganz zum Schluss lernen Sie noch die grundlegenden Funktionen kennen, mit deren Hilfe Sie ohne großen Aufwand interaktive Elemente und Animationen direkt in InDesign CS5 erstellen können, und die Dateiformate, die sich für den Export von solchen nicht für den Druck bestimmten Gestaltungselementen eignen.

In Kapitel 10 wird der Inhalt der beigefügten DVD vorgestellt.

Den größten Nutzen werden Sie aus dem Buch ziehen, wenn Sie die Workshops, die ich an vielen Stellen eingestreut habe, direkt am Rechner nachvollziehen. Gerade im Softwarebereich hat die tatsächliche Ausführung von Arbeitsschritten einen wesentlich größeren Lerneffekt als das bloße Lesen. Workshops erkennen Sie an den Schuhabdrücken in der Seitenspalte. Sind für diese Schritt-für-Schritt-Anleitungen Daten auf der DVD verfügbar, werden diese neben dem DVD-Icon ausgewiesen.

Da die Lesbarkeit im Deutschen unter der kompletten Nennung der männlichen und weiblichen Form, wie z. B. »Designer und Designerinnen«, stark leidet, habe ich auf die weibliche Form verzichtet. Gemeint sind selbstverständlich immer beide Geschlechter.

Bedanken möchte ich mich bei Galileo Press und meiner Lektorin Katharina Geißler, die dieses Buch ermöglicht haben. Mein besonderer Dank gilt Julia, Malte und Finn und natürlich meiner Frau Sigrun, die mich beim Schreiben dieses Buches über alle Maßen unterstützt haben.

Und nun wünsche ich Ihnen viel Spaß beim Lesen des Buches und bei der Arbeit mit Adobe InDesign CS5!

Karsten Geisler

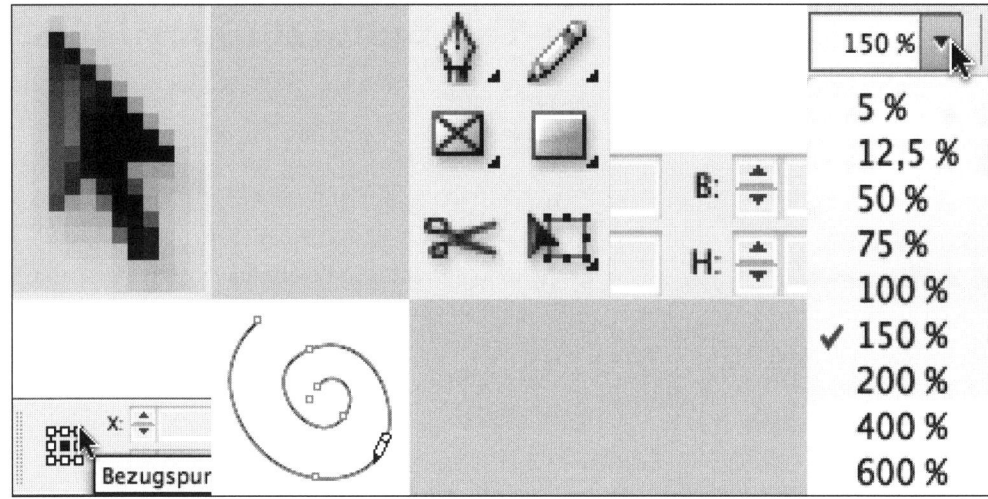

Kapitel 1

Die Benutzeroberfläche

Lernen Sie Ihr Cockpit kennen

Sie werden lernen:

▸ wie die Programmoberfläche aufgebaut ist

▸ wie Sie zeitsparende Bedienkonzepte einsetzen können

▸ was die Vorteile von einem rahmenbasierten Programm wie InDesign sind

▸ welche Werkzeuge es gibt und was sie können

▸ wie Sie die Tools nach Ihren Bedürfnissen anpassen

▸ wie Sie mit der Maus statt mit der Tastatur arbeiten

1   Die Benutzeroberfläche

Um ein möglichst zügiges Arbeiten zu gewährleisten, ist es sinnvoll, sich zunächst mit dem zu neudeutsch »UI – User Interface«, der Programmoberfläche, zu beschäftigen. Daher werden Sie in diesem Kapitel die wichtigsten Fenster und Bedienelemente kennenlernen.

1.1   Übersicht über den Arbeitsbereich

Wenn Sie das Programm nach der Installation zum ersten Mal starten und ein neues Dokument z. B. über Datei • Neu • Dokument angelegt haben, sehen Sie in etwa Folgendes:

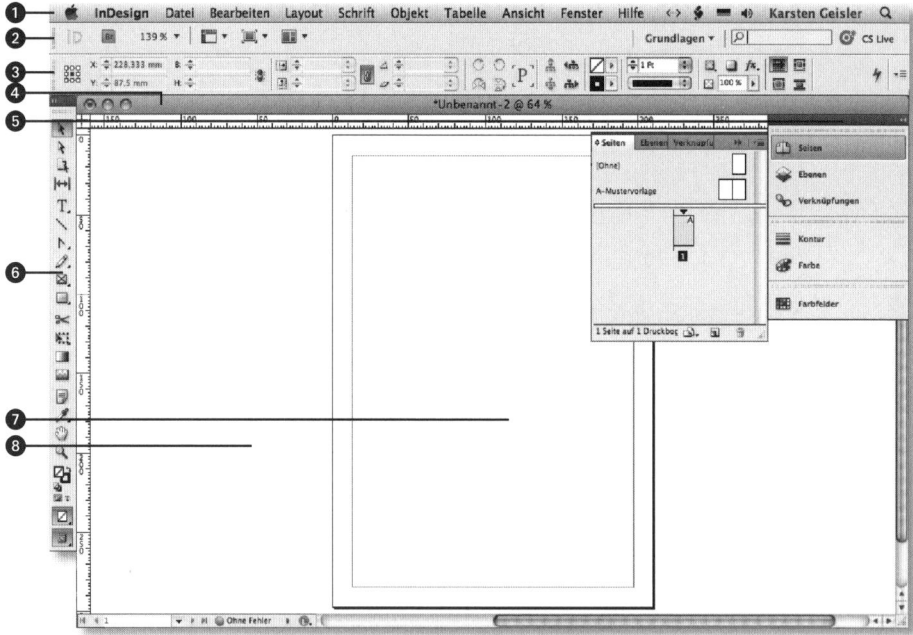

Alle Screenshots dieses Buches (mit Ausnahme des folgenden) sind von InDesign CS5 für Macintosh erstellt worden. Sie werden sich aber ohne Weiteres ebenso zurechtfinden, wenn Sie mit einem Windows-System arbeiten, da die Unterschiede hauptsächlich optischer und nicht funktionaler Natur sind. In Abbildung 1.2 sehen Sie die Oberfläche von InDesign CS5 auf einem Windows-System.

▼ **Abbildung 1.2**
Das Interface unter Windows unterscheidet sich nur unwesentlich von der Mac-Version.

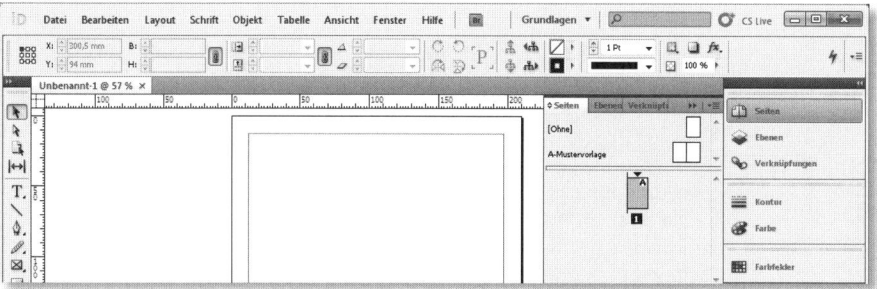

An dieser Stelle möchte ich die verschiedenen Bereiche der Programmoberfläche erläutern, die wichtigsten werden im Verlauf dieses Kapitels noch im Detail vorgestellt. Das Bedienkonzept der Menüleiste ❶ ist Ihnen sicher von anderen Applikationen bekannt. Ich gehe in Abschnitt 1.6, »Die Menüs«, näher darauf ein. Die Anwendungsleiste ❷ beherbergt hauptsächlich eine Reihe Dropdown-Menüs, mit denen Sie die Anzeige des derzeit aktiven Dokumentes steuern können. Das STEUERUNG-Bedienfeld ❸ zeigt dynamisch die wichtigsten Optionen für das momentan aktivierte Werkzeug an. Das heißt, InDesign wechselt automatisch zwischen den verschiedenen Anzeige-Modi, die für das jeweils aktuelle Werkzeug hilfreich sind. Das WERKZEUG-Bedienfeld ❻ bietet Zugriff auf alle Werkzeuge. Mit diesen Tools werden neue Objekte erstellt oder vorhandene weiter bearbeitet. Im Dokumentfenster ❹ mit dem Titel des aktiven Dokumentes wird die aktive InDesign-Datei dargestellt. Bei mehreren geöffneten Dokumenten werden diese in Form von Registerkarten angezeigt (siehe Abbildung 1.3). In InDesign CS5 lassen sich über 50 Bedienfelder anzeigen: Hier ist das Bedienfeld SEITEN aufgeklappt, andere sind zu einem Dock zusammengefasst ❺. Bedienfelder dienen der Anzeige und Manipulation verschiedener Objekte und Eigenschaften. Der Bereich, auf dem layoutet wird, ist natürlich die eigentliche Dokumentseite ❼. Auf ihr werden alle Gestaltungselemente wie Text und Bilder positioniert. Sonstige Elemente, die noch nicht oder nicht mehr im Layout verwendet werden, können auf der Montagefläche abgelegt werden ❽.

Das Mac-Menü »InDesign«

Die Befehle des Menüs INDESIGN der Mac-Version sind in der Windows-Version im BEARBEITEN-Menü hinterlegt. Das sind z. B. der Befehl zum Beenden des Programms als auch die wichtigen Voreinstellungen, mit denen das grundsätzliche Verhalten von InDesign den eigenen Bedürfnissen angepasst werden kann.

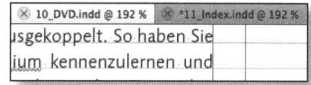

▲ **Abbildung 1.3**
Sind mehrere InDesign-Dokumente geöffnet, werden diese als Register am oberen Rand des Dokumentfensters dargestellt.

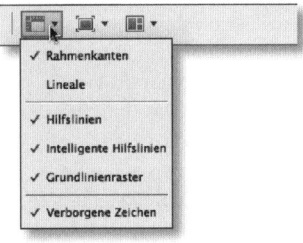

▲ **Abbildung 1.4**
Sie können Ihr Layout mit extremen Vergrößerungsstufen betrachten.

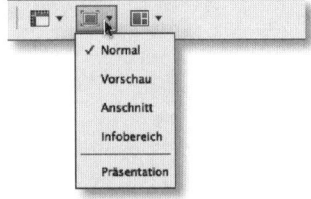

▲ **Abbildung 1.6**
Diese Ansichtsoptionen stehen Ihnen ebenso im Menü ANSICHT zur Verfügung.

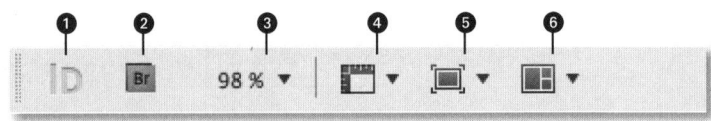

▲ **Abbildung 1.7**
Dokumente können auf fünf verschiedene Arten angezeigt werden.

1.2 Die Anwendungsleiste

Sehen wir uns nun nach der Übersicht der verschiedenen Bedienelemente die einzelnen Bestandteile genauer an. Die Anwendungsleiste bietet an zentraler Stelle Zugriff auf verschiedene Darstellungsoptionen.

▲ **Abbildung 1.5**
Die diversen Ansichtsoptionen können schnell gewählt werden.

Das InDesign-Icon ❶ hat außer der Programm-Kennzeichnung im Gegensatz zum BRIDGE-Button ❷ daneben keine weitere Funktion. Dieser mit der Abkürzung für das Programm beschriftete Button startet das Programm Bridge bzw. wechselt zu ihm. Die Bridge ist fester Bestandteil der InDesign-Installation und dient der Organisation von Daten, ähnlich dem Windows-Explorer oder dem Mac-Finder. Wir kommen in Kapitel 4, »Bilder«, auf die Bridge zurück. Daneben finden Sie ein Pulldown-Menü mit vorgegebenen Zoomstufen ❸ für das aktive Dokument. Hiermit können Sie regeln, in welcher Vergrößerung Ihr Layout angezeigt werden soll. Die Zoomstufe finden Sie rechts neben dem Dokumenttitel in der oberen Fensterleiste. Für den Anfang ist dieses Menü eine willkommene Möglichkeit, sich in das Dokument hinein- und aus ihm herauszuzoomen: Für die genauere Definition von Bereichen, die Sie sich vergrößert ansehen möchten, gibt es jedoch extra das Zoomwerkzeug (siehe Seite 52), mit dem Sie auf Dauer wesentlich effizienter arbeiten können. Das ZOOM-Menü bietet Ihnen nämlich keinerlei Einflussnahme auf den Ausschnitt oder das Detail, das Sie sich in einer Vergrößerung ansehen möchten. Für das Menü mit den Anzeigeoptionen ❹ gilt auch, dass es für InDesign-Einsteiger interessant ist, auf lange Sicht empfehle ich Ihnen jedoch, dass Sie sich die hier angebotenen Optionen im Menü ANSICHT anschauen und vor allem die dort hinterlegten Kurzbefehle einprägen.

Rechts neben den Ansichtsoptionen stehen fünf Bildschirmmodi ❺ zur Auswahl bereit (siehe Abbildung 1.7). Für den Alltag braucht man eigentlich nur die ersten beiden: Im Normal-Modus ist nicht nur der eigentliche Layoutbereich zu sehen, sondern auch die Montagefläche, auf der man (noch) nicht genutzte Textrahmen, Bilder etc. ablegen kann. Außerdem kann man sich im Normal-Modus Hilfslinien, Raster und Steuerzeichen anzeigen lassen, die zwar allesamt nicht im Druck erscheinen, aber zum Layouten unverzichtbar sind. Später kommen wir auf diese wichtigen Hilfsmittel zurück. Das Pulldown-Menü ❻ rechts neben den Bildschirmmodi bietet Optionen, wie InDesign mehrere geöffnete Dokumente anzeigen soll. Diese Auswahl ist nur an dieser Stelle hinterlegt und es sind hierfür auch keine Tastenkürzel vorgesehen (siehe Abbildung 1.8). Testen Sie die verschiedenen Optionen einfach einmal mit mehreren geöffneten Dokumenten.

Am rechten Bildschirmrand in der Anwendungsleiste können Sie über ein weiteres Pulldown-Menü sogenannte Arbeitsbereiche wählen und verwalten ❼.

▲ **Abbildung 1.8**
Mehrere Dokumente lassen sich über Buttons auf dem Bildschirm verschieden anordnen.

◄ **Abbildung 1.9**
Hier können Sie Arbeitsbereiche wählen und Suchanfragen stellen.

Dasselbe Menü finden Sie auch unter FENSTER • ARBEITSBEREICH. Mit einem Arbeitsbereich ist die Anordnung von Bedienfeldern und eine gegebenenfalls geänderte Anzahl von Menüeinträgen gemeint. Für die Reinzeichnung, also die Vorbereitung eines Layouts für die Übergabe an eine Druckerei, benötigen Sie beispielsweise andere Bedienfelder als zur Formatierung von Text. Für beide Arbeitsschwerpunkte ist jeweils eine optimierte Arbeitsumgebung vorinstalliert: DRUCKAUSGABE UND PROOFS bzw. TYPOGRAFIE. Probieren Sie beide einfach aus. Für den Einstieg ist aber die Umgebung GRUNDLAGEN durchaus praktikabel, weshalb Sie anschließend wieder zu diesem Arbeitsbereich zurückkehren sollten. Am äußeren rechten Bildschirmrand ist ein Such-Eingabefeld ❽ positioniert, das Sie bei bestehender Internetverbindung auf die *community.adobe.com*-Seite in Ihrem favorisierten Webbrowser bringt und neben der Standard-Onlinehilfe auch die InDesign-Foren nach dem eingegebenen Suchwort durchforstet. Im neuen Menü CS Live ❾ lassen sich verschiedene auf der Flash-Technologie basierende Online-Dienste von Adobe anwählen. Hier sind vor allem Create Review und *Acrobat.com* von Interesse. Beide Plattformen dienen der Zusammenarbeit, Überprüfung und Korrektur: Kollegen und Kunden können online direkt InDesign-Layouts betrachten und kommentieren!

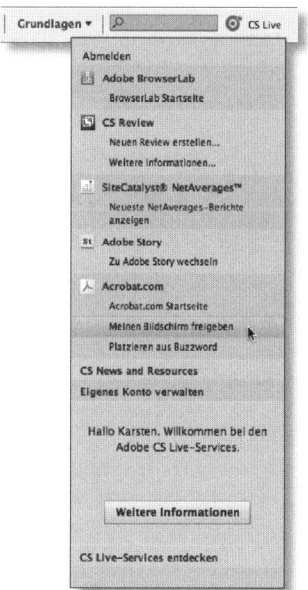

▲ **Abbildung 1.10**
Eine ganze Palette neuer Dienste steht dem Anwender von InDesign CS5 zur Verfügung.

1.3 Das Steuerung-Bedienfeld

Dieses Bedienfeld erstreckt sich wie die Anwendungsleiste über die gesamte Monitorbreite und ist standardmäßig eingeblendet. Sollten das bei Ihnen nicht der Fall sein, ändern Sie dies über FENSTER • STEUERUNG. Das Bedienfeld liefert Ihnen über das aktuell markierte Objekt nicht nur grundlegende Infos, Sie können hier auch wichtige Einstellungen und Modifikationen des Objektes direkt vornehmen. Das Aufrufen von Bedienfeldern, die dieselben Informationen liefern, wird zumindest für erfahrene Anwender überflüssig. Behalten Sie diese Multifunktionsanzeige also immer im Auge!

Das STEUERUNG-Bedienfeld wird Ihnen im Verlauf dieses Buches immer wieder begegnen, so dass ich an dieser Stelle nicht auf die objektabhängigen Angaben und Einstellungsmöglichkeiten eingehen möchte, sondern nur die allgemeinen Darstellungs- und Eingabe-Konzepte erkläre.

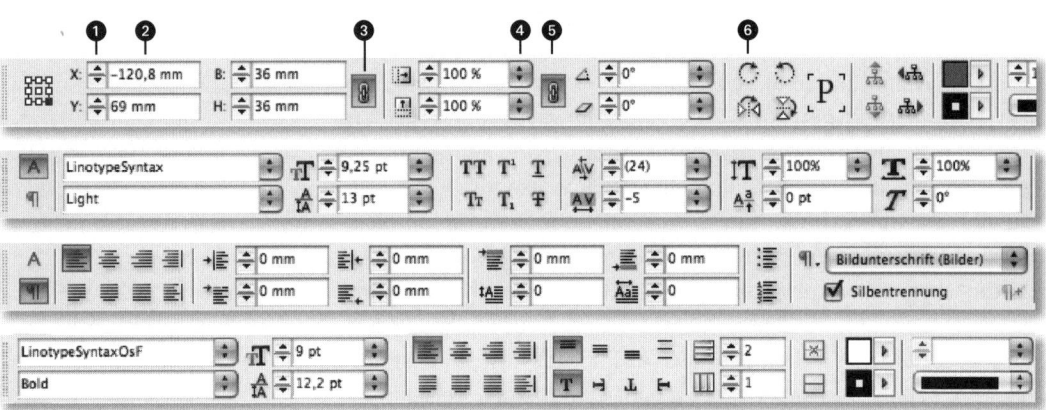

▲ **Abbildung 1.11**
Das STEUERUNG-Bedienfeld liefert abhängig vom markierten Element (v. o. n. u.): objekt-, zeichen-, absatz- und tabellen-spezifische Informationen.

Ein Klick in den Aufwärtspfeil ❶ erhöht den nebenstehenden Wert in ganzzahligen Schritten, halten Sie dabei die ⌥-Taste gedrückt, erhöht sich der Wert in 10er-Schritten. In die Eingabefelder ❷ können Sie nummerische Angaben auch direkt eintippen. Dabei ist die Angabe von Einheiten nicht zwingend erforderlich: InDesign verwendet die Einstellungen, die in INDESIGN • VOREINSTELLUNGEN • EINHEITEN UND EINTEILUNGEN hinterlegt sind. Innerhalb von Bedienfeldern und Dialogboxen können Sie mit der Texteinfügemarke schnell in das nächste Eingabefeld springen, indem Sie die ⇥-Taste betätigen. Die ⇥/⌥-Taste bewegt den Cursor in das vorige Eingabefeld. Bei geöffnetem Ketten-

Symbol ❸ können verschiedene Werte in ein solches Eingabe-felder-Paar (hier: Breite/Höhe) eingeben werden. Ein Klick auf den VERKETTUNGS-Button ändert den Status der Verkettung ❺: Es kann dann immer nur derselbe Wert in beiden Feldern stehen ❹ bzw. beide Werte verändern sich gleichzeitig. In diesem Fall bleibt die Proportion des aktivierten Objektes bei einer Änderung eines der Werte erhalten. Manche Felder bieten Ihnen neben den Pfeilen und dem eigentlichen Eingabefeld noch ein Pulldown-Menü, das vordefinierte Wertelisten enthält. Und dann gibt es im STEUERUNG-Bedienfeld noch Buttons ❻, mit deren Hilfe Sie wie hier das markierte Objekt drehen können.

Was Ihnen im STEUERUNG-Bedienfeld angezeigt wird, können Sie selbst Ihren Bedürfnissen anpassen. Dafür rufen Sie das Menü des Bedienfeldes mit einem Klick ❼ auf.

> **Grundrechenarten**
>
> In Eingabefeldern können Sie mit +, −, * und / die Grundrechenarten anwenden: Möchten Sie z. B. die Schriftgröße eines markierten Textes verdoppeln, reicht die Eingabe von *2 im entsprechenden Eingabefeld.

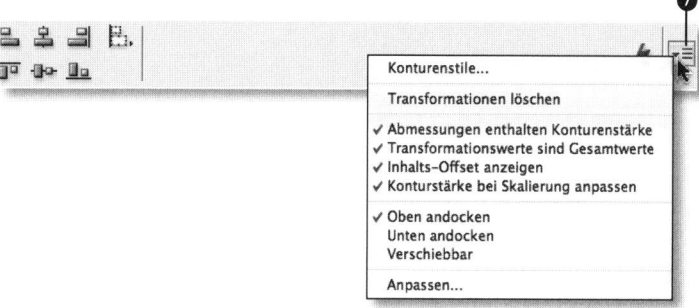

◄ **Abbildung 1.12**
Wie fast alle Bedienfelder in InDesign hat auch das STEU-ERUNG-Bedienfeld ein eigenes Menü. Hier sind häufig wichtige Funktionen hinterlegt.

Wählen Sie den letzten Eintrag ANPASSEN und es öffnet sich ein Dialogfenster, in dem Sie die gewünschten Änderungen vornehmen können.

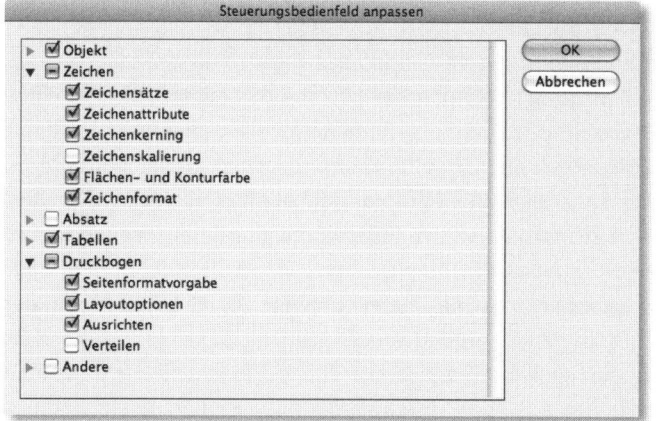

> **Alle Infos**
>
> Wenn Ihr Monitor und die Auflösung es erlauben, empfehle ich Ihnen, sich alle verfügbaren Infos vom STEUE-RUNG-Bedienfeld anzeigen zu lassen.

◄ **Abbildung 1.13**
Das Bedienfeld selbst kann individuell angepasst werden.

1.4 Handling von Bedienfeldern

Die Funktionen der wichtigsten Bedienfelder werden im Laufe dieses Buches erläutert, an dieser Stelle möchte ich Ihnen die grundlegenden Bedienungskonzepte vorstellen. Mit Ausnahme einzelner Bedienfelder lassen sich alle über das Menü FENSTER ein- bzw. ausblenden.

1.4.1 Erscheinungsformen

Sehen wir uns zunächst an, wie Bedienfelder dargestellt werden können.

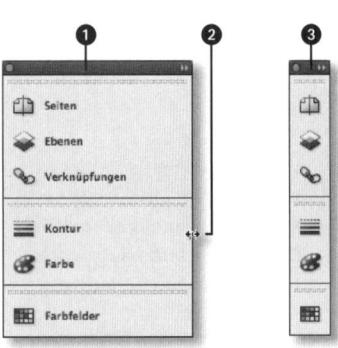
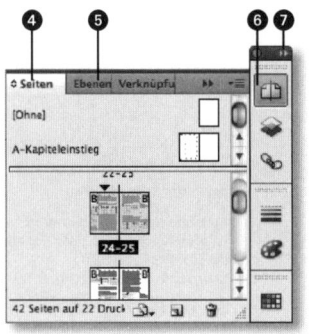
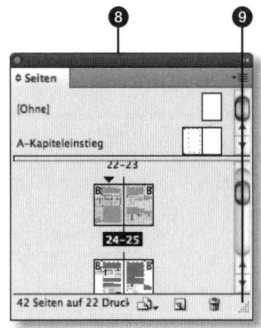

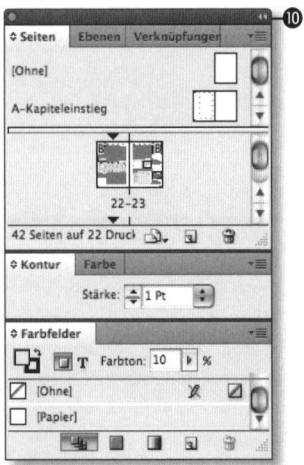

▲ **Abbildung 1.14**
Bedienfelder lassen sich in InDesign äußerst flexibel kombinieren und darstellen.

Nach dem ersten Start von InDesign sehen Sie am rechten Bildschirmrand ein sogenanntes Dock, in dem fünf Bedienfelder als Schaltflächen sichtbar sind. Die Bedienfelder SEITEN und VERKNÜPFUNGEN bzw. KONTUR und FARBFELDER sind zu Bedienfeldgruppen zusammengefasst ❶. Wird der Cursor auf eine der Seiten eines Docks positioniert, kann das Dock in der Breite geändert ❷ und bis auf die Icons zusammengeschoben werden ❸. Wird ein Button gedrückt ❻, klappt das Bedienfeld zur Seite auf ❹, denselben Effekt hat auch die Eingabe des entsprechenden Tastenkürzels. Für das SEITEN-Bedienfeld wäre dies F12 . Ist das Bedienfeld, wie im Beispiel oben, Teil einer Bedienfeldgruppe, werden die anderen Bedienfelder derselben Gruppe als Registerkarte dargestellt ❺. Bedienfelder können an ihren Registerkarten aus einer Gruppe gelöst werden und sind dann frei auf dem Bildschirm positionierbar ❽. Bemerkenswert ist der Effekt, wenn der weiße Doppelpfeil in der Titelleiste eines Docks betätigt wird ❼: Es klappen sich dann alle Bedienfeldgruppen und die einzelnen Bedienfelder aus ❿. Diese sogenannten Bedienfeldstapel können mit einem erneuten Klick auf denselben Button wieder auf die Symbole verkleinert werden. Wird hingegen das Tastenkürzel eines der Bedienfelder betätigt, die im Bedienfeldstapel gruppiert sind, blendet sich der gesamte Stapel aus.

Einige Bedienfelder wie das SEITEN-Bedienfeld lassen sich über einen Anfasser ❾ beliebig in der Höhe und Breite verändern. Alle Bedienfelder lassen sich durch einen wiederholten Klick auf den kleinen schwarzen Doppelpfeil ⓫ oder einen Doppelklick auf die Registerkarte in drei Größen darstellen:

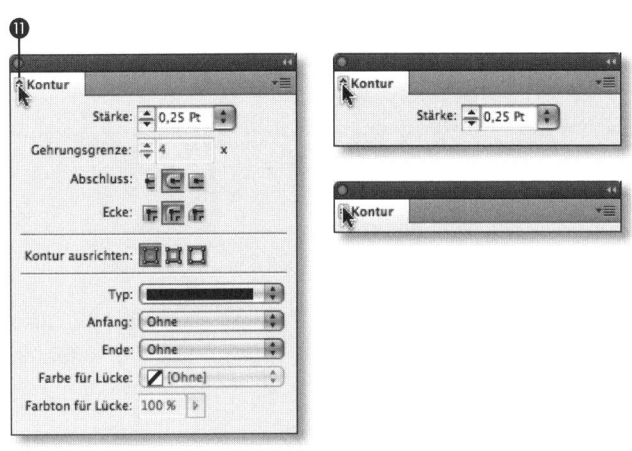

◀ **Abbildung 1.15**
Die meisten Bedienfelder lassen sich in drei verschiedenen Größen darstellen.

1.4.2 Bedienfelder neu gruppieren

Bedienfelder können Sie nach Ihren Bedürfnissen selbst neu gruppieren. Dafür ziehen Sie diese an den Registerkarten bzw. den Bedienfeldtitelleisten ⓬. Wenn Sie ein Bedienfeld auf oder neben eine Registerkarte eines anderen bewegen, erhält das Zielbedienfeld einen blauen Rahmen ⓭: Lassen Sie dann los, sind beide zu einer Bedienfeldgruppe arrangiert ⓮.

▼ **Abbildung 1.16**
Zwei separate Bedienfelder werden zu einer Bedienfeldgruppe zusammengeführt.

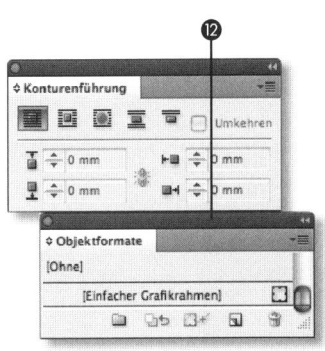
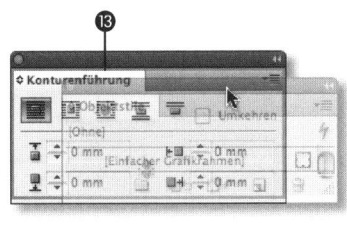
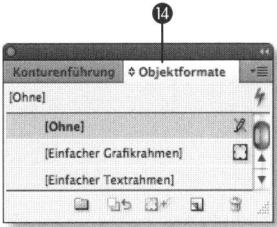

Möchten Sie aus zwei einzelnen Bedienfeldern ❶ einen Bedienfeldstapel machen, braucht nur das eine Bedienfeld von unten an das andere herangeführt zu werden ❷. Es wird dann ein blauer Rand eingeblendet, auf dem Sie das Bedienfeld loslassen können – schon sorgt der Bedienfeldstapel für Übersicht ❸. Ein solcher Bedienfeldstapel kann dann am gemeinsamen oberen Rand angefasst und beliebig positioniert werden.

▼ **Abbildung 1.17**
Hier werden die Bedienfelder zu einem Bedienfeldstapel organisiert.

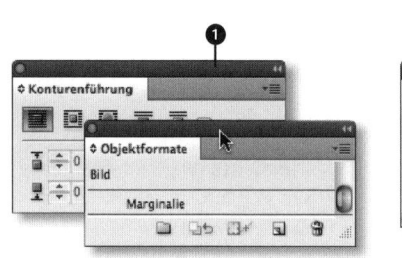
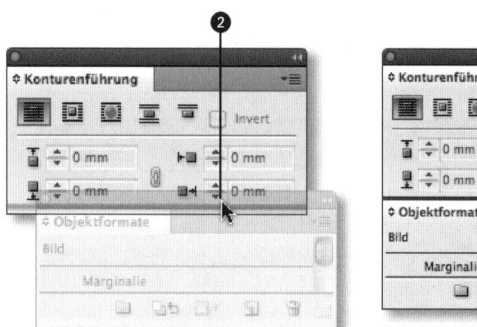

Die beiden Vorgehensweisen funktionieren übrigens genauso mit Bedienfeldsymbolen. Außerdem können Sie Bedienfelder, Bedienfeldgruppen und -stapel wie die Toolbox auch an den seitlichen Bildschirmrändern andocken lassen.

1.4.3 Bedienfelder ausblenden

Über Bearbeiten/InDesign • Voreinstellungen • Benutzeroberfläche lässt sich die sehr nützliche Option Bedienfelder automatisch auf Symbole minimieren ❹ aktivieren.

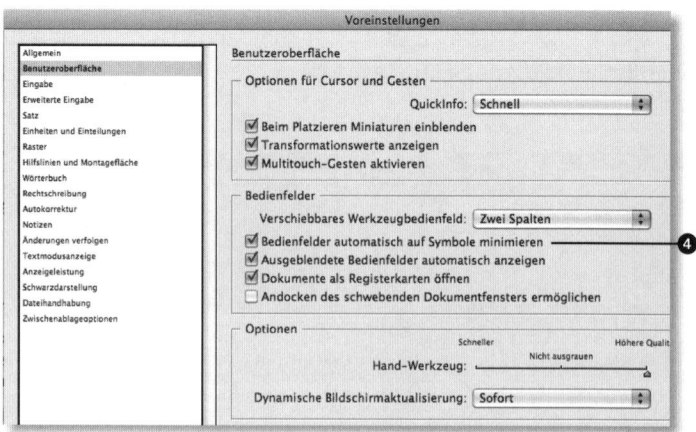

Abbildung 1.18 ▶
In den Voreinstellungen steuern Sie das Verhalten der Bedienfelder.

Die Aktivierung dieser Option hat zur Folge, dass ein Bedienfeldsymbol, das sich durch Anklicken zur normalen Bedienfeldgröße vergrößert hat, direkt wieder zu Symbolgröße zusammenklappt, wenn im Layout weitergearbeitet wird. Diese Funktion beschränkt sich tatsächlich auf Bedienfelder, die als Schaltflächen oder Symbole dargestellt werden. Alle anderen frei positionierbaren Bedienfelder oder Bedienfeldgruppen bleiben von dieser Funktion unberührt. Es kann beispielsweise sinnvoll sein, dass das Seiten-Bedienfeld immer eingeblendet ist, das Kontur-Bedienfeld aber nur bei Bedarf mit einem Klick auf das Symbol aufgerufen wird und sich direkt nach seinem Gebrauch wieder verkleinert.

Möchten Sie alle Bedienfelder ausblenden, genügt ein Druck auf die ⇥-Taste. Sollen alle bis auf die zentralen Bedienfelder Anwendungsleiste, Steuerung-Bedienfeld und Toolbox ausgeblendet werden, halten Sie zusätzlich die ⇧-Taste gedrückt.

1.4.4   Bedienelemente

Am rechten Rand neben den Registerkarten finden Sie bei allen Bedienfeldern Menüs, die sich durch einen Klick ❺ öffnen lassen. In diesen Bedienfeldmenüs sind viele Befehle hinterlegt, die über die Programm-Menüleiste nicht anzuwählen sind: Zeichenformate können Sie beispielsweise nur innerhalb des Zeichenformate-Bedienfeldes laden, nicht aber über die Menüleiste:

◄ **Abbildung 1.19**
Viele Bedienfeldmenüs verfügen über eigene Menüs, in denen häufig wichtige Funktionen hinterlegt sind.

Viele Bedienfelder verfügen am unteren Rand über mehrere Buttons. Dann sehen Sie mindestens den kleinen Abreißblock und die Mülltonne, die beide zusammengehören.

Abbildung 1.20 ▶
Die Buttons mit dem Abreißblock und der Mülleimer sind immer paarweise vorhanden.

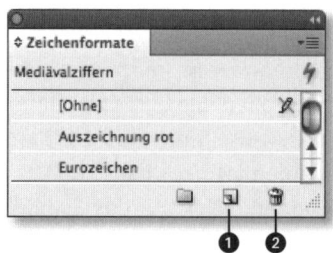

Mit Klick auf den Abreißblock ❶ legen Sie immer genau das neu an, wofür das Bedienfeld zuständig ist: Bei den Zeichenformaten legen Sie darüber ein neues Zeichenformat an, bei den Seiten eine neue Seite usw. Ein beherzter Klick auf den Mülleimer ❷ löscht im Gegensatz dazu das im Bedienfeld markierte Element, wie etwa ein Zeichenformat oder eine Seite.

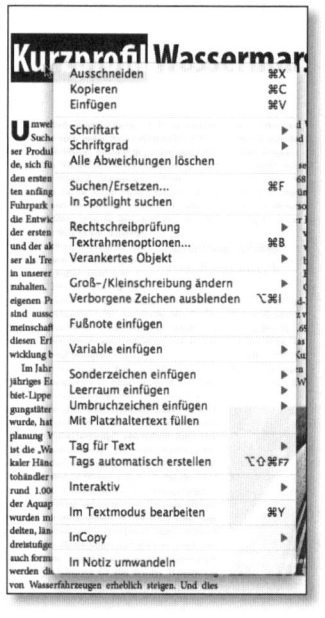

▲ Abbildung 1.21
Das Kontextmenü bei markiertem Text ist äußerst umfangreich und bietet auf einen Klick zentrale textspezifische Befehle an.

1.5   Kontextmenüs

Sie werden später noch sehen, dass InDesign in seinen Anzeigen dynamisch auf das reagiert, was Sie gerade tun. Beim Steuerung-Bedienfeld haben Sie dieses Prinzip schon kennengelernt: Es zeigt entsprechend des aktuell gewählten Werkzeuges die für dieses Werkzeug verfügbaren Optionen an.

Ein weiteres hilfreiches Konzept kennen Sie vermutlich aus anderen Anwendungen: das Kontextmenü. Sie rufen es – das ist in anderen Programmen auch so üblich – über einen Rechtsklick auf. Arbeiten Sie an einem Mac ohne Mehrtastenmaus, wird das Kontextmenü durch einen Ctrl-Klick aufgerufen.

Die Kontextmenüs zeigen Ihnen eine sinnvolle Auswahl verfügbarer Befehle: Rufen Sie das Kontextmenü bei aktivem Textwerkzeug innerhalb eines Textrahmens auf, werden Ihnen textspezifische Befehle wie die Rechtschreibprüfung und vieles andere angeboten (siehe Abbildung 1.21). Ist gerade nichts auf der Seite markiert und wird dann das Kontextmenü aufgerufen, haben Sie u. a. schnellen Zugriff auf die Anzeigeoptionen bezüglich Vergrößerung des Dokumentes und Sichtbarkeit von Linealen, Hilfslinien und Rastern.

1.6   Die Menüs

Lassen Sie uns an dieser Stelle noch einen Blick auf den Aufbau von Menüs werfen, auch wenn Struktur und Funktion kein besonderes Merkmal von InDesign sind, sondern in allen Programmen grundsätzlich gleich aufgebaut sind.

In einem aufgeklappten Menü gibt es drei Arten von Menüeinträgen: den einfachen Befehl ❸, ein Untermenü ❺ und den Aufruf eines Dialogfeldes ❻. Ein Befehl kann immer dann angewählt werden, wenn InDesign registriert, dass dieser überhaupt ausführbar ist. Das Menü reagiert also auch dynamisch auf markierte Objekte und selbstverständlich auf die letzten ausgeführten Aktionen. Im Beispiel wurde zuletzt der Befehl EINFÜGEN ausgeführt, was InDesign hinter dem Eintrag RÜCKGÄNGIG anzeigt ❸. Ist ein Menüeintrag nicht verfügbar, wird er ausgegraut dargestellt. Für den Screenshot rechts war kein Objekt markiert, weshalb beispielsweise der Befehl AUSSCHNEIDEN ❹ nicht anwählbar ist.

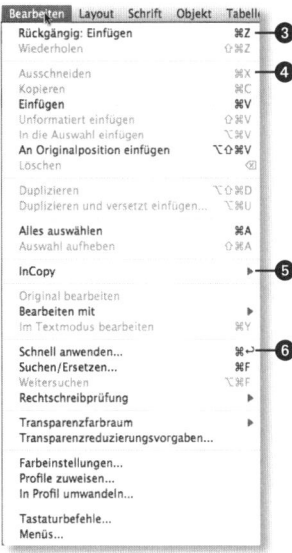

▲ **Abbildung 1.22**
Nicht InDesign-typisch, dennoch einen Blick wert: die Menüs.

1.7   Tastenkürzel

Am rechten Rand eines Menüeintrags finden Sie das Tastenkürzel, mit dem Sie den entsprechenden Befehl über die Tastatur ausführen können. Da es sich mit der Tastatur wesentlich schneller als mit der Maus arbeiten lässt, sollten Sie sich den Gefallen tun und die Tastenkürzel lernen, die hinter den Menüeinträgen hinterlegt sind! Lernen Sie zumindest die Shortcuts der Befehle, die Sie immer und immer wieder benutzen. Klar, einem Einsteiger mag es aufgrund der Informationsfülle nicht besonders verlockend erscheinen, neben dem Erlernen der Benutzeroberfläche, den Bedienkonzepten und der eigentlichen Funktionsweise eines komplexen Programmes wie InDesign auch noch die Shortcuts zu lernen.

Dennoch: Auf lange Sicht werden Sie durch die Anwendung der Tastenkürzel nicht nur richtig viel Zeit sparen, sondern Sie werden Ihre kreative Arbeit effektiver – und das heißt auf dem direkten Weg – erledigen. Übrigens werden Sie überrascht sein, wie schnell sich Ihre Hände die Kurzbefehle merken: Nach einigen Ausführungen derselben Kürzel gehen sie Ihnen in Fleisch und Blut über, so dass Sie sich gar nicht mehr bewusst an die z. T. komplexen Tastenkombinationen erinnern müssen!

1.8 Die Werkzeuge

▼ Abbildung 1.23
Wie hätten Sie's denn gern? Sie haben die Wahl zwischen drei verschiedenen Darstellungen.

Alle InDesign-Werkzeuge sind in der sogenannten Toolbox (oder Werkzeugleiste) zusammengefasst.

Sie wird standardmäßig in einer Spalte angezeigt und befindet sich am linken Monitorrand. Die Werkzeugleiste können Sie wie alle Bedienfelder frei auf dem Monitor positionieren, indem Sie diese an der Bedienfeldtitelleiste ❶ anklicken und ziehen. Wenn Sie die Toolbox wieder zurück an den Bildschirmrand bewegen, erscheint eine blaue Linie: Damit wird der Andockbereich markiert. Lassen Sie dann die Toolbox los, dockt sie wie von Magneten gezogen am Bildschirmrand an.

Die Toolbox gibt es in drei Darstellungsvarianten. Die einzeilige Darstellungsweise (siehe Abbildung 1.23) ist nur verfügbar, solange Sie die Werkzeugbox nicht an einen der seitlichen Monitorränder angedockt haben. Ansonsten schaltet ein Klick auf den Doppelpfeil ❷ zwischen den verschiedenen Ansichten hin und her. Ein Klick auf den kleinen Button ❸ am Mac oder das kleine x unter Windows schließt das Bedienfeld. Die Werkzeuge können Sie sich über Fenster • Werkzeuge auf den Monitor zurückholen.

Lassen Sie uns die Werkzeuge der Reihe nach ansehen. Die wichtigsten werden Ihnen an verschiedenen Stellen innerhalb dieses Buches immer wieder begegnen und werden später im Detail besprochen. Was für Befehle gilt, ist genauso bei den Werkzeugen von Bedeutung: Versuchen Sie, sich die Tastaturkürzel der wichtigsten Tools zu merken. Sie werden mit der Zeit wesentlich flüssiger arbeiten können, wenn Sie nur ausnahmsweise ein Werkzeug in der Toolbox anklicken müssen.

Shortcut oder Buchstabe?

»Flüchten« Sie mit einem Druck auf die [Esc]-Taste aus einem Textrahmen, bevor Sie das Tastenkürzel für ein beliebiges Werkzeug tippen! Sonst schreiben Sie nur den entsprechenden Buchstaben in Ihren Text statt das Werkzeug zu wechseln!

1.8.1 Auswahl-Werkzeug

Dieses Werkzeug (Tastenkürzel [V], [Esc]) an der prominenten Stelle innerhalb der Toolbox werden Sie mit Sicherheit am häufigsten verwenden: Mit ihm werden die verschiedenen Objekte wie Textrahmen, Linien und Bilder ausgewählt, auf dem Layout verschoben und in der Größe geändert. Das Auswahl-Werkzeug reagiert dynamisch auf die Objekte, über denen es sich befindet, indem sich die Form des Cursors ändert. Hier sehen Sie das Auswahl-Werkzeug in Aktion:

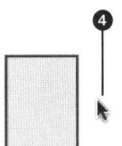 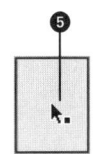 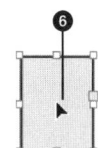 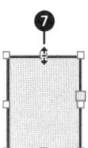 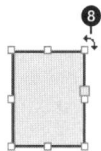

Der Standardcursor ist sichtbar, wenn der Bereich unter dem Werkzeug leer ist ❹. Ein kleines Quadrat neben dem Pfeilcursor signalisiert, dass sich das Werkzeug über einem nicht markierten Objekt wie dieser Rechteckform befindet ❺. Ein Objekt ist in InDesign eine beliebige Form wie eine Linie oder auch ein Rahmen, der Text oder ein Bild enthält. Ist das Objekt markiert, werden die acht **Griffpunkte** und der Mittelpunkt des Rahmens sichtbar ❻. Wird das Auswahl-Werkzeug über einem der Auswahlgriffe positioniert, wird die mögliche Bewegungsrichtung durch Zweifachpfeile ❼ visualisiert. Mit der aktuellen InDesign-version kann ein markiertes Objekt direkt um seinen Mittelpunkt gedreht werden. Hierfür braucht nur der Cursor in die Nähe einer Ecke positioniert werden, wodurch sich der Cursor in einen gebogenen Doppelpfeil ändert ❽.

Weitere Details zu diesem Werkzeug und verschiedenen Auswahltechniken finden Sie auch in Kapitel 6, »Pfade und Objekte«.

1.8.2 Direktauswahl-Werkzeug

Neben dem Auswahl-Werkzeug gibt es noch das Direktauswahl-Werkzeug ◤ (Tastenkürzel Ⓐ), das für das Feintuning von Objekten vorgesehen ist. Da sich die beiden Auswahl-Werkzeuge nicht nur im Aussehen, sondern auch in ihrer Funktion ähneln, fällt die Unterscheidung anfangs nicht so ganz leicht.

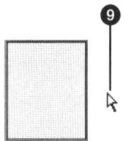 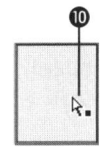 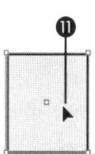

Analog zum Auswahl-Tool ändert sich auch beim Direktauswahl-Werkzeug der Cursor: neben ❾ und über ❿ einem nicht markierten Objekt und über einem aktivierten Objekt ⓫.

▲ Abbildung 1.24
Das Auswahl-Werkzeug zeigt durch die unterschiedlichen Cursors an, welche Aktionen ausgeführt werden können.

Rahmenbasiertes Arbeiten

InDesign ist im Gegensatz zu beispielsweise Word ein rahmenbasiertes Programm: Ausnahmslos alle (!) druckbaren Objekte befinden sich in InDesign immer in sogenannten Begrenzungsrahmen. Mit diesem kann das Objekt unabhängig von seiner Art (Text- oder Bildrahmen oder wie eine Linie, s. u.) in seiner Größe, Position und Proportion mit Hilfe des Auswahl-Werkzeugs manipuliert werden.

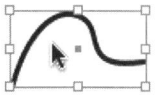

◀ Abbildung 1.25
Die Ähnlichkeit zum Auswahl-Tool ist groß.

InDesign stellt markierte Objekte abhängig vom verwendeten Werkzeug unterschiedlich dar:

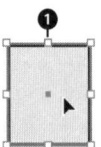 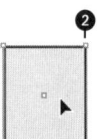

Abbildung 1.26 ▶
Dasselbe Rechteck wurde mit den verschiedenen Auswahl-Tools markiert.

Im direkten Vergleich ist der Unterschied sichtbar: Ist ein Objekt mit dem Auswahl-Werkzeug markiert, werden immer alle acht Ankerpunkte und der Objektmittelpunkt sichtbar ❶. Diese insgesamt neun Punkte werden durch kräftige Quadrate dargestellt. Wird ein Objekt hingegen mit dem Direktauswahl-Werkzeug markiert, werden die sogenannten Pfadpunkte, deren Anzahl vom Pfad abhängt, als deutlich feinere Quadrate angezeigt ❷.

Mit dem Direktauswahl-Werkzeug können nun diese einzelnen Pfadpunkte individuell markiert und bearbeitet werden ❸. Im folgenden Beispiel wird die Form des Rechtecks ❹ durch Verschieben des Eckpunktes geändert:

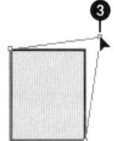 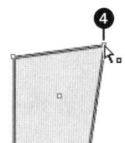

Abbildung 1.27 ▶
Das Direktauswahl-Werkzeug kann im Gegensatz zum Auswahl-Tool einzelne Pfadpunkte markieren und verschieben.

Pfadpunkte, die mit dem Direktauswahl-Tool markiert wurden ❺, können auch gelöscht werden ❻.

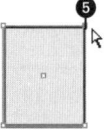 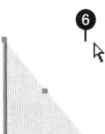

Abbildung 1.28 ▶
Die Form eines Objektes kann durch das Löschen von Pfadpunkten geändert werden.

Zur Veränderung der Form lassen sich die sogenannten Pfadsegmente markieren und in ihrer Position ändern. Mit **Pfadsegment** wird ein Teilstück eines Pfades bezeichnet, das zwischen zwei benachbarten Pfadpunkten liegt.

Abbildung 1.29 ▶
Einzelne Pfadsegmente können mit dem Direktauswahl-Werkzeug verschoben werden.

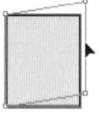 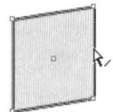

Mit diesen Beispielen haben Sie einen ersten Eindruck vom Einsatz des Direktauswahl-Werkzeuges erhalten. In Kapitel 6, »Pfade und Objekte«, werden Sie im Zusammenhang mit Pfaden noch weitere Funktionen dieses wichtigen Tools kennenlernen.

1.8.3 Seitenwerkzeug

Neben zahlreichen neuen oder optimierten Features wartet Adobe InDesign CS5 gleich mit zwei neuen, äußerst praktischen Tools auf, zu denen neben dem gleich folgenden Lückenwerkzeug auch das Seiten-Tool 🔩 (Tastenkürzel ⇧+P) gehört. Hiermit lassen sich endlich auch in InDesign innerhalb eines Dokumentes verschiedene Seitenformate verwenden.

Dies ist z. B. beim Erstellen eines Buches praktisch: Neben den Innenseiten, die ausnahmslos dasselbe Format haben, kann nun auch der Umschlag in derselben Layoutdatei angelegt werden. Beim Umschlag muss ja zusätzlich zur Buchvorder- und -rückseite auch noch der Buchrücken angelegt werden.

Die Vorgehensweise, um eine solche abweichende Seite anzulegen, ist dabei denkbar einfach: Nachdem das Seiten-Tool angewählt ist, kann damit eine beliebige Seite im Layout markiert werden. Im Steuerung-Bedienfeld können anschließend die gewünschten Änderungen eingegeben werden. Hier können neben der vertikalen Position bzgl. des ursprünglichen Seitenformates die Breite und Höhe der markierten Seite eingegeben werden ❼:

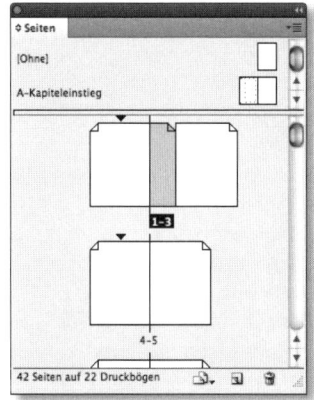

▲ **Abbildung 1.30**
Mit InDesign CS5 sind erstmals verschiedene Seitenformate in einem Dokument möglich.

▼ **Abbildung 1.31**
Sobald eine Seite mit dem Seitenwerkzeug markiert ist, werden im Steuerung-Bedienfeld die passenden Felder angezeigt.

❼

1.8.4 Lückenwerkzeug

Mit dem Auswahl-Werkzeug können zwar auch mehrere Objekte markiert und gleichzeitig vergrößert oder verkleinert werden, mit dem neuen Lückenwerkzeug |↔| (Tastenkürzel U) können aber mehrere benachbarte Objekte wie etwa Bildrahmen so geändert werden, dass einerseits die Abstände zwischen den Objekten und andererseits ihre Abmessungen insgesamt beibehalten werden. Somit vergrößert das Lückenwerkzeug immer ein Objekt oder mehrere auf Kosten eines oder mehrerer anderer Objekte.

Befindet sich der Cursor des Lückenwerkzeugs über einem Rahmen, zeigt er einen durchgestrichenen Kreis ❶, der darauf hinweist, dass dieses Werkzeug eben nur auf die Kanten von Objekten angewendet werden kann. Befindet sich das Lückenwerkzeug über oder zwischen zwei benachbarten Objekten, zeigt sich ein Doppelpfeil ❷ und mit Klicken und Ziehen können dann die neuen Objektgrößen erzielt werden ❸.

Abbildung 1.32 ▶
Das fantastische neue Lückenwerkzeug ermöglicht die gleichzeitige Änderung von Proportionen mehrerer Objekte.

Automatisch einpassen

Ist ein Bild markiert, werden im STEUERUNG-Bedienfeld Anpassen-Optionen eingeblendet. Bei aktiver Option AUTOMATISCH EINPASSEN ändert sich bei einer Größenänderung des Bildrahmens der Ausschnitt mit!

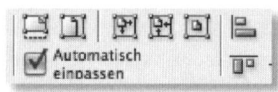

Textrahmen? Grafikrahmen?

Unter OBJEKT • INHALT können Sie die Art des Rahmens ändern. Überhaupt macht InDesign keinen großen Unterschied zwischen den verschiedenen Rahmenarten: Unter BEARBEITEN/ INDESIGN • VOREINSTELLUNGEN • EINGABE können Sie angeben, ob ein Klick mit dem Textwerkzeug z. B. in einen gewöhnlichen Rechteckrahmen diesen zu einem Textrahmen umwandelt.

1.8.5 Textwerkzeug

Zur Eingabe und zur Auswahl von Text benötigen Sie dieses Werkzeug **T.** (Tastenkürzel ⊤) – damit werden Sie also sehr häufig arbeiten! Anders als in Textanwendungen wie OpenOffice oder Word, können Sie Text nicht einfach auf einer InDesign-Dokumentseite eingeben: Text braucht in InDesign praktisch immer einen Rahmen, in dem er sich befinden kann. Einen solchen Rahmen können Sie beispielsweise mit dem Textwerkzeug durch Klicken und Ziehen erstellen. Die blinkende Texteinfügemarke befindet sich dann automatisch im Textrahmen und Sie können mit der Texteingabe beginnen.

Natürlich ist das Textwerkzeug nicht nur für die Eingabe von Text zuständig, sondern auch für die Auswahl von Text. Denn Sie müssen InDesign immer ganz genau mitteilen, was Sie modifizieren möchten, und dafür müssen Sie die entsprechenden Textstellen markieren, um diese dann im zweiten Schritt ändern zu können. Egal, ob Sie den Text korrigieren oder das Aussehen des Textes, die Typografie, ändern möchten: Es steht Ihnen eine ganze Reihe von Auswahlmöglichkeiten zur Verfügung:

▶ **Klicken und Ziehen:**
Der Text wird von der aktuellen Textcursorposition bis zu der Stelle markiert, an der Sie die Maus loslassen.

▶ **Zweifachklick:**
Markiert das Wort, in dem sich der Textcursor befindet.

- **Dreifachklick:**
  Markiert die Zeile, in der sich der Textcursor befindet.
- **Vierfachklick:**
  Markiert den Absatz, in dem sich der Textcursor befindet.
- **Über das Menü:**
  Der Befehl BEARBEITEN • ALLES AUSWÄHLEN macht genau das: Es wird der gesamte Text ausgewählt. Der gesamte Text eines Dokumentes? Nein, mit »Alles« ist in diesem Fall der gesamte Text des Textabschnitts gemeint, in dem sich der Textcursor befindet. Wenn sich die Texteinfügemarke nicht in einem Text befindet oder ein anderes Tool gewählt ist, führt derselbe Befehl dazu, dass alle Objekte einer Seite bzw. einer Doppelseite markiert werden.
- **Mit Hilfe der Tastatur:**
  Schnell und präzise: Die ⌂-Taste in Kombination mit einer der vier Pfeiltasten ↓/↑/←/→ lässt Sie Text von der Einfügemarke aus in alle Richtungen markieren. Mit der Tastenkombination Strg/⌘+⌂+↓/↑ lässt sich Text gleich absatzweise markieren. Auf den ersten Blick mögen diese Tastenkürzel nicht sonderlich einladend wirken – man kann aber wesentlich schneller mit der Tastatur als über das Aufrufen von Menüeinträgen arbeiten.

1.8.6 Text-auf-Pfad-Werkzeug

Mit diesem Werkzeug ✎ (Tastenkürzel ⌂+Ⓣ) können Sie Text auf einem zuvor erstellten Pfad eingeben – das ist die einzige Ausnahme, bei der Text keinen Rahmen benötigt.

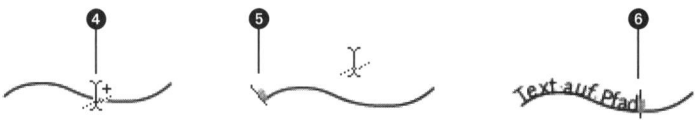

Nachdem der Pfad erstellt ist (siehe Seite 36), setzt das Text auf Pfad-Werkzeug durch einen Klick auf den Pfad ❹ die Texteinfügemarke auf den Pfad ❺. Anschließend kann Text wie gewohnt eingegeben werden ❻. Das Schöne hierbei ist, dass InDesign keinerlei Unterschied zwischen einem Pfad mit oder ohne Text macht: Ein Text-Pfad bleibt vollständig editierbar. Ich komme in Kapitel 6, »Pfade und Objekte«, noch einmal auf dieses Werkzeug zu sprechen.

Textabschnitt = Absatz?

Mitnichten! Für InDesign ist ein Textabschnitt einfach ein zusammenhängender Text: Wenn Sie z. B. in einem Text eine Zeile hinzufügen und der gesamte Folgetext rückt automatisch nach, ist dieser Text ein Textabschnitt. Dabei ist die Anzahl der Seiten und Textrahmen, auf bzw. in denen sich der Text befindet, unerheblich.

Alternative Werkzeuge
Durch einen längeren Klick auf ein Werkzeug, das einen schwarzen Pfeil rechts unten hat, öffnen sich weitere Tools.

◄ **Abbildung 1.33**
Text kann in InDesign sogar auf Pfade gesetzt werden.

1.8.7 Linienzeichner-Werkzeug

Dieses ist wohl das unspektakulärste der InDesign-Werkzeuge. Der Linienzeichner ╲ (Tastenkürzel ⟨<⟩) kann nämlich nur eines, aber das richtig gut: gerade Linien zeichnen!

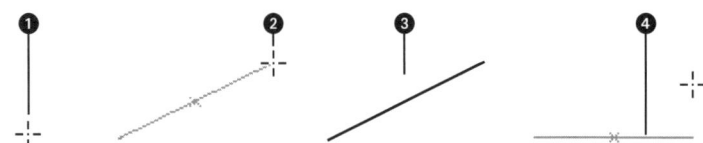

Abbildung 1.34 ▶
Einfacher als mit dem Linienzeichner lassen sich keine schnurgeraden Linien erstellen.

Zusatztaste

Probieren Sie die ⟨⇧⟩-Taste auch im Zusammenspiel mit anderen Werkzeugen aus: Häufig führt diese Taste zu ähnlichen Ergebnissen.

Nach der Aktivierung dieses Tools wird mit einem Klick auf die Dokumentseite der Anfangspunkt der Linien definiert ❶. Mit gedrückter Maustaste kann nun die Länge und die Neigung der neuen Linie festgelegt werden ❷. Erst durch das Loslassen der Maustaste wird die Linie von InDesign erstellt ❸. Soll die Linie exakt horizontal, vertikal oder in Vielfachen von 45° verlaufen, wird dies durch gleichzeitiges Drücken der ⟨⇧⟩-Taste erreicht ❹.

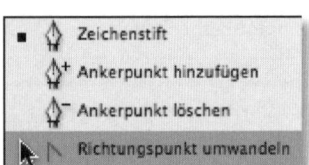

▲ **Abbildung 1.35**
Unter dem eigentlichen Zeichenstift-Werkzeug finden Sie noch drei weitere Tools zum Editieren von Pfaden.

1.8.8 Die Zeichenstift-Werkzeuge

Zum Zeichnen freier, also nicht geometrischer Formen wie Rechteck, Quadrat etc. ist das Zeichenstift-Werkzeug ♦. (Tastenkürzel ⟨P⟩) die erste Wahl. Wir werden uns in Kapitel 6, »Pfade und Objekte«, näher mit den insgesamt vier Zeichenstift-Tools beschäftigen.

An dieser Stelle nur so viel: Mit dem Zeichenstift werden keine durchgehenden Linien durch Klicken und Ziehen mit der Maus gezeichnet, sondern durch das Setzen von Griffpunkten, die sich zu einer Linie verbinden.

Abbildung 1.36 ▶
Das Zeichenstift-Werkzeug setzt einzelne Griffpunkte.

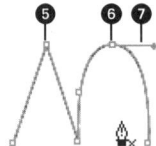

Werkzeughinweise

Im neuen Bedienfeld Fenster • Hilfsprogramme • Werkzeughinweise werden hilfreiche Tipps zum gewählten Werkzeug aufgeführt.

Beim Zeichnen eines solchen Pfades können Sie direkt entscheiden, ob der Pfad am gesetzten Pfadpunkt eine abrupte Richtungsänderung aufweisen soll. Ein solcher Eckpunkt ❺ wird durch Klicken und Lösen der Maus erstellt. Soll der Pfadverlauf an einem Pfadpunkt einen weichen Übergang aufweisen ❻, lässt man die Maus gedrückt und zieht dadurch direkt eine Grifflinie ❼ aus dem eben erstellten Pfadpunkt heraus. Diese Grifflinie definiert durch ihre Länge und ihre Neigung den weiteren Kurvenverlauf. Die genannten Optionen sind alle während des Zeichnens anwendbar, so dass für die Zeichnung aus Abbildung 1.36 nur das Zeichenstift-Werkzeug eingesetzt wurde.

Der enorme Vorteil dieses Zeichenkonzeptes ist es, dass die so erstellten Linien einfach und präzise mit den verschiedenen Werkzeugen nachbearbeitet werden können. Für folgende Pfade diente der in Abbildung 1.36 dargestellte Pfad als Vorlage:

▲ **Abbildung 1.37**
Die Stärken von Pfaden liegen u. a. in der Möglichkeit, organisch-weiche Formen zu erstellen.

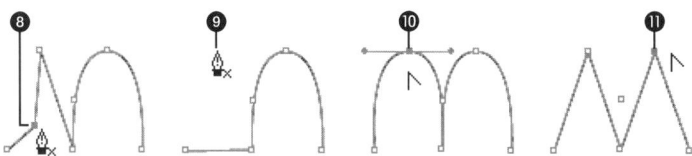

◀ **Abbildung 1.38**
Erstellte Pfade lassen sich beliebig weiter modifizieren.

Hier wurde dem Pfad von Abbildung 1.36 mit dem Ankerpunkt-hinzufügen-Werkzeug ein weiterer Pfadpunkt hinzugefügt, der zur Verdeutlichung etwas zur Seite versetzt wurde ❽. Ein Klick mit dem Ankerpunkt-löschen-Werkzeug auf die linke Spitze hat den entsprechenden Punkt gelöscht. Der Pfad folgt anschließend dem kürzestmöglichen Weg zwischen den verbleibenden Pfadpunkten ❾. Wird mit dem Richtungspunkt-umwandeln-Werkzeug auf einen Eckpunkt geklickt, können mit gedrückter Maustaste neue Grifflinien aus dem Punkt gezogen werden, wodurch aus der Ecke ein weicher Übergang wird ❿. Ein vorhandener Übergangspunkt wird hingegen durch einen Klick mit demselben Werkzeug zu einem Eckpunkt ⓫.

1.8.9 Die Buntstift-Werkzeuge

Mit dem Buntstift ✏ (Tastenkürzel Ⓝ) können Sie mit Maus oder angeschlossenem Grafiktablett freie Formen zeichnen. So würde die mit dem Buntstift erzeugte Zeichnung im Druck aussehen ⓬. Ein Klick mit dem Direktauswahl-Tool auf den Pfad macht die Pfadpunkte sichtbar: Die vielen Pfadpunkte erschweren jedoch die spätere Korrektur ⓭.

▲ **Abbildung 1.39**
Hinter dem Buntstift sind noch die Tools GLÄTTEN und RADIEREN hinterlegt.

◀ **Abbildung 1.40**
Für die Nachbearbeitung sind viele Pfadpunkte ungünstig.

Wie genau InDesign den von Ihnen mit der Maus oder einem Grafiktablett gezeichneten Pfad darstellen soll, können Sie per Eingabe definieren. Mit einem Doppelklick auf ein Icon in der Toolbox öffnen Sie die Voreinstellungen für das jeweilige Werkzeug. Hier sehen Sie den Dialog für die Voreinstellungen des Buntstift-Werkzeugs:

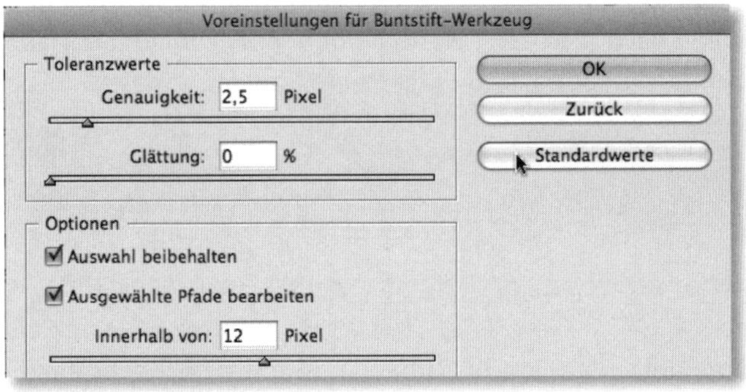

Abbildung 1.41 ▶
In den Voreinstellungen für den Buntstift können Sie einstellen, mit welcher Genauigkeit InDesign Ihren Mausbewegungen folgen soll.

▶ Genauigkeit:
Je kleiner der eingestellte Wert, desto genauer entspricht der resultierende Pfad Ihren Mausbewegungen und desto mehr Pfadpunkte erhalten Sie.

▶ Glättung:
Mit dem hier eingetragenen Prozentwert können Sie steuern, wie rund der gezeichnete Pfad wird. Je höher der Wert, desto glatter wird der Pfad und umso weniger Eckpunkte werden hinzugefügt.

▶ Auswahl beibehalten:
Ist diese Option aktiviert, bleibt der neue Pfad nach dem Zeichnen markiert.

▶ Ausgewählte Pfade bearbeiten:
Die Aktivierung dieser Option bewirkt, dass markierte Pfade mit dem Buntstift weiter bearbeitet werden können, statt dass ein neuer Pfad erstellt wird. Der Regler bzw. das Eingabefeld Innerhalb von legt fest, ab welcher Entfernung der markierte Pfad auf die Bearbeitung mit dem Buntstift reagieren soll.

Sollten Sie nach etwas Ausprobieren zu keinen praktikablen Einstellungen finden, können Sie mit einem Klick auf Standardwerte zu den ursprünglichen Vorgaben zurückkehren.

Im folgenden Beispiel ist die Option Ausgewählte Pfade bearbeiten aktiviert, damit der Pfad mit dem Buntstift korrigiert werden kann. Sonst müsste man zum Ankerpunkt-hinzufügen-Werkzeug greifen, das in einem solchen Fall aber wesentlich umständlicher im Handling wäre.

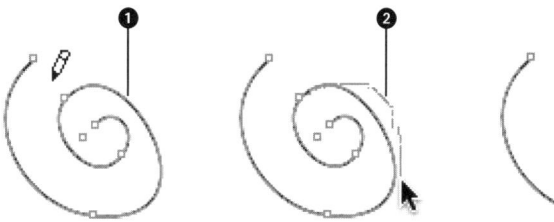

Im ersten Schritt wurde die Spirale mit dem Buntstift gezeichnet, dabei ist der äußere Schwung rechts zu schmal geraten ❶. Durch die Option AUSGEWÄHLTE PFADE BEARBEITEN kann der Pfad nun mit dem Buntstift ausgebessert werden ❷ – et voilà ❸!

Um unruhige Pfade zu glätten (und damit gegebenenfalls Ankerpunkte zu entfernen), gibt es das Werkzeug **Glätten** . Wie beim Buntstift-Werkzeug können Sie mit einem Doppelklick auf das Werkzeug in der Werkzeugleiste den OPTIONEN-Dialog öffnen, der auch ganz ähnliche Eingabemöglichkeiten bietet. Mit dem Glätten-Werkzeug können Sie an einem unsauber gezeichneten Pfadsegment entlangfahren und InDesign versucht, die entsprechende Stelle zu vereinfachen.

Außerdem gibt es noch das **Radieren**-Werkzeug . Seine Funktion erklärt sich von selbst – beachten Sie jedoch bei allen nachträglichen Manipulationen von Pfaden, dass Sie InDesign immer genau mitteilen müssen, was Sie machen möchten und welchen Pfad Sie bearbeiten möchten. Dafür müssen Sie den Pfad zuerst markieren, bevor Sie ihn beispielsweise mit dem Radierer ändern können.

> **Werkzeugwechsel**
>
> Das Drücken der Strg/⌘-Taste bewirkt bei allen drei Buntstift-Werkzeugen einen temporären Wechsel zum Direktauswahl-Tool. Wird bei dem Buntstift- bzw. Radieren-Werkzeug die Alt/⌥-Taste gedrückt, wird hierdurch das Glätten-Werkzeug aktiviert.

1.8.10 Die Rahmen-Werkzeuge

Die mit den Rahmen-Werkzeugen erstellten Objekte sind dafür konzipiert, Fotos oder Grafiken aufzunehmen, deshalb der »Rahmen« in den Namen. Aber: Sie *müssen* keine Fotos oder Grafiken aufnehmen. Sie können diese nach Belieben mit Flächenfarben füllen und/oder die Kontur ändern. Voreingestellt ist allerdings, dass die neu erstellten Rahmen weder eine Flächenfarbe noch eine Kontur haben: Sie sollen ja »bloß« noch mit einem Foto oder einer Grafik gefüllt und nicht selbst gestaltet werden.

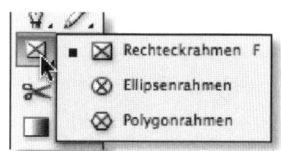

Das Erstellen von Rahmen könnte einfacher nicht sein, und Sie kennen das ja schon von den Textrahmen:

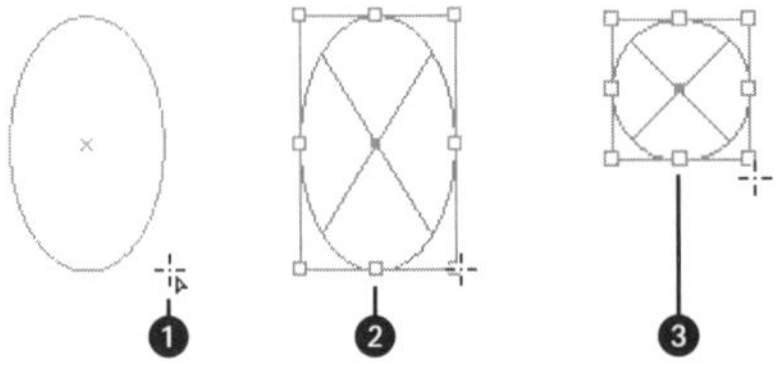

Abbildung 1.44 ▶
Ellipsen werden zu Kreisen, Rechtecke zu Quadraten, wenn Sie beim Zeichnen die [⇧]-Taste gedrückt halten.

> **Weiterschalten geht nicht**
>
> In Photoshop kann man verwandte Tools wie Rechteck-, Ellipsen- und Polygonwerkzeug durch zusätzliches Drücken der [⇧]-Taste zum eigentlichen Tastaturkürzel (hier [F]) aufrufen. Dies ist in InDesign leider nicht vorgesehen.

Nach Wahl eines der Rahmen-Werkzeuge wird durch Klicken und Ziehen der entsprechende Rahmen erstellt ❶. Mit den Rahmen-Werkzeugen erstellte Objekte werden – entsprechend Werkzeug-Icons in der Toolbar – durch ein X gekennzeichnet ❷. Das Drücken der [⇧]-Taste sorgt dafür, dass statt einer Ellipse ein Kreis ❸ gezeichnet wird. Dementsprechend sorgt die [⇧]-Taste beim Rechteckrahmen-Werkzeug dafür, dass ein Quadrat erstellt wird. Das Drücken der [Alt]/[⌥]-Taste sorgt dafür, dass der Rahmen von der Mitte aus erstellt wird. Beide Sondertasten können beim Erstellen derartiger Objekte auch kombiniert werden. Probieren Sie vor allem auch die [⇧]-Taste in Kombination mit anderen Werkzeugen aus – häufig werden hierdurch Bewegungen oder Richtungen wie auf Seite 36 beschrieben eingeschränkt.

Eine weitere Möglichkeit bietet sich Ihnen, wenn Sie mit dem Rahmen-Werkzeug einfach auf die Dokumentseite klicken: Es öffnet sich dann ein Dialogfenster, in das Sie entsprechend des angewählten Werkzeuges Eingaben vornehmen können.

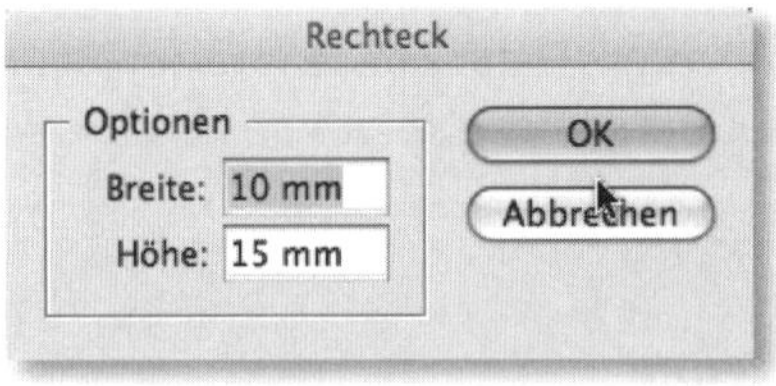

Abbildung 1.45 ▶
Lassen Sie InDesign zeichnen, wenn Sie wissen, wie groß der neue Rahmen sein soll.

> **Kurzzeitiger Toolwechsel**
>
> Möchten Sie zwischendurch zu einem anderen Werkzeug wechseln, reicht das Drücken des entsprechenden Tastaturbefehls. Nach dem Loslassen ist automatisch wieder das erste Tool aktiv.

Nach Bestätigung des Dialogs wird an der Mausposition ein Rahmen mit den eingegebenen Maßen erstellt. Der neue Rahmen wird dabei immer mit seiner linken oberen Ecke seines Begrenzungsrahmens an der Mausposition gezeichnet. Für das Ellipsenrahmen-Werkzeug gilt dies ebenso.

Beim Polygonrahmen-Werkzeug können Sie zusätzlich zur gewünschten Größe die Anzahl der Seiten in das Dialogfenster eintragen. Wird bei STERNFORM ein anderer Wert als 0% eingetragen, sind mit Anzahl der Seiten die Zacken des Sterns gemeint. Der Prozentwert bei STERNFORM entscheidet über die Tiefe der Sternzacken. Je höher der Wert, desto spitzer die Zacken und umso mehr ragen diese in die Mitte des Rahmens.

▶ Video-Training

Mehr zum Arbeiten mit Rahmen erfahren Sie in Video-Lektion 1.1.

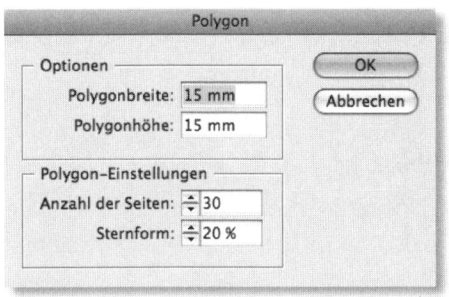

◀ **Abbildung 1.46**
Mit den entsprechenden Vorgaben lassen sich auch Sterne in InDesign erzeugen.

1.8.11 Die Form-Werkzeuge

Mit diesen drei Werkzeugen erzeugen Sie die entsprechenden Formen genau wie bei den eben besprochenen Rahmen-Werkzeugen. Diese Objekte sind von Adobe dafür gedacht, als selbstständige Gestaltungselemente eingesetzt zu werden, sie dienen also nicht als Platzhalter für Fotos oder Grafiken. Solange Sie die entsprechenden Voreinstellungen nicht geändert haben, haben ein/e neue/s Rechteck, Ellipse und Polygon automatisch eine weiße Fläche und eine schwarze Kontur.

Hier sehen Sie die drei möglichen Rahmenarten von InDesign:

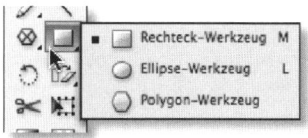

▲ **Abbildung 1.47**
Die drei Form-Werkzeuge sind alle hintereinander in der Toolbox untergebracht.

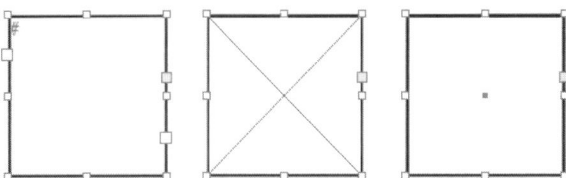

◀ **Abbildung 1.48**
InDesign unterscheidet Textrahmen, Rechteckrahmen und Rechteck auch in der Darstellung.

Links ist ein Textrahmen zu sehen, erkennbar an den beiden Quadraten an der linken und rechten Seite des Rahmens und dem Doppelkreuz links oben. Rahmen, die zur Aufnahme von Grafiken vorgesehen sind, werden wie der mittlere hier mit einem X dargestellt. Das einfache Rechteck rechts wurde mit dem Rechteck-Werkzeug erzeugt.

Solange ein Text- oder ein Rechteckrahmen leer ist, also keinen Text und kein Bild beinhaltet, kann er mittels OBJEKT • INHALT in die jeweils andere Rahmenart konvertiert werden. Ebenso kon-

Unterscheidung

Im Unterschied zu InDesign wurden in QuarkXPress bis Version 7 Text- und Bildrahmen strikt unterschieden.

vertiert das Platzieren von Inhalten eine beliebige Rahmenart in einen passenden Rahmen: Wenn Sie z. B. ein Bild in einen Textrahmen laden, wird daraus ein Bildrahmen.

Da Sie allen drei Objekten eine Flächenfarbe und eine Kontur zuweisen können, ist es einem gedruckten Layout nicht anzusehen, welche Rahmenart jeweils vorliegt. Letztlich können Sie selbst entscheiden, wann Sie welche Rahmenart einsetzen.

1.8.12 Schere-Werkzeug

Mit der Schere ✂ (Tastenkürzel C) können vorhandene Pfade aufgetrennt werden.

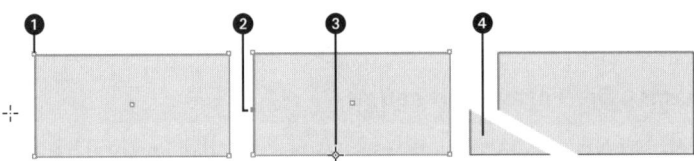

Abbildung 1.49 ▶
Mit der Schere lassen sich beliebige Pfade zerschneiden.

Hier sind die vier Pfadpunkte des markierten Rechtecks zu sehen ❶. Durch einen Klick mit der Schere ❷ sind zwei direkt übereinanderliegende Pfadpunkte hinzugefügt worden. Nach einem weiteren Klick mit der Schere ❸ liegen zwei separate Objekte vor ❹.

1.8.13 Frei-Transformieren-Werkzeug

Wie Sie Objekte transformieren und ausrichten, sehen Sie in der Video-Lektion 1.2.

Dieses Tool ▦ (Tastenkürzel E) vereint Funktionen von verschiedenen Werkzeugen. So können Sie hiermit ein Objekt wie mit dem Auswahl-Werkzeug verschieben, Proportionen ändern und es um seinen Mittelpunkt drehen. Die eigentliche Besonderheit dieses Tools wird aber erst in Kombination mit Zusatztasten deutlich: Dafür müssen Sie zunächst einen der Eckpunkte anfassen und dann erst die Strg/⌘-Taste drücken. Mit dieser Tastenkombination können Sie das Objekt um den gegenüberliegenden Eckpunkt frei verzerren ❺. Halten Sie dann auch noch die Alt/⌥-Taste gedrückt, lässt sich das Objekt um seine Mitte herum verzerren.

Abbildung 1.50 ▶
Seinem Namen wird das Frei-Transformieren-Werkzeug erst in Kombination mit Zusatztasten gerecht.

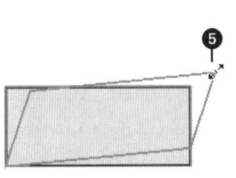

1.8.14 Drehen-Werkzeug

Möchten Sie ein Objekt drehen, dabei aber nicht den Objekt-mittelpunkt als Rotationszentrum anwenden, greifen Sie zu die-sem Werkzeug ○ (Tastenkürzel Ⓡ für engl.: *rotate*). Markieren Sie zunächst das zu drehende Objekt, und wählen Sie dann das Drehen-Werkzeug an. Dadurch wird der Rotationsmittelpunkt als kleines Fadenkreuz in der Mitte oder an einer der acht Positionen des Begrenzungsrahmens angezeigt ❻. Diesen Drehpunkt können Sie auf zwei Arten positionieren: Zum einen können Sie ihn ein-fach über die Steuerungsleiste oder im Bedienfeld TRANSFORMIE-REN, das Sie über FENSTER • OBJEKT UND LAYOUT aufrufen, einem anderen Punkt des Begrenzungsrahmens zuweisen. Zum anderen können Sie den Drehpunkt auch frei mit dem Drehen-Werkzeug durch einen Klick neu definieren. Das kann auch außerhalb des Objektes sein. Wenn Sie anschließend klicken und bei gedrückter Maustaste ziehen ❼, wird das markierte Objekt gedreht. Am Cur-sor wird Ihnen der aktuelle Drehwinkel angezeigt ❽. Nach dem Lösen der Maustaste ist das Objekt gedreht ❾.

Ursprung neu definieren

Unscheinbar, aber wichtig ist das Ursprungssymbol im STEUERUNG- und TRANSFOR-MIEREN-Bedienfeld. Jedes der neun Kästchen symboli-siert die Griffpunkte bzw. den Mittelpunkt des Begren-zungsrahmens des markier-ten Objektes. Durch einen Klick auf eines der weißen Kästchen können Sie für alle Transformationswerkzeuge (Drehen, Skalieren, Verbie-gen) den Bezugspunkt, um den beispielsweise gedreht werden soll, neu festlegen.

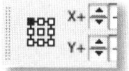

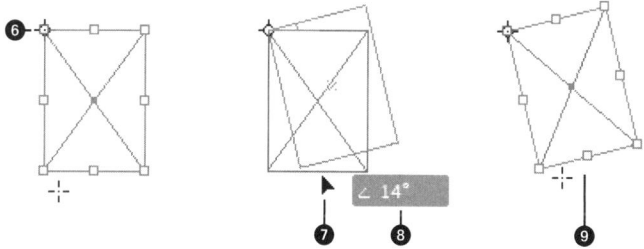

◀ **Abbildung 1.51**
Objekttransformationen wie das Drehen beziehen sich immer auf einen Ursprung ❻.

Außerdem bietet das Drehen-Werkzeug die Möglichkeit, den gewünschten Drehwinkel direkt einzugeben. Dafür markieren Sie ein Objekt und doppelklicken das Drehen-Werkzeug in der Tool-box. Es öffnet sich folgender Dialog:

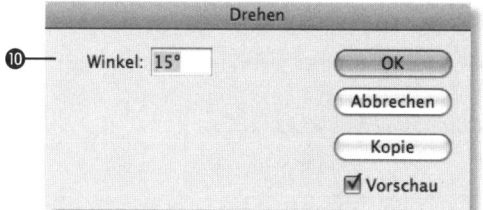

◀ **Abbildung 1.52**
Ein Doppelklick auf das Dre-hen-Werkzeug öffnet einen äußerst nützlichen Dialog.

Bei positiven Werten wird das markierte Objekt entgegen dem Uhrzeigersinn ❿ gedreht. Dementsprechend führen negative

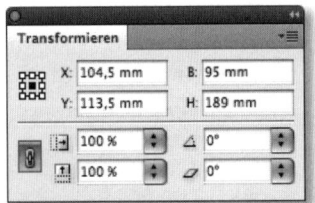

▲ **Abbildung 1.53**
Objekte können auch über das Bedienfeld Transformieren gedreht werden.

Werte zu Drehungen im Uhrzeigersinn. Bestätigen Sie den Dialog mit Kopie statt OK, wird eine gedrehte Kopie erstellt, das Original bleibt dabei unangetastet. Beachten Sie, dass Sie den Bezugspunkt wie im Infokasten auf voriger Seite beschrieben, frei definieren können! Wenn Sie in einem Dialog wie dem eben gezeigten den Button Vorschau sehen: Denken Sie nicht nach, aktivieren Sie diesen grundsätzlich! Sie sehen dann direkt, wie sich Ihre Eingaben auf das markierte Objekt auswirken, und dementsprechend zielgerichteter lassen sich Objekte ändern.

1.8.15 Skalieren-Werkzeug

Mit diesem Tool ⬚ (Tastenkürzel ⟨S⟩) vergrößern oder verkleinern Sie ein markiertes Objekt, indem Sie es anklicken, die Maustaste gedrückt halten und ziehen. Die Definition des Bezugspunktes entspricht exakt der des eben besprochenen Drehen-Werkzeuges. Übrigens »merkt« sich InDesign die letzte Einstellung des Bezugspunktes: Wenn Sie also ein Objekt erst um einen neu definierten Bezugspunkt gedreht haben und anschließend das Skalieren-Tool aktivieren, sehen Sie, dass der Bezugspunkt derselbe geblieben ist.

Um ein Objekt bei der Vergrößerung bzw. Verkleinerung nicht zu verzerren, ziehen Sie das Skalieren-Werkzeug bei gedrückter ⟨⇧⟩-Taste in einem etwa 45-Grad-Winkel (oder einem Vielfachen davon) vom Bezugspunkt weg bzw. zum Bezugspunkt hin:

Abbildung 1.54 ▶
Mit dem Skalieren-Werkzeug können Rahmen samt Inhalt in der Größe verändert werden.

Ist ein Objekt markiert, kann auch beim Skalieren-Werkzeug ein Dialogfeld durch einen Doppelklick auf den entsprechenden Tool-Button in der Werkzeugleiste eingeblendet werden:

Abbildung 1.55 ▶
Das Tool Skalieren bietet auch die Möglichkeit, konkrete Skalierungswerte einzugeben.

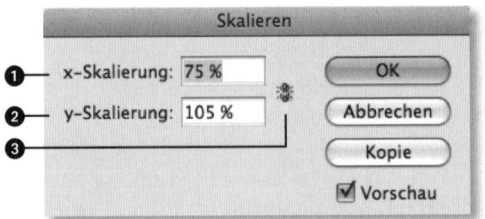

Wie allgemein üblich, bezeichnen auch in InDesign Werte, die sich auf die x-Achse beziehen, immer die Manipulation auf der horizontalen Achse. Im Beispiel würde das markierte Objekt also auf 75 % seiner aktuellen Breite verkleinert werden ❶. Analog dazu würde das Objekt durch Bestätigung des Dialogs mit OK gleichzeitig auf 105 % seiner Höhe vergrößert werden ❷. Nach Aktivierung des Ketten-Symbols (siehe Seite 22) ❸ trägt InDesign automatisch den eingegebenen Wert in das jeweils andere Feld ein. Und wie vom DREHEN-Dialog bekannt, können Sie auch hier direkt eine Kopie des zu skalierenden Objektes erstellen.

> **Auswahl-Werkzeug**
> Grundlegende Skalierungen sind ebenfalls mit dem Auswahl-Werkzeug zu erreichen.

1.8.16 Scheren-Werkzeug

Als drittes Tool hinter dem Frei-Transformieren-Werkzeug finden Sie das Scheren-Werkzeug ▧ (Tastenkürzel ⓪). Der Effekt dieses Tools ist jedoch eher eine Verzerrung als eine Biegung des markierten Objektes.

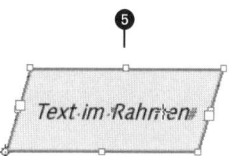

Wird das Scheren-Werkzeug zur freien Transformation wie im Beispiel oben eingesetzt, ist das Ergebnis nur schwer zu kontrollieren ❹. Eher bietet es sich an, das Tool mit gedrückter ⇧-Taste einzusetzen. Dadurch wird die Verzerrung auf die horizontale bzw. vertikale Achse beschränkt ❺.

Auch beim Scheren-Werkzeug lässt sich ein Dialog öffnen, in dem die passenden Eingaben vorgenommen werden können:

▲ **Abbildung 1.56**
Objekte können mit dem Scheren-Werkzeug frei verzerrt werden.

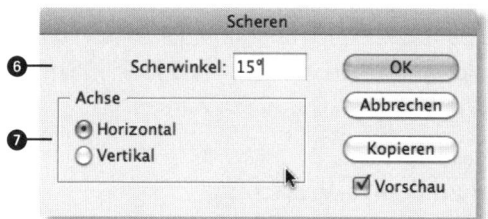

◄ **Abbildung 1.57**
Soll ein Objekt um einen konkreten Wert geneigt werden, kann dieser im Dialog SCHEREN eingegeben werden.

Neben einem konkreten Winkel, bei dem positive Werte zu einer Neigung nach rechts bzw. oben führen ❻, kann hier die Achse definiert werden, an der das Objekt geneigt werden soll ❼.

Objekte können alternativ auch über das STEUERUNG- bzw. TRANSFORMIEREN-Bedienfeld verzerrt werden (das Bedienfeld TRANSFORMIEREN finden Sie unter FENSTER • OBJEKT UND LAYOUT). In beiden Bedienfeldern können in die Eingabefelder DREHWINKEL ❶ und SCHERWINKEL (x-Achse) ❷ die gewünschten Werte eingegeben werden. Wenn Sie nach der Eingabe die Alt/⌥-Taste drücken und daraufhin mit der ↵-Taste bestätigen, erzeugt InDesign direkt eine Kopie des markierten Objektes.

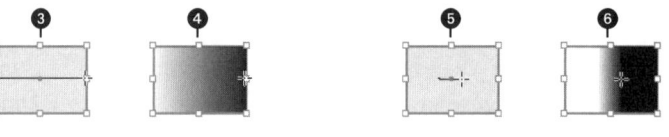

1.8.17 Verlaufsfarbfeld-Werkzeug

Dieses Werkzeug ▦ (Tastenkürzel G für engl.: *gradient*) füllt Objekte mit einem Verlauf, z. B. von Schwarz nach Weiß. Sowohl Länge als auch Ausrichtung eines Verlaufs bestimmen Sie durch Klicken und Ziehen innerhalb oder außerhalb eines markierten Objektes. In den folgenden Beispielen wurde derselbe Verlauf auf die Rechtecke angewendet:

Wird das gesamte Objekt mit diesem Werkzeug überstrichen ❸, erstreckt sich der Verlauf über das ganze Rechteck ❹. Ist die Strecke, die mit dem Werkzeug überstrichen wird, hingegen kürzer ❺, wird der Verlauf auch nur auf diesen Bereich angewendet ❻.

Einen Verlauf können Sie auch nachträglich noch bearbeiten: Dafür öffnen Sie per Doppelklick oder über FENSTER • Farbe • VERLAUF das Bedienfeld VERLAUF, das wir uns in Kapitel 7, »Farben und Effekte«, ab Seite 323 im Detail ansehen werden.

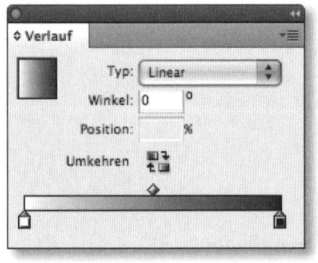

1.8.18 Weiche-Verlaufskante-Werkzeug

Mit diesem Werkzeug ▦ (Tastenkürzel ⌥+G) fügen Sie dem markierten Objekt einen weichen Verlauf zum Hintergrund hinzu. Dadurch wird es allmählich in den Hintergrund übergeblendet. Ausrichtung und Länge der Überblendung werden genau wie beim Verlaufsfarbfeld-Werkzeug definiert. Auch hier ist die Art des markierten Objektes unerheblich. Im Gegensatz zum Verlaufsfarbfeld-Werkzeug wird die ursprüngliche Flächenfarbe nicht durch das Hinzufügen eines weichen Verlaufs gelöscht. Weshalb das so ist, wird deutlich, wenn Sie das Weiche-Verlaufs-kante-Werkzeug in der Toolbox doppelklicken. Es öffnet sich der EFFEKTE-Dialog. Im folgenden Screenshot sind die Einstellungen für nebenstehenden Effekt für das Wort »Nitelife« zu sehen:

▼ **Abbildung 1.61**
Das Weiche-Verlaufskante-Werkzeug fügt dem entsprechenden Element einen Effekt zu, der im Dialog EFFEKTE justiert werden kann.

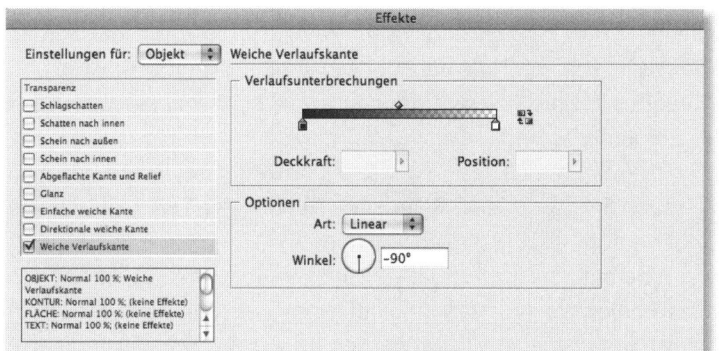

Das Weiche-Verlaufskante-Werkzeug fügt dem markierten Objekt nämlich einen Effekt zu. Effekte können Sie sich wie verschieden modifizierbare Ebenen vorstellen, die sich oberhalb des Objektes befinden, auf das der Effekt angewendet wurde. Sie sehen sozusagen durch den Effekt hindurch auf das eigentliche Objekt. Dabei – und das macht Effekte so variabel einsetzbar – bleiben Objekt und Effekt getrennt editierbare Einheiten. In Illustrator und Photoshop kommt dieses Prinzip ebenfalls zum Einsatz: im AUSSEHEN-Bedienfeld bzw. bei den Ebenenstilen.

Das Weiche-Verlaufskante-Werkzeug ist in diesem Zusammenhang übrigens ein Sonderfall, da es das einzige Werkzeug innerhalb von InDesign ist, das einem Objekt einen Effekt zuweist. Alle anderen Effekte wie SCHLAGSCHATTEN, SCHATTEN NACH INNEN etc. werden einem Objekt über das Bedienfeld EFFEKTE bzw. über die entsprechenden Menüeinträge unter OBJEKT • EFFEKTE zugewiesen. In beiden Fällen öffnet sich der oben abgebildete Dialog EFFEKTE, in dem die jeweiligen Parameter des aktivierten Effektes eingestellt werden können.

Mit der Funktionsweise des Dialoges EFFEKTE und des gleichnamigen Bedienfeldes werden wir uns in Kapitel 6, »Farben und Effekte«, ab Seite 348 noch näher beschäftigen.

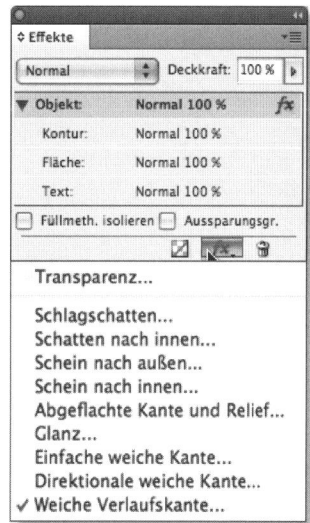

▲ **Abbildung 1.62**
Über das Bedienfeld EFFEKTE lassen sich einem Objekt weitere Effekte zuweisen.

▲ Abbildung 1.63
Durch einen Klick mit dem Tool
NOTIZ in einen Text werden fast
alle Werkzeuge ausgeblendet:
Der Notizenmodus ist aktiviert.

Notizen sind nichtdruckend

Texte, die einem Text als
Notizen hinzugefügt wur-
den, werden bei der Druck-
oder PDF-Ausgabe nicht
berücksichtigt.

Abbildung 1.64 ▶
Im Bedienfeld NOTIZEN werden die Textanmerkungen
verwaltet.

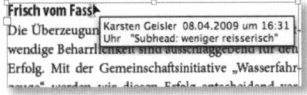

▲ Abbildung 1.65
Notizen werden Ihnen auch als
QuickInfos angezeigt.

1.8.19 Notiz-Werkzeug

Die Möglichkeit, Layouts mit Notizen zu versehen, macht vor
allem in zwei Situationen Sinn: Sie schreiben selbst Texte in
InDesign oder Sie arbeiten in einer Arbeitsumgebung, in der auch
InCopy eingesetzt wird. InCopy ist ein weiteres Programm von
Adobe, das zur Vernetzung von Redaktion und Grafikabteilung
beispielsweise in Verlagen dient. Die Texte können von den Auto-
ren in InCopy erfasst werden und direkt in den entsprechenden
Textrahmen im InDesign-Layout des Grafikers eingelesen werden.
Beide Seiten können dann gleichzeitig am bzw. mit demselben
Text arbeiten. Mit Hilfe von Notizen können sich Journalisten und
Grafiker beispielsweise Kommentare oder Arbeitsanweisungen
zukommen lassen.

Für Autoren, die den Text selbst in InDesign schreiben, machen
Notizen Sinn, um sich z. B. an noch zu erledigende Arbeitsschritte
zu erinnern.

Wird mit dem Tool Notiz 🗒 auf einen Text geklickt, öffnet sich
das Bedienfeld NOTIZEN und InDesign wechselt automatisch in
den Notizenmodus. Dabei werden bis auf das Textwerkzeug alle
Werkzeuge in der Toolbox abgeblendet. Denselben Effekt hat der
Aufruf des Befehls SCHRIFT • NOTIZEN • NOTIZENMODUS bzw. NEUE
NOTIZ.

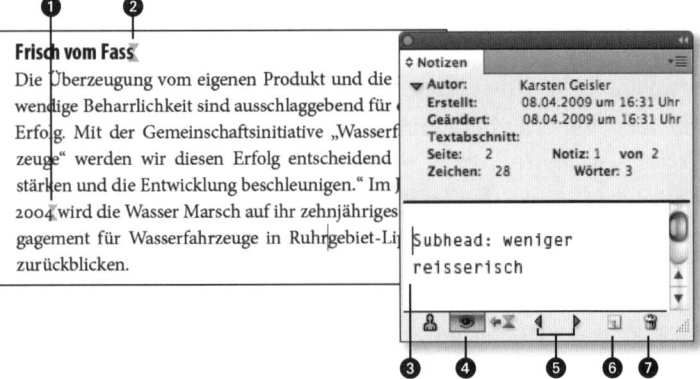

Wurden einem Text Notizen hinzugefügt, werden diese im Text
durch kleine Spindeln dargestellt ❶ und ❷. Im Bedienfeld NOTI-
ZEN kann der gewünschte Notiztext eingegeben werden ❸. Den
Notiztext können Sie sich außer in diesem Bedienfeld auch anzeigen lassen, indem Sie den Cursor über einem Notizsymbol positionieren. Der Text wird Ihnen kurz darauf als QuickInfo ange-

zeigt. Mit dem Augen-Button können Sie die Notizsymbole im Layout aus- bzw. einblenden ❹. Sind mehrere Notizen in einem Textabschnitt eingefügt worden, kann man mit dem Vorige- und Nächste-Notiz-Button ❺ durch die Notizen navigieren. Mit einem Klick auf den Abreissblock-Button wird an der Position der Texteinfügemarke eine neue Notiz im Text erstellt ❻. Der Löschen-Button ❼ entfernt bei Betätigung die aktuelle Notiz. Über Schrift • Notizen • Notizenmodus können Sie den Notizenmodus wieder verlassen.

Im Textmodus, den Sie über Bearbeiten • Im Textmodus bearbeiten aufrufen können, werden die Notizen ebenfalls angezeigt und können auch weiter modifiziert werden:

▲ **Abbildung 1.66**
Weitere nützliche Funktionen sind im Bedienfeldmenü hinterlegt.

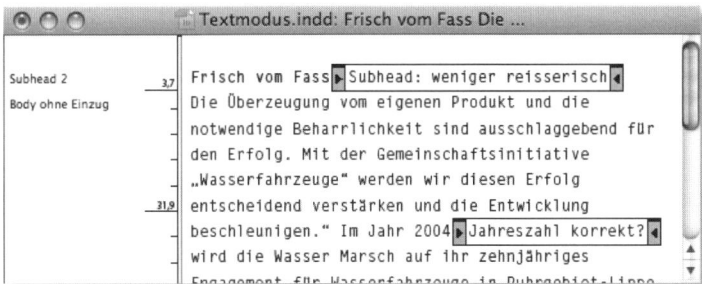

An dieser Stelle sei schon einmal auf die große Praxistauglichkeit des Features Textmodus hingewiesen. Nicht umsonst können Sie sich Texte im Textmodus ohne jegliche Formatierung über das im Wortsinne naheliegende Tastaturkürzel [Strg]/[⌘]+[Y] einblenden lassen.

◄ **Abbildung 1.67**
Notizen sind im Textmodus sicht- und editierbar.

🔘 **Video-Training**

Wie Sie die Werkzeuge für Redakteure nutzen, sehen Sie in Video-Lektion 3.1.

1.8.20 Pipette-Werkzeug

Das Pipette-Werkzeug 🖊 (Tastenkürzel [I]) ist ein mächtiges Tool, besonders im Vergleich mit dem gleichnamigen Tool in Photoshop. Die Pipette in Photoshop kann lediglich die Farbe der angeklickten Bildstelle aufnehmen. In InDesign hingegen können mit der Pipette nicht nur Farben aus Bildern, Grafiken und sonstigen Objekten aufgenommen werden, sondern auch die individuellen Einstellungen (Schriftart, -größe, -farbe, zugewiesene Effekte), mit denen beispielsweise eine Überschrift formatiert wurde. Die Pipette kann aber ebenso gut die Formatierung einer Kontur eines Objektes aufnehmen. Dazu gehören etwa die Konturstärke und die Art der Ecke. Im folgenden Beispiel werden diese vom Quadrat aufgenommen und auf das Dreieck übertragen:

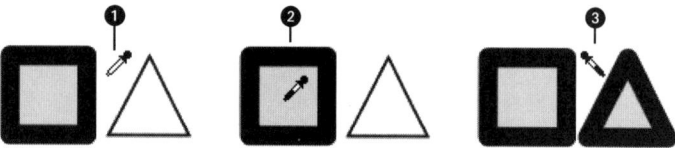

Abbildung 1.68 ▶
Mit einem Klick lädt die Pipette die Einstellungen für Fläche und Kontur und kann diese auf andere Objekte anwenden.

Hat die Pipette noch keine Formatierung eines Objektes aufgenommen, wird sie leer dargestellt ❶. Mit einem Klick auf ein Objekt werden die entsprechenden Attribute aufgenommen ❷ und können nun auf beliebig viele weitere Objekte wiederum per Klick angewendet werden ❸. Mit gedrückter [Alt]/[⌥]-Taste können auch bei voller Pipette neue Eigenschaften von anderen Objekten aufgenommen werden.

Auch beim Pipette-Werkzeug öffnen sich durch einen Doppelklick auf das Werkzeug die Werkzeugoptionen: Hier können Sie einstellen, welche Eigenschaften dieses Werkzeug beim Klick auf ein Objekt aufnehmen soll. In Kapitel 3, »Typografie«, werden Sie die Pipette im Zusammenhang mit Schrift kennenlernen.

Abbildung 1.69 ▶
In den Optionen lässt sich genau festlegen, welche Attribute eines Objektes aufgenommen werden sollen und welche nicht.

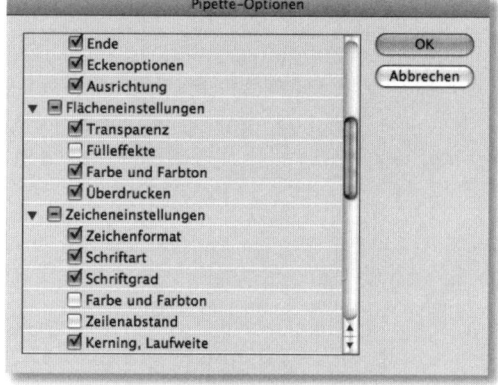

1.8.21 Messwerkzeug

▲ Abbildung 1.70
Das Messwerkzeug ist unter der Pipette zu finden.

Auch wenn das STEUERUNG-Bedienfeld äußerst umfangreiche Informationen bereithält: Abstände zwischen zwei Objekten werden dort nicht angezeigt. Dafür gibt es extra dieses Tool (Tastenkürzel [K]), das Sie in der Toolbox unter der Pipette finden. Durch Klicken und Ziehen wird eine nicht druckende Linie auf Ihrer Dokumentseite erstellt ❹, und die gemessenen Werte wie Position, Länge und Neigung können Sie im INFORMATIONEN-Bedienfeld, das automatisch bei Verwendung des Messwerkzeugs eingeblendet wird, ablesen. Hierbei sorgt wieder das Drücken der ⌂-Taste dafür, dass die Linie genau horizontal oder vertikal aufgezogen wird.

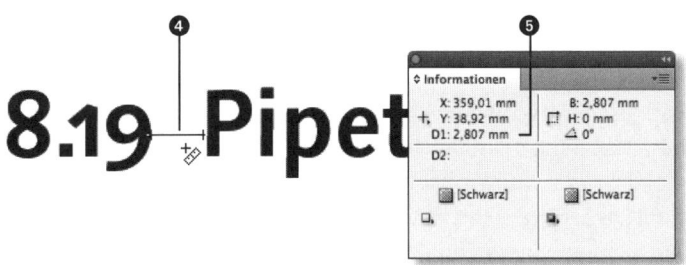

◄ **Abbildung 1.71**
Zum Messen eines unbekannten Abstands kommt das Messwerkzeug zum Einsatz.

Von den im Bedienfeld gelieferten Informationen ist häufig der Abstand zwischen zwei Punkten, hier mit D1 bezeichnet ❺, interessant. Beim Wechsel auf ein anderes Tool wird die Messlinie automatisch wieder ausgeblendet; InDesign merkt sich jedoch die Position der letzten Messlinie und zeigt diese wieder an, wenn Sie erneut das Messwerkzeug aktivieren.

Normalerweise kann immer nur eine Linie mit dem Messwerkzeug erzeugt werden. Sie können aber zwei Linien einsetzen, um beispielsweise einen unbekannten Winkel auszumessen ❻. Dafür brauchen Sie nur am Anfangs- oder Endpunkt der ersten Linie bei gedrückter Alt/⌥-Taste durch Klicken und Ziehen eine zweite Linie erstellen.

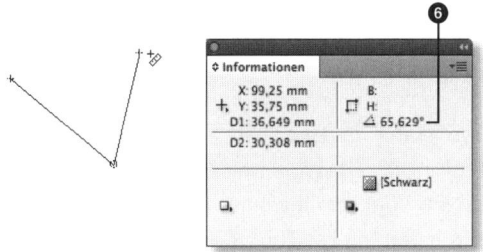

◄ **Abbildung 1.72**
Mit gedrückter Alt/⌥-Taste können sogar zwei Messlinien gezeichnet werden.

1.8.22 Hand-Werkzeug

Dieses ist eines der am häufigsten verwendeten Werkzeuge. Mit der Hand 🖐 (Tastenkürzel H) verschieben Sie den sichtbaren Bereich Ihres Layouts innerhalb des Dokumentfensters. Das ist deutlich komfortabler als mit den horizontalen und vertikalen

Scrollbalken an den Seiten des Dokumentfensters zu hantieren. Besonders, weil Sie das Hand-Werkzeug jederzeit durch die Kombination [Alt]/[⌥] + Leertaste aktivieren können.

Wenn Sie mit dem Hand-Werkzeug auf ein Dokument klicken ❶ und einen Augenblick warten, wird der sogenannte Power-Zoom aktiviert. Dieses Feature ist in seiner Funktionalität eine Mischung aus Hand- und Zoomwerkzeug: Der Hand-Cursor verändert sein Aussehen – es werden zwei kleine schwarze Pfeile darin sichtbar –, und es wird ein ganzes Stück aus dem Dokument herausgezoomt. Um den ursprünglich sichtbaren Ausschnitt Ihres Dokumentes wird eine rote Linie eingeblendet ❷, die Sie mit der Hand beliebig auf Ihrem Dokument verschieben können ❸. Lassen Sie die Maus wieder los, wird der neu eingerahmte Bereich in der ursprünglichen Vergrößerung angezeigt ❹.

▼ Abbildung 1.73
Mit dem Power-Zoom lässt sich schnell die gewünschte Stelle eines Layouts ansteuern.

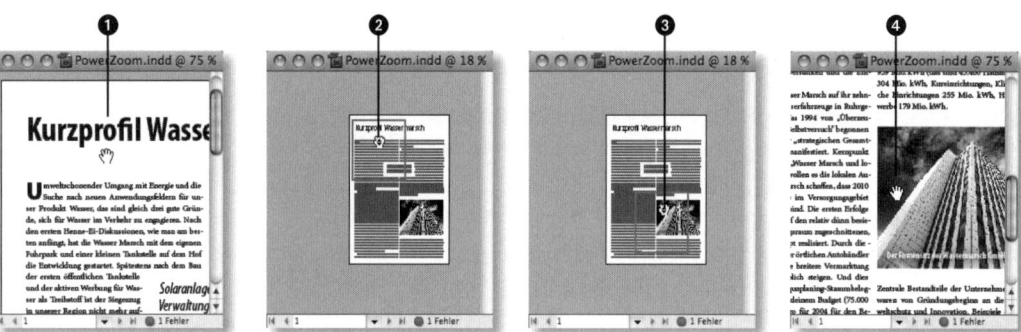

Der Power-Zoom kann übrigens auch über mehrere Seiten hinweg eingesetzt werden.

1.8.23 Zoomwerkzeug

Ein weiteres, äußerst häufig angewendetes Tool ist das Zoomwerkzeug 🔍 (Tastenkürzel [Z]). Möchten Sie einen Ausschnitt Ihres Layouts vergrößern oder im Gegenteil mehr von Ihrer Seite sehen, verwenden Sie hierzu dieses Tool. Den Shortcut der Lupe brauchen Sie sich nicht zu merken: Rufen Sie die Lupe lieber über [Strg]/[⌘] + Leertaste auf, dann erscheint das Vergrößerungsglas. Bei gleichzeitig gedrückter [Alt]/[⌥]-Taste steht Ihnen das Verkleinerungsglas zur Verfügung.

Zum Vergrößern reicht ein Klick auf die zu vergrößernde Stelle. Schneller und präziser können Sie sich an die gewünschten Bereiche heranzoomen, indem Sie mit dem Zoomwerkzeug einen

Rechteckrahmen aufziehen ❺. Der hiermit definierte Bereich wird beim Lösen der Maus auf möglichst hohe Vergrößerung in das Dokumentfenster eingepasst ❻.

◄ **Abbildung 1.74**
Mit dem Zoomwerkzeug können Sie die gewünschte Stelle des Layouts besonders schnell vergrößern.

Außerdem bietet InDesign noch eine ganze Reihe von Kurzbefehlen zum schnellen Wechsel der Dokumentansicht. Einige von ihnen sind auch im Menü Ansicht aufrufbar:

◄ **Tabelle 1.1**
Hier finden Sie die wichtigsten Tastenkürzel für das Zoomen.

Befehl	Windows	Mac OS
Seite in Fenster einpassen	Strg + 0	⌘ + 0
Druckbogen in Fenster einpassen	Strg + Alt + 0	⌘ + ⌥ + 0
Originalgröße	Strg + 1	⌘ + 1
Zoomen auf 50 %	Strg + 5	⌘ + 5
Zoomen auf 200 %	Strg + 2	⌘ + 2
Zoomen auf 400 %	Strg + 4	⌘ + 4
Einzoomen	Strg + +	⌘ + +
Auszoomen	Strg + -	⌘ + -

> **Druckbogen**
>
> In einem doppelseitigen Dokument werden unter einem Druckbogen die jeweils nebeneinanderliegenden Seiten verstanden.

Noch ein Tipp zum Umgang mit dem Zoomwerkzeug: Wenn im Dokument gerade nichts markiert ist, vergrößert InDesign immer von der Bildschirmmitte aus. Meist will man aber ein bestimmtes Detail vergrößert vor sich haben: Das brauchen Sie nur zu markieren, und wenn Sie dann eines der oben genannten Tastenkürzel eintippen, wird Ihnen das gewünschte Detail in der gewünschten Vergrößerung auf dem Monitor dargestellt. Bei Text wird praktischerweise immer der Bereich, in dem sich gerade die Texteinfügemarke befindet, vergrößert.

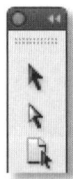

▲ **Abbildung 1.75**
Vergrößern Sie die Toolbox nach Möglichkeit mit einem Klick auf die oberen Doppelpfeile auf zwei Spalten.

Abbildung 1.76 ▶
Auf engstem Raum sind eine Fülle von Informationen und Modifikationsmöglichkeiten untergebracht.

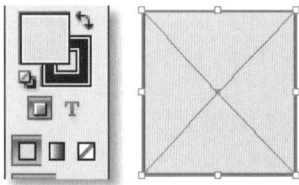

▲ **Abbildung 1.77**
Bei allen Objekten, die keine Textrahmen sind, ist der T-Button abgeblendet.

1.8.24 Der Formatierungsbereich

Unter den eigentlichen Werkzeugen sehen Sie einen Bereich, über den Sie regeln können, was wie gefüllt werden soll: die Fläche oder die Kontur? Der Rahmen oder der Text? Mit einer Farbe oder einem Verlauf? Da diese Formatierungsmöglichkeiten von zentraler Bedeutung bei der Gestaltung von Layouts sind, kommen wir innerhalb des Buches an verschiedenen Stellen darauf zurück, so dass ich diesen Teil der Toolbox hier zunächst etwas allgemeiner vorstelle.

Wenn Ihnen Ihr Bildschirm genügend Platz bietet, sollten Sie sich die Werkzeuge durch einen Klick auf den weißen Doppelpfeil in der Anfasserleiste zweispaltig anzeigen lassen. Dadurch wird der Bereich zur Formatierung von Objekten und Text immerhin doppelt so groß wie in der einspaltigen Darstellungsvariante dargestellt:

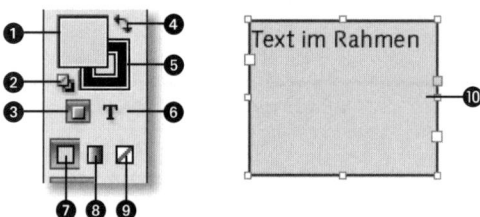

Auf den ersten Blick sieht es nicht gerade danach aus, aber im Formatierungsbereich der Toolbox ist auf wenigen Quadratzentimetern eine Fülle von Informationen und Möglichkeiten der Formatierung untergebracht. Verschaffen wir uns anhand eines Textrahmens einen Überblick: Der Formatierungsbereich registriert, was Sie gerade markiert haben. Ist wie im Beispiel ein Textrahmen ❿ und nicht sein Textinhalt aktiviert, haben Sie durch die Buttons Formatierung wirkt sich auf Rahmen aus ❸ und Formatierung wirkt sich auf Text aus ❻ die Möglichkeit, zwischen diesen beiden Elementen eines Textrahmens hin- und herzuschalten. Bei allen Objekten, die keine Textrahmen sind, ist der T-Button abgeblendet (siehe Abbildung 1.77). Änderungen der Fläche oder der Kontur wirken sich dementsprechend auf das gewählte Element aus. Im Beispiel ist der Rahmen-Button aktiviert, so dass die beiden Symbole für Fläche ❶ und Kontur ❺ die aktuelle Formatierung des Rahmens ❿ wiedergeben. Im Beispiel liegt das Flächen-Symbol vor der Kontur, eine Änderung der Farbe über eines der Bedienfelder Farbe bzw. Farbfelder (beide können über das Menü FENSTER aufgerufen werden) würde sich somit auf die Fläche auswirken. Soll hingegen die Kontur formatiert werden, reicht ein Klick auf das Kontur-Symbol. Ebenso ändern Sie die Reihenfolge von Kontur und Fläche mit Drücken der ⓧ-Taste. Die jeweilige Anzeige wird übrigens immer in den Formatierungsbereichen innerhalb der Toolbox, den Bedienfeldern FARBFELDER und FARBE synchronisiert (siehe Abbildung 1.78). Ein Klick auf den Doppelpfeil FLÄCHE UND KONTUR AUSTAUSCHEN ❹ bewirkt den Austausch der beiden Formatierungen und ist von untergeordneter Bedeutung. Am ehesten wird dieser Button verwendet, wenn man eben nicht die aktuell aktive Formatierungsoption FLÄCHE/KONTUR/RAHMEN/TEXT im Blick hatte und etwa einer Schrift statt der Flächenfarbe eine Kontur zugewiesen hat. Wichtiger ist der Button STANDARDFLÄCHE UND -KONTUR ❷. Durch das Betätigen dieses Buttons (oder durch Drücken der Taste Ⓓ) wird der Kontur Schwarz zugewiesen, die Fläche erhält die Füllung »keine«, ist dann also durchscheinend: Eventuell darunter platzierte Objekte sind dadurch sichtbar.

Von den unteren drei Buttons kann immer nur einer aktiviert sein, da einer Fläche oder Kontur entweder eine Farbe ❼, ein Verlauf ❽ oder keinerlei Füllung ❾ zugewiesen ist. Besonders praktisch ist die Anwahl dieser drei Optionen mit den drei Tastenkürzeln ⟨,⟩ (Komma) für Farbe, ⟨.⟩ (Punkt) für Verlauf und ⟨#⟩ bzw. ⟨/⟩ auf dem Nummernblock für »keine«. Grundlegende Formatierungen können so allein über die Tastatur realisiert werden!

Ist Text mit dem Text-Tool markiert ❿, ändert sich die Darstellung des Formatierungsbereiches automatisch: Die eben beschriebenen Flächen- und Kontur-Symbole werden durch zwei große T ersetzt. Das ausgefüllte T steht für die Schriftzeichenfläche ⑪, das konturierte T für die Kontur ⑫. Wird beim aktivierten Textrahmen ⑮ der T-Button ⑬ gedrückt, wirken sich die Änderungen der Formatierung auf den gesamten Text des Rahmens aus. Alle sonstigen Bedienelemente des Formatierungsbereiches funktionieren wie bei den Standardobjekten.

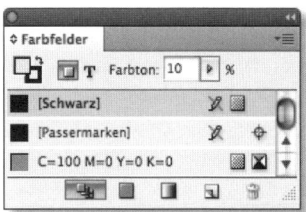

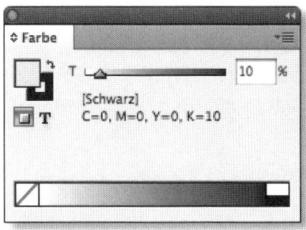

▲ **Abbildung 1.78**
Achten Sie bei diesen beiden Bedienfeldern auf die synchronisierten Symbole für Fläche, Kontur, Rahmen und Text.

Konturierte Schrift

Setzen Sie eine Kontur um Schrift mit Bedacht ein. Die Räume innerhalb und die Abstände zwischen den Schriftzeichen werden durch eine Kontur massiv geändert und zerstören schnell die ausgewogene Anmutung einer Schrift.

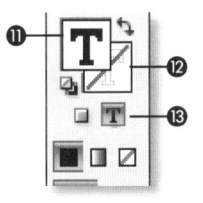

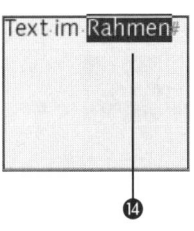

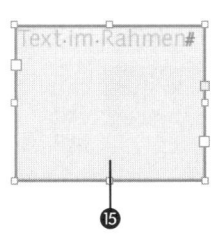

◄ **Abbildung 1.79**
Im Formatierungsbereich der Toolbox lässt sich sogar Text grundlegend formatieren.

1.8.25 Bildschirmmodus

Ganz unten finden Sie in der Toolbox entsprechend der gewählten Darstellung ein bzw. zwei Buttons, mit denen Sie den gewünschten Ansichtsmodus wählen können. Da der gewählte Modus in der einspaltigen Variante nur bei genauem Hinsehen sichtbar ist, rate ich auch deshalb zur zweispaltigen Darstellung:

Abbildung 1.80 ▶
Im unteren Bereich der Toolbox kann der gewünschte Bildschirmmodus gewählt werden.

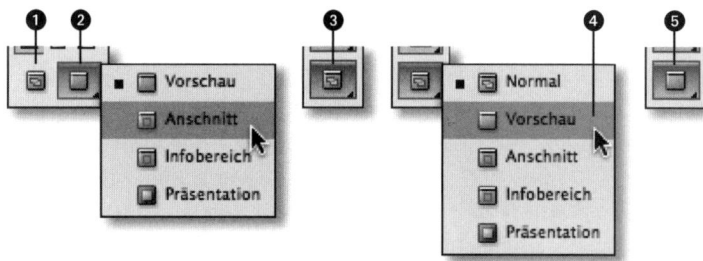

▲ Abbildung 1.81
In der Anwendungsleiste ändert sich das Symbol nicht.

▼ Abbildung 1.82
Hier sehen Sie die Anzeige eines Layouts in vier Bildschirmmodi.

Bei der zweispaltigen Darstellung der Toolbox können die beiden wichtigsten Ansichtsmodi direkt angewählt werden. Links steht immer der Modus NORMAL zur Verfügung ❶, rechts ist der Modus VORSCHAU voreingestellt ❷. Wird die Toolbox einspaltig angezeigt ❸, wird der alternative Bildschirmmodus über das Flyout-Menü angewählt ❹. Das entsprechende Icon ist anschließend in der Toolbox zu sehen ❺.

Unabhängig von der Darstellung der Werkzeugleiste wechseln Sie einfacher zwischen den verschiedenen Bildschirmmodi durch das Drücken der Taste Ⓦ. Es wird dann immer zwischen dem Modus NORMAL und dem zuletzt im Flyout-Menü gewählten Alternativmodus gewechselt.

Auf den folgenden Screenshots wird ein Layout in den wichtigeren vier Bildschirmmodi wiedergegeben:

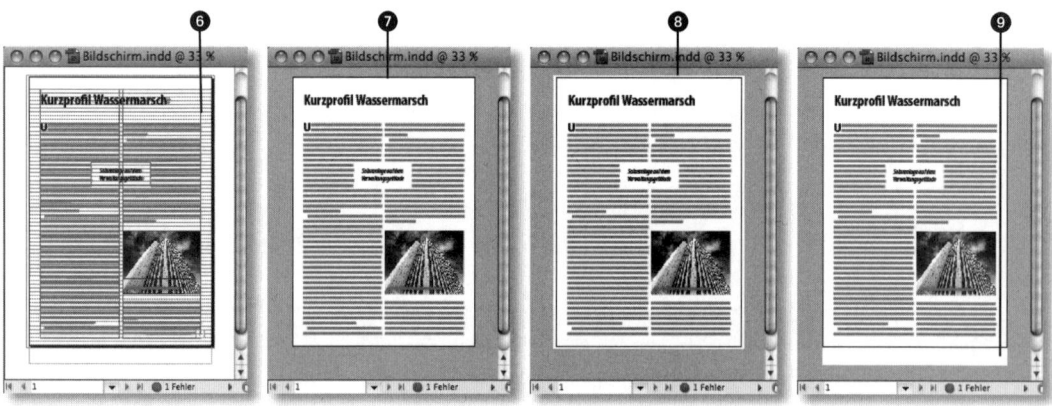

Der Modus Normal trägt seinen Namen völlig zu Recht, denn in diesem Modus werden Sie vermutlich am häufigsten arbeiten. Ist er aktiviert, werden alle sichtbaren Hilfslinien, Rahmenkanten, Raster und verborgenen Zeichen wie etwa Leerzeichen eingeblendet ❻. Im Modus Vorschau werden all diese Hilfsmittel wie auch die weiße Montagefläche, die jede Dokumentseite umgibt, ausgeblendet. Somit erhalten Sie durch diesen Modus eine Vorschau, wie die Seite nach der Produktion aussehen wird ❼. Der Modus Anschnitt gibt die Seite genau so wie der Vorschau-Modus wieder, außer dass hier der sogenannte Anschnitt mit dargestellt wird ❽. Dementsprechend wird im Modus Infobereich ein weiterer Bereich eingeblendet ❾. Anschnitt und Infobereich können bei der Anlage eines Dokuments oder zu einem späteren Zeitpunkt über Datei • Dokument einrichten definiert werden.

Das Dokument von Abbildung 1.83 wurde mit folgenden Einstellungen eingerichtet:

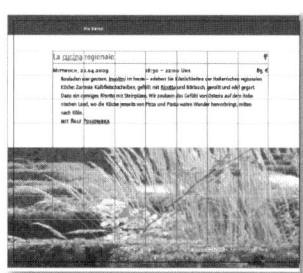

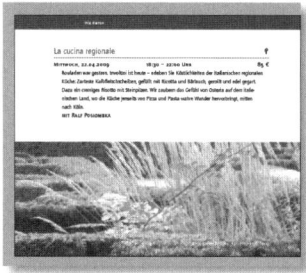

▲ **Abbildung 1.83**
Die Fläche oben und das Bild sind bis zum Anschnitt aufgezogen worden.

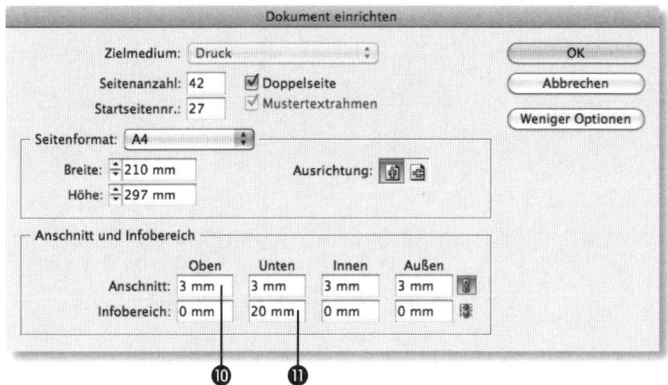

◄ **Abbildung 1.84**
Die 3 mm bei Anschnitt können Sie getrost übernehmen.

Der Anschnitt von 3 mm um die gesamte Dokumentseite ❿ ist ein Standardwert, den Sie, solange Sie keine anders lautenden Werte von Ihrem Druckdienstleister erhalten, verwenden können. Der Anschnitt wird von InDesign als rote Linie um das Nettoformat, also das Endformat, dargestellt. An dieser Anschnittlinie sollten alle randabfallenden Gestaltungselemente, das sind alle Linien, Flächen, Grafiken etc., die bis zur Formatbegrenzung gehen, ausgerichtet werden. Dadurch können Produktionsungenauigkeiten zumindest aufgefangen werden. Außerdem wurde im Beispiel ein Infobereich von 20 mm unten auf der Seite definiert ⓫. Nach dem Druck können hier beispielsweise Kommentare oder etwaige Arbeitsanweisungen notiert werden.

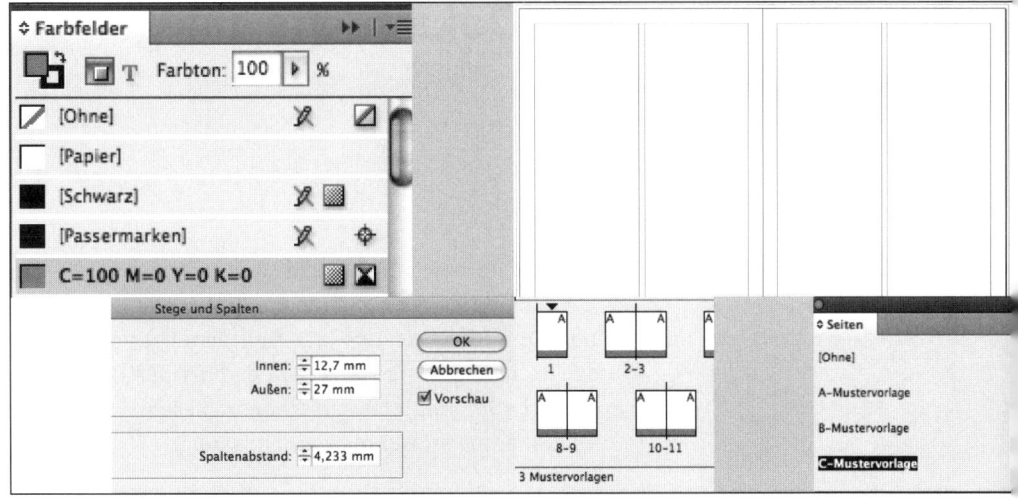

Kapitel 2

Dokumente anlegen

Starten Sie durch

Sie werden lernen:

- ▸ welche Dokumentarten InDesign erstellen kann
- ▸ welche Einstellungen für ein neues Dokument sinnvoll sind
- ▸ wie Sie InDesign-Layouts speichern können
- ▸ was Mustervorlagen sind und wie Sie viel Zeit mit ihnen sparen können

2 Dokumente anlegen

Wie Sie ein neues Dokument anlegen, wissen Sie: $\boxed{\text{Strg}}$/$\boxed{\text{⌘}}$ + $\boxed{\text{N}}$. Lassen Sie uns aber auch in die Tiefe gehen und die verschiedenen Optionen, die uns InDesign bietet, erforschen. Sie werden sehen, dass es eine ganze Reihe von Tipps und Kniffen gibt, die das Arbeiten mit InDesign schon in diesem Anfangsstadium eines Dokumentes effizienter werden lassen.

2.1 Vier Dokumentformate

Sehen wir uns noch die anderen Möglichkeiten an, wie Sie ein Dokument anlegen können. In der Regel sehen Sie bei jedem Start von InDesign den Startbildschirm. Haben Sie schon eine Weile mit InDesign gearbeitet und mehrere Dateien angelegt oder bestehende geöffnet, werden diese im linken Bereich unter ZULETZT VERWENDETES ELEMENT ÖFFNEN angezeigt. Als unterster Eintrag dieser Liste weist das Ordnersymbol auf die Möglichkeit hin, den ÖFFNEN-Dialog aufzurufen: In ihm wird Ihr Dateiverzeichnis angezeigt und Sie können die gewünschte Datei öffnen.

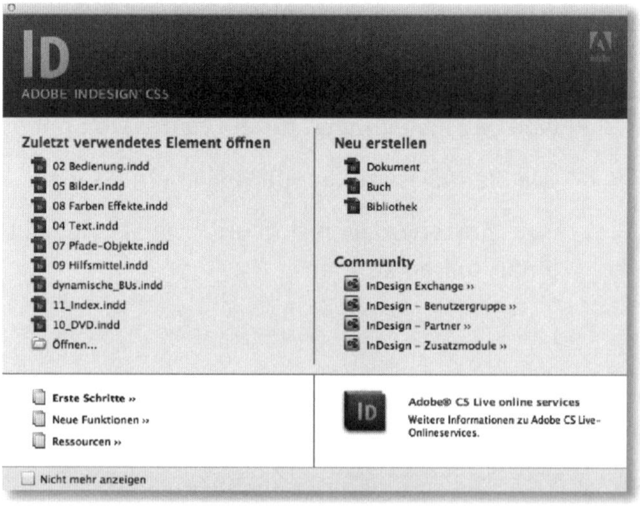

Kein Startbildschirm?

Wenn Sie irgendwann einmal die Checkbox unten links neben NICHT MEHR ANZEIGEN betätigt haben, sehen Sie den Startbildschirm beim Starten nicht mehr. Über HILFE • STARTBILDSCHIRM… können Sie diese Wahl rückgängig machen: Beim nächsten Programmstart ist dieses Auswahlfenster wieder an Ort und Stelle. Ich empfehle Ihnen hier auch, diese Einstellung dabei zu belassen, denn hier werden ja durchaus sinnvolle Optionen angeboten.

Abbildung 2.1 ▶
Wie bei den anderen Adobe-Programmen gibt's den Startbildschirm auch bei InDesign.

Im rechten Bereich unter Neu erstellen werden uns dieselben vier Möglichkeiten zur Erstellung neuer Dokumente angeboten wie unter Datei • Neu. Den Eintrag Dokument werden Sie am häufigsten anwählen, da die beiden anderen Dokumentarten Buch und Bibliothek Sonderfälle darstellen.

Nur so viel dazu: Eine Buch-Datei beinhaltet selbst keine Seiten, die gestaltet werden können, sondern verwaltet mehrere »normale« InDesign-Dokumente. Das Buch-Dateiformat wird dementsprechend bei umfangreicheren Layout-Jobs wie Büchern oder Magazinen eingesetzt.

Auch das zweite Dateiformat Bibliothek beinhaltet keine Seiten: Hier können unterschiedliche Gestaltungselemente wie Textrahmen und Grafiken abgelegt werden und von da aus wieder in dasselbe Dokument oder in andere Layouts eingefügt werden. Bibliotheken werden wir uns in Kapitel 8, »Praktische Hilfsmittel«, näher ansehen.

Normale InDesign-Dokumente können als Vorlagen gespeichert werden. Beim Öffnen einer so erstellten Vorlage wird die Vorlage selbst nicht geöffnet, was widersprüchlich klingt, aber Sinn macht: Es wird nämlich automatisch eine Kopie der Vorlage erstellt und das Dokument trägt den Namen »Unbenannt«. Stellen Sie sich eine Vorlage wie einen Block mit bedruckten Seiten vor (so sieht ja auch das Icon aus), aus dem Sie immer wieder dieselbe Art Seiten entnehmen können.

Sinn macht das Arbeiten mit Vorlagen beispielsweise bei Rechnungen: Sie erstellen einmal eine Rechnungsvorlage in InDesign, und jedes Mal, wenn Sie eine neue Rechnung benötigen, wird durch das Öffnen der Vorlage automatisch eine neue Rechnung von InDesign angelegt.

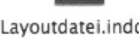

Layoutdatei.indd   Buch.indb   Bibliothek.indl   Layoutvorlage.indt

> ◄ **Abbildung 2.2**
> InDesign kann vier Dateiarten erstellen.

Die vier unterschiedlichen Dateiarten von InDesign sind an ihrem typischen Icon und an ihrer Dateikennung erkennbar. Bei allen steht das »ind« natürlich für »InDesign«, die unterschiedlichen Folgebuchstaben für die englischen Entsprechungen der Dokumentart. So stehen das »d« für »document«, »b« für »book«, »l« für »library« (deutsch: Bücherei) und »t« für »template« (deutsch: Vorlage).

> ▶ **Video-Training**
> Wie Sie die Buch-Funktion von InDesign nutzen, erfahren Sie in Video-Lektion 3.3.

2.1.1 Das Dokument einrichten

Nachdem wir die Unterschiede der vier InDesign-Dokumentformate besprochen haben, kommen wir nun endlich zur Anlage eines neuen Dokumentes. Wenn Sie auf eine der beschriebenen Arten ein neues Dokument anlegen, erscheint das entsprechende Dialogfenster, in dem Sie eine Reihe von Vorgaben für das neue Dokument vornehmen können. Hierbei brauchen Sie sich keine Sorgen um Fehler oder nicht mehr rückgängig zu machende Einstellungen zu machen: Sie können fast ausnahmslos alle hier gemachten Vorgaben zu jedem beliebigen späteren Zeitpunkt wieder ändern.

Individuelle Einstellungen

Wenn Sie immer wieder gleichartige Dokumente anlegen, die auf ungewöhnlichen Formaten oder Seitenzahlen beruhen, können Sie Ihre Einstellungen im Dialog NEUES DOKUMENT mit einem Klick auf VORGABE SPEICHERN... speichern. Diese sind von nun an im Pulldown-Menü DOKUMENTVORGABE aufrufbar.

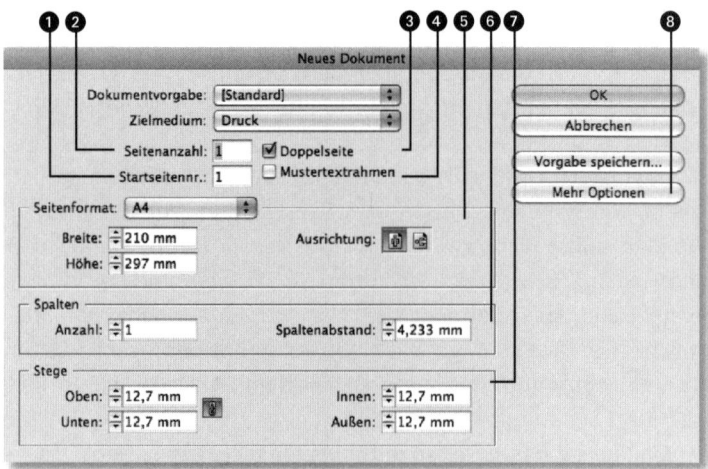

Abbildung 2.3 ▶
Sie können fast alle Angaben des Dialogs NEUES DOKUMENT später wieder ändern.

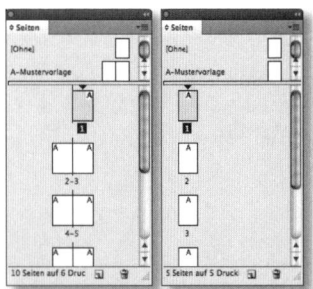

▲ **Abbildung 2.4**
So werden Doppel- und Einzelseitendokumente im Bedienfeld SEITEN dargestellt.

In dem Feld SEITENANZAHL ❷ können Sie InDesign anweisen, im neuen Dokument direkt die gewünschte Seitenzahl anzulegen. Daneben sehen Sie die Checkbox DOPPELSEITE ❸. Eine Doppelseite besteht aus zwei (Einzel-)Seiten, die sich gegenüberliegen und sich damit zu einer größeren Einheit zusammenfügen. Diese Einheit nimmt die Leserin/der Leser auch als solche wahr und sollte deshalb vom Layouter auch als solche gestaltet werden. Jedes Buch – so auch dieses – und jedes Magazin, das Sie in die Hand nehmen, besteht aus Doppelseiten. Bei einem zweiseitigen Flyer, einem Plakat oder einer Postkarte demarkieren Sie diese Checkbox, ansonsten lassen Sie sie angeklickt. Bei STARTSEITENNR. ❶ können Sie angeben, mit welcher Seitenzahl das neue Dokument beginnen soll. Diese Option macht Sinn, wenn Sie mit umfangreichen Dokumenten arbeiten und nicht alle Seiten etwa eines Buches in einer einzigen InDesign-Datei bearbeiten möchten. Die Checkbox MUSTERTEXTRAHMEN ❹ ist standardmäßig nicht aktiviert, was Sie jedoch ändern sollten. Was Mustertextrahmen überhaupt sind, klären wir später: Vertrauen Sie mir an dieser Stelle erst einmal blind und klicken Sie diese Option an. In dem Fensterbereich SEITENFORMAT ❺ wird Ihnen im Pulldown-Menü die Wahl zwischen einer ganzen Reihe von Standardseitenformaten angeboten. In den Eingabefeldern darunter können Sie Ihr Dokumentformat ebenso frei definieren. Mit den beiden Buttons auf der rechten Seite können Sie die AUSRICHTUNG des eingegebenen Seitenformats ändern: Hier können Sie beispielsweise aus einem A4-Hochformat ein Querformat machen. Im Bereich SPALTEN ❻ können Sie angeben, wie viele Spalten Ihr Dokument zunächst haben soll und in welchem Abstand diese Spalten zueinander stehen sollen. Zunächst einmal haben diese Eingaben hier zur Folge, dass InDesign auf allen Dokumentseiten Hilfslinien erstellt, die diesen Werten hier entsprechen. Wenn oben die Mustertextrahmen aktiviert wurden, weisen diese auch die Spaltenanzahl und den Spaltenabstand auf, der hier eingegeben wurde. Mit den Angaben im Bereich STEGE ❼ legen Sie den sogenannten Satzspiegel fest. Damit wird unter Typografen die Fläche einer Seite bezeichnet, die den Hauptteil der Texte (und Bilder) einer Publikation aufnimmt. OBEN und UNTEN sind selbsterklärend. Bei doppelseitigen Dokumenten wird mit INNEN der Abstand zum Bund, also der Stelle, an der man eine Doppelseite aufschlägt, bezeichnet. AUSSEN hingegen bezeichnet den Abstand des Satzspiegels zu den äußeren Seitenrändern hin. Wenn Sie die Checkbox DOPPELSEITE ❺ deaktiviert haben, werden die Abstände mit LINKS und RECHTS bezeichnet, da es bei einzelseitigen Dokumenten kein Innen und Außen gibt.

Klicken Sie rechts den Button MEHR OPTIONEN ❽ an, vergrößert sich das Dialogfenster nach unten. Hier interessiert uns der Bereich ANSCHNITT.

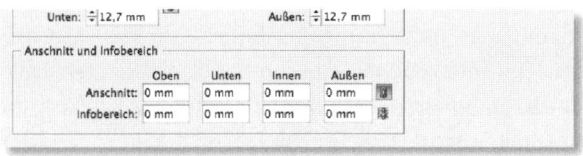

Mit Anschnitt ist der äußere Bereich einer Seite gemeint, der zwar mitgedruckt wird, aber in der fertigen Drucksache später nicht mehr zu sehen sein wird. Warum sollte man sich mit so

---

Neue Vorgaben: Web

Mit CS5 ist das Pulldown-Menü ZIELMEDIUM hinzugekommen, in dem Sie zwischen den Optionen DRUCK und WEB wählen können. Entsprechend der hier getroffenen Wahl ändert sich der untere Bereich, da jeweils unterschiedliche Voreinstellungen geladen werden. Die größte Unterschied zwischen diesen beiden Optionen ist jedoch der Wechsel der Einheiten. Bei DRUCK werden »mm«, bei WEB »px« für Pixel angezeigt.

Flächen und Abstände

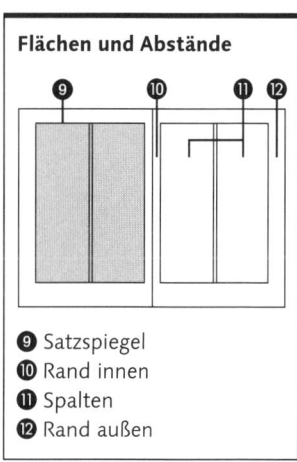

❾ Satzspiegel
❿ Rand innen
⓫ Spalten
⓬ Rand außen

◀ **Abbildung 2.5**
Um diesen wichtigen Bereich wird der Dialog NEUES DOKUMENT erweitert, wenn Sie MEHR OPTIONEN anklicken.

einem Bereich beschäftigen, und warum bietet uns InDesign die Möglichkeit, einen Anschnitt anzugeben? Die Antwort rührt aus der Druckproduktion: Die Seiten dieses Buches etwa werden auf sogenannte Bögen gedruckt. Das bedeutet, dass nicht jede Seite für sich wie bei Desktop-Druckern gedruckt wird, sondern mehrere Seiten werden gemeinsam auf einen Bogen montiert, wie es im Druckjargon heißt. Die Bögen werden in den Offset-Druckmaschinen bedruckt und erst anschließend auf das Endformat zugeschnitten. Da hierbei keine 100%ige Genauigkeit erreicht werden kann und es gleichzeitig zu keinen störenden Lücken bei Gestaltungselementen kommen soll, die bis zum Rand gehen, legt man beim Layouten derartige Linien, Bilder, Farbflächen o.Ä. mit der sogenannten **Beschnittzugabe** an. Bei den Seiten, die Sie in den Händen halten, sind z.B. die Linien, die oben neben den Kapitelnamen stehen ❶, und die schwarzen rechten Kästchen ❷ in der Layoutdatei so angelegt, dass sie deutlich über das Endformat hinausgehen.

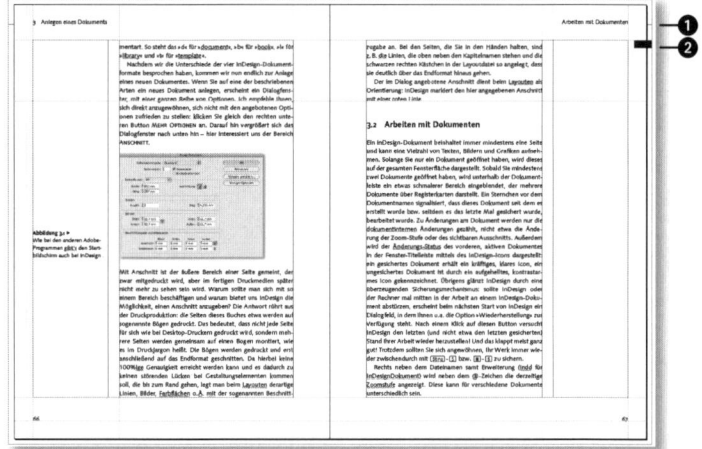

Abbildung 2.6 ▶
Der ANSCHNITT wird als Linie um die Dokumentseite dargestellt.

Der im Dialog angebotene Anschnitt dient beim Layouten als Orientierung, damit man nicht immer nachmessen muss: InDesign markiert den hier angegebenen Anschnitt mit einer roten Linie rund um die Dokumentseite. Als weithin empfohlener Wert für den Anschnitt/die Beschnittzugabe gilt hier »3 mm«.

Übrigens: Bis auf die Entscheidung, ob Mustertextrahmen erstellt werden sollen, können Sie alle im Dialog NEUES DOKUMENT gemachten Eingaben unter DATEI • DOKUMENT EINRICHTEN oder über [Strg]+[Alt]+[P]/[⌘]+[⌥]+[P] erneut modifizieren.

2.2   Dateien speichern

Das Erste, was Sie nach dem Erstellen einer Datei machen sollten, ist, die Datei zu speichern. Dazu öffnen Sie das Menü DATEI.

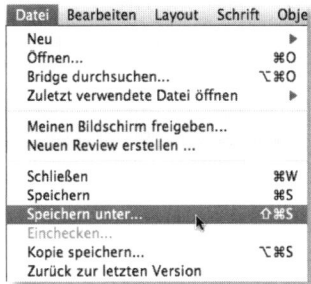

Neue Dokumente werden von InDesign automatisch mit »Unbenannt« betitelt. Beim ersten Speichern legen Sie im SPEICHERN-Dialog den Speicherort in Ihrem Dateiverzeichnis Ihres Rechners und den Namen fest. Ab dem ersten Speichern überschreibt InDesign die letzte Version, wenn Sie ⎣Strg⎦/⌘+⎣S⎦ drücken. Und genau das sollten Sie sich zur Angewohnheit machen: immer wieder speichern. Dieser Tastaturbefehl sollte Ihnen zum Reflex werden …

Der Befehl SPEICHERN UNTER… über ⎣Strg⎦/⌘+⎣⇧⎦+⎣S⎦ öffnet im Gegensatz zu SPEICHERN wieder einen Dialog, in dem Sie erneut den Speicherort festlegen und gegebenenfalls einen neuen Dateinamen vergeben können. Damit bleibt die Datei, an der Sie bis zum Aufrufen von SPEICHERN UNTER… gearbeitet haben, in der Version, in der sie zum letzten Mal gespeichert wurde und nicht (!) in der Version, in der Sie den Befehl aufrufen. Anschließend arbeiten Sie an der gerade gespeicherten Datei weiter.

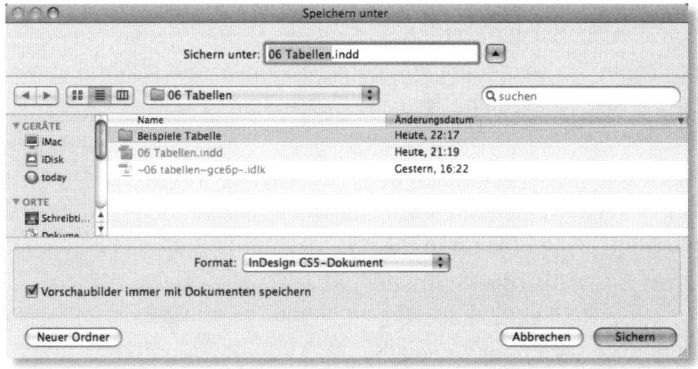

◄ **Abbildung 2.7**
SPEICHERN oder SPEICHERN UNTER… – Sie haben die Wahl.

◄ **Abbildung 2.8**
Im SPEICHERN UNTER-Dialog können Sie nicht nur festlegen, wohin Sie eine Datei speichern, sondern auch, als was.

Überlegen Sie sich am besten ein Schema, das Sie für alle (!) Dateien anwenden: z. B. »Kundenkürzel_Auftrag_Version«. Dieses Schema würde zu Dokumentnamen wie »BGC_Programmheft_01« führen. Und achten Sie peinlichst auf das Verzeichnis, in dem Sie Daten abspeichern, damit Sie nicht an verschiedenen Stellen Ihrer Festplatte Daten mit denselben Dateinamen erstellen! Halten Sie außerdem die Versionsnummern klein (bis etwa drei). Sie werden keinen Überblick mehr über die vorangegangenen acht Layouts haben, wenn Sie beim »BGC_Programmheft_09« angekommen sind.

Im SPEICHERN/SPEICHERN UNTER-Dialog können Sie unten im Pulldown-Menü FORMAT (Mac) bzw. DATEITYP (Windows) zwischen InDesign CS5-DOKUMENT und InDesign CS5-VORLAGE (siehe Seite 61) wählen.

Der Befehl KOPIE SPEICHERN... über $\boxed{\text{Strg}}$+$\boxed{\text{Alt}}$+$\boxed{\text{S}}$/ $\boxed{\text{⌘}}$+$\boxed{\text{⌥}}$+$\boxed{\text{S}}$ macht genau das: InDesign legt eine Kopie der aktuellen Datei an. Dafür öffnet sich wieder ein Dialog, in dem Sie Speicherort und Dateinamen festlegen können. Im Unterschied zu SPEICHERN UNTER... bleibt dabei die ursprüngliche Datei geöffnet, es wird sozusagen ein Schnappschuss Ihrer Arbeit erstellt.

2.3 Dokumente verwalten und anpassen

Entsprechend der Angabe im Feld SEITENANZAHL im Dialogfeld NEUES DOKUMENT weist die neue InDesign-Datei eine oder mehrere Dokumentseiten auf. Um einem Dokument z. B. neue Seiten hinzuzufügen oder bestehende zu löschen, können Sie zwar die entsprechenden Befehle des Untermenüs SEITEN innerhalb des Menüs LAYOUT bemühen. Intuitiver und damit besser steuerbar sind derartige Änderungen am Dokument jedoch über das Bedienfeld SEITEN vorzunehmen.

2.3.1 Das Bedienfeld »Seiten«

Dieses Bedienfeld können Sie über das Menü FENSTER oder über $\boxed{\text{Strg}}$/$\boxed{\text{⌘}}$+$\boxed{\text{F12}}$ aufrufen. Das Bedienfeld SEITEN stellt eine Besonderheit innerhalb der gesamten InDesign-Bedienfelder dar, weil es die aktuelle Arbeitsdatei visuell widerspiegelt. In den Miniaturansichten im unteren Bereich werden, sobald jedwelche Inhalte auf den Seiten platziert wurden, diese wiedergegeben. Die Darstellungsgröße und ob die Miniaturen vertikal oder horizontal im Bedienfeld wiedergegeben werden sollen, können Sie im Bedienfeldmenü ❸ unter BEDIENFELDOPTIONEN einstellen. Gerade bei langen Dokumenten ist die horizontale Darstellung der Seiten durch ihren geringeren Platzbedarf auf dem Bildschirm der vertikalen Darstellung vorzuziehen (siehe Abbildung 2.8). Die tatsächliche Seitenanordnung im Dokument bleibt dabei von der gewählten Ansichtsoption unberührt.

Das SEITEN-Bedienfeld ist durch eine horizontale Trennlinie in einen oberen Mustervorlagenbereich und in den unteren, größe-

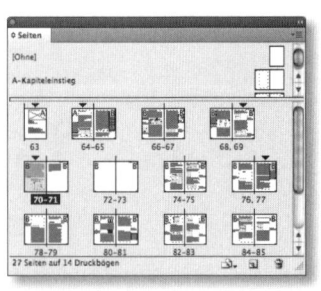

▲ **Abbildung 2.9**
Seiten können im Bedienfeld auch horizontal angeordnet dargestellt werden, Sie finden die Bedienfeldoptionen im Bedienfeldmenü.

ren Bereich mit der Repräsentation der Dokumentseiten geteilt. Auf Mustervorlagen werden Elemente wie beispielsweise Seitenzahlen eingefügt, die dann auf allen Dokumentseiten zu sehen sind, auf die diese Mustervorlage angewendet wurde. Auf dieses äußerst wichtige Feature werde ich ab Seite 72 detailliert eingehen.

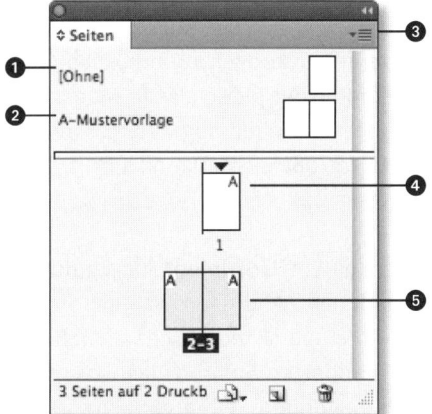

◄ **Abbildung 2.10**
So sieht eines der wichtigsten Bedienfelder aus: das SEITEN-Bedienfeld.

Alle InDesign-Dokumente haben automatisch die Mustervorlage [OHNE] ❶, die nicht weiter geändert werden kann und deshalb nicht weiter von tragender Rolle ist. Am rechten Bedienfeldrand ist die Art der jeweiligen Mustervorlage dargestellt. Im Beispiel A-MUSTERVORLAGE ❷ handelt es sich um eine doppelseitige Mustervorlage. Mit einem Doppelklick auf eine Musterseite kann sie geöffnet und wie eine Dokumentseite bearbeitet werden.

Im unteren Bereich in Abbildung 2.10 sehen Sie drei Dokumentseiten in der Miniaturansicht. Ein doppelseitiges Dokument beginnt wie hier in der Regel mit einer rechten Einzelseite ❹. Doppelseitige Dokumente sind immer auch im SEITEN-Bedienfeld an der längeren Linie zu erkennen. Sie markiert den Bund, also die Stelle einer Publikation, an der die Seiten zusammengeheftet oder -geklebt werden. Die Seite 1 im Beispiel könnte also die Titelseite einer Broschüre sein. An den kleinen Zahlen unterhalb der Miniaturen ist die Seitenzahl ablesbar. Ein Doppelklick auf die Seitenzahl passt die entsprechende/n Seite/n in das Dokumentfenster ein – auf diese Weise lässt es sich hervorragend im Dokument navigieren. Ein Doppelklick auf die Seitenzahl markiert außerdem die Seite(n) im SEITEN-Bedienfeld ❺, die angeklickt wurden. Es lassen sich aber auch Seiten mit gedrückter Strg/⌘-Taste mar-

Seiten farbig markieren

Um die Übersicht im SEITEN-Bedienfeld zu erhöhen, können Sie die Miniaturen in InDesign CS5 über das Bedienfeldmenü mit dem Befehl FARBETIKETT einfärben.

Seiten drehen

Dieses weitere, sehr nützliche Feature finden Sie ebenfalls im SEITEN-Bedienfeldmenü unter DRUCKBOGENANSICHT DREHEN. Wie der Befehl schon ausdrückt, wird hier nur die Ansicht und nicht die Seite selbst gedreht.

Mit einem Rechtsklick auf eine Seitenminiatur können Sie viele der Befehle übrigens auch direkt aus dem Bedienfeld aufrufen.

Seiten duplizieren

Gerade im Entwurfsstadium möchte man schnell verschiedene Varianten eines Layouts ausprobieren: Seiten sind schnell dupliziert, wenn Sie die betreffenden Seiten in der Miniaturansicht markieren und unten im SEITEN-Bedienfeld auf den Abreißblock ziehen.

kieren, die nicht nebeneinanderliegen. Dies ist wünschenswert, wenn Sie beispielsweise nur auf bestimmten Seiten des Dokumentes die Ränder und Spalten ändern möchten.

Ganz unten im SEITEN-Bedienfeld finden Sie die aktuelle Anzahl der Seiten des aktiven Dokumentes und die Anzahl Druckbögen, auf denen sich diese Seiten befinden. Mit Druckbögen sind neben den Einzelseiten auch immer die direkt nebeneinanderliegenden Seiten gemeint – sie geben damit immer die Anzahl der Bünde eines Dokumentes an. Auf einem Druckbogen können auch mehr als zwei Seiten stehen: Dies kommt beispielsweise in Magazinen vor, wenn große Panoramabilder auf Seiten abgedruckt werden, die man über die eigentliche Heftgröße ausklappen kann.

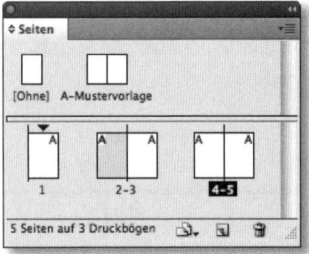

▲ **Abbildung 2.11**
Am SEITEN-Bedienfeld ist ablesbar, dass die Seiten 4/5 im Dokumentfenster angezeigt werden, markiert ist hier Seite 2.

Abbildung 2.12 ▶
Mit dem Dialogfeld SEITEN EINFÜGEN können Sie genau steuern, wo die Seiten eingefügt werden sollen.

Seiten einfügen

Um eine oder mehrere Seiten einem Dokument hinzuzufügen, können Sie zwischen verschiedenen Methoden wählen: Sie klicken auf den Button mit dem Abreißblock, dann wird einfach eine neue Seite nach der aktuell markierten Seite in das Dokument eingefügt. Die gegebenenfalls folgenden Seiten rücken dadurch entsprechend um eine Seite nach hinten. Beachten Sie hierbei, dass die Seite, die Sie im Dokumentfenster sehen, nicht zwangsläufig die Seite sein muss, die im Bedienfeld SEITEN markiert ist!

Auf diese Weise lassen sich jedoch immer nur einzelne Seiten hinzufügen. Möchten Sie mehrere Seiten gleichzeitig hinzufügen, können Sie dies über den Befehl SEITEN EINFÜGEN erledigen. Sie finden diesen Befehl im Bedienfeldmenü.

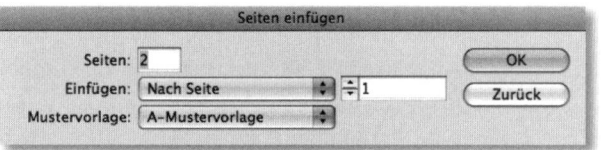

Es ist ziemlich offensichtlich, um wie viel praktischer das Hinzufügen von Seiten mit diesem Dialogfeld ist: Hier können Sie neben der gewünschten Anzahl neuer Seiten auch angeben, an welcher Stelle InDesign die neuen Seiten einfügen soll. Dabei stehen Ihnen neben der direkten Eingabe einer genauen Seitenzahl im Pulldown-Menü noch folgende Optionen zur Verfügung: NACH SEITE, VOR SEITE, AM ENDE bzw. AM ANFANG des Dokumentes. Außerdem haben Sie hier die Möglichkeit, aus den im aktuellen Dokument angelegten Mustervorlagen zu wählen.

Seiten zwischen Dokumenten austauschen

Wenn Sie eine oder mehrere Seiten zwischen zwei Dokumenten austauschen möchten, können Sie dies auf zwei verschiedene Arten mit Hilfe des Bedienfeldes SEITEN erreichen.

Im Bedienfeldmenü finden Sie den Eintrag SEITEN VERSCHIEBEN. Das Dialogfeld, das sich nach Betätigung dieses Befehls öffnet, hat eine große Ähnlichkeit mit dem eben gezeigten Dialog von SEITEN EINFÜGEN:

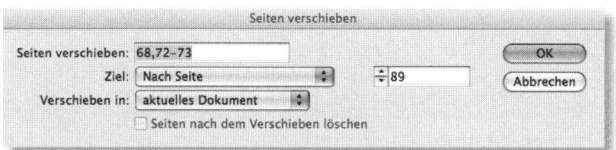

◄ **Abbildung 2.13**
Sie können sogar Seiten zwischen Dokumenten verschieben, die nicht direkt aufeinanderfolgen.

Ganz oben geben Sie die Seiten an, die Sie verschieben möchten. Es werden hierbei übrigens immer automatisch die Seiten angegeben, die im SEITEN-Bedienfeld markiert sind. Bei ZIEL geben Sie genau wie beim SEITEN EINFÜGEN-Dialog an, wohin die Seiten verschoben werden sollen. Und bei VERSCHIEBEN IN können Sie neben dem aktuellen Dokument auch ein anderes der momentan geöffneten Dokumente angeben. Wird hier ein anderes Dokument gewählt, können Sie bei Bedarf durch das Aktivieren der Checkbox SEITEN NACH DEM VERSCHIEBEN LÖSCHEN die Seiten aus dem aktuellen Dokument entfernen lassen.

Seiten austauschen

Seiten können auch einfach aus dem SEITEN-Bedienfeld in ein anderes geöffnetes Dokument gezogen werden. Dafür müssen sich die beiden Dokumente nur in verschiedenen Dokumentfenstern befinden.

Unterschiedliche Seitenformate anwenden

Um einzelnen Seiten eine vom eigentlichen Dokumentformat abweichende Größe zuzuweisen, können Sie, wie auf Seite 33 beschrieben, mit dem Seitenwerkzeug arbeiten. Das Seitenformat kann ebenso direkt aus dem SEITEN-Bedienfeld geändert werden.

Nach einem Klick auf den Button SEITENFORMAT BEARBEITEN (siehe Abbildung 2.14) lassen sich im Menü verschiedene Seitenformate anwählen. Diese werden direkt auf die derzeit markierten Seiten angewendet. Mehrere aufeinanderfolgende Seiten können Sie mit gedrückter ⬆-Taste markieren. Seiten, die nicht direkt hintereinanderliegen, können Sie mit gedrückter Strg/ ⌘-Taste markieren.

Sehr praktisch ist in diesem Zusammenhang die Möglichkeit, dass eigene Formatvorgaben nicht nur über den Menüpunkt BENUTZERDEFINIERTES SEITENFORMAT angelegt, sondern auch gespeichert werden können.

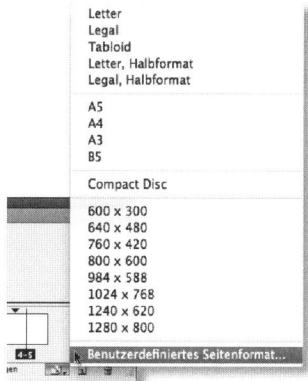

▲ **Abbildung 2.14**
Sowohl im Menü SEITENGRÖSSE ÄNDERN des SEITEN-Bedienfeldes als auch im STEUERUNG-Bedienfeld können eigene Presets gespeichert werden.

2.3.2 Spalten und Stege ändern

Nachdem Sie nun ein neues Dokument erstellt haben, möchten Sie vielleicht den Umfang der Seiten, die Spaltenanzahl oder den Satzspiegel über die Stege ändern. Das sehen wir uns innerhalb zweier Workshops genauer an.

Schritt für Schritt: Spalten einer Doppelseite ändern

1 Neues Dokument

Lassen Sie uns mit der Anlage eines neuen Dokumentes beginnen. Rufen Sie also mit ⌨Strg/⌘+N den Dialog NEUES DOKUMENT auf und übernehmen Sie dann die Einstellungen aus Abbildung 2.15. Geändert sind nur der aktivierte Mustertextrahmen und der Anschnitt mit 3 mm.

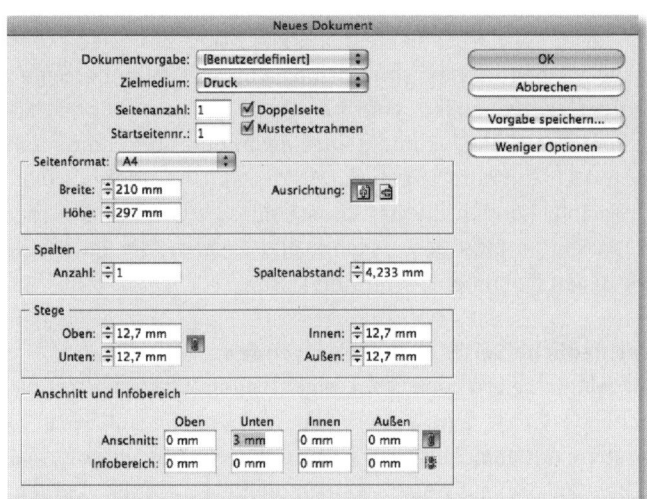

◀ Abbildung 2.15
Bis auf die Anlage der Mustertextrahmen sind alle Eingaben im Laufe der Arbeit noch änderbar.

2 Neue Seiten hinzufügen

Über ⌨F12 oder FENSTER • SEITEN rufen Sie das Bedienfeld SEITEN auf. Sie können hier neue Seiten anlegen, indem Sie den Button ❸ neben dem Mülltonnen-Icon am unteren Bedienfeldrand anklicken. Dabei können Sie aber immer nur einzelne Seiten anlegen, und die Steuerung hätten wir gerne auch etwas präziser, oder? InDesign bietet uns netterweise diese Möglichkeit: Nun möchten wir aber aus unserem Dokument mit der einen Seite ein achtseitiges Dokument machen. Dafür rufen Sie im Bedienfeld SEITEN das Bedienfeldmenü ❶ auf und klicken auf SEITEN EINFÜGEN... Im nun erscheinenden Dialog SEITEN EINFÜGEN geben Sie bei SEITEN »7« ein.

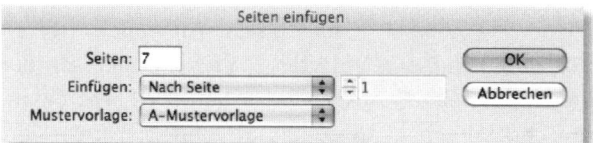

3 Eine Doppelseite markieren

Doppelklicken Sie innerhalb des Bedienfeldes SEITEN unterhalb der ersten Doppelseite auf die Seitenzahlen ❷. Dadurch wird diese Doppelseite zentriert in das Dokumentfenster eingepasst.

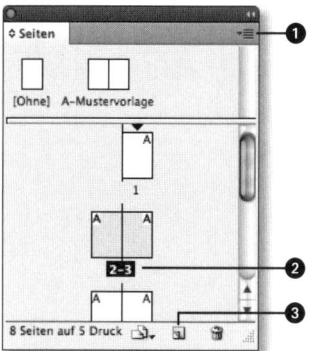

◄ **Abbildung 2.17**
Hier ist eine Doppelseite markiert, es können aber auch einzelne Seiten markiert werden.

Falls Sie die beiden Seiten nicht komplett sehen, ändern Sie dies über ANSICHT • DRUCKBOGEN IN FENSTER EINPASSEN oder über Strg + Alt + 0 / ⌘ + ⌥ + 0.

4 Stege und Spalten auf einer Doppelseite ändern

Rufen Sie nun über LAYOUT • STEGE UND SPALTEN… den entsprechenden Dialog auf. Hier geben Sie im Bereich SPALTEN • ANZAHL »2« ein, den SPALTENABSTAND erhöhen Sie auf »5 mm«. Wo immer es den Button VORSCHAU gibt, aktivieren Sie ihn. Dadurch sehen Sie die Änderungen unmittelbar im Dokument.

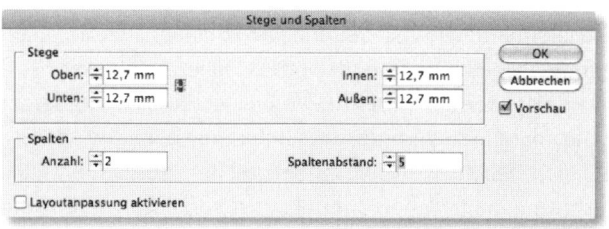

◄ **Abbildung 2.18**
Kleine Zahlen mit großer Wirkung: Hier werden die Spalten neu definiert.

5   Verschiedene Spaltenzahlen in einem Dokument

Verkleinern Sie die Ansicht Ihrer Seiten so weit, dass Sie alle acht Seiten sehen können. Das erreichen Sie z. B. dadurch, indem Sie mehrfach über `Strg`/`⌘`+`-` auszoomen. An den Hilfslinien erkennen Sie, dass sich die geänderten Spalteneinstellungen nur auf die erste Doppelseite ❷ ausgewirkt haben. Das liegt daran, dass wir in Schritt 3 eben genau diese Doppelseite markiert haben. Dementsprechend können Sie auch lediglich einzelne Seiten Ihrer Dokumente ändern. Dafür markieren Sie dann nur die entsprechende Einzelseite.

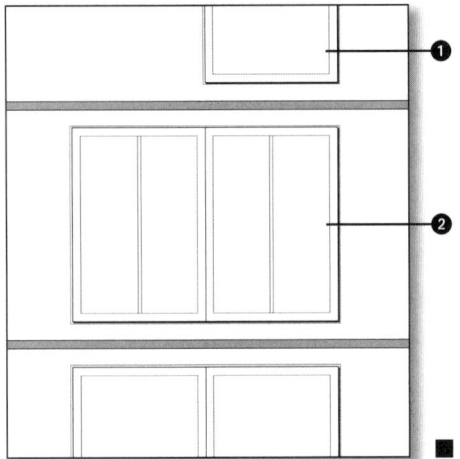

Abbildung 2.19 ▶
In einem einspaltigen Dokument ❶ sind auf der ersten Doppelseite zwei Spalten definiert worden.

Auf einzelnen Seiten und Doppelseiten können Sie nun den Satzspiegel und die Seitenzahl ändern. Was aber, wenn Sie dies beispielsweise in einem 24-seitigen Dokument für alle Seiten machen wollen? Hier kommen die wichtigen, sogenannten Mustervorlagen ins Spiel.

2.4   Mustervorlagen

Auf Musterseiten (ein Synonym für Mustervorlagen) werden Gestaltungselemente wie z. B. Seitenzahlen platziert, die auf allen oder zumindest vielen Dokumentseiten zu sehen sein sollen.

Dieses Prinzip der dokumentweiten Einstellungen ist derart grundlegend, dass Sie es immer im Hinterkopf behalten sollten. Fragen Sie sich bei Ihrer Arbeit immer wieder, ob das, was Sie gerade gestalten, mehrfach in Ihrem Layout vorkommt. Wenn Sie diese Frage bejahen können, ist in InDesign mit großer Sicherheit ein Weg vorgesehen, genau diese Arbeitsschritte, die Sie sonst mehrfach wiederholen müssten, an einer zentralen Stelle im Dokument zu hinterlegen, damit von da an immer wieder darauf zugegriffen werden kann. Auf diese Vorgehensweise werden Sie in diesem Buch immer wieder stoßen (z. B. bei Farben, Objekten und Absatzformaten).

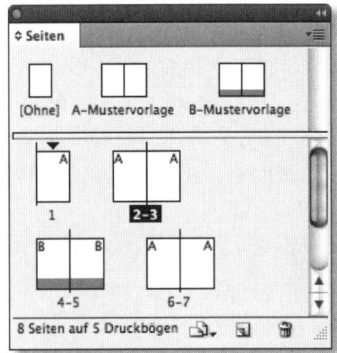

◄ **Abbildung 2.20**
In diesem Layout werden zwei verschiedene Mustervorlagen auf die Dokumentseiten angewendet.

Wenn Sie sich die Seitendarstellung in Abbildung 2.19 genau ansehen, sehen Sie auf den oberen äußeren Ecken der Dokumentseiten 1–3 und 6–7 ein großes A, auf der Doppelseite 4–5 ein B. Das ist der Hinweis darauf, dass auf diese Seiten die A- bzw. B-MUSTERVORLAGE angewendet wird. Das heißt, dass alle Änderungen, die Sie auf der A-MUSTERVORLAGE vornehmen, sich auf alle mit A gekennzeichneten Seiten auswirken – dasselbe gilt natürlich auch für B.

Schritt für Schritt: Spalten eines Dokumentes ändern

1 Neues achtseitiges Dokument

Jetzt legen Sie wieder ein neues doppelseitiges Dokument an, dieses Mal können Sie aber – da Sie ja nun wissen, wie man auch in einem bestehenden Dokument Seiten hinzufügen kann – auch gleich die gewünschte Seitenzahl im Dialog NEUES DOKUMENT eingeben.

2 Die Mustervorlage anwählen

Ein Doppelklick auf A-MUSTERVORLAGE öffnet diese. Dass wir uns nun nicht mehr auf einer Dokumentseite befinden, ist auf den

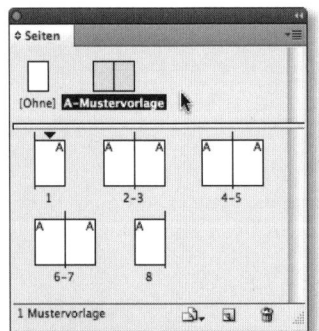

▲ Abbildung 2.21
Durch einen Doppelklick
wurde die A-MUSTERVORLAGE
markiert.

ersten Blick nicht erkennbar. Klar, das Bedienfeld SEITEN gibt uns
eine Rückmeldung: Statt einer Dokumentseite ist jetzt die Mustervorlage markiert.

3 Die Mustervorlage ändern

Da Sie sich jetzt auf der A-MUSTERVORLAGE befinden, können
Sie diese wie eine Dokumentseite Ihren Vorstellungen gemäß
anpassen. Wieder rufen Sie über LAYOUT • STEGE UND SPALTEN…
den entsprechenden Dialog auf und ändern hier die Anzahl der
Spalten auf z. B. »2«, den Steg erhöhen Sie wieder auf »5 mm«.
Wechseln Sie nun mit einem Doppelklick innerhalb des Bedienfeldes SEITEN zurück auf die Dokumentseiten. Sofern die Hilfslinien
sichtbar sind, sehen Sie, dass Sie mit wenigen Klicks die Anzahl
der Spalten dokumentweit (!) geändert haben.

Abbildung 2.22 ▶
Dank Mustervorlagen sind die
Spalten eines Dokumentes mit
wenigen Klicks geändert.

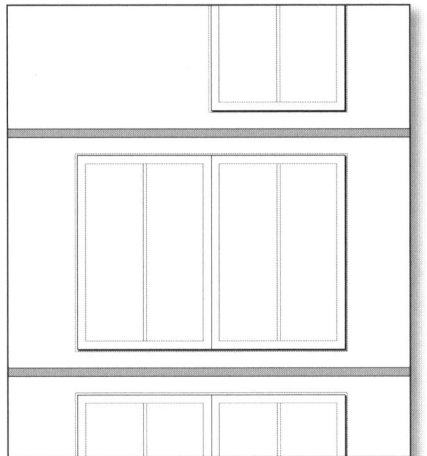

2.4.1 Automatische Seitenzahlen

Ich kann von mir behaupten, dass ich eine ausgeprägte Aver-
sion gegen immer wiederkehrende und dadurch stumpfsinnige
Arbeitsschritte habe. Stellen Sie sich also vor, Sie sollten auf
einem mehrere Hundert Seiten umfassenden Dokument Seitenzahlen eingeben – natürlich absolut fehlerlos … Ein Albtraum und
ein klassischer Fall für die Mustervorlage!

Seitenzahlen sind ebenso schnell angelegt, wie die Stege und
Spalten im ganzen Dokument geändert sind. Doppelklicken Sie
die Mustervorlage im Bedienfeld SEITEN an, auf der Sie Seitenzah-

len anlegen möchten. Damit befinden Sie sich auf der entsprechenden Mustervorlage. Wenn Sie nun auf der Mustervorlage mit dem Textwerkzeug (siehe Seite 34) einen Textrahmen an der gewünschten Stelle, an der die Seitenzahlen erscheinen sollen, aufziehen, wird dieser, anders als auf einer Dokumentseite, nicht mit einer durchgehenden, sondern mit einer gepunkteten Linie gekennzeichnet. So werden alle Objekte, die auf einer Mustervorlage angelegt sind, gekennzeichnet – und zwar sowohl auf der Mustervorlage als auch auf einer Dokumentseite. Voraussetzung für die Sichtbarkeit der Textrahmen ist natürlich, dass Sie sich nicht etwa im Vorschaumodus (siehe Seite 56) befinden oder die Rahmenkanten über Ansicht • Extras • Rahmenkanten ausblenden ausgeblendet haben.

Nach dem Erstellen eines Textrahmens wartet die Texteingabemarke direkt auf Text. Für die automatische Seitenzahl wählen Sie Schrift • Sonderzeichen einfügen • Marken • Aktuelle Seitenzahl (oder rufen das Kontextmenü mit einem Rechtsklick auf, dadurch sparen Sie sich eine Menüebene).

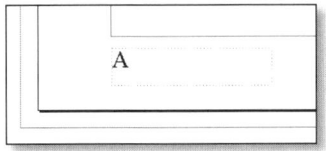

Durch Anwahl dieses Befehls wird ein Platzhalter für die Seitenzahlen in dem Textrahmen eingefügt. Der Buchstabe des Platzhalters auf der Mustervorlage entspricht dem Präfix des Mustervorlagennamens. Auf den Dokumentseiten wird die korrekte Seitenzahl angezeigt. Den Platzhalter können Sie wie jeden anderen Text ganz normal formatieren.

2.4.2 Mustervorlagenobjekte übergehen

Stellen Sie sich vor, Sie gestalten eine umfangreiche Broschüre, die auf allen Seiten schwarze Seitenzahlen haben soll. Nun entscheiden Sie sich, dass beispielsweise eine rechte Einzelseite komplett schwarz eingefärbt sein soll, weil die vorgesehenen Abbildungen auf Schwarz besser als auf weißem Grund wirken. Die Seitenzahl auf dieser Seite soll im Druck weiß bleiben. Für eine solche Einzelseite lohnt sich die Anlage einer neuen Mustervorlage nicht wirklich.

Springen oder Blättern

Am linken unteren Fensterrand wird nicht nur die aktuelle Seitenzahl oder der Name der Musterseite angezeigt, auf der man sich befindet, hier kann auch mittels eines Ausklappmenüs die gewünschte Seite angewählt werden: Die gewählte Seite wird daraufhin direkt im Dokumentfenster angezeigt.

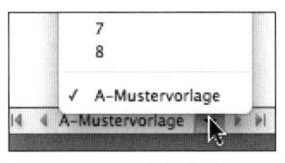

◄ **Abbildung 2.23**
Rahmenkanten von Objekten, die sich auf einer Mustervorlage befinden, werden gepunktet dargestellt.

Sehen wir uns dieses Szenario einmal genauer an: Wenn Sie versuchen, ein auf der Mustervorlage platziertes Objekt auf einer Dokumentseite zu markieren, werden Sie feststellen, dass Ihnen das ohne Weiteres nicht gelingt.

Und das ist auch gut so, denn das Konzept der Mustervorlagen sieht ja gerade vor, dass wiederkehrende Elemente zentral verwaltet werden und damit ein konsistentes Erscheinungsbild der Drucksache gewährleistet ist und nicht, dass einzelne Gestaltungselemente einfach (oder aus Versehen) verschoben werden können.

Um nun aber doch ausnahmsweise einzelne Objekte der Mustervorlage auf einer Dokumentseite manipulieren zu können, drücken Sie bei aktiviertem Auswahl-Werkzeug zusätzlich ⌃Strg/⌘+⇧. Klicken Sie mit dieser Tastenkombination auf das gewünschte Objekt, wird es von der Mustervorlage gelöst ❶ (erkenntlich an dem dann durchgezogenen Rahmen) und Sie können es nach Ihren Vorstellungen gestalten ❷.

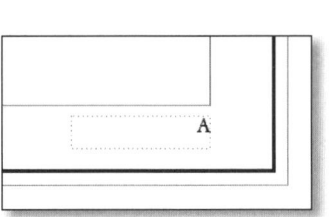
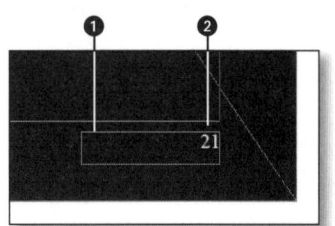

Abbildung 2.24 ▶
Mustervorlagenobjekte können von der Dokumentseite gelöst und bearbeitet werden.

Raffiniert ist hierbei der Umstand, dass selbst ein so manipuliertes Objekt seine Herkunft nicht vergisst: Eine automatische Seitenzahl wird z. B. weiterhin aktualisiert. Oder wenn Sie sich entscheiden, die Position der Seitenzahl auf der Mustervorlage zu ändern, ändert sich auch die Position der geänderten Seitenzahl auf der Dokumentseite – zumindest, wenn Sie z. B. die Farbe, nicht aber die Position auf der Dokumentseite geändert haben. Es bleiben also immer die Attribute eines Objektes mit seinem Pendant auf der Mustervorlage verbunden, die Sie nicht auf der Dokumentseite geändert haben.

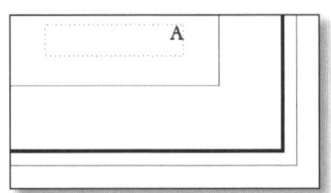
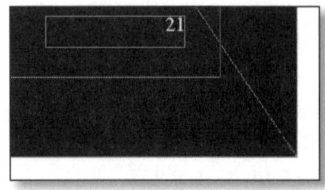

Abbildung 2.25 ▶
Auch von der Mustervorlage gelöste Objekte übernehmen die Änderungen, die auf der Mustervorlage vorgenommen werden.

2.4.3 Mustervorlagen basieren auf Mustervorlagen

Lassen Sie sich von dieser unlogisch klingenden Überschrift nicht abschrecken. Wir sehen uns in einem Workshop an, wie man Mustervorlagen ineinander verschachtelt und wie Mustervorlagen auf bestehende Dokumentseiten angewendet werden. Dabei gehen wir von folgender Situation aus: Wir möchten ein umfangreicheres Druckmedium erstellen, das zwei oder mehr Rubriken enthält. Die Rubriken sollen durch einen farbigen Streifen, der auf allen Seiten einer Rubrik vorhanden sein soll, voneinander abgesetzt werden. Die Position dieses farbigen Balkens soll überall gleich sein, es soll sich lediglich die Farbe von Rubrik zu Rubrik ändern.

Schritt für Schritt: Rubriken durch Farbe kodieren

1 **Position des farbigen Balkens definieren**

Erstellen Sie ein doppelseitiges Dokument mit zwölf Seiten und 3 mm Anschnitt. Die Angaben zum Satzspiegel (Stege und Spalten) sind für diesen Workshop unerheblich: Sie können also ruhig die voreingestellten Werte übernehmen. Mit einem Doppelklick auf die entsprechenden Seiten im Seiten-Bedienfeld wechseln Sie auf die A-Mustervorlage und passen diese mit Strg+Alt+0/ ⌘+⌥+0 in das Dokumentfenster ein. Zunächst einmal entscheiden wir uns für die Positionierung des Farbstreifens am unteren Seitenende. Erstellen Sie also mit dem Rechteck-Werkzeug (siehe Seite 41) ein Rechteck am unteren Seitenrand über die gesamte Breite in beliebiger Höhe bis zum Anschnitt der Mustervorlage.

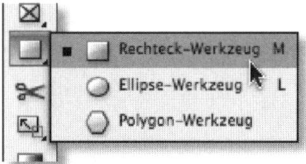

▲ Abbildung 2.26
Zur Anlage des farbigen Balkens können Sie das Rechteck-Werkzeug einsetzen.

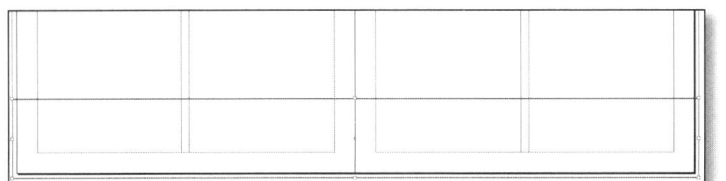

◄ Abbildung 2.27
Erstellen Sie ein Rechteck über die gesamte Breite der A-Mustervorlage.

2 **Flächenfarbe zuweisen**

Dem Rechteck weisen Sie über das Bedienfeld Farbfelder, das Sie über das Menü Fenster aufrufen, für die Fläche als Farbwert das obere Blau, ein reines Cyan, zu. Dafür markieren Sie das Rechteck mit dem Auswahl-Werkzeug und klicken einfach das

▲ Abbildung 2.28
Ob die Fläche oder die Kontur
eines Objektes (oder die eines
Textes) editiert wird, zeigt
neben dem Bedienfeld FARB-
FELDER auch die Toolbox.

Abbildung 2.29 ▶
Im Bedienfeld FARBFELDER wei-
sen Sie markierten Objekten
Farben zu.

[Eckige Klammern]

In einigen Bedienfeldern
sind manche Einträge in
eckige Klammern eingefasst,
wie beim Bedienfeld FARB-
FELDER die Werte [OHNE],
[PAPIER], [SCHWARZ], [PAS-
SERMARKEN]. Die so gekennzeichneten Einträge sind
nicht modifizierbar.

Abbildung 2.30 ▶
Mit BASIERT AUF MUSTER-
VORLAGE können Sie
Mustervorlagen ineinander
verschachteln.

Blau ❹ im Bedienfeld FARBFELDER an. Achten Sie dabei darauf,
dass sich das Flächenfeld ❶ im Vordergrund befindet. Sollte dies
nicht der Fall sein, klicken Sie es an oder drücken ⓧ.

In der Werkzeugleiste sehen Sie dieselbe Darstellung von Fläche und Kontur und Sie werden bemerken, dass beide miteinander verlinkt sind: Wenn Sie z. B. im Bedienfeld FARBFELDER die
Kontur in den Vordergrund holen, wird auch in der Toolbox die
Kontur nach vorn geholt.

Klicken Sie jetzt noch eben die Kontur ❷ im Bedienfeld FARB-
FELDER an und weisen Sie ihr mit einem weiteren Klick auf [OHNE]
❸ keine Farbe zu.

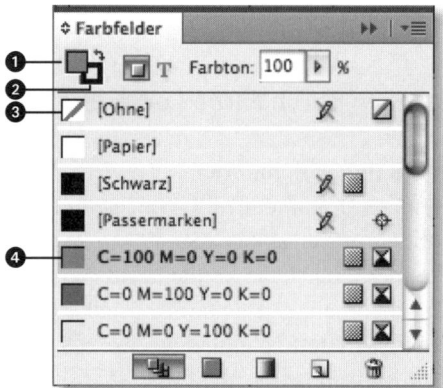

❸ Neue Mustervorlage anlegen

Nachdem nun ein Rechteck mit cyanfarbener Fläche und ohne
Konturfarbe auf der A-Mustervorlage positioniert ist, legen Sie
eine neue Mustervorlage an, die auf der A-Mustervorlage basiert
und damit dasselbe Rechteck an derselben Position aufweist.
Rufen Sie hierfür im Bedienfeld SEITEN das Bedienfeldmenü auf
und wählen Sie den Befehl NEUE MUSTERVORLAGE... Im nun
erscheinenden Dialog geben Sie als PRÄFIX »B« ein, die restlichen
Felder können Sie auf den Ursprungswerten belassen. Natürlich empfiehlt es sich, bei der späteren Arbeit hier vielsagendere
Namen zu vergeben.

4 Noch eine neue Mustervorlage anlegen

Wiederholen Sie Schritt 3 noch einmal und geben Sie dabei »C« in das Feld Präfix ein. Dass die beiden neuen B- und C-Mustervorlagen auf der A-Mustervorlage basieren, wird in dem Seiten-Bedienfeld wie bei den Dokumentseiten durch die Buchstaben in den oberen äußeren Ecken ❺ gekennzeichnet. (Lassen Sie sich von der Darstellung des Seiten-Bedienfeldes in der folgenden Abbildung nicht irritieren, ich habe sie über die Bedienfeldoptionen geändert.)

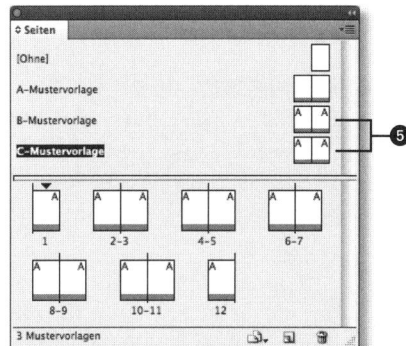

◄ **Abbildung 2.31**
Bisher sind B- und C-Mustervorlagen einfache Kopien der A-Mustervorlage.

5 Mustervorlagen modifizieren

Mit einem Doppelklick auf B-Mustervorlage wird diese zur Bearbeitung angezeigt. Um das cyanfarbige Rechteck auf der B-Mustervorlage zu bearbeiten, markieren Sie es mit dem Auswahl-Werkzeug, wobei Sie gleichzeitig Strg/⌘+⇧ gedrückt halten müssen. Dem Rechteck weisen Sie über das Bedienfeld Farbfelder den oberen Rotton, reines Magenta, zu. Anschließend ändern Sie die Flächenfarbe des Rechtecks auf der C-Mustervorlage auf Gelb.

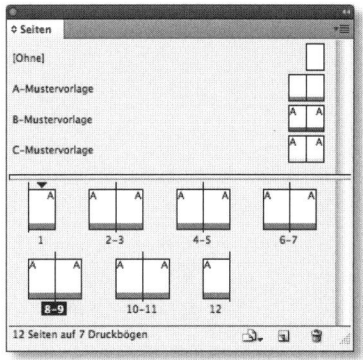

◄ **Abbildung 2.32**
Trotz Änderung basieren die B- und C-Mustervorlage auf der A-Mustervorlage.

▲ Abbildung 2.33
Hier sehen Sie einen Ausschnitt aus dem umfangreichen SEITEN-Bedienfeldmenü.

Abbildung 2.34 ▶
Bei mehreren Seiten, auf die eine Mustervorlage angewendet werden soll, lohnt sich der Befehl MUSTERVORLAGE ANWENDEN.

6   B-Mustervorlage anwenden

Mustervorlagen können auf Dokumentseiten angewendet werden, indem sie im Bedienfeld SEITEN auf die entsprechende Dokumentseiten gezogen werden. Wenn Sie mehreren Dokumentseiten Mustervorlagen zuweisen möchten, empfehle ich Ihnen, das SEITEN-Bedienfeldmenü aufzurufen. Dort finden Sie den Befehl MUSTERVORLAGE AUF SEITEN ANWENDEN. In dem Dialog, der sich bei Anwahl dieses Befehls öffnet, können Sie genauer steuern, was wo angewendet werden soll.

Mit den folgenden Einstellungen wird die B-Mustervorlage auf die dritte und vierte Doppelseite angewendet.

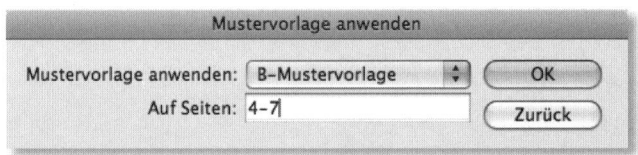

7   C-Mustervorlage anwenden

Wiederholen Sie die Arbeitsschritte von Schritt 6 noch für die Seiten 8–12 und wählen Sie hierbei aus dem Pulldown-Menü C-MUSTERVORLAGE. Damit sind alle drei Mustervorlagen auf die Dokumentseiten angewendet.

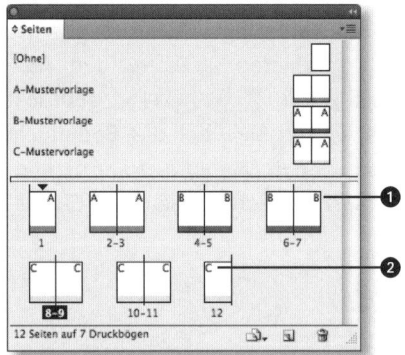

Abbildung 2.35 ▶
Kleine Buchstaben ❶ und ❷ weisen auf die zugewiesenen Mustervorlagen hin.

8   A-Mustervorlage ändern

Vielleicht wirken die Rechtecke am unteren Seitenrand doch zu schwer? Da die Seiten so umsichtig aufgebaut sind, müssen Sie weder die Rechtecke auf zwölf Dokumentseiten noch auf drei Mustervorlagen nach oben schieben. Es reicht die Änderung des Rechtecks auf der A-MUSTERVORLAGE! Dort verschieben Sie es an die obere Kante der Seite: Ein Doppelklick auf die A-MUSTERVOR-

LAGE lässt Sie diese bearbeiten und mit dem Auswahl-Werkzeug verschieben Sie das cyanfarbige Rechteck nach oben bis zum Anschnitt.

◄ **Abbildung 2.36**
Das farbige Rechteck wird an den oberen Anschnitt der A-Mustervorlage verschoben.

Wie Sie sehen, verändern sich dadurch sowohl die beiden Mustervorlagen B und C (die ja auf A basieren) als auch alle Dokumentseiten, die ihrerseits auf den drei Mustervorlagen beruhen.

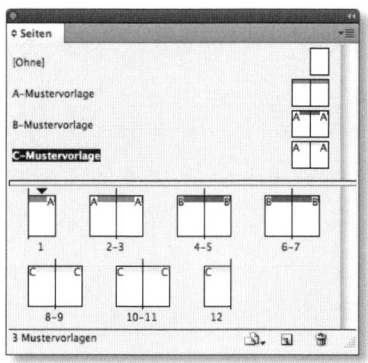

◄ **Abbildung 2.37**
Auf allen (!) Mustervorlagen und Seiten ist das Rechteck neu positioniert. ■

Natürlich lassen sich auf Mustervorlagen nicht nur Seitenzahlen und Farbflächen anlegen. Linien, Platzhalter für Bilder, Textrahmen mit und ohne Text sind ebenso Kandidaten für Mustervorlagen.

Wie Sie gesehen haben, erfordert der ökonomische Einsatz von Mustervorlagen zwar eine relativ umsichtige Planung, aber ich hoffe, ich konnte Sie von den überwältigenden Vorteilen dieses Vorgehens überzeugen. Da das Anlegen/Verwalten von Farben, Objekten, Absatzformaten etc. an zentralen Stellen in InDesign eine extrem wichtige Rolle spielt, werden Sie sich sicher auch schnell an dieses zeitsparende Konzept gewöhnen. Auch wenn ich mich wiederhole: Gewöhnen Sie sich an, sich immer zu fragen, ob Sie dieselben Arbeitsschritte wiederholen müssen. Wenn Sie auch noch die entsprechende in InDesign angebotene Antwort kennen, haben Sie sehr viel im Umgang mit InDesign gelernt!

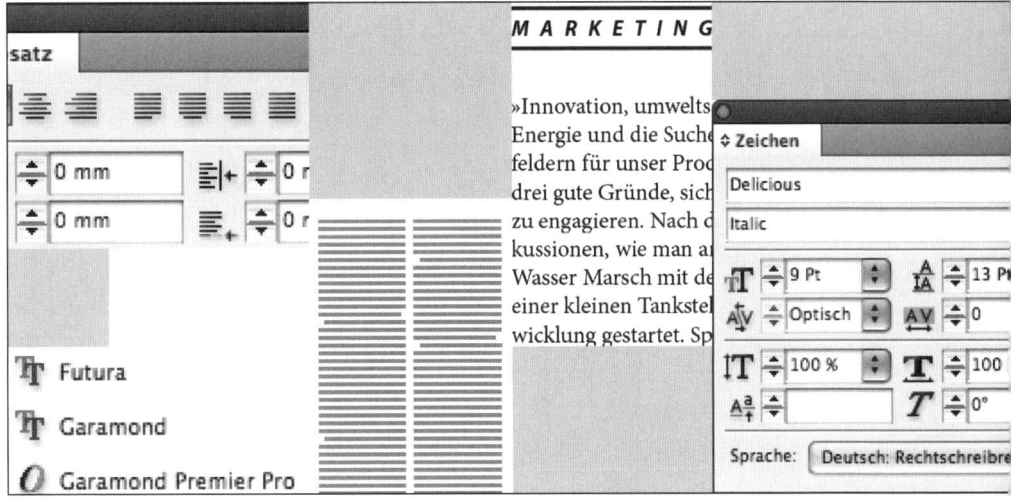

Kapitel 3

Typografie

InDesign ist keine Schreibmaschine

Sie werden lernen:

- ▶ wie Sie in InDesign Text schreiben, platzieren und importieren können
- ▶ wie Sie das Aussehen von Text manipulieren können
- ▶ was Zeichen- und Absatzformate sind
- ▶ wie Sie durch Zeichen- und Absatzformate Zeit sparen können
- ▶ was unter Detailtypografie verstanden wird
- ▶ wie Sie verschiedene Punkte der Detailtypografie umsetzen

3   Typografie

Geviert	⇧⌘M
Halbgeviert	⇧⌘N
Geschütztes Leerzeichen	⌥⌘X
Geschütztes Leerzeichen (feste Breite)	
1/24–Geviert	
Sechstelgeviert	
Achtelgeviert	⌥⇧⌘M
Viertelgeviert	
Drittelgeviert	
Interpunktionsleerzeichen	
Ziffernleerzeichen	
Ausgleichs–Leerzeichen	

▲ **Abbildung 3.1**
Im Menü SCHRIFT • LEERRAUM
EINFÜGEN sind häufig verwen-
dete Leerräume hinterlegt.

Copy & Paste

Sie können Texte auch aus
einem Ursprungsprogramm
herauskopieren und in
InDesign einsetzen.

Mehrere Dateien markieren

In den ÖFFNEN- und PLAT-
ZIEREN-Dialogen können Sie
mit gedrückter ⇧-Taste
auch mehrere Dateien mar-
kieren und öffnen/platzie-
ren.

Abbildung 3.2 ▶
InDesign ist nicht besonders
wählerisch, was die platzierba-
ren Dateiformate betrifft, und
der Befehl lautet auch immer
gleich: PLATZIEREN.

Das ist die Königsdisziplin in InDesign: Text und Schrift! Von der
ersten Version an hat Adobe klargemacht, dass die Designer und
Setzer mit InDesign ein Tool in die Hände bekommen, das den
unterschiedlichsten und höchsten Ansprüchen genügt und dabei
komfortabel bedienbar ist. Ein Blick in SCHRIFT • LEERRAUM EINFÜ-
GEN macht diesen Ansatz deutlich!

3.1   Text eingeben und platzieren

Grundsätzlich gibt es zwei Möglichkeiten, auf denen Text seinen
Weg in ein InDesign-Dokument findet. Die naheliegende habe
ich auf Seite 34 vorgestellt: Sie geben Text wie in einer Textverarbeitung mit dem Textwerkzeug ein.

Die zweite und wohl häufigere Möglichkeit besteht darin,
Text aus einer bestehenden Datei, die Sie von einem Kollegen
der schreibenden Zunft z. B. per E-Mail erhalten haben, nach
InDesign zu importieren. Den dafür zuständigen Befehl finden Sie
unter DATEI • PLATZIEREN oder über Strg/⌘+D. Sie wählen in
dem PLATZIEREN-Dialog die betreffende Textdatei aus, und schon
lädt InDesign den Text – aber noch nicht in das Dokument, sondern zuerst in den internen Zwischenspeicher.

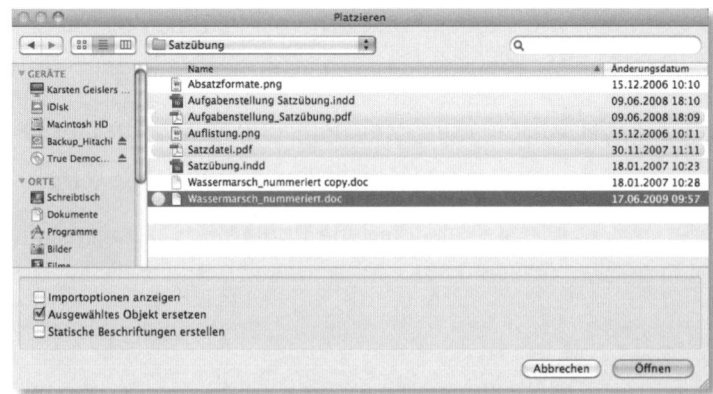

Falls Sie im PLATZIEREN-Dialog die Checkbox IMPORTOPTIONEN ANZEIGEN markieren, wird ein Dialog nach dem Bestätigen von ÖFFNEN aufgerufen, mit dem Sie die Art und Weise steuern können, wie der markierte Text nach InDesign importiert werden soll. Wir kommen später, im Rahmen der Absatzformate, auf die diversen Einstellungsmöglichkeiten zurück.

Übrigens ist es unerheblich, welches Werkzeug zum Zeitpunkt des Textimportes aktiv war, da InDesign das Werkzeug entsprechend der Datei, die Sie im PLATZIEREN-Dialog auswählen, selbst wählt. Wählen Sie eine Textdatei aus, wird dementsprechend automatisch das Textwerkzeug bzw. das Symbol für geladenen Text (siehe Abbildung 3.4) aktiviert.

Wenn sich bei der Platzierung des Textes allerdings die Texteinfügemarke in einem Textrahmen befindet, wird der Text direkt an diese Stelle platziert. Dabei ist es unerheblich, wo sich der Textrahmen befindet oder ob sich schon Text in dem Textrahmen befand. Haben Sie vor dem Aufruf des Befehls PLATZIEREN Text markiert, wird dieser durch den neuen Text ersetzt. Also, achten Sie vor dem Platzieren darauf, wo sich der Cursor befindet!

Gesetzt den Fall, die Texteinfügemarke befand sich beim Textplatzieren nicht in einem Textrahmen und es war auch kein Textrahmen markiert, so nimmt das Symbol für geladenen Text entsprechend den Objekten und Hilfslinien, über denen er sich befindet, verschiedene Formen an.

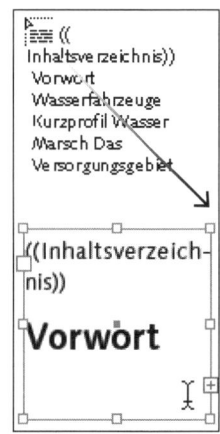

▲ **Abbildung 3.3**
Mit geladenem Text kann ein Textrahmen aufgezogen werden (oben). In ihn wird direkt der Text platziert (unten).

 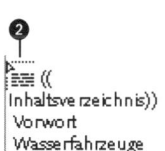 

◄ **Abbildung 3.4**
Je nachdem, worüber sich das Symbol für geladenen Text gerade befindet, ändert sich sein Aussehen.

❶ Hier befindet sich der Cursor über einem leeren Bereich des Dokumentes oder der Montagefläche. Wenn Sie darauf klicken, erstellt InDesign einen Textrahmen mit der Breite der nächstliegenden Textspalte. Oder Sie ziehen mit dem Textcursor einen Textrahmen der gewünschten Größe auf, der Text wird anschließend direkt dort hinein positioniert.

❷ Der Cursor schwebt über einer Hilfslinie, und auch hier würde beim Klick ein Textrahmen erstellt werden, dabei würde er sich an der Hilfslinie orientieren.

❸ Die gebogenen Klammern weisen auf einen Rahmen hin, der sich unter dem Cursor befindet. Beim Klick auf oder in den

Rahmen lädt InDesign den Text dort hinein. Und zwar unabhängig von der Art und dem Inhalt des Rahmens: InDesign löscht gegebenenfalls ohne Vorwarnung eine Grafik aus einem Grafikrahmen, um Platz für den Text zu machen! Dadurch ändert der Rahmen seine ursprüngliche Beschaffenheit und wird zum Textrahmen.

3.2 Textrahmen

Text befindet sich in InDesign fast ausschließlich in Rahmen. Einzige Ausnahme ist Text auf Pfad, der aber aufgrund seines eher seltenen Einsatzes eine Ausnahme darstellt.

Ein markierter Textrahmen weist zusätzlich zu den acht Griffpunkten (siehe Seite 31) zwei zusätzliche Quadrate auf: Das obere linke ❶ markiert den Eingang, während das untere rechte ❷ den Ausgang für Text markiert. Diese Quadrate können bis zu drei verschiedene Zustände annehmen und geben über den Status des entsprechenden Ein- oder Ausganges Auskunft:

▸ Ist das Quadrat wie bei ❶ und ❷ leer, bedeutet dies beim Eingang ❶, dass hier tatsächlich ein Textbeginn vorliegt (und nicht etwa, dass der Text in einem vorangehenden verketteten Textrahmen anfängt). Dementsprechend bedeutet das leere Quadrat am Ausgang ❷ eines Textrahmens, dass der Text genau in den entsprechenden Textrahmen passt.

▸ Weist das Quadrat einen Pfeil ❸ auf, bedeutet dies, dass der Textrahmen Teil einer Textverkettung ist. Was darunter zu verstehen ist, klären wir auf den nächsten Seiten.

▸ Passt ein Text nicht komplett in einen Rahmen, zeigt uns InDesign dies mit einem roten Pluszeichen ❹ an. Dieser nicht mehr sichtbare Text wird in InDesign Übersatztext genannt. Übrigens gibt InDesign beim Ausdruck einer Seite mit Übersatztext eine Warnung aus und das Informationen-Bedienfeld gibt sogar über die überzählige Anzahl der Zeichen und Wörter Auskunft.

Textabschnitt

Mit Textabschnitt ist in InDesign der gesamte Text eines Textrahmens oder mehrerer verketteter Textrahmen gemeint. Im Dialogfeld Bearbeiten • Suchen/Ersetzen… etwa können Sie angeben, ob im Textabschnitt, im Dokument o. Ä. gesucht werden soll.

Übersatztext-Infos

Hinter den Pluszeichen werden die Infos über den Übersatztext angezeigt – dafür muss sich die Texteinfügemarke nur im entsprechenden Text befinden.

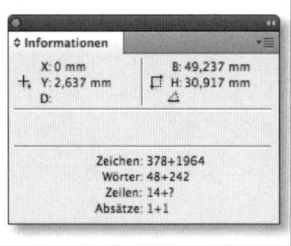

Abbildung 3.5 ▸
Ein rotes Pluszeichen ❸ am Ausgang eines Textrahmens weist auf Übersatztext hin.

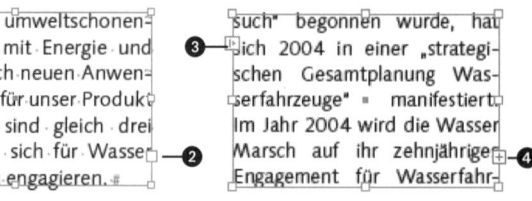

3.2.1 Textverkettungen erstellen

Damit Dokumentseiten in InDesign größere Textmengen aufnehmen können, sollten Textrahmen miteinander verknüpft oder, wie es in InDesign heißt, verkettet sein. Die diversen Verkettungssituationen möchte ich Ihnen nun vorstellen:

Haben Sie, wie in Abschnitt 3.1 erläutert, einen längeren Text über PLATZIEREN geladen und klicken mit dem Symbol GELADENER TEXT in eine Spalte auf Ihrer Dokumentseite, werden Sie, sofern der Text nicht vollständig in einen Textrahmen passt, am Ausgang des Textrahmens das rote Pluszeichen ❹ für Übersatztext sehen.

Neben dieser Warnung gibt uns InDesign CS5 am linken unteren Rand des Dokumentfensters noch eine zweite Warnung aus: Sie werden dort mit einem roten Button auf Fehler aufmerksam gemacht. InDesign führt im Hintergrund laufend eine sogenannte Preflight-Prüfung durch! Dabei wird das aktuelle Dokument auf mögliche Probleme bei der Druckausgabe untersucht. Für diese Prüfung können Sie selbst Prüfprofile erstellen, mit denen Sie präzise steuern können, was InDesign prüfen soll. Das Preflight-Feature sehen wir uns in Kapitel 8, »Praktische Hilfsmittel«, noch genauer an.

Um Übersatztext durch Layoutmaßnahmen und nicht durch Änderungen am Text aufzulösen, gibt es verschiedene Möglichkeiten:

▶ **Die Größe des Textrahmens frei verändern**
Natürlich können Sie den Textrahmen wie alle Objekte in InDesign an den acht Auswahlgriffen beliebig in der Größe und den Proportionen verändern.

▶ **Textrahmen nur nach unten vergrößern**
Mit einem Doppelklick auf den unteren mittleren Auswahlgriff behält InDesign die Breite des Textrahmens bei und vergrößert den Textrahmen nach unten ❺. Das funktioniert nur, wenn auf der Seite genügend Platz vorhanden ist, um den Rahmen so weit zu vergrößern, dass der Text hineinpasst. Wenn der Text auch dafür zu lang ist, bleibt die Rahmengröße unverändert.

Radar im Dauerbetrieb	
PREFLIGHT am unteren Rand des Dokumentfensters kann auch Textfehler wie Übersatztext erkennen und warnt dann mit einem roten Button.	

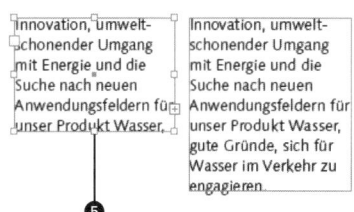

◀ **Abbildung 3.6**
Ein Doppelklick auf den mittleren Auswahlgriff ❺ des Textrahmens vergrößert diesen.

▶ **Neuen Textrahmen erstellen**

Nach einem Klick auf den Textausgang mit dem Übersatztext erhalten Sie wieder das Symbol GELADENER TEXT, mit dem Sie erneut einen Textrahmen erstellen können.

▶ **Text mit einem bestehenden Textrahmen verbinden**

Wenn sich das Symbol GELADENER TEXT über einem vorhandenem Textrahmen befindet, wird es zum Verkettungssymbol ❶. Durch einen Klick mit dem Verkettungssymbol auf einen Rahmen werden beide miteinander »verkettet«, wie es in Layoutprogrammen heißt. Auf diese Weise können Textrahmen auf mehreren Dokumentseiten miteinander verkettet werden. Es wird Sie nach der Lektüre der bisherigen Kapitel nicht überraschen, dass InDesign auch für diese Arbeit eine Automatisierung bereithält: die Mustertextrahmen (siehe Seite 93). Bevor wir uns mit diesem Thema auseinandersetzen, möchte ich aber noch ein wenig mehr auf die grundsätzliche Funktionsweisen von Textverkettungen eingehen.

Abbildung 3.7 ▶
Das Verkettungssymbol erscheint, wenn sich das Symbol VERKETTETER TEXT über einem Textrahmen befindet.

Die Sichtbarkeit von Textverkettungen kann über ANSICHT • EXTRAS • TEXTVERKETTUNGEN EINBLENDEN bzw. AUSBLENDEN gesteuert werden. Bei eingeblendeten Textverkettungen werden diese als Linien ❷ von Ausgang zu Eingang der betreffenden Textrahmen gekennzeichnet. Dabei muss mindestens einer der Textrahmen markiert sein.

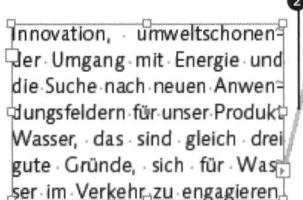

Abbildung 3.8 ▶
Bei sichtbaren Textverkettungen werden diese als Linien zwischen den Textrahmen dargestellt.

Bei umfangreicheren Projekten hat man eigentlich immer mit verketteten Textrahmen zu tun – diese spielen nur bei einseitigen

Layout-Jobs wie Postkarten oder Postern keine Rolle. Wenn Sie in einem verketteten Text einen Teil des Textes ❸ löschen, rutscht der nachfolgende Text nach oben, bis die entstandene Lücke geschlossen ist ❹. Sollten dadurch Textrahmen vollständig entleert werden, bleiben die leeren Textrahmen stehen.

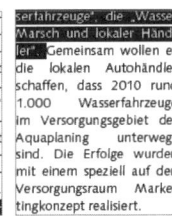

◀ **Abbildung 3.9**
Durch Textverkettungen reagiert der nachfolgende Text auf Löschungen und Hinzufügungen.

Es können auch nachträglich ❻ Textrahmen in bestehende Textverkettungen ❺ eingefügt werden.

◀ **Abbildung 3.10**
Der mittlere Textrahmen soll in die bestehende Textverkettung mit aufgenommen werden.

Dafür brauchen Sie nur mit dem Auswahl-Werkzeug auf den Ausgang des ersten Textrahmens ❺ zu klicken. Damit erhalten Sie das Symbol Geladener Text, und mit einem Klick auf den Textrahmen, der in die bestehende Textverkettung aufgenommen werden soll, sind alle drei Textrahmen miteinander verkettet – es muss also der zweite nicht noch extra mit dem dritten verkettet werden.

◀ **Abbildung 3.11**
Mit einem (!) Klick ist der mittlere Textrahmen in die vorhandene Textverkettung mit aufgenommen.

3.2.2   Textrahmen aus Textverkettungen löschen

Verketteten Text kopieren

Text verketteter Textrahmen
können Sie beliebig markieren und ausschneiden oder
kopieren. Beachten Sie
jedoch, dass beim Kopieren
eines verketteten Textrahmens nur der Text dieses
einen Textrahmens, nicht
der gesamte Textabschnitt
kopiert wird!

Ebenso einfach, wie Textverkettungen erstellt werden, können
sie auch wieder aufgehoben werden. Der einfachste Fall ist das
Löschen eines Textrahmens aus einer Textverkettung. Dabei gibt
es drei verschiedene Fälle, an denen ein Textrahmen stehen kann,
der aus einer Textverkettung gelöscht wird: am Anfang, am Ende
und irgendwo dazwischen. Ich möchte extra so genau auf diese
drei Situationen eingehen, weil die Konsequenzen für die jeweils
verbleibenden Textrahmen unterschiedlich ausfallen. In allen Fällen wird jedoch nur der Textrahmen gelöscht, der Text, der darin
enthalten war, wird nicht mit gelöscht.

Gehen wir von hinten nach vorn vor: Damit sind wir bei der
Situation, dass der letzte der verketteten Textrahmen gelöscht
wird (siehe Abbildung 3.12). Dass der Text bei der Löschung des
Textrahmens nicht mit gelöscht wurde, ist an der Übersatzwar-
nung erkennbar, die direkt im Ausgang des vorangehenden Textrahmens erscheint.

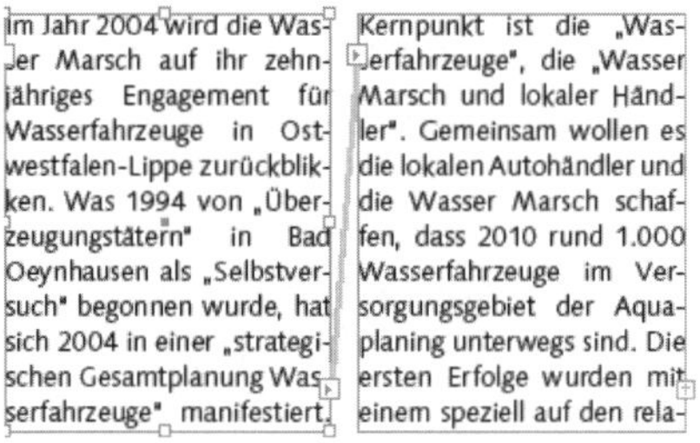

Abbildung 3.12 ▶
Durch die Löschung des letzten
Textrahmens der Textverket-
tung meldet InDesign wieder
Übersatz im Ausgang des vor-
angehenden Textrahmens.

Im zweiten Fall wird ein Textrahmen aus der Mitte einer Textverkettung gelöscht. Dabei wird die Textverkettung aufrechterhalten
❶, es muss also nicht neu verkettet werden, und der Text, den
der gerade gelöschte Textrahmen aufgenommen hatte, wird nun
einfach in den folgenden Textrahmen verschoben. Passt er dort
nicht vollständig hinein, sehen Sie auch hier wieder das Übersatzsymbol am Ausgang des letzten Rahmens der Textverkettung.

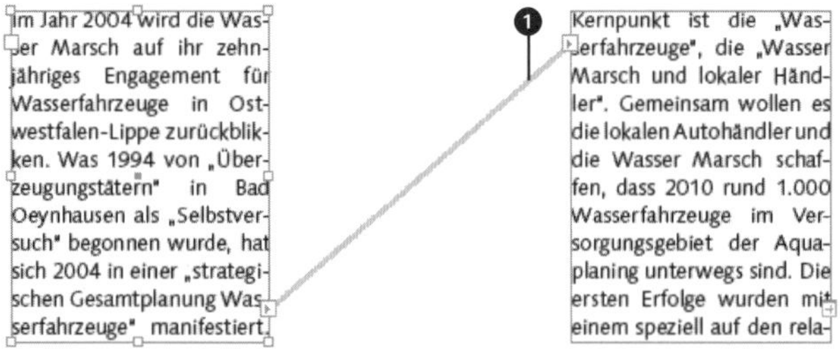

Abbildung 3.13 ▶
Wird ein Textrahmen aus der
Mitte einer Textverkettung
gelöscht, werden der vorherige
und der nachfolgende Textrahmen automatisch verkettet.

Und wenn Ihnen das Konzept der vorangegangenen beiden Beispiele klar geworden ist, wird Sie die Vorgehensweise von InDesign beim Löschen des ersten Textrahmens wenig überraschen: Der Text wird hierbei um genau die Textmenge nach hinten verschoben, die in den gelöschten ersten Textrahmen gepasst hatte:

Im Jahr 2004 wird die Wasser Marsch auf ihr zehnjähriges Engagement für Wasserfahrzeuge in Ostwestfalen-Lippe zurückblicken. Was 1994 von „Überzeugungstätern" in Bad Oeynhausen als „Selbstversuch" begonnen wurde, hat sich 2004 in einer „strategischen Gesamtplanung Wasserfahrzeuge" manifestiert.

Kernpunkt ist die „Wasserfahrzeuge", die „Wasser Marsch und lokaler Händler". Gemeinsam wollen es die lokalen Autohändler und die Wasser Marsch schaffen, dass 2010 rund 1.000 Wasserfahrzeuge im Versorgungsgebiet der Aquaplaning unterwegs sind. Die ersten Erfolge wurden mit einem speziell auf den rela-

◀ **Abbildung 3.14**
Wird der erste Textrahmen einer Textverkettung gelöscht, wird der Text nach hinten geschoben und beginnt im bislang zweiten Textrahmen.

3.2.3 Textrahmenoptionen

Im unten abgebildeten Beispiel wurde auf einer zweispaltigen Seite ein dreispaltiger Textrahmen positioniert. Damit der Text nicht direkt an den Rand des Rahmens stößt, ist dem Textrahmen ein Abstand des Textes zum Rahmen an allen Seiten zugewiesen worden ❷. Diese und weitere Einstellungen werden in dem äußerst wichtigen TEXTRAHMENOPTIONEN-Dialogfeld vorgenommen.

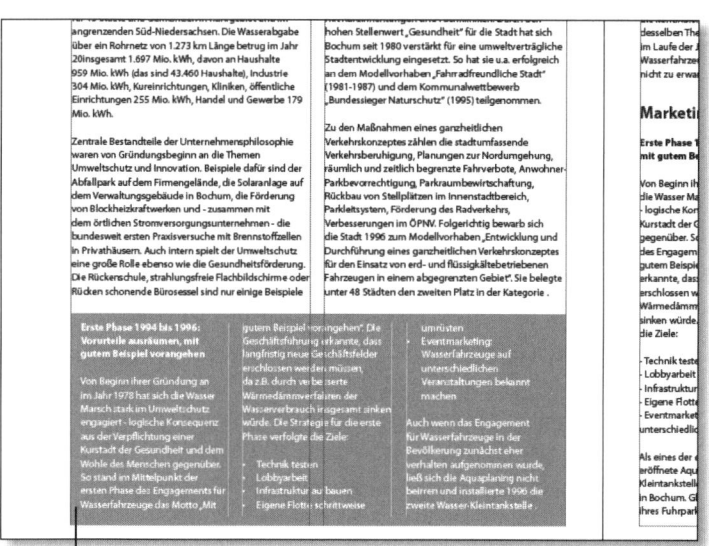

◀ **Abbildung 3.15**
Nicht nur Seiten, sondern auch Textrahmen können individuell in Spalten aufgeteilt werden.

Optionen im Blick

Auf die wichtigsten Einstellungen wie Anzahl der Spalten, Steg und vertikale Ausrichtung haben Sie auch über das STEUERUNG-Bedienfeld Zugriff:

An der Tatsache, dass dieses Dialogfeld nicht in den Menüs LAYOUT oder SCHRIFT zu finden ist, erkennen Sie, dass hier Einstellungen für einzelne Textrahmen vorgenommen werden, die selbstverständlich das Aussehen einer Seite ändern können, aber Eigenschaften des einen, markierten Textrahmens sind (und nicht des Dokumentes oder einer Dokumentseite). Um die TEXTRAHMENOPTIONEN für einen Textrahmen zu modifizieren, markieren Sie ihn und rufen dann das Dialogfeld über OBJEKT • TEXTRAHMENOPTIONEN oder ⎇Strg⎇/⌘+⎇B⎇ auf.

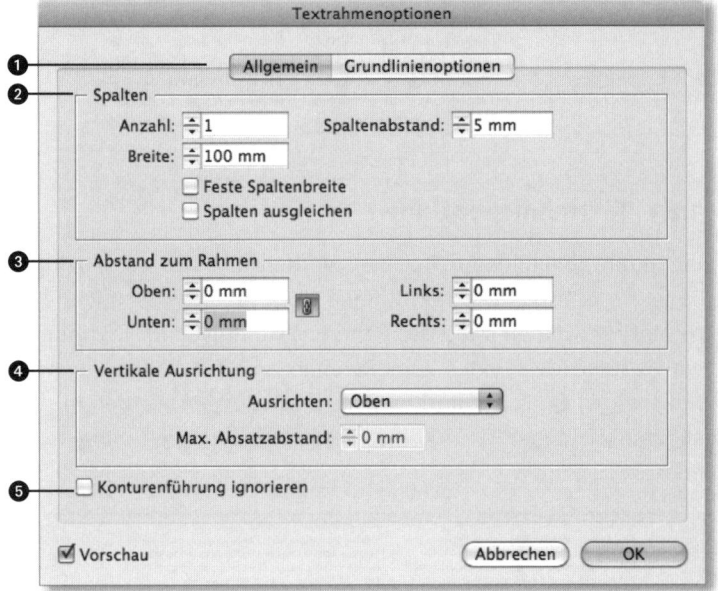

Abbildung 3.16 ▶
Mit den TEXTRAHMENOPTIONEN steuern Sie den Text innerhalb eines Textrahmens.

Spalten ausgleichen

Hier ist derselbe zweispaltige Textrahmen ohne und mit aktivierter Option SPALTEN AUSGLEICHEN zu sehen.

Neben dem Bereich ALLGEMEIN ❶ gibt es hier noch den Bereich GRUNDLINIENOPTIONEN, der jedoch keine zentrale Rolle spielt und auf den ich daher hier nicht weiter eingehen möchte. Mit den Einstellungen im Bereich SPALTEN ❷ legen Sie genau wie im Dialog NEUES DOKUMENT die Spaltenanzahl und den Abstand zwischen den Spalten fest – hier eben für einen Textrahmen. Die aktivierte Checkbox FESTE SPALTENBREITE bewirkt, dass in dem aktiven Textrahmen die Spalten nur die unter BREITE und STEG eingegebenen Werte haben können. Ein so eingestellter Textrahmen lässt sich dann nicht mehr beliebig in der Breite ändern. Mit CS5 ist die neue Option SPALTEN AUSGLEICHEN hinzugekommen. Wird sie bei mehrspaltigen Textrahmen aktiviert, versucht InDesign den Text des betreffenden Rahmens unten auf einer Höhe enden zu las-

sen. Im Bereich ABSTAND ZUM RAHMEN kann für jede Rahmen-
seite ein individueller Wert für den Abstand zum Text eingestellt
werden ❸. Im Bereich VERTIKALE AUSRICHTUNG ❹ werden Ihnen
im Pulldown-Menü vier Optionen angeboten: OBEN, UNTEN, ZEN-
TRIEREN und VERTIKALER KEIL. Bei den ersten drei Wahlmöglichkeiten wird InDesign Text entsprechend der Bezeichnung innerhalb des Textrahmens positionieren – vorausgesetzt, der Text
füllt den Textrahmen nicht schon vollständig aus. Hierbei bleiben textspezifische Einstellungen wie Schriftgröße und Zeilenabstand gewahrt. Beim VERTIKALEN KEIL hingegen füllt InDesign
den zur Verfügung stehenden Raum des Textrahmens mit dem
Text, indem der Zeilenabstand in dem dafür nötigen Maß erhöht
wird. Die Checkbox KONTURENFÜHRUNG IGNORIEREN ❺ hat große
Bedeutung: Mit der Aktivierung steuern Sie, ob der Text des
Rahmens, dessen Optionen hier geändert werden, von anderen
Objekten gegebenenfalls verdrängt werden kann. Dieses Prinzip
sehen wir uns in Kapitel 4, »Bilder«, ab Seite 220, genauer an.

3.3 Mustertextrahmen

Textrahmen auf Mustervorlagen (siehe Seite 72) werden Mustertextrahmen genannt und werden direkt bei der Anlage eines
neuen Dokuments mit Aktivierung des entsprechenden Buttons
im Dialog NEUES DOKUMENT erstellt. Mit den Werten bei SPALTEN
und STEGE definieren Sie die Positionierung, Spaltenanzahl und
den Spaltenabstand der Mustertextrahmen. Die hier eingetragenen Werte können später auch wieder geändert werden.

Schritt für Schritt: Text im Mustertextrahmen
platzieren und den Satzspiegel ändern

1 Anlegen eines Dokumentes
Legen Sie ein doppelseitiges Dokument mit Mustertextrahmen
an. Die SEITENANZAHL belassen Sie bei »1«, da wir die notwendige
Seitenanzahl gleich durch den Textimport automatisch hinzufügen. Im Unterschied zu den Einstellungen des Workshops auf
Seite 70 geben Sie bei Spalten »2« ein – ansonsten kann es bei
einer späteren Erhöhung der Spaltenzahl zu etwas überraschen-
den Ergebnissen kommen.

Zwei Mustertextrahmen
Bei doppelseitigen Doku-
menten wird automatisch
auch eine doppelseitige
Mustervorlage angelegt.
Wurden bei der Anlage der
Datei die Mustertextrahmen
aktiviert, liegt auf jeder der
beiden Musterseiten ein
(Muster-)Textrahmen.

▲ **Abbildung 3.17**
Im Dialog NEUES DOKUMENT
markieren Sie die Option
MUSTERTEXTRAHMEN.

2 Längeren Text platzieren

Wie Sie auf den vorangegangenen Seiten gesehen haben, ist es zwar ohne größeren Aufwand möglich, einzelne Textrahmen miteinander zu verketten. Sollen lange zusammenhängende Texte in InDesign verkettet werden, überlassen Sie besser InDesign das Verketten!

Zum Platzieren des Beispieltextes sollten Sie sich auf der Dokumentseite befinden, die ja direkt nach dem Erstellen des neuen Dokumentes angezeigt wird. Sie rufen nun über DATEI • PLATZIEREN den PLATZIEREN-Dialog auf und wählen hier den gewünschten Text. Bewegen Sie nun das Symbol GELADENER TEXT auf die linke oberen Ecke des Satzspiegels. Würden Sie jetzt klicken, würden Sie den Modus MANUELLER TEXTFLUSS ❶ aktivieren: Dann müssten Sie manuell so oft Textrahmen miteinander verketten, bis der gesamte Text aufgenommen wird.

Diese Datei finden Sie in den Beispielen unter dem Namen »Wassermarsch.doc«.

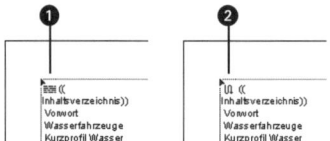

Abbildung 3.18 ▶
Der AUTOMATISCHE TEXTFLUSS ❷ sorgt für automatisch verkettete Textrahmen.

Genau das wollen wir ja gerade nicht: Wir möchten im Gegenteil, dass InDesign das Verketten für uns übernimmt. Also aktivieren wir den Modus AUTOMATISCHER TEXTFLUSS ❷. Drücken Sie dafür einfach die ⌂-Taste, und klicken Sie dann: Damit weisen Sie InDesign an, dem Dokument die nötige Textrahmen- und Seitenzahl hinzuzufügen, um den gesamten Text ohne Übersatztext einzufügen. Klicken Sie dabei genau auf die linke obere Ecke der Hilfslinien.

Zur Kontrolle öffnen Sie das Bedienfeld SEITEN: Dort sehen Sie, dass Ihr Dokument nun mehr als die ursprüngliche Dokumentseite beinhaltet! Einfacher geht's nicht, oder?

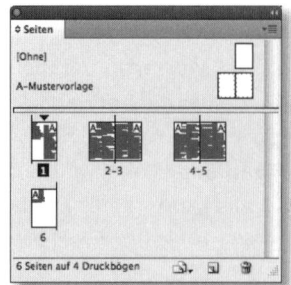

Abbildung 3.19 ▶
Die für den geladenen Text nötigen Textrahmen und Seiten werden beim AUTOMATISCHEN TEXTFLUSS von InDesign eingefügt.

3 **Layoutanpassung aktivieren**

Nachdem der Text nun komplett im Dokument importiert ist, können Sie den Satzspiegel für alle Seiten ändern. Das kennen Sie ja schon aus der Schritt-für-Schritt-Anleitung »Spalten eines Dokumentes ändern« von Seite 73. Allerdings sollten Sie vor der Änderung des Satzspiegels auf der Mustervorlage im Menü LAYOUT den Dialog LAYOUTANPASSUNG aufrufen und die Checkbox **3** aktivieren. Die anderen Einstellungen können Sie übernehmen.

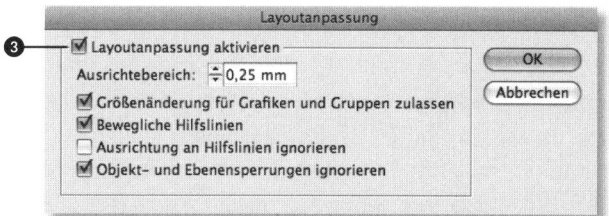

◄ **Abbildung 3.20**
Ohne die aktivierte Layoutanpassung ändern Sie auf der Mustervorlage die Mustertextrahmen nicht mit.

4 **Satzspiegel und Mustertextrahmen ändern**

Durch die Aktivierung der Layoutanpassung reagiert auch der Mustertextrahmen auf die Änderung, die Sie in STEGE UND SPALTEN… auf der Mustervorlage vornehmen. Die Anzahl der Spalten der Mustertextrahmen müssen Sie allerdings noch über die Textrahmenoptionen anpassen. Dafür markieren Sie beide Textrahmen auf den Musterseiten und rufen OBJEKT • TEXTRAHMENOPTIONEN auf und nehmen dort die gewünschten Änderungen vor.

Ich habe hier die Spaltenzahl auf drei erhöht und die Ränder und die Stege deutlich vergrößert:

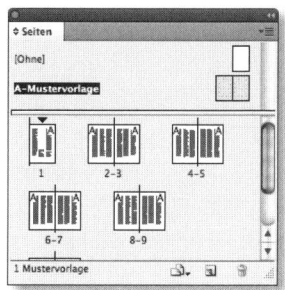

◄ **Abbildung 3.21**
Selbst im SEITEN-Bedienfeld ist die Änderung des Satzspiegels zu erkennen. ∎

Ohne die Anlage der Mustertextrahmen in Schritt 1 würde man übrigens dasselbe Layout erhalten: Dann allerdings mit drei (!) Textrahmen pro Seite statt wie hier mit einem dreispaltigen Textrahmen pro Seite.

3.4 Zeichen

Schneller wechseln

Am schnellsten wechseln Sie zwischen der Anzeige von Zeichen- und Absatzformatierungssteuerung im Steuerung-Bedienfeld über Strg/⌘+alt+7.

Die Änderung sowohl von Zeichenattributen wie Schriftart, -schnitt und -größe als auch der Absatzattribute wie Absatzausrichtung und -einzug sind zwar alle auch im Steuerung-Bedienfeld (Fenster • Steuerung) einstellbar, ich empfehle Ihnen aber dennoch, sich anfangs intensiv mit den beiden Bedienfeldern Zeichen und Absatz zu beschäftigen. Zu Beginn ist die klare Trennung der Zuständigkeiten dieser beiden zentralen Bedienfelder sicher einfacher nachvollziehbar als die Funktionsweise des Steuerung-Bedienfeldes. Behalten Sie das Steuerung-Bedienfeld dennoch stets im Blick, so werden Sie die gewünschten Einstellungsmöglichkeiten mit der Zeit auch hier finden.

Wie in Kapitel 1 erläutert, reagiert das Steuerung-Bedienfeld dynamisch auf das aktive Werkzeug (siehe Seite 22), wobei sich die angezeigten Optionen beim Textwerkzeug mittels der beiden Buttons Zeichenformatierung bzw. Absatzformatierungssteuerung weiter steuern lassen.

▼ **Abbildung 3.22**
Für das Textwerkzeug lassen sich die im Steuerung-Bedienfeld angezeigten Optionen umschalten.

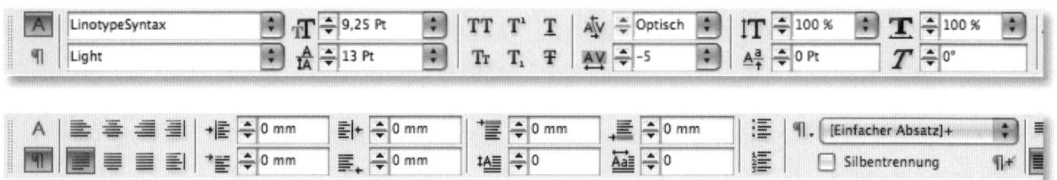

3.4.1 Zeichenattribute

Um die diversen Attribute eines Textteiles zu ändern, muss dieser mit dem Textwerkzeug markiert sein. Dafür stehen Ihnen verschiedene Markierungstechniken zur Verfügung (siehe Seite 34). Das Bedienfeld Zeichen finden Sie sowohl unter Schrift • Zeichen als auch unter Fenster • Schrift und Tabellen • Zeichen. Auch wenn es vielleicht verlockend erscheint, weil Sie sich im ersten Fall durch eine Menüebene weniger hangeln müssen: Suchen Sie nach Bedienfeldern immer zuerst (oder sogar ausschließlich) im Menü Fenster, da Sie hier sicher sein können, dass das gesuchte Bedienfeld hier hinterlegt ist. Das Menü Schrift beispielsweise bietet neben den schriftspezifischen Bedienfeldern noch eine Vielzahl von Befehlen, was die Suche anfangs erschweren kann. Aber um die Suche gänzlich überflüssig zu machen, lernen Sie einfach den Tastaturbefehl Strg/⌘+T!

Gesamten Text markieren

Wenn Sie den gesamten Text eines Rahmens auf einen Schwung ändern wollen, klicken Sie den Textrahmen an und ändern dann die Zeichen- und/oder Absatzattribute. Das funktioniert allerdings nicht bei verketteten Textrahmen.

◄ **Abbildung 3.23**
Das Bedienfeld ZEICHEN mit den eingeblendeten Optionen im unteren Bereich.

Schneller springen

Im Schriftmenü ❶ können Sie den Schriftnamen eintippen, dadurch springen Sie auch in umfangreichen Fontlisten schnell zur gewünschten Schrift.

Im Pulldown-Menü SCHRIFTART ❶ wählen Sie die gewünschte Schrift aus. Dabei werden Ihnen alle auf Ihrem Rechner installierten bzw. aktivierten Schriften in einer Vorschau angezeigt. Im zweiten Pulldown-Menü ❷ wählen Sie aus den zur Verfügung stehenden Schriftschnitten den gewünschten aus. Unter ❸ wählen Sie den Schriftgrad bzw. die Schriftgröße aus. Als Einheit dient hier der typografische Punkt (Pt). Sie können aber auch beispielsweise »5 mm« eingeben, InDesign rechnet den eingegebenen Wert um und zeigt ihn anschließend in Punkt an. Mit ❹ steuern Sie den Zeilenabstand, der, wie in dem Symbol neben dem Eingabefeld dargestellt, von Schriftlinie bis Schriftlinie gemessen wird. Mit Schriftlinie ist die Linie gemeint, auf der alle Großbuchstaben und fast alle Kleinbuchstaben stehen, lediglich Zeichen wie g, j, y gehen darüber hinaus. Mit ❺ regulieren Sie das KERNING, also den Zeichenabstand von einzelnen Zeichenpaaren. Im Gegensatz dazu wird mit der Laufweite ❻ der Zeichenabstand von Wörtern oder größeren Textabschnitten manipuliert. Die drei Felder VERTIKAL SKALIEREN ❼, HORIZONTAL SKALIEREN ❽ und VERZERREN (PSEUDO-KURSIV) ❿ sollten Sie nur im gut begründeten Ausnahmefall einsetzen, da die Ergebnisse dieser Manipulationen schnell unprofessionell wirken! Verwenden Sie – sofern verfügbar – die verschiedenen Schriftschnitte. Im Feld GRUNDLINIENVERSATZ ❾ können Sie eingeben, wie der Text von der Schriftlinie nach oben oder unten verschoben wird. Mit SPRACHE ⓫ wählen Sie tatsächlich ein Wörterbuch aus, das InDesign für die Silbentrennung und für die Rechtschreibprüfung (siehe Seite 118) heranzieht. Der Text bleibt durch die Änderung der Sprache unverändert.

Im ZEICHEN-Bedienfeldmenü finden Sie noch eine ganze Reihe zusätzlicher Optionen, mit denen Sie das Aussehen von Text

a, TT, O?

In der Schriftübersicht wird die vorliegende Schrifttechnologie der jeweiligen Schrift mit einem Symbol gekennzeichnet: Das »a« steht für »Type 1«, »TT« für »TrueType« und »O« für »OpenType«. Wenn Sie hier die Wahl haben, greifen Sie auf die OpenType-Variante zurück: In der Regel verfügt sie über mehr Zeichen als die anderen Varianten.

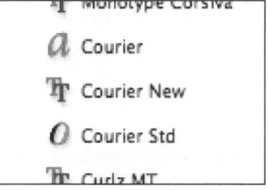

Original oder Fälschung?
▶ *Times italic*   *a e f*
▶ *Times verzerrt*   *a e f*

ändern können. Im Bedienfeld STEUERUNG finden Sie die wichtigsten Menüeinträge als Buttons:

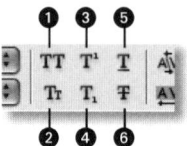

Abbildung 3.24 ▶
Nicht alle Buttons im STEUERUNG-Bedienfeld sind empfehlenswert.

Original oder Fälschung?

▶ ECHTE KAPITÄLCHEN

▶ ELEKTRONISCH ERSTELLTE
   KAPITÄLCHEN

Optionen ausblenden

OpenType   ▶
Großbuchstaben   ⇧⌘K
Kapitälchen   ⇧⌘H
Hochgestellt   ⇧⌘+
Tiefgestellt   ⌥⇧⌘+

Unterstrichen   ⇧⌘U
Durchgestrichen   ⇧⌘#
✓ Ligaturen

Unterstreichungsoptionen...
Durchstreichungsoptionen...

Kein Umbruch

▲ **Abbildung 3.25**
Das ZEICHEN-Bedienfeldmenü bietet Zugriff auf wichtige Optionen.

Optionen schnell aufrufen

Besonders schnell können Sie beliebige Optionen aufrufen, indem Sie mit gedrückter ⎡Alt⎤-Taste auf das entsprechende Icon im STEUERUNG-Bedienfeld klicken.

Der markierte Text wird mit dem Button GROSSBUCHSTABEN ❶ ungeachtet der eingegebenen Groß- und Kleinschreibung in Großbuchstaben dargestellt. Dabei wird die ursprüngliche Schreibweise von InDesign intern beibehalten, wodurch sich diese Modifikation auch wieder rückgängig machen lässt. Der Button KAPITÄLCHEN ❷ bewirkt, dass InDesign Kapitälchen errechnet, was zu unbefriedigenden Ergebnissen führt (siehe nebenstehenden Kasten), deshalb sollte dieser Button eigentlich überhaupt nicht verwendet werden. Bei Einheiten wie km² kann die Ziffer mit HOCHGESTELLT ❸ nach oben versetzt werden. Dementsprechend kann die Ziffer bei chemischen Formeln wie CO_2 mit TIEFGESTELLT ❹ nach unten versetzt werden. UNTERSTRICHEN ❺ und DURCHGESTRICHEN ❻ erledigen genau dies. Im ZEICHEN-Bedienfeldmenü finden Sie entsprechende Einträge, die die Dialogfelder UNTERSTREICHUNG- bzw. DURCHSTREICHUNGSOPTIONEN öffnen. Hier können Sie dann genaue Einstellungen treffen.

Die Buttons zum Hoch- und Tiefstellen sollten Sie mit Bedacht wählen: InDesign errechnet bei der Verkleinerung neben der Größe auch die Strichstärke. Das ist bei den Kapitälchen besonders auffallend, sichtbar ist es aber auch, wenn Zeichen hoch- oder tiefgestellt werden. Bei vielen Schriften sind diese Zeichen nicht extra im Zeichensatz hinterlegt, weshalb Sie dann dennoch auf diese Buttons zurückgreifen müssen.

Bei OpenType-Schriften jedoch und vor allen bei solchen, die nicht das STD für Standard, sondern ein PRO im Namen führen, sind diese Buchstaben und Ziffern alle als eigenständige Zeichen hinterlegt. Bei solchen gut ausgebauten Schriften sollten Sie die Buttons HOCHGESTELLT und TIEFGESTELLT nicht betätigen: Für OpenType-Schriften finden Sie im ZEICHEN-Bedienfeldmenü unter dem Punkt OPENTYPE die entsprechenden Einträge. Werden diese hier angewählt, greift InDesign auf die tatsächlichen Zeichen zurück. Nicht verfügbare Features sind mit eckigen Klammern versehen:

◀ **Abbildung 3.26**
OpenType-Features sind
im ZEICHEN-Bedienfeld-
menü anwählbar.

Sollten Sie bestimmte Sonderzeichen wie © suchen, können Sie
unter SCHRIFT • SONDERZEICHEN EINFÜGEN • SYMBOLE oder im Kontextmenü innerhalb eines Textrahmens nachsehen. Ansonsten
finden Sie alle Zeichen eines Zeichensatzes im Bedienfeld GLY-
PHEN, das Sie folgerichtig im Menü SCHRIFT finden. Es werden
automatisch die Glyphen (Zeichen) der Schrift angezeigt, in der
der Text gesetzt ist, in dem sich der Cursor befindet. Sie können
hier aber auch die Schriftart ❾ und den Schriftschnitt ❿ selbst
anwählen. Hier ❼ können Sie bestimmen, ob Sie den gesamten
Zeichensatz oder nur einen Teil wie Zahlen, Interpunktion oder
Symbole angezeigt bekommen möchten. Über die kleinen Drei-
ecke am unteren Rand der Zeichenfelder ❽ lassen sich Zeichen-
alternativen anwählen.

Original oder Fälschung?
▶ km^2, CO_2
▶ km^2, CO_2
Oben sehen Sie bei der Myriad Pro Regular die hoch- bzw. tiefgestellten Ziffern als OpenType-Feature, unten sind die Zahlen von InDesign proportional verkleinert worden – leider wird die Strichstärke dabei mit verringert.

◀ **Abbildung 3.27**
Im Bedienfeld GLYPHEN ist hier
ein kleiner (!) Ausschnitt der
MYRIAD PRO REGULAR zu sehen.

3.4.2 Zeichenformate

Stellen Sie sich vor, in einem längeren Text eines Kunden wird der Firmenname oder Produktname häufig wiederholt. Als soge-nannte Auszeichnung, sozusagen als Betonung im Text, möch-ten Sie Kapitälchen verwenden. Über den Dialog BEARBEITEN • SUCHEN/ERSETZEN können Sie natürlich alle Vorkommnisse des Firmennamens finden und auch formatieren.

Wenn Sie sich aber später entscheiden, statt der Kapitälchen doch lieber einen Kursivschnitt der Fließtextschrift zu verwen-den, müssen Sie diese Arbeitsschritte wiederholen. Praktischer wäre es doch, wenn Sie die Zeichenattribute zur Auszeichnung zentral verwalten würden. Und genau hier kommen die Zeichen-formate ins Spiel. Das Prinzip der Zeichenformate ähnelt stark dem der Mustervorlagen (siehe Seite 72). Sehen wir uns ein mögliches Prozedere in einem Workshop an.

Schritt für Schritt: Text auszeichnen

In dieser Anleitung werden Sie dem Wort »Wasserfahrzeuge« und seinen Abwandlungen wie »Wasserfahrzeugen« eine einheit-liche Formatierung zuweisen und diese zentral, d. h. dokument-weit verwalten.

Diese Datei finden Sie in den Beispielen unter dem Namen »Aquaplaning.doc«.

1 Text platzieren

Legen Sie ein neues DIN-A4-Dokument an und platzieren Sie den Text »Aquaplaning.doc« in einen zweispaltigen Textrahmen auf einer Dokumentseite. Sollte der Textrahmen hierfür zu klein sein – Sie sehen dann unten rechts das Übersatzsymbol –, vergrößern Sie den Textrahmen so weit, bis Sie den gesamten Text sehen kön-nen: Das rote Pluszeichen ist dann nicht mehr zu sehen.

2 Gesamten Text formatieren

Markieren Sie mit dem Auswahl-Werkzeug den Textrahmen. Im ZEICHEN-Bedienfeld weisen Sie nun dem gesamten Text des Text-rahmens die OpenType-Schrift MINION PRO zu. Die anderen Ein-stellungen belassen Sie auf den angezeigten Werten.

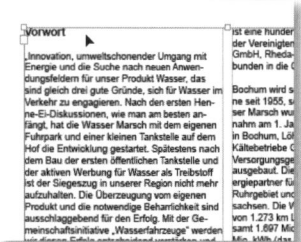

▲ **Abbildung 3.28**
Um einen gesamten Text für die Formatierung mit einer ande-ren Schrift vorzubereiten, reicht es, wenn der Textrahmen mar-kiert ist.

3 Ein Wort formatieren

Suchen Sie im letzten Satz des ersten Absatzes »Vorwort« das Wort »Wasserfahrzeuge«. Wenn nötig, vergrößern Sie den Ausschnitt, den Sie sich genauer ansehen möchten, z. B. auf 200 % mit `Strg`/`⌘`+`2`. Klicken Sie dann mit dem Textwerkzeug zweimal in das Wort, dadurch wird es markiert – die Anführungszeichen werden dabei nicht mit markiert. Weisen Sie dem Wort »Wasserfahrzeuge« über das ZEICHEN-Bedienfeldmenü die Option GROSSBUCHSTABEN **❶** zu.

> die Entwicklung gestartet. Spätestens nach dem Bau der ersten
> öffentlichen Tankstelle und der aktiven Werbung für Wasser
> als Treibstoff ist der Siegeszug in unserer Region nicht mehr
> aufzuhalten. Die Überzeugung vom eigenen Produkt und die
> notwendige Beharrlichkeit sind ausschlaggebend für den Er-
> folg. Mit der Gemeinschaftsinitiative „WASSERFAHRZEUGE"
> werden wir diesen Erfolg entscheidend verstärken und die Ent-
> wicklung beschleunigen."

❹ Ein Zeichenformat anlegen und zuweisen

Als Nächstes rufen Sie über FENSTER • FORMATE • ZEICHENFORMATE das Bedienfeld ZEICHENFORMATE auf. Es enthält lediglich das voreingestellte Zeichenformat [OHNE]. An den eckigen Klammern und dem durchgestrichenen Stift erkennen Sie, dass dieses Zeichenformat weder zu modifizieren noch zu löschen ist. Um ein neues Zeichenformat mit der Zeichenformatierung anzulegen, die Sie in Schritt 3 vorgenommen haben, sollte »Wasserfahrzeuge« noch immer markiert sein – nun brauchen Sie nur noch im unteren Bereich des ZEICHEN-Bedienfeldes auf den ABREISSBLOCK-Button NEUES FORMAT ERSTELLEN **❸** zu klicken. InDesign legt dadurch ein neues Zeichenformat mit dem Namen ZEICHENFORMAT 1 an, markiert ist aber im ZEICHENFORMAT-Bedienfeld immer noch [OHNE]. Das heißt, Sie haben zwar ein neues Zeichenformat mit den Zeichenattributen von »Wasserfahrzeuge« angelegt, aber dieses neue Zeichenformat ist der Auswahl noch nicht zugewiesen. Das erreichen Sie durch das Anklicken von ZEICHENFORMAT 1 **❷**:

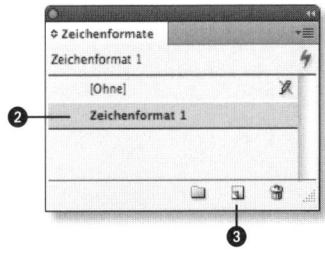

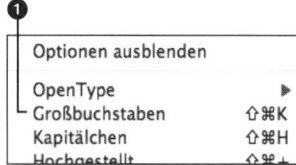

▲ **Abbildung 3.29**
Im ZEICHEN-Bedienfeldmenü wird das Zeichenattribut GROSSBUCHSTABEN gewählt.

◀ **Abbildung 3.30**
Dem markierten Text wurde das Attribut GROSSBUCHSTABEN zugewiesen.

Verwandtschaftsverhältnis

Einige Schriften wie STONE, THESIS oder ROTIS liegen in mehreren Schriftfamilien vor, die Obergruppe wird häufig als Schriftsippe bezeichnet. Jede Schriftfamilie kann wiederum über mehrere Schriftschnitte verfügen. Am Beispiel der Schriftsippe STONE sieht das z. B. so aus:

Stone	Sippe
▶ Serif	Familie
▷ Medium	Schnitt
▷ **Bold**	Schnitt
▶ Informal	Familie
▷ Medium	Schnitt
▷ **Bold**	Schnitt
▶ Sans	Familie
▷ Medium	Schnitt
▷ **Bold**	Schnitt

◀ **Abbildung 3.31**
Ein neues Zeichenformat wurde mit den Einstellungen der Markierung erstellt und zugewiesen.

▲ Abbildung 3.32
Lesen Sie im ZEICHEN-Bedienfeld den verwendeten Schriftgrad ab.

5 Die Suche einschränken

Als Nächstes sollen alle Vorkommnisse von »Wasserfahrzeug« und Varianten im Fließtext des Dokumentes das ZEICHENFORMAT 1 zugewiesen bekommen. Dafür öffnen Sie den SUCHEN/ERSETZEN-Dialog im Menü BEARBEITEN. Im oberen Bereich sollte TEXT angewählt sein, im Feld SUCHEN NACH tragen Sie »Wasserfahrzeug« ein. Da wir das Wort nur im Fließtext, nicht aber in den Überschriften suchen möchten (das »Wasserfahrzeuge« über dem zweiten Absatz soll nicht in Großbuchstaben erscheinen), klicken Sie mit dem Cursor in den Fließtext und lesen im STEUERUNG- oder ZEICHEN-Bedienfeld den Schriftgrad des Fließtextes ab.

Klicken Sie nun im Bereich FORMAT SUCHEN auf den Button SUCHATTRIBUTE EINGEBEN ❶.

Abbildung 3.33 ▶
Nach einem Klick auf die Lupe können Sie genau festlegen, nach welcher Formatierung gesucht werden soll.

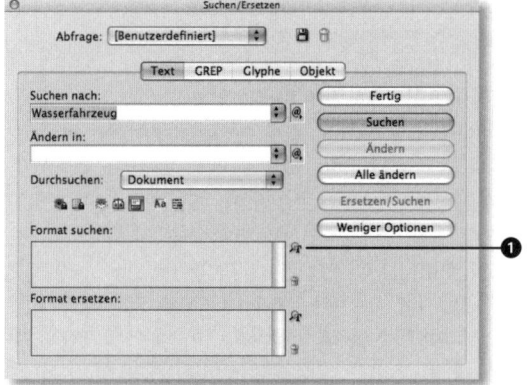

Dadurch öffnet sich der FORMATEINSTELLUNGEN-SUCHEN-Dialog. Im Bereich GRUNDLEGENDE ZEICHENFORMATE ❷ geben Sie unter SCHRIFTGRAD ❸ den eben abgelesenen Schriftgrad des Fließtextes ein.

Abbildung 3.34 ▼
InDesign soll nur in Text suchen, der 10 Pt groß ist.

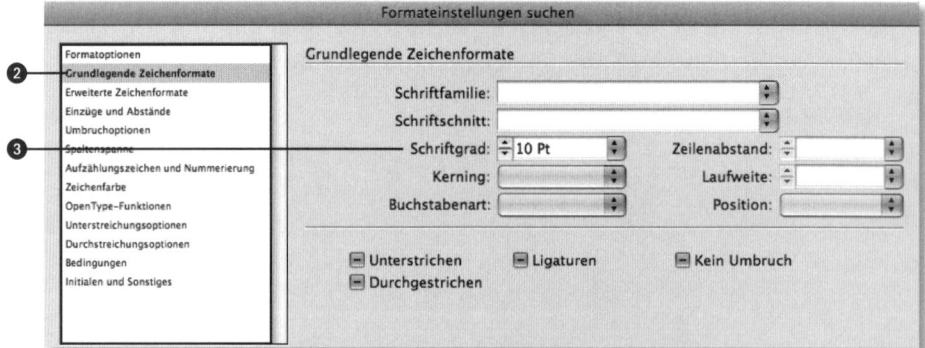

Damit beschränken Sie die Suche auf diesen Schriftgrad: Dadurch, dass die Überschriften in einem größeren Schriftgrad gesetzt sind, werden sie bei der Suche nicht berücksichtigt. Bestätigen Sie mit OK – Sie kehren dadurch zur Suchmaske zurück.

6 Suchen und Formatieren

Darauf, dass nun beim Klick auf SUCHEN nicht mehr der gesamte Text, sondern nur noch die Texte, die den Angaben unter ❹ entsprechend formatiert sind, nach »Wasserfahrzeug« durchsucht werden, weisen die entsprechenden Formatangaben und das Info-Symbol ❺ hin.

GREP
Statt im Textmodus lassen sich flexiblere Suchen mit GREP realisieren. In Kapitel 8, »Praktische Hilfsmittel«, zeige ich Ihnen mögliche Alternativen zu den hier gezeigten Lösungen (siehe Seite 384).

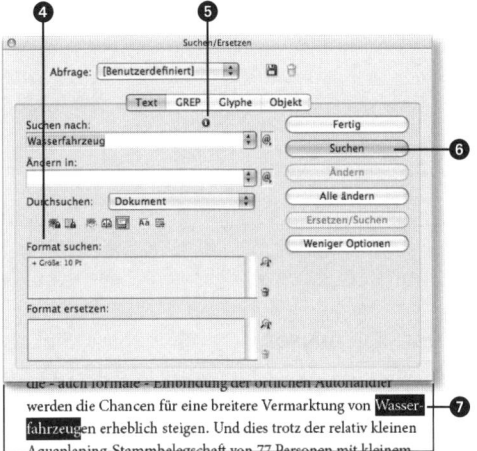

◀ **Abbildung 3.35**
So sieht der SUCHEN/ERSETZEN-Dialog aus, wenn nach einer Formatierung gesucht wird.

Schieben Sie den SUCHEN/ERSETZEN-Dialog zur Seite, so dass Sie den Text gut übersehen können, und klicken Sie nun auf SUCHEN ❻. Doppelklicken Sie jedes Mal auf den gefundenen Text und weisen dem so markierten Text ❼ mit einem Klick auf die entsprechende Zeile im ZEICHENFORMATE-Bedienfeld das ZEICHENFORMAT 1 zu. Damit stellen Sie sicher, dass auch den kompletten Wörtern wie »Wasserfahrzeuge« und »Wasserfahrzeugen« das ZEICHENFORMAT 1 zugewiesen wird. Ist die erste Fundstelle neu formatiert, geht es mit einem Klick auf WEITERSUCHEN ❽ zur nächsten.

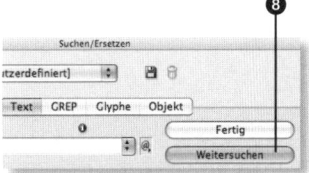

▲ **Abbildung 3.36**
Wenn ein Vorkommnis des gesuchten Textes gefunden wurde, ändert sich die Beschriftung des SUCHEN-Buttons in WEITERSUCHEN.

Im Jahr 2004 wird die Wasser Marsch auf ihr zehnjähriges Engagement für WASSERFAHRZEUGE in Ruhrgebiet-Lippe zurückblicken. Was 1994 von „Überzeugungstätern" in Bochum als „Selbstversuch" begonnen wurde, hat sich 2004 in einer „strategischen Gesamtplanung WASSERFAHRZEUGE" manifestiert. Kernpunkt ist die „WASSERFAHRZEUG", die „Wasser Marsch und lokaler

◀ **Abbildung 3.37**
Dem Suchwort und seinen Varianten wurde dasselbe Zeichenformat zugewiesen.

7 Zeichenformat ändern

Die Großschreibung von »Wasserfahrzeug/e/en« fällt doch zu sehr ins Auge, finden Sie nicht? Lassen Sie uns doch eben einmal sehen, wie der Text wirkt, wenn wir die Großschreibung durch echte Kapitälchen ersetzen. Genau bei einer solchen Änderung von Formatierungen spielt das Konzept der Zeichenformate seine ganze Stärke aus: Mit einem Doppelklick auf ZEICHENFORMAT 1 im Bedienfeld ZEICHENFORMATE öffnen Sie den Dialog ZEICHENFOR-MATOPTIONEN.

Abbildung 3.38 ▼
In den ZEICHENFORMAT-OPTIONEN wird die Buchstaben-art von GROSSBUCHSTABEN in KAPITÄLCHEN geändert.

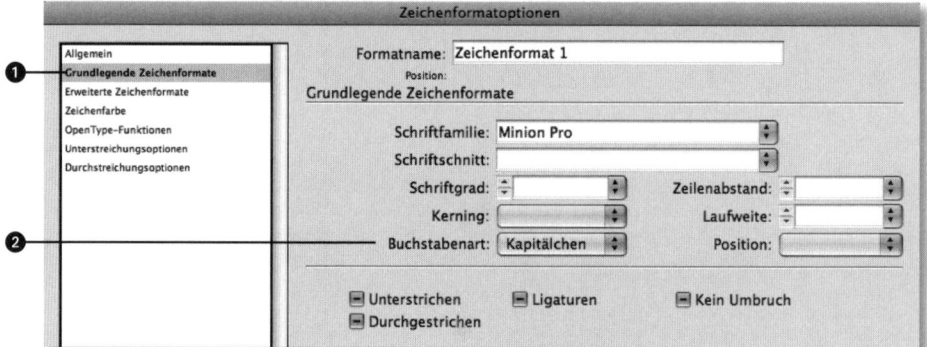

Im Bereich GRUNDLEGENDE ZEICHENFORMATE ❶ wählen Sie als BUCHSTABENART statt GROSSBUCHSTABEN hier KAPITÄLCHEN ❷ an (nicht ALLES IN OPENTYPE-KAPITÄLCHEN, dabei werden nämlich großgeschriebene Wortanfänge ignoriert). Und damit sind alle Varianten von »Wasserfahrzeug« statt in Großschreibung in Kapitälchen gesetzt! Kapitälchen fügen sich doch deutlich besser ins übrige Schriftbild der Minion Pro Regular ein.

Abbildung 3.39 ▶
Beim Überfliegen des Textes fallen Kapitälchen nicht so sehr ins Auge, beim Lesen wird die Auszeichnung aber deutlich.

> ### Wasserfahrzeuge
>
> Im Jahr 2004 wird die Wasser Marsch auf ihr zehnjähriges Engage-ment für WASSERFAHRZEUGE in Ruhrgebiet-Lippe zurückblicken. Was 1994 von „Überzeugungstätern" in Bochum als „Selbstversuch" begonnen wurde, hat sich 2004 in einer „strategischen Gesamt-planung WASSERFAHRZEUGE" manifestiert. Kernpunkt ist die „WASSERFAHRZEUG", die „Wasser Marsch und lokaler Händler". Gemeinsam wollen es die lokalen Autohändler und die Wasser Marsch schaffen, dass 2010 rund 1.000 WASSERFAHRZEUGE im Ver-sorgungsgebiet der Aquaplaning unterwegs sind. Die ersten Erfolge wurden mit einem speziell auf den relativ dünn besiedelten, ländli-chen Versorgungsraum zugeschnittenen, dreistufigen Marketingkon-zept realisiert. Durch die - auch formale - Einbindung der örtlichen Autohändler werden die Chancen für eine breitere Vermarktung von WASSERFAHRZEUGEN erheblich steigen. Und dies trotz der relativ kleinen Aquaplaning-Stammbelegschaft von 77 Personen mit klei-nem Budget (75.000 EURO für 2003, 100.000 Euro für 2004 für den Bereich WASSERFAHRZEUGE) und kleiner bis mittlerer Größe der kooperierenden Autohändler. ■

3.4.3 Spezielle Zeichen

Zwei große Bereiche können in der Typografie unterschieden werden: Sie werden Makro- und Mikrotypografie genannt. Unter Makrotypografie wird das Layout, also die Anordnung von Texten, Bildern und Gestaltungselementen wie Farbflächen und Linien auf einer Seite oder mehreren Seiten verstanden. Zur Mikrotypografie zählt neben der Schriftwahl die Feinjustierung von Abständen wie Zeichenabständen und Leerräumen. Auch Trennungen und der Ziffernsatz werden zur Mikro- oder Detailtypografie gezählt.

Leerräume

Sie stehen vor einer (anfangs) schwierigen Wahl, wenn Sie über SCHRIFT • LEERRAUM EINFÜGEN eine ganze Reihe von Leerräumen im Angebot haben. Schauen wir uns also die wichtigsten an.

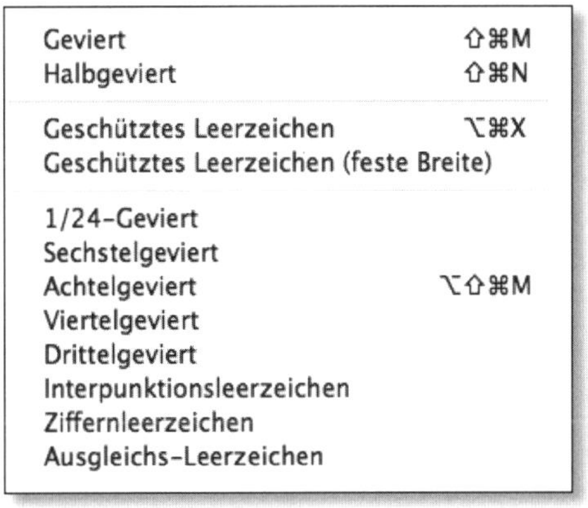

Geviert	⇧⌘M
Halbgeviert	⇧⌘N
Geschütztes Leerzeichen	⌥⌘X
Geschütztes Leerzeichen (feste Breite)	
1/24-Geviert	
Sechstelgeviert	
Achtelgeviert	⌥⇧⌘M
Viertelgeviert	
Drittelgeviert	
Interpunktionsleerzeichen	
Ziffernleerzeichen	
Ausgleichs-Leerzeichen	

◀ **Abbildung 3.40**
Die wichtigsten Leerräume erkennen Sie an den Tastaturbefehlen.

▶ GEVIERT
Der Begriff »Geviert« stammt wie so mancher typografische Fachbegriff aus der Bleisatzzeit und ist so breit wie die Schriftgröße, in der es gesetzt wird: Ein Geviert in einer 10-Pt-Schrift ist also 10 Pt breit. Es kann als Orientierungsgröße für einen Absatzeinzug (siehe Seite 143) herangezogen werden.

▶ HALBGEVIERT
Ein Halbgeviert ist entsprechend des Gevierts bei einer 10-Pt-Schrift 5 Pt breit. Es wird eher selten eingesetzt.

▶ GESCHÜTZTES LEERZEICHEN
Ein geschütztes Leerzeichen hat die Breite eines gewöhnlichen Leerzeichens (von etwa einem Halbgeviert) und hält die beiden Wörter, zwischen denen es platziert wurde, zusammen. Das ist

beispielsweise bei Titeln wie Prof. Dr. wünschenswert. Sonst passiert es leicht, dass der Titel vom Eigennamen getrennt wird. Die Lesbarkeit eines solchen Umbruchs leidet darunter.

Am nächsten Morgen entdeckte Dr. Schulze-Meyerhof, dass wieder eine Herde Schafe über seinen englischen Rasen getrampelt war.	Am nächsten Morgen entdeckte Dr. Schulze-Meyerhof, dass wieder eine Herde Schafe über seinen englischen Rasen getrampelt war.	Am nächsten Morgen entdeckte Dr. Schulze-Meyerhof, dass wieder eine Herde Schafe über seinen englischen Rasen getrampelt war.

▲ **Abbildung 3.41**
Nach dem Titel »Dr.« wurde v. l. n. r. ein normales, ein geschütztes und ein geschütztes Leerzeichen mit fester Breite gesetzt.

Ist das geschützte Leerzeichen wie im Beispiel im Blocksatz gesetzt, wird es hierbei wie ein normales Leerzeichen auf die notwendige Breite vergrößert.

▶ Geschütztes Leerzeichen (feste Breite)
Ein geschütztes Leerzeichen mit fester Breite behält auch im Blocksatz seine Breite von etwa einem Halbgeviert bei und sorgt dafür, dass, wie oben erwähnt, der Titel nicht vom Namen getrennt wird oder eine Zahl von der dazugehörigen Einheit.

▶ Achtelgeviert
Dieser kleine Abstand wird gerne bei Abkürzungen wie z. B., u. Ä. und z. T. eingefügt. Er hält die Textteile, zwischen denen er steht, wie ein geschütztes Leerzeichen zusammen.

▶ Ausgleichs-Leerzeichen
Möchten Sie am Ende eines im Blocksatz gesetzten Textes ein Symbol wie ein Quadrat o. Ä. setzen, fügen Sie vor das Symbol das Ausgleichs-Leerzeichen ein, dadurch wird diese Schlusszeile auf die gesamte Spaltenbreite ausgetrieben.

Abbildung 3.42 ▶
Durch das Ausgleichs-Leerzeichen wird das Rechteck, gesetzt in der Zapf Dingbats, an die Satzkante versetzt.

In Magazinen wird das Ende von lange Artikeln häufig durch eine Autorenkennung oder ein Schlußzeichen gekennzeichnet.   ▌

Striche

Der Strich, der am häufigsten zum Einsatz kommt, ist zugleich auch der kürzeste der in den Schriftsätzen hinterlegten Strichvarianten. Er kommt als Trenn- oder Bindestrich vor und wird mit der ⊡-Taste in den Text eingegeben. Der Trennstrich – häufig auch Divis genannt – wird von InDesign automatisch an den Trennstellen in die Wörter eingefügt, sobald Sie für einen Text die Silbentrennung im Absatz-Bedienfeld aktivieren. Bei Doppelnamen wie »Schulze-Meyerhof« fungiert dieser Strich als Bindestrich.

Weitere vier Striche finden Sie unter Schrift • Sonderzeichen einfügen • Trenn- und Gedankenstriche:

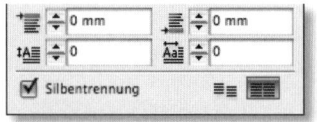

▲ **Abbildung 3.43**
Wenn die Silbentrennung im Absatz-Bedienfeld für einen Absatz aktiviert wurde, trennt InDesign die Wörter an der rechten Satzkante.

▶ GEVIERTSTRICH

Dieser längste der vier Striche wird bei uns kaum eingesetzt. (Im anglikanischen Raum findet er allerdings als Gedankenstrich Verwendung, dann ohne Leerzeichen.)

▶ HALBGEVIERTSTRICH

Der Halbgeviertstrich wird vor allem als Gedankenstrich und als Bis-Strich gesetzt.

  ▶ Der Gedankenstrich wird zum Buchstaben mit normalen Wortzwischenräumen gesetzt: Er stand – jedenfalls sah es so aus – fest auf beiden Füßen.

  ▶ Bis-Strich: S. 98–102 (hier mit je einem Achtelgeviert abgesetzt)

  ▶ Auslassungsstrich: € 380,–

▶ BEDINGTER TRENNSTRICH

Trennt InDesign ein bestimmtes Wort, das nicht immer wieder im Text vorkommt, nicht sinnvoll, so fügen Sie an dieser Stelle den BEDINGTEN TRENNSTRICH ein. Bedingt bedeutet in diesem Zusammenhang, dass der Trennstrich nur dann von InDesign eingefügt wird, wenn das Wort an der Satzkante steht. Ändert sich der Umbruch z. B. durch Textänderungen und das Wort steht nicht mehr direkt an der Satzkante, wird der Trennstrich von InDesign wieder entfernt. Die Position von Trennungen innerhalb eines Wortes sollten also immer mit dem BEDINGTEN TRENNSTRICH eingegeben werden.

InDesign fügt bei aktivierter Silbentrennung die nötigen Trennstriche entsprechend den im Wörterbuch hinterlegten Trennregeln ein. Diese Regeln können Sie selbst optimieren, was bei immer wiederkehrenden Wörtern empfehlenswert ist (siehe Seite 118).

Der bedingte Trennstrich hat noch eine weitere Funktion: Er verhindert Trennungen, wenn er direkt vor das entsprechende Wort gesetzt wird. Das kann beispielsweise bei Eigennamen erwünscht sein.

▶ GESCHÜTZTER TRENNSTRICH

Wenn Sie verhindern möchten, dass ein Doppelname über zwei Zeilen hinweg getrennt wird, geben Sie statt des normalen Bindestriches dieses Sonderzeichen ein.

| Morgens früh entdeckte Dr. Schulze-Meyerhof, dass wieder eine Herde Schafe über seinen englischen Rasen getrampelt war. | Morgens früh entdeckte Dr. Schulze-Meyerhof, dass wieder eine Herde Schafe über seinen englischen Rasen getrampelt war. |

It was—according to Ms. Smith—a never ending story.

▲ **Abbildung 3.44**
Im Englischen wird der Geviertstrich als Gedankenstrich eingesetzt – ohne Wortzwischenraum.

Kein Umbruch

Um einen Umbruch eines Wortes zu verhindern, können Sie alternativ zur Eingabe des bedingten Trennstriches auch das Wort markieren und im ZEICHEN-Bedienfeldmenü den Befehl KEIN UMBRUCH anwählen.

Konsument=
scheidung.¶
Konsum⌐
entscheidung.#

▲ **Abbildung 3.45**
Damit »Konsumentscheidung« nach »Konsum« getrennt wird, wurde ein bedingter Trennstrich eingefügt.

◀ **Abbildung 3.46**
Rechts wurde der geschützte Trennstrich eingefügt (allerdings mit fatalen Folgen für die Wortzwischenräume).

Ziffern

Es gibt zwei unterschiedliche Gruppen von Ziffernsätzen: Versal- und Mediävalziffern. Versalziffern sind deutlich häufiger vertreten, zumindest bei Schriften, die nicht als OpenType vorliegen. Versalziffern haben alle die Größe der Versalien (Großbuchstaben): 123456890. Mediävalziffern hingegen verfügen genau wie Kleinbuchstaben über Ober- und Unterlängen: 123456890.

InDesign bietet dem Designer bei OpenType-Fonts sowohl für Versal- als auch für Mediävalziffern, die Ziffern entweder für den Tabellensatz optimiert oder proportional zueinander zu setzen. Zugriff auf die vier Satzmöglichkeiten bei OpenType-Schriften haben Sie über OPENTYPE im ZEICHEN-Bedienfeldmenü. In der Tabellenvariante erhält jede Ziffer dieselbe Breite. Typografen sprechen hier von **Dickte**. Dadurch wird erreicht, dass im Tabellensatz die Ziffern unabhängig von ihrer individuellen Ausformung alle spaltenweise untereinanderstehen. Die Ziffern haben z. T. große Abstände zueinander.

Im Gegensatz dazu erhalten beim proportionalen Ziffernsatz die Ziffern gemäß ihrem Aussehen den entsprechenden Raum. Dadurch stehen die Ziffern in der Regel enger zueinander. Als Regel für den Ziffernsatz kann gelten: Im Fließtext möglichst Mediävalziffern einsetzen, da diese sich durch ihre Ober- und Unterlängen besser in den sie umgebenden Fließtext einordnen und nicht so ins Auge springen wie Versalziffern.

Anführungszeichen

Auch bei Anführungszeichen haben wir die Qual der Wahl: Je nach Schrift stehen uns bis zu drei korrekte Satzmöglichkeiten zur Verfügung. Was man selbst in großen Printkampagnen und in Fernseheinblendungen immer wieder sieht, ist die Verwendung des Zollzeichens als öffnendes und schließendes Anführungszeichen – ein untrügliches Zeichen für mangelhaften Satz.

Wenn es eine Liste der am weitesten verbreiteten typografischen Fehler gäbe: Der falsche Satz der Anführungszeichen würde diese mit großem Abstand anführen. Der verbreitete Einsatz des Zollzeichens für Anführungszeichen rührt natürlich daher, dass dieses Zeichen auf jeder Tastatur sichtbar ist (auf einer Schreibmaschine gab es tatsächlich keine Alternative zum Zollzeichen). Bekanntlich ändern sich aber die Zeiten, und auf Computertastaturen müssen die korrekten Anführungszeichen teilweise mit Modifikationstasten und z. T. mit Tastenkombinationen eingegeben werden, bei denen die Zolltaste noch nicht einmal mit von der Partie ist.

Das Zollzeichen wird typografisch korrekt genau in drei Situationen eingesetzt:

▶ ZOLLZEICHEN

  ▶ Zoll: 24"-Monitor

  ▶ Sekunde: Blue In Green 6'32"
    Diese Schreibweise ist bei der Angabe der Dauer ungewöhnlich, aber richtig. Verbreiteter und besser wäre 6:32.

  ▶ Sekunde: Köln liegt bei 50° 56' 33" nördlicher Breite.

Es gibt Anführungsstriche nicht nur in der doppelten Variante, sondern auch in der einfachen. Diese wird eingesetzt, wenn beispielsweise innerhalb einer direkten Rede zitiert wird oder Wörter besonders betont werden sollen. Obwohl auch andere Lösungen durchaus akzeptabel sind, bietet es sich an, immer nur gleiche Anführungszeichen einzusetzen und nicht etwa: „Mir gefiel ›Harry Potter‹ nicht". Die folgenden drei typografisch korrekten Möglichkeiten sind gängig:

▶ DEUTSCHE ANFÜHRUNGSZEICHEN (GÄNSEFÜSSCHEN)
  „Mir gefiel ‚Harry Potter' nicht."
  Als Merkhilfe für den richtigen Satz hilft vielleicht Folgendes weiter: 99 unten, 66 oben bzw. 9 unten, 6 oben. Die Form dieser Zahlen zeigt, wo welche Anführungszeichen genutzt werden sollen. Die deutschen öffnenden und schließenden Anführungszeichen sehen vor allem in Serifen-Schriften wie der „Times" so aus, aber auch bei Serifenlosen kann man die unterschiedlichen Zeichenformen erkennen.
  Die deutschen Anführungsstriche machen im Satz eher Probleme als ihre französischen Verwandten, weil sie nicht zu einer Bandbildung des Satzes beitragen und schlechter lesbar sind. Vor allem an den Satzkanten bilden sich durch die deutschen Anführungszeichen kleine Löcher, die den Satz unruhig werden lassen.

▶ FRANZÖSISCHE ANFÜHRUNGSZEICHEN (GUILLEMETS) NACH INNEN
  »Mir gefiel ›Harry Potter‹ nicht.«
  Die Guillemets passen sich viel eher dem Satzbild an und es gibt im Gegensatz zu den deutschen Zeichen keine Verwechslungsgefahr mit Kommas.

▶ FRANZÖSISCHE ANFÜHRUNGSZEICHEN (GUILLEMETS) NACH AUSSEN
  «Mir gefiel ‹Harry Potter› nicht.»

Englische Anführungen

Im Englischen werden Anführungen so gesetzt:
"I didn't like 'Harry Potter'."

Wohin denn nur?

Jean hat 'nen Jeansladen:
▶ Jean's Jeans
▶ Jeans Jeans
▶ Jeans Jean's
▶ Jeans' Jeans

Ladennamen sind beliebte Fundgruben für typografische Irrtümer: Richtig ist Variante zwei, erlaubt ist aber auch die erste, die besser lesbar ist. Die anderen sind nur eines: billig.

Normal: Guillemets

»Guillemets« sind bei der Meta im Schnitt »Normal« hinterlegt.

Ihre favorisierten Anführungszeichen können Sie unter BEARBEI-TEN/INDESIGN • VOREINSTELLUNGEN • WÖRTERBUCH... festlegen. Die dort gewählten oder eingefügten Zeichen setzt InDesign automatisch, wenn Sie ⌂+2 eingeben. Drücken Sie am Satzanfang diese Tasten, wird das öffnende, bei erneuter Eingabe am Ende des Satzes das schließende Anführungszeichen eingefügt. Auch das Menü SCHRIFT • SONDERZEICHEN EINFÜGEN • ANFÜHRUNGSZEICHEN greift auf diese Voreinstellungen zurück. Unabhängig von den Voreinstellungen können Sie Guillemets am Mac in allen Schriften mit ⌥+Q für « und ⌥+⌂+Q für » eingeben. Unter Windows geben Sie auf dem Nummernblock mit gedrückter Alt-Taste 0187 für » bzw. 0171 für « ein.

Apostrophe

Für dieses Auslassungszeichen gibt es ebenfalls ein eigenes Zeichen (Sie merken, weshalb die Beschäftigung mit diesen Einzelheiten den Namen Mikro- oder Detailtypografie verdient). Das Apostroph wird mit Alt+0146 (Windows) bzw. ⌥+⌂+# (Mac) eingegeben. Analog zum Merkspruch bei den Anführungszeichen lautet er hier: 9 oben:
Ich hab' 'nen Neuen; Rock 'n' Roll

Ligaturen

In gut ausgebauten Schriften, vor allem solchen mit Serifen, findet man Ligaturen. Das sind eigenständige Schriftzeichen, die aus der Kombination von zwei oder auch drei einzelnen Zeichen vom Schriftdesigner extra entworfen wurden. Ohne Ligaturen stehen die entsprechenden Zeichenfolgen zu nah aneinander (siehe nebenstehende Abbildung im Infokasten).

Die Option LIGATUREN im ZEICHEN-Bedienfeldmenü ist automatisch aktiviert. Das sollten Sie auch dabei belassen – verfügt eine Schrift nicht über Ligaturen, hat die Aktivierung dieser Option keinerlei Auswirkung auf das Aussehen des Textes. Obwohl Ligaturen eigenständige Schriftzeichen sind, werden diese von InDesign zwar im Text gezeigt, die Einzelzeichen bleiben dabei aber auswählbar – InDesign verwaltet die Ligaturen also weiterhin als unabhängige einzelne Schriftzeichen.

Übrigens sind auch in diesem Buch die Ligaturen eingeschaltet: Die Syntax, in der dieses Buch gesetzt ist, verfügt sogar als Groteskschrift über zwei wichtige Ligaturen. Sehen Sie sich mal um: Entdecken Sie welche auf dieser Doppelseite?

Ligaturen

In der oberen Reihe sind typische Zeichenkombinationen ohne aktivierte Option LIGATUREN zu sehen, unten ist sie eingeschaltet.

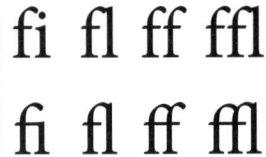

Schritt für Schritt: Mikrotypografie in der Praxis

An einem praktischen Beispiel möchte ich die Vorgehensweise der mikrotypografischen Detailarbeit zeigen. Sie werden in diesem Workshop Leerräume optimieren, den typografisch richtigen Strich für Gedankenstriche setzen, korrekte An- und Abführungszeichen einsetzen und Mediävalziffern verwenden.

1 Text platzieren

Legen Sie ein neues zweispaltiges DIN-A4-Dokument an und platzieren Sie den Text »Aquaplaning.doc«. Markieren Sie mit dem Auswahl-Werkzeug den Textrahmen, und weisen Sie über das ZEICHEN-Bedienfeld dem gesamten Text folgende Zeichenattribute zu: Minion Pro, SCHRIFTGRAD: »12 Pt«, ZEILENABSTAND: »15 Pt«. Das Feld SCHRIFTSCHNITT lassen Sie leer, dadurch behalten die Überschriften im Text ihr urspüngliches Schriftschnittattribut und bleiben bold.

Wenn Sie wie in diesem Fall keine Angabe in einem Eingabefeld sehen, ist das in der Regel ein Hinweis darauf, dass InDesign keine eindeutigen Angaben liefern kann, da Objekte oder wie in diesem Fall verschiedene Absätze mit unterschiedlichen Attributen markiert sind.

Diese Datei finden Sie in den Beispielen unter dem Namen »Aquaplaning.doc«.

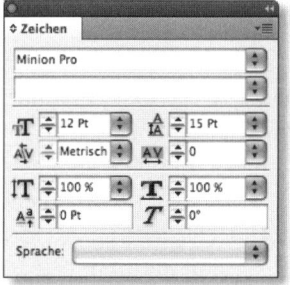

◀ **Abbildung 3.47**
Diese Einstellungen weisen Sie dem gesamten Text zu.

2 Geschütztes Leerzeichen einfügen

In der rechten Spalte stehen Mengenangaben getrennt von ihren Einheiten. Die Lesbarkeit von derartigen Umbrüchen kann verbessert werden, indem der normale Leerraum zwischen Zahl und Einheit durch ein geschütztes Leerzeichen ersetzt wird. Wie bereits erläutert, bleiben hierdurch Wörter oder wie in diesem Fall die Zahlen und Einheiten verbunden. Markieren Sie also das normale Leerzeichen und wählen Sie SCHRIFT • LEERRAUM EINFÜGEN • GESCHÜTZTES LEERZEICHEN.

nzenden Süd-Niedersach-
er ein Rohrnetz von 1.273
2000 insgesamt 1.697 Mio.
959 Mio. kWh (das sind

▲ **Abbildung 3.48**
Um ein Sonderzeichen einzufügen, wird zuerst das zu ersetzende Zeichen wie hier das Leerzeichen markiert.

Die Wasserabgabe über ein Rohrnetz von 1.273 km Länge betrug im Jahr 2000 insgesamt 1.697 Mio. kWh, davon an Haushalte 959 Mio. kWh (das sind 43.460 Haushalte), Industrie 304 Mio. kWh, Kureinrichtungen, Kliniken, öffentliche Einrichtungen 255 Mio. kWh, Handel und Gewerbe 179 Mio. kWh.

Abbildung 3.49 ▶
Die von den Mengenangaben getrennten Einheiten setzen die Lesbarkeit des Textes herab.

Diese Feinarbeiten kosten Zeit, lohnen aber den Aufwand. Das Ergebnis ist deutlich besser zu lesen! Optimal ist der Umbruch wegen der neuen unglücklichen Worttrennungen allerdings nicht.

dersachsen. Die Wasserabgabe über ein Rohrnetz von 1.273 km Länge betrug im Jahr 2000 insgesamt 1.697 Mio. kWh, davon an Haushalte 959 Mio. kWh (das sind 43.460 Haushalte), Industrie 304 Mio. kWh, Kureinrichtungen, Kliniken, öffentliche Einrichtungen 255 Mio. kWh, Handel und Gewerbe 179 Mio. kWh.

Abbildung 3.50 ▶
Nach dem Einfügen der geschützten Leerzeichen sind leider ungünstige Worttrennungen (In-, Kli-) hinzugekommen.

Sie werden bei Ihrer Gestaltungsarbeit immer wieder auf Situationen wie diese stoßen, in denen Sie nach eigenem Ermessen Entscheidungen treffen müssen. Hier müssten Sie sich zwischen den beiden Alternativen entscheiden: schlechte Lesbarkeit der Ziffern/Einheiten vs. ungünstige Trennungen.

❸ Anführungszeichen ändern

Zoomen Sie sich den Text so weit heran, dass Sie den gesamten ersten Absatz »Vorwort« gut überblicken können. Um das öffnende und schließende Anführungszeichen am Absatzbeginn und -ende in Guillemets zu ändern, rufen Sie das GLYPHEN-Bedienfeld über SCHRIFT • GLYPHEN auf. Im Menü wählen Sie INTERPUNKTION an. Nachdem Sie im Text das jeweilige Zeichen mit dem Cursor markiert haben, wird es durch einen Doppelklick auf die Zeichenalternative ersetzt.

Zeichensuche

Sie können Sonderzeichen auch mit SUCHEN/ERSETZEN austauschen: Kopieren Sie dann sowohl das gesuchte als auch das neue Zeichen aus dem Text in die entsprechenden Eingabefelder.

Abbildung 3.51 ▶
Das im Text markierte Zeichen wird durch die Zeichenalternative im Bedienfeld GLYPHEN per Doppelklick ersetzt.

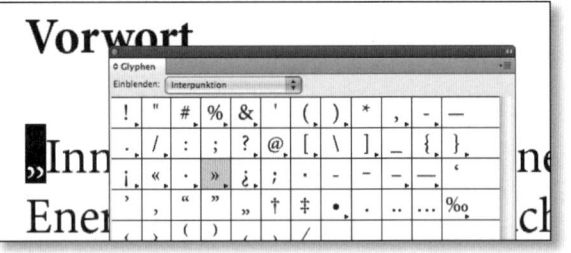

Diese Schritte wiederholen Sie für die weiteren Vorkommnisse der doppelten öffnenden und schließenden Anführungszeichen.

Im letzten Satz des ersten Absatzes »Vorwort« steht das Wort »Wasserfahrzeuge« noch in doppelten Anführungszeichen. Da das typografisch nicht korrekt ist, ersetzen Sie an dieser Stelle die doppelten durch einfache Anführungszeichen.

4 Halbgeviertstriche setzen

Als Nächstes ersetzen Sie die falschen Viertelgeviertstriche oder Divise durch Halbgeviertstriche. Vielleicht schießt es Ihnen schon durch den Kopf: Ein klarer Fall für unseren Freund Suchen/Ersetzen – probieren wir es zunächst so: Wenn Sie im zweiten Absatz »Wasserfahrzeuge« ein Divis kopieren und im Suchen/Ersetzen-Dialog in Suchen nach einfügen und bei Ändern in einen Halbgeviertstrich einsetzen, sieht es (noch) ganz gut aus. Was passiert, wenn Sie jetzt Alle ändern drücken? InDesign führt genau das aus, was Sie dem Programm aufgetragen haben: Alle (!) Trennstriche und Bindestriche werden durch den Halbgeviertstrich ersetzt! So werden leider auch richtige Stellen korrigiert. Also, einen Schritt zurück mit Strg/⌘+Z.

Versuchen wir, wie InDesign zu denken: Was zeichnet also einen Gedankenstrich im Vergleich zum Trenn- und Bindestrich aus, wenn es nicht die Länge ist? Genau: Gedankenstriche werden in unserem Sprachraum immer von Leerzeichen eingerahmt. Und danach können Sie suchen. Sie brauchen also nur noch die Leerzeichen bei Suchen nach und auch bei Ändern in vor und nach dem jeweiligen Strich eingeben. Vergessen Sie nicht die Leerzeichen bei Ändern in – sonst steht der Gedankenstrich zwar mit der richtigen Breite, aber ohne Wortzwischenräume zu den nächsten Wörtern.

> Erfolge wurden mit einem speziell auf besiedelten, ländlichen Versorgungs-tenen, dreistufigen Marketingkonzept ie - auch formale - Einbindung der örtli-r werden die Chancen für eine breitere

▲ **Abbildung 3.52**
An der rechten Satzkante sind die Viertelgeviertstriche als Trennstriche korrekt, als Gedankenstriche sind sie falsch.

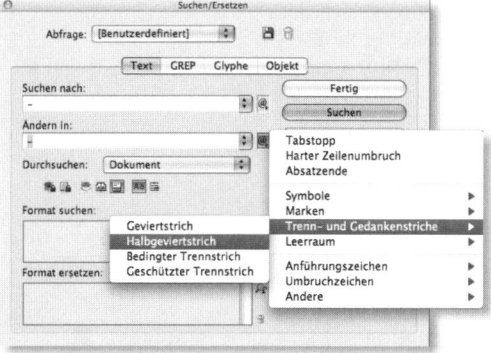

◄ **Abbildung 3.53**
So klappt's auch mit den Gedankenstrichen: Suchen Sie nicht nur nach den Strichen, sondern auch nach den Leerzeichen.

Sie sind in SUCHEN/ERSETZEN (leider) nicht zu sehen, sind aber da: die Leerzeichen, die die Gedankenstriche einrahmen. Unter dem @-Zeichen verbirgt sich ein Ausklappmenü, das wichtige Zeichen, Leerräume und Steuerzeichen enthält.

Diese SUCHEN/ERSETZEN-Einstellungen werden Sie sicher noch des Öfteren brauchen: Speichern Sie sie daher unter einem aussagekräftigen Namen ab ❶. Von da an ersetzen Sie Divise durch Halbgeviertstriche – und zwar nur dort, wo sie fälschlicherweise als Gedankenstrich eingefügt waren.

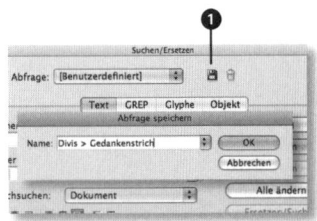

▲ **Abbildung 3.54**
Suchabfragen, die Sie wieder verwenden möchten, können Sie abspeichern.

5 Mediävalziffern verwenden

Unten in der ersten Spalte kommen viele Zahlen vor, und es ist gut sichtbar, wie wenig sich die Versalziffern in den übrigen Fließtext einpassen. Sie sind ähnlich den Versalien aus einem vorangegangenen Workshop (siehe Seite 104) zu groß:

> Marketingkonzept realisiert. Durch die – auch formale – Einbindung der örtlichen Autohändler werden die Chancen für eine breitere Vermarktung von Wasserfahrzeugen erheblich steigen. Und dies trotz der relativ kleinen Aquaplaning-Stammbelegschaft von 77 Personen mit kleinem Budget (75.000 EURO für 2003, 100.000 Euro für 2004 für den Bereich Wasserfahrzeuge) und kleiner bis mittlerer Größe der kooperierenden Autohändler.

Abbildung 3.55 ▶
Die Versalziffern springen einen geradezu an.

Um die Versalziffern im gesamten Textabschnitt durch Mediävalziffern zu ersetzen, markieren Sie den Text und rufen Sie das ZEICHEN-Bedienfeldmenü auf. Dort wählen Sie im Untermenü OPENTYPE • PROPORTIONALE MEDIÄVALZIFFERN.

> Marketingkonzept realisiert. Durch die – auch formale – Einbindung der örtlichen Autohändler werden die Chancen für eine breitere Vermarktung von Wasserfahrzeugen erheblich steigen. Und dies trotz der relativ kleinen Aquaplaning-Stammbelegschaft von 77 Personen mit kleinem Budget (75.000 EURO für 2003, 100.000 Euro für 2004 für den Bereich Wasserfahrzeuge) und kleiner bis mittlerer Größe der kooperierenden Autohändler.

Abbildung 3.56 ▶
Die Mediävalziffern fügen sich wunderbar in den Fließtext ein.

Ich hoffe, ich konnte Sie in diesem Workshop davon überzeugen, wie lohnend die Beschäftigung mit Detailtypografie ist! ∎

3.5 Absätze

Im gängigen Sprachgebrauch ist ein Absatz ein inhaltlich zusammenhängender Abschnitt eines Textes. In InDesign hingegen ist ein Absatz ein Text, dessen Eingabe mit der ⏎-Taste beendet wurde (bzw. der am Ende eines Textabschnitts steht). Das heißt, dass in InDesign auch eine Leerzeile, also eine Zeile ohne jeglichem Text einen Absatz darstellt, wenn diese einfach mit dem Drücken der ⏎-Taste eingefügt wurde. Dasselbe gilt auch für einzeiligen Text: Wenn die Eingabe mit der ⏎-Taste beendet wurde, liegt auch hier ein Absatz vor!

In InDesign können Sie sich die nicht druckenden Steuerzeichen wie Absatzmarken, Leerräume und Tabulatoren mit SCHRIFT • VERBORGENE ZEICHEN EINBLENDEN anzeigen lassen – dafür müssen Sie sich natürlich im Bildschirmmodus NORMAL befinden.

Das gespiegelte »P« ❺ kennzeichnet das Ende eines Absatzes, und eine Leerzeile wie in Abbildung 3.58 ❹ ist nichts anderes als ein Absatz ohne Text. Ein Einzug ❻ sieht auf den ersten Blick so aus, als würde hier ein neuer Absatz beginnen. Inhaltlich mag das stimmen, für InDesign gehört der folgende Text jedoch noch zum selben Absatz, da das nächste Absatzzeichen nach der Leerzeile ❹ erst hinter »teilgenommen« steht ❼. Ein sogenannter harter Zeilenumbruch ❽ wird durch einen Winkel dargestellt und wird mittels ⇧+⏎ eingegeben. Der Einzug ❻ ist mit einem Tabulator realisiert, erkenntlich an dem Doppelpfeil.

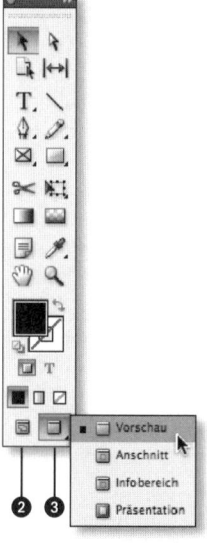

▲ **Abbildung 3.57**
Wechseln Sie häufig zwischen den Bildschirmmodi VORSCHAU ❸ und NORMAL ❷ – am einfachsten durch Drücken der Taste Ⓦ.

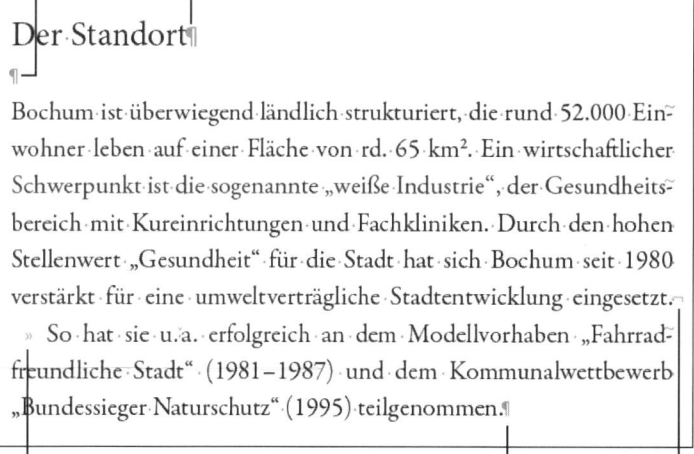

◄ **Abbildung 3.58**
Die eingeblendeten verborgenen Zeichen zeigen die tatsächliche Struktur des Textes.

8–10 Wörter pro Zeile

Für eine gute Lesbarkeit ist neben der Schrift, der Schriftgröße und dem Zeilenabstand auch die Zeilenlänge von großer Bedeutung: Empfehlenswert sind Spaltenbreiten, die im Durchschnitt 8–10 Wörter aufnehmen können.

Bei schmalen Spalten wie dieser hier schafft die Absatzausrichtung BLOCKSATZ durch die größeren und unregelmäßigen Wortzwischenräume kaum lösbare Probleme.

Wie Abbildung 3.58 zeigt, sind die verborgenen Zeichen äußerst hilfreich zur Orientierung, weil dem Text nicht unbedingt anzusehen ist, wo Absätze sind. Deshalb empfehle ich Ihnen den häufigen Wechsel zwischen den beiden Bildschirmmodi NORMAL mit eingeblendeten verborgenen Zeichen und der VORSCHAU.

3.5.1 Absatzattribute

Um einen Absatz zu formatieren, reicht es, dass sich der Textcursor irgendwo im Absatz befindet, der Text muss also im Gegensatz zur Zeichenformatierung nicht markiert sein. Wie schon beim ZEICHEN-Bedienfeld gilt, dass Sie zwar auch im STEUERUNG-Bedienfeld Zugriff auf alle Buttons und Eingabefelder haben, zum Kennenlernen der Absatzformatierungsoptionen bleiben wir jedoch zunächst beim Spezialisten: dem Bedienfeld ABSATZ. Die inhaltliche Nähe der Bedienfelder ZEICHEN und ABSATZ spiegelt sich auch in den Tastaturbefehlen wider: ⌃Strg⌄/⌘+T für ZEICHEN, ⌃Strg⌄+⌃Alt⌄+T/⌘+⌥+T für ABSATZ.

Wenn Sie nicht das ganze Bedienfeld sehen, klicken Sie die Registerkarte mit Absatz mehrmals an oder rufen Sie die Optionen wie gewohnt im Bedienfeldmenü auf.

Abbildung 3.59 ▶
Manche wichtigen Optionen zur Einstellung von Absätzen werden erst sichtbar, wenn das gesamte Bedienfeld eingeblendet ist.

Mit diesen neun Buttons weisen Sie einem Absatz die gewünschte Absatzausrichtung ❶ zu. Die wichtigsten hierbei sind der erste und vierte Button von links: LINKSBÜNDIG AUSRICHTEN und BLOCKSATZ, LETZTE ZEILE LINKSBÜNDIG. Sicher werden Sie auch mal mit dem zweiten und dritten Button Text ZENTRIEREN und RECHTSBÜNDIG AUSRICHTEN arbeiten. Mit dem EINZUG LINKS ❷ bzw. RECHTS ❸ steuern Sie den Wert, um den der Text von der linken oder rechten Rahmenbegrenzung bzw. Spalte nach innen versetzt wird. Mit dem Eingabefeld EINZUG LINKS IN ERSTER ZEILE ❹ können Sie festlegen, um welchen Wert die erste Zeile eingerückt werden soll. Hier werden Absatzeinzüge (siehe Seite 143) definiert. Dieses Eingabefeld ist für eher seltene Satzaufgaben vorgesehen: LETZTE ZEILE EINZUG RECHTS ❺. Interessanter sind da schon die beiden folgenden Eingabefelder ABSTAND VOR ❻ und ABSTAND NACH ❼. Die Funktionsweise dieser beiden Optionen sehen wir uns später bei den Absatzformaten genauer an. Wenn Sie am Textanfang eine Initiale erstellen möchten, können Sie dies mit diesen beiden Eingabefeldern steuern: Mit der INITIALHÖHE ❽ legen Sie die Anzahl der Zeilen fest, über die die Initiale erstellt werden soll, das Feld EIN ODER MEHRERE ZEICHEN ALS INITIALE ❾ regelt die Anzahl der Zeichen, die als Initiale/n dargestellt werden sollen. SILBENTRENNUNG ❿ ist einer der wichtigsten Buttons des ABSATZ-Bedienfeldes, obwohl er nur sichtbar ist, wenn die Optionen eingeblendet sind. Genauso verhält es sich mit den beiden Buttons rechts unten: NICHT AN/AN GRUNDLINIENRASTER AUSRICHTEN ⓫. Diese wichtige Option sehen wir uns in Kapitel 8, »Praktische Hilfsmittel«, auf Seite 362 an.

Wenn Sie das ABSATZ-Bedienfeldmenü öffnen, finden Sie hier wie im STEUERUNG-Bedienfeld noch weitere wichtige Optionen: Hier sind Befehle wie Absatzlinien, Silbentrennung und u. Ä. hinterlegt. Die einzelnen Funktionen möchte ich Ihnen im Folgenden vorstellen.

Adobe-Absatzsetzer/Adobe Ein-Zeilen-Setzer
Eine dieser beiden Satzmethoden muss für Texte aktiviert sein. Standard ist der Adobe-Absatzsetzer. Diese Funktion prüft den ganzen Absatz nach dem besten Umbruch: InDesign versucht hierbei, für einen Absatz mit aktivierter Silbentrennung die wenigsten und plausibelsten Trennungen und die gleichmäßigsten Wortabstände zu erreichen. Sichtbar ist diese Vorgehensweise, wenn Sie selbst Text eingeben: Dabei wird der Text gegebenenfalls immer wieder neu umbrochen, weil InDesign die neuen Zeichen mit in die Berechnung des Umbruchs mit aufnimmt. Bei den möglichen Worttrennungen greift InDesign auf das im ZEICHEN-Bedienfeld unter SPRACHE angewählte Wörterbuch zurück. In den Wörterbüchern sind neben den Wörtern auch die möglichen Trennungsstellen innerhalb der Wörter hinterlegt.

Der Adobe Ein-Zeilen-Setzer analysiert im Gegensatz zum Absatzsetzer eben nur einzelne Zeilen. Der Ein-Zeilen-Setzer kann sinnvoll eingesetzt werden, wenn ein Layout die erste Kor-

---

Absatzausrichtung

Unabhängig von Ihrer Wahl der Absatzausrichtung, sollte bei Fließtext immer die Silbentrennung aktiv sein, sonst reißen vor allem lange Wörter, die nicht mehr in eine Zeile passen, unschöne Löcher in den Text.

≡ Links- bzw. ≡ Rechtsbündig ausrichten
Text sieht hiermit lockerer – man spricht von Flattersatz – als mit Blocksatz gesetzt aus, dafür bilden sich keine rechteckigen Flächen, die beim Layouten meist einfacher zu handhaben sind. Diese Satzarten bieten sich z. B. für Bildlegenden an, da durch sie die Text-/Bild-Zuordnung unterstützt wird.

≡ Zentrieren
Zentrierter Satz wirkt schnell gediegen, traditionell und wird für Mengentext eigentlich nie verwendet.

≡ Blocksatz, letzte Zeile linksbündig
Das ist die erste Wahl für große Textmengen und wird in Büchern fast ausschließlich verwendet (die anderen drei Blocksatzarten sind Exoten).

≡ Nicht/ ≡ Am Rücken ausrichten
Hiermit ausgerichteter Text orientiert seine tatsächliche Ausrichtung an seiner Position bzgl. des Bundes und bietet sich deshalb nur für lange Dokumente an, bei denen sich der Umbruch immer wieder ändert.

▲ Abbildung 3.60
Sehen Sie sich auch das Menü des Absatz-Bedienfeldes an.

rekturphase durchlaufen hat, bei der schon der Umbruch, also die Trennungen, mit korrigiert wurden. Wenn später noch Textänderungen nötig sein sollten, können die entsprechenden Zeilen mit dem Ein-Zeilen-Setzer markiert werden. Dadurch bleibt der Umbruch bei den anderen, schon korrigierten Zeilen gegebenenfalls erhalten. Gibt man selbst längere Texte ein, ist der Ein-Zeilen-Setzer ebenfalls die erste Wahl.

Sie können einem Wörterbuch neue Wörter hinzufügen und die Trennungsstellen eingeben sowie festlegen, in welcher Reihenfolge der Adobe-Absatzsetzer die möglichen Trennungen analysieren soll. Beides ist hilfreich, besonders wenn Sie mit Dokumenten zu tun haben, die beispielsweise immer wieder einen Produktnamen enthalten. Ein solcher immer wiederkehrender Produktname würde bei der Rechtschreibprüfung jedes Mal als falsch markiert werden, solange Sie ihn nicht ins Wörterbuch aufnehmen. Das gilt auch für die Worttrennung dieses Produktnamens. Da InDesign erst einmal keine Informationen über die Worttrennung vorliegen, wird das von InDesign vorgeschlagene Trennergebnis eventuell unbefriedigend sein.

Ein Wort nehmen Sie in das Wörterbuch auf, indem Sie den Cursor in das entsprechende Wort einfügen und im Kontextmenü Rechtschreibprüfung • Wörterbuch wählen. Mit Hinzufügen ❸ wird das Wort in das unter Ziel angezeigte Wörterbuch eingefügt. Das Benutzerwörterbuch ❶ wird nicht mit dem Dokument gespeichert, sondern ist eine separate Datei, so dass andere InDesign-Dokumente ebenfalls auf dieses Wörterbuch zugreifen können. Sie können aber ebenso das aktuelle Dokument oder ein anderes geöffnetes Dokument als Ziel angeben. Dadurch wird das Wort nur in diesem Dokument nicht mehr als Rechtschreibfehler erkannt.

Abbildung 3.61 ▶
Der Wörterbuch-Dialog lässt nach einem Klick auf Silbentrennung auch direkt die Definition der Trennprioritäten zu.

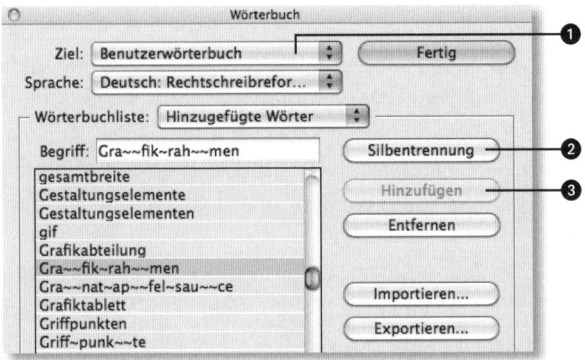

Nach einem Klick auf SILBENTRENNUNG ❷ wird das Wort mit von InDesign vorgeschlagenen Trennungen, die als Tilden (~) dargestellt werden, im Dialogfeld angezeigt. Über die Anzahl der Tilden können Sie steuern, mit welcher Priorität der Adobe-Absatzsetzer trennen soll.

In Abbildung 3.61 wird InDesign dazu angehalten, das Wort »Grafikrahmen« möglichst zwischen »Grafik« und »rahmen« zu trennen. Die oberste Priorität zur Trennung (oder gegebenenfalls die einzige Trennmöglichkeit) können Sie mit der Eingabe einer Tilde Alt Gr + + / ⌥ + N festlegen.

Als zweitbeste Möglichkeit kann InDesign das Wort zwischen »gra« und »fik« bzw. »rah« und »men« trennen, da diese Trennmöglichkeiten durch die zweifachen Tilden als zweite Priorität zur Trennung gekennzeichnet wurden. Soll ein Wort nie getrennt werden, fügen Sie im WÖRTERBUCH-Dialogfeld vor dem Wort eine Tilde ein. Durch die beschriebenen Arbeitsschritte können Sie die Trennung häufig wiederkehrender Wörter recht gut steuern.

Nur erste Zeile am Grundlinienraster ausrichten

Ist diese Option aktiviert, wird nicht der gesamte Text eines Absatzes, sondern nur die erste Zeile am Grundlinienraster ausgerichtet. Das Grundlinienraster wird in Kapitel 8, »Praktische Hilfsmittel«, auf Seite 362 näher erklärt. An dieser Stelle aber schon einmal so viel vorweg: Diese Option bietet sich bei Überschriften an, die aufgrund ihres Schriftgrades nicht über alle Zeilen am Grundlinienraster ausgerichtet werden können.

Flattersatzausgleich

Diese Option bietet sich für mehrzeilige Überschriften im Flattersatz an: InDesign versucht dabei, die Länge der einzelnen Überschriftzeilen aneinander anzugleichen.

Optischen Steg ignorieren

Diese Option ist nur wählbar, wenn im Bedienfeld TEXTABSCHNITT, das Sie im Menü SCHRIFT finden, die Option OPTISCHER STEGAUSGLEICH bzw. RANDAUSGLEICH aktiviert wurde.

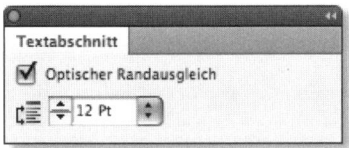

Wörterbuch immer dabei

Wenn Sie eine InDesign-Datei auf mehreren Rechnern bearbeiten, können Sie das Wörterbuch auch mit dem Dokument abspeichern. Andernfalls laufen Sie Gefahr, dass das Dokument beim Öffnen auf dem zweiten Rechner durch das Fehlen des Wörterbuchs und den darin enthaltenen Trenndefinitionen neu umbrochen wird.

Flattersatzausgleich

Im unteren Beispiel wurde die Option FLATTERSATZAUSGLEICH aktiviert:

Dritte Phase: Innovation und Umweltschutz

Dritte Phase: Innovation und Umweltschutz

◄ **Abbildung 3.62**
Damit man OPTISCHEN STEG IGNORIEREN nutzen kann, muss OPTISCHER RANDAUSGLEICH erst einmal aktiviert sein.

Beim optischen Randausgleich werden Anführungszeichen, Satzzeichen und Schriftzeichen eines ganzen Textabschnittes so über den Textrahmen bzw. den Spaltenrand geschoben, dass dadurch ruhigere Satzkanten entstehen.

> „Innovation, umweltschonender Umgang mit Energie und die Suche nach neuen Anwendungsfeldern für unser Produkt Wasser, das sind gleich drei gute Gründe, sich für Wasser im Verkehr zu engagieren."

> „Innovation, umweltschonender Umgang mit Energie und die Suche nach neuen Anwendungsfeldern für unser Produkt Wasser, das sind gleich drei gute Gründe, sich für Wasser im Verkehr zu engagieren."

Abbildung 3.63 ▶
Beim linken Beispiel ist der optische Randausgleich aktiviert, rechts nicht.

Vergleichen Sie bei der oben stehenden Darstellung vor allem die Position der Anführungszeichen und Trennzeichen. Wenn Sie in einem Textabschnitt den optischen Randausgleich aktiviert haben, können Sie diesen für Ausnahmen absatzweise deaktivieren, indem Sie bei markierten Zeilen die Option OPTISCHEN STEG IGNORIEREN aktivieren.

Abstände

Sollten Sie für einzelne Absätze die Abstände zwischen den Wörtern oder den Zeichen oder die Darstellung der Glyphen ändern wollen, finden Sie im Dialogfeld ABSTÄNDE die entsprechenden Eingabemöglichkeiten.

Die Änderung des Wortabstandes kann bei großen Schriftgraden in Titeln und Überschriften erwünscht sein, da der normale Wortabstand zwar für Lesegrößen gut funktioniert, bei großen Texten jedoch zu groß wirkt. Bei GLYPHENSKALIERUNG können Sie angeben, bis zu welchem Wert InDesign die Glyphen in der Breite verzerren kann, um ein möglichst ausgeglichenes Satzbild (vor allem für Text im Blocksatz) zu erreichen. Bei Blocksatz kann jedoch eine Glyphenskalierung von wenigen Prozent zu einem geschlossenerem Satzbild führen. Die Skalierung selbst sollte dabei selbstverständlich nicht wahrnehmbar sein.

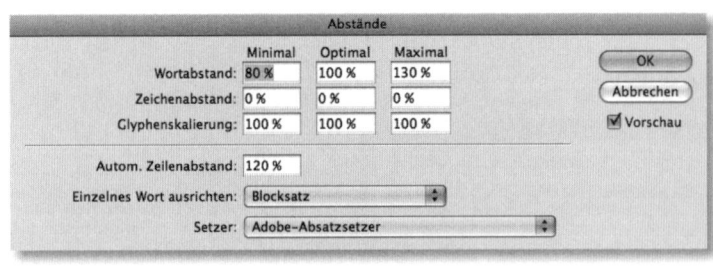

Abbildung 3.64 ▶
Mit dem Bedienfeld ABSTÄNDE können beispielsweise Zeichenabstände neu eingestellt werden.

Umbruchoptionen

Für zwei unerwünschte Situationen gibt es in der Typografie zwei der seltsamsten Fachbegriffe: Schusterjunge und Hurenkind. Mit Schusterjunge ist ein einzeiliger Absatzbeginn am Ende einer Spalte gemeint, ein Hurenkind ist ein einzeiliges Absatzende am Spaltenanfang. Mit den Umbruchoptionen können derartigen typografischen Problemen automatisch vorgebeugt werden: Nicht trennen von nächsten hält das Ende und den Anfang zwei aufeinanderfolgender Absätze zusammen. Mit der Anzahl Zeilen ❷ geben Sie an, wie viele Zeilen des Folgeabsatzes am Ende des Absatzes stehen sollen. Aktivieren Sie Zeilen nicht trennen ❶ können Sie eine der weiteren Optionen aktivieren: Alle Zeilen im Absatz hält den gesamten Absatztext zusammen. Das macht Sinn bei kurzen Absätzen wie Überschriften, bei denen es auch nicht wünschenswert ist, dass sie von einer in die nächste Spalte springen. Für sonstige Fließtextabsätze ist die Option Am Anfang/Ende des Absatzes sinnvoll: Mit den Eingaben Anfang und Ende steuern Sie, wie viele Zeilen des aktiven Absatzes zusammengehalten werden sollen. Für beide hat sich der Wert »2« bewährt. Aus dem Pulldown-Menü Absatzbeginn ❸ können Sie einen Eintrag wählen, der z. B. bestimmt, dass der Absatz immer am Spaltenanfang stehen soll. Das kann beispielsweise bei Kapitelanfängen gewünscht sein. Diese Einstellungen sehen wir uns später noch in der Praxis an: Sie spielen auch im Zusammenhang mit Absatzformaten (siehe Seite 144) eine Rolle.

Seltsame Fachwörter

Links unten sehen Sie einen Schusterjungen, rechts oben ein Hurenkind …

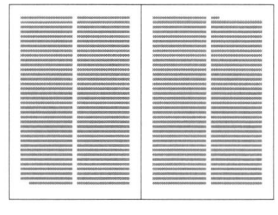

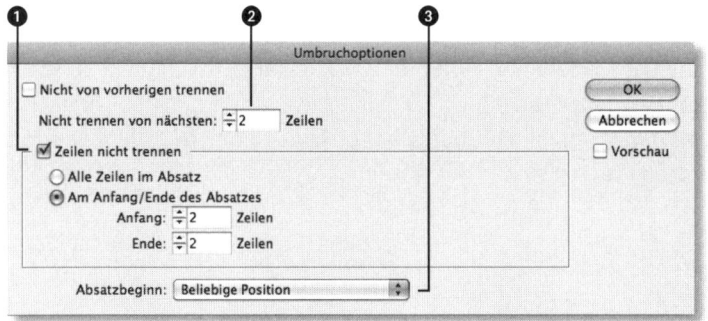

◄ **Abbildung 3.65**
Mit den Umbruchoptionen können Sie Schusterjungen und Hurenkinder vermeiden.

Die vielfältigen Steuerungsmöglichkeiten des Umbruchs dürfen über eines nicht hinwegtäuschen: Selbst wenn an den verschiedensten Stellen die Optionen für den Satz vorgenommen und angewendet werden, sind sie keine Garantie für guten Satz. Manchmal kann nur eine Textänderung Abhilfe schaffen.

Spalten

Dieses Feature ist eines der Highlights von InDesign CS5. Hiermit ist es nun möglich, Text in einem mehrspaltigen Textrahmen über mehrere Spalten laufen zu lassen. Bisher mussten hierfür mindestens zwei separate Textrahmen angelegt werden, da Textrahmen keine unterschiedliche Anzahl Spalten aufweisen konnten.

◄ Abbildung 3.66
Mit der Funktion SPALTEN bzw. SPALTENSPANNE können Texte nun auf mehrere Spalten eines Textrahmens verteilt werden.

Im folgenden Beispiel wurde der Überschrift und dem Vorlauftext über das Pulldown-Menü ANZAHL SPALTEN ❶ die Anzahl »2« bzw. »3« zugewiesen ❷ ❸.

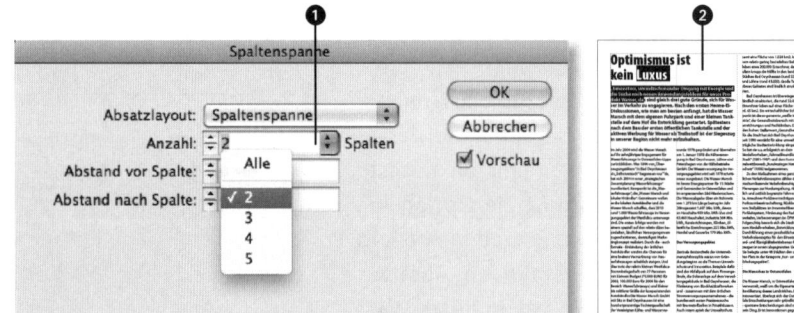

Mithilfe der Optionen ABSTAND VOR bzw. NACH SPALTE kann der Abstand über bzw. unter den markierten Absätzen definiert werden. Somit ist keine Möglichkeit vorgesehen, einen Absatz erst z. B. in der zweiten Spalte beginnen zu lassen – Absätze stehen immer an der linken Textrahmenkante.

Wird im Menü ABSATZLAYOUT statt SPALTENSPANNE die Option UNTERTEILTE SPALTE ❹ gewählt, kann das genaue Gegenteil der eben beschriebenen Funktion erreicht werden. Markierte Absätze können innerhalb einer Textspalte in weitere Spalten aufgeteilt werden. Sinnvoll kann dies beispielsweise bei Aufzählungen mit kurzen Texten sein:

◄ Abbildung 3.67
UNTERTEILTE SPALTE sorgt dafür, dass ein Text innerhalb einer Textspalte in davon unabhängige Spalten umbrochen wird.

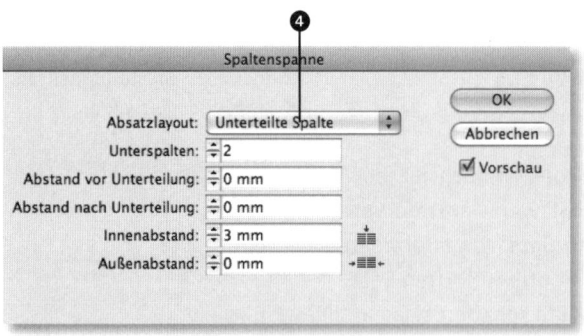

Silbentrennung

Im Gegensatz zu den SPRACHE-Einstellungen im ZEICHEN-Bedienfeld wird in diesem Dialogfeld z. B. festgelegt, ab welcher Wortlänge InDesign trennen soll. Ob im Absatz überhaupt getrennt werden soll, können Sie nicht nur im ABSATZ-Bedienfeld angeben, sondern auch hier. Ihre Wahl wird automatisch an der jeweils anderen Stelle aktualisiert.

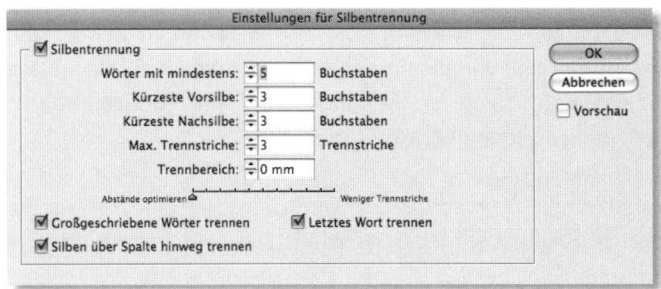

◄ **Abbildung 3.68**
Wie InDesign trennen soll, können Sie hier angeben.

▶ WÖRTER MIT MINDESTENS
Wörter, die kleiner als der hier eingetragene Wert sind, werden nicht getrennt. Steht hier eine »5« wie im Beispiel, wird ein Wort wie ei-ne nicht getrennt.

▶ KÜRZESTE VORSILBE
Die Silbe, nach der getrennt wird, hat die hier angegebene Zeichenzahl. Steht hier eine »3« wie im Beispiel, wird ein Wort wie ei-nes nicht getrennt, da die Vorsilbe zu kurz ist.

▶ KÜRZESTE NACHSILBE
Die Silbe, vor der getrennt wird, hat die hier angegebene Zeichenzahl. Steht hier eine »3« wie im Beispiel, wird ein Wort wie mei-ne nicht getrennt.

▶ MAX. TRENNSTRICHE
InDesign versucht, an der rechten Satzkante nicht mehr als den hier eingetragenen Wert an Trennzeichen in direkter Folge zu erstellen. Hierbei ist »3« ein guter Richtwert, der jedoch bei sehr schmalen Spalten auch größer sein kann, da sonst eventuell zu große Wortzwischenräume entstehen.

▶ TRENNBEREICH
Mit Trennbereich wird im linksbündigen Flattersatz und bei aktiven Ein-Zeilen-Setzer der Bereich vor der rechten Satzkante angegeben, in den ein Wort hineinragen muss, bevor es getrennt wird. Je größer dieser Trennbereich ist, desto größer ist der zu erwartende Weißraum.

▶ GROSSGESCHRIEBENE WÖRTER TRENNEN
Diese selbsterklärende Option sollte im Deutschen wegen der
großgeschriebenen Substantive aktiviert sein. Wenn in eng-
lischsprachigen Texten diese Option deaktiviert wird, wird
damit gewährleistet, dass die im Englischen großgeschriebenen Wörter nicht getrennt werden: die Eigennamen.

▶ LETZTES WORT TRENNEN
Hiermit erlauben Sie InDesign, dass das letzte Wort eines
Absatzes getrennt werden soll. Kurze Silben in der letzten
Absatzzeile sind vor allem dann störend, wenn der Folgeabsatz
mit einem Einzug gekennzeichnet ist. In solchen Fällen macht
die Deaktivierung dieser Option Sinn.

▶ SILBEN ÜBER SPALTE HINWEG TRENNEN
Nach Möglichkeit sollte der Umbruch eine Wortes in die
nächste Spalte vermieden werden. Dies gilt in besonderem
Maße für Text, der auf die nächste Seite umbricht.

Initialen und verschachtelte Formate
Neben den beiden Größen INITIALHÖHE und EIN ODER MEHRERE
ZEICHEN ALS INITIALE, die Sie bereits kennengelernt haben, bietet
dieses Dialogfeld noch weitere Möglichkeiten, das Aussehen der
Initiale zu steuern. Sie können z. B. hier sogenannte verschachtelte Formate erstellen. Verschachtelte Formate werden wir uns
im Zusammenhang mit Absatzformaten genauer ansehen.

Abbildung 3.69 ▶
Im Bedienfeld INITIALEN
UND VERSCHACHTELTE FORMATE
können Sie Initialen weiter
formatieren.

▶ ZEICHENFORMAT
Hier können Sie aus den bisher in dem aktiven Dokument
erstellten Zeichenformaten das gewünschte wählen.

▶ LINKE KANTE AUSRICHTEN

Bei schmalen Buchstaben wie einem »I« sieht die Initiale mit dieser aktivierten Option zumindest bündiger aus.

Initialen sind ein im Editorialdesign häufig eingesetztes Mittel, um auf unruhigen Seiten mit vielen Abbildungen, den Textanfang hervorzuheben.	Initialen sind ein im Editorialdesign häufig eingesetztes Mittel, um auf unruhigen Seiten mit vielen Abbildungen, den Textanfang hervorzuheben.

◄ **Abbildung 3.70**
Die aktive Option LINKE KANTE AUSRICHTEN sorgt für eine ruhigere Satzkante (rechts).

▶ SKALIERUNG FÜR UNTERLÄNGEN

Sollte eine Initiale eine Unterlänge wie im unten abgebildeten Beispiel aufweisen, verkleinert InDesign durch die Aktivierung dieser Option die entsprechende Initiale.

Jedenfalls werden Initialen in Büchern und Zeitschriften sehr häufig eingesetzt. Teilweise ragen dabei die Unterlängen der Initialen zu weit in die nächste Zeile	Jedenfalls werden Initialen in Büchern und Zeitschriften sehr häufig eingesetzt. Teilweise ragen dabei die Unterlängen der Initialen zu weit in die nächste Zeile

◄ **Abbildung 3.71**
Nach der Aktivierung der Option SKALIERUNG FÜR UNTERLÄNGEN ist die Störung behoben.

GREP-Stile

GREP ist in der Programmierszene ein gängiges Tool zur Textmustersuche und Manipulation des gefundenen Ausdrucks. In Kapitel 8, »Praktische Hilfsmittel«, werden wir uns noch intensiver damit beschäftigen.

Ein GREP-Stil besteht aus zwei Teilen: Dem Suchmuster ❶ und dem Zeichenformat ❷, das auf den gefundenen Ausdruck angewendet werden soll.

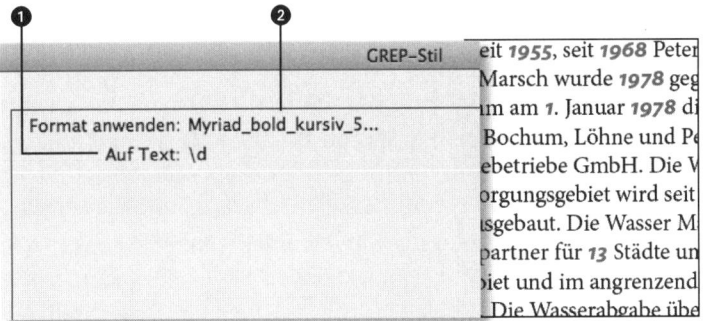

◄ **Abbildung 3.72**
Mit nebenstehender Suchabfrage formatiert InDesign alle Ziffern im markierten Absatz.

Eine Besonderheit bei GREP-Stilen ist, dass sie dynamisch im Text suchen. Das bedeutet, dass jedes Mal, wenn das definierte Suchmuster gefunden wird, automatisch das gewünschte Zeichenformat angewendet wird – und das nicht nur bei bestehendem Text, sondern auch bei der Texteingabe!

Absatzlinien

Hier können Sie das Aussehen und die Position von Linien festlegen. Für den aktivierten Absatz können Sie zwei Linien definieren. Im nebenstehenden Beispiel wurde die untere Absatzlinie
mit folgenden Angaben erstellt:

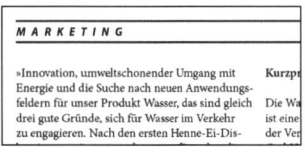

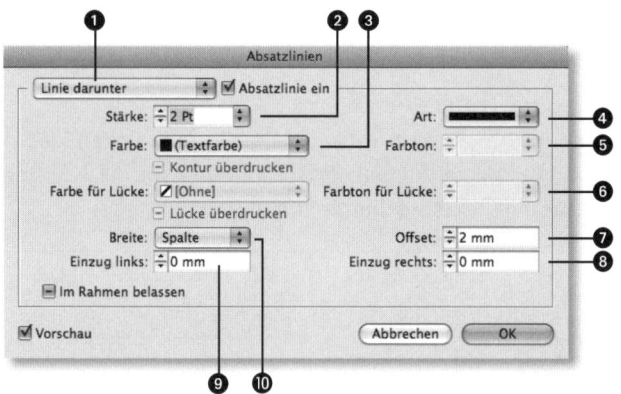

Abbildung 3.73 ▲ ▶
Die untere Absatzlinie des obigen Beispiels wurde mit nebenstehenden Einstellungen realisiert.

Ob die Einstellungen im unteren Bereich für die oberen oder unteren Absatzlinien gelten sollen, legen Sie hier ❶ fest. Die Checkbox
ABSATZLINIE EIN rechts daneben muss markiert sein, sonst können
Sie hier keine Änderungen vornehmen. Die STÄRKE ❷ können Sie
ebenso frei wählen wie die FARBE ❸. Hier können Sie neben den
Farben, die im Bedienfeld FARBFELDER (siehe Seite 316) hinterlegt sind, auch die Option TEXTFARBE wählen. In diesem Fall wird
die entsprechende Absatzlinie in der Farbe erstellt, die dem Text
zugewiesen wurde. Das macht beispielsweise Sinn bei Rubriken.
Ob die Linie durchgezogen, gepunktet o. Ä. sein soll, legen Sie
durch die Anwahl der Option ART ❹ fest. Mit einem Zahlenwert
bei FARBTON ❺ definieren Sie, ob die unter ❸ gewählte Farbe
vollflächig (100 %) oder beispielsweise heller, also etwa zu 50 %,
gedruckt werden soll. Diese Option ist wie hier ausgeblendet,
wenn als FARBE TEXTFARBE gewählt wurde. Haben Sie als ART z. B.
eine gestrichelte Linie gewählt, können Sie einen FARBTON FÜR
LÜCKE ❻ einstellen: Damit erhalten Sie Linien mit abwechselnden
Farben. Bei BREITE ❿ haben Sie die Wahl zwischen SPALTE und
TEXT. Wählen Sie SPALTE, wenn die Absatzlinie der Spaltenbreite
entsprechen soll, bei TEXT endet die Linie mit dem Text. Mit dem
EINZUG LINKS ❾ können Sie festlegen, ob die Absatzlinie direkt an
der Satzkante (0 mm) oder mit einem Einzug beginnen soll. Mit
EINZUG RECHTS ❽ stellen Sie gegebenenfalls den rechten Abstand

zur Satzkante ein. OFFSET ❼ regelt den vertikalen Abstand zur Grundlinie. Wenn Sie oben ❶ LINIE DARÜBER gewählt haben, verschieben positive Werte die Linie nach oben, ist LINIE DARUNTER gewählt, wird die Linie durch positive Werte nach unten verschoben.

Die obere Absatzlinie von Abbildung 3.73 wurde übrigens mit denselben Einstellungen wie die untere Linie erstellt, nur der Offset wurde mit 5 mm angegeben, Schrift: Myriad Pro, Bold Italic, 12 Pt, Großbuchstaben, Laufweite 500, linksbündig ausrichten.

Schritt für Schritt: Eine Fläche mit Absatzlinien erstellen

Sehen wir uns in diesem Workshop eine Möglichkeit des Einsatzes von Absatzlinien an. Auch wenn Sie den Balken am oberen Seitenrand aus Abbildung 3.74 prinzipiell ebenso durch das Zuweisen von Schwarz als Flächenfarbe des Textrahmens erstellen könnten, realisieren wir hier den Balken durch eine Absatzlinie.

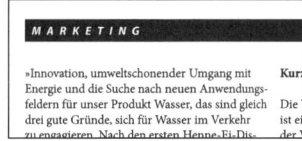

▲ **Abbildung 3.74**
Die schwarze Fläche ist in Wirklichkeit eine Linie.

❶ Textrahmen auf Mustervorlage erstellen

Legen Sie auf der linken Mustervorlage eines doppelseitigen Dokumentes einen Textrahmen über die gesamte Breite des Satzspiegels an. Verschieben Sie ihn so weit nach oben, dass er die obere Hilfslinie nicht berührt. Dieser Textrahmen soll als Kapitelkennung auf allen Seiten einer Broschüre erscheinen. Schreiben Sie nun »Kapitel« mit folgenden Schriftattributen in den Textrahmen: Myriad Pro, Bold Italic, 12 Pt, Großbuchstaben, Laufweite 500, linksbündig ausrichten.

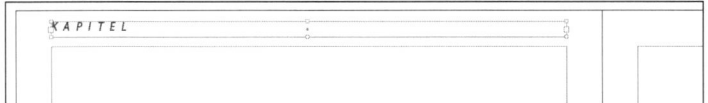

◄ **Abbildung 3.75**
Die Breite des Textrahmens bestimmt später die Länge der Absatzlinie.

❷ Die Fläche als Absatzlinie anlegen

Während sich der Cursor noch im Text befindet, rufen Sie nun aus dem ABSATZ-Bedienfeld das Dialogfeld ABSATZLINIEN auf. Probieren Sie hier die Auswirkung verschiedener Einstellungen. Um die nötige Höhe des schwarzen Balkens zu erreichen, geben Sie bei STÄRKE »8 mm« ein, die InDesign direkt in Pt umrechnet. Bei FARBE darf hier nun nicht mehr TEXTFARBE stehen, da wir im nächsten Schritt die Farbe der Schrift auf PAPIER ändern werden. Mit einem OFFSET von »–2,5 mm« verschieben Sie die Absatzlinie um diesen Wert von der Grundlinie nach unten.

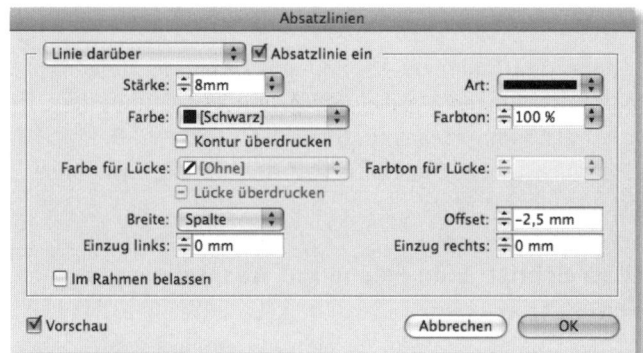

Abbildung 3.76 ►
Durch die Stärke von 8 mm wird aus der Linie eine Fläche.

3 Schriftfarbe ändern

Nun sollten Sie noch das Schwarz der Schrift ändern. Markieren Sie hierzu das ganze Wort und rufen Sie über FENSTER • FARB-FELDER das entsprechende Bedienfeld auf. Behalten Sie bei den Farbfeldern immer die Symbole für Fläche/Kontur ❶ im Blick – ansonsten ist schnell die Kontur- statt der Flächenfarbe geändert.

Abbildung 3.77 ►
Da Weiß im normalen Vier-farbdruck durch das Aussparen von Farbe entsteht, finden Sie hier statt Weiß das Farbfeld [PAPIER].

Wählen Sie hier das Farbfeld [PAPIER] an.

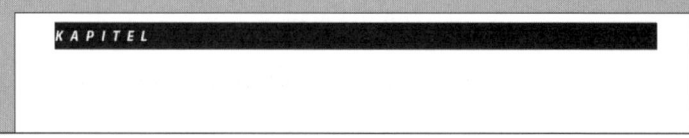

Abbildung 3.78 ►
Etwas Feintuning ist am Text noch nötig.

Die Größe und die Position der schwarzen Fläche sind in Ordnung, nur klemmt »Kapitel« noch am linken Rand.

4 Absatzeinzug einfügen

Nun brauchen Sie nur noch vor dem Wort »Kapitel« einen Einzug einzufügen. Das erledigen Sie, indem Sie im Bedienfeld ABSATZ bei EINZUG LINKS einen passenden Wert eingeben. Ich habe hier »2,5 mm« verwendet.

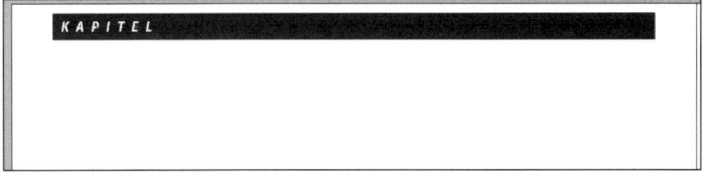

◄ **Abbildung 3.79**
Der Einzug links rückt den Text nach rechts.

5 Textrahmen kopieren

Wenn Sie nun denselben Rahmen nur am Bund gespiegelt haben möchten, ist auch das mit wenigen Mausklicks erledigt. Aktivieren Sie hierfür das Auswahl-Werkzeug und klicken Sie damit auf den in den vorangegangenen Schritten erstellten Textrahmen. Drücken Sie nun auf der Tastatur die [Alt]/[⌥]+[⇧]-Tasten und ziehen Sie dann den Rahmen nach rechts auf die gegenüberliegende Seite der Mustervorlage. Die [⇧]-Taste schränkt die Bewegung auf die Horizontale bzw. Vertikale und das dazwischenliegende Vielfache von 45° ein, und die [Alt]/[⌥]-Taste sorgt für das Kopieren des bewegten Objektes.

◄ **Abbildung 3.80**
Einfacher geht es nicht: Kopieren Sie durch Ziehen.

6 Absatzeinzug einfügen

Wenn »Kapitel« auf der rechten Mustervorlage auch außen, also ganz rechts, stehen soll, brauchen Sie hier den Absatz im ABSATZ-Bedienfeld nur mit RECHTSBÜNDIG AUSRICHTEN zu formatieren und als rechten Einzug denselben Wert wie in Schritt 4 einzugeben.

◄ **Abbildung 3.81**
Auf beiden Mustervorlagen ist die Rubrikkennung erstellt.

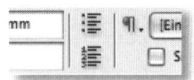

▲ Abbildung 3.82
Mit diesen beiden Buttons
erstellen Sie Listen per Klick.

Konturliste

Konturlisten weisen mehr
als eine inhaltliche Ebene
auf. Diese Hierarchie wird
dabei durch Einrückungen
kenntlich gemacht. Im Beispiel unten wurden neben
den Einzügen verschiedene
Schnitte und unterschiedliche Aufzählungszeichen zur
Visualisierung der inhaltli-
chen Zusammenhänge ein-
gesetzt.

- **Texteingabe**
- **Textrahmen**
  - Textverkettungen
  - Textrahmen löschen
  - Textrahmenoptionen
- **Mustertextrahmen**
- **Zeichen**
  - Zeichenattribute

Abbildung 3.83 ▶
Eine Liste, die so einfach mit
einem Klick erstellt wurde, lässt
sich hier präzise weiter modifizieren.

Aufzählungszeichen und Nummerierung

In den Absatzformatierungssteuerungen innerhalb des STEUE-
RUNG-Bedienfeldes finden Sie zwei Buttons, mit denen Sie Listen
erstellen können. Hierfür markieren Sie die Absätze, die als Liste
dargestellt werden sollen, und klicken auf einen der beiden Buttons. Sie haben die Wahl zwischen einer LISTE MIT AUFZÄHLUNGS-
ZEICHEN (oben) und einer NUMMERIERTEN LISTE (unten).

Bedenken Sie bei der Erstellung von Listen, dass die Zeichen,
die am Anfang der Listenpunkte gemäß Ihrer Wahl stehen, nicht
wirklich Text sind: So können Sie beispielsweise weder die Ziffern bei einer nummerierten Liste auswählen noch werden sie bei
einer Suche mit SUCHEN/ERSETZEN gefunden.

Sie können den Listentyp später auch wieder ändern. Das können Sie wieder mit einem dieser Buttons machen, oder Sie wählen im ABSATZ-Bedienfeldmenü AUFZÄHLUNGSZEICHEN UND NUM-
MERIERUNG und geben bei LISTENTYP das gewünschte Format ❶
an.

Sehen wir uns zunächst die Einstellungsmöglichkeiten für eine
Liste vom Typ AUFZÄHLUNGSZEICHEN an. Die meisten der Optionen, die beim Listentyp AUFZÄHLUNGSZEICHEN modifizierbar sind,
finden Sie ebenso beim Listentyp ZAHLEN.

▶ LISTENTYP: AUFZÄHLUNGSZEICHEN
Im folgenden Screenshot sehen Sie die Einstellungen für die
obere der beiden Listenebenen im Kasten.

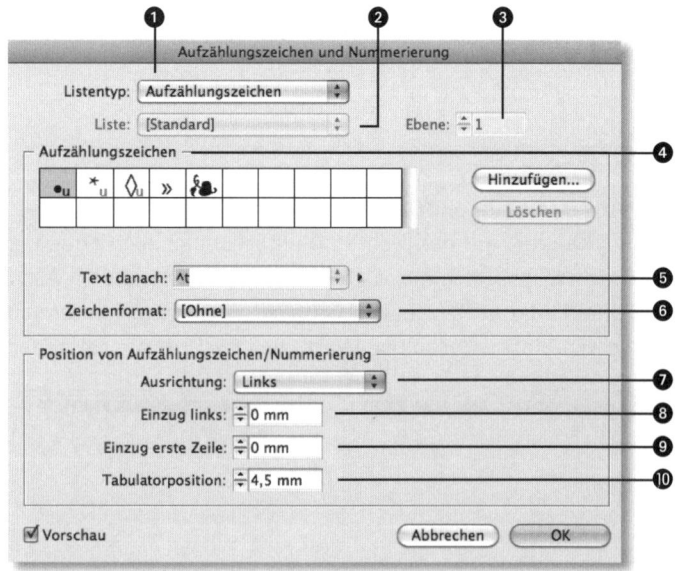

Das Pulldown-Menü Liste ❷ wird erst beim Listentyp Zahlen interessant, beim Listentyp Aufzählungszeichen ist es
ausgegraut. Mit Ebene ❸ können Sie die Hierarchieebene des
markierten Absatzes wählen. Das ist bei sogenannten Konturlisten (siehe Kasten auf der linken Seite) sinnvoll. Im Bereich
Aufzählungszeichen ❹ können Sie das gewünschte Zeichen
aus einer vorgegebenen Auswahl auswählen, mit dem Befehl
Hinzufügen können Sie hier aber auch andere Zeichen einfügen. Die ersten Aufzählungszeichen sind hier mit einem roten
»u« gekennzeichnet: Diese Schriftzeichen werden in der Schrift
des Listentextes dargestellt (das »u« steht für Unicode und
verweist unabhängig von der Schrift z. B. auf das Sternchen),
das heißt, dass es sein Aussehen analog zum Listentext mit
verändert. Die anderen Zeichen ohne »u« wurden mit einem
Hinweis auf die Schrift hier eingefügt und kommen so nicht in
jeder beliebigen Schrift vor. Mit Text nach ❺ können Sie ein
Steuerzeichen wie einen Tabulator oder einen Leerraum wie
Geviert festlegen, der den Abstand zwischen Aufzählungszeichen und dem Listentext definiert. Ein Klick auf den rechts stehenden Pfeil öffnet ein Menü, in dem die möglichen Zeichen
hinterlegt sind. Mit dem Zeichenformat ❻ können Sie das
Aufzählungszeichen unabhängig vom Listentext formatieren.
Dazu können Sie hier aus den im Dokument erstellten Zeichen-
formaten wählen oder direkt ein neues erstellen. Im unteren
Bereich Position von Aufzählungszeichen/Nummerierung
legen Sie über die vom Absatz-Bedienfeld bekannten Punkte
Ausrichtung ❼, Einzug links ❽ und Einzug erste Zeile ❾
die Positionierung der Aufzählungszeichen und des Textes fest.
Mit der Tabulatorposition ❿ regeln Sie den Abstand zwischen
Aufzählungszeichen/Nummerierung und dem folgenden Text.
Dafür müssen Sie bei Text nach natürlich auch einen Tabulator
als Steuerzeichen definiert haben. Bei schriftgrößenabhängi-
gen Leerräumen wie dem Geviert und Strichen wie dem Halbgeviertstrich ändert sich die Position des Aufzählungszeichens
dementsprechend automatisch mit, wenn die Schriftgröße
geändert wird.

► Listentyp: Zahlen
Wenn statt Aufzählungszeichen als Listentyp Zahlen gewählt
wurde, sind im Bedienfeld Aufzählungszeichen und Nummerierung einige Optionen mehr aktivierbar, da nummerierte
Listen schnell komplexer werden als solche mit Aufzählungs-

> **Listenoptionen aufrufen**
>
> Wenn Sie häufig mit Listen
> arbeiten, rufen Sie das Dia-
> logfenster Aufzählungszei-
> chen und Nummerierung
> am schnellsten mit einem
> Klick auf die Buttons im
> Steuerung-Bedienfeld mit
> gedrückter ⎇Alt⎈-Taste auf
> (siehe Abbildung 3.82).

zeichen. Zum Einstieg sehen Sie sich den folgenden Screenshot an: Mit diesen Einstellungen ist die zweite Ebene der Liste in Abbildung 3.85 erstellt worden.

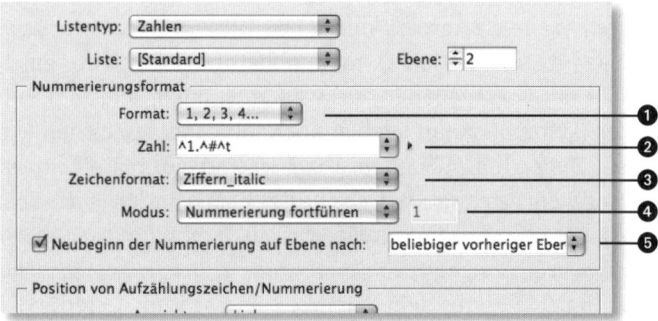

Abbildung 3.84 ▶
Listen sind zwar mit einem Klick erstellt, die genauere Steuerung ist allerdings weniger intuitiv.

Mit dem FORMAT ❶ bestimmen Sie die Art der Nummerierung (Ziffern mit oder ohne führende Null/en, römische Ziffern in Groß- oder Kleinschreibung etc.). Bei ZAHL ❷ können Sie z. B. angeben, das wie in Abbildung 3.86 zu sehen, zwischen den Zahlen der verschiedenen Listenebenen ein Punkt stehen soll. Beim ZEICHENFORMAT ❸ können Sie aus den im Dokument angelegten Zeichenformaten wählen oder direkt ein neues definieren. Das hier gewählte Zeichenformat formatiert das Aufzählungszeichen, nicht den Listentext. Mit dem MODUS ❹ können Sie festlegen, ob die Liste nach einer Unterbrechung weitergeführt werden soll oder ob die Nummerierung mit einer bestimmten Zahl beginnen soll. NEUBEGINN DER NUM-MERIERUNG AUF EBENE NACH ❺ steuert die Zählweise, wie die Listenpunkte nummeriert werden. Im Beispiel Abbildung 3.86 erkennen Sie am Punkt 4.1, dass die Listenpunkte der zwei-ten Ebene immer bei »1« beginnen: Das Aktivieren dieses But-tons hat genau dies zur Folge. Ansonsten stünde hier »4.4« als Fortführung der drei Unterpunkte von »2. Textrahmen«. Sie sehen, dass gerade bei Listen des Typs AUFZÄHLUNGSZEICHEN eine ganze Reihe Maßnahmen ineinandergreifen. Um dieses Zusammenspiel besser verstehen zu können, werden Sie gleich anhand zweier Listen die diversen Faktoren, die die Darstel-lung von Listen beeinflussen, noch weiter kennenlernen.

1. **Texteingabe**
2. **Textrahmen**
   2.1 Textverkettungen
   2.2 Textrahmen löschen
   2.3 Textrahmenoptionen
3. **Mustertextrahmen**
4. **Zeichen**
   4.1 Zeichenattribute

▲ **Abbildung 3.85**
Achten Sie auf die unterschied-liche Formatierung der Num-merierung und des Textes der zweiten Ebene in der Liste.

Nummerierung neu beginnen/fortführen

Diese Option innerhalb des Menüs des ABSATZ-Bedienfeldes ist nur anwählbar, wenn Sie auch einen oder mehrere Absätze einer

Liste des Typs ZAHLEN markiert haben. Diese Option können Sie auch unter MODUS im Dialogfeld AUFZÄHLUNGSZEICHEN UND NUMMERIERUNG einstellen.

Aufzählungszeichen und Nummerierung in Text konvertieren

Wie bereits erwähnt, liegen die in Listen definierten Aufzählungszeichen bzw. Nummerierungen genau genommen nicht als Text vor. Zur Überprüfung dieser Tatsachen können Sie einmal probieren, ein Aufzählungszeichen oder eine Ziffer einer Nummerierung zu markieren – es wird nicht funktionieren. Ebenso können Sie zum Test einen oder mehrere Absätze einer Liste markieren und dann den TEXTMODUS über BEARBEITEN • IM TEXTMODUS BEARBEITEN aufrufen: Im Textmodus wird Ihnen der Text des aktiven Textabschnittes bar jeglicher Formatierungen angezeigt. Dabei wird offensichtlich, dass die Listenzeichen von InDesign intern verwaltet und dargestellt werden und nicht als tatsächlicher Text vorliegen.

Möchten Sie die Aufzählungszeichen oder die Nummerierung in tatsächlichen Text ändern, können Sie dies über diesen Befehl erledigen. Vielleicht benötigen Sie diese Funktion, weil eine Liste beim Kopieren oder beim Export für eine andere Anwendung ihre Formatierung verliert.

Schritt für Schritt: Eine Liste mit zwei Ebenen mit Aufzählungszeichen formatieren

Die Einstellungsmöglichkeiten im Bedienfeld AUFZÄHLUNGSZEICHEN UND NUMMERIERUNG sind doch recht groß, so dass eine Schritt-für-Schritt-Anleitung für das Formatieren einer Liste mit zwei Ebenen Sinn macht. Ziel ist die Liste in Abbildung 3.87.

1 **Grundlegende Formatierung festlegen**

Platzieren Sie in einem beliebigen Dokument die Datei »Liste.doc« in einen neuen Textrahmen. Wenn auf Ihrem Rechner ein Textverarbeitungsprogramm wie OpenOffice oder Microsoft Word installiert ist, können Sie sich die Datei auch erst einmal dort ansehen – Sie werden dann feststellen, dass in diesem Stadium auch bei Listen keine allzu gravierenden Darstellungsunterschiede festzumachen sind. Nachdem die Datei platziert wurde, sieht Ihr Dokument in etwa wie in Abbildung 3.88 aus. Achten Sie hier auf

---

Umwandeln beim Import

In einem ganz anderen Zusammenhang werden Sie diese Option noch einmal antreffen: bei den TEXT-IMPORTOPTIONEN. Dort können Sie angeben, ob beim Import einer Liste, die in einer Textverarbeitung erstellt wurde, diese in Zeichen umgewandelt werden soll.

Textmodus

Die Arbeit im erschreckend nüchternen Textmodus macht z. B. im Zusammenhang mit Tabellen Sinn: Im Textmodus sind u. U. einzelne Zellen besser anwählbar als im Layout.

 Diese Datei finden Sie in den Beispielen unter dem Namen »Liste.doc«.

- **Texteingabe**
- **Textrahmen**
  - Textverkettungen
  - Textrahmen löschen
  - Textrahmenoptionen
- **Mustertextrahmen**
- **Zeichen**
  - Zeichenattribute

▲ **Abbildung 3.86**
So soll die Liste am Ende des Workshops aussehen.

den Abstand der Liste von der rechten Textrahmenbegrenzung, zur Verdeutlichung ist hier der Textrahmen eingeblendet. Dieser Abstand wird durch den Einzug im ABSATZ-Bedienfeld definiert. Bei unformatierten Listen stehen hier Werte wie: »12,7 mm« bei EINZUG LINKS und »–6,35 mm« bei EINZUG LINKS IN ERSTER ZEILE.

Abbildung 3.87 ▶
Nach dem Import in InDesign

- Texteingabe
- Textrahmen
  - Textverkettungen
  - Textrahmen löschen
  - Textrahmenoptionen
- Mustertextrahmen
- Zeichen
  - Zeichenattribute

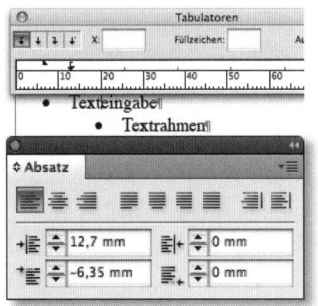

▲ **Abbildung 3.88**
Die Positionierung von Absätzen ergibt sich immer aus der Summe von EINZUG LINKS und EINZUG LINKS IN ERSTER ZEILE.

2   Den Text der ersten Ebene formatieren
Markieren Sie den gesamten Text und formatieren Sie ihn nach Ihren Vorstellungen. Ich verwende hier die Myriad Pro Light in 10/13 Pt (solche paarweisen Schriftangaben in Punkt bedeuten, dass die erste Zahl für die Schriftgröße und die zweite für den Zeilenabstand steht).

Anschließend formatieren Sie die Texte der ersten Ebene (Texteingabe, Textrahmen, Mustertextrahmen und Zeichen) mit BOLD. Eine Möglichkeit dafür ist das Pipette-Werkzeug: Nachdem Sie die erste Zeile formatiert haben, markieren Sie mit dem Pipette-Werkzeug ein Wort, und mit der dann gefüllten Pipette markieren Sie anschließend die beiden anderen Listenpunkte:

Abbildung 3.89 ▶
Die Pipette überträgt auch Absatzformate.

1. **Texteingabe**
2. **Textrahmen**
   3. Textverkettungen
   4. Textrahmen löschen
   5. Textrahmenoptionen
6. Mustertextrahmen
7. Zeichen
   8. Zeichenattribute

3   Erste Ebene formatieren
Rufen Sie hierfür das Dialogfeld AUFZÄHLUNGSZEICHEN UND NUMMERIERUNG im ABSATZ-Bedienfeldmenü auf. Hier rücken Sie die Liste durch die Eingabe einer »0« für EINZUG LINKS ❶ und EINZUG ERSTE ZEILE ❷ an den linken Textrahmenrand. Bei TABULATORPOSITION ❸ geben Sie »5 mm« ein.

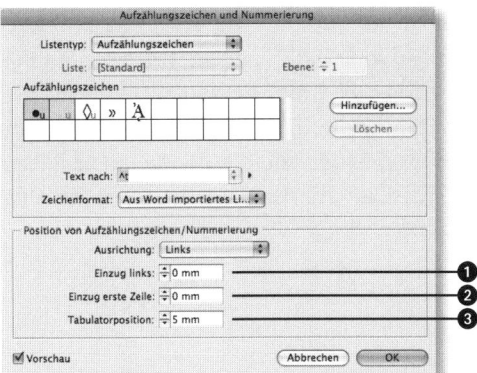

◄ **Abbildung 3.90**
Die Auswahl der als Aufzählungszeichen zur Verfügung
stehenden Zeichen können Sie
selbst erweitern.

Die gemachten Einstellungen übertragen Sie wieder mit der Pipette
auf die anderen Zeilen der Listenebene 1.

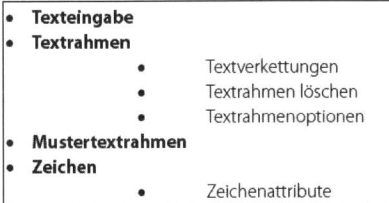

◄ **Abbildung 3.91**
Ein paar Änderungen sorgen
für eine gestaltete Liste.

4   Zweite Ebene ändern

Die zweite Ebene soll zur Unterscheidung von der ersten Ebene
als Aufzählungszeichen Halbgeviertstriche erhalten. Diese sollen zudem exakt unter den Texten der ersten Ebene positioniert
werden. Markieren Sie die drei Unterpunkte von »Textrahmen« und
rufen Sie wieder das Dialogfeld AUFZÄHLUNGSZEICHEN UND NUM-
MERIERUNG auf. Geben Sie folgende Werte ein:

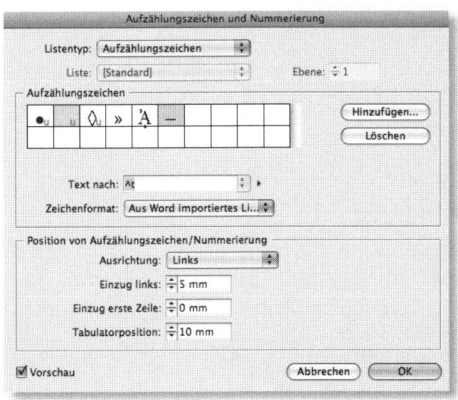

◄ **Abbildung 3.92**
Die zweite Ebene erhält einen
Halbgeviertstrich (Spiegelstrich)
als Aufzählungszeichen.

Sollte bei Ihnen der Halbgeviertstrich in der Liste mit den Aufzählungszeichen nicht aufgelistet sein, fügen Sie ihn einfach über
HINZUFÜGEN ein. Der Einzug von 5 mm entspricht ja genau der
Tabulatorposition der ersten Ebene. Dort definiert der Tabulator
die Position der Listentexte, weshalb nun die zweite Ebene genau
darunter positioniert wird. Die Übertragung der Formatierung
machen Sie wie eben mit dem Pipette-Tool. Fertig!

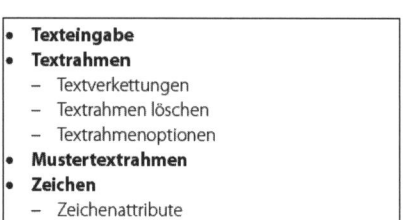

Abbildung 3.93 ▶
Die Übersichtlichkeit einer solchen Aufzählung wird durch
die unterschiedliche Typografie
noch erhöht.

Schritt für Schritt: Eine Liste mit zwei Ebenen mit Zahlen formatieren

Dieser Workshop baut direkt auf dem vorangegangenen auf – Sie
können aber auch »Liste_Nummer_Anfang.indd« von der DVD
öffnen und damit weiterarbeiten. Zum tieferen Verständnis des
Themas Listen sollten Sie auch die erste Übung durcharbeiten.

Diese Datei finden
Sie in den Beispielen unter
dem Namen »Liste_Num-
mer_Anfang.indd«.

1 Listentyp ändern
Markieren Sie die ersten beiden Punkte der ersten Ebene und
ändern Sie den Listentyp im Dialogfeld AUFZÄHLUNGSZEICHEN
UND NUMMERIERUNG in ZAHLEN. Alle anderen Einträge brauchen
Sie nicht zu ändern.

▲ Abbildung 3.94
So soll die Liste am Ende des
Workshops aussehen.

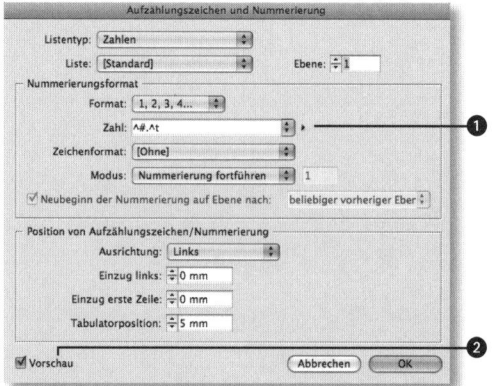

Abbildung 3.95 ▶
Die Optionen beim Listentyp
ZAHLEN sind umfangreicher.

Lassen Sie sich von den kryptischen Zeichen im Feld Zahl ❶ nicht einschüchtern: Mit dem Caret-Zeichen (^) beginnen Steuerzeichen, von denen wir hier zwei vorfinden: ^# steht für eine Nummer und ^t bezeichnet einen Tabulator (den Sie an derselben Stelle auch bei einer Aufzählungszeichenliste finden, siehe Abbildung 3.93). Mit Tabulatoren werden wir uns später auch noch genauer auseinandersetzen.

Den Punkt zwischen den Steuerzeichen sehen Sie im Layout nach den Nummern und vor dem Tabulator, also genau, wie hier angegeben.

Durch das Ändern des Listentyps sind die Aufzählungszeichen in Ziffern umgewandelt worden:

◄ **Abbildung 3.96**
Die ersten beiden Listenpunkte hat InDesign schon nummeriert.

Mit dem Pipette-Werkzeug übertragen Sie wieder die eben gemachten Einstellungen auf die anderen beiden Listeneinträge, die vorn noch Aufzählungszeichen stehen haben:

◄ **Abbildung 3.97**
InDesign zählt auch über Unterbrechungen hinweg.

2 Zweite Ebene formatieren

Markieren Sie erst die drei Unterpunkte von »Textrahmen«. Wenn Sie nun wieder das Dialogfeld Aufzählungszeichen und Nummerierung öffnen und auch hier wieder den Listentyp auf Zahlen ändern, sehen Sie bei aktivierter Vorschau ❷, dass jetzt einfach alle Listenpunkte durchnummeriert werden.

◄ **Abbildung 3.98**
In Abbildung 3.97 sah das Ergebnis besser aus, aber das ändern wir gleich wieder.

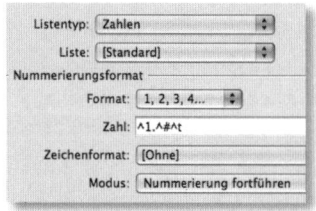

▲ Abbildung 3.99
Der Punkt nach der Nummerierung der ersten Ebenen (^1) trennt die Zahlen voneinander.

Um die zweite Ebene unabhängig von der ersten nummerieren zu können, geben Sie bei EBENE ❶ eine »2« ein.

Damit nun noch der Nummerierung der zweiten Ebene die übergeordnete Ebene vorangestellt wird, positionieren Sie den Cursor vor das Caret-Zeichen am linken Rand des Eingabefeldes ZAHL und geben hier einen Punkt (.) ein: Dadurch werden die Nummern der ersten von denen der zweiten Ebene abgesetzt.

Öffnen Sie nun mit einem Klick auf den kleinen Rechtspfeil ❷ das Untermenü. Dort wählen Sie ZAHLENPLATZHALTER EINFÜGEN • EBENE 1.

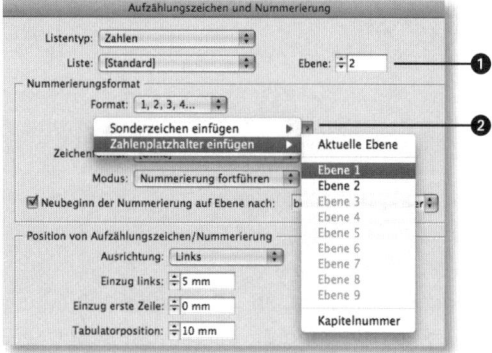

Abbildung 3.100 ▶
Es sieht komplizierter aus, als es ist: Die Ziffern der zweiten Ebene werden definiert.

Im Feld ZAHL sollten nun die folgenden Zeichen stehen: ^1.^#.^t, und die zweite Ebene sieht jetzt so aus:

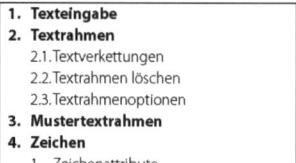

Abbildung 3.101 ▶
Jetzt fehlt nur noch ein Schritt zur Fertigstellung der Zahlenlisten.

Durch die doppelten Ziffern reicht nun die Tabulatorposition nicht mehr aus, ich habe sie auf »12 mm« erhöht, und als letzter Schritt ist der Unterpunkt von Punkt 4 mit derselben Formatierung versehen worden.

Abbildung 3.102 ▶
So sieht die durchnummerierte Liste mit zwei Ebenen aus.

3.6   Tabulatoren und Einzüge

Beide haben Sie im Zusammenhang mit Listen schon kennengelernt – da Tabulatoren und Einzüge aber auch außerhalb von Listen eingesetzt werden, werfen wir auch auf sie noch einen genaueren Blick.

3.6.1   Tabulatoren

Grundsätzlich dienen Tabulatoren dazu, Texte oder Zahlen an genau definierten Positionen auszurichten.

Das Bedienfeld TABULATOREN ist eines der wenigen, das Sie nicht im Menü FENSTER finden, es wird über SCHRIFT • TABULATOREN oder ⌷Strg⌷/⌘+⌷⇧⌷+⌷T⌷ aufgerufen. Sie können das Bedienfeld mit dem kleinen Magneten ❼ oben an dem zu bearbeitenden Textrahmen andocken. Dafür muss die obere Textrahmenkante in Ihrem Dokumentfenster zu sehen sein:

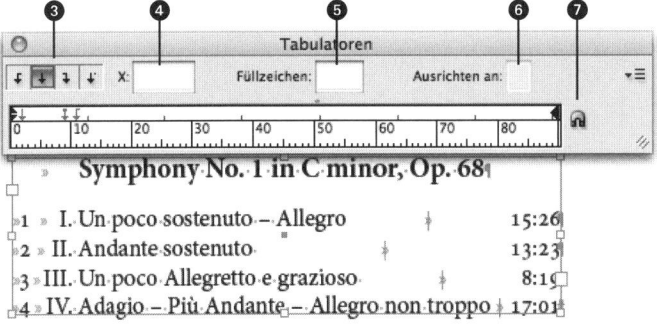

Die Art des Tabulators wird mit diesen vier Buttons ❸ festgelegt: linksbündig, zentriert, rechtsbündig und dezimal. Beachten Sie bei der Wahl des Tabulators, dass dieser die Positionierung von Text bestimmt, der nach dem Tabulator steht, das kann vor allem beim rechtsbündigen Tabulator verwirren. Im Tabulatorlineal wird die Tabulatorart angezeigt, sie kann später auch wieder geändert werden. Mit der Tabulatorposition ❹ können Sie diese per Eingabe steuern. Sie können Tabulatoren aber auch auf dem Tabulatorlineal frei verschieben. Bei FÜLLZEICHEN ❺ können Sie beispielsweise einen Punkt (.) eintippen, dieser wird dann bis zum folgenden Text von InDesign wiederholt (siehe Abbildung 3.105). Auch bei AUSRICHTEN AN ❻ können Sie ein Zeichen eingeben, z. B. ein Komma, wenn die Tabulatorart des aktiven Tabulators

Niemals Leerzeichen verwenden

Wenn Text ausgerichtet werden soll, sollten Sie wegen ihrer exakten Steuerbarkeit immer auf Tabulatoren und/oder Einzüge zurückgreifen. Leerzeichen sind für solche Aufgaben absolut ungeeignet!

◄ **Abbildung 3.103**
Texte können mit Tabulatoren präzise ausgerichtet werden.

Kochen nach Jahreszeiten
Frühlingsrezepte 4
Sommerrezepte 22
Herbstrezepte. 42
Winterrezepte 68

▲ **Abbildung 3.104**
Mit FÜLLZEICHEN werden solche Punkte realisiert.

dezimal ist. Die folgenden Zahlen wie beispielsweise Preise, die mit Komma angegeben werden, werden dadurch an dem Komma ausgerichtet. Im Beispiel in Abbildung 3.104 sind die römischen Ziffern, die die verschiedenen Sätze der Symphonie kennzeichnen, am Punkt ausgerichtet.

Schritt für Schritt: Eine Aufzählung mit Tabulatoren formatieren

In diesem Workshop können Sie die Schritte nachvollziehen, die zu einer Formatierung wie in Abbildung 3.104 führen.

1 Text platzieren und formatieren

Platzieren Sie »Tabulatoren_Symphonie.doc« in ein neues Dokument und weisen Sie dem Text als Schrift Minion Pro in 11/13 Pt zu. Gerade bei der Arbeit mit Tabulatoren sollten Sie sich die nicht druckenden Zeichen über SCHRIFT • VERBORGENE ZEICHEN EINBLENDEN anzeigen lassen und Sie sollten sich im Bildschirmmodus NORMAL befinden.

⊘ Diese Datei finden Sie in den Beispielen unter dem Namen »Tabulatoren_Symphonie.doc«.

Abbildung 3.105 ▶
Die Minion Pro passt doch besser als die Arial zu einer Symphonie, oder?

Symphony No. 1 in C minor, Op. 68¶		
1 » I. Un poco sostenuto – Allegro » 15:26¶		
2 » II. Andante sostenuto » 13:23¶		
3 » III. Un poco Allegretto e grazioso » 8:19¶		
4 » IV. Adagio – Più Andante – Allegro non troppo » 17:01#		

2 Weitere Tabulatoren einfügen

Damit die Titelnummern 1–4 unabhängig von der Rahmenkante positionierbar werden, fügen Sie vor den vier Ziffern je einen Tabulator durch Drücken der ⇆-Taste ein. Anschließend markieren Sie den gesamten Text z. B. durch BEARBEITEN • ALLES AUSWÄHLEN oder über ⌨Strg/⌘+A und rufen das Bedienfeld TABULATOREN über SCHRIFT • TABULATOREN auf. Um die Ziffern genau übereinander auszurichten, klicken Sie im TABULATOREN-Bedienfeld (siehe Seite 143) den Button ZENTRIERTER TABULATOR ❶ an und klicken dann auf das Tabulatorlineal ❸. Alternativ können Sie natürlich auch die gewünschte Tabulatorposition bei X ❷ eingeben. Ich habe hier »2 mm« eingegeben.

Übrigens zeigt sich hier einmal mehr die Überlegenheit von OpenType-Fonts: Wenn die Ziffern auch vorn am Rahmenanfang stehen bleiben können, wählen Sie aus den OpenType-Fea-

Tabulatoren verschieben

Wenn Sie einen Tabulator im Tabulatorlineal markieren und unter X einen neuen Wert eingeben, erstellt InDesign einen neuen Tabulator. Möchten Sie den bestehenden Tabulator verschieben, halten Sie bei der Bestätigung des neuen Wertes zusätzlich die Tastenkombination ⌨Alt/⌥+A gedrückt.

tures entweder VERSALZIFFERN FÜR TABELLEN oder MEDIÄVALZIFFERN FÜR TABELLEN. Bei beiden ist sichergestellt, dass diese exakt untereinander positioniert werden. Verwenden Sie in einer solchen Situation ein anderes Schriftformat, müssen Sie Tabulatoren einsetzen, damit die Ziffern sauber untereinanderstehen.

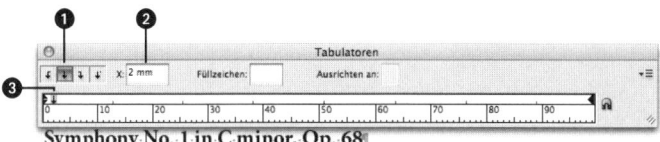

Tabulatoren löschen

Zum Löschen von Tabulatoren, ziehen Sie diese einfach aus dem Tabulatorlineal heraus. Die Tabulatorzeichen im Text bleiben davon unberührt.

◄ **Abbildung 3.106**
Vor den Titelnummern wurden zentrierte Tabulatoren eingefügt und ihre Position definiert.

3 Dezimal-Tabulator setzen

Als Nächstes sollen die römischen Ziffern so positioniert werden, dass die Punkte untereinanderstehen. Hierfür wird der Dezimal-Tabulator eingesetzt: Da die Änderungen der Tabulatoren sich immer nur auf den markierten Text auswirken, markieren Sie also auch hier wieder den gesamten Text und setzen im Tabulatorlineal einen Dezimal-Tabulator ❹, z. B. bei 10 mm. Bei AUSRICHTEN AN ❺ geben Sie einen Punkt (.) ein: Die römischen Ziffern sind jetzt an dem Punkt ausgerichtet.

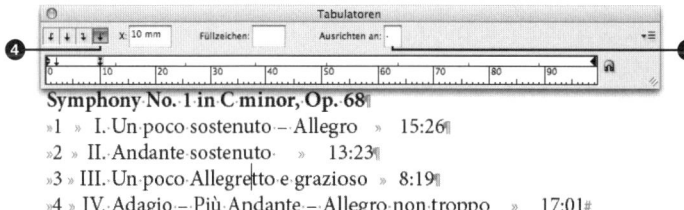

◄ **Abbildung 3.107**
Durch den Dezimal-Tabulator werden die römischen Ziffern nun am Punkt ausgerichtet.

4 Die Zeitangaben nach rechts verschieben

Jetzt brauchen nur noch die Zeitangaben der einzelnen Symphonie-Sätze an den rechten Rand geschoben zu werden. Soll die Position rechts durch den Textrahmen definiert werden, ersetzen Sie die vier Tabulatorzeichen im Text durch TABULATOR FÜR RECHTE AUSRICHTUNG. Dieses Zeichen finden Sie unter SCHRIFT • SONDERZEICHEN EINFÜGEN • ANDERE • TABULATOR FÜR RECHTE AUSRICHTUNG oder Sie geben einfach ⌂ + ⇥ ein. Dadurch wird der folgende Text, in diesem Fall die Dauer der Musikstücke, an den rechten Rand verschoben. Im Tabulatorlineal braucht hierfür kein

Tabulator gesetzt zu werden. Ein TABULATOR FÜR RECHTE AUSRICHTUNG wird im Gegensatz zu einem normalen Tabulator als Doppelpfeil mit einer vertikalen Linie dargestellt. Möchten Sie die Zeiten vom Rand abrücken, können Sie dies durch das Verschieben des schwarzen Dreiecks ❶ am rechten Rand des Tabulatorlineals erreichen. Sie ändern hierdurch den Wert für EINZUG RECHTS, was auch direkt im Bedienfeld ABSATZ ablesbar ist.

Abbildung 3.108 ▶
Der TABULATOR FÜR RECHTE AUSRICHTUNG kann über das schwarze Dreieck im Tabulatorlineal positioniert werden.

5 Überschrift verschieben

Wenn Sie nun noch die Überschrift nach rechts verschieben möchten, damit Sie über den eigentlichen Titeln steht, können Sie auch das über einen Tabulator erreichen. Fügen Sie vor dem Wort »Symphony« einen Tabulator ein und löschen Sie über den Befehl ALLE LÖSCHEN im Menü des Bedienfeldes ❸ alle vorhandenen Tabulatorpositionen. Da Sie ja nur die Überschriftzeile markiert haben, bleiben für die folgenden vier Zeilen die Tabulatoren davon unberührt.

Nun brauchen Sie nur noch einen linksbündigen Tabulator im Tabulatorlineal zu setzen: Klicken Sie bei den Tabulatorarten den linken Button ❷ an und setzen Sie bei etwa 12 mm den Tabulator. Wenn Sie den Tabulator jetzt noch verschieben möchten, zeigt eine vertikale Linie den Stand im Layout an, so dass Sie die Überschrift bündig mit »Un poco sostenuto« positionieren können.

Abbildung 3.109 ▶
Auch die Überschrift wird in diesem Beispiel per Tabulator ausgerichtet – mit einem Einzug erreichen Sie denselben Effekt.

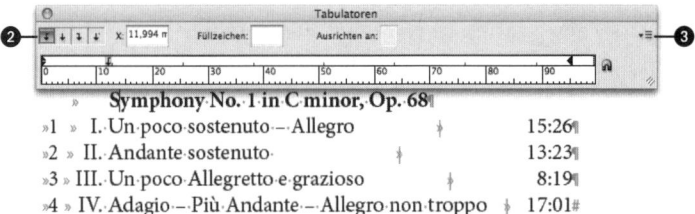

Die Positionierung der Überschrift kann ebenso über einen EINZUG LINKS realisiert werden, den Sie sowohl im TABULATOREN- als auch im ABSATZ-Bedienfeld einstellen können. ■

3.6.2 Einzüge

Dieser typografische Fachbegriff ist Ihnen schon im Zusammenhang mit dem ABSATZ-, dem AUFZÄHLUNGSZEICHEN UND NUMMERIERUNG- und dem TABULATOREN-Bedienfeld begegnet. Die häufigste Verwendung eines Einzugs ist die Kennzeichnung eines Absatzes.

In Textverarbeitungen wie OpenOffice und Microsoft Word werden Absätze von den Anwendern häufig durch Leerzeilen voneinander getrennt. Diese doch ziemlich brachiale Methode ist in Büchern überhaupt nicht und in Magazinen auch nur ausnahmsweise anzutreffen. Das hat vor allem zwei Gründe: Durch die Leerzeilen wird der Lesefluss des Lesers erheblich gestört und im Layout werden inhaltlich zusammenhängende Texte durch die Leerzeilen in einzelne, getrennte Textblöcke auseinandergerissen.

Um nun Einzüge als Absatzkennzeichnungen zu verwenden, bieten sich keinesfalls Leerzeichen oder Tabulatoren an. Gegen Leerzeichen spricht, dass ihre Breite kaum zuverlässig steuerbar ist, und außerdem müssten die Leerzeichen ja bei jedem neuen Absatz extra eingegeben werden. Dasselbe Argument greift auch bei Tabulatoren: Diese müssten separat an den Absatzanfängen eingeben werden.

Also definieren Sie Absatzeinzüge entweder im ABSATZ-Bedienfeld bei EINZUG LINKS IN ERSTER ZEILE oder im TABULATOREN-Bedienfeld. Da in beiden dieselbe Eigenschaft eines Absatzes geändert wird, gibt das jeweils andere Bedienfeld die Änderung auch direkt wieder. Übrigens ist die erste Zeile des Absatzes, den Sie gerade lesen, mit 4 mm eingezogen … Was Sie auch an dieser Seite sehen können, ist die Position, an der Einzüge angewendet werden: Absätze nach Überschriften und Abbildungen werden nicht eingezogen, weil diese ja schon einen neuen Absatz kenntlich machen, alle anderen Absätze sind mit einem Einzug gekennzeichnet.

Im TABULATOREN-Bedienfeld können Sie den EINZUG LINKS IN ERSTER ZEILE mit dem oberen ❹, den EINZUG LINKS mit dem unteren Dreieck ❺ einstellen.

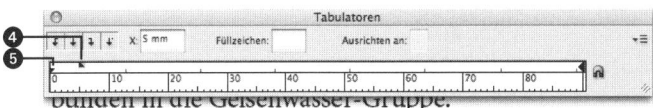

Bochum wird seit 1889 mit Kälte versorgt,
Löhne seit 1955, seit 1968 Petershagen. Die Was-

Deutlich ist besser

Gerade bei langen Zeilen am Absatzende hat man ohne Einzüge als Leser/in kaum eine Chance, einen Absatzanfang wahrzunehmen.

Beide Einzüge gleichzeitig verschieben

Im TABULATOREN-Bedienfeld verschiebt sich der EINZUG LINKS IN ERSTE ZEILE mit, wenn Sie das untere Dreieck (EINZUG LINKS) verschieben. Im ABSATZ-Bedienfeld müssen Sie dafür beide Werte neu eingeben.

◀ **Abbildung 3.110**
Das obere Dreieck definiert den EINZUG LINKS IN ERSTER ZEILE, das untere den Einzug für den ganzen Absatz.

3.7   Absatzformate

In vorangegangenen Workshops haben Sie bereits erfahren, dass Formatierungen mit dem Pipette-Tool auf andere Absätze übertragen werden können. Wenn Sie dieselben Formatierungen nur bei einigen wenigen Absätzen wieder anwenden wollen, ist die Pipette ein probates Werkzeug. Wenn Sie jedoch dieselbe Formatierung bei vielen Absätzen anwenden wollen und diese sich auch noch über ein langes Dokument verteilen, wird diese Art der Formatierung zur fehlerbehafteten Geduldsübung. Und: Per Pipette übertragene Formatierungen werden nicht aktualisiert, wenn Sie an der Ursprungsformatierung Änderungen vornehmen.

Absatzformate übernehmen genau diese beiden wichtigen Aufgaben: Die in Absatzformaten hinterlegten Absatzattribute sind problemlos auf viele Absätze anwendbar und spätere Änderungen an einem Absatzformat werden automatisch von den entsprechenden Absätzen übernommen. Kurz: Absatzformate sind mit Abstand das wichtigste Werkzeug zum effektiven Arbeiten in InDesign!

3.7.1   Das Bedienfeld »Absatzformate«

Das Bedienfeld sieht im krassen Unterschied zu seiner Funktion völlig unscheinbar aus: Es beinhaltet lediglich eine Liste der im aktuellen Dokument angelegten Absatzformate.

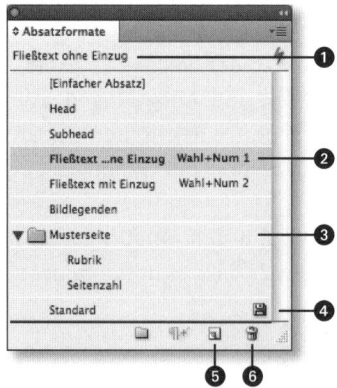

Abbildung 3.111 ▶
Die dokumentweite Verwaltung von Absatzformaten ist die Arbeitserleichterung schlechthin!

Oberhalb der eigentlichen Liste mit den Absatzformaten wird der Name des Absatzformates ❶ angezeigt, das auf den Absatz angewendet wurde, in dem sich gerade der Cursor befindet. Bei umfangreichen Absatzformatlisten ist dies eine willkommene Rückmeldung, denn Sie müssen dann nicht zum aktuellen Absatzformat scrollen. Rechts neben den Absatzformatnamen werden die vergebenen Tastaturkürzel ❷ angezeigt. Mit ihnen können die gewünschten Absatzformate auf Absätze per Tastendruck angewendet werden. Bei umfangreichen Listen im ABSATZFORMATE-Bedienfeld können die Absatzformate in praktischen Formatgruppen ❸ organisiert werden. Wenn ein Disketten-Symbol ❹ neben einem Absatzformat zu sehen ist, bedeutet dies, dass dieses Absatzformat beim Platzieren des Textes mit in das InDesign-Dokument importiert und nicht in InDesign angelegt wurde.

Wie Sie sehen, ist das Bedienfeld ABSATZFORMATE tatsächlich nur zur Verwaltung und Zuweisung der Absatzformate zuständig. Am unteren Rand des Bedienfeldes können Sie wie gewohnt neue Listenelemente – hier also Absatzformate – hinzufügen ❺ oder löschen ❻. Lassen Sie uns nun »einen Blick unter die Haube« werfen.

3.7.2 Absatzformatoptionen

Um Absatzformate zu modifizieren, müssen Sie die entsprechenden ABSATZFORMATOPTIONEN öffnen. Dies lässt sich auf drei verschiedene Arten bewerkstelligen: Mit einem Doppelklick oder einem Rechtsklick auf den Absatzformatnamen und über das Menü des Bedienfeldes ABSATZFORMATE. Ich empfehle Ihnen, den Rechtsklick zu wählen, damit können Sie nämlich ein Absatzformat öffnen, ohne dass dieses versehentlich direkt auf einen Absatz angewendet wird.

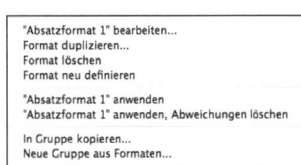

▲ **Abbildung 3.112**
Das Kontextmenü bietet einige Funktionen, die nirgends sonst hinterlegt sind.

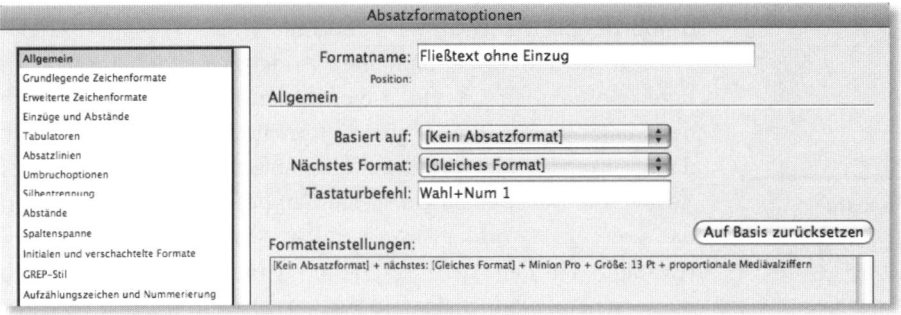

▲ **Abbildung 3.113**
In den ABSATZFORMATOPTIONEN müssen Sie erst einmal suchen, was man nicht einstellen kann!

Auf der Auswahlliste links in den Absatzformatoptionen haben Sie Zugriff auf die verschiedensten Optionen. Sie werden hier fast alle wiedererkennen: Die meisten habe ich Ihnen bereits im Zusammenhang mit dem Absatz-Bedienfeld erläutert.

Hierin offenbart sich das Konzept der Absatzformate: Alles, womit Sie einen Absatz formatieren können, kann auch in einem Absatzformat hinterlegt werden, und von da an können Sie es im gesamten (!) Dokument auf Absätze anwenden.

Schritt für Schritt: Absatzformate definieren

Um in das Thema Absatzformate tiefer einzusteigen, vollziehen Sie diese Schritt-für-Schritt-Anleitung nach. Sie werden vier Absatzformate erstellen, anwenden und modifizieren. Das klingt schwieriger, als es ist, und ich verspreche Ihnen, dass Sie nach den nächsten Seiten die Absatzformate nicht mehr aus den Augen verlieren werden!

1   Ein Absatzformat anlegen und zuweisen

Diese Datei finden Sie in den Beispielen unter dem Namen »Wassermarsch_01.doc«.

Los geht's wieder mit einem neuen Dokument, in das Sie wieder »Wassermarsch_01.doc« platzieren. Das Format und den Satzspiegel überlasse ich Ihnen. Für die Screenshots habe ich wieder ein DIN-A4-Dokument mit zwei Spalten erstellt. Zoomen Sie zu dem ersten Absatz nach der Überschrift »Vorwort«. Mit einem Vierfachklick markieren Sie den gesamten Absatz, den Sie nun wie gewohnt mit dem Zeichen- und dem Absatz-Bedienfeld nach Ihren Vorstellungen formatieren. Ich habe Minion Pro Regular 11/15 Pt linksbündig ausgerichtet, Silbentrennung aktiviert und proportionale Mediävalziffern gewählt.

Diese gerade vorgenommenen Änderungen der Absatzattribute übernehmen Sie nun in ein Absatzformat: Dazu sollte sich der Cursor weiter in dem gerade formatierten Absatz befinden, dann klicken Sie auf den kleinen Abreißblock am unteren Rand des Absatzformate-Bedienfeldes. Ein Doppel- oder Rechtsklick auf das neue Absatzformat Absatzformat 1 öffnet es bzw. das Kontextmenü, aus dem Sie ›Absatzformat 1‹ bearbeiten wählen. Im nun erscheinenden Dialogfeld Absatzformatoptionen ist automatisch der erste Punkt der linken Auswahlliste Allgemein aktiv. Dort ändern Sie als Erstes den Formatnamen in Fliesstext ohne Einzug. Als Tastaturbefehl können Sie z. B. Strg + Num1 / ⌘ + 1

Neue Absatzformate

Sie können neue Absatzformate natürlich auch erst anlegen, sie in den Absatzformatoptionen modifizieren und anschließend auf Text anwenden.

eingeben. Dafür positionieren Sie den Cursor in das Eingabefeld TASTATURBEFEHL und drücken einfach die gewünschte Tastenkombination. Auf Windows-Rechnern muss hierfür die ⟨Num⟩-Taste aktiviert sein. Diese Einstellungen sind der Abbildung 3.115 zu entnehmen.

Im Bereich FORMATEINSTELLUNGEN wird angegeben, welche Attribute das gerade geöffnete Absatzformat hat. InDesign hat die vorgenommenen Änderungen in das neue Format übernommen, weil der Cursor im formatierten Absatz platziert war.

Nachdem Sie die ABSATZFORMATOPTIONEN mit OK geschlossen haben, ist das neue Absatzformat FLIESSTEXT OHNE EINZUG markiert. InDesign hat das Format automatisch auf den aktiven Absatz angewendet:

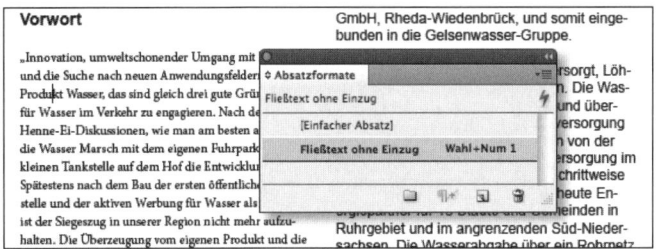

2 **»Fließtext ohne Einzug« anderen Absätzen zuweisen**

Formatieren Sie nun die ersten Absätze nach den übrigen Überschriften mit dem neu angelegten Format. Löschen Sie dann die restlichen Leerzeilen zwischen den Absätzen: Die neuen Absätze sollen durch Einzüge gekennzeichnet werden. Achten Sie z. B. auf diese Absatzanfänge ❶ und ❷ – sie sind durch die weggefallenen Leerzeilen kaum noch als solche erkennbar.

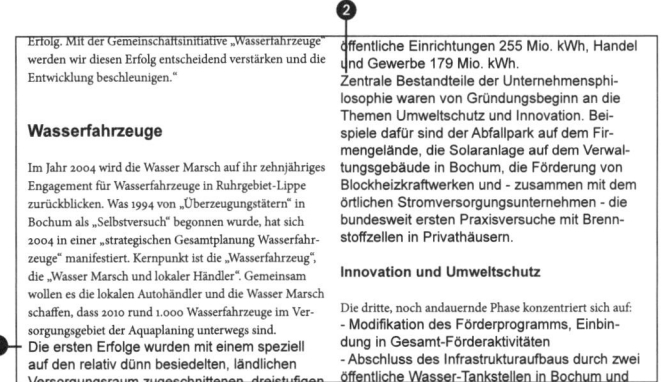

Schnell anwenden

Mit ⟨Strg⟩/⟨⌘⟩+⟨↵⟩ bzw. dem Button SCHNELL ANWENDEN ⚡, den Sie in vielen Bedienfeldern finden, haben Sie schnell Zugriff auf Formate und Menübefehle. Unter dem Pfeil verbirgt sich ein Menü, mit dem Sie einschränken können, was aufgelistet wird.

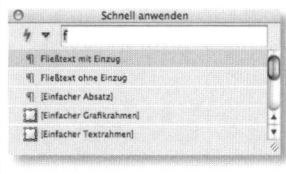

◄ **Abbildung 3.114**
Der erste Absatz ist mit dem Absatzformat FLIESSTEXT OHNE EINZUG formatiert.

◄ **Abbildung 3.115**
Hier fehlen noch Einzüge in den ersten Zeilen der Absätze.

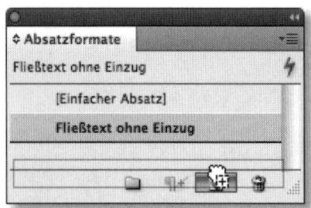

▲ Abbildung 3.116
Einträge in Listen lassen sich
kopieren, indem sie auf den
Abreißblock gezogen werden.

3 **Absatzformat »Fließtext mit Einzug« erstellen**

Setzen Sie nun den Cursor in den zweiten, noch unformatierten Absatz des Abschnittes »Wasserfahrzeuge«. (Genau genommen ist dieser Absatz natürlich formatiert – aber: Arial? Sie wissen, was ich meine ...) Nun wenden Sie auf diesen Absatz auch »Fließtext ohne Einzug« an.

Duplizieren Sie jetzt »Fließtext ohne Einzug«, indem Sie den Namen im Bedienfeld ABSATZFORMATE auf den Abreißblock am unteren Rand des Bedienfeldes ziehen. InDesign tauft die Kopie um in FLIESSTEXT OHNE EINZUG KOPIE. Klicken Sie auf das neue Absatzformat und klicken Sie direkt noch einmal auf den Namen: Dadurch können Sie den Namen direkt – ohne die ABSATZFORMAT-OPTIONEN zu öffnen – in FLIESSTEXT MIT EINZUG ändern.

Abbildung 3.117 ▶
Absatzformate lassen sich
direkt im Bedienfeld ABSATZ-
FORMATE umbenennen.

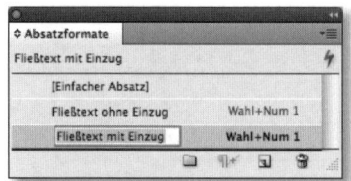

Ein Klick auf dieses Format weist es dem aktiven Absatz zu. Im ABSATZ- oder STEUERUNG-Bedienfeld legen Sie nun einen EINZUG LINKS IN ERSTER ZEILE von beispielsweise »5 mm« fest. Achten Sie danach auf das Bedienfeld ABSATZFORMATE: Ein Pluszeichen ❶ ist hinter dem Namen FLIESSTEXT MIT EINZUG aufgetaucht. Dieses weist auf eine oder mehrere Abweichungen von den im Absatzformat hinterlegten Absatzattributen hin. In diesem Fall ist es der Einzug, der ja noch nicht Bestandteil des Absatzformates ist.

Um eine oder mehrere solcher Änderungen direkt in ein Absatzformat zu übernehmen, öffnen Sie mit einem Rechtsklick das Kontextmenü innerhalb des Bedienfeldes ABSATZFORMATE und wählen dort den Befehl FORMAT NEU DEFINIEREN.

Abbildung 3.118 ▶
Änderungen, die an den
Absatzattributen im Text vorgenommen wurden, lassen sich
mit einem Klick in das Absatzformat übernehmen.

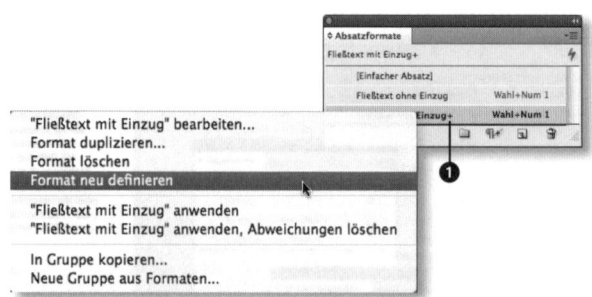

Die Änderungen sind nun Teil des Absatzformates geworden. Das Plus hinter dem Absatzformatnamen verschwindet, weil jetzt die Absatzattribute des Textes wieder mit denen des Absatzformates übereinstimmen. Diese Vorgehensweise ist äußerst zeitsparend, da Sie die Änderungen nicht noch einmal in den Absatzformatoptionen vornehmen müssen.

Damit Sie die beiden Absatzformate Fliesstext ohne Einzug und Fliesstext mit Einzug mit verschiedenen Tastaturbefehlen zuweisen können, ändern Sie diese wie bereits beschrieben in den Absatzformatoptionen.

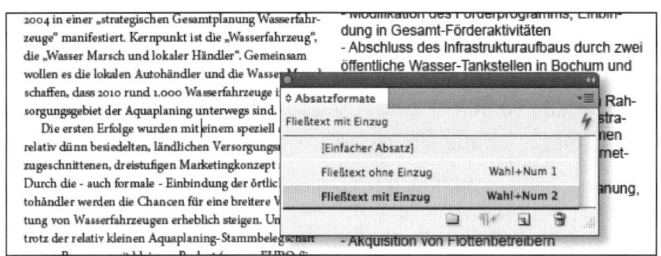

◄ **Abbildung 3.119**
Jetzt stimmen die Attribute im Absatzformat mit denen im Text überein.

4   **»Fließtext mit Einzug« zuweisen und weiter bearbeiten**
Weisen Sie nun dem zweiten und dritten Absatz des Abschnittes »Kurzprofil Wassermarsch« das Absatzformat Fliesstext mit Einzug zu.

Bisher sind die beiden erstellten Absatzformate unabhängig voneinander. Man kann aber auch, ähnlich wie bei den Musterseiten, Absatzformate aufeinander basieren lassen. Dadurch werden nur die Abweichungen in das Absatzformat geschrieben, alle anderen Attribute werden vom Basisformat übernommen.

Öffnen Sie mit einem Doppelklick auf Fliesstext mit Einzug die entsprechenden Absatzformatoptionen. Achten Sie auf die Angaben im Bereich Formateinstellungen ❸.

Wählen Sie nun bei Basiert auf das Absatzformat »Fließtext ohne Einzug« ❷. Damit ändern sich die Angaben unter Formateinstellungen.

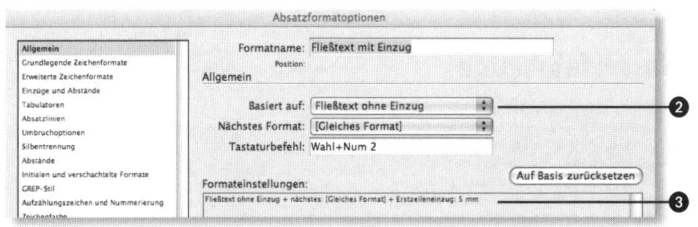

◄ **Abbildung 3.120**
Wenn Sie Absatzformate aufeinander basieren lassen, können Sie noch effektiver arbeiten.

Sollten Sie sich nun z. B. für eine andere Fließtextschrift, -größe, Zeichenfarbe, Absatzausrichtung entscheiden, brauchen Sie die Änderungen nur am Basisformat Fliesstext ohne Einzug vorzunehmen. Alle Änderungen, die nicht explizit im darauf basierenden Absatzformat Fliesstext mit Einzug geändert werden, wirken sich automatisch auf dieses aus. Diese hierarchische Organisation von Absatzformaten wenden Sie gleich ein zweites Mal bei den beiden Absatzformaten für die Überschriften an.

5   Absatzformat »Überschrift 1« erstellen

Formatieren Sie nun die erste Überschrift »Vorwort« nach Ihren Vorstellungen und erstellen Sie daraus wie in Schritt 1 erläutert ein Absatzformat. Nennen Sie es »Überschrift 1«. Ich verwende hier die Myriad Pro Black Condensed in 30 Pt. Formatieren Sie mit diesem Format auch die Überschrift »Wasserfahrzeuge«.

Abbildung 3.121 ▶
Das Absatzformat für die Überschrift der ersten Ebene wurde erstellt.

6   Absatzformat »Überschrift 2« erstellen

Duplizieren Sie »Überschrift 1« und benennen Sie das neue Format in »Überschrift 2« um. Als Basisformat wählen Sie in den Absatzformatoptionen »Überschrift 1«, im Bereich Grundlegende Zeichenformate wählen Sie einen kleineren Schriftgrad, da dieses Format für die Überschriften der zweiten Ebene verwendet werden soll (ich habe hier 20 Pt genommen). Wenden Sie das neue Absatzformat »Überschrift 2« auf die verbleibenden zwei Überschriften im Text an.

Abbildung 3.122 ▶
Das Absatzformat für die Überschriften der zweiten Ebene basiert auf dem der ersten Ebene.

7 Absatzformat »Auflistung« erstellen

Das Layout sieht ja jetzt schon nach etwas aus! Es fehlt nur noch ein Absatzformat für die Auflistung im letzten Absatz. Natürlich soll auch die Auflistung die grundsätzliche Formatierung von FLIESSTEXT OHNE EINZUG aufweisen – es müssen »nur« die Einzüge modifiziert werden und die kleinen Striche durch andere Zeichen wie Halbgeviertstriche ersetzt werden. Dabei ist das Ziel, dass nur die Aufzählungszeichen vorn an der Satzkante stehen, der eigentliche Listentext soll eingezogen werden. Damit dies erreicht wird, sind zwei Maßnahmen notwendig, die weiter vorn bei den Auflistungen schon kurz angesprochen wurden und die auf den ersten Blick widersinnig erscheinen:

Zunächst fügen Sie den Cursor in den ersten Aufzählungspunkt ein und weisen dem Absatz das Absatzformat FLIESSTEXT OHNE ABSTAND zu. Über das STEUERUNG- oder das ABSATZ-Bedienfeld definieren Sie einen EINZUG LINKS ❶ mit »5 mm«.

◄ **Abbildung 3.123**
Der gesamte Absatz wird eingezogen.

Der komplette Listentext ist wie erwartet von InDesign mit dem eingegebenen Betrag eingezogen worden. Und damit nun das Aufzählungszeichen ganz vorn steht, muss die erste Zeile wieder nach vorn gerückt werden. Dies erreichen Sie, indem Sie bei EINZUG LINKS IN ERSTER ZEILE ❷ denselben Betrag wie unter EINZUG LINKS eingeben – nur mit einem Minus davor.

◄ **Abbildung 3.124**
Für die erste Zeile wird ein negativer Einzug definiert.

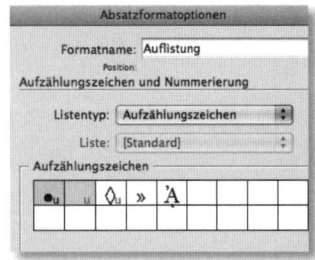

▲ **Abbildung 3.125**
Auch in den ABSATZFORMAT-
OPTIONEN können Sie zwischen
den verschiedenen Listentypen
und Aufzählungszeichen
wählen.

Abbildung 3.126 ▶
Durch die Formatierung der
Liste durch AUFZÄHLUNGS-
ZEICHEN UND NUMMERIERUNG
sind hier jetzt Punkte und
Striche zu sehen.

Das Minus sorgt dafür, dass vom Einzug, der für den gesamten Absatz gilt, die 5 mm wieder abgezogen werden: Damit steht die erste Zeile vorn – aber der Text fängt nun auch wieder zu weit vorn an! Das regeln wir in den ABSATZFORMATOPTIONEN.

8 Absatzformat »Auflistung« erstellen

Um die vorgenommenen Änderungen der Absatzattribute direkt in ein Absatzformat zu schreiben, klicken Sie am unteren Rand des ABSATZFORMATE-Bedienfeldes auf den Abreißblock. Benennen Sie das neue Format in »Auflistung« um, und wählen Sie in den ABSATZFORMATOPTIONEN die Rubrik AUFZÄHLUNGSZEICHEN UND NUMMERIERUNG. Den LISTENTYP ändern Sie in AUFZÄHLUNGSZEI-CHEN und bestätigen dann den Dialog mit OK. Wenden Sie nun das neue Format auf alle Listenpunkte an. Entsprechend Ihrer Wahl des Aufzählungszeichens sieht die Auflistung jetzt so aus:

Viel fehlt nun nicht mehr! Die Striche zwischen den neuen Aufzählungszeichen und dem Text sind jetzt zu viel …

9 Striche löschen

Entweder Sie löschen die sechs Viertelgeviertstriche manuell oder Sie lassen die Arbeit SUCHEN/ERSETZEN erledigen. Ich persönlich versuche Tätigkeiten, die ich in InDesign mehr als zwei Mal wiederholen muss, zu automatisieren. Und Striche suchen (und ersetzen) ist natürlich ein Job für SUCHEN/ERSETZEN. Dabei brauchen wir nur so ähnlich wie beim Austauschen der Gedankenstriche (siehe Seite 113) vorzugehen.

Ein Austausch aller vorkommender Divise verbietet sich, weil dann natürlich alle Binde- und Trennstriche gefunden würden. Also stellt sich wieder die Frage, wodurch sich die überflüssigen Striche am Zeilenanfang sozusagen aus Sicht von InDesign auszeichnen. In der Frage steckt eigentlich schon die Antwort:

Wir müssen InDesign irgendwie mitteilen, dass wir den Viertel-geviertstrich nur am Anfang einer Zeile suchen und ihn durch nichts ersetzen wollen – dadurch werden die Striche gelöscht. In GREP-Suchen kann man nach Zeilenanfängen suchen, aber das heben wir uns für später auf. Hier reicht uns die Suche nach einem Absatzende, dem Strich und einem Leerzeichen. Sie kön-nen – möglichst mit eingeblendeten verborgenen Zeichen – auch diese drei Zeichen im Text markieren, kopieren und dann in den SUCHEN/ERSETZEN-Dialog einsetzen. Bei ÄNDERN IN muss das Zei-chen für Absatzende stehen, da wir ja nur die Striche löschen wol-len. Das ^p für Absatzende können Sie von SUCHEN NACH kopie-ren oder Sie rufen über den Rechtspfeil neben dem Eingabefeld das Menü auf und wählen hier ABSATZENDE.

Hier sehen Sie die beschriebenen Einstellungen (das Leerzei-chen hinter dem Divis wird in diesem Dialog nicht dargestellt):

> **Um die Ecke gedacht**
> Da bei Textsuchen nicht nach Absatzanfängen gesucht werden kann, müs-sen wir uns dadurch behel-fen, dass das Absatzzeichen des vorigen Absatzes immer auch zu einer neuen Zeile führt.

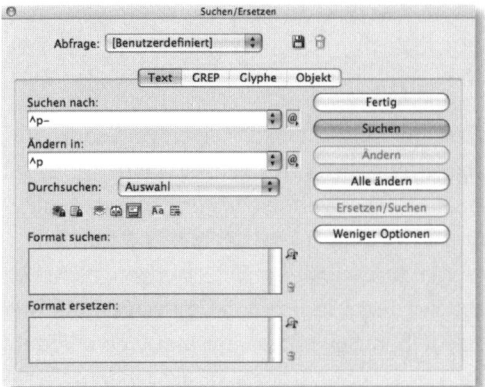

◄ **Abbildung 3.127**
Diese Schreibweise erschließt sich einem mit der Zeit.

Wenn Sie nun die Listenpunkte im Text markieren – auch die erste Textzeile muss markiert werden, weil Sie ja gerade nach dem vorangehenden Absatzende/Strich/Leerzeichen suchen –, findet InDesign die sechs Striche und löscht diese. Fertig!

Engagement für Wasserfahrzeuge in Ruhrgebiet-Lippe zurückblicken. Was 1994 von „Überzeugungstätern" in Bochum als „Selbstversuch" begonnen wurde, hat sich 2004 in einer „strategischen Gesamtplanung Wasserfahr-zeuge" manifestiert. Kernpunkt ist die „Wasserfahrzeug", die „Wasser Marsch und lokaler Händler". Gemeinsam wollen es die lokalen Autohändler und die Wasser Marsch schaffen, dass 2010 rund 1.000 Wasserfahrzeuge im Ver-sorgungsgebiet der Aquaplaning unterwegs sind.

Die ersten Erfolge wurden mit einem speziell auf den relativ dünn besiedelten, ländlichen Versorgungsraum zugeschnittenen, dreistufigen Marketingkonzept realisiert. Durch die - auch formale - Einbindung der örtlichen Au-tohändler werden die Chancen für eine breitere Vermark-tung von Wasserfahrzeugen erheblich steigen. Und dies

Innovation und Umweltschutz

Die dritte, noch andauernde Phase konzentriert sich auf:
• Öffentlichkeitswirksame Maßnahmen im Rahmen einer modifizierten Kommunikationsstrategie (An-schaffung von publikumswirksamen Fahrzeugen für Marketingaktivitäten, Internetauftritt, Aktion „Testfah-rer gesucht" ...)
• Modifikation des Förderprogramms, Einbindung in Gesamt-Förderaktivitäten
• Abschluss des Infrastrukturaufbaus durch zwei öffent-liche Wasser-Tankstellen in Bochum und Petershagen
• Strategisches Marketing mit Vertriebsplanung, Aufbau der Vertriebswege

◄ **Abbildung 3.128**
Die Striche hinter den Punkten hat SUCHEN/ERSETZEN gelöscht.

Lassen Sie uns nach diesem doch sehr ausführlichen Workshop noch ein paar weitere Features der Absatzformate ansehen.

Nächstes Format

Für zwei Situationen ist diese Option von Interesse: wenn Sie selbst Texte in InDesign verfassen und wenn die Texte, die Sie in InDesign platzieren, oft nach demselben Schema aufgebaut sind. In beiden Fällen können Sie hier einstellen, wie InDesign mit Text verfahren soll. Im Pulldown-Menü NÄCHSTES FORMAT können Sie aus den bisher angelegten Absatzformaten wählen oder direkt ein neues nach Ihren Vorstellungen anlegen.

Abbildung 3.129 ▶
Die Option NÄCHSTES FORMAT ist einen genaueren Blick wert.

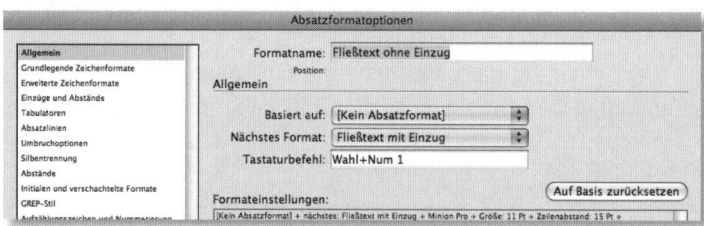

Wenn Sie nun einen Text mit obigen Einstellungen verfassen würden, wechselt InDesign beim Drücken der ⏎-Taste – hiermit geben Sie ja für InDesign ein Absatzende ein – direkt vom Absatzformat FLIESSTEXT OHNE EINZUG zu FLIESSTEXT MIT EINZUG.

Sie können sich sicher noch weitere Beziehungen zwischen Absatzformaten vorstellen: Texte in Broschüren, Magazinen und Büchern folgen oft denselben Schemata. Beispielsweise könnte ein typischer Textablauf in einem Magazin so aussehen: UNTERÜBERSCHRIFT > ÜBERSCHRIFT > VORLAUFTEXT > FLIESSTEXT OHNE EINZUG > FLIESSTEXT MIT EINZUG. FLIESSTEXT MIT EINZUG wiederholt sich bis zum Textende. Diese Reihenfolge lässt sich ohne Weiteres in den Absatzformaten mit NÄCHSTES FORMAT realisieren. Das Absatzformat FLIESSTEXT MIT EINZUG würde bei NÄCHSTES FORMAT sich selbst erhalten, weil es ja bis zum Textende eingesetzt werden soll.

Der Text in Abbildung 3.131 ist genau mit diesen Absatzformaten formatiert worden – es ist bei entsprechender Planung und Umsetzung der Absatzformate für die komplette Formatierung dann nur noch ein Klick nötig! Achten Sie auch auf die Initiale am Absatzbeginn und auf die Autorenkennung am Textende, beide Details sind auch in den Absatzformaten definiert und brauchten daher nicht separat markiert und formatiert werden.

Die Alternative

Wasserfahrzeuge

Im Jahr 2004 wird die Wasser Marsch auf ihr zehnjähriges Engagement für Wasserfahrzeuge in Ruhrgebiet-Lippe zurückblicken. Was 1994 von „Überzeugungstätern" in Bochum als „Selbstversuch" begonnen wurde, hat sich 2004 in einer „strategischen Gesamtplanung Wasserfahrzeuge" manifestiert.

Die ersten Erfolge wurden in einem speziell auf den relativ dünn besiedelten, ländlichen Versorgungsraum zugeschnittenen, dreistufigen Marketingkonzept realisiert. Durch die - auch formale - Einbindung der örtlichen Autohändler werden die Chancen für eine breitere Vermarktung von Wasserfahrzeugen erheblich steigen. Und dies trotz der relativ kleinen Aquaplaning-Stammbelegschaft von 77 Personen mit kleinem Budget (75.000 EURO für 2003, 100.000 Euro für 2004 für den Bereich Wasserfahrzeuge) und kleiner bis mittlerer Größe der kooperierenden Autohändler.

Die Wassermarsch GmbH mit Sitz in Bochum ist eine hundertprozentige Tochtergesellschaft der Vereinigten Kälte- und Wasserversorgung GmbH, Rheda-Wiedenbrück, und somit eingebunden in die Gelsenwasser-Gruppe.

Die Wasser Marsch ist heute Energiepartner für 13 Städte und Gemeinden in Ruhrgebiet und im angrenzenden Süd-Niedersachsen. Die Wasserabgabe über ein Rohrnetz von 1.273 km Länge betrug im Jahr 2000 insgesamt 1.697 Mio. kWh, davon an Haushalte 959 Mio. kWh (das sind 43.460 Haushalte), Industrie 304 Mio. kWh, Kureinrichtungen, Kliniken, öffentliche Einrichtungen 255 Mio. kWh, Handel und Gewerbe 179 Mio. kWh. *rh*

▲ **Abbildung 3.130**
Nach entsprechender Planung können solche Texte mit einem (!) Klick formatiert werden.

Der Text wurde mit DATEI • PLATZIEREN in ein InDesign-Dokument importiert. Anschließend wurde der gesamte Text markiert und mit einem Rechtsklick auf das erste Format in dem Bedienfeld ABSATZFORMATE das Kontextmenü aufgerufen. Dort wurde der Befehl [ABSATZFORMATNAME] UND DANN NÄCHSTES FORMAT ANWENDEN angewählt. Das war's auch schon!

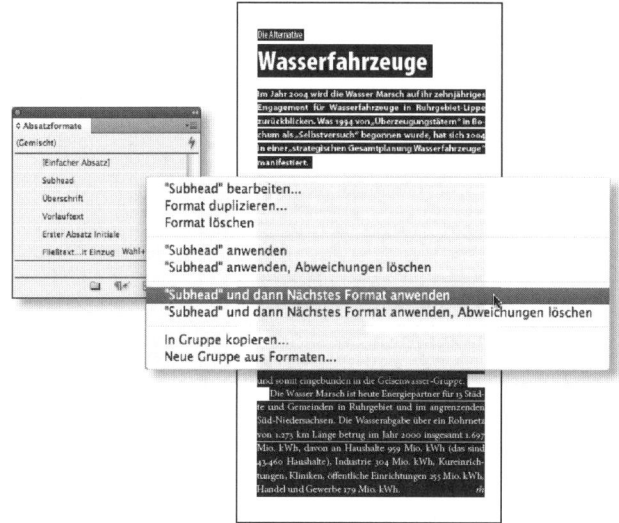

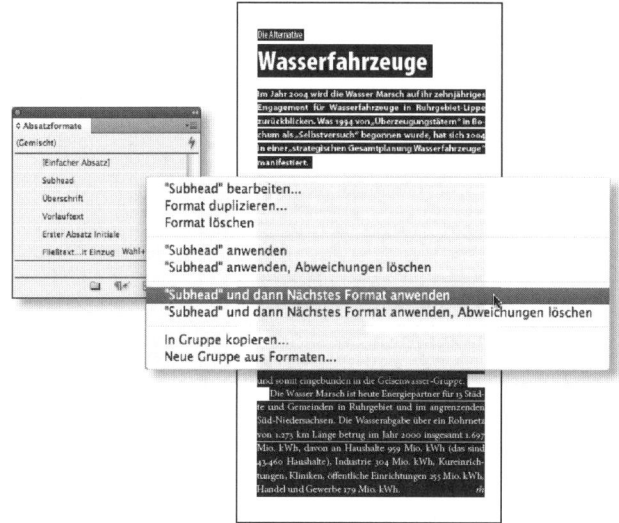
▲ **Abbildung 3.131**
So sieht der Ursprungstext in der Textverarbeitung aus.

◄ **Abbildung 3.132**
Manche Befehle finden Sie ausschließlich in Kontextmenüs.

Verschachtelte Formate

Die Autorenkennung in der letzten Zeile des Textes von Abbildung 3.131 ist ein Beispiel für verschachtelte Formate. Verschachtelte Formate können Teil eines Absatzformates sein und greifen ihrerseits auf Zeichenformate zurück. Wie Sie dem Beispiel entnehmen können, müssen in den verschachtelten Formaten Bedingungen angegeben werden im Sinne von: »die ersten beiden Worte eines Absatzes«, »nach einem Doppelpunkt« oder wie hier »nach einem Tabulator«. InDesign sucht im Text nach dieser Bedingung, und wenn diese eintritt, wird der Text dem verschachtelten Format entsprechend formatiert. Deshalb wird im Beispiel nur im letzten Absatz die Autorenkennung formatiert und nicht etwa auch das letzte Wort des vorangegangenen Absatzes, obwohl auf diesen dasselbe Absatzformat angewendet wurde: Hier ist jedoch kein Tabulator eingefügt.

Grundsätzlich gilt, dass verschachtelte Formate von InDesign in der Reihenfolge angewendet werden, in der sie innerhalb der ABSATZFORMATOPTIONEN im Bereich INITIALEN UND VERSCHACH-

---

Interview formatieren

Bei einer Kombination der Absatzformatkonzepte NÄCHSTES FORMAT und VERSCHACHTELTES FORMAT sind Interviews mit zwei Gesprächspartnern schnell formatiert: Das Format »Frage« hat als NÄCHSTES FORMAT »Antwort«, dieses hat als NÄCHSTES FORMAT »Frage«. Das verschachtelte Format sorgt für die Formatierung der Namen der Gesprächsteilnehmer.

TELTE FORMATE – von oben nach unten – angelegt sind. Dem folgenden Screenshot ist zu entnehmen, wie das verschachtelte Format zur Formatierung der Autorenkennung angelegt wurde.

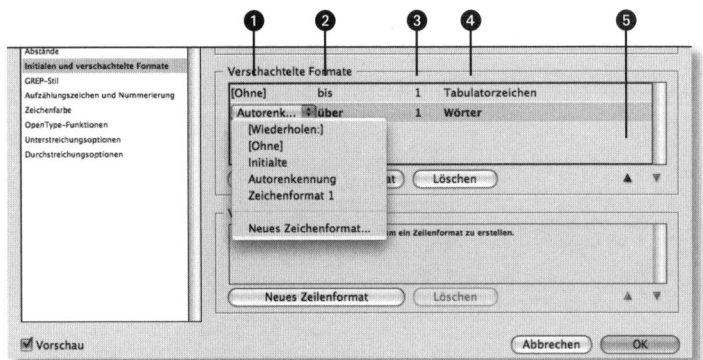

Abbildung 3.133 ▶
Die Option VERSCHACHTELTE FORMATE sieht wenig einladend aus – InDesign belohnt die Beschäftigung damit aber.

An erster Stelle einer Zeile im Bereich VERSCHACHTELTE FORMATE können Sie per Pulldown-Menü aus den bisher angelegten Zeichenformaten wählen oder ein neues erstellen ❶. Hier steht in der ersten Zeile [OHNE], weil kein Zeichenformat angewendet werden soll, bis die Bedingung »Tabulator« eintritt. Dadurch wird der Text bis zum Tabulator mit den Absatzattributen versehen, die in den anderen Bereichen der Absatzformatoptionen definiert wurden. Als Nächstes können Sie angeben, ob das unter ❶ gewählte Format BIS oder ÜBER ❷ auf die unter ❹ definierte Bedingung angewendet werden soll. Denken Sie sich ein »einschließlich« statt des ÜBER, damit wird deutlicher, was hiermit gemeint ist. Bei einem nicht druckenden Zeichen wie einem Tabulator ist die Wahl hier unerheblich, aber bei einem Doppelpunkt beispielsweise wird der Unterschied deutlich: Durch ein ÜBER würde die Formatierung den Doppelpunkt mit einschließen, bei der Wahl des BIS würde er nicht mit formatiert werden (siehe Abbildung 3.135). Die Zahl ❸ gibt die Anzahl der zu suchenden Instanzen an, bis zu denen das Zeichenformat angewendet werden soll (siehe Abbildung 3.136). Hier stellen Sie das zu suchende Zeichen ❹ ein (das kann auch ein Wort, ein Absatzende etc. sein), bei dem die Formatierung endet. Bei einem Klick auf diesen Bereich ändert sich das Aussehen: Tatsächlich ist hier nämlich eine Mischung aus Pulldown-Menü und Eingabefeld implementiert. Dabei stellt Ihnen das Pulldown-Menü wichtige Zeichen zur Verfügung, die Sie hier direkt anwählen können. Mit den Pfeilen ❺ können Sie bei mehreren verschachtelten Formaten die Reihenfolge der Formatierung ändern.

Einzüge und Abstände

Nach dem zugegeben fortgeschrittenen Thema der verschachtelten Formate möchte ich jetzt wieder einen Gang herunterschalten und auf ein Thema eingehen, das sich einem nicht wirklich aufdrängt, das ich aber dennoch für wichtig halte: die Steuerung von Abständen mit Absatzformaten.

 »Abstaende_Anfang.indd«, »Abstaende_Ende.indd«

Weiter vorn habe ich Ihnen geraten, auf Leerzeilen als Absatzkennzeichnungen zu verzichten (siehe Seite 143). Jetzt möchte ich noch weiter gehen: Verzichten Sie grundsätzlich auf Leerzeilen! Warum, möchte ich an dem unten stehenden Beispiel illustrieren: Angenommen, im Abschnitt »Vorwort« wird Text eingefügt, der dazu führt, dass der Abschnitt »Wasserfahrzeuge« in die nächste Spalte umbrochen wird. Die Leerzeilen, die bisher für den Abstand zum vorherigen Absatz sorgten, führen jetzt dazu, dass die Überschrift zu weit unten steht: InDesign kann nicht realisieren, dass die Aufgabe der Leerzeilen eigentlich nur im Abstandhalten zum Text besteht und nicht im Abstandhalten zur Textrahmenkante.

◄ **Abbildung 3.136**
Die beiden Leerzeilen über der Überschrift »Wasserfahrzeuge« machen links noch keine Probleme, rechts sind sie zu viel.

Sicher, bei einem Achtseiter kann man die überzähligen Leerzeilen händisch entfernen und für Ordnung sorgen. Aber je umfangreicher die Dokumente sind, mit denen Sie arbeiten, desto weniger Lust werden Sie haben, solche Arbeiten, die naturgemäß auch ziemlich fehleranfällig sind, zu erledigen.

Was also ist zu tun? Zwei Schritte sind zu erledigen: Erstens, die Leerzeilen im gesamten Dokument zu entfernen, und zweitens, die notwendigen Abstände in den entsprechenden Absatzformaten zu definieren.

Klar, dass für das dokumentweite Löschen der Leerzeilen wieder SUCHEN/ERSETZEN zum Einsatz kommt. Der erste Gedanke, der einem kommt, um hier ans Ziel zu gelangen, ist ziemlich sicher: Einfach Absatzenden suchen und durch nichts zu ersetzen, was das Löschen derselben zur Folge hat. Probieren Sie es einmal aus – InDesign macht einmal wieder nur das, was wir die-

GREP: Leerzeilen löschen

Wenn Sie in Suchen/ Ersetzen das Abfrage-Pull-down-Menü öffnen, sehen Sie dort u. a. Mehrere Umbrüche in einzelnen Umbruch. Auch damit ersetzen Sie alle Leerzeilen aus einem Text.

sem in vielen Bereichen doch schon quasi intelligenten Programm auftragen: Es löscht alle Absatzenden. Damit haben Sie einen Text vor sich, der durch keinerlei Absätze mehr strukturiert wird – eine mittlere Katastrophe.

Was wir suchen und löschen wollen, ist nicht ein Absatzende, sondern zwei: InDesign stellt ja zwei direkt aufeinanderfolgende Absatzzeichen als Leerzeile dar. Und diese doppelten Absatzzeichen ersetzen wir nicht etwa durch nichts, sondern durch ein Absatzende. Damit bleibt die Struktur des Textes erhalten. Das sieht im Suchen/Ersetzen-Dialog so aus:

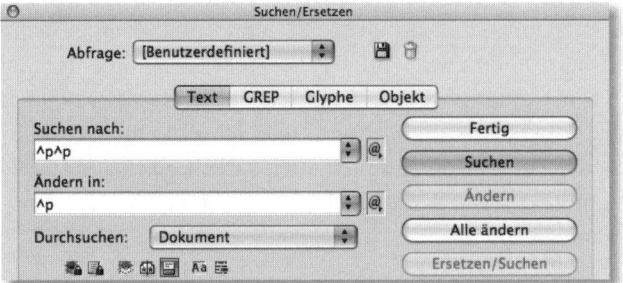

Abbildung 3.137 ▸
Mit dieser Abfrage eliminieren Sie Leerzeilen im gesamten Dokument.

Eventuell müssen Sie diese Suchabfrage mehrmals durchführen. Gewöhnen Sie sich am besten an, Suchabfragen direkt mit Klick auf das Disketten-Symbol abzuspeichern, wenn Sie sich auch nur im Entferntesten vorstellen können, diese Abfrage noch ein zweites Mal durchführen zu wollen. Wenn schließlich alle Leerzeilen entfernt sind, brauchen Sie nur noch für Texte, die einen Abstand zu den sie umgebenden Texten haben sollen, in den Absatzformatoptionen unter Einzüge und Abstände bei Abstand vor und Abstand nach die entsprechenden Einträge zu machen.

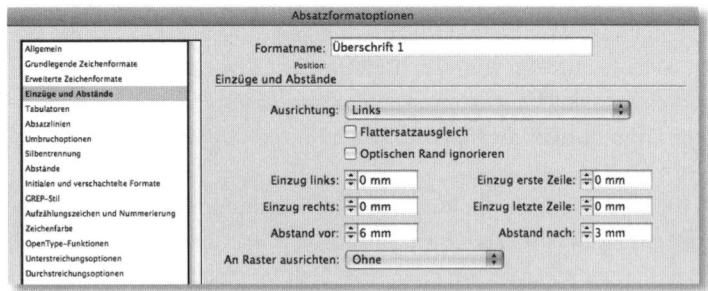

Abbildung 3.138 ▸
Abstände vor und nach Absätzen sollten Sie immer in den Absatzformatoptionen definieren, nicht mit Leerzeilen.

Die Eingabe bei Abstand vor definiert nämlich im Gegensatz zu den durch Absatzenden erstellten Leerzeilen tatsächlich nur den

Abstand zum vorangegangenen Text und nicht den Abstand z. B. zum oberen Rand des Textrahmens.

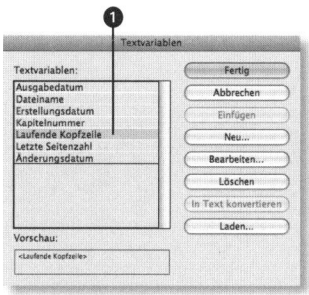

.

◀ **Abbildung 3.139**
Ohne Leerzeilen schließen die Überschriften oben auf gleicher Höhe ab.

3.7.3 Mit Textvariablen arbeiten

Wenn Ihr Layout nur eine Handvoll Kapitel enthält, könnten Sie, wie im Workshop »Rubriken durch Farbe kodieren« (siehe Seite 77) vorgestellt, die Musterseiten für die anderen Kapitel auf einer Basis-Musterseite aufbauen.

Was aber, wenn in einem umfangreicheren Dokument mit deutlich mehr als 24 Seiten nicht der Kapitelname, sondern die erste Überschrift auf der Seite oben erscheinen soll? Für solche Fälle – Typografen sprechen hier von einem »lebenden Kolumnentitel«, weil sich der Inhalt häufig ändert – gibt es die Textvariablen. Zur Demonstration verwende ich hier ein Workshop-Layout von weiter vorn. Um eine Textvariable zu verwenden, wird die Texteinfügemarke in den entsprechenden Textrahmen auf der Musterseite gesetzt. Über Schrift • Textvariablen • Variable einfügen • Laufende Kopfzeile wird eine Variable eingefügt. In dem gewählten Textrahmen steht dann »Laufende Kopfzeile«, in spitze Klammern eingefasst (die Kennzeichnung für Variablen).

Damit die Variable nun immer den richtigen Text darstellt, muss ihr noch ein Absatzformat durch Schrift • Textvariablen • Definieren zugewiesen werden: Im Dialogfeld wird Laufende Kopfzeile markiert ❶, mit einem Klick auf den Button Bearbeiten... öffnet sich ein weiterer Dialog. Hier können Sie im Menü Format ❷ direkt ein neues Absatzformat erstellen (ich habe es hier »Head« genannt). Hier werden die gewünschten Einstellungen, mit denen die Überschriften formatiert werden sollen, vorgenommen, die Einstellungen sind später über Fenster • Formate • Absatzformate ❻ wieder aufrufbar. Unter Verwenden ❸ können Sie wählen, ob der Inhalt der ersten ❹ oder letzten ❺ Überschrift einer Seite in die Kopfzeile übernommen werden

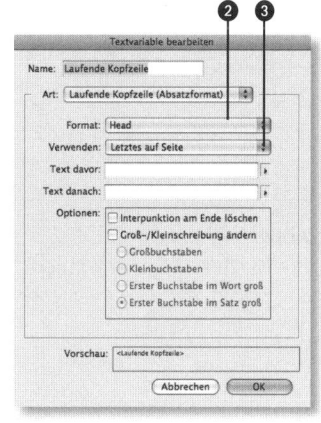

▲ **Abbildung 3.140**
Im Dialogfeld Textvariablen können selbige verwaltet werden.

▲ **Abbildung 3.141**
Hier geben Sie an, welches Absatzformat zur Darstellung in der laufenden Kopfzeile herangezogen werden soll.

soll. Damit die laufende Kopfzeile funktioniert, müssen die Überschriften im Layout auch wirklich durchgängig mit dem Absatzformat, auf das die Kopfzeile zugreift, formatiert werden.

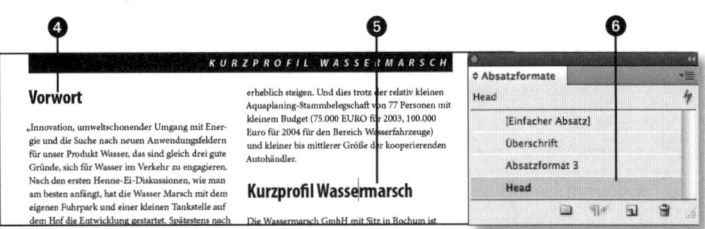

Abbildung 3.142 ▶
Die letzte Überschrift einer
Seite wird durch die Variable in
die Kopfzeile geschrieben.

3.8   Importoptionen für Text

Mit diesem Thema schließt sich der Kreis zum Anfang des Kapitels. Wenn Sie häufig mit Fremdtexten zu tun haben, was ja in den
allermeisten Fällen zutreffen dürfte, haben Sie beim Platzieren
die Möglichkeit, die Art des Importes zu steuern. Die betreffenden Optionen werden Ihnen angezeigt, wenn Sie beim Platzieren die Checkbox IMPORTOPTIONEN ANZEIGEN ❼ aktivieren. Die
Textdatei sollte hierbei nicht im Ursprungsprogramm geöffnet
sein, Sie erhalten sonst gegebenenfalls eine Warnmeldung wegen
unzureichender Zugriffsrechte.

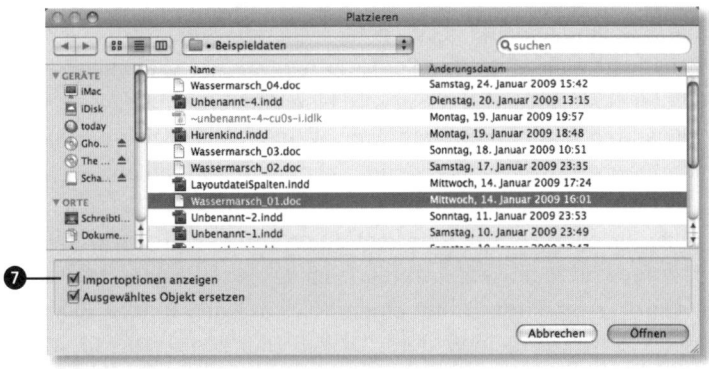

Abbildung 3.143 ▶
Im PLATZIEREN-Dialog können
Sie IMPORTOPTIONEN ANZEIGEN
aktivieren.

Der IMPORT-Dialog, der sich nach der Bestätigung mit OK öffnet,
richtet sich nach dem Dateiformat der angewählten Textdatei.
Ich gehe hier vom üblichen doc-Format aus – Sie können aber
auch Dateien im RTF- oder ASCII-Format platzieren. Die Word-
Importoptionen sind recht umfangreich, weshalb ich nur auf die
wichtigsten eingehe.

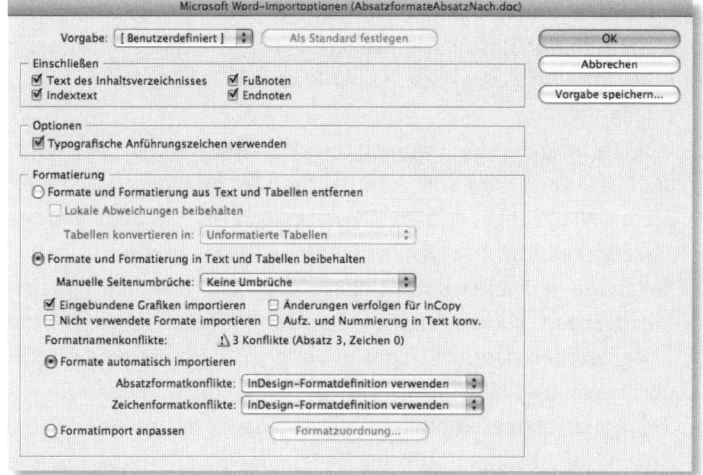

◄ **Abbildung 3.144**
Mittels umfangreicher Optionen können Sie den Import von Word-Dokumenten steuern.

Einschließen

Die Optionen in diesem Bereich sind zwar selbsterklärend, Folgendes ist dabei aber wissenswert: Wird TEXT DES INHALTSVERZEICHNISSES aktiviert, wird das Word-Inhaltsverzeichnis tatsächlich nur als Text platziert und kann deshalb nicht weiter von InDesign verwaltet werden. Dasselbe gilt auch für ENDNOTEN, da es dafür keine Entsprechung in InDesign gibt.

Optionen

Die Checkbox für TYPOGRAFISCHE ANFÜHRUNGSZEICHEN VERWENDEN kann eigentlich immer aktiviert bleiben: Sie sorgt dafür, dass die geraden einfachen (') und geraden doppelten (") Zeichen für einfache und doppelte Anführungen durch die korrekten – (, ') und („ ") – ersetzt werden. Leider hat die Einstellung bei BEARBEITEN/INDESIGN • VOREINSTELLUNGEN • WÖRTERBUCH… keine Auswirkung auf die umgewandelten Zeichen, Sie können hier also beispielsweise keine Guillemets nach dem Import erwarten.

Formatierung

▶ FORMATE UND FORMATIERUNG AUS TEXT UND TABELLEN ENTFERNEN
Ist diese Option aktiviert, werden der Text und gegebenenfalls die Tabellen unformatiert importiert. Wenn hier LOKALE ABWEICHUNGEN BEIBEHALTEN aktiviert ist, werden Zeichenformatierungen wie schräg gestellte Wörter beibehalten. Das kann erwünscht sein, um lediglich die Auszeichnungen, die der Autor im Text vorgenommen hat, zu übernehmen.

Außerdem können Sie hier wählen, ob Tabellen als solche oder als Text importiert werden sollen.

▶ FORMATE UND FORMATIERUNG IN TEXT UND TABELLEN BEIBEHALTEN

Wie InDesign beim Importieren mit MANUELLEN SEITENUMBRÜCHEN verfahren soll, können Sie hier angeben. Sie haben hierbei die Wahl zwischen KEINE UMBRÜCHE, SEITENUMBRÜCHE BEIBEHALTEN und IN SPALTENUMBRÜCHE UMWANDELN.

Sollen die in der Textdatei eingebundenen Grafiken mit importiert werden, klicken Sie die entsprechende Checkbox an. Die Bilder werden dadurch in das InDesign-Dokument eingebettet und liegen im RGB-Format vor (siehe Kapitel 4, »Bilder«).

Bei Formatnamenkonflikten wird Ihnen gegebenenfalls die Anzahl an Absatz- und/oder Zeichenformaten angezeigt, die sowohl in der Textdatei als auch in dem InDesign-Dokument verwendet werden. Eigentlich ist diese Bezeichnung etwas irreführend, denn dieselbe Bezeichnung von Formaten kann ja gerade gewünscht sein. Bei einem Newsletter beispielsweise, bei dem die Texte immer nach demselbem Schema formatiert werden sollen, könnte man als Layouter/in mit dem Redakteur vereinbaren, welche Formate in der Textverarbeitung angewandt werden dürfen. Wenn man einen solchen Workflow kultiviert, kann man getrost den folgenden Punkt anwählen.

▶ FORMATE AUTOMATISCH IMPORTIEREN

ist nämlich genau für solche Szenarien konzipiert. Sie haben dann in den Pulldown-Menüs sogar noch die Wahl, welche Formatversion InDesign beim Import anwenden soll: Auch wenn die Formate gleich heißen, beinhalten sie aber mitunter andere Attribute (z. B. weil Sie als Layouter/in andere als die Standardsystemschriften verwenden).

Abbildung 3.145 ▼
Die Absatz- und Zeichenformate aus dem Textdokument können denen vom InDesign-Dokument zugeordnet werden.

Microsoft Word-Format	InDesign-Format	
¶ Standard	¶ [Neues Absatzformat]	OK
¶ Überschrift 1	¶ Überschrift 1	Abbrechen
¶ Textkörper	¶ [Neues Absatzformat]	
¶ Liste	¶ [Neues Absatzformat]	
¶ Überschrift	¶ [Neues Absatzformat]	
¶ Beschriftung	¶ [Neues Absatzformat]	
¶ Verzeichnis	¶ [Neues Absatzformat]	
¶ Fließtext	¶ Fließtext	

Formatzuordnung

Konflikte autom. umbenennen   ⚠ 2 Formatnamenkonflikte (Absatz 2, Zeichen 0)

▸ FORMATIMPORT ANPASSEN

ist als letzter Punkt hier noch zu finden. Bei Aktivierung können
Sie ein weiteres Dialogfenster öffnen, in dem Sie Formate aus
der Textverarbeitung denen von InDesign zuordnen können.

3.8.1 Textimport in der Praxis

Da der Textimport ja zu den Alltagstätigkeiten beim Layouten
mit InDesign gehört, möchte ich im Folgenden aufzeigen, wie ein
möglichst reibungsloser Workflow aussehen könnte.

Angenommen, Sie arbeiten tatsächlich mit einem Redakteur
zusammen, mit dem Sie vereinbaren, dass für ein kleines Druck-
objekt nur zwei Absatzformate zum Einsatz kommen sollen:
»Überschrift 1« in Arial, fett, 16 Pt, und »Fließtext« in Times New
Roman, 10 Pt. In InDesign sind bei beiden Absatzformaten »nur«
die Schriftarten geändert: Myriad Pro und Minion Pro. Beim Platzieren mit aktivierten Importoptionen werden genau diese beiden Absatzformate als Konfliktfälle von InDesign angemahnt ❷.

▶ **Video-Training**

Das Importieren von Texten
(allgemein) und von Adress-
feldern wird in den Video-
Lektionen 2.2 und 2.3 gezeigt.

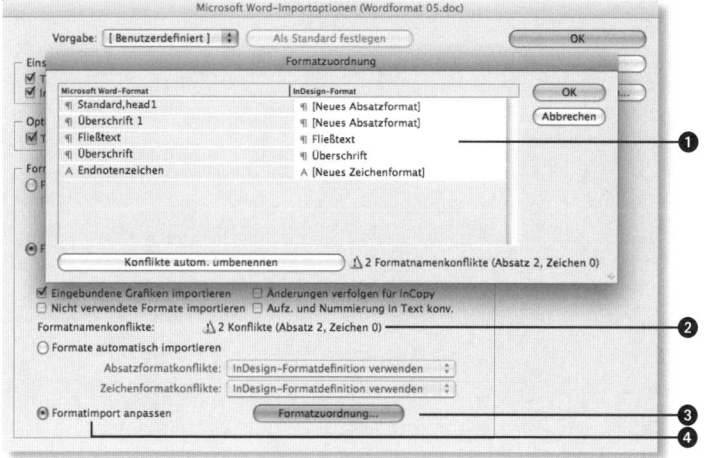

◄ **Abbildung 3.146**
Die beiden Formate aus
Microsoft Word werden denen
in InDesign zugeordnet.

Lassen Sie sich, wie bereits erwähnt, nicht von den Warndreiecken irritieren: Die Formate aus Microsoft Word werden den
gleichnamigen Formaten in InDesign zugeordnet! Zur Überprüfung können Sie unten statt FORMATE AUTOMATISCH IMPORTIEREN
wie in Abbildung 3.147 FORMATIMPORT ANPASSEN ❹ wählen. Beim
Klick auf FORMATZUORDNUNG… ❸ können Sie überprüfen, ob die
Formate aus Microsoft Word durch die gewünschten Absatzformate in InDesign ersetzt werden. Hier ist alles o.k. ❶.

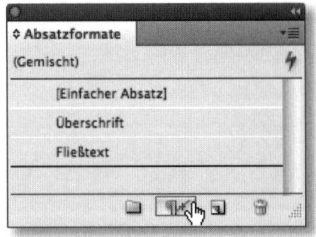

▲ **Abbildung 3.147**
Mit diesem Button entfernen
Sie aus markierten Zeichen,
Wörtern, Absätzen oder Text-
abschnitten Abweichungen von
den gewünschten Formaten.

Es passiert aber immer wieder, dass trotz der Formatzuweisungen die Texte nicht wunschgemäß in InDesign formatiert werden: Das erkennen Sie dann nicht nur am ungewohnten Schriftbild, sondern auch an dem Pluszeichen hinter den Formatnamen. Um solche lokalen Formatierungen zu löschen, markieren Sie den gesamten Text mit BEARBEITEN N ALLES AUSWÄHLEN oder über Strg/⌘+A und klicken dann auf den Button ABWEICHUNGEN IN AUSWAHL LÖSCHEN.

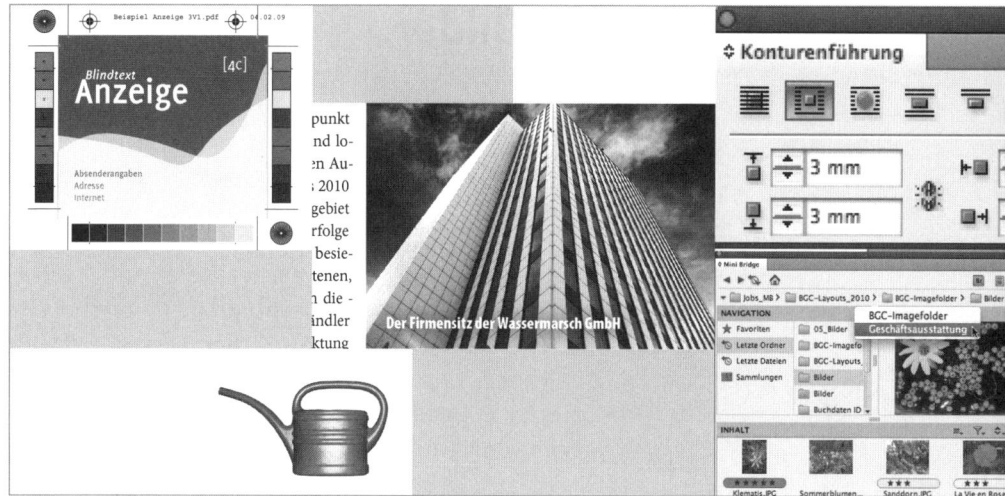

Kapitel 4

Bilder

Ein Bild sagt mehr als 1000 Worte

Sie werden lernen:

▶ was für InDesign ein Bild ist

▶ welche Bildarten es gibt

▶ was ein Farbraum ist

▶ wie Sie Bilder in ein Dokument einfügen können

▶ wie Sie Bilder in Größe, Position und Ausschnitt verändern können

▶ wie Sie die Bilder in einem Dokument verwalten können

▶ wie Sie die Bridge beim Datenhandling einsetzen können

▶ was Camera Raw ist und wie Sie damit arbeiten können

4   Bilder

Wenn Sie nicht gerade in einem (Belletristik-)Buchverlag arbeiten, wird Ihr Arbeitsalltag nicht nur den professionellen Umgang mit Text, sondern vor allem die Kombination von Text und Bild beinhalten. Und auch hier wird die Herkunft von InDesign CS5 deutlich: Die grundlegenden Bedienkonzepte bzgl. Bildern ähneln denen von Illustrator und Photoshop.

4.1   Was ist ein Bild?

Wie Sie wissen, kann die Form, die Position, die Kontur und die Fläche eines beliebigen Rahmens modifiziert werden. Und unabhängig von dem Werkzeug, mit dem ein Rahmen erstellt wurde, kann ein Rahmen einen von zwei Inhalten aufnehmen: Text oder Grafik. Eine Kombination ist sogar auch möglich, es kann beispielsweise ein Bild in einen Textrahmen hinzugefügt werden, diese Grafik wird damit zu einem sogenannten verankerten Objekt. Das funktioniert auch bei Textrahmen in Textrahmen. Der Sinn von verankerten Objekten liegt darin, dass sich solche verankerten Textrahmen oder Bildrahmen mit dem Text, in dem sie positioniert sind, verschieben lassen.

Filme

In InDesign-Dokumente können sogar Filme eingefügt werden.

Kehren wir zurück zu der Frage, was im Sinne InDesigns eigentlich ein Bild ist: Vereinfachend kann man sagen, dass alles, was kein Text und keine Tabelle ist und in InDesign platziert werden kann, ein Bild/eine Grafik ist. Und wie oben erwähnt: InDesign verträgt sich prächtig mit den Formaten, die Photoshop und Illustrator liefern. Die Verwandtschaft zeigt sich gerade hinsichtlich des Umgangs mit Bildern: Vor wenigen Jahren war man beim Layouten auf Grafikformate angewiesen, bei denen die Gestaltung und das Layouten einer Grafik vollkommen unabhängig in unterschiedlichen Programmen durchgeführt wurden. Vom Ansatz ist das zwar immer noch so, InDesign ist kein Illustrations- und kein Bildbearbeitungsprogramm, aber so strikt wie vor wenigen Jahren ist die Trennung der Programme nicht mehr.

Als Beispiel möchte ich an dieser Stelle nur erwähnen, dass Sie beim Import einer Grafik über die Sichtbarkeit von Ebenen der zu ladenden Grafik entscheiden können. Oder: Sie können InDesign selbstständig sogenannte Beschneidungspfade erstellen lassen. Ein Beschneidungspfad konnte früher ausschließlich in Photoshop erstellt werden; er dient dazu, nur Teile eines Bildes sichtbar zu machen, die unerwünschten Bildbereiche werden vom Beschneidungspfad ausgeblendet. Auch grundsätzliche Bedienkonzepte wie beispielsweise Ebenen waren in Photoshop und Illustrator lange üblich, bevor sie in Layoutprogrammen wie QuarkXPress oder eben InDesign umgesetzt wurden.

InDesign kann so ziemlich alles an Bilddaten verarbeiten, was geläufig ist: GIF, JPG, TIFF, PSD, EPS, AI und PDF. Selbst vollständige InDesign-Dokumente können komplett mit Texten, Grafiken und mit mehreren Seiten in einem anderen InDesign-Dokument platziert werden!

▲ **Abbildung 4.1**
Der abgebildete Beschneidungspfad wurde nicht von Photoshop, sondern von InDesign erstellt.

4.2   Grundlagen Bildformate

Die meisten Bildformate können in zwei mal zwei Gruppen aufgeteilt werden: Zum einen liegen Bilddaten entweder als Pixel- oder als Vektordaten vor und diese verwenden in der Regel einen der beiden Farbmodi RGB oder CMYK. Zum anderen gibt es dann noch Graustufen bzw. Schwarzweiß als möglichen Farbmodus, der aber bei Weitem nicht so häufig eingesetzt wird.

4.2.1   Bitmaps

Bitmaps liegen immer dann vor, wenn Bildvorlagen digitalisiert wurden, also mit der Digitalkamera aufgenommen oder mit dem Scanner eingelesen wurden. Bitmaps können außerdem direkt in einem Bildbearbeitungsprogramm wie Photoshop erstellt werden. Bilder in diesem Pixelformat stellen mit ziemlicher Sicherheit die größte Gruppe, mit denen Sie in InDesign arbeiten werden.

Das Wort »Pixel« leitet sich vom englischen Begriff für Bildelement, »picture element«, ab. Damit ist die kleinste Einheit eines Bitmap-Bildes gemeint. Ein Bild auf Pixelbasis setzt sich entsprechend seiner Größe und Auflösung aus unzähligen dieser Bildelemente wie ein Mosaik zusammen. Deshalb wird auch der Begriff **Rasterbild** synonym für Bitmap verwendet: Die Bildpunkte sind

Zoom zoom

InDesign bietet Zoomstufen von 5 bis 4000 % an – das ermöglicht Flexibilität für die verschiedensten Arbeiten.

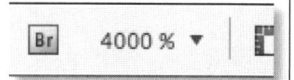

▲ Abbildung 4.2
ORIGINAL PPI des Bildes ist in beiden Versionen dieselbe: 300. In der unteren Version liegt PPI EFFEKTIV aber nur noch bei 50.

Photoshop: Auflösung

In Photoshop können Sie die Auflösung eines Bildes unter BILD • BILDGRÖSSE kontrollieren und anpassen.

auf einem rechtwinkligen Raster angeordnet. In Photoshop, aber auch in InDesign, können Sie sich so weit an Bilder heranzoomen, dass die einzelnen winzigen Kästchen als solche erkennbar werden. Beim Druck sollen die einzelnen Pixel keinesfalls sichtbar sein und glücklicherweise versorgt InDesign uns mit den notwendigen Informationen, um »pixelige« Bilder im Druck zu vermeiden.

Die wichtigste Größe bei Bitmaps ist die sogenannte Auflösung. Damit ist die Anzahl Pixel in Bezug auf eine bestimmte Länge gemeint. Hat ein Bild beispielsweise eine Auflösung von 300 ppi, sagt diese Angabe nichts über seine Größe aus, sondern dass bei diesem Bild 300 Pixel auf einem Inch nebeneinanderpassen: ppi steht also für »pixel per inch«. Der Detailreichtum eines solchen Bildes ist somit in der Regel höher und das Bild wirkt schärfer als eines mit einer geringeren Auflösung von beispielsweise 150 ppi – zumindest dann, wenn beide Bilder in derselben Vergrößerung vorliegen. Das wiederum bedeutet, dass im Zusammenhang mit Rasterbildern ein Pixel keine feste Größe hat.

Die Auflösung des Bildes wird von der Digitalkamera oder dem Scanner definiert und kann gegebenenfalls nachträglich in Photoshop geändert werden. Beachten Sie aber, dass eine Erhöhung der Auflösung in Photoshop nicht zu schärferen Bildern führt, da das Programm ja nur aufgrund der vorhandenen Bilddaten neue Pixel hinzurechnen kann. Die Auflösung ist also eine Eigenschaft des Bildes, die unabhängig vom Skalierungsfaktor, mit dem dieses Bild in InDesign letztendlich platziert wird, ist. Diese Auflösung wird in InDesign **Original PPI** genannt.

Im Gegensatz dazu ändert sich die Ausgabeauflösung, mit der das Bild z. B. gedruckt werden soll, proportional mit der Vergrößerung bzw. Verkleinerung, mit der das Bild im Layout verwendet wird: Je höher die Vergrößerung, desto kleiner ist die Ausgabeauflösung. Adobe spricht bei dieser zweiten Auflösung von **PPI effektiv**. Dieser Wert ist der entscheidende Wert, den Sie spätestens bei der Reinzeichnung, also der Vorbereitung Ihrer Layoutdatei für den Druck, im Auge behalten müssen. Für den Offsetdruck etwa sollte dieser Wert bei 300 liegen. Dabei ist dieser Wert abhängig vom zu bedruckenden Papier – im Zweifelsfall erfragen Sie den gewünschten Wert bei Ihrer Druckerei, aber mit 300 ppi effektiv sollten Sie in der Regel richtig liegen. Wir werden uns diese Zusammenhänge in Kapitel 9, »Dokumente prüfen und richtig ausgeben«, noch genauer ansehen.

4.2.2 Vektorbilder

Bei dieser Bildart werden die Bildinformationen nicht durch Pixel, sondern durch geometrische Formen wie Linien und Kurven beschrieben. Diese Formen werden mathematisch durch sogenannte Vektoren definiert, die die geometrischen Eigenschaften wie Position, Kurvenverlauf etc. widerspiegeln. Zum Glück brauchen wir uns um diesen technischen Überbau nicht weiter zu kümmern, denn Vektorgrafiken werden beispielsweise in einem Zeichenprogramm wie Illustrator erstellt. In InDesign selbst können ebenfalls Vektorzeichnungen – z. B. mit dem Werkzeug Zeichenstift (siehe Seite 36) – erstellt werden.

Vektorbilder können im Gegensatz zu Bitmaps verlustfrei vergrößert werden: Sie behalten immer ihre ursprüngliche Detailgenauigkeit und Kantenschärfe bei. Nicht nur, aber auch deshalb werden beispielsweise Logos häufig als Vektorgrafiken angelegt: Sie sind unabhängig von der eingesetzten Reproduktionstechnik (Desktop-Drucker, Offsetdruck, Monitor), mit der sie später wiedergegeben werden, und sie behalten unabhängig von ihrer Reproduktionsgröße ihr ursprüngliches Aussehen bei. Bei Vektorbildern finden Sie aus genannten Gründen auch keine Informationen zu ihrer Auflösung. Es gibt allerdings auch Mischformen: Vektordokumente, die wiederum Bitmaps enthalten. Bei ihnen gelten die im vorangegangenen Abschnitt beschriebenen Einschränkungen bzgl. ihrer Skalierbarkeit.

▲ **Abbildung 4.3**
Vektorgrafiken können verlustfrei vergrößert werden: unten ein Detail aus dem Schriftzug darüber.

Vektorformate

AI – Adobe Illustrator-Datei
EPS – Encapsulated Post-Script-Datei

4.2.3 CMYK

Beschäftigen wir uns zunächst mit demjenigen Farbmodell, mit dem Sie vermutlich am häufigsten zu tun haben werden: CMYK steht für die im Offsetdruck gebräuchlichen vier Farben **C**yan, **M**agenta, Gelb (engl. **Y**ellow) und Schwarz (engl. **K**ey für Tiefe). Bilddaten, die im Offset gedruckt werden, müssen in diesem Farbmodus vorliegen. Digitale Druckmaschien und Desktop-Drucker sind bei der Wahl des Farbmodells mitunter nicht so pingelig: Sie können auch RGB-Dateien drucken. Überhaupt sollten Sie, bevor Sie Daten in den Druck geben, mit Ihrem Dienstleister klären, welcher Art die Druckdaten sein sollen. Da Farben nicht nur bei Bildern, die Sie in InDesign-Dokumente platzieren, sondern bei allen farbigen Elementen eines Layouts eine Rolle spielen, kommen wir in Kapitel 7, »Farben und Effekte«, noch einmal auf dieses Thema zurück.

4c

CMYK wird in der Druckbranche gerne auch noch komprimierter mit 4c abgekürzt. Mit 4c sind ausschließlich die vier Offset-Druckfarben Cyan, Magenta, Gelb und Schwarz gemeint.

▲ **Abbildung 4.4**
Adobes Dateiformat PDF hat sich zum Austauschdateiformat schlechthin entwickelt.

4.2.4   RGB

Das andere im wahrsten Sinne des Wortes große Farbmodell ist RGB, hier stehen die drei Buchstaben für **R**ot, **G**rün und **B**lau. Diese Farben spielen überall dort eine Rolle, wo Dokumente nicht gedruckt, sondern am Monitor betrachtet werden. Das ist natürlich bei allen Webseiten der Fall.

Obwohl in InDesign Layouts für die Veröffentlichung im Internet erstellt werden können, liegt der Schwerpunkt von InDesign nach wie vor in der Gestaltung und Vorbereitung von Daten für den Druck.

Die meisten Bilder werden mittlerweile durch die weite Verbreitung von Digitalkameras im RGB-Modus angeliefert, was bedeutet, dass diese Bilder an irgendeiner Stelle im Herstellungsprozess in CMYK umgewandelt werden müssen. Dafür bietet sich vor allem die Reinzeichnung an. Diese wird nach allen Gestaltungs- und Korrekturarbeiten durchgeführt und beinhaltet vor allem die Umwandlung von RGB-Bildern in den CMYK-Modus.

Sie werden dabei besonders bei strahlenden Blautönen deutliche Farbverschiebungen feststellen, da CMYK nicht in der Lage ist, diese RGB-Farben wiederzugeben. Deshalb ist bei CMYK im Vergleich zu RGB von einem kleineren Farbraum die Rede.

4.2.5   Das Sonderformat PDF

In den letzten Jahren hat sich das Format PDF als Standard für verschiedene Einsatzbereiche durchgesetzt. Auf Webseiten werden Texte oft zusätzlich als PDF bereitgestellt, weil neben den Texten auch das gesamte Layout mit Bildern, Typografie und sonstigen Gestaltungselementen gewahrt bleibt und die PDFs entsprechend den getroffenen Exporteinstellungen auch noch überraschend kleine Datenmengen haben. Aus demselben Grund werden PDFs auch gerne per Mail verschickt. Und ein ganz wesentlicher Pluspunkt bei PDFs ist, dass Dateien in diesem Format nicht das Ursprungsprogramm benötigen, in dem beispielsweise das Layout erstellt wurde: Zur Ansicht ist lediglich der kostenlose Acrobat Reader nötig, der bei vielen Rechnern auch schon vorinstalliert ist. Auch das Betriebssystem, auf dem die Ursprungsdatei erstellt wurde, spielt keine Rolle.

Und weil sich PDFs im Gegensatz zu den sogenannten offenen InDesign-Dokumenten (damit sind die normalen Arbeitsdateien mit Bildern und Schriften gemeint) und anderen Bildformaten durch die zuvor genannten Vorteile auszeichnen, haben sich PDFs mittlerweile auch als Austauschformat für Druckdaten etabliert. Das heißt, dass Sie z. B. eher PDFs bekommen, wenn Sie fertig gesetzte Anzeigen in ein Layout einfügen sollen.

Und das heißt auch, dass Ihr Druckdienstleister ebenso ein PDF zum Drucken erwartet (und nicht Ihre InDesign-Daten). Zu diesem Thema kehren wir in Kapitel 9, »Dokumente prüfen und richtig ausgeben«, zurück.

PDF ist im Vergleich zu den vorher besprochenen Bildformaten Pixelbild und Vektorgrafik ein Zwischending: So kann ein PDF ohne Weiteres Rasterbilder beeinhalten, in anderen Beziehungen verhält es sich eher wie eine Vektorgrafik. So sind beispielsweise die Texte in PDFs dadurch, dass die entsprechenden Schriften in das PDF eingebettet sind, wie eine Vektorgrafik beliebig hoch vergrößerbar. Wie bei Vektorgrafiken werden Ihnen in InDesign keine Werte zu Auflösungen angegeben. Hier heißt es aufpassen, denn das bedeutet nicht, dass Sie auch die Bilder in einem PDF beliebig vergrößern können. Aber keine Sorge, das bekommen Sie alles in den Griff!

4.3 Bilder in ein Dokument einfügen

Grundsätzlich gilt, dass die Bilder, die Sie in einem InDesign-Dokument layouten möchten, entweder direkt auf Ihrer Festplatte liegen oder zumindest in Ihrem Netzwerk ständig verfügbar sein sollten: In InDesign werden die Bilddaten nämlich in der Regel nicht in die Arbeitsdatei eingebettet, sondern InDesign verwaltet nur die Links, also die Pfadinformationen zu den Bildern.

Wenn Sie nach dem Layouten die Bilder etwa umbenennen, in ein anderes Verzeichnis verschieben oder sich vom Netzwerkserver abmelden, sind die Bilder in Ihrem Dokument nicht mehr verfügbar – zumindest dann nicht, wenn Sie die Bilder über PLATZIEREN und nicht über KOPIEREN/EINFÜGEN in Ihr Layout importiert haben. Sie werden zwar weiterhin im Layout angezeigt, die vollen Bildinformationen sind aber InDesign nicht mehr zugänglich. Sie bekommen auch direkt ein Fehlermeldung, wenn Sie dann versuchen, das Dokument zu drucken: InDesign warnt Sie vor den fehlenden Bildern. Sie können die Datei zwar weiterhin drucken, aber aufgrund der fehlenden Bilder werden diese nur mit einer Vorschauversion, das heißt mit geringer Auflösung, gedruckt.

Bilder nicht einbetten

Wenn Sie ein Bild in Photoshop kopieren und in ein InDesign-Dokument einfügen, wird dieses Bild »eingebettet«. Das hat zwei gravierende Nachteile: Die Layoutdatei wird größer und Änderungen an der Bilddatei werden von InDesign nicht nachvollzogen, weil das Bild nicht mit dem InDesign-Dokument verknüpft ist.

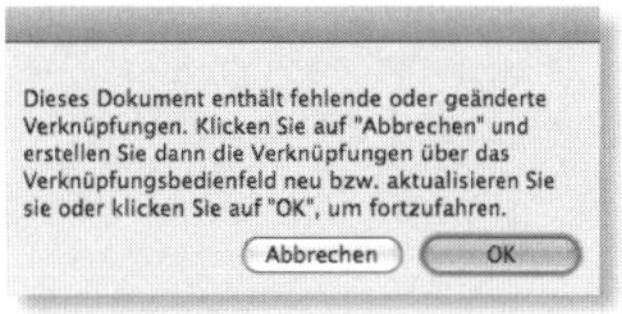

Dieses Dokument enthält fehlende oder geänderte Verknüpfungen. Klicken Sie auf "Abbrechen" und erstellen Sie dann die Verknüpfungen über das Verknüpfungsbedienfeld neu bzw. aktualisieren Sie sie oder klicken Sie auf "OK", um fortzufahren.

Abbrechen   OK

▲ **Abbildung 4.5**
Dokumente können trotz fehlender Bilddaten gedruckt werden – InDesign gibt aber eine Warnmeldung aus.

Sie können Bilder auf verschiedene Weise in ein InDesign-Dokument einfügen. Eine Möglichkeit haben Sie schon im Zusammenhang mit Texten kennengelernt: den Befehl PLATZIEREN.

4.3.1 Der Menübefehl »Platzieren«

Wie schon bei dem Platzieren von Text erwähnt, entscheiden Sie sich erst im PLATZIEREN-Dialog für die Dateiart, die Sie in ein Dokument einfügen möchten. Sie können einen beliebigen Rahmen markiert haben, bevor Sie DATEI • PLATZIEREN oder Strg/ ⌘+D wählen – notwendig ist dies nicht. Beide Vorgehensweisen haben ihre jeweiligen Vorzüge, die ich Ihnen im Folgenden vorstellen möchte.

InDesign ermöglicht es Ihnen, mehrere Dateien – diese können sogar unterschiedlicher Art sein – gleichzeitig zu platzieren. Dafür halten Sie die bei geöffnetem PLATZIEREN-Dialog die ⇧-Taste gedrückt und markieren die erste und letzte Datei im Dialogfenster. Alle dazwischenliegenden Dateien werden automatisch ausgewählt. Wenn Sie stattdessen die Strg/⌘-Taste gedrückt halten, können Sie sogar Dokumente auswählen, die im PLATZIEREN-Dialog nicht direkt untereinanderstehen. Daten, die Sie gleichzeitig platzieren möchten, müssen sich in demselben Verzeichnis befinden.

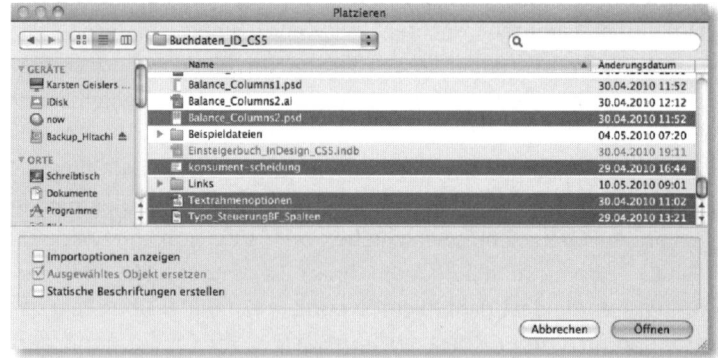

Abbildung 4.6 ▶
Im PLATZIEREN-Dialog können Sie auch nicht zusammenhängende Dateien wählen.

Nach Bestätigung Ihrer Auswahl mit ÖFFNEN ist statt des vorher aktivierten Werkzeuges das Symbol für geladene Grafik/en zu sehen. Daneben sehen Sie eine Miniatur der Datei, die in Ihrer im PLATZIEREN-Dialog getroffenen Auswahl zuoberst stand. Eine eingeklammerte Zahl weist auf die Anzahl der geladenen Dateien hin.

Sollten Sie sich für einen kompletten Abbruch des Platzierens entscheiden, wählen Sie einfach ein anderes Werkzeug, z.B. durch Drücken der Taste ⎡V⎤, damit wechseln Sie zum Auswahl-Werkzeug – die eben noch geladenen Bilder sind damit aus dem Zwischenspeicher entfernt.

Möchten Sie ein einzelnes Bild von den geladenen löschen, brauchen Sie nur die ⎡Esc⎤-Taste zu drücken. Innerhalb mehrerer geladener Bilder können Sie bequem mit den Pfeiltasten ⎡←⎤ und ⎡→⎤ navigieren. Das ist eine enorme Arbeitserleichterung, wenn man viele Bilder platzieren möchte!

Alle Bilder platzieren
Wenn Sie alle geladenen Bilder in einem Schwung auf Ihre Dokumentseite platzieren möchten, halten Sie eine der Pfeiltasten gedrückt, wodurch Sie nicht mehr einen Rahmen in den Bildproportionen, sondern entsprechend der Mausbewegung aufziehen. Durch Drücken der Pfeiltasten können Sie ein Raster erstellen, in das die geladenen Bilder platziert werden. Probieren Sie die Wirkung der verschiedenen Pfeiltasten einfach einmal aus. Um den Abstand zwischen den Spalten und Zeilen gleichmäßig zu ändern, kommen die Tasten ⎡Bild↑⎤/⎡Bild↓⎤ zum Einsatz.

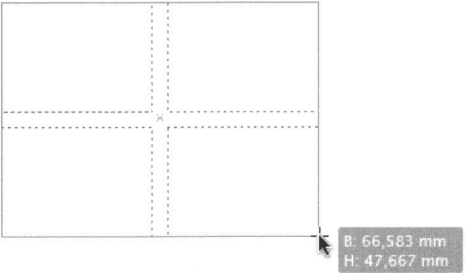

Durch Lösen der Maustaste werden die Bilder so in das Raster eingepasst, dass jedes Bild vollständig sichtbar ist:

▲ **Abbildung 4.7**
Die Anzahl der geladenen Dateien wird neben dem Symbol für geladene Grafiken angezeigt.

▲ **Abbildung 4.8**
Bilder können beim Platzieren auch direkt an einem Raster ausgerichtet werden.

Raster beim Aufziehen

Auch bei den Text- und Rahmen-Werkzeugen können beim Aufziehen direkt Raster erstellt werden.

◀ **Abbildung 4.9**
Die Größe des Rasters definieren Sie durch Klicken und Ziehen mit der Maus.

◀ **Abbildung 4.10**
Die vier geladenen Bilder werden innerhalb des eben definierten Rasters auf die Dokumentseite geladen.

▶ **Video-Training**

Das richtige Platzieren von Bildern ist Thema in Video-Lektion 2.1.

Jedes Bild für sich platzieren

Häufig möchte man aber, statt alle Bilder an einem Raster auszurichten, die einzelnen Bilder an ganz bestimmten Positionen auf der Dokumentseite positionieren: Klicken Sie dafür einfach mit dem Symbol für geladene Grafiken auf die gewünschte Stelle des Layouts und ziehen. Beim Aufziehen des Bildrahmens passt InDesign Höhe bzw. Breite selbstständig so an, dass der Bildrahmen exakt den Proportionen des Bildes entspricht. Nachdem das erste Bild eingefügt wurde, erscheint wieder das Symbol für geladene Grafiken und Sie können mit dem Platzieren fortfahren.

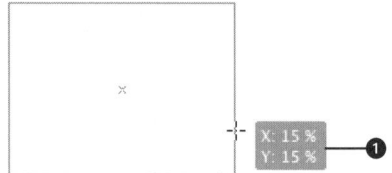

Abbildung 4.11 ▶
Beim Platzieren von Bildern behält InDesign die Proportionen bei.

Der »Intelligente Cursor« ❶ gibt direkt Auskunft über den Skalierungsfaktor, mit dem das ausgewählte Bild importiert wird.

Abbildung 4.12 ▶
Das erste von vier Bildern wurde in einen exakt passenden Rahmen positioniert.

Bilder in Rahmen platzieren

Bei den eben vorgestellten Methoden wurden Bilder ohne vorher erstellte Rahmen auf eine Dokumentseite geladen. Selbstverständlich können Sie aber Bilder auch direkt in vorbereitete Bildrahmen laden. Der Übersichtlichkeit halber sollten Rahmen für Bilder mit einem der Rahmen-Werkzeuge erstellt werden.

Im folgenden Beispiel sind drei Rechteckrahmen – erkennbar durch das X im Rahmen – auf einer Dokumentseite erstellt worden, keiner davon ist markiert.

Abbildung 4.13 ▶
Diese drei Rechteckrahmen sollen Bilder aufnehmen.

Wird nun der Platzieren-Dialog aufgerufen und werden dort die gewünschten Bilder markiert, können mit dem Symbol für geladene Grafiken diese Rahmen einfach angeklickt werden. Das jeweilige Bild wird direkt in den vorbereiteten Rahmen geladen.

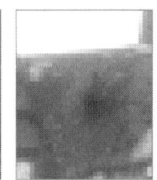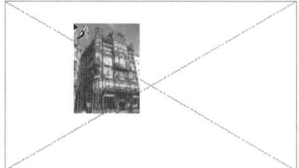

◄ **Abbildung 4.14**
In die ersten beiden Rahmen wurden zwei Bilder geladen. Durch einen Klick in den dritten Rahmen wird das nächste Bild geladen.

Das Ergebnis sieht nach zusätzlicher Arbeit aus: Es sind nämlich nur winzige Ausschnitte der Bilder in den Rahmen dargestellt.

Bevor wir uns um das Einpassen von Bildern in Bildrahmen kümmern, sehen wir uns noch eben die Mini Bridge an.

4.3.2 Mit der Mini Bridge arbeiten

Das neue Bedienfeld Mini Bridge finden Sie direkt im Menü Fenster. Auch dieses Bedienfeld nimmt eine Sonderstellung ein, da es einen enorm funktionstüchtigen Dateibrowser innerhalb von InDesign CS5 darstellt, mit dessen Hilfe nicht nur Bilder in ein InDesign-Dokument platziert werden, sondern auch Bilder und andere Daten auf Ihrer Festplatte nach diversen Vorgaben gefiltert und angezeigt, aber auch umbenannt und gelöscht werden können. Damit dies möglich wird, benötigen Sie auf Ihrem Rechner auch das Programm Bridge CS5, das aber ohnehin bei der Installation von InDesign mit auf Ihren Rechner installiert wird.

▲ **Abbildung 4.15**
Die Bridge können Sie direkt über das Steuerung-Bedienfeld starten.

Das eigenständige Programm Bridge ist schon seit Längerem Bestandteil der diversen Creative Suites, wird aber immer noch von vielen Anwendern in seinen umfangreichen Funktionen unterschätzt. Damit man die Mini Bridge einsetzen kann, muss die »große« Bridge im Hintergrund laufen. Haben Sie die Bridge vorher nicht eigens von Ihrem Betriebssystem aus oder durch Klicken des Buttons im Steuerung-Bedienfeld gestartet, holt InDesign dies nach, sobald das Bedienfeld Mini Bridge eingeblendet wird. Grundsätzlich möchte ich Ihnen ohnehin raten, die Bridge immer gleichzeitig mit InDesign zu starten, um Ihren betriebssystemeigenen Dateibrowser Windows-Explorer/Mac-Finder zumindest für die Datenverwaltung aller zur Arbeit an Ihren Layouts nötigen Daten durch die Bridge zu ersetzen.

Bridge CS5 starten

Die Bridge wird auch über den Befehl Datei • Bridge durchsuchen (oder über ⌜Strg⌝/⌜⌘⌝+⌜Alt⌝+⌜O⌝) gestartet.

Öffnen von Daten

Selbstverständlich können alle in der Mini Bridge gezeigten Daten per Doppelklick in ihrem Ursprungsprogramm geöffnet werden. Außerdem bietet auch die Mini Bridge per Rechtsklick Zugriff auf ein Kontextmenü, in dem u. a. ein ÖFFNEN-Befehl hinterlegt ist.

Ist die Mini Bridge geöffnet, stellt sie die wichtigsten Funktionen der Bridge bereit:

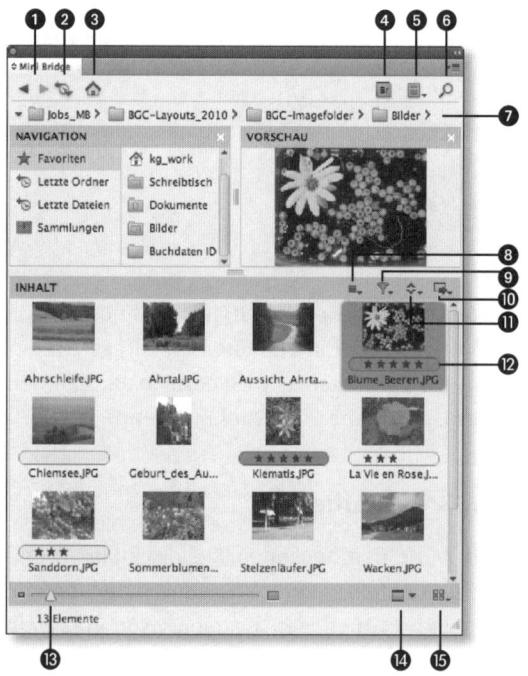

Abbildung 4.16 ▶
Die Mini Bridge ist ein umfangreicher Dateibrowser, mit dem sich der Layouter Daten auf verschiedenste Weise anzeigen lassen kann.

▲ **Abbildung 4.17**
Über verschiedene Möglichkeiten lässt sich in der Mini Bridge navigieren.

Das Programm merkt sich, welche Verzeichnisse in der Bridge in letzter Zeit zur Ansicht angewählt waren – zu diesen kann dann mit dem ZURÜCK- bzw. WEITER-Pfeil ❶ gewechselt werden. Ein ähnliches Prinzip findet sich auch im nächsten Button ❷, wird er betätigt, werden sowohl die zuletzt aufgerufenen Verzeichnisse und Dateien als auch die Favoritenliste in einem Pulldown-Menü angezeigt (siehe Abbildung 4.17). Der Button mit dem Haus ❸ führt den Anwender nicht etwa zu seinem obersten Festplattenverzeichnis, sondern öffnet die Startseite der Mini Bridge. Hier können grundlegende Voreinstellungen für die Mini Bridge vorgenommen werden. Mit einem Klick auf den BRIDGE-Button ❹ wird das aktuell in der Mini Bridge angezeigte Verzeichnis in der großen Bridge angezeigt – die Bridge wird dann statt InDesign zum aktiven Programm. Mit Hilfe des Pulldown-Menüs BEDIENFELDANSICHT ❺ können verschiedene Optionen gewählt werden (siehe Abbildung 4.18). Unter der Lupe ❻ steht dem User eine Suchfunktion zur Verfügung, mit der Daten gezielt nach ihrem Namen gesucht werden können. Wie von Betriebssystemen und manchen Webseiten bekannt, sorgt auch in der Mini Bridge eine Pfadleiste ❼ für Übersicht. Diese lässt sich wie die beiden Bereiche Navigation und Vorschau nach Bedarf ausblenden und mittels des Bedienfeldansicht-Buttons ❺ wieder einblenden. Das Auswählen-Menü ❽ bietet verschiedene Optionen an, welche Daten innerhalb des Mini Bridge-Fensters gezeigt und gegebenenfalls markiert werden sollen. Hier lassen sich z. B. Unterverzeichnisse ausblenden. Eine äußerst hilfreiche Funktion verbirgt sich im Filter-Menü ❾. Vor allem bei Verzeichnissen mit vielen Dateien ist es sehr hilfreich, diese zunächst zu sortieren, in dem z. B. Bilder zunächst nach Relevanz mit farbigen Labeln und/oder mit bis zu fünf Sternen bewertet werden ❿. Anschließend kann im Filter-Menü gewählt werden, dass nur Bilder, die mindestens mit drei Sternen gekennzeichnet wurden, angezeigt werden. Wie diese Kennzeichnungen vorgenommen werden können, erläutere ich im weiteren Verlauf dieses Abschnittes. Mit dem Menü des Sortieren-Buttons ⓫ kann definiert werden, nach welchen Kriterien die Mini Bridge die Daten ordnen und darstellen soll. Hier stehen Optionen wie Nach Dateiname und Nach Erstellungsdatum zur Auswahl. Ebenso kann hier festgelegt werden, ob die Daten auf- oder absteigend gezeigt werden sollen: Diese Alternative entscheidet darüber, ob die neueste oder älteste Datei oben steht, wenn als Sortierkriterium Nach Erstellungsdatum gewählt wurde. Unter dem Button Extras ❿ befinden sich Funktionen, die sich nicht nur auf InDesign, sondern auch auf Photoshop beziehen. Hierüber können z. B. markierte Bilder als sogenannte Smart-Objekte in Photoshop platziert werden, es können aber auch Photoshop-Befehle angewählt werden, um beispielsweise mehrere Bilder mit denselben Einstellungen zu bearbeiten. Mit dem Schieberegler ⓭ kann die Darstellungsgröße der Daten stufenlos geändert werden. Besondere Beachtung sollten Sie den verschiedenen Ansichtsmodi ⓮ schenken. Wird hier z. B. Betrachtungsmodus angewählt, werden die Bilddaten in einer Karusselldarstellung gezeigt, durch die sich der Betrachter mit der Links- und Rechts-Pfeiltaste klicken kann. Mit verschiedenen Zusatztasten können Bilder in diesem Modus aber auch mit den oben erwähnten farbigen Etiketten und mit bis zu fünf Sternen markiert werden. Eine Übersicht über die Zusatztasten erhalten Sie durch Drücken der ⬚H⬚-Taste. Weitere Darstellungsoptionen wie die Listenansicht sind unter dem Button Ansicht ⓯ anwählbar.

Photoshop CS5

In der Mini Bridge von Photoshop CS5 steht bei markierten Bildern der praktische Befehl In InDesign platzieren zur Verfügung.

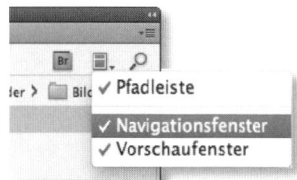

▲ **Abbildung 4.18**
Mit dem Button Bedienfeldansicht können Sie schnell die gewünschte Darstellung wählen.

▲ **Abbildung 4.19**
Die Pfeile in der Pfadleiste können angeklickt werden und zeigen gegebenenfalls die Unterverzeichnisse, die ihrerseits wieder angewählt werden können.

▲ **Abbildung 4.20**
Im Betrachtungsmodus können Bilder der Reihe nach betrachtet und mit Farbetiketten und Sternen markiert werden.

Direkt in Rahmen laden

Wenn Sie in InDesign einen Grafikrahmen markiert haben und in der Mini Bridge im Menü EXTRAS den Befehl PLATZIEREN • IN INDESIGN wählen, wird das Bild direkt in den markierten Rahmen geladen.

Das Platzieren von Bildern aus der Mini Bridge ist denkbar einfach: Sie können mehrere Dateien markieren, die nicht direkt neben- bzw. untereinanderliegen, indem Sie die ⌈Strg⌉/⌈⌘⌉-Taste gedrückt halten. Anschließend können Sie die markierten Daten einfach auf Ihre Dokumentseite ziehen. Wie bereits zuvor beschrieben, werden die Bilder als Miniaturen neben dem Bildcursor gezeigt, und die Daten können wie gewohnt im Layout in neue oder bestehende Rahmen eingefügt werden.

Für das Handling von Bilddaten ist die Mini Bridge hervorragend geeignet. Möchten Sie umfangreichere Änderungen an Daten vornehmen, erledigen Sie dies am besten in der Bridge CS.

4.3.3 Mit der Bridge arbeiten

Da Sie wichtige Funktionen der Bridge schon von der Mini Bridge kennen, möchte ich in diesem Abschnitt auf besondere Funktionen der Bridge, die deutlich über die der Mini Bridge hinausgehen vorstellen. Natürlich fällt zunächst das großzügigere Layout des Programmfensters ins Auge:

▼ **Abbildung 4.21**
Die Bridge ist ein mächtiges Programm zur Sichtung und Organisation digitaler Daten.

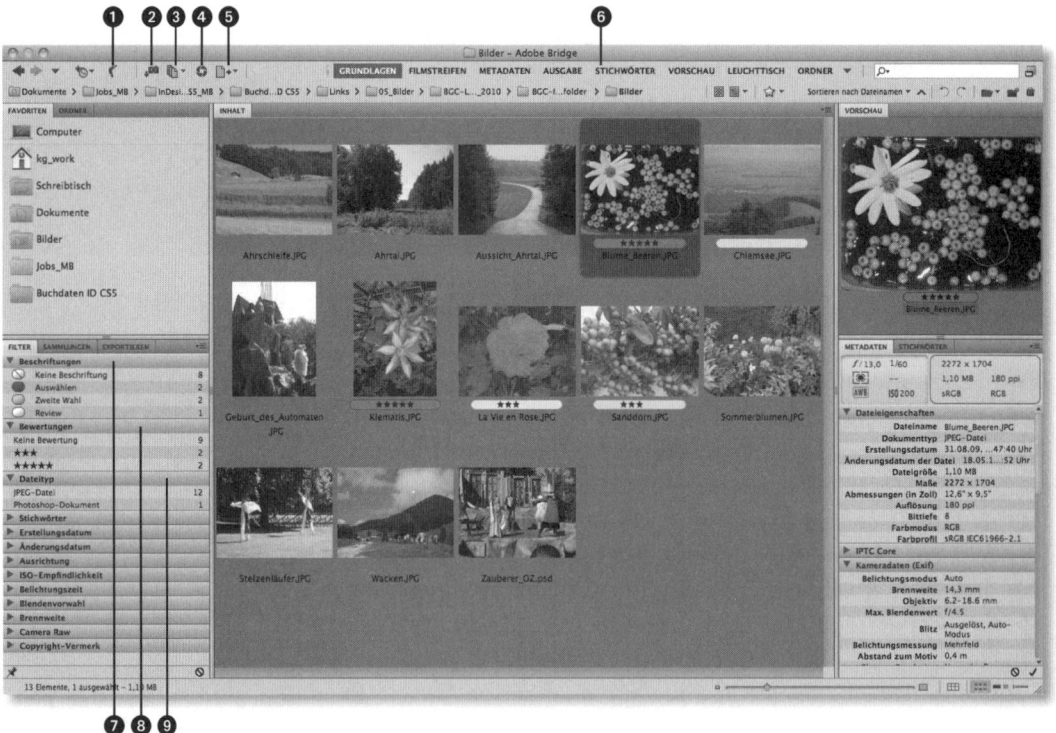

Wie bei der Mini Bridge lassen sich die verschiedenen Bereiche, in die das Bridge-Fenster unterteilt ist – im Screenshot sind dies FAVORITEN, FILTER, INHALT, VORSCHAU und METADATEN –, in ihren Proportionen durch Verschieben der Stege dazwischen beliebig ändern. Haben Sie die Bridge von einem anderen Programm einer Creative Suite aufgerufen, können Sie durch Drücken der Bumerang-Taste ❶ zu dem betreffenden Programm zurückkehren. Alternativ können Sie auch ⌷Strg⌷/⌷⌘⌷+⌷Alt⌷+⌷O⌷ drücken.

Ist eine Digitalkamera an den Rechner angeschlossen, wird durch den KAMERA-Button ❷ ein Importfenster eingeblendet, in dem u. a. die zu importierenden Bilder markiert werden können. Bilder können mit Hilfe dieses Fensters auch direkt beim Import umbenannt und mit Metadaten versehen werden. Der VERFEINERN-Button ❸ öffnet ein Pulldown-Menü, in dem auch der praktische Befehl zur Stapelumbenennung zu finden ist. Die Taste mit der Kamerablende ❹ öffnet das markierte Bild in Camera Raw. Dieser Programmbestandteil ist eine ungemein umfangreiche Bildbearbeitungssoftware, auf die ich aufgrund seiner Praxisrelevanz auf Seite 224 weiter eingehen werde. Aus der Bridge können Bilddaten als eine Art Kontaktabzüge als PDF oder als Webgalerie im SWF-Format ausgegeben werden. Hierfür ist der Button AUSGABE ❺ vorgesehen. Wurde dieser Button betätigt, ändert sich das Aussehen der Bridge, da nun diverse Einstellungen entsprechend der gewünschten Ausgabeform vorgenommen werden können. Im Unterschied zur Mini Bridge können Sie in der Bridge eine ganze Reihe von vorinstallierten Arbeitsbereichen anwählen ❻. Ein Arbeitsbereich kann erwartungsgemäß per Klick auf den entsprechenden Namen aufgerufen werden. Andererseits sind für die ersten fünf Layouts auch Kurzbefehle eingerichtet, die als Tool-Tipp sichtbar werden, wenn Sie die Maus einen Augenblick über einer Bezeichnung eines Arbeitsbereiches ruhen lassen.

Von ganz besonderer Bedeutung ist der Bereich FILTER. Hier sind nicht nur die im Zusammenhang mit der Mini Bridge erwähnten farbigen Etiketten ❼ und Sterne ❽ als Filter einsetzbar, sondern so ziemlich jede Dateieigenschaft, die von Bedeutung sein könnte. Besonders nützlich ist die Möglichkeit, sich Daten nach Dateityp ❾ anzeigen zu lassen. So lassen sich beispielsweise in Verzeichnissen mit großen Dateimengen nur InDesign-Dateien oder Daten mit der Erweiterung .psd anzeigen. Durch Kombination verschiedener Filter kann man so auch in großen Datenbeständen schnell eine Darstellung bestimmter Dateien erreichen.

Ordnerinhalte darstellen

Manchmal möchte man nicht nur den Inhalt eines Ordners, sondern den von mehreren Ordnern sehen. Sie können natürlich mehrere Fenster in Bridge öffnen und sich darin die verschiedenen Ordnerinhalte anzeigen lassen. Wenn Sie jedoch in einem Bridge-Fenster die Inhalte von mehreren Ordnern sehen möchten, genügt ein Klick auf ANSICHT • INHALTE VON UNTERORDNERN ANZEIGEN.

Menüs

Erkunden Sie die Bridge weiter, indem Sie sich die Befehle in der Menüleiste, im Kontextmenü und in den verschiedenen Layoutbereichen ansehen. Im Bereich METADATEN etwa können Sie eigene Metadatenvorlagen erstellen, die Sie anschließend verschiedenen Daten zuweisen können.

4.4 Bildrahmen

Grafik- vs. Bildrahmen

Im InDesign-Jargon ist eigentlich nie von Bildrahmen die Rede. Da sich aber in den allermeisten Fällen Bilder in den Grafikrahmen befinden, benutze ich beide Begriffe.

▲ **Abbildung 4.22**
Das Auswahl-Werkzeug hat nicht durch Zufall diese prominente Stelle in der Toolbox bekommen.

▲ **Abbildung 4.23**
An den Ankerpunkten des Begrenzungsrahmens kann der Bildrahmen in seiner Größe geändert werden – das Bild bleibt davon unberührt.

Wie in Kapitel 1, »Die Benutzeroberfläche«, schon erwähnt, befinden sich Bilder immer in einem Rahmen, dem Bildrahmen oder besser: dem Grafikrahmen. Häufig nimmt man diesen Rahmen nicht als solchen wahr, z. B. wenn Sie Bilder nach der Auswahl im PLATZIEREN-Dialog oder in der Bridge nicht in vorher erstellte Rahmen, sondern durch Klicken und Ziehen auf der Dokumentseite platziert haben. Dadurch wird ja von InDesign ein Bildrahmen erstellt, der exakt der Größe des Bildes entspricht (siehe Seite 174). Bild und Bildrahmen scheinen dasselbe zu sein.

Wenn Sie hingegen eine Bilddatei z. B. in einen Rechteckrahmen laden, werden Sie häufig nur einen Ausschnitt des Bildes sehen. Dabei ist der Bildrahmen dann offensichtlich: Hier fungiert der Bildrahmen sozusagen als Passepartout, durch das Sie auf das Bild sehen. Dieses Passepartout definiert durch seine Größe und Form den Ausschnitt des sichtbaren Bildbereichs.

Für die Bearbeitung von Bildern und ihren Rahmen brauchen Sie eigentlich immer nur ein Werkzeug: das Auswahl-Tool. Damit können Sie sowohl die Position und die Proportionen eines Grafikrahmens als auch die Bildposition innerhalb eines Rahmens ändern. Bevor wir uns mit der Änderung des Bildes innerhalb seines, wie es im Englischen häufig so treffend genannt wird, Containers beschäftigen, geht es zunächst um den Grafikrahmen selbst.

4.4.1 Änderung der Rahmengröße

Sehen wir uns die grundsätzliche Vorgehensweise an einem Beispiel an – dieses haben Sie so ähnlich schon auf Seite 175 gesehen. Neben der Größenänderung durch das Ziehen an einem der acht Anfasser haben Sie natürlich auch die Möglichkeit, die Größe des Grafikrahmens über die Eingabe der entsprechenden Werte z. B. im STEUERUNG-Bedienfeld zu ändern. Zur Größenänderung bietet sich aber auch der Spezialist an: Das Bedienfeld TRANSFORMIEREN, das Sie unter FENSTER • OBJEKT UND LAYOUT • TRANSFORMIEREN finden.

Lassen Sie uns zunächst einmal den entscheidenden Unterschied zwischen einer Größenänderung und einer Skalierung klären. Bei der Änderung der Größe wird nur der Grafikrahmen in seinen Maßen geändert, der Inhalt bleibt dabei unverändert. Bei einer Skalierung hingegen wird der Inhalt mit verändert.

Hier sehen Sie das Bild in einem Grafikrahmen, der das Bild an keiner Stelle beschneidet. Die Breite des Rahmens ist im Bedienfeld Transformieren ablesbar und beträgt 50 mm.

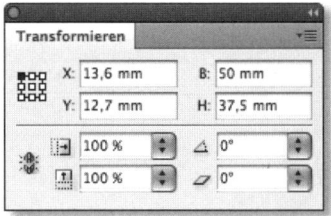

◄ **Abbildung 4.24**
Der Ausgangs-Grafikrahmen hat eine Breite von 50 mm.

Unabhängig von der Methode – also davon, ob der Rahmen mit dem Auswahl-Tool oder durch Änderung des Wertes im Bedienfeld Transformieren vorgenommen wurde – ist in der folgenden Abbildung die Breite des Grafikrahmens auf die Hälfte, also auf 25 mm ❶, verringert worden. Davon bleibt das Bild selbst unberührt: Es hat sich nur der sichtbare Ausschnitt geändert.

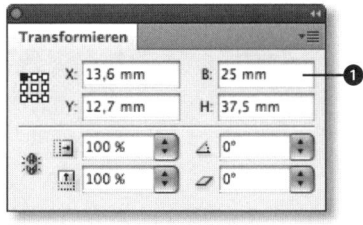

◄ **Abbildung 4.25**
Die Breite des Grafikrahmens wurde halbiert.

Wenn hingegen im unteren Bereich des Bedienfeldes bei X-Skalierung ❷ »50 %« eingetragen wird, wird der Rahmen samt Inhalt skaliert. Lag das Bild vorher in seinen korrekten Proportionen vor, wird es durch die Skalierung verzerrt, was in den allermeisten Fällen unerwünscht sein dürfte.

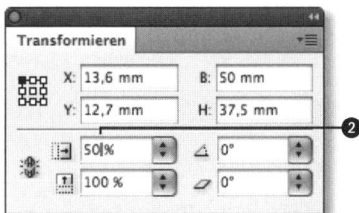

◄ **Abbildung 4.26**
Bestätigen Sie die Eingabe bei ❷, wird die Breite auch auf 25 mm halbiert, der Inhalt wird dabei aber ebenfalls skaliert.

Achten Sie bei der Abbildung 4.27 auf den Wert bei X-Skalierung: Er wird wieder als 100 % angegeben. InDesign nimmt also immer die derzeitige Größe als 100 % an, die Änderung durch eine Skalierung des Rahmens wird folglich im Bedienfeld TRANS-FORMIEREN nicht wiedergegeben und kann deshalb auch nicht durch Eingabe von »100%« wieder rückgängig gemacht werden:

Abbildung 4.27 ▶
Das Ergebnis der X-Skalierung:
Das Foto ist mit skaliert und
damit verzerrt worden.

 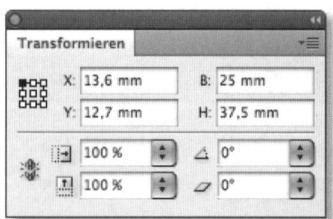

Diese Verzerrung kommt natürlich dadurch zustande, dass die beiden Felder für die X- und die Y-Skalierung nicht verkettet waren. Sind die beiden Werte durch das Ketten-Symbol ❸ miteinander verbunden, werden die Proportionen beibehalten und das Ergebnis der Skalierung sieht so aus:

Abbildung 4.28 ▶
Hier ist die Skalierung sowohl
auf den X- als auch auf den
Y-Wert angewendet worden:
Die Verkleinerung erfolgt dann
proportional.

 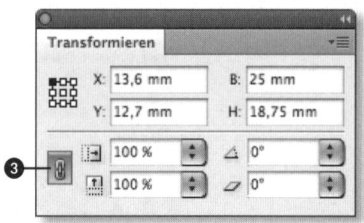

Einfacher lassen sich Grafikrahmen und -inhalt in der Größe anpassen, wenn Sie den Rahmen mit dem Auswahl-Werkzeug bei gedrückten ⌜Strg⌝/⌜⌘⌝+⌜⇧⌝-Tasten anwählen und dann an einem der acht Auswahlgriffe ziehen. Mit dieser Tastenkombination und dem Auswahl-Tool vergrößern oder verkleinern Sie Rahmen samt Inhalt proportional. Im folgenden Beispiel sehen Sie Hilfslinien, an denen das Bild ausgerichtet wird. Damit sind Bilder im Nu auf die richtige Größe gebracht.

Abbildung 4.29 ▶
Mit dem richtigen Tastatur-
befehl werden Rahmen und
Inhalt proportional skaliert.

4.4.2 Änderung des Bildausschnitts

Natürlich ändert sich auch der sichtbare Bildausschnitt mit der Änderung des Grafikrahmens (zumindest immer dann, wenn der Grafikrahmen kleiner als das Bild ist). Die Vorgehensweise ist aber eine andere, wenn man einen gänzlich anderen Ausschnitt des Bildes sehen möchte und hierfür gibt es ein Feature in InDesign, das zwar Werkzeug heißt, als einziges Tool jedoch nicht in der Werkzeugbox zu finden ist: das Inhaltsauswahlwerkzeug.

Inhaltsauswahlwerkzeug

Wenn Sie das Auswahl-Werkzeug ❶ über einem Bild positionieren, ändert der Cursor sein Aussehen minimal – ein kleines ausgefülltes Quadrat wird neben dem gewohnten schwarzen Pfeil sichtbar ❸ – und in der Bildmitte blenden sich zwei aufgehellte bzw. abgedunkelte Kreise ein ❷. Diese beiden Kreise werden von Adobe **Inhaltsauswahlwerkzeug** genannt. Wird mit dem schwarzen Pfeil auf einen freien Bereich des Bildes geklickt, wird der Rahmen und nicht der Rahmeninhalt markiert ❹. Der markierte Rahmen kann nun wie zuvor erwähnt an einem der acht Griffpunkte in seiner Größe und in seinen Proportionen geändert werden. Wird das Bild nicht an einer freien Stelle, sondern auf den eingeblendeten mittigen Kreisen markiert ❻, wird die eigentliche Grafik markiert ❼. Und auch die Grafik selbst kann an ihren Griffpunkten in Größe und Proportionen geändert werden.

▼ **Abbildung 4.30**
Das Inhaltsauswahlwerkzeug, hier bei ❻ zu sehen, erleichtert das Auswählen und die weitere Bearbeitung von Grafiken.

Das Konzept, nach dem sich eine Grafik praktisch immer in einem Rahmen befindet, stiftet anfangs Verwirrung. Achten Sie aber auf die kleinen Unterschiede der Kennzeichnung von Rahmen und Inhalt: Der Rahmen verfügt über ein weiteres Quadrat ❺, mit dem die Art der Ecken gesteuert werden kann, und der Grafikrahmen entspricht in seiner Farbe immer der Ebene, auf der er sich befindet. Der Begrenzungsrahmen der eingefügten Grafik hat immer eine deutlich von der Ebenenfarbe abweichende Farbe.

Ebenen

Ebenen werden dazu eingesetzt, um Objekte zu organisieren und gegebenenfalls Effekte darauf anzuwenden.

Auf Ebenen komme ich in Kapitel 8 – »Praktische Hilfsmittel«, zurück. Die Änderung der Eckenformen wird in Kapitel 6, »Pfade und Objekte«, im Detail besprochen.

Wird der Inhalt eines Grafikrahmens mit dem Inhaltsauswahlwerkzeug aktiviert ❶ und für einen Moment an der Stelle gehalten, werden die bisher vom Grafikrahmen beschnittenen Bildteile abgesoftet eingeblendet ❷. Der gewünschte Bildausschnitt kann nun bei visueller Kontrolle festgelegt werden ❸.

▼ **Abbildung 4.31**
Das gesamte Bild wird von InDesign dargestellt, wenn Sie das Inhaltsauswahl-Tool einen Moment auf dem Bild gedrückt halten (rechts).

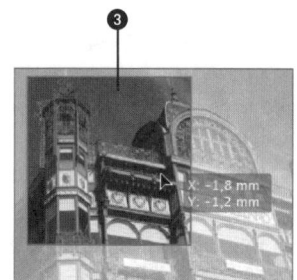

Wenn Sie nun aber möglichst viel von einer solchen Aufnahme im Layout sehen und den Grafikrahmen nicht vergrößern möchten, müssen Sie das Bild an den Grafikrahmen anpassen. Markieren Sie nach dem Platzieren der Datei das Bild innerhalb des Grafikrahmens mit dem Auswahl-Werkzeug, halten die ⟨⇧⟩-Taste gedrückt – damit stellen Sie sicher, dass die Skalierung proportional erfolgt – und ziehen z. B. von der unteren rechten Ecke ❹, bis das Bild möglichst vollständig im Grafikrahmen sichtbar ist ❺. Die Position des Bildes innerhalb des Rahmens können Sie anschließend natürlich wie bereits beschrieben ändern.

Abbildung 4.32 ▶
Nachdem das Bild in seinem Rahmen markiert wurde, kann es an einem der Griffpunkte skaliert werde.

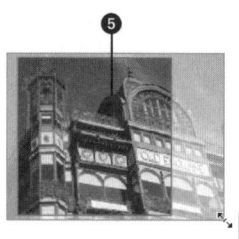

Eine weitere Möglichkeit, den Grafikrahmen an seinen Inhalt anzupassen, besteht darin, auf einen der mittleren Griffpunkte doppelzuklicken. Die jeweils gegenüberliegenden Seiten werden hierdurch der Höhe bzw. Breite der Grafik angepasst.

Um noch flüssiger zwischen der Bearbeitung des Rahmens und der Grafik hin- und herschalten zu können, bedarf es lediglich eines Doppelklicks. Des Weiteren wird der Rahmen durch einen Klick auf die ⌜Esc⌟-Taste markiert, wenn vorher der Rahmeninhalt markiert war. Und sollte es Ihnen einmal sinnvoll erscheinen, das Inhaltsauswahlwerkzeug temporär auszuschalten, können Sie dies über den Befehl ANSICHT • EXTRAS • INHALTSAUSWAHLWERK-ZEUG AUSBLENDEN erledigen.

Menübefehle

InDesign wäre nicht InDesign, wenn es für die eben beschriebenen Arbeitsschritte nicht noch eine weitere Vereinfachung in Form von Befehlen gäbe: Sie finden diese unter OBJEKT • ANPASSEN sowie im Kontextmenü, das mit einem Rechtsklick auf eine Grafik aufgerufen werden kann. Es stehen hier fünf Befehle zur Auswahl, mit denen Sie steuern können, wie InDesign mit dem Inhalt bzw. dem Rahmen verfahren soll.

Auch wenn die beiden wohl am häufigsten verwendeten Befehle RAHMEN PROPORTIONAL FÜLLEN ⌜Strg⌟/⌜⌘⌟+⌜⇧⌟+⌜Alt⌟+⌜C⌟ und RAHMEN AN INHALT ANPASSEN ⌜Strg⌟/⌜⌘⌟+⌜Alt⌟+⌜E⌟ nur über diese langen Tastenkombinationen aufzurufen sind, sollten Sie diese bald verinnerlichen. Vor allem dann, wenn Sie viel mit Bildern arbeiten – und das wird wahrscheinlich bei der überwiegenden Zahl der InDesign-User der Fall sein.

▶ RAHMEN PROPORTIONAL FÜLLEN
Durch diesen Befehl wird die gesamte Rahmenfläche für die Darstellung der Grafik ausgenutzt. Haben das Bild und der Grafikrahmen nicht dieselben Proportionen, werden Teile des Bildes beschnitten und sind somit nicht mehr sichtbar.

▶ INHALT PROPORTIONAL ANPASSEN
Das Bild wird mit Rücksicht auf seine Proportionen so in den Rahmen eingepasst, dass es vollständig zu sehen ist. Dabei bleiben, sofern Bild und Grafikrahmen nicht dieselben Proportionen aufweisen, rechts/links oder oben/unten Teile des Grafikrahmens ungenutzt – der Rahmen ist somit größer als sein Inhalt.

▶ RAHMEN AN INHALT ANPASSEN
InDesign vergrößert den Rahmen auf die dem Bild entsprechende Größe, so dass Bild und Grafikrahmen dieselbe Größe haben. Dieser Befehl kommt beispielsweise dann zum Einsatz, wenn ein Bild zunächst in einen Platzhalterrahmen geladen

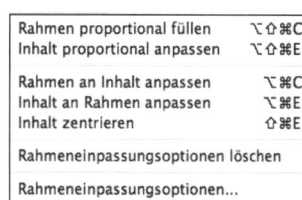

▲ **Abbildung 4.33**
Wenn Sie viel mit Bildern arbeiten, sind dies ein paar der wichtigsten InDesign-Befehle überhaupt.

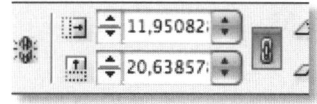

▲ **Abbildung 4.34**
Wenn bei aktiviertem Bild diese Werte im STEUERUNG- oder TRANSFORMIEREN-Bedienfeld nicht dieselben sind, wurde das Bild verzerrt.

wurde und der Layouter zu einem späteren Zeitpunkt die Grafik vollständig platzieren möchte.

▶ INHALT AN RAHMEN ANPASSEN
Hierbei wird das Bild auf die Größe und die Proportionen des Rahmens gebracht, was fast ausnahmslos zu Verzerrungen führt.

▶ INHALT ZENTRIEREN
Die Größe von Rahmen und Inhalt bleibt hierbei unverändert, der Inhalt wird im Grafikrahmen vertikal und horizontal mittig ausgerichtet.

4.4.3 Rahmen transformieren

Möchten Sie ein Bild drehen, so haben Sie hierfür verschiedene Möglichkeiten. Sie können ein Objekt mit dem Allround-Tool AUSWAHL drehen (siehe Seite 30) oder, wenn Sie die Drehung numerisch eingeben möchten, das Bedienfeld TRANSFORMIEREN einsetzen.

Drehen
Zunächst müssen Sie sich entscheiden, was gedreht werden soll: der Rahmen oder das Bild – denn hiervon hängt die Wahl des Werkzeuges, mit dem Sie das Objekt markieren, ab.

Der jeweilige Bezugspunkt ❶ kann frei definiert werden: Mit einem Klick auf einen der anderen acht Punkte können Sie hier den Drehpunkt ❷ neu festlegen. Das Bild – genauer gesagt der Grafikrahmen – wurde im folgenden Beispiel mit dem Auswahl-Werkzeug markiert und mit Hilfe des TRANSFORMIEREN-Bedienfeldes um 5° gegen den Uhrzeigersinn gedreht ❸.

Werte eingeben

Statt des Bedienfeldes TRANSFORMIEREN kann selbstverständlich auch das STEUERUNG-Bedienfeld für die Eingabe konkreter Werte verwendet werden.

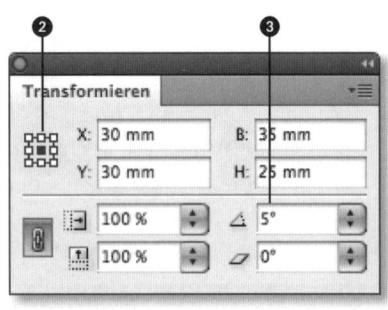

Abbildung 4.35 ▶
Der Rahmen mit Inhalt wurde um 5° um den Rahmenmittelpunkt gedreht.

Natürlich kann auch das Bild unabhängig von seinem Rahmen gedreht werden. Dafür wird das Bild wie zuvor beschrieben mit dem Inhaltsauswahlwerkzeug markiert ❹. Im folgenden Beispiel wurde das Bild um 5° im Uhrzeigersinn gedreht ❺.

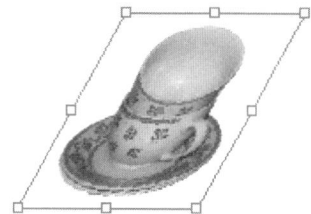

◀ **Abbildung 4.36**
Das Bild kann auch innerhalb des Rahmens gedreht werden.

Eine Drehung des Bildes ohne Rahmen ist beispielsweise erwünscht, wenn das Foto nicht genau lotrecht aufgenommen wurde: Die Vertikalen und Horizontalen sind dann etwas geneigt. Im Layout werden solche kleineren Bildkorrekturen nach Möglichkeit in InDesign vorgenommen. Das Bild wird erst später bei der Reinzeichnung in Photoshop korrigiert.

Im Transformieren-Bedienfeld finden Sie unter dem Drehwinkel-Eingabefeld noch das Eingabefeld für Verbiegung. Hier können Sie wiederum Winkel für die Verzerrung eingeben. Ob Rahmen oder Bild markiert sind, hat hier genau dieselbe Bedeutung wie bei der Änderung des Drehwinkels. Da diese Art der Rahmenänderung nur in Ausnahmefällen erwünscht sein dürfte, werde ich hier nicht weiter darauf eingehen.

Ein anderer Sonderfall kann schon eher einmal von Interesse sein: das Drehen des Rahmens ohne Inhalt. Dafür markieren Sie mit dem Direktauswahl-Tool zunächst den Pfad des Bildrahmens ❻. Anschließend können alle vier Eckpunkte des Rahmenpfades mit gedrückter ⟨⇧⟩-Taste markiert werden. Hier ❼ wird gerade der letzte der vier Pfadpunkte markiert. Überlappt das Bild keine anderen Elemente, können die Pfadpunkte auch aktiviert werden, indem mit gedrückter Maus über alle vier Ecken gestrichen wird.

▲ **Abbildung 4.37**
Solche Verzerrungen sind mit InDesign kein Problem, aber wohl nur selten erwünscht.

◀ **Abbildung 4.38**
Mit dem Direktauswahl-Tool können sogar die einzelnen Pfadsegmente und -punkte angewählt werden.

Wenn alle vier Pfadpunkte markiert sind, kann der gewünschte Wert für die Drehung im Bedienfeld TRANSFORMIEREN eingegeben werden ❶. Mit Bestätigung des eingegebenen Wertes wird der Drehwinkel, wie in der unteren rechten Abbildung zu sehen, wieder auf 0° zurückgesetzt und lässt sich deshalb später nicht mehr entsprechend seines eigentlichen Ursprungswertes korrigieren.

Abbildung 4.39 ▶
Sie können auch den Pfad des Bildrahmens drehen, dabei wird das Bild selbst nicht mit gedreht.

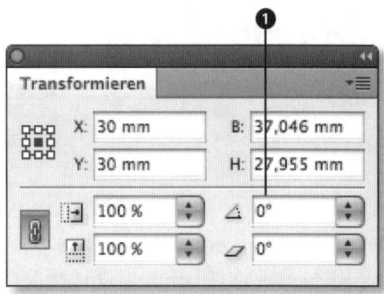

Form ändern

Wie Sie eben gesehen haben, ist für InDesign ein Bildrahmen auch ein Pfad, der unabhängig von seinem Inhalt geändert werden kann. Der Pfad des Bildrahmens kann z. B. mit dem Zeichenstift-Werkzeug bearbeitet werden.

Damit ein Pfad mit Pfadwerkzeugen bearbeitet werden kann, muss der Pfad wie eben gezeigt mit dem Direktauswahl-Werkzeug markiert sein. Im nächsten Beispiel wurde dem Pfad des Bildrahmens nach der Markierung erst ein weiterer Pfadpunkt hinzugefügt ❷, aus dem direkt die Grifflinien ❸ herausgezogen und in der Neigung geändert wurden. Die neu hinzugefügte Kurve definiert nun den sichtbaren Teil des Bildes ❹.

Abbildung 4.40 ▶
Das Zeichenstift-Werkzeug ändert den Verlauf des Bildrahmenpfades.

Bild in Zeichnung

Aus der gerade erläuterten Methode folgt dann auch folgende Vorgehensweise: Sie können zuerst eine beliebige Form mit einem der Zeichenwerkzeuge erstellen ❺, um dann ein Bild mit einer der weiter vorn beschriebenen Techniken hineinzuladen ❻.

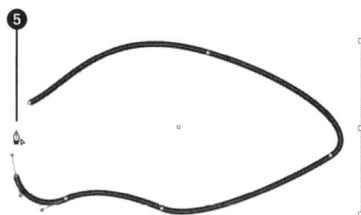 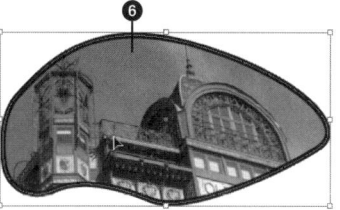

◄ **Abbildung 4.41**
Bilder können auch in beliebige gezeichnete Objekte platziert werden.

Mit dem Zeichenstift-Werkzeug lässt sich der Ausschnitt von Bildern durch die Manipulation des Bildrahmenpfades also präzise steuern.

Bild in Text

Um ein Bild als Füllung für einen Text anzuwenden, brauchen Sie nur zwei Schritte, nachdem Sie den entsprechenden Text eingegeben haben. Zunächst muss der Text in Pfade umgewandelt werden. Den dafür notwendigen Befehl finden Sie unter SCHRIFT • IN PFADE UMWANDELN. Durch die Umwandlung in Pfade liegt für InDesign danach keine Schrift mehr vor: Der Text ist dann nicht mehr korrigierbar. Anschließend brauchen Sie nur noch das gewünschte Bild zu laden:

◄ **Abbildung 4.42**
Text liegt nach der Umwandlung in Pfade nicht mehr vor.

4.5 Importoptionen

Da die Importoptionen je nach Bildformat variieren, möchte ich gesondert auf die drei wichtigsten Bildformate PSD (Photoshop-Document), AI (Adobe Illustrator) und PDF (Portable Document Format) eingehen.

Andere Bitmap-Datenformate wie .tif, .png., .jpg und .gif können von InDesign problemlos dargestellt und ausgegeben werden. Für hochwertige Drucksachen werden aber aufgrund ihres geringen Farbumfanges nur ausnahmsweise GIFs eingesetzt. JPEGs neigen durch die Kompression zu Artefakten, die in der Darstellung in Browsern akzeptabel, im Druck aber unsauber und grob wirken. TIFFs sind sicher eine Alternative zu PSD-Daten – da PSD-Daten aber über weiter reichende Optionen beim Import verfügen, gehe ich im Folgenden genauer auf PSD-Bilddaten ein.

4.5.1   Importoptionen für PSD-Dateien

Pfade, die in den Ursprungsprogrammen wie Photoshop und Illustrator erstellt werden, um schon dort die Sichtbarkeit von Bildbereichen zu regeln, werden Beschneidungspfade genannt und spielen in Layouts eine große Rolle. Mit Hilfe von Beschneidungspfaden ist es beispielsweise möglich, Bildausschnitte über andere Objekte wie farbige Flächen oder auch andere Bilder zu legen, so dass diese durchscheinen.

Interessant ist in diesem Zusammenhang, dass Sie z.B. Beschneidungspfade, die in Photoshop erstellt und mit der Datei gespeichert wurden, in InDesign weiterbearbeiten können! Hier spielen sich Bildbearbeitungs- und Layoutprogramm nahtlos die Bälle zu.

Um bei der Platzierung von Bilddaten überhaupt Zugriff auf die verschiedenen Features von Bilddaten zu haben, müssen Sie wie beim Textimport im PLATZIEREN-Dialog nur wieder die Checkbox IMPORTOPTIONEN ANZEIGEN ❶ anklicken.

Abbildung 4.43 ▶
Analog zum Textimport können Sie sich auch bei Bildern Importoptionen anzeigen lassen.

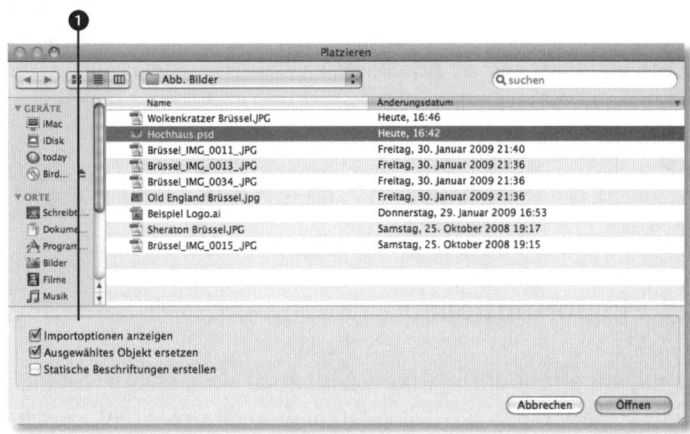

Entsprechend den Funktionen, die im Photoshop-Dokument angewendet werden, sind diese im Import-Dialog anwählbar. Das Bild, an dem ich die verschiedenen Möglichkeiten demonstrieren möchte, beinhaltet zwei Ebenen – die Bildebene »Hochhaus« im Hintergrund und die darüberliegende Textebene »Börse« ❷. Des Weiteren sind ein Alpha-Kanal »Gebäude Wolken« mit einer Auswahl des gesamten Gebäudes ❸ und die drei Pfade »Glasfront«, »Steinfront« und »Gebäudefront komplett« ❹ mit den verschiedenen Teilen des Gebäudes in der Datei angelegt. Sowohl der Alpha-Kanal als auch die verschiedenen Pfade sind dafür vorge-

Importoptionen

Die jeweiligen Importoptionen sind im PLATZIE-REN-Dialog auch temporär durch die ⌂-Taste aktivierbar.

sehen, genau definierte Bereiche des Bildes später im InDesign-Layout ein- bzw. auszublenden.

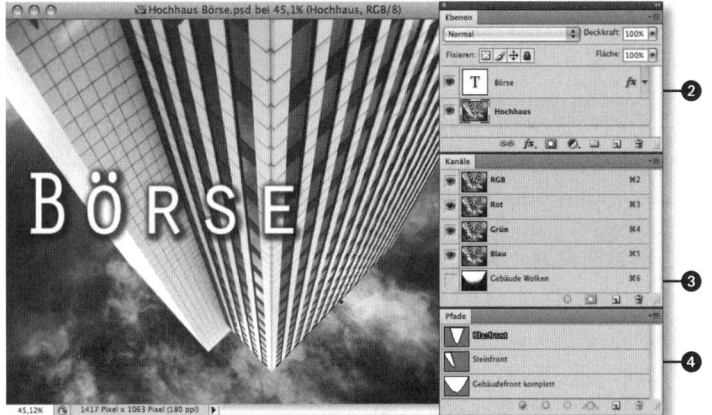

◄ **Abbildung 4.44**
Auf Photoshop-Funktionen wie Ebenen, Alpha-Kanäle und Beschneidungspfade haben Sie von InDesign aus Zugriff.

Bemerkenswert bei den zur Verfügung stehenden Bildoptionen ist, dass diese nicht nur von InDesign übernommen und dort weiterbearbeitet werden können (wie z. B. die Beschneidungspfade), sondern auch, dass die im Dialogfeld BILDIMPORTOPTIONEN getroffenen Entscheidungen, bspw. über die Sichtbarkeit von Ebenen, in InDesign zu jedem späteren Zeitpunkt wieder änderbar sind.

Die BILDIMPORTOPTIONEN zum oben abgebildeten Bild sehen wie folgt aus:

> **Ebenenkompositionen**
>
> In Photoshop lassen sich in sogenannten Ebenenkompositionen verschiedene Bearbeitungsstadien in ein und dieselbe Datei speichern. Diese Ebenenkompositionen können in InDesign ebenfalls individuell ein- und ausgeblendet werden.

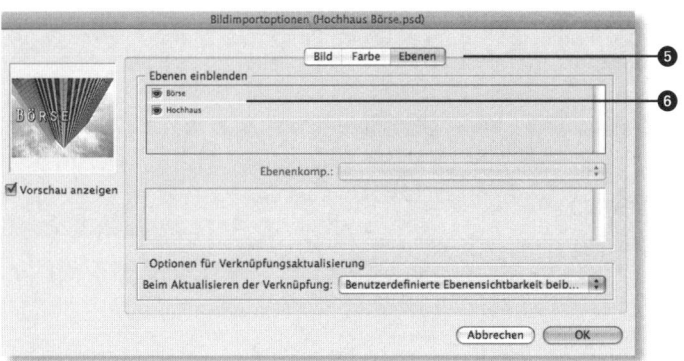

◄ **Abbildung 4.45**
In den BILDIMPORTOPTIONEN können Sie wichtige Photoshop-Features wie Ebenen auswählen.

Ebenen

Es gibt im Dialogfeld drei Bereiche, die Sie über die Buttons BILD, FARBE und EBENEN anwählen können ❺. Im Bereich EBENEN werden Ihnen die Ebenen des markierten Bildes angezeigt ❻. Einzelne Ebenen können Sie ausblenden, indem Sie auf das Auge neben dem betreffenden Ebenennamen klicken. Die Sichtbarkeit von Ebenen können Sie auch später noch am platzierten Bild im InDesign-Dokument modifizieren.

Im Unterbereich OPTIONEN FÜR VERKNÜPFUNGSAKTUALISIERUNG können Sie zwischen den Optionen BENUTZERDEFINIERTE EBENENSICHTBARKEIT BEIBEHALTEN und EBENENSICHTBARKEIT VON PHOTOSHOP VERWENDEN wählen. Diese langen Optionsbezeichnungen bedeuten, dass Sie durch die Anwahl die Priorität festlegen, wie InDesign die Ebenensichtbarkeit handhaben soll, wenn z. B. die Sichtbarkeit einer Ebene nach dem Import in Photoshop geändert wurde.

Farbe

Hier können Sie dem zu importierenden Bild ein Farbprofil zuweisen und Sie können bestimmen, nach welchen Vorgaben InDesign die Datei im Dokument rendern, also darstellen soll. In Kapitel 7, »Farben und Effekte«, kommen wir darauf noch genauer zurück.

Bild

In diesem Bereich legen Sie fest, ob ein Beschneidungspfad, der in Photoshop erstellt wurde, beim Import angewendet werden soll – diese Einstellung können Sie später im InDesign-Dokument wieder ändern. Ob Sie allerdings einen in Photoshop gespeicherten Alpha-Kanal anwenden möchten, sollten Sie hier angeben. Da eine Photoshop-Datei mehrere Alpha-Kanäle aufweisen kann, sind diese gegebenenfalls im Pulldown-Menü ALPHA-KANAL anwählbar.

> **Alpha-Kanäle/Masken**
>
> Im Unterschied zu Beschneidungspfaden, die immer harte Kanten erzeugen, können mit Alpha-Kanälen weiche Übergänge erzielt werden. Alpha- oder synonym Maskenkanäle werden nämlich immer als Graustufenkanäle gespeichert und können bis zu 256 verschiedene Tonwerte beinhalten.

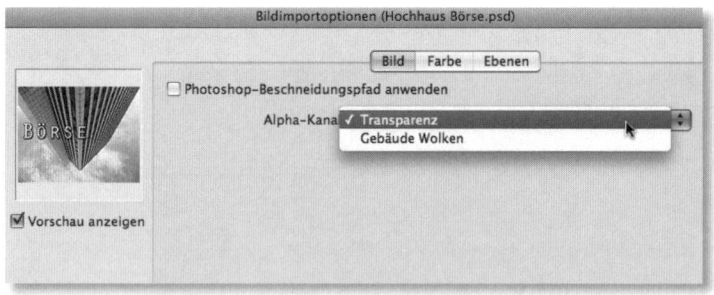

Abbildung 4.46 ▶
Im Import-Dialog kann der gewünschte Alpha-Kanal ausgewählt werden.

Sehen wir uns die verschiedenen Möglichkeiten einmal am Beispiel an. Das Bild ganz links ist die Version ohne angewendeten Alpha-Kanal oder Beschneidungspfad: Es sind die beiden Ebenen »Hochhaus« und »Börse« zu sehen ❶. Im mittleren Bild ❷ ist die

Ebene »Hochhaus«, im rechten Bild ❸ ist die Ebene »Börse« ausgeblendet.

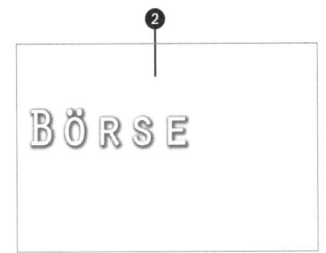

Nachdem ein Bild in ein InDesign-Dokument platziert wurde,
kann über OBJEKT • OBJEKTEBENENOPTIONEN… das entsprechende
Dialogfenster angewählt werden – selbstverständlich können
Sie auch das Kontextmenü dafür aufrufen. Das Dialogfenster
OBJEKTEBENENOPTIONEN entspricht in seiner Funktion genau dem
Bereich EBENE im IMPORT-Dialog: Hier können die einzelnen Ebe-
nen ein- bzw. ausgeblendet werden.

In Abbildung 4.48 wurde im linken Bild der Alpha-Kanal
»Gebäude Wolken« angewendet ❹, im mittleren Bild der
Beschneidungspfad »Glasfront« ❺ und im rechten Bild sowohl
Alpha-Kanal als auch Beschneidungspfad ❻. Beachten Sie, dass
Alpha-Kanal wie auch Beschneidungspfad das gesamte Bild mas-
kieren, weshalb das Wort »Börse« mit beschnitten wird. Beide
Ebenen »Börse« und »Hochhaus« sind sichtbar.

▲ **Abbildung 4.47**
Dasselbe Bild kann in InDesign
verschieden angezeigt werden.

▼ **Abbildung 4.48**
Hier sind drei weitere Varianten
derselben Bilddatei zu sehen.

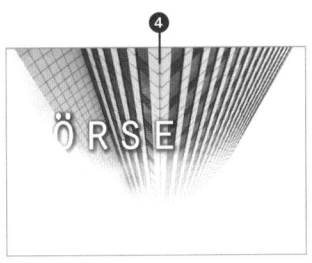
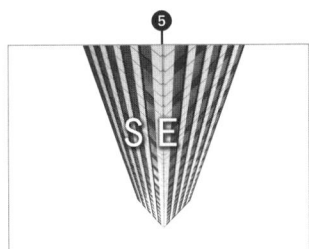

Alpha-Kanäle

Alpha-Kanäle und Beschneidungspfade spielen ihre eigentlichen
Stärken aber erst in Kombination mit anderen Gestaltungselementen wie zusätzlichen Abbildungen oder farbigen Flächen aus.

Sehen wir uns erst einmal die Besonderheiten von Alpha-
Kanälen an. Ein Alpha-Kanal wird – unabhängig vom Farbraum
des jeweiligen Bildes – als zusätzlicher Graustufenkanal z. B. in

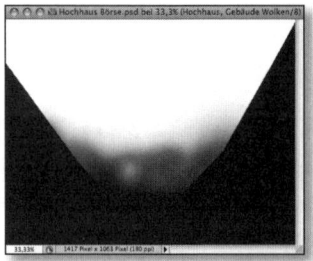

▲ Abbildung 4.49
So sieht der Alpha-Kanal, mit
dem das Hochhaus maskiert
wird, in Photoshop aus. Alpha-
Kanäle sind immer Graustufen-
kanäle.

Photoshop erstellt. Hierbei fungiert dieser Graustufenkanal als Maske: Schwarz steht für voll abdeckend, Weiß hingegen für völlig durchlässig. Die Graustufen sind gemäß ihrem individuellen Farbton mehr oder weniger deckend. Eine solche Maske kann in Photoshop mit Mal- und Zeichenwerkzeugen geändert werden. Genauso können auf den Alpha-Kanal Filter und diverse Korrekturmaßnahmen wie Gradationskurven angewendet werden.

In der nächsten Abbildung sind einfach zwei Bilder von Gebäuden in InDesign übereinandergelegt worden: Das Ergebnis sieht aus wie ein Composing in Photoshop ❶.

Im zweiten Bild wurde die Fläche des Grafikrahmens mit 100% Schwarz gefüllt ❷. Die Füllung wird entsprechend dem Alpha-Kanal auf alle maskierten, nicht sichtbaren Bildbereiche angewendet.

❶
❷

Abbildung 4.50 ▶
Bilder lassen sich durch entsprechende Vorbereitung in
Photoshop auch in InDesign
zusammenmontieren.

Beschneidungspfade

Pfade können in Photoshop zwar mehrere angelegt werden, es kann aber immer nur einem der Sonderstatus des Beschneidungspfades zugewiesen werden. In den BILDIMPORTOPTIONEN können Sie zunächst nur entscheiden, ob der in Photoshop erstellte Beschneidungspfad angewendet werden soll. In InDesign können Sie nach dem Import aber dennoch einen anderen Pfad als Beschneidungspfad wählen.

Abbildung 4.51 ▶
Im Dialogfeld BESCHNEIDUNGS-
PFAD lässt sich auch ein anderer
Pfad auswählen.

Dieses Dialogfeld finden Sie unter Objekt • Beschneidungspfad • Optionen. Im Dialogfeld ist unter Pfad der gewünschte Pfad als Beschneidungspfad aktivierbar.

Als Beschneidungspfad wurde hier der Pfad »Steinfront« bzw. »Gebäudefront komplett« gewählt.

 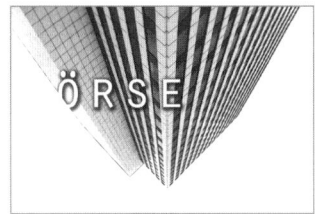

◀ **Abbildung 4.52**
Hier sind weitere drei Varianten derselben Bilddatei zu sehen.

Mit Hilfe der Beschneidungspfade können in InDesign schnell Bildmontagen erstellt werden, ohne dass zu Photoshop gewechselt werden müsste – diese Arbeitsweise bietet sich als digitales Skizzieren für die Entwicklung von Bildideen an. Im folgenden Beispiel sind in InDesign fünf Bilder übereinandergelegt.

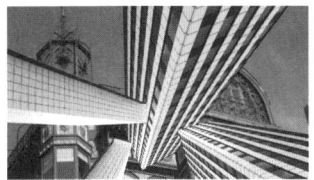

◀ **Abbildung 4.53**
Einfache Bildmontagen sind mit Beschneidungspfaden auch in InDesign realisierbar.

Wenn Sie einen Beschneidungspfad in InDesign nachbearbeiten möchten, brauchen Sie nur mit dem Direktauswahl-Tool auf den sichtbaren Bereich des Bildes zu klicken: Der in Photoshop erstellte Pfad wird dadurch in InDesign aktiviert und kann mit dem Direktauswahl-Werkzeug oder dem Zeichenstift-Werkzeug bearbeitet werden. Durch die Bearbeitung wird dieser Pfad übrigens Teil der InDesign-Datei: Im Dialogfeld Beschneidungs- pfad wird dieser Pfad dann als »vom Benutzer geänderter Pfad« bezeichnet.

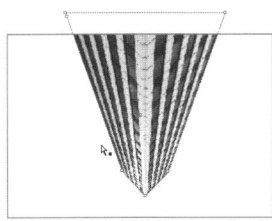 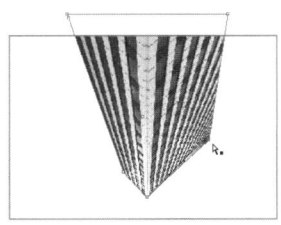

◀ **Abbildung 4.54**
Beschneidungspfade können in InDesign wie jeder andere Pfad bearbeitet werden.

Der BESCHNEIDUNGSPFAD-Dialog hat noch eine weitere Funktion, die abhängig vom verwendeten Bildmaterial schnell zu recht guten Ergebnissen führt: KANTEN SUCHEN. Mit folgenden Einstellungen wurde das Ausgangsbild ❶ in InDesign freigestellt.

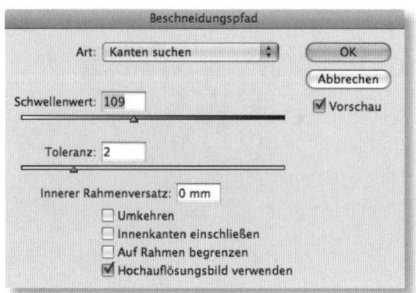

Abbildung 4.55 ▶
Mit KANTEN SUCHEN erstellt InDesign Beschneidungspfade von Bildern.

Mit dem SCHWELLENWERT wird eingestellt, ab welcher Helligkeitsstufe das Bild ausgeblendet werden soll, die TOLERANZ bestimmt die Genauigkeit, mit der der Beschneidungspfad von InDesign erstellt wird. Niedrigere Werte ergeben mehr Ankerpunkte, höhere Werte haben weniger Punkte und einen glatteren Kurvenverlauf zur Folge. Da InDesign die Änderung bei aktiver Vorschau direkt darstellt, kann man hier ausprobieren.

Nach dem Freistellen ❷ wurde das Bild nur noch einige Male kopiert und leicht versetzt übereinandergestapelt ❸.

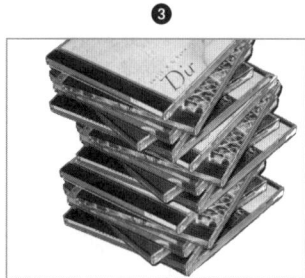

▲ Abbildung 4.56
Mit den Bordmitteln von InDesign wird aus einem kleinen CD-Stapel ein großer.

Sie werden feststellen, dass die InDesign-interne Möglichkeit, Beschneidungspfade zu erstellen, eigentlich nur bei Fotos anzuwenden ist, bei denen sich Motiv und Hintergrund ohnehin schon gut trennen, z. B. wenn das Motiv vor hellem oder weißem Hintergrund fotografiert wurde.

An die Möglichkeiten von Photoshop, Beschneidungspfade anzulegen, reichen die Einstellungsmöglichkeiten in InDesign bei Weitem nicht heran.

4.5.2 Importoptionen für AI und PDF

Wie beim Bildformat PSD empfehle ich Ihnen, für das Einfügen von Illustrator-Zeichnungen und PDFs wieder DATEI • PLATZIEREN zu verwenden. Dabei wird ein Verweis, eine sogenannte Verknüpfung, zu dem Bild auf der Festplatte erstellt. InDesign realisiert dabei beispielsweise, wenn die Datei im Ursprungsprogramm geändert wurde. Dies wird gegebenenfalls im Preflight-Bereich und im Bedienfeld VERKNÜPFUNGEN angezeigt. Dieses Bedienfeld spielt eine zentrale Rolle bei der Verwaltung von Bilddaten, wir kommen im Laufe dieses Kapitels noch darauf zurück.

Es mag aber dennoch Situationen geben, bei denen es Sinn macht, eine Vektordatei aus dem Ursprungsprogramm zu kopieren und diese in InDesign einzusetzen. Ein Beispiel wäre die Farbverwaltung, die vielleicht ausschließlich in InDesign stattfinden soll: Farbige Elemente werden dabei in InDesign an eine definierte Farbpalette angepasst, ohne dass dafür jedes Mal Illustrator geöffnet werden muss. Eine derartige Vorgehensweise macht aber nur Sinn, wenn das kopierte Element nur ein Mal im Layout vorkommt. Sehen wir uns diesen Fall einmal genauer an: Werden Daten aus einem anderen Programm nach InDesign kopiert, werden diese Daten in das InDesign-Dokument eingefügt. Für InDesign ist diese Zeichnung dann auch keine separate Datei mehr, deshalb können z.B. Pfade mit den entsprechenden Tools weiter manipuliert werden.

In Abbildung 4.57 wurde das Gestaltungselement in Illustrator erstellt, wobei drei Ebenen eingesetzt wurden:

> **PDF**
>
> Illustrator kann eine Datei neben dem AI-Format genauso als PDF speichern. Illustrator macht beim erneuten Öffnen und Bearbeiten auch keinen Unterschied zwischen beiden Formaten. InDesign hingegen kann Layouts nicht als PDF speichern – InDesign erstellt PDFs durch Export.

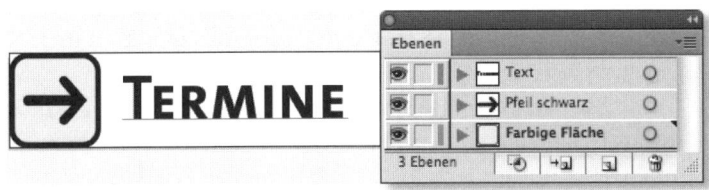

◄ **Abbildung 4.57**
In Illustrator angelegte Ebenen werden ebenfalls nach InDesign importiert.

 »Termine.ai«

Die Datei besteht aus drei Elementen, die jeweils auf einer eigenen Ebene liegen: zuunterst ein Rechteck mit dem Effekt »Ecken abrunden«, gelber Fläche und schwarzer Kontur. Darauf liegt der schwarze Pfeil (ein Vektorobjekt) und ganz oben liegt der Text »Termine«. Werden diese drei Elemente in Illustrator mittels AUSWAHL • ALLES AUSWÄHLEN markiert und kopiert, bleibt zwar in InDesign die Anordnung der einzelnen Elemente erhalten, die Ebenen werden aber nicht mit nach InDesign importiert. Das

Rechteck wird in InDesign in zwei Pfade aufgeteilt: in eine Fläche und in einen zweiten Pfad mit der Kontur. Die Schrift wird beim Import in Pfade umgewandelt und ist deshalb auch nicht mehr als solche zu bearbeiten. Damit die Trennung des Rechtecks in Fläche und Kontur deutlich sichtbar wird, habe ich die helle Fläche verschoben.

Abbildung 4.58 ▶
Durch KOPIEREN/EINFÜGEN aus Illustrator werden die Pfade in Einzelpfade aufgeteilt.

Wird die Datei hingegen über DATEI • PLATZIEREN in das InDesign-Dokument eingefügt, sind die in Illustrator angelegten Ebenen genau wie bei einem PSD separat ein- oder auszublenden.

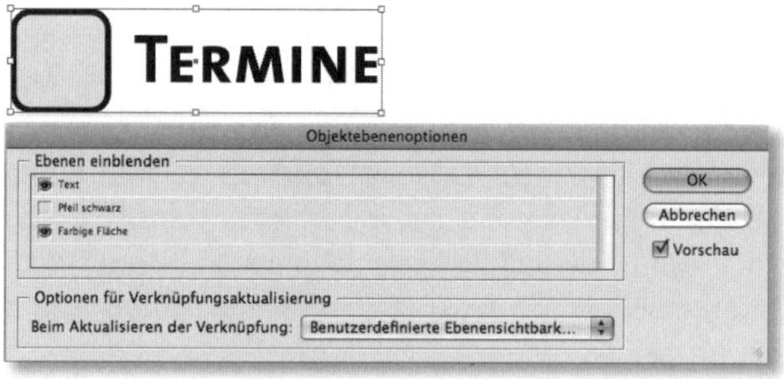

Abbildung 4.59 ▶
Wie bei Photoshop-Dateien können Ebenen von Illustrator-Dokumenten in InDesign separat ein- bzw. ausgeblendet werden.

Mehrseitige Dokumente importieren

Enthält ein PDF oder ein AI-Dokument mehrere Seiten, können im Import-Dialog einzelne oder auch mehrere Seiten zum Import angegeben werden.

Um dieses an einem Beispiel zu demonstrieren, habe ich eine Illustrator-Datei angelegt, in der derselbe Entwurf einer Anzeige in drei Versionen vorliegt: in 4c (also farbig), in Schwarzweiß und in einer Version mit einer sogenannten Sonderfarbe. Mit Sonderfarben können Farben gedruckt werden, die sich durch Mischung von Cyan, Magenta, Gelb und Schwarz nicht erreichen lassen. Das wird vor allem bei leuchtenden Farben wie strahlenden Blautönen sichtbar. Für die Produktion einer solchen Vorlage bedeutet dies, dass statt des gewöhnlichen Vierfarbdrucks mit einer Farbe mehr gedruckt werden muss. Bei Anzeigen ist dies zwar unüblich – Logos auf Briefbögen und Visitenkarten werden hingegen häufig mit Sonderfarben gedruckt.

Damit sich die Anzeigen im Schwarzweißdruck dieses Buches unterscheiden lassen, habe ich sie oben rechts mit dem jeweiligen Farbraum gekennzeichnet. Die ersten beiden sind selbsterklärend, P 72 steht für Pantone 72, ein leuchtendes Blau. Wie in InDesign können Seiten in Illustrator ❶ mit Beschnittzugabe ❷ angelegt werden. Dies ist bei allen Daten wie beispielsweise bei Anzeigen, die in andere Layouts eingefügt werden, besonders empfehlenswert.

Sonderfarben
Es gibt verschiedene Paletten an Sonderfarben, die gebräuchlichsten sind Pantone und HKS. Die genaue Farbangabe würde z. B. »Pantone 72 uncoated« lauten, da es die Farben entsprechend dem zu bedruckenden Papier in coated und uncoated, also für gestrichenes und ungestrichenes Papier gibt.

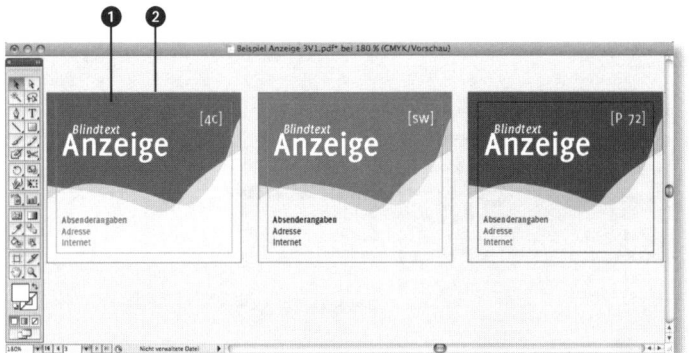

◄ **Abbildung 4.60**
Eine Anzeige wurde in Illustrator in drei Farbräumen erstellt.

Wenn bei einem Illustrator-Dokument beim Speichern als PDF in der Rubrik MARKEN UND ANSCHNITT mindestens eine der möglichen Optionen SCHNITTMARKEN, PASSERMARKEN, FARBKONTROLLSTREIFEN und SEITENINFORMATIONEN markiert ist, wird diese als zusätzliche Ebene sozusagen an das PDF angehängt. In InDesign sind diese Ebenen auch wieder einzeln ein- bzw. ausblendbar, in Illustrator werden die beim PDF-Export erstellten Schnittmarken etc. nicht angezeigt.

▼ **Abbildung 4.61**
Die im Dialog ADOBE PDF SPEICHERN aktivierten Druckermarken werden an das PDF angehängt.

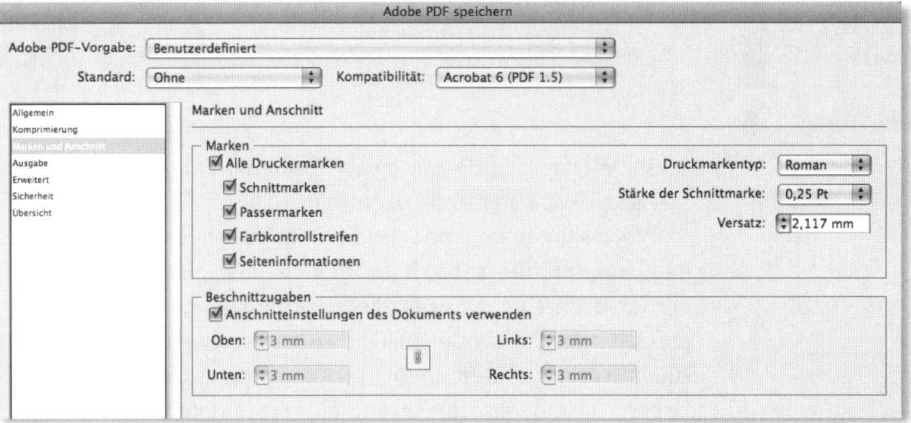

Wird ein solches PDF nach InDesign importiert, kann neben den Ebenen und der Seite auch gewählt werden, welcher Bereich der Seite/n im InDesign-Dokument sichtbar sein soll. Das ist besonders dann interessant, wenn Sie z. B. Anzeigen in vorbereitete Bildrahmen platzieren möchten. Bei den Optionen OBJEKT, ZUSCHNITT und ANSCHNITT werden die Marken nicht mit importiert.

Abbildung 4.62 ▶
Im Platzieren-Dialog können Sie den Bereich wählen, der im InDesign-Dokument sichtbar sein soll.

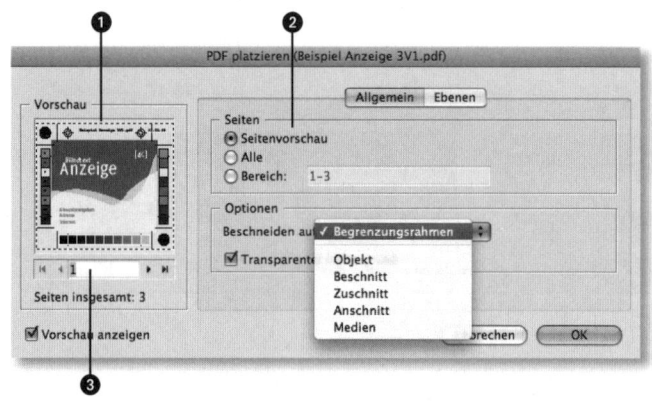

▼ Abbildung 4.63
Je nach Importoption werden unterschiedliche Bereiche einer Datei importiert.

In der Vorschau ❶ ist das PDF samt Marken zu sehen. Die Seite, die Sie hier sehen möchten, können Sie mit den Bedienelementen ❸ festlegen. Im Bereich SEITEN ❷ wird angegeben, welche Seite/n importiert werden.

Dieselbe Datei wurde mit diesen Optionen importiert (v. l. n. r.): MEDIEN, ANSCHNITT und ZUSCHNITT.

Interessant beim Import von Dateien ist, dass die verwendete Sonderfarbe tatsächlich erst in das InDesign-Dokument mit importiert wird, wenn diese Farbe auch auf der importierten Seite des PDFs oder AI-Dokumentes verwendet wurde. Wie zuvor schon erwähnt, bedeutet die Verwendung von Sonderfarben, dass neben den eventuell verwendeten vier Offsetfarben CMYK, für die jeweils eine sogenannte Platte für den Druck belichtet wird, noch eine fünfte Platte erstellt werden muss. Im Offsetdruck werden die Farben nämlich nacheinander in der Druckmaschine auf das Papier gedruckt. Und damit von Druckdaten, die in der Regel als PDF abgeliefert werden, auch alle nötigen Platten belichtet werden können, müssen Sonderfarben in InDesign auch hinterlegt sein. Beim Import der Pantone-Version der Anzeige wird dann auch die Sonderfarbe im Bedienfeld FARB-FELDER angezeigt:

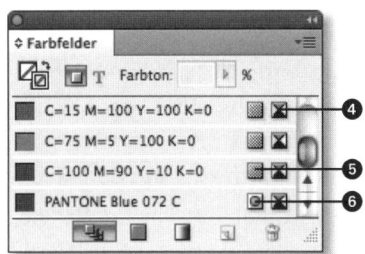

◀ **Abbildung 4.64**
Das Bedienfeld FARBFELDER liefert zu den verschiedenen Farben die entsprechenden Informationen.

In Kapitel 7, »Farben und Effekte«, werden wir uns noch genauer mit diesem Bedienfeld beschäftigen, an dieser Stelle möchte ich aber schon einmal auf einige Details der Farbfelder eingehen. Hinter jedem Eintrag in der Liste mit den Farbfeldern werden zwei Kästchen abgebildet. Das rechte weist auf den Farbmodus des betreffenden Farbfeldes hin: Bei den hier sichtbaren Farbfeldern ist es CMYK ❹. Das linke Symbol gibt den Farbtyp wieder: Bei den oberen Farben ist es PROZESSFARBE ❺, die Pantone-Farbe liegt als VOLLTONFARBE ❻ vor. Das ist natürlich der Regelfall, weil ja gerade dies die Aufgabe von Sonderfarben wie eben Pantone-Farben ist. Dennoch: Volltonfarben lassen sich in InDesign in Prozessfarben umwandeln. Das heißt allerdings nicht, dass das Druckergebnis so aussieht, als sei es mit Sonderfarben gedruckt worden: InDesign rechnet bei der Konvertierung von Volltonfarben in Prozessfarben die Sonderfarbe in CMYK um und versucht dabei, möglichst nah an den eigentlichen Farbton der Sonderfarbe heranzukommen.

Arbeitet man des Öfteren mit Sonderfarben, empfiehlt sich die Anschaffung von Farbmustern, den Pantone- bzw. HKS-Fächern. Das sind zusammengeheftete Karten, auf denen je nach Ausgabe teilweise jeweils nur eine Farbe abgedruckt ist. Ein Fächer kann dabei mehrere Hundert(!) verschiedene Farben beinhalten. Da diese Fächer in der Herstellung sehr aufwendig sind, kosten sie entsprechend viel.

Vollton- und Prozessfarben

Mit Volltonfarben können Farben gedruckt werden, die durch die vier Prozessfarben nicht reproduzierbar sind. Da jede (!) zusätzliche Volltonfarbe zu einer zusätzlichen Farbplatte im Druck führt, muss mit höheren Produktionskosten gerechnet werden. Im Bereich der Geschäftsdrucksachen, bei denen z. B. ein Briefbogen ohnehin nur mit Schwarz und einer Volltonfarbe für ein Logo zum Einsatz kommt, bietet sich der Einsatz von Volltonfarben hingegen an.

Weißes Logo

Manchmal sollen Logos in einer invertierten Version eingesetzt werden. Invertiert heißt hierbei, dass beispielsweise die Wortmarke, die normalerweise in Schwarz verwendet wird, in Weiß verwendet werden soll. Das ist z. B. bei Broschüren der Fall, bei denen Farbflächen oder Fotos als Hintergrund für Logos eingesetzt werden. Für einen solchen Fall bietet sich folgendes Vorgehen an:

Zunächst wird die Wortmarke in Illustrator samt Seite dupliziert und weiß eingefärbt. Im Unterschied zu InDesign können Sie in Illustrator als Farbe auch »Weiß« wählen. Im Beispiel ist die Wortmarke in Pfade umgewandelt worden. Das ist bei Schriftzügen üblich, da dadurch bei der Weitergabe eines Logos sichergestellt wird, dass die verwendete Logo-Schrift auch tatsächlich benutzt wird. Die Logo-Schrift muss nämlich auch auf dem Rechner vorhanden sein, auf dem dieses Logo in ein Layout eingefügt wird – ansonsten greift InDesign bei der Ausgabe der Datei auf eine niedrig aufgelöste Vorschau zurück. Deshalb müssten – wenn die Schrift nicht in Pfade umgewandelt worden wäre – neben der AI-Datei auch die verwendeten Schriften weitergegeben werden, was aufgrund der Lizenzbestimmungen vieler Schriften problematisch wäre.

Wie in InDesign liegt die Schrift nach der Umwandlung in Pfade auch für Illustrator nicht mehr als Schrift oder Text vor. Mit einem Klick auf die Füllfarbe wird der in Pfade umgewandelte Schriftzug mit Weiß ❶ gefüllt.

»Firmenname.ai«

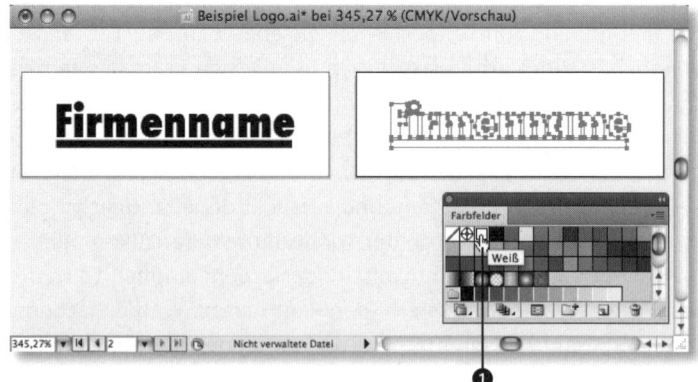

Abbildung 4.65 ▶
In Illustrator kann die Farbe »Weiß« eingesetzt werden.

Nach dem Abspeichern der Datei wird die zweite Seite auf einer farbigen Fläche in einem InDesign-Dokument platziert. Da die

Seite eines Illustrator-Dokumentes von InDesign normalerweise als weiß angenommen wird, ist das Logo somit nicht sichtbar:

◀ **Abbildung 4.66**
Der weiße Schriftzug ist zwar mit platziert worden, ist aber nicht zu sehen.

Damit ein solches Logo sichtbar wird, muss in den Importoptionen TRANSPARENTER HINTERGRUND ❸ markiert sein:

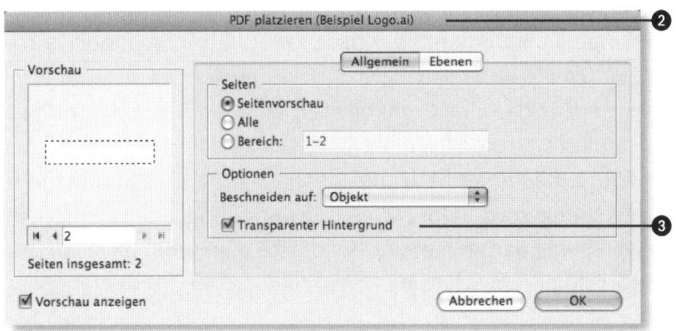

◀ **Abbildung 4.67**
Die richtige Einstellung entfernt den weißen Hintergrund.

Achten Sie bei der Abbildung oben auf die Titelzeile ❷: Obwohl ein AI-Dokument importiert wird, liegt für InDesign ein PDF vor. Das Portable Document Format wird seinem Ruf als »das Austauschformat schlechthin« gerecht.

◀ **Abbildung 4.68**
Die Wortmarke steht wie gewünscht auf dem dunklen Hintergrund.

An dieser Abbildung können Sie gut erkennen, was die Option BESCHNEIDEN AUF • OBJEKT im PLATZIEREN-Dialog bewirkt: InDesign erstellt einen Grafikrahmen, in den nur die Zeichenobjekte aus Illustrator eingepasst werden. Vergleichen Sie hierzu die Abbildung 4.65, dort ist die deutlich größere Fläche der Seite zu erkennen – sie wird durch diese Importoption nicht berücksichtigt.

4.6   Konturenführung

Kurzprofil Wassermarsch

Umweltschonender Umgang mit Energie und die Suche nach neuen Anwendungsfeldern für unser Produkt Wasser, das sind gleich drei gute Gründe, sich für Wasser im Verkehr zu engagieren. Noch den ersten Henne-Ei-Diskussionen, wie man am besten anfängt, hat die Wasser Marsch mit dem eigenen Fuhrpark und einer kleinen Tankstelle auf dem Hof die Entwicklung gemeistert. Spätestens nach dem Bau der ersten öffentlichen Tankstelle und der aktiven Werbung für Wasser als Treibstoff ist der Eingang *Solaranlage auf dem* in unserer Region nicht mehr auf- *Verwaltungsgebäude* zuhalten. Die Überzeugung vom eigenen Produkt und die notwendige Beharrlichkeit sind ausschlaggebend für den Erfolg. Mit der Gemeinschaftsinitiative „Wasserfahrzeuge" werden wir diesen Erfolg entscheidend verstärken und die Entwicklung beschleunigen."

In Jahr 2004 wird die Wasser Marsch auf der mehrjähriges Engagement für Wasserföderung in Ruhrgebiet-Lipper markklickhsn. Wie 1994 vom „Überansgangsalten" in Bochum als „Selbstversuch" begonnen wurde, hat sich 2004 zu einer „strategischen Gesamtplanung Wasserfährzeuge" etnablsient. Kernpunkt ist die „Wasserführung", die „Wasser Marsch und in kater Händler". Gemeinsam wollen es da leisten Autohändler und die Wasser Marsch schaffen, dass 2010 runnd 1.000 Wasserfahrzeuge im Versorgungsgebiet der Aquaplaning unterwegs sind. Die ersten Erfolge wurden mit einem speziell auf den relativ dünn besiedelten, ländlichen Versorgungsraum zugeschnittenen, dreistufigen Marketingkonzept realisiert. Durch die – auch formale – Einbindung der örtlichen Autohändler werden die Chancen für eine breitere Vermarktung von Wasserfahrzeugen erheblich steigen. Und das trotz der relativ kleinen Aquaplaning-Staatenbelegschaft von 77 Personen mit kleinem Budget (75.000 EURO für 2003, 100.000 Euro für 2004 für den Bereich Wasserführung) und kleiner bis mittlerer Größe der kooperierenden Autohändler.

Die Wassermarsch GmbH mit Sitz in Bochum ist eine hundertprozentige Tochtergesellschaft der Versorgtes Kälte- und Wasserversorgung GmbH, Rhein-Wiedenbrück, und somit eingebunden in die Gedenkwasser-Gruppe.

Bochum wird seit 1889 mit Kälte versorgt, Löhne seit 1955, seit 1988 Petershagen. Die Wasser Marsch wird 1978 gegründet und übernahm am 1. Januar 1978 die Kälteversorgung in Bochum, Löhne und Petershagen von der Kältebetriebe GmbH. Die Wasserversorgung im Versorgungsgebiet wird seit 1978 schrittweise ausgebaut. Die Wasser Marsch ist heute Energiepartner für 13 Städte und Gemeinden in Rahlnegebiet und im angrenzenden Süd-Niedersachsen. Die Wasserabgabe über ein Netz einer 1.273 km Länge beträg im Jahr 2000 insgesamt 1.697 Mio. kWh, davon an Hausshalte 959 Mio. kWh (das sind 43.460 Hausshalte), Industrie 504 Mio. kWh, Kunstrichtungen, Kliniken, öffentliche Einrichtungen 255 Mio. kWh, Handel und Gewerbe 179 Mio. kWh.

Zentrale Bestandteile der Unternehmensphilosophie waren von Gründungsbegin an das Themen Umweltschutz und Innovation. Beispiele dafür sind der Abfallpark auf dem Firmengelände, die Solaranlage auf dem Verwaltungsgebäude in Bochum, die Nietzung von Blockheizkraftwerken und -massneen mit dem örtlichen Stromversorgungsunternehmen – das

▲ **Abbildung 4.69**
Auf dieser Seite werden der kleine Textrahmen in der Mitte und das Bild vom Mengentext umflossen.

Abbildung 4.70 ▶
Der Fließtext wird vom markierten Textrahmen zum Umfließen angehalten.

In Layouts möchte man immer wieder, dass Grafikrahmen – aber auch Textrahmen – den sie umgebenden Fließtext verdrängen. In nebenstehendem Beispiel sind gleich zwei dieser Situationen zu sehen: der Textblock auf dem Spaltenzwischenraum und das Bild, das den Fließtext nach oben und unten wegdrückt. Im Fachjargon wird dies »Umfließen« genannt. Beachten Sie dabei, dass dieses Umfließen zwar ein Verhalten des Textes ist (er umfließt den Rahmen), in InDesign steuern Sie dieses Verhalten aber durch Text- oder Grafikrahmen, die auf oder unter dem Text liegen, der diese Rahmen umfließt. Im Beispiel sind beide Situationen, in denen der Fließtext zum Umfließen bewegt wird, durch die entsprechenden Einstellungen im Bedienfeld KONTURENFÜHRUNG realisiert worden.

Damit ein Text- oder Grafikrahmen anderen Text dazu bringt, ihn zu umfließen, rufen Sie über FENSTER • KONTURENFÜHRUNG das dafür nötige Bedienfeld auf und nehmen dort die entsprechenden Einstellungen vor. Der Name ist zwar richtig, aber wenn man nicht weiß, was damit gemeint ist, dürfte man wohl eher zufällig auf dieses doch sehr wichtige Bedienfeld stoßen.

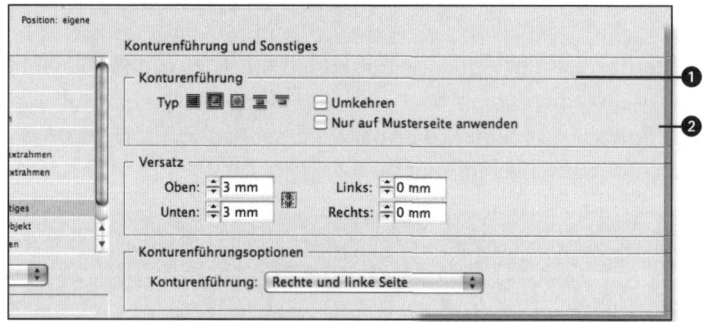

Die wichtigsten Einstellungen werden im oberen Bereich des Bedienfeldes vorgenommen, der untere Teil mit den Optionen spielt vor allem bei der Konturenführung um Bilder ein Rolle. Darauf komme ich später noch zurück.

Oben bestimmen Sie mittels der fünf Buttons ❶, wie das markierte Objekt umflossen werden soll. Die Icons geben gut wieder, was die Buttons bewirken (v. l. n. r):

▶ Der erste Button schaltet die Konturenführung für das markierte Objekt aus, das würde für das Beispiel in Abbildung 4.69

bedeuten, dass sich die beiden Textrahmen nicht gegenseitig beeinflussen. Beide Texte würden übereinanderliegen.

▶ Der zweite Button, der im Screenshot aktiviert wurde, ist auch der am häufigsten angewendete: Er sorgt dafür, dass der Rahmen auf allen Seiten den Text verdrängt.

▶ Button Nummer drei macht erst bei Bildern Sinn: Durch ihn fließt der Text nicht um den Grafikrahmen, sondern um das Bild – das kann je nach Bild einen Unterschied machen.

▶ Der vierte Button verdrängt den Text vollständig zu beiden Seiten, dadurch bleibt der Text nur ober- und unterhalb des markierten Rahmens stehen.

▶ Der letzte Button verdrängt den Text unterhalb des Rahmens bis in die nächste Spalte.

In den vier Eingabefeldern ❷ kann der Offset, also der Abstand zwischen Rahmen und Text, eingegeben werden. Im Beispiel ist hier überall »0 mm« eingetragen, dadurch läuft der Text bis direkt an den Rahmen heran. Der Abstand nach oben und unten wird im Beispiel nicht durch die Angaben im Bedienfeld Konturenführung definiert, sondern durch den Zeilenabstand.

Damit der Fließtext oben und unten jeweils einen Abstand von einer Leerzeile zum Bild hat, ist für das Bild für beide Richtungen im Bedienfeld Konturenführung »5 mm« eingegeben worden. In Abbildung 4.71 ist zu erkennen, dass diese Abstände zu zusätzlichen Pfaden ❸ führen. Diese Pfade können wie andere Pfade mit dem Direktauswahl-Tool und dem Zeichenstift-Werkzeug weiterbearbeitet werden.

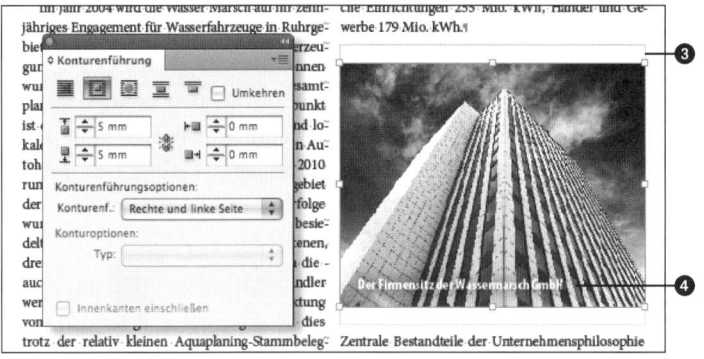

◀ **Abbildung 4.71**
Der Grafikrahmen verdrängt durch die entsprechenden Einstellungen den ihn umgebenden Fließtext.

Damit die Bildlegende ❹, die in einem eigenen Textrahmen auf dem Bild positioniert wurde, nicht auch vom Bild verdrängt wird,

Wie in QuarkXPress

User, die von QuarkXPress kommen, kennen dieses Konzept: Rahmen, die oberhalb »verdrängender« Rahmen liegen, bleiben von deren Konturenführungen unbeeinflusst.

gibt es zwei alternative Techniken. Zum einen können Sie in den TEXTRAHMENOPTIONEN des Textrahmens mit der Bildunterschrift festlegen, dass jedwede Konturenführung nicht angewendet werden soll. Dafür rufen Sie über OBJEKT • TEXTRAHMENOPTIONEN das bekannte Bedienfeld auf. Dort markieren Sie die Checkbox KONTURENFÜHRUNG IGNORIEREN ❶. Damit wird dieser eine Textrahmen von den Konturenführungseinstellungen anderer Rahmen ausgenommen. Wie Sie dem folgenden Screenshot ebenfalls entnehmen können, habe ich dem Textrahmen der Bildlegende für alle Seiten einen ABSTAND ZUM RAHMEN von »5 mm« zugewiesen. Dadurch brauche ich den Textrahmen nicht an einer zusätzlichen Hilfslinie auszurichten oder das TRANSFORMIEREN- oder STEUERUNG-Bedienfeld zu Hilfe zu nehmen, um die Bildlegende in einem Abstand von 5 mm vom Bildrahmen zu positionieren. Des Weiteren habe ich hier bei AUSRICHTEN die Option UNTEN gewählt, dadurch ist gewährleistet, dass sich der Text in diesem Fall am unteren Versatz ausrichtet.

Abbildung 4.72 ▶
Durch das Aktivieren von KONTURENFÜHRUNG IGNORIEREN können Rahmen von der Konturenführung anderer Rahmen ausgenommen werden.

Sie können das Verhalten von Textrahmen auch programmweit bzgl. Konturenführung zu anderen Rahmen festlegen. Dafür brauchen Sie nur BEARBEITEN/INDESIGN • VOREINSTELLUNGEN aufrufen und im Bereich SATZ die Option KONTURENFÜHRUNG WIRKT SICH NUR AUF TEXT UNTERHALB AUS ❷ markieren:

Abbildung 4.73 ▶
In den VOREINSTELLUNGEN kann das Verhalten der Konturenführung programmweit geändert werden.

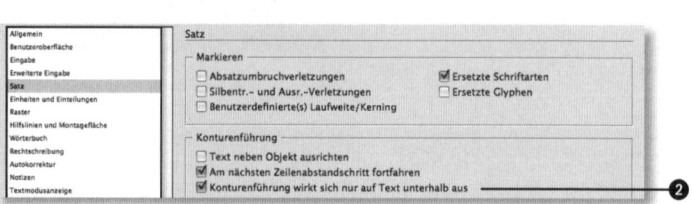

Wenn diese Option aktiviert ist, verdrängen Rahmen ❹ nur dann Text, wenn der Text unterhalb ❺ des Rahmens liegt. Liegt ein Textrahmen wie der Bildlegenden-Textrahmen in Abbildung 4.74 oberhalb ❸ des verdrängenden Rahmens, bleibt dieser Rahmen davon unberührt.

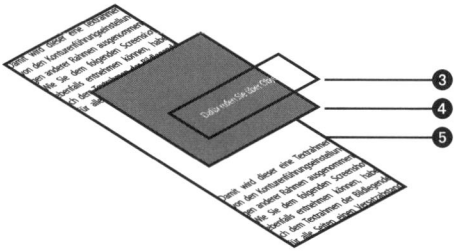

Mit welcher Einstellung Sie besser zurechtkommen, werden Sie mit der Zeit feststellen – eine Empfehlung kann ich in diesem Fall nicht aussprechen, da beide ihre Vor- und Nachteile haben. Mit der zuerst vorgestellten Methode werden wir uns im Verlauf dieses Kapitels noch einmal beschäftigen: im Zusammenhang mit Objektformaten.

Bei Bildern, die schon in Photoshop freigestellt wurden oder die sich ohnehin schon gut von ihrem Hintergrund abheben, können Sie InDesign nach einem Beschneidungspfad suchen lassen. Dafür klicken Sie bei markiertem Grafikrahmen den Button KON-TURENFÜHRUNG UM OBJEKTFORM an ❻. Bei den Konturoptionen, die Sie über das Bedienfeldmenü ❼ einblenden können, wählen Sie KANTEN SUCHEN ❾. Durch das Aktivieren von INNENKANTEN EINSCHLIESSEN ❽ werden auch Innenräume mit Text gefüllt.

◄ **Abbildung 4.74**
Nachdem die Voreinstellungen geändert wurden, werden nur noch die Texte in ihrem Textfluss beeinflusst, die unter dem verdrängenden Rahmen liegen.

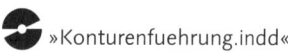

»Konturenfuehrung.indd«

▼ **Abbildung 4.75**
Die Gießkannen-Datei selbst verfügt über keinen Beschneidungspfad, der Pfad wurde von InDesign erstellt.

◄ **Abbildung 4.76**
Alles Weiße wird von InDesign zum Erstellen eines Pfades zur Konturenführung herangezogen.

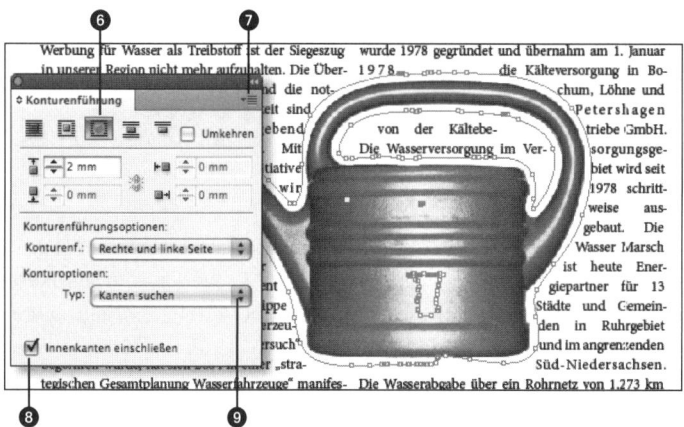

▲ Abbildung 4.77
InDesign kann in Photoshop erstellte Beschneidungspfade als Bezugsgröße für Konturenführungspfade verwenden.

Abbildung 4.78 ▶
Hier sehen Sie die Einstellungen, mit denen obiges Layout realisiert wurde.

In Abbildung 4.76 sind die Ankerpunkte des Konturenführungspfades gut zu erkennen. Der Abstand von dem Bildmotiv, den der Pfad einnimmt, kann über die Eingabe des gewünschten Wertes im Bedienfeld erfolgen. Da es sich bei den über das Bedienfeld KONTURENFÜHRUNG erstellten Pfaden um komplexere Formen als Rechtecke handelt, kann hier immer nur ein Wert eingegeben werden.

Zum Abschluss des Themas Konturenführung möchte ich noch auf das mögliche Zusammenspiel von Beschneidungspfaden und Konturenführung eingehen. Im nebenstehenden Layoutbeispiel sehen Sie das schon bekannte Hochhausbild. Für den Einsatz in diesem Layout habe ich über OBJEKT • BESCHNEIDUNGSPFAD • OPTIONEN den Beschneidungspfad »Gebäudefront komplett« aktiviert. Im Bedienfeld KONTURENFÜHRUNG muss dann nur noch der Button KONTURENFÜHRUNG UM OBJEKTFORM markiert werden, als Offset habe ich »3 mm« gewählt ❶. Damit zeichnet InDesign den Konturenführungspfad in diesem Abstand vom Photoshop-Beschneidungspfad ❷. Unter KONTUROPTIONEN • TYP ist WIE BESCHNEIDUNG angewählt ❸. Hier sind noch weitere Optionen wählbar, so dass Sie für den Konturenführungspfad auch andere Bezugsgrößen angeben können.

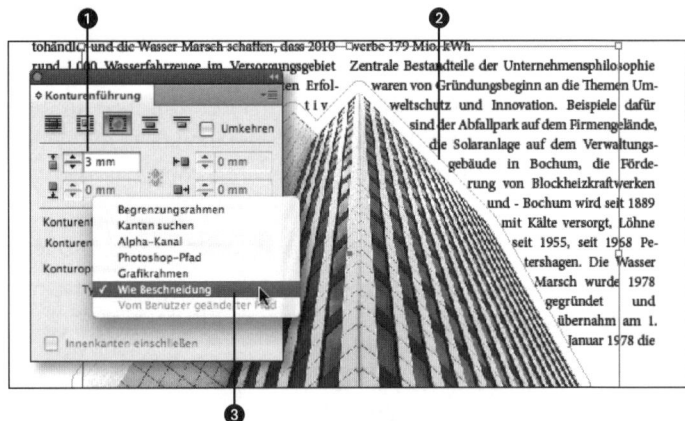

Die Option KANTEN SUCHEN hätte bei dem Hochhausbild keine Aussicht auf Erfolg: Das Motiv hebt sich zu wenig vom Wolkenhimmel ab, deshalb macht bei solchen Motiven die Erstellung von Beschneidungspfaden in Photoshop Sinn. Und wie Sie gesehen haben, arbeiten Photoshop und InDesign vorbildlich als richtige Teamplayer zusammen.

4.7 Objektformate

Im Zusammenhang mit der Konturenführung habe ich sie schon erwähnt: Neben den Absatz- und Zeichenformaten sowie Musterseiten sind Objektformate das vierte äußerst nützliche Feature, das uns eine Menge sich wiederholende Arbeitsschritte abnimmt. Wie die anderen genannten Arbeitserleichterungen greifen auch die Objektformate das Konzept der zentralen Verwaltung wiederkehrender Gestaltungselemente auf. In Objektformaten können Sie sehr weit reichende Einstellungen nicht nur bzgl. des Aussehens treffen – in Objektformaten können Sie auch die Formatierung von Text und z. B. die Art und Weise steuern, wie InDesign Bilder in Rahmen laden soll, und Sie können hier festlegen, ob und gegebenenfalls wie Rahmen, auf die ein definiertes Objektformat angewendet wurde, von Text umflossen werden sollen.

Das Bedienfeld OBJEKTFORMATE finden Sie im Menü FENSTER • FORMATE, der Tastaturbefehl dafür lautet Strg/⌘+F7. Das enorme Potenzial der Objektformate wird durch das Bedienfeld beim ersten Öffnen so gar nicht deutlich: Es wird nur eine Liste mit drei vordefinierten Objektformaten gezeigt. Die Bedienelemente wie Bedienfeldmenü, SCHNELL ANWENDEN und den Abreißblock unten mit dem dazugehörigen Mülleimer kennen Sie ja schon. Die konsistente Benutzeroberfläche macht es einem schön einfach, sich auch in noch nicht bekannte Bedienfelder einzuarbeiten.

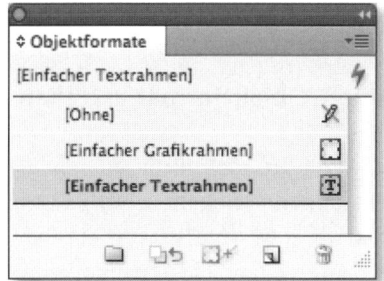

◄ **Abbildung 4.79**
Zunächst zeigt das Bedienfeld OBJEKTFORMATE nur eine wenig spektakuläre Liste.

Was Sie dem Bedienfeld schon entnehmen können, ist die Tatsache, dass über Objektformate die verschiedenen Rahmenarten verwaltet werden können. Um ein neues Objektformat anzulegen, können Sie genau wie z. B. bei den Absatzformaten entweder erst einen Rahmen formatieren und dann über den Abreißblock ein neues Format erstellen, das alle Attribute des Rahmens widerspiegelt. Sie können aber auch alle Rahmenattribute sozusagen von null an in den OBJEKTFORMATOPTIONEN definieren. Es ist eine Frage der Arbeitsweise, ich empfehle Ihnen jedoch die erste Variante, weil man sich – wie Sie unten sehen können – in den OBJEKTFORMATOPTIONEN schon einmal verlaufen kann. Neben den Grundattributen können Sie hier auch verschiedene Effekte in Objektformaten definieren:

Abbildung 4.80 ▶
In den OBJEKTFORMATOPTIONEN kann so ziemlich alles an Objektattributen hinterlegt werden.

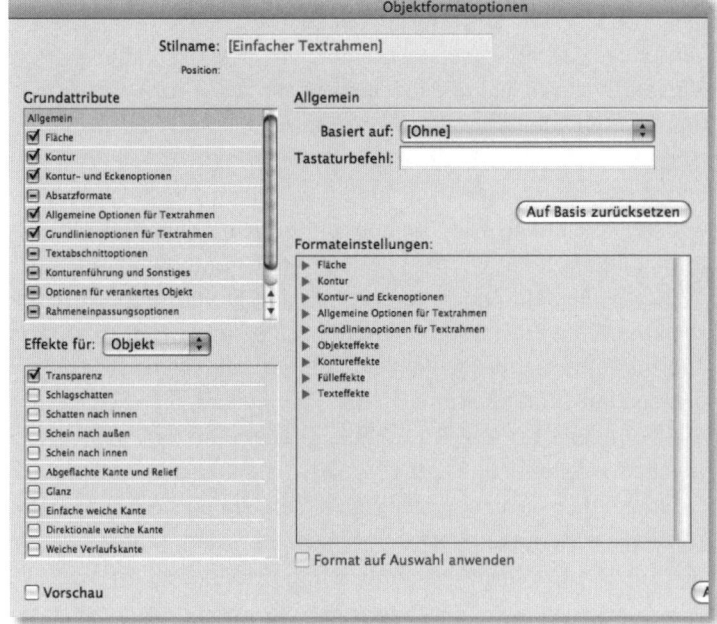

Schritt für Schritt: Bildrahmen-Objektformat erstellen

In dieser Anleitung möchte ich auf die grundsätzliche Vorgehensweise beim Anlegen von Objektformaten eingehen. Als Beispiel dient hier das Layout aus Abbildung 4.69. Zuerst wird ein Rahmen erstellt und modifiziert, und im zweiten Schritt werden diese Rahmenattribute in einem Objektformat hinterlegt.

»Hochhaus_
Objektformat.psd«

1 Bild platzieren

Platzieren Sie die Bilddatei »Hochhaus_Objektformat.psd« in der rechten Spalte einer Dokumentseite, die komplett mit Text in zwei Spalten gefüllt ist. Wenn Sie das Bild an der Horizontalen spiegeln möchten, können Sie dies mit einem Klick auf den entsprechenden Button im STEUERUNG-Bedienfeld erledigen.

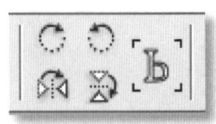

▲ **Abbildung 4.81**
Mit diesen vier Buttons lassen sich Objekte oder Rahmeninhalte drehen und spiegeln.

2 Konturenführung zuweisen

Während das Bild noch markiert ist, rufen Sie im Menü Fenster das Bedienfeld Konturenführung auf. Dort betätigen Sie den zweiten Button von links: Konturenführung um Begrenzungsrahmen ❶. Anschließend können Sie bei Offset oben bzw. unten jeweils »3 mm« eingeben. Damit erstellt InDesign die Konturenführungspfade oben und unten am Bildrahmen und der Text hat einen angemessenen Abstand zum Bild.

◄ **Abbildung 4.82**
Die Anlage eines neuen Objektformats funktioniert genauso wie bei Absatzformaten.

3 Objektformat erstellen

Öffnen Sie das Bedienfeld Objektformate im Menü Fenster. Wenn, wie in diesem Fall, einem Objekt kein Objektformat explizit zugewiesen wurde, ist das Format [Ohne] markiert. Und da Sie ja schon die Konturenführung modifiziert haben, weist uns InDesign wie bei den Absatz- und Zeichenformaten mit einem Plus ❷ auf die Abweichungen von der Formatierung, die im Format [Ohne] hinterlegt sind, hin.

Genau wie bei den anderen Format-Bedienfeldern können Sie derartige Formatabweichungen mit einem Klick auf den Button Abweichungen löschen ❸ entfernen. Das ist hier ja nicht gewollt, ganz im Gegenteil: Genau diese Formatierung soll in einem Objektformat hinterlegt werden, und auch das funktioniert wie bei den bekannten Bedienfeldern: Klicken Sie auf den Button Neues Format erstellen ❹. Damit erstellt InDesign das gewünschte Objektformat und benennt es Objektformat 1. Klicken Sie dieses neue Format an, denn noch ist dem Bildrahmen dieses Format nicht zugewiesen. Wie z. B. von den Absatzformaten her gewohnt, öffnen Sie mit einem Doppelklick die zugehö-

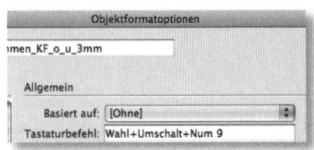

▲ Abbildung 4.83
Im Bereich ALLGEMEIN können Sie einen Tastaturbefehl für das Objektformat definieren.

Abbildung 4.84 ▶
Das Objektformat hat die Konturenführungseinstellungen des markierten Bildrahmens übernommen.

rigen OBJEKTFORMATOPTIONEN. Oben, neben FORMATNAME, können Sie einen aussagekräftigeren Namen ❶ als OBJEKTFORMAT 1 vergeben. Und wenn Sie schon überzeugte/r Tastaturbefehlanwender/in sind, können Sie auch gleich einen Shortcut vergeben.

Wählen Sie im linken Auswahlmenü GRUNDATTRIBUTE ❷ den Bereich KONTURENFÜHRUNG UND SONSTIGES ❸. Sie werden dann in etwa Folgendes sehen:

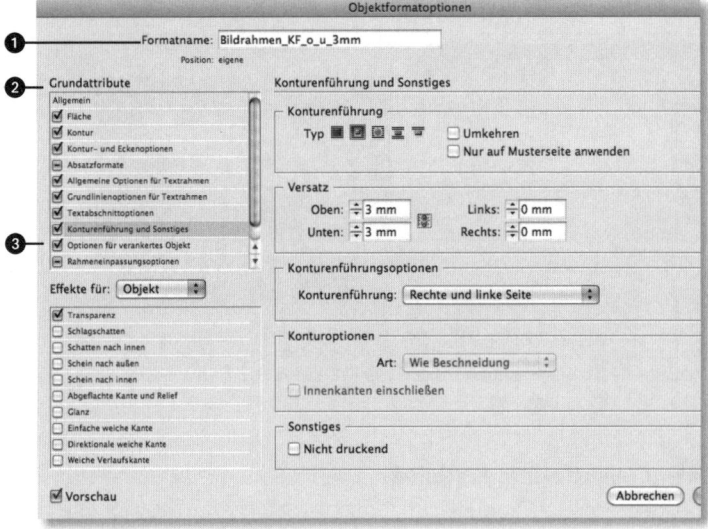

Bei KONTURENFÜHRUNG ist der richtige Button aktiv, bei OFFSET sind die im Schritt 2 zugewiesenen Werte übernommen worden.

Mit den Häkchen im Auswahlmenü GRUNDATTRIBUTE links können Sie im Bedarfsfall auswählen, welche Attribute in einem Objektformat aktiv sein sollen und damit auf Objekte angewendet werden sollen. Wenn beispielsweise nur die Konturenführungseigenschaften durch dieses Objektformat auf weitere Rahmen angewendet werden sollen, sollten alle anderen Grundattribute deaktiviert werden. Ansonsten würden diese Abweichungen gegebenenfalls im Bedienfeld mit einem Pluszeichen für lokale Formatierungen bedacht.

Um die Funktionsweise der Objektformate auszuprobieren, können Sie sich weitere Bilder in das Dokument laden und das eben erstellte Objektformat auf diese anwenden. Ändern Sie anschließend einfach einmal ein paar Attribute wie die Konturenführungseigenschaften und Sie werden sehen, wie sich diese direkt auf alle Bildrahmen, die mit diesem Objektformat formatiert wurden, sozusagen fortpflanzen.

Wenn Sie der nächsten Anleitung auch noch folgen möchten, können Sie Ihr InDesign-Dokument abspeichern und gleich damit weiterarbeiten. ■

Schritt für Schritt: Objektformat für Textrahmen der Bildlegenden erstellen

Sehen wir uns in diesem Workshop an, wie uns die Objektformate im Umgang mit Text das Layouten erleichtern. Wenn Sie eine gespeicherte Version des vorigen Workshops haben, können Sie damit weiterarbeiten, Sie können aber auch die Datei »Objektformat_Bildlegende_Anfang.indd« von der DVD laden.

»Objektformat_Bildlegende_Anfang.indd«

Stellen Sie sicher, dass in den Voreinstellungen die Option KONTURENFÜHRUNG WIRKT SICH NUR AUF TEXT UNTERHALB AUS nicht markiert ist. Sie finden diese Option in BEARBEITEN/INDESIGN • VOREINSTELLUNGEN • SATZ…. In dieser Anleitung möchte ich Ihnen nämlich zeigen, wie Sie die Konturenführung per Objektformat und gerade nicht über die Voreinstellungen steuern.

1 Textrahmen erstellen
Ziehen Sie einen Textrahmen über die gesamte Breite des Hochhausbildes auf und weisen Sie ihm über OBJEKT • TEXTRAHMENOPTIONEN einen Versatz von »5 mm« zu. Ebenso definieren Sie die Textausrichtung mit UNTEN und die Konturenführung schalten Sie über die Checkbox KONTURENFÜHRUNG IGNORIEREN aus.

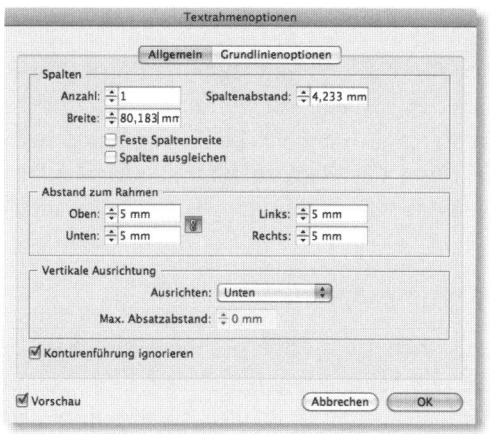

◄ **Abbildung 4.85**
Von besonderem Interesse ist die Checkbox KONTURENFÜHRUNG IGNORIEREN.

2 Text einfügen und formatieren

In den eben erstellten Textrahmen fügen Sie einen beliebigen kurzen Text ein und formatieren ihn nach Ihren Vorstellungen. Ich habe die Bildlegende mit Myriad Pro, Black Condensed, 12/16 Pt formatiert, die Schriftfarbe ist [PAPIER]. Aus diesen Absatzattributen erstellen Sie nun noch ein Absatzformat und nennen es »Bildlegende weiß«.

3 Objektformat erstellen

Nachdem der Textrahmen formatiert und ein Absatzformat angelegt wurde, kann nun ein Objektformat mit eben diesen Formatierungen erstellt werden. Dazu öffnen Sie das Bedienfeld OBJEKTFORMATE und klicken auf NEUES FORMAT ERSTELLEN. Die Optionen zum gerade erstellten Format öffnen Sie per Doppelklick und benennen es z.B. in »Textrahmen Bildlegende weiß« um. Wenn Sie anschließend in den GRUNDATTRIBUTEN die ABSATZFORMATE anwählen, sehen Sie in etwa Folgendes:

Abbildung 4.86 ▶
Sie können über Objektformate Textrahmen bestimmte Absatzformate zuweisen!

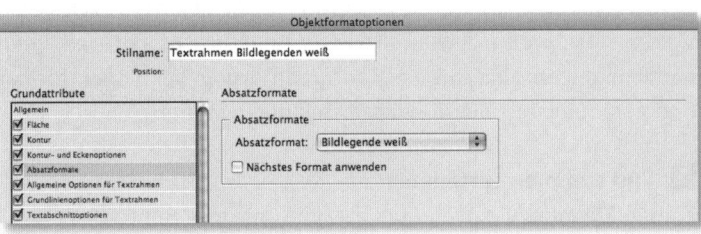

Nächstes Format anwenden

Wenn in einem Objektformat die Option NÄCHSTES FORMAT ANWENDEN markiert wurde, wendet InDesign die in den Absatzformaten hinterlegten Folgeformate an – ansonsten wird auf den gesamten Text nur ein Absatzformat angewendet.

Unter ABSATZFORMATE ist das in Schritt 2 angelegte Format »Bildlegende weiß« ausgewählt – das bedeutet, dass Sie innerhalb einer Datei für verschiedene Textarten die notwendigen Textrahmen anlegen können und dass der dort hineinplatzierte Text gleich richtig formatiert wird!

Blättern Sie zurück zu Seite 154 und sehen sich die Abbildung 3.131 noch einmal an. Um eine solche Textformatierung zu realisieren, brauchen Sie dann nur noch bei dem entsprechenden Textrahmenobjektformat in den OBJEKTFORMATOPTIONEN • ABSATZFORMATE • NÄCHSTES FORMAT ANWENDEN zu markieren. ■

4.7.1 Rahmeneinpassungsoptionen

Dieser Abschnitt klingt ziemlich spröde – aber lassen Sie sich dennoch darauf ein: Die Einpassungsoptionen sind schlicht und ergreifend umwerfend! Weiter vorn habe ich die enorm hilfreichen Befehle zum Anpassen von Grafik in Rahmen vorgestellt (siehe Seite 185). Die Art, wie eine Grafik in einen Rahmen eingepasst werden soll, können Sie einem Rahmen auch als Attribut zuweisen. Und dieses Attribut kann wiederum eine Eigenschaft eines Objektformates werden.

Wenn das Bildmaterial, mit dem Sie am häufigsten arbeiten, nicht gerade Kunstwerke sind, bei denen sich das Beschneiden auf einen bloßen Ausschnitt in der Regel verbietet, werden Sie vermutlich die Abbildungen so in Rahmen einpassen wollen, dass sie zum einen proportional in den Rahmen eingefügt werden und zum anderen der Rahmen vollständig ausgefüllt wird. Genau dieses erreichen Sie, wenn Sie die betreffenden Grafikrahmen markieren und bei OBJEKT • ANPASSEN • RAHMENEINPASSUNGSOPTIONEN… folgende Eingaben machen (ich habe für die Demonstration die Situation von Seite 174 aufgegriffen):

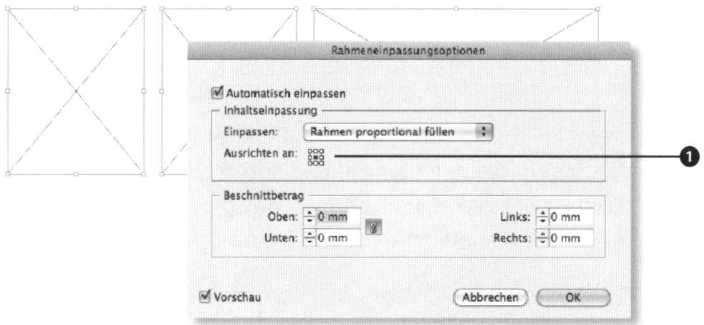

◀ **Abbildung 4.87**
Sparen Sie viel Zeit durch die richtigen Rahmeneinpassungsoptionen beim Platzieren von Bildern.

Mit dem BEZUGSPUNKT ❶ können Sie bestimmen, von wo aus InDesign das Bild in den Rahmen einpassen soll. Ich empfehle Ihnen, hier den Mittelpunkt zu wählen, weil ja meist der Bildfokus in der Mitte eines Fotos liegt. Den Ausschnitt können Sie natürlich später ohnehin noch ändern. Die Option RAHMEN PROPORTIONAL FÜLLEN kennen Sie ja schon von den Anpassen-Befehlen.

Durch die gewählten Rahmeneinpassungsoptionen werden die Bilder nun so in die Rahmen geladen, dass diese entweder mit ihrer Höhe oder ihrer Breite die Rahmen ausfüllen:

◀ **Abbildung 4.88**
Durch die richtigen Rahmeneinpassungsoptionen werden die Bilder in möglichst großen Ausschnitten geladen.

In Abbildung 4.89 sehen Sie, wie viel von den Fotos durch die Grafikrahmen beschnitten wird. Ich zeige Ihnen hier zwei separate Screenshots, InDesign kann nämlich nicht die Inhalte von mehreren Rahmen gleichzeitig darstellen (die Größe der eigentlichen Bilder kann aber z.B. mit dem Inhaltsauswahlwerkzeug angezeigt werden). Gut nachvollziehbar ist hier, dass InDesign die Fotos von der Mitte aus platziert hat.

Abbildung 4.89 ▶
Mit einem gedrückt gehaltenen Klick mit dem Inhaltsauswahl-Tool wird das gesamte Bild sichtbar.

Dieses Einpassen wird übrigens nur beim tatsächlichen Platzieren eines Bildes angewendet. Wenn Sie danach z.B. die Rahmengröße ändern, wird die Rahmeneinpassung nicht automatisch wiederholt.

Möchten Sie diese automatische Rahmeneinpassung in ein Objektformat einfügen, finden Sie den entsprechenden Eintrag in den GRUNDATTRIBUTEN. Die Optionen entsprechen exakt denen des Bedienfeldes RAHMENEINPASSUNGSOPTIONEN.

Abbildung 4.90 ▶
Weisen Sie die praktischen Rahmeneinpassungsoptionen Objektformaten zu.

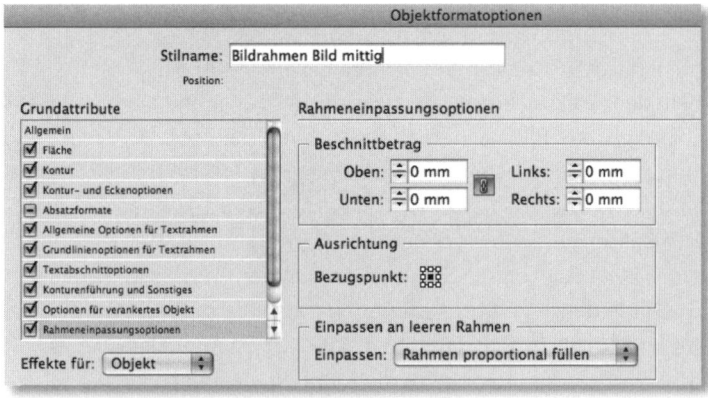

4.7.2   Vorteile von Objektformaten

Das Arbeiten mit solch vorbereiteten Grafikrahmen ist eigentlich immer empfehlenswert, macht aber besonders Sinn während der Entwicklung von Layouts: Hier können Sie zunächst mit Platzhaltern arbeiten, die Sie z. B. mit dem Rechteckrahmen-Werkzeug erstellen. Wenden Sie die passenden Objektformate an und wenn Sie dann Bilder platzieren, sitzen diese gleich in vernünftiger Größe in den vorbereiteten Rahmen.

Auch bei Objekten mit gleichbleibenden Bildrahmengrößen wie Katalogen sind solche Objektformate natürlich eine große Arbeitserleichterung.

Zum Abschluss des Themas Objektformate kommen noch einmal die Werkzeuge ins Spiel. Wie gerade eben erwähnt, sind ja die Rahmen-Werkzeuge dafür konzipiert, Texte und noch eher Grafiken aufzunehmen. Den »normalen« Pendants wie Rechteck- und Ellipsen-Werkzeug können Sie aber Objektformate zuweisen – diese werden anschließend direkt von den genannten Werkzeugen erstellt! Bei dem Rechteckrahmen-Werkzeug beispielsweise funktioniert dies überraschenderweise nicht. Mit ihm müssen Sie immer erst einen Rahmen erstellen und im zweiten Schritt diesem das gewünschte Objektformat zuweisen.

Um also beispielsweise dem Rechteck-Tool das Objektformat BILDRAHMEN BILD MITTIG zuzuweisen, darf kein Objekt markiert sein. Dies erreichen Sie z. B. mit BEARBEITEN • AUSWAHL AUFHEBEN bzw. über ⌨Strg/⌘+⇧+A. Aktivieren Sie anschließend das Rechteck-Werkzeug ❶ und klicken Sie damit im Bedienfeld OBJEKTFORMATE auf das gewünschte Objektformat. Von da an zeichnen Sie gleich Objekte ❸, die die im gewählten Objektformat hinterlegten Attribute aufweisen ❷! Genauso können Sie dem Werkzeug bei Bedarf immer wieder ein anderes Objektformat zuweisen.

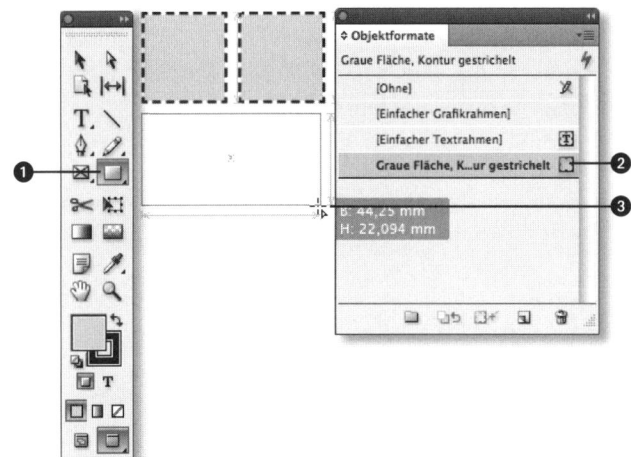

◀ **Abbildung 4.91**
Mit dem Rechteck-Tool können Sie Objekte zeichnen, die direkt mit einem Objektformat formatiert sind!

4.8 Dynamische Beschriftungen

Bridge: Fenster einblenden

Über das Menü FENSTER lassen sich auch in der Bridge die benötigten Informationen einblenden.

Digitalkameras speichern als sogenannte EXIF-Daten automatisch eine Vielzahl von Informationen in die Bilddateien. Dazu gehören beispielsweise Blende, Belichtungszeit, verwendetes Kameramodell und die Angabe, ob ein Blitz eingesetzt wurde. Diese ❹ und weitere Informationen über Bilddaten ❷ lassen sich im Fenster METADATEN ❶ der Bridge einsehen. Daten, die rechts mit einem Stift gekennzeichnet sind ❸, können auch geändert werden. Diese Informationen können neben der Bridge auch in Photoshop oder mit den Freeware-Programmen IrfanView am PC oder GraphicConverter am Mac geändert werden.

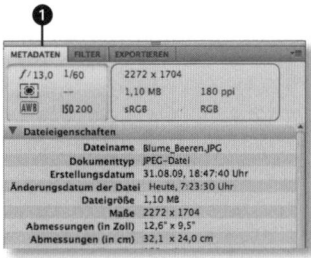

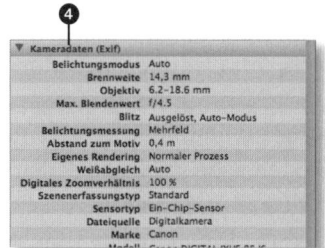

▲ **Abbildung 4.92**
In der Bridge kann im Fenster METADATEN eine riesige Menge an Informationen abgelesen werden.

Und genau diese Daten lassen sich in InDesign in ein Layout einbinden. Zunächst wird wie gewohnt ein Bild im InDesign-Layout platziert. Bei markiertem Bild wird mit OBJEKT • BESCHRIFTUNGEN • BESCHRIFTUNGEN EINRICHTEN ein Dialogfenster aufgerufen. Neben den gewünschten METADATEN ❻, die in InDesign als Bildbeschriftung generiert werden sollen, können hier etwa auch die AUSRICHTUNG ❺ und das ABSATZFORMAT ❼, mit dem die Beschriftung formatiert werden soll, angegeben werden. Die hier gemachten Einstellungen können später auch geändert werden, dann aber nicht mehr über dieses Dialogfenster.

Abbildung 4.93 ▶
Im entsprechenden Dialog können die gewünschten Inhalte und die Formatierung der dynamischen Beschriftungen definiert werden.

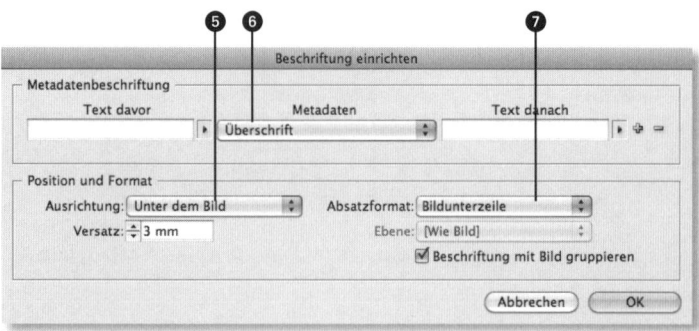

Nach Bestätigung des Dialoges BESCHRIFTUNG EINRICHTEN wird OBJEKT • BESCHRIFTUNGEN • DYNAMISCHE bzw. STATISCHE BESCHRIFTUNG ERSTELLEN aufgerufen. Am einfachsten lässt sich dieser Befehl mit einem Rechtsklick auf das Bild über das Kontextmenü aufrufen. InDesign erstellt daraufhin einen Textrahmen in der Breite des Bildes mit den Metadaten, die im vorigen Schritt gewählt wurden ❽.

Kräftiges Sanddorn-Orange

> **Berührungsempfindlich**
>
> Für dynamische Beschriftungen müssen sich Bild- und Textrahmen berühren. Ansonsten besteht für InDesign zwischen beiden keine inhaltliche Beziehung mehr.

◄ **Abbildung 4.94**
Der von InDesign generierte Textrahmen mit der Bildbeschriftung wird in der Breite des Bildes angelegt.

Der Unterschied zwischen dynamischer und statischer Beschriftung besteht darin, dass beim dynamischen Text eine Verbindung zu den Metadaten des Bildes bestehen bleibt. Werden die entsprechenden Metadaten außerhalb von InDesign geändert, wird diese Änderung direkt im Layout übernommen. Nachteil der dynamischen Beschriftungen ist die Tatsache, dass der generierte Text von InDesign nicht umbrochen wird – er steht ausschließlich in einer Zeile und kann auch nicht geändert werden. Bei statischer Beschriftung wird der Text einfach ins Layout kopiert und kann beliebig umbrochen und verändert werden.

Bilder können auch mit mehreren Beschriftungen versehen werden. Im folgendem Beispiel sind als Beschriftungen neben der Überschrift auch die Copyrightangaben ❾ aus den Bildmetadaten in InDesign generiert worden.

> **Beschriftungen/Bibliothek**
>
> Leider können Beschriftungen nicht als Objektformate angelegt werden. Sollen mehrere Bilder Beschriftungen an denselben Positionen mit den gleichen Metadaten erhalten, bleibt somit nur der Weg über Copy & Paste oder über Bibliotheken (siehe Kapitel 8, »Praktische Hilfsmittel«, Seite 378).

Farben des Sommers

© 2009 Karsten Geisler

Violett auf der Terrasse

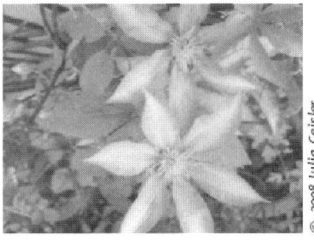

© 2008 Julia Geisler

◄ **Abbildung 4.95**
Bilder können auch mehrere statische oder dynamische Beschriftungen erhalten.

4.9   Das Bedienfeld »Verknüpfungen«

In den vorangegangenen Abschnitten haben Sie u. a. erfahren, wie Sie Bilder in ein InDesign-Dokument importieren, Ausschnitte von Bildern Ihren Vorstellungen entsprechend anpassen und wie Sie Bilder automatisch beschriften lassen können. Jetzt brauchen wir nur noch das VERKNÜPFUNGEN-Bedienfeld zu besprechen. Es ist für die Verwaltung der diversen Verknüpfungen eines Dokumentes zuständig.

Wie eingangs erwähnt, empfehle ich Ihnen für den Bildimport grundsätzlich das Platzieren im Gegensatz zum Kopieren und Einsetzen. Beim Platzieren erstellt InDesign sogenannte Verknüpfungen zu den Bilddaten auf Ihrer Festplatte, einem Server oder einer CD, auf der die physikalischen Daten liegen. Dies gilt genauso für InDesign-Dokumente oder Tabellen, die Sie platziert haben. Das Bedienfeld VERKNÜPFUNGEN, das Sie über das Menü FENSTER aufrufen können, enthält eine Übersicht über alle Dateien, die mit dem aktuellen InDesign-Dokument verknüpft oder in dieses eingebettet sind:

> **Größere Vorschau**
>
> Wenn Sie gerne größere Abbildungen in der Vorschau sehen möchten, können Sie sowohl in den Bedienfeldoptionen die Zeilengröße ändern als auch sich eine Vorschau in den VERKNÜPFUNGSINFORMATIONEN anzeigen lassen.

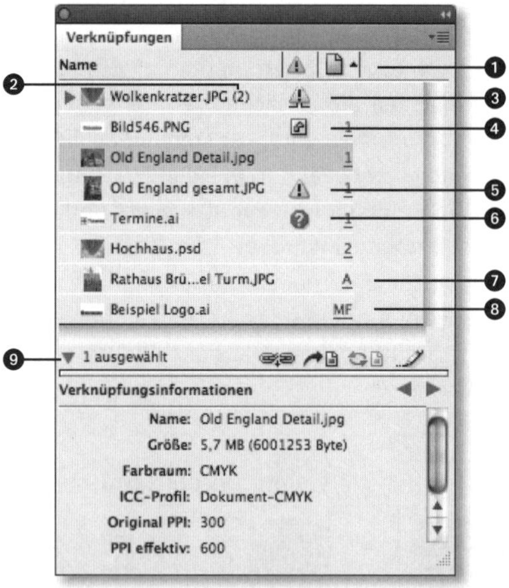

Abbildung 4.96 ▶
Das VERKNÜPFUNGEN-Bedienfeld bietet auf einen Blick die wichtigsten Informationen zu den Dateien, die im Dokument eingefügt wurden.

Die Liste mit den Verknüpfungen des aktuellen Dokumentes können Sie mit einem Klick auf einen der drei Spaltentitel NAME, STATUS und SEITE ❶ anders sortieren lassen. Hier sind die Verknüpfungen nach den Seiten sortiert, zu erkennen am schwarzen

Pfeil neben dem Seiten-Icon. Ein zweiter Klick ändert die Sortierreihenfolge von auf- in absteigend, was sich in der Pfeilrichtung widerspiegelt. Die Seitenzahlen in dieser Spalte sind als Links angelegt: Ein Klick auf einen Eintrag in der Seiten-Spalte führt dazu, dass die entsprechende Seite mit der Datei direkt im Dokumentfenster angezeigt wird. Wenn eine verknüpfte Datei auf einer Musterseite liegt, wird das dazugehörige Präfix angezeigt ❼. Liegt die Grafik auf der Arbeitsfläche und nicht auf der Seite, steht hier MF ❽. Wenn eine Datei mehrfach in einem InDesign-Dokument platziert wurde, wird die Anzahl der Vorkommen in Klammern hinter dem Namen angezeigt ❷. Bei Bedarf können die einzelnen Instanzen angezeigt werden, indem der Pfeil angeklickt wird. Das gelbe Warndreieck mit den Linien darunter zeigt an, dass nicht alle Instanzen einer Datei auf dem aktuellen Stand sind ❸: Es wird also nur hinter solchen Dateien angezeigt, die mehrmals in einem Dokument vorkommen. Eingebettete Dateien werden mit einem gesonderten Symbol gekennzeichnet ❹. Das normale Warndreieck weist darauf hin, dass die platzierte Datei im Ursprungsprogramm geändert wurde und dass diese Änderung im InDesign-Dokument noch nicht aktualisiert wurde ❺. Wenn eine Datei nicht mehr verfügbar ist, weil sie z. B. auf Betriebssystemebene oder in der Bridge in ein anderes Verzeichnis verschoben wurde oder der Name geändert wurde, warnt InDesign mit diesem Verknüpfung-fehlt-Symbol ❻. Auf die Funktionen dieser vier Buttons werde ich z. T. später noch detaillierter eingehen.

Erneut verknüpfen ❿ ist verfügbar, wenn eine Verknüpfung markiert ist. Ein Klick darauf öffnet den Platzieren-Dialog, in dem Sie eine andere Datei als Verknüpfung wählen können. Gehe zu Verknüpfung ⓫ bewirkt dasselbe wie ein Klick auf den Seitenlink (s. o.). Mit Verknüpfung aktualisieren ⓬ wird die markierte Datei aktualisiert und ist natürlich nur verfügbar, wenn die Datei in InDesign nicht dem aktuellen Stand entspricht. Mit gedrückter Alt -Taste werden alle geänderten Daten im InDesign-Dokument aktualisiert. Bei Betätigung des Buttons Original bearbeiten ⓭ wird die Datei in dem Programm geöffnet, das im Betriebssystem als Standard zur Bearbeitung des entsprechenden Dateiformates (PDF, JPG etc.) festgelegt wurde. Den unteren Bereich mit den Verknüpfungsinformationen können Sie auch ausblenden ❾. Die hier dargestellten Informationen können Sie über das Bedienfeldmenü Ihren Wünschen anpassen. Die wichtigsten Infos sind hier Farbraum, Original PPI und PPI effektiv.

Informationen

Einen Teil der Verknüpfungsinformationen können Sie auch im Bedienfeld Informationen ablesen.

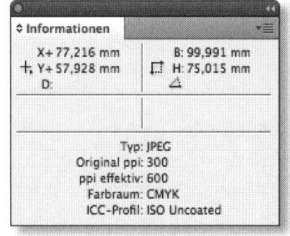

Mehrere auf einen Schlag

Wenn Sie alle Instanzen einer Datei mit einer anderen verknüpfen möchten, markieren Sie einfach den übergeordneten Eintrag ❷ und betätigen dann den Button Erneut verknüpfen ❿. Dasselbe gilt auch für Verknüpfung aktualisieren ⓬.

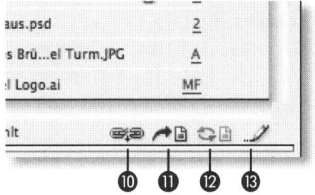

▲ **Abbildung 9.97**
Mit diesen vier Buttons haben Sie Zugriff auf die wichtigsten Funktionen des Verknüpfungen-Bedienfeldes.

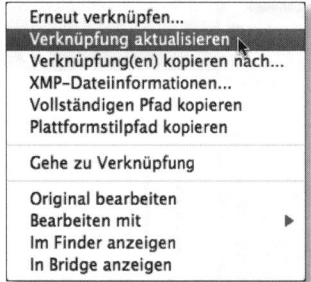

▲ **Abbildung 4.98**
Manche der im Kontextmenü des Bedienfeldes hinterlegten Funktionen finden Sie nur hier.

Statt der vier Buttons unterhalb der Auflistung oder der entsprechenden Befehle im Bedienfeldmenü können Sie auch den Bildnamen in der Liste anklicken und dann das Kontextmenü aufrufen, dort sind dieselben Befehle nochmals hinterlegt. Zum Aktualisieren genügt ein Doppelklick in der Liste.

Ein weiteres interessantes Feature finden Sie in den BEDIENFELDOPTIONEN, die Sie im Bedienfeldmenü ❽ finden: Hier können Sie die angezeigten Spalten frei definieren. Zu den Standardspalten NAME ❶, STATUS ❷ und SEITE ❸ habe ich für den folgenden Screenshot noch die Spalten ICC-PROFIL ❹, ORIGINAL PPI ❺, PPI EFFEKTIV ❻ und SKALIERUNG ❼ eingeblendet. Die Verknüpfungen sind nach PPI EFFEKTIV sortiert.

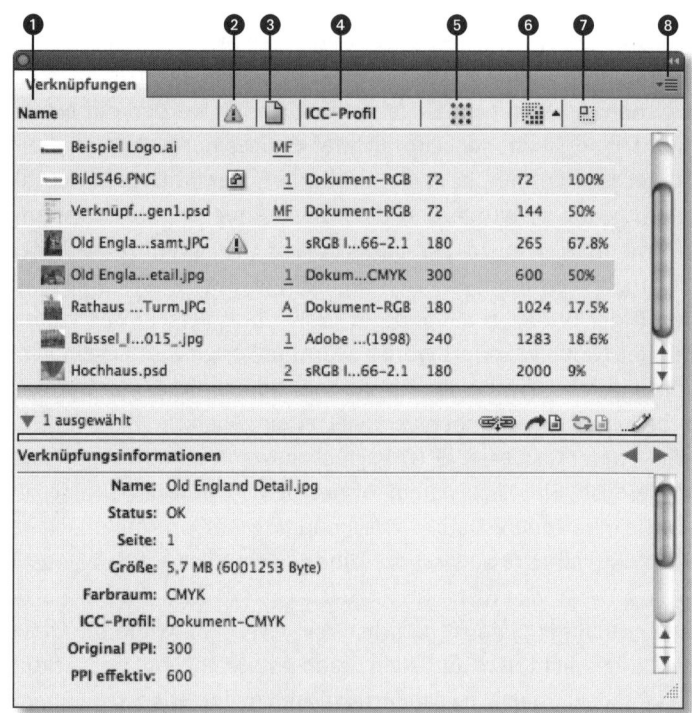

Abbildung 4.99 ▶
Die Spalten im VERKNÜPFUNGEN-Bedienfeld können individuell konfiguriert werden.

Achten Sie bei der Abbildung oben zunächst bei dem markierten Bild auf den Zusammenhang zwischen den drei Größen ORIGINAL PPI, PPI EFFEKTIV und SKALIERUNG: Das Bild hat eine tatsächliche Auflösung von 300 ppi, die effektive Auflösung ist aber doppelt so hoch, nämlich 600 ppi, da das Bild mit einem Skalierungsfaktor von 50 % in seinem Bildrahmen platziert wurde. Der Wert der effektiven Auflösung ergibt sich also aus der tatsächlichen Auflösung, die mit dem Kehrwert des Skalierungsfaktors multipliziert wird. Das klingt kompliziert, aber wenn Sie erst einmal ein paar Bilder in Photoshop umgerechnet haben, geht Ihnen diese Beziehung in Fleisch und Blut über. Und eigentlich ist es ja auch klar: Die Verkleinerung eines Bildes in InDesign muss sich in einer Vergrößerung der Ausgabeauflösung niederschlagen.

Sie können ja einmal die Überschlagsrechnung bei ein paar anderen Bildern von Abbildung 4.99 der gegenüberliegenden Seite machen … Ich gehe aber in Kapitel 9, »Dokumente prüfen und richtig ausgeben«, noch genauer auf diesen Zusammenhang ein. Dort zeige ich Ihnen auch, wie die gewünschte effektive Auflösung von 300 ppi in Photoshop erreicht wird.

Um Bilddaten nämlich für den Offsetdruck vorzubereiten, sind ein paar Arbeitsschritte wie Auflösung umrechnen, Farbprofil zuweisen und unscharf maskieren in Photoshop notwendig, die die Funktionen von InDesign weit übersteigen – aber Bildbearbeitung ist ja auch nicht wirklich InDesigns Hauptarbeitsschwerpunkt.

4.9.1 Status-Spalte bereinigen

Für die Ausgabe einer InDesign-Datei auf einem Drucker oder als PDF sollte die Status-Spalte des Bedienfeldes VERKNÜPFUNGEN im Vorfeld von allen Warnmeldungen bereinigt werden. InDesign gibt bei dem Versuch, ein Layout mit nicht aktualisierten oder nicht mehr vorhandenen Verknüpfungen z. B. auf einem Drucker auszugeben, eine Warnung aus. Es ist zwar grundsätzlich möglich, derartige Dateien auszugeben, InDesign verwendet aber dafür dann für veraltete oder nicht mehr verfügbare Bilder grob aufgelöste Bilder, was im Druck sichtbar wird.

Um die Status-Spalte von den Warndreiecken zu bereinigen, müssen Sie die entsprechenden Bilder aktualisieren. Ebenso sollten Sie Bilder, die beispielsweise durch den Import einer Word-Datei mit in das InDesign-Dokument eingebettet wurden und dann nur eine effektive Auflösung von 72 ppi aufweisen (siehe Verknüpfung »Bild546.PNG« in Abbildung 4.99 auf der gegenüberliegenden Seite), mit einer höher aufgelösten Grafik verknüpfen. Fehlende Daten aufgrund nicht mehr erreichbarer Server o. Ä. sollten am besten auf die Festplatte kopiert werden, auf der sich auch die InDesign-Datei befindet, und anschließend neu verknüpft werden.

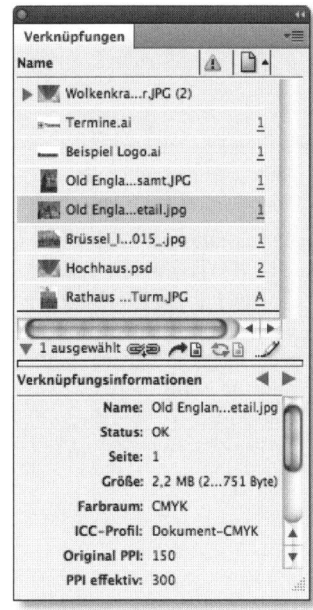

▲ **Abbildung 4.100**
Die Status-Spalte weist keinerlei Symbole mehr auf: Die Datei kann somit ohne Probleme gedruckt werden.

4.10 Bilder bearbeiten

Um eine Bilddatei außerhalb von InDesign zu bearbeiten, haben Sie mehrere Möglichkeiten. Die eine haben Sie gerade kennengelernt: den Button ORIGINAL BEARBEITEN. Wenn Sie feststellen, dass ein Dateiformat nicht mit dem eigentlich bevorzugten Programm geöffnet wird, können Sie sowohl im VERKNÜPFUNGEN-Bedienfeldmenü als auch im Kontextmenü den Eintrag BEARBEITEN MIT anwählen. Dort wird Ihnen dann eine Auswahl der infrage kommenden Programme angezeigt, aus der Sie die gewünschte Applikation wählen können.

Die schnellste Methode, ein Bild in der Ursprungsapplikation zu öffnen, ist ein Doppelklick mit gedrückter [Alt]/[⌥]-Taste. Das hat neben dem Geschwindigkeitsgewinn noch einen weiteren enormen Vorteil: Wenn eine Datei auf diese Art geöffnet und z. B. in Photoshop geändert und gesichert wird, werden diese Änderungen direkt in InDesign übernommen. Das ist bei der Variante mit ORIGINAL BEARBEITEN nicht immer gegeben.

Wenn Sie sich weiter gehende Informationen zu einer Bilddatei auf Betriebssystemebene anzeigen lassen möchten, können Sie im Bedienfeldmenü den Befehl IM EXPLORER/FINDER ANZEIGEN wählen. Daraufhin wechseln Sie von InDesign zum Dateibrowser Ihres Betriebssystems, dort wird Ihnen gleich die in InDesign markierte Datei in Ihrem Verzeichnis angezeigt. Dieselbe Funktion – dabei natürlich auf Bridge bezogen – bietet Ihnen der Befehl IN BRIDGE ANZEIGEN. Sich eine Bilddatei in der Bridge anzeigen zu lassen bietet sich z. B. auch an, um das Bild – wenn es als TIFF oder JPEG vorliegt – in Camera Raw »mal eben« zu bearbeiten.

Einer der grandiosen Vorteile von Camera Raw ist die Tatsache, dass alle hier vorgenommenen Bildmanipulationen nichtdestruktiv sind und zu jedem späteren Zeitpunkt wieder rückgängig gemacht werden können! Einen Haken hat das Arbeiten in Camera Raw aber dennoch: InDesign erkennt die Änderungen nicht. Die Änderungen in Camera Raw werden nämlich nicht in die Datei mit eingerechnet, sondern die Bildmanipulationen werden ähnlich wie Metadaten an die Datei angehängt. Und diese Anweisungen kann InDesign nicht interpretieren. Einen Workaround hierfür zeige ich Ihnen aber natürlich noch. Sehen wir uns vorher noch das Zusammenspiel von Bridge und Camera Raw an.

Um die grundsätzliche Herangehensweise zu demonstrieren, habe ich das noch unbearbeitete Hochhausbild in InDesign mar-

Andere Bildformate als Smart-Objekt öffnen

Bilder, die nicht als TIFF oder JPEG vorliegen, lassen sich auch in Camera Raw bearbeiten – dann allerdings nicht in der Bridge, sondern direkt in Photoshop. Dazu wählen Sie in Photoshop DATEI • ALS SMART-OBJEKT ÖFFNEN.

kiert und den Befehl IN BRIDGE ANZEIGEN gewählt. Bridge zeigt nicht nur das Verzeichnis an, sondern hat auch die entsprechende Datei markiert.

Über das Kontextmenü, den Button in der Anwendungsleiste DATEI • IN CAMERA RAW ÖFFNEN oder über Strg/⌘+R wird das Bild in Camera Raw geöffnet:

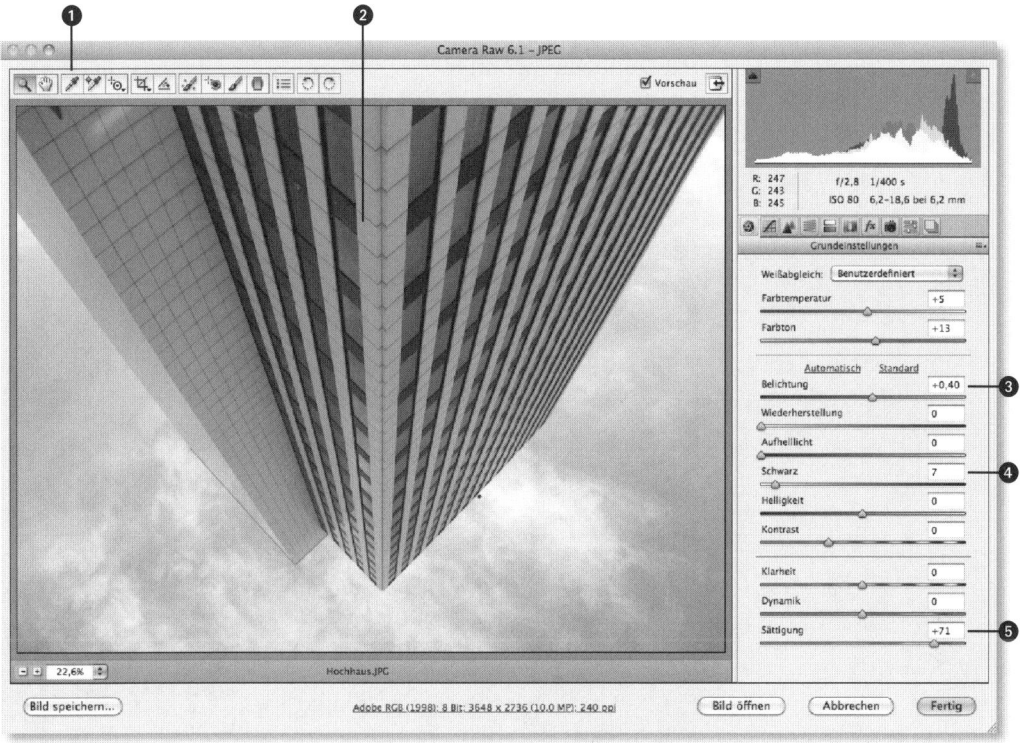

Da das Bild einen leichten Blaustich aufweist, wird dieser als Erstes mit dem Weißabgleich-Werkzeug ❶ korrigiert: Dafür habe ich in den grauen Stein geklickt ❷ – das war's schon zu diesem Thema. Des Weiteren habe ich die Belichtung etwas »verlängert« ❸. Damit die dunklen Partien des Bildes nicht zu weit mit aufgehellt werden, habe ich den Wert SCHWARZ ❹ etwas und die SÄTTIGUNG ❺ insgesamt erhöht. Das reichte mir für eine erste Korrektur – das Bild wurde dadurch aber schon deutlich aufgewertet. Wie Sie hoffentlich sehen konnten, liegt ein Vorteil von Camera Raw in seiner intuitiven und sehr effektiven Ein-Fenster-Oberfläche, mit der man mit wenigen Klicks Bilder sehr schnell optimieren kann.

▲ **Abbildung 4.101**
Mit Camera Raw sind erste Korrekturen an JPEGs und TIFFs schnell erledigt.

Camera Raw habe ich anschließend mit dem Betätigen des Buttons FERTIG verlassen. Die vorgenommenen Änderungen werden direkt in der Bridge angezeigt – im Gegensatz zu InDesign, das die bisherigen Änderungen nicht erkennt. Die eigentlichen Bilddaten sind von den Änderungen ja wie zuvor erläutert auch nicht wirklich verändert worden. Das ist auch an den Buttons erkennbar, mit denen man Camera Raw die Bildmanipulationen bestätigt: Der aktive Button rechts unten ist deswegen mit FERTIG und nicht mit SICHERN beschriftet.

In der Bridge wird durch die vorgenommenen Änderungen in Camera Raw ein kleines Symbol mit stilisierten Schiebereglern ❶ an der Bilddatei angezeigt:

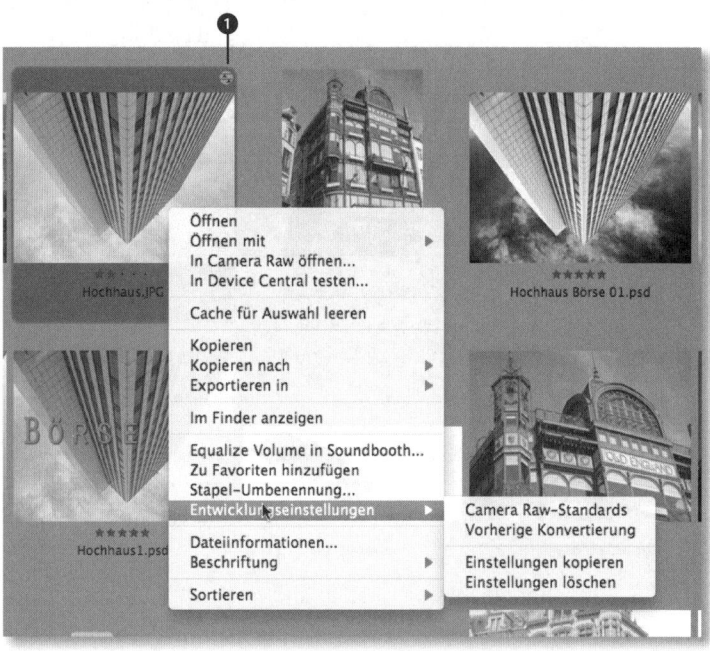

Abbildung 4.102 ▶
In der Bridge lassen sich Einstellungen von Camera Raw auf andere Dateien übertragen!

Im aufgerufenen Kontextmenü können Sie sehen, dass diese Einstellungen gelöscht werden können, die Datei würde dann wieder so aussehen wie vor der Bearbeitung, und zwar ohne dass das Bild in Camera Raw geöffnet werden müsste! Interessant ist auch der andere Befehl EINSTELLUNGEN KOPIEREN: Mit ihm werden die Bildmanipulationen kopiert, die dann auf andere Bilder angewendet werden können. Stellen Sie sich einfach einmal eine Fotoserie vor, deren Bilder alle denselben Blaustich aufweisen – mit Bridge und Camera Raw sind diese Bilder im Handumdrehen korrigiert.

Um in Camera Raw korrigierte Bilddaten in InDesign zu übernehmen, müssen diese leider erst einmal in Photoshop geöffnet und gespeichert worden sein. Dafür betätigen Sie einfach den Öffnen-Button in Camera Raw. Dann erst werden die Bild-Metadaten, die durch die Manipulation in Camera Raw an das Bild angehängt wurden, in das Bild mit eingerechnet, und damit sind die Korrekturen auch für InDesign erkennbar. Dadurch lassen sich die Änderungen aber auch nicht mehr im Camera-Raw-Interface bearbeiten.

Wenn Sie sich diese Möglichkeit offenhalten möchten, gibt es auch dafür einen Workaround. Allerdings werden hierbei die Bilddaten immer in das PSD-Format umgeschrieben, was bedeutet, dass Sie entsprechende Bilder neu in InDesign verknüpfen müssen. Hier liegt die Entscheidung also ganz bei Ihnen: entweder das ursprüngliche Bilddatenformat beibehalten und keinen Zugriff mehr auf die ursprünglichen Einstellungen in Camera Raw zu haben oder Umschreiben der Datei in das PSD-Format. Ich empfehle Ihnen hier ganz eindeutig den Weg über PSD, da Sie z. B. Bilddaten im JPEG-Format ohnehin nach PSD überführen müssen, wenn Sie in Photoshop beispielsweise mit Einstellungsebenen arbeiten, da JPEGs dieses Feature nicht unterstützen.

Bilder, die zuvor schon einmal mit Camera Raw bearbeitet wurden, werden von der Bridge mit einem Doppelklick automatisch wieder in der Camera-Raw-Umgebung geöffnet. Um die in Camera Raw vorgenommenen Änderungen weiter in Photoshop modifizieren zu können, müssen Sie sich eines Tastaturkürzels in Camera Raw bedienen. In Camera Raw drücken Sie die ⇧-Taste, dadurch ändert sich die Beschriftung des Öffnen-Buttons in Objekt öffnen ❷.

Wenn Sie ein Bild auf diese Weise in Camera Raw öffnen, wird das Bild nicht als Hintergrundebene in Photoshop angezeigt, sondern als sogenanntes Smart-Objekt:

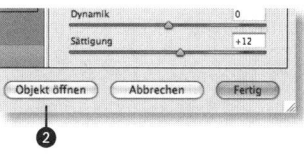

▲ **Abbildung 4.103**
Mit Objekt öffnen wird das aktive Bild als Smart-Objekt und nicht als Hintergrundebene in Photoshop geöffnet.

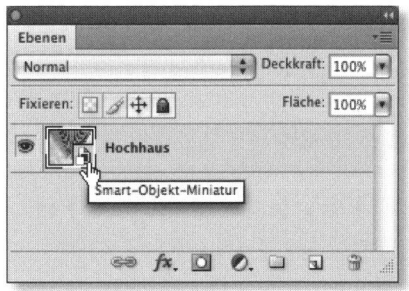

◄ **Abbildung 4.104**
Smart-Objekte werden in Photoshop im Ebenen-Bedienfeld besonders gekennzeichnet.

Ein Doppelklick auf die Smart-Objekt-Ebene öffnet innerhalb von Photoshop das Camera-Raw-Interface mit allen bisherigen Einstellungen! Ansonsten können Sie wie gewohnt mit Einstellungsebenen, Masken etc. arbeiten. Eine solche Datei muss aufgrund seiner verwendeten Photoshop-Features wie bereits erwähnt als PSD gespeichert werden und muss, wenn es nicht vorher schon im Photoshop-Dateiformat vorlag, in InDesign erneut verknüpft werden.

Dass z. B. Camera Raw noch über viele weitere ausgesprochen nützliche Funktionen wie das Rote-Augen-entfernen-Tool oder Gradationskurven verfügt, kann ich im Rahmen dieses Buches nur erwähnen, aber ich hoffe, dass ich Sie von den enormen Leistungsfähigkeiten von Bridge und Camera Raw überzeugen konnte und dass Sie sich weiter mit beiden Programmen beschäftigen werden: Es lohnt sich!

Ausgabeauflösung

Die jeweilige Wahl der Anzeigeleistung hat keinen Einfluss auf die Ausgabe z. B. auf einem Drucker oder beim Export als PDF. Die Ausgabeauflösung wird in den jeweiligen ausgabespezifischen Einstellungen vorgenommen.

4.11 Anzeigeleistung

Sie können in InDesign die Genauigkeit steuern, mit der Bilddaten in Dokumenten angezeigt werden. Hierbei gibt es zwei Möglichkeiten, dies einzustellen: Die Anzeigeleistung können Sie dokumentweit oder für einzelne Grafiken festlegen. In beiden Fällen haben Sie die Wahl zwischen drei Optionen, die den eigenen Bedürfnissen unter BEARBEITEN/INDESIGN • VOREINSTELLUNGEN • ANZEIGELEISTUNG... im Dropdown-Menü STANDARDANSICHT angepasst werden können:

▶ SCHNELLE ANZEIGE
Die Grafiken werden als graue Flächen mit einem X dargestellt. Schrift wird ohne Kantenglättung dargestellt und erscheint dadurch deutlich gepixelt.

▶ TYPISCHE ANZEIGE
Grafiken werden mit einer niedrigen Auflösung dargestellt, Schrift wird geglättet. Mit dieser Anzeige lässt sich zügig arbeiten, zum genauen Positionieren von Bildern ist sie jedoch zu grob.

▶ ANZEIGE MIT HOHER QUALITÄT
Hierbei werden die Bilder mit hoher Auflösung dargestellt, die Anzeige von bildlastigen Dokumenten verlangsamt sich hierdurch spürbar. Zur präzisen Positionierung von Grafiken ist sie notwendig.

▼ **Abbildung 4.105**
Die drei Ansichtsmodi SCHNELLE ANZEIGE, TYPISCHE ANZEIGE und ANZEIGE MIT HOHER QUALITÄT stellen Bilder unterschiedlich dar (v. o. n. u.).

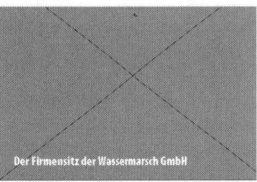

Diese drei Optionen der Anzeigeleistung können Sie auch über
ANSICHT • ANZEIGELEISTUNG anwählen. Hier wird die Anzeigeleistung für alle Grafiken des Dokumentes festgelegt. Ich empfehle
Ihnen aber auch hier, sich die Tastaturbefehle zumindest der beiden am häufigsten verwendeten Optionen TYPISCHE ANZEIGE und
ANZEIGE MIT HOHER QUALITÄT genau einzuprägen, denn durch den
häufigen Wechsel zwischen diesen beiden Darstellungsoptionen
kann man sich eigentlich die sogenannten objektspezifischen
Anzeigeeinstellungen sparen.

Schnelle Anzeige	⌥⇧⌘Z
✓ Typische Anzeige	⌥⌘Z
Anzeige mit hoher Qualität	⌃⌥⌘H
✓ Objektspezifische Anzeigeeinstellungen zulassen	
Objektspezifische Anzeigeeinstellungen löschen	

◄ **Abbildung 4.106**
Dieses Menü ist für die dokumentweite Einstellung der Darstellung zuständig.

Für diese objektspezifischen Anzeigeeinstellungen markieren Sie
eine Grafik und rufen das Kontextmenü auf. Dort können Sie dieselben Optionen wie für das gesamte Dokument wählen, diese
gelten dann aber tatsächlich nur für die aktuelle Grafik:

Schnelle Anzeige
Typische Anzeige
✓ Anzeige mit hoher Qualität
Ansichtseinstellung verwenden

◄ **Abbildung 4.107**
Mit diesem Menü können Sie
für eine einzelne Grafik die
Anzeige ändern.

Mit der Option ANSICHTSEINSTELLUNG VERWENDEN wird auch für
das markierte Bild die dokumentweite Einstellung angewendet.
Im Menü ANZEIGELEISTUNG (siehe Abbildung 4.106) können Sie
diese einzelnen Grafiken zugewiesenen Anzeigeeinstellungen
auch wieder ausschalten. Dafür ist der Menüeintrag OBJEKT-
SPEZIFISCHE ANZEIGEEINSTELLUNGEN ZULASSEN vorgesehen. Durch
ein Betätigen dieses Befehles wird das Häkchen entfernt und alle
Grafiken werden gemäß der getroffenen Wahl der Anzeigeleistung dargestellt. Durch erneute Anwahl dieses Menüeintrages
werden die individuellen Anzeigeeinstellungen wieder berücksichtigt. Der Befehl OBJEKTSPEZIFISCHE ANZEIGEEINSTELLUNGEN
LÖSCHEN entfernt alle getroffenen individuellen Anzeigeoptionen,
dadurch werden alle Bilder wieder gemäß der Anzeigeleistung des
Dokumentes dargestellt.

Welches Kontextmenü?

Lassen Sie sich nicht irritieren: Wenn Sie das Kontextmenü aufrufen, ohne eine
Grafik markiert zu haben,
sehen Sie die Optionen für
das gesamte Dokument
(siehe Abbildung 4.106) –
und nicht die für eine
bestimmte Grafik.

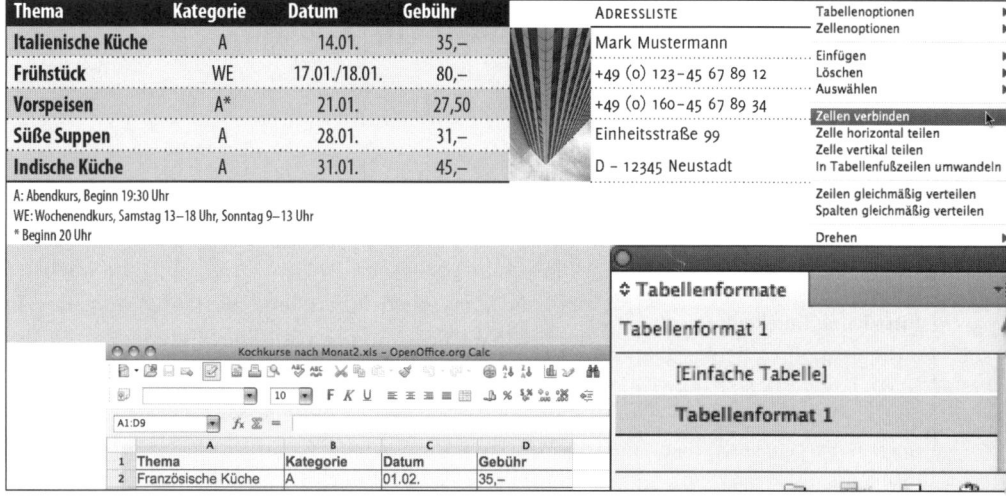

Kapitel 5

Tabellen

Informationen übersichtlich strukturieren

Sie werden lernen:

▸ wie Tabellen erstellt werden

▸ wie Tabellendaten erfasst werden

▸ welche Zeilenarten InDesign kennt

▸ wie Tabellen formatiert werden können

▸ wie Zellen- und Tabellenformate erstellt und angewendet werden

▸ wie Sie Tabellendaten mit einer Layoutdatei verknüpfen können

▸ wie Sie Bilder in eine Tabelle einfügen können

5 Tabellen

Früher:
Bitte keine Tabellen!

Zur Gestaltung von Tabellen waren früher keinerlei spezialisierten Tools in Layoutprogrammen implementiert, man musste sich mit dem Erstellen von separaten Linien und Flächen zur Optimierung von Tabellen behelfen, was schon bei kleineren Tabellen zu einem unverhältnismäßigen Arbeitsaufwand führte.

Wenn man sozusagen mit InDesign CS5 aufwächst, kann man sich nur schwerlich vorstellen, wie aufwendig der Tabellensatz noch vor wenigen Jahren war. Diese graue Vorzeit des Tabellensatzes ist zum Glück vorbei, da InDesign mit äußerst umfangreichen Werkzeugen und Konzepten aufwartet, die dem Layouter nicht mehr den Angstschweiß auf die Stirn treibt, wenn er hört, dass Tabellen zu gestalten sind.

5.1 Eine Tabelle anlegen

Wie Sie weiter vorn gesehen haben, können kleinere Auflistungen (siehe Seite 139) mit Absatzformaten und Tabulatoren durchaus ein strukturiertes Aussehen erhalten. Wenn es jedoch um die Organisation großer, ähnlich strukturierter Informationsmengen geht, bei denen Sie z. B. farbige Flächen oder Linien als unterstützende Gestaltungsmittel einsetzen möchten, kommen Sie mit Tabulatoren und Absatzformaten schnell an die Grenze des Zumutbaren.

Tabellendaten können von verschiedenen Quellen in ein InDesign-Dokument importiert werden. Hier sind Office-Anwendungen wie MS Word, MS Excel und OpenOffice zu nennen, in denen Tabellendaten meist angelegt werden und als Datei dem InDesign-Anwender zur Verfügung gestellt werden. Die für den Import von Tabellendaten notwendigen Schritte sehen wir uns später an.

Zunächst möchte ich Ihnen nahebringen, wie eine Tabelle und die Tabelleninhalte in InDesign angelegt werden können; und zwar ohne Zuhilfenahme oben genannter Office-Programme. An dieser Stelle sei aber schon einmal erwähnt, dass InDesign keine tabellentypischen Funktionen wie Berechnungen oder das Sortieren von Daten beherrscht: InDesign wird also bezüglich Tabellen »nur« für gestalterische Aufbereitung von tabellarisch angeordneten Informationen herangezogen.

Schritt für Schritt: Eine Tabelle in InDesign erstellen

Eine Tabelle ist in InDesign schnell erstellt, was liegt also näher, als mit einem entspannten Workshop als Einstieg in das ehemals gefürchtete Thema Tabellensatz zu beginnen?

1 Tabelle einfügen

Wie Sie sicher schon vermutet haben, gibt es in InDesign verschiedene Möglichkeiten, eine Tabelle zu erstellen. Da InDesign sogar über ein eigens für Tabellen reserviertes Menü verfügt, sehen wir uns den ersten Befehl TABELLE EINFÜGEN an. Dieser Befehl ist nur dann aufrufbar, wenn das Textwerkzeug aktiv ist und sich die Texteinfügemarke in einem Textrahmen befindet: Tabellen befinden sich nämlich genau wie Text ausnahmslos in Textrahmen.

Das bedeutet also für Sie, dass Sie zunächst einen Textrahmen auf einer Dokumentseite beliebiger Größe erstellen sollten, um dann den Befehl TABELLE EINFÜGEN aufzurufen. Mit dem Aufruf dieses Befehls erscheint folgendes Dialogfeld, in dem Sie die gezeigten Angaben zur neuen Tabelle machen können. Alle hier gemachten Tabellendefinitionen können im weiteren Verlauf auch wieder geändert werden.

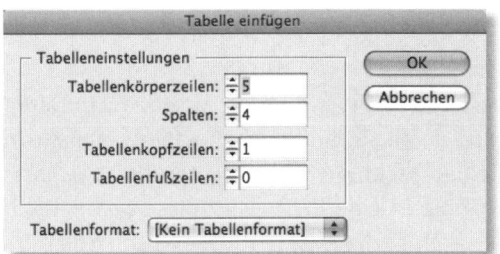

◄ **Abbildung 5.1**
Legen Sie in diesem Dialog die Anzahl der verschiedenen Zeilen und Spalten fest.

Mit TABELLENKÖRPERZEILEN sind die Tabellenzeilen gemeint, die die meisten Informationen aufnehmen werden und den größten Teil einer jeden Tabelle ausmachen. Spalten sind selbsterklärend und mit TABELLENKOPFZEILEN werden die Zeilen am oberen Tabellenrand bezeichnet, die die Spaltenbezeichnungen aufnehmen. TABELLENFUSSZEILEN sind ihr Pendant am unteren Rand der Tabelle und könnten beispielsweise eine Legende zur Erklärung der Tabelle aufnehmen. Ganz unten im Dialogfeld sehen Sie das Pulldown-Menü TABELLENFORMAT, mit dem wir uns später beschäftigen. Aber Sie können dieses Feature ja schon einmal im Hinterkopf behalten.

Nach dem Bestätigen mit OK erstellt InDesign in dem zuvor aufgezogenen Textrahmen eine Tabelle gemäß den im TABELLE EINFÜGEN-Dialog gemachten Eingaben:

#	#	#	#
#	#	#	#
#	#	#	#
#	#	#	#
#	#	#	#
#	#	#	#

Abbildung 5.2 ▸
Die neue Tabelle wurde von InDesign angelegt.

Mich erinnern diese Standardtabellen immer an Word, aber ich kann Ihnen versichern: Es wird schon noch besser. Tabellen werden immer nur mit einem einzigen Werkzeug bearbeitet: dem Textwerkzeug. Das Text-Tool übernimmt dabei verschiedenste Funktionen, dementsprechend ändert sich auch der Cursor – es bleibt aber immer das Textwerkzeug, mit dem Sie Text eingeben und ändern, einzelne Zellen, Spalten oder Zeilen markieren oder auch die ganze Tabelle in ihrer Größe ändern. Das Auswahl- oder Direktauswahl-Werkzeug wird bei der Manipulation von Tabellen überhaupt nicht verwendet.

Myriad

Als Schrift habe ich hier die Myriad Pro Light verwendet. Die Schriftwahl steht hierbei aber nicht im Vordergrund, so dass Sie auch auf eine andere Schrift zurückgreifen können.

2 Daten eingeben

In die neu angelegte Tabelle können Sie nun ganz bequem Daten eingeben: Dazu positionieren Sie einfach die Texteinfügemarke in die betreffende Zelle und geben den gewünschten Text ein. Passt ein Text nicht vollständig in eine Zelle, wird diese automatisch auf die nötige Höhe vergrößert ❶. Ich habe hier als Beispiel das Kursangebot einer Kochschule verwendet.

❶

Thema	Kategorie	Datum	Gebühr
Süße Suppen	A	13.06.	35,–
Herzhafte Desserts	WE	27.06./28.06.	80,–
Vorspeisen	A	30.06.	27,50
Italienische Küche	A	01.07.	35,–
Indische Küche	A	03.07.	45,–

Abbildung 5.3 ▸
Reicht der Platz einer Zelle bei der Eingabe nicht, vergrößert InDesign einfach die Tabelle nach unten.

Machen Sie sich am besten tatsächlich die Mühe und tippen Sie dieselben Infos für Ihr Beispiel ab. Versuchen Sie dabei, die Größe der Tabelle in etwa der abgebildeten Tabelle nachzuempfinden. Achten Sie bei der Arbeit an Tabellen darauf, dass die Texte nicht unbedingt am Grundlinienraster ausgerichtet sind.

Bei der Eingabe von Daten in eine Tabelle können Sie am einfachsten mit der ⇆-Taste innerhalb der Tabelle navigieren. Mit jedem Klick bewegen Sie sich eine Zelle weiter nach rechts bzw. in die nächste Zeile. Drücken Sie zusätzlich die ⇧-Taste, sorgt diese für die entgegengesetzte Bewegungsrichtung. Befindet sich der Cursor in der letzte Zelle rechts unten, wird durch einen erneuten Klick mit der ⇆-Taste direkt eine neue Zeile erstellt.

3 Spaltenbreite ändern

Als Nächstes soll die erste Spalte »Thema« so weit verbreitert werden, dass alle Themen einzeilig in ihre Tabellenzellen passen. Ein einfacher Klick mit dem Textwerkzeug auf die Spaltentrennlinie und anschließendes Ziehen ❷ verbreitern zwar die Themenspalte, die der Spalte hinzugefügte Breite wird auf diese Weise allerdings auch der gesamten Tabelle hinzugefügt ❸:

Grundlinienraster

Text in Tabellen und Grundlinienraster vertragen sich nicht sonderlich gut: Der am Grundlinienraster ausgerichtete Text sorgt meist für zu große Zeilen in Tabellen. Sollte dies bei Ihnen auch der Fall sein, markieren Sie den gesamten Tabellentext über Strg/⌘+A und klicken im Absatz-Bedienfeld auf die Option Nicht an Grundlinienraster ausrichten (siehe Seite 117).

❷   ❸

Thema#	Kategorie#	Datum#	Gebühr#	
Süße·Suppen#	A#	13.06.#	35,–#	
Herzhafte·Desserts#	WE#	27.06./28.06#	80,–#	
Vorspeisen#	A#	30.06.#	27,50#	
Italienische·Küche#	A#	01.07.#	35,–#	
Indische·Küche#	A#	03.07.#	45,–#	

◄ **Abbildung 5.4**
Die Tabelle wurde hier über den Textrahmen vergrößert, was für InDesign kein Problem darstellt.

Möchte man wirklich nur die Breite einer Spalte ändern, hält man hierfür die ⇧-Taste gedrückt, die Gesamtbreite der Tabelle bleibt dadurch erhalten:

Thema#	Kategorie#	Datum#	Gebühr#
Süße·Suppen#	A#	13.06.#	35,–#
Herzhafte·Desserts#	WE#	27.06./28.06#	80,–#
Vorspeisen#	A#	30.06.#	27,50#
Italienische·Küche#	A#	01.07.#	35,–#
Indische·Küche#	A#	03.07.#	45,–#

◄ **Abbildung 5.5**
Mit gedrückter ⇧-Taste bleibt beim Verändern der Spaltenbreite die Tabellenbreite unverändert.

4 Mehrere Spaltenbreiten angleichen

Die drei Spalten »Kategorie«, »Datum« und »Gebühr« sehen für mein Empfinden durch ihre unterschiedlichen Breiten etwas ungeordnet aus. Schön wäre es doch, wenn alle drei Spalten die gleiche Breite hätten. Dafür müssen zunächst die drei Spalten markiert werden: Der Textcursor wird zu einem vertikalen Pfeil ❶, wenn er genau oberhalb einer Spalte platziert wird. Ein anschließender Klick markiert dann die gesamte Spalte. Und um mehrere Spalten zu markieren, muss wieder die ⎕-Taste gedrückt werden:

Abbildung 5.6 ▶
Hier sorgt die ⎕-Taste dafür, dass mehrere Spalten aktiviert werden können.

❶

Thema#	Kategorie#	Datum#	Gebühr#
Süße·Suppen#	A#	13.06.#	35,–#
Herzhafte·Desserts#	WE#	27.06./28.06#	80,–#
Vorspeisen#	A#	30.06#	27,50#
Italienische·Küche#	A#	01.07#	35,–#
Indische·Küche#	A#	03.07.#	45,–#

Übersatztext-Infos

Hinter den Pluszeichen werden die Infos über den Übersatztext angezeigt – dafür muss sich die Texteinfügemarke nur im entsprechende Text befinden.

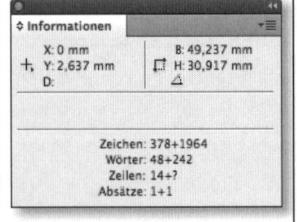

Die ⎕-Taste ist also eine der ersten Möglichkeiten, bei denen Sie ausprobieren sollten, wie sich die Funktionalität des Werkzeuges ändert. Was im Zusammenhang mit Tabellen nicht funktioniert, ist das Markieren von Spalten oder Zeilen, die nicht direkt neben- bzw. untereinanderstehen: Es sind immer nur zusammenhängende Teilbereiche aktivierbar.

Nachdem nun die drei nebeneinanderliegenden Spalten markiert sind, kann das Kontextmenü aufgerufen werden. Dort finden Sie den Befehl SPALTEN GLEICHMÄSSIG VERTEILEN. Wählen Sie diesen Befehl an.

Thema#	Kategorie#	Datum#	Gebühr#
Süße·Suppen#	A#	13.06	
Herzhafte·Desserts#	WE#	27.06	
Vorspeisen#	A#	30.06	
Italienische·Küche#	A#	01.07	
Indische·Küche#	A#	03.07	

Tabellenoptionen   ▶
Zellenoptionen   ▶

Einfügen   ▶
Löschen   ▶
Auswählen   ▶

Zelle horizontal teilen
Zelle vertikal teilen
In Tabellenkörperzeilen umwandeln

Zeilen gleichmäßig verteilen
Spalten gleichmäßig verteilen

Drehen   ▶

Gehe zu Zeile...
Kopfzeile bearbeiten

InCopy   ▶

Abbildung 5.7 ▶
Das Kontextmenü ist auch im Zusammenhang mit Tabellen äußerst nützlich.

Das sieht doch nun schon nicht mehr so sehr nach Word aus – aber wir sollten noch die Datumsangaben und die Gebühren anders ausrichten und vor allem die Kopfzeile überarbeiten, so dass sie mehr als solche erkennbar ist.

Thema	Kategorie	Datum	Gebühr
Süße Suppen	A	13.06.	35,–
Herzhafte Desserts	WE	27.06./28.06	80,–
Vorspeisen	A	30.06.	27,50
Italienische Küche	A	01.07.	35,–
Indische Küche	A	03.07.	45,–

◄ **Abbildung 5.8**
Statt linksbündig sollen die Einträge z. T. zentriert ausgerichtet werden.

5 Zellenfarbe ändern

Kümmern wir uns zunächst um die Gestaltung der Kopfzeile. Um eine Zeile zu markieren, bewegen Sie den Cursor ganz nach links an die äußere Tabellenbegrenzung. Dort wird der Cursor zu einem horizontalen Pfeil ❷, der durch einen Klick auf den Tabellenrand die entsprechende Zeile markiert. Rufen Sie über FENSTER • FARBE • FARBFELDER das zugehörige Bedienfeld auf und weisen Sie der Fläche eine Farbe Ihrer Wahl zu. Ich habe hier als Flächenfarbe ❸ für das markierte Objekt ❹, in diesem Fall also die Zellen, ganz einfach [SCHWARZ] gewählt, was hier nicht deutlich zu erkennen ist, da Fläche und Kontur dieselbe Farbe haben.

Farben zuweisen

Farben können neben dem Bedienfeld FARBEN ebenso über das STEUERUNG-Bedienfeld zugewiesen werden.

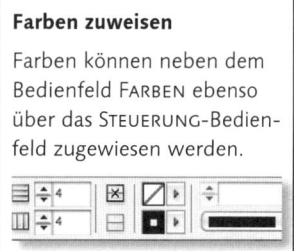

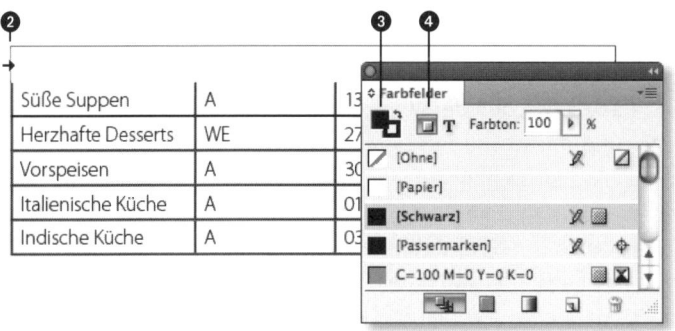

◄ **Abbildung 5.9**
Mit dem Bedienfeld FARB-FELDER wird der Fläche eine andere Farbe zugewiesen.

6 Textfarbe ändern

Lassen Sie die Kopfzeile so lange markiert, bis Sie das Aussehen der Spaltenbezeichnungen angepasst haben. In Tabellen können Sie wie gewohnt die Schriftattribute über die Bedienfelder ZEI-CHEN und ABSATZ oder über das STEUERUNG-Bedienfeld ändern. Ich habe den Schnitt der Schrift von »Light« in »Bold« geändert. Und natürlich sollten Sie auch noch die Schriftfarbe ändern, falls

Sie wie vorgeschlagen als Zellenfarbe ebenfalls Schwarz gewählt haben. Für die Änderung der Flächenfarbe ❶ des Textes brauchen Sie im Bedienfeld FARBFELDER nur den Button FORMATIERUNG WIRKT SICH AUF TEXT AUS ❷ anzuwählen und können daraufhin eine Farbe wählen. Ich habe es an dieser Stelle auch einfach gehalten und habe das Farbfeld [PAPIER] angeklickt. Dadurch ist der Text auch wieder lesbar:

Abbildung 5.10 ▶
Über das Bedienfeld FARB-FELDER wird auch dem markierten Text in der Kopfzeile eine andere Farbe zugewiesen.

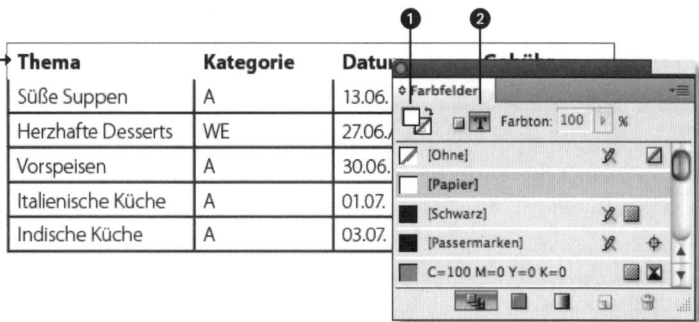

7 Spaltenbezeichnungen ausrichten

Die drei Spalten »Kategorie«, »Datum« und »Gebühr« sollen zentriert über den Spalten stehen. Weil die dazugehörigen Spalten in Schritt 8 auf andere Weise formatiert werden, bleiben diese vorerst unangetastet. Um die Spaltenbezeichnungen zu markieren, klicken Sie zunächst in das Wort »Kategorie« und betätigen dann die [Esc]-Taste.

Während der Tabellenbearbeitung wird durch das Drücken der [Esc]-Taste zwischen der Markierung des Zelleninhaltes – hier der Text – und der Zelle selbst gewechselt. Dieser Tastaturbefehl ist bei der Arbeit an Tabellen äußerst empfehlenswert, da Sie sich hierdurch das Klicken in die Tabelle sparen und damit auch nicht aus Versehen die Spaltenbreiten oder Zeilenhöhe ändern. Möglich ist es aber ebenso, Tabellenbereiche durch Klicken und Ziehen zu markieren. Probieren Sie beide Techniken einfach bei der Arbeit an der Beispieltabelle einmal aus.

Abbildung 5.11 ▶
Die [Esc]-Taste schaltet zwischen der Text- und Zellenauswahl um.

Thema	Kategorie I	Datum	Gebühr
Süße Suppen	A	13.06.	35,–
Herzhafte Desserts	WE	27.06./28.06	80,–
Vorspeisen	A	30.06.	27,50
Italienische Küche	A	01.07.	35,–
Indische Küche	A	03.07.	45,–

Um die benachbarten Spaltenüberschriften »Datum« und »Gebühr« ebenfalls zu markieren, brauchen Sie nur wieder die ⌂-Taste zu drücken. Mit dem Rechtspfeil → können Sie nun die nächsten beiden Zellen markieren. Im Bedienfeld ABSATZ können Sie dann die zentrierte Absatzausrichtung wählen. Für die folgende Abbildung habe ich die Markierung der drei Zellen aufgehoben:

Thema	Kategorie	Datum	Gebühr
Süße Suppen	A	13.06.	35,–
Herzhafte Desserts	WE	27.06./28.06	80,–
Vorspeisen	A	30.06.	27,50
Italienische Küche	A	01.07.	35,–
Indische Küche	A	03.07.	45,–

◀ **Abbildung 5.12**
Die drei rechten Spaltentitel sind nun zentriert ausgerichtet.

8 **Einträge der Spalte »Kategorie« ausrichten**
Markieren Sie mit einer der eben beschriebenen Techniken die fünf Zellen der Spalte »Kategorie« und weisen Sie den Texten auch die Absatzausrichung ZENTRIEREN zu:

Thema	Kategorie	Datum	Gebühr
Süße Suppen	A	13.06.	35,–
Herzhafte Desserts	WE	27.06./28.06	80,–
Vorspeisen	A	30.06.	27,50
Italienische Küche	A	01.07.	35,–
Indische Küche	A	03.07.	45,–

◀ **Abbildung 5.13**
Hier sind die Einträge der Spalte »Kategorie« zentriert worden.

9 **Einträge der Spalten »Datum« und »Gebühr« ausrichten**
Achten Sie darauf, dass für die Absatzausrichtung der Einträge in den Spalten »Datum« und »Gebühr« die Option LINKSBÜNDIG AUSRICHTEN aktiv ist: Diese beiden Spalten sollen nämlich mittels des TABULATOREN-Bedienfeldes ausgerichtet werden. Und Tabelleninhalte übernehmen die Ausrichtung durch das TABULATOREN-Bedienfeld nur, wenn die Absatzausrichtung LINKSBÜNDIG AUSRICHTEN gewählt ist.

Markieren Sie nun die fünf Einträge der Spalte »Datum«. Über SCHRIFT • TABULATOREN rufen Sie das entsprechende Bedienfeld auf. In diesem Zusammenhang ist interessant, dass in Tabellen keine Tabulatoren gesetzt werden müssen, um Inhalte dennoch über das Bedienfeld TABULATOREN in ihrer Positionierung steuern zu können. Um die Kursdaten am Punkt nach dem Tagesdatum auszurichten, setzen Sie einen Dezimal-Tabulator ❶ und geben im Feld AUSRICHTEN AN einen Punkt (.) ein ❷. Die Position des Tabulators können Sie nach Augenmaß festlegen.

Abbildung 5.14 ▶
Mit dem Bedienfeld TABULATO-REN lassen sich Einträge in Tabellen ausrichten.

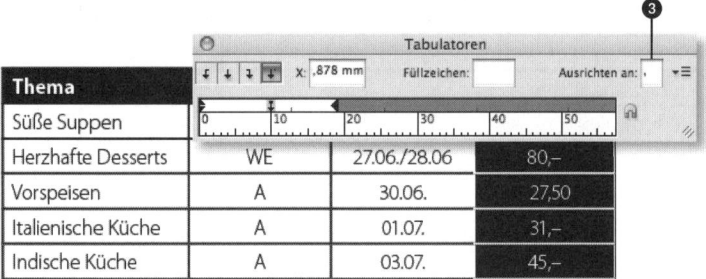

Thema			
Süße Suppen			
Herzhafte Desserts	WE	27.06./28.06	80,–
Vorspeisen	A	30.06.	27,50
Italienische Küche	A	01.07.	35,–
Indische Küche	A	03.07.	45,–

Magnet

Wenn Sie beim Arbeiten mit dem TABULATOREN-Bedienfeld das Layout im Dokumentfenster verschieben, bleibt das Bedienfeld an der ursprünglichen Position stehen – ein Klick auf den Magnet-Button positioniert es wieder über der aktuellen Markierung.

Danach markieren Sie nur den zweiten Eintrag mit dem Wochenenddatum und weisen diesem die Absatzausrichtung ZENTRIERT zu, da er aufgrund des langen Eintrags nicht korrekt mit den anderen Datumseinträgen mittels TABULATOREN-Bedienfeld positioniert werden kann.

Die Preisangaben richten Sie genau wie eben bei den Datumsangaben ein. Statt eines Punktes geben Sie im Feld AUSRICHTEN AN jetzt natürlich ein Komma ein ❸:

Thema			
Süße Suppen			
Herzhafte Desserts	WE	27.06./28.06	80,–
Vorspeisen	A	30.06.	27,50
Italienische Küche	A	01.07.	31,–
Indische Küche	A	03.07.	45,–

Abbildung 5.15 ▶
Die Angaben in der rechten Spalte werden am Komma ausgerichtet.

Damit ist die Tabelle fertiggestellt, wobei die Gestaltungsmöglichkeiten von InDesign noch nicht ausgeschöpft sind – die Grundzüge des Tabellensatzes haben Sie aber kennengelernt.

Thema	Kategorie	Datum	Gebühr
Süße Suppen	A	13.06.	35,–
Herzhafte Desserts	WE	27.06./28.06	80,–
Vorspeisen	A	30.06.	27,50
Italienische Küche	A	01.07.	31,–
Indische Küche	A	03.07.	45,–

Abbildung 5.16 ▶
Die Vielzahl der gemachten Arbeitsschritte sind der fertigen Tabelle nicht anzusehen.

5.2   Umwandlung Text – Tabelle

Im Menü TABELLE finden Sie nach dem Eintrag TABELLE EINFÜGEN die beiden Befehle TEXT IN TABELLE UMWANDELN und TABELLE IN TEXT UMWANDELN. Vor allem der erste der beiden ist interessant: Wie eingangs erwähnt, werden Sie Tabellendaten meist als Excel- oder als Word-Dateien geliefert bekommen. Dass Sie wie im vorangegangenen Workshop Daten selbst eingeben, sollte doch eher die Ausnahme bleiben.

Es kann aber ebenso gut vorkommen, dass Sie statt einer Excel-Arbeitsmappe eine Textdatei erhalten, in der die Tabellendaten durch Tabulatoren voneinander getrennt sind. Eine weitere Möglichkeit besteht darin, dass die für Sie relevante Tabelle in einem längeren Word-Dokument eingefügt ist, bei dem es sich nicht lohnt, den ganzen Text nur wegen der einen oder auch mehrerer Tabellen nach InDesign zu importieren. In diesem Fall können Sie die Tabellendaten in der Textverarbeitung markieren, über ⌈Strg⌉/ ⌈⌘⌉+⌈C⌉ kopieren und über ⌈Strg⌉/⌈⌘⌉+⌈V⌉ in InDesign einfügen.

Die Kursdaten im folgenden Beispiel sind in Word erfasst und größtenteils als Tabelle angelegt. Die erläuternden Texte unterhalb der Tabelle sind als normaler Text eingegeben worden und sind nicht Teil der Tabelle.

Thema	Datum	Kategorie	Gebühr
Süße Suppen	13.06.	A	35,–
Herzhafte Desserts	27.06./28.06	WE	80,–
Vorspeisen	30.06.	A*	27,50
Italienische Küche	01.07.	A	31,–
Indische Küche	03.07.	A	45,–

A: Abendkurs, Beginn 19:30 Uhr

WE: Wochenendkurs, Samstag 13–18 Uhr, Sonntag 9–13 Uhr

* Beginn 20 Uhr

◄ **Abbildung 5.17**
Eine mit Word erstellte Tabelle

Auf diesen Daten basierend, die sich minimal von denen im vorangegangenen Workshop verwendeten unterscheiden, möchte ich Ihnen auf den nächsten Seiten zeigen, wie Tabellen unter Ausnutzung der umfangreichen Tabellenfunktionen in InDesign CS5 formatiert werden können.

Nach dem Kopieren und Einsetzen derartiger Daten hat man keine Tabelle, sondern reinen Text in InDesign vor sich. So sehen auch Daten aus Anwendungen wie Datenbanken aus, bei denen die Spalten durch Tabstopps oder auch Kommas dargestellt werden. An dieser Stelle ist also unerheblich, von welchem Ursprungsprogramm die gelieferten Tabellendaten stammen. Die Tabelle aus Abbildung 5.17, die aus Word kopiert wurde, sieht nach dem Einfügen wie in Abbildung 5.18 aus: Die Formatierung als Tabelle ging verloren, und genau für derartige Situationen ist der Befehl TEXT IN TABELLE UMWANDELN konzipiert.

❶   ❷

Thema » Datum » Kategorie   »   Gebühr¶
Süße·Suppen » 13.06. » A »   35,–¶
Herzhafte·Desserts   »   27.06./28.06 » WE » 80,–¶
Vorspeisen » 30.06. » A »   27,50¶
Italienische·Küche   »   01.07. » A »   31,–¶
Indische·Küche » 03.07. » A »   45,–¶
A:·Abendkurs,·Beginn·19:30·Uhr¶
WE:·Wochenendkurs,·Samstag·13–18·Uhr,·Sonntag·9–13·Uhr¶
*·Beginn·20·Uhr¶

Abbildung 5.18 ▶
Dieses Zeichenchaos wird mit einem Klick in InDesign zu einer formatierbaren Tabelle.

Nachdem ein solcher Text in InDesign markiert wurde, kann der Befehl TEXT IN TABELLE UMWANDELN angewählt werden. Es erscheint das Dialogfeld aus Abbildung 5.19, in dem angegeben werden kann, welche Zeichen InDesign als SPALTEN- und ZEILEN-TRENNZEICHEN annehmen soll. Bei kommaseparierten Textdateien, bei denen die Spalten mit Kommas gekennzeichnet sind, kann hier als Trennzeichen statt eines Tabulators/Tabstopps auch ein Komma gewählt werden. Für das obige Beispiel sind jedoch die Standardeinstellungen richtig: Die Tabulatoren definieren Spalten ❶, das Absatzzeichen ein Zeilenende ❷.

Abbildung 5.19 ▶
Hier können die Trennzeichen angegeben werden, die InDesign zur Erstellung von Spalten und Zeilen verwenden soll.

Nach Bestätigung des Dialogs mit OK wird der Text in eine Standardtabelle umgewandelt. Dabei fasst InDesign alle Zellen in 1-Pt-Linien ein, was Sie ja schon aus dem vorangegangenen Workshop kennen.

Um das Aussehen der Tabelle in Abbildung 5.20 zu erreichen, musste auf den Tabellentext die Absatzoption NICHT AN GRUNDLINIENRASTER AUSRICHTEN angewendet werden. Wird diese Option nicht verwendet, werden die Zellen meist viel zu groß, weil InDesign den Text immer am Grundlinienraster ausrichtet und daran wiederum die Zellengröße anpasst.

Wie Sie an der folgenden Abbildung sehen können, hat InDesign alle Zeilen, also auch die Zeilen der Legende, die in Word nicht Teil der Tabelle waren, zu einer Tabelle zusammengefasst: Lediglich die Textmarkierung vor dem Aufruf von TEXT IN TABELLE UMWANDELN steuert, welche Informationen in die Tabelle überführt werden:

Thema	Datum	Kategorie	Gebühr
Süße Suppen	13.06.	A	35,–
Herzhafte Desserts	27.06./28.06	WE	80,–
Vorspeisen	30.06.	A	27,50
Italienische Küche	01.07.	A	31,–
Indische Küche	03.07.	A	45,–
A: Abendkurs, Beginn 19:30 Uhr			
WE: Wochenendkurs, Samstag 13–18 Uhr, Sonntag 9–13 Uhr			
* Beginn 20 Uhr			

◀ **Abbildung 5.20**
Der Text von Abbildung 5.18 wurde markiert und in eine Tabelle umgewandelt.

5.3 Zellen verbinden und teilen

Wenn Sie mehrere Zellen zu einer einzigen zusammenfassen möchten, markieren Sie zuerst die entsprechenden Zellen und rufen dann den Befehl ZELLEN VERBINDEN z. B. über das Kontextmenü auf:

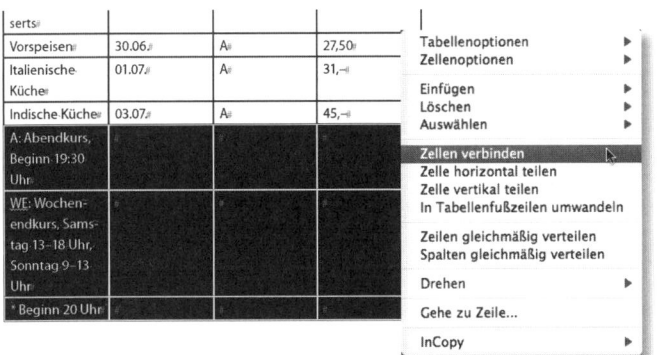

◀ **Abbildung 5.21**
Im Kontextmenü finden Sie auch den Befehl ZELLEN VERBINDEN.

Die Anzahl und Position der Zellen sind dabei ebenso unerheblich wie die Frage, ob eine Zelle Text enthält. InDesign fügt alle markierten Zellen zusammen, wobei die Texte, die vor der Zellenverbindung in einzelnen Zellen platziert waren, in der neuen Zelle einfach durch Absatzzeichen ❶ voneinander getrennt werden:

Thema	Datum	Kategorie	Gebühr
Süße Suppen	13.06.	A	35,–
Herzhafte Desserts	27.06./28.06.	WE	80,–
Vorspeisen	30.06.	A	27,50
Italienische Küche	01.07.	A	31,–
Indische Küche	03.07.	A	45,–
A: Abendkurs, Beginn 19:30 Uhr WE: Wochenendkurs, Samstag 13–18 Uhr, Sonntag 9–13 Uhr ———— ❶ * Beginn 20 Uhr			

Abbildung 5.22 ▶
Die zwölf Zellen aus Abbildung 5.21 wurden zu einer einzigen verbunden.

Der Befehl ZELLVERBINDUNG AUFHEBEN ❸ im Menü TABELLE oder im STEUERUNG-Bedienfeld ist nur verfügbar, wenn vorher tatsächlich Zellen verbunden wurden. Er sorgt zwar bzgl. der Zellenanzahl und -position für die Situation, die vorlag, bevor die Zellen verbunden wurden, die Texte werden durch diesen Befehl aber nicht wieder an ihrer ursprüngliche Stelle platziert. Das müssen Sie mit Copy & Paste erledigen.

Durch den Aufruf der Befehle ZELLE HORIZONTAL bzw. VERTIKAL TEILEN aus dem Kontextmenü werden bei genügendem Raum die markierte Zelle oder auch mehrere Zellen entsprechend aufgeteilt. Bei der horizontalen Teilung hat die neue Zelle immer die Höhe der Schriftgröße der Ursprungszelle zuzüglich der gegebenenfalls eingegebenen Versatzabstände. Ist der Platz hierfür nicht vorhanden, vergrößert InDesign die Tabelle nach unten hin.

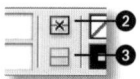

▲ Abbildung 5.23
Die Befehle ZELLEN VERBINDEN ❷ und ZELLVERBINDUNG AUFHEBEN ❸ finden Sie auch im STEUERUNG-Bedienfeld.

5.4   Zeilenarten

InDesign unterscheidet zwischen drei verschiedenen Arten von Zeilen innerhalb einer Tabelle: Den größten Anteil einer Tabelle haben die Tabellenkörperzeilen ❺. Sie nehmen die meisten Informationen auf. Häufig werden die Tabellenspalten wie im Beispiel (»Thema«, »Datum« etc.) bezeichnet, dann liegt gegebenenfalls eine Kopfzeile ❹ vor. Tatsächlich muss nämlich einer Zeile dieses Attribut in InDesign erst zugewiesen werden, Gleiches gilt für die Fußzeile ❻.

Dabei ist zu beachten, dass sich Kopfzeilen immer oberhalb der Tabellenkörperzeilen, Fußzeilen immer unterhalb der Tabellenkörperzeilen befinden müssen, ansonsten sind die entsprechenden Befehle zur Zuweisung dieser beiden Zeilenattribute im Menü Tabelle ohnehin nicht anwählbar. Soll einer markierten Zeile das Attribut Kopf- bzw. Fußzeile zugewiesen werden, wird im Menü Tabelle das Untermenü Zeilen umwandeln und dann der gewünschte Eintrag In Tabellenkopf, In Tabellenkörper oder In Tabellenfuss gewählt.

Kopf- und Fußzeilen kommt in zwei Situationen eine besondere Bedeutung bei: Im Menü Tabelle finden Sie das Untermenü Auswählen, und hier können Sie nicht nur zwischen den naheliegenden Tabellenabschnitten wie Zelle, Zeile und Spalte wählen, sondern neben den Tabellenkörperzeilen auch die Tabellenkopfzeile und die Tabellenfusszeile. Diese Wahlmöglichkeiten machen natürlich besonders bei großen Tabellen Sinn, bei denen die direkte Markierung mit dem Text-Tool umständlich ist.

Die andere Situation, in der die Zuweisung der oberen bzw. unteren Zeile eine zentrale Rolle spielt, ist gegeben, wenn eine Tabelle aufgrund ihrer Größe in mehrere Textrahmen umbricht. Dann kann eingestellt werden, dass InDesign die Kopf- oder Fußzeile oder beide in den folgenden Rahmen wiederholen soll.

▼ **Abbildung 5.24**
Tabellen können ihre Kopf- und Fußzeile in den nächsten verketteten Textrahmen wiederholen.

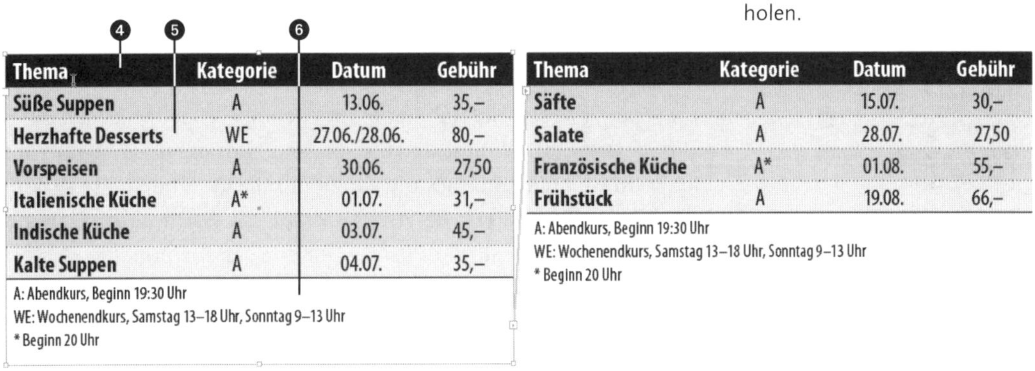

Thema	Kategorie	Datum	Gebühr
Süße Suppen	A	13.06.	35,–
Herzhafte Desserts	WE	27.06./28.06.	80,–
Vorspeisen	A	30.06.	27,50
Italienische Küche	A*	01.07.	31,–
Indische Küche	A	03.07.	45,–
Kalte Suppen	A	04.07.	35,–

A: Abendkurs, Beginn 19:30 Uhr
WE: Wochenendkurs, Samstag 13–18 Uhr, Sonntag 9–13 Uhr
* Beginn 20 Uhr

Thema	Kategorie	Datum	Gebühr
Säfte	A	15.07.	30,–
Salate	A	28.07.	27,50
Französische Küche	A*	01.08.	55,–
Frühstück	A	19.08.	66,–

A: Abendkurs, Beginn 19:30 Uhr
WE: Wochenendkurs, Samstag 13–18 Uhr, Sonntag 9–13 Uhr
* Beginn 20 Uhr

In der Abbildung ist gut zu erkennen, dass die beiden Textrahmen verkettet sind. Die Tabelle ist so eingerichtet, dass die Kopf- und Fußzeilen in allen folgenden Textrahmen wiederholt werden. In solchen Situationen können die Textrahmen weiter wie gewohnt in Position und Größe geändert werden. InDesign passt die Tabellengröße immer dem vorhandenen Platz an.

Werden beispielsweise Änderungen am Text der Kopf- oder Fußzeile vorgenommen, ist dies nur im ersten Textrahmen möglich. Bei den folgenden Textrahmen erscheint beim Versuch, die

Kopf- oder Fußzeile zu editieren, ein Schloss-Symbol. Die Änderungen im ersten Textrahmen werden direkt von den folgenden Textrahmen übernommen.

5.5 Navigieren und Markieren

Bevor ich Ihnen im nächsten Abschnitt erläutern möchte, wie Sie die Konturen Ihren Vorstellungen entsprechend im Aussehen ändern können, erscheint es mir sinnvoll, erst noch detaillierter auf die verschiedenen Möglichkeiten der Navigation und des Markierens innerhalb einer Tabelle einzugehen.

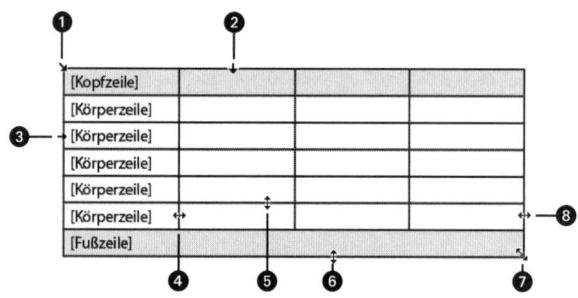

Abbildung 5.25 ▶
Ausgangsbasis für die weiteren
Arbeitsschritte

▲ Abbildung 5.26
Wenn eine oder mehrere Zellen
– nicht deren Inhalte – markiert
sind, finden Sie viele tabellen-
spezifische Befehle im Kontextmenü.

Ausnahmslos alle Änderungen werden mit dem Text-Tool vorgenommen, das sein Aussehen der möglichen Aktion innerhalb einer Tabelle anpasst: Nimmt der Cursor die Form eines Einfachpfeiles an, wird durch einen Klick die ganze Tabelle ❶, eine Spalte ❷ oder eine Zeile ❸ markiert. Zeigt der Cursor die Form eines Doppelpfeiles, kann hiermit die Position einer Spaltentrennlinie ❹ oder einer Zeilentrennlinie ❺ innerhalb der Tabelle geändert werden. Wird mit dem Cursor an den äußeren Rändern gezogen, wird die Gesamthöhe ❻ bzw. -breite ❽ der Tabelle verändert. Durch die Änderung der Position der rechten unteren Ecke ❼ wird die Tabelle in Breite und Höhe geändert.

Wie weiter vorn erwähnt, führt das Drücken der ⬆-Taste beim Markieren dazu, dass z.B. mehrere Zeilen markiert werden können. Dasselbe gilt natürlich auch für die Aktivierung von Zellen. Den Wechsel zwischen Markierung der Zelle selbst und deren Inhalt bewerkstelligen Sie am einfachsten durch das Drücken der Esc-Taste. Halten Sie beim Verschieben einer Spaltentrennlinie die ⬆-Taste gedrückt, bleibt die ursprüngliche Tabellenbreite erhalten.

Anders als in normalen Textrahmen können Sie neben der Verwendung der vier Pfeiltasten auf Ihrer Tastatur auch die ⇥-Taste einsetzen. Dabei springt die Texteinfügemarke zeilenweise eine Zelle weiter nach rechts. Halten Sie hierbei die ⇧-Taste gedrückt, bewegt sich der Cursor nach links.

Wenn Sie viel mit Tabellen arbeiten, empfehle ich Ihnen außerdem die Kombination aus ⇧- und Pfeiltasten: Nach ein wenig Übung können Sie sich nicht nur zügig in einer Tabelle bewegen, sondern auch Zellen mit der Tastatur markieren.

5.6 Konturen und Flächen

Neben der Typografie ist die Gestaltung der Zellenflächen und ihrer Konturen ein wichtiges Mittel, um Tabellen übersichtlich und damit schnell erfassbar zu machen. Nach dem folgenden Beispiel sind Sie in der Lage, das Aussehen von Tabellen in kurzer Zeit Ihren Vorstellungen anzupassen.

Schritt für Schritt: Eine Tabelle in InDesign formatieren

Für diese Anleitung werden wir mit der importierten Tabelle von Abbildung 5.20 beginnen.

1 Tabellendaten einfügen und Tabelle modifizieren

Kopieren Sie die Tabelle aus »Tabelle_Kontur_Flaeche.doc« in einen Textrahmen und editieren Sie ihn mit folgenden Maßnahmen:

»Tabelle_
Kontur_Flaeche.doc«

▶ Markieren Sie die gesamte Tabelle und wählen Sie NICHT AN GRUNDLINIENRASTER AUSRICHTEN im Bedienfeld ABSATZ.

▶ Verbinden Sie die zwölf unteren Zellen zu einer einzigen Zelle (siehe Seite 243), und weisen Sie dieser z. B. über das Kontextmenü das Format TABELLENFUSSZEILE zu.

▶ Dementsprechend erhält die obere Zeile das Attribut TABELLENKOPFZEILE.

▶ Der gesamten Tabelle weisen Sie mit dem Bedienfeld ZEICHEN eine Schrift und einen SCHRIFTGRAD Ihrer Wahl zu (ich habe hier die Myriad Pro Condensed in 12 Pt gewählt).

▶ Dem Kopfzeilentext können Sie einen anderen Schnitt zuweisen (ich habe Bold Condensed der Myriad Pro genommen).

▶ Die Kopfzeile erhält als Flächenfarbe eine zu den Körperzeilen kontrastierende Farbe wie z. B. Schwarz (siehe Seite 237).

▶ Die Schriftfarbe der Kopfzeilentexte wird daraufhin gegebenenfalls angepasst (z. B. auf [PAPIER]).

▶ Die Einträge der Spalte »Datum« werden mittels eines Dezimal-Tabulators an einem Punkt (.), die Einträge der Spalte »Gebühr« an einem Komma ausgerichtet.

▶ Eventuell möchten Sie die Größe der Tabelle insgesamt oder die der Spalten ändern. Sollte dies der Fall sein, bedenken Sie dabei die Funktion der ⬚-Taste (siehe Seite 246).

Mit diesen Modifikationen sollte Ihre Tabelle nun etwa so aussehen:

Thema	Datum	Kategorie	Gebühr
Süße Suppen	13.06.	A	35,–
Herzhafte Desserts	27.06./28.06	WE	80,–
Vorspeisen	30.06.	A*	27,50
Italienische Küche	01.07.	A	31,–
Indische Küche	03.07.	A	45,–
A: Abendkurs, Beginn 19:30 Uhr WE: Wochenendkurs, Samstag 13–18 Uhr, Sonntag 9–13 Uhr * Beginn 20 Uhr			

Abbildung 5.27 ▶
Die Ausgangsbasis für die weiteren Arbeitsschritte.

2 Rahmenkontur ändern

Um die Tabelle luftiger wirken zu lassen, entfernen wir zunächst den Rand um die Tabelle. Dafür markieren Sie die gesamte Tabelle, z. B. indem Sie mit dem Textwerkzeug auf die linke obere Ecke klicken:

Thema	Datum	Kategorie	Gebühr
Süße Suppen	13.06.	A	35,–
Herzhafte Desserts	27.06./28.06	WE	80,–
Vorspeisen	30.06.	A*	27,50
Italienische Küche	01.07.	A	31,–
Indische Küche	03.07.	A	45,–
A: Abendkurs, Beginn 19:30 Uhr WE: Wochenendkurs, Samstag 13–18 Uhr, Sonntag 9–13 Uhr * Beginn 20 Uhr			

Abbildung 5.28 ▶
Die gesamte Tabelle wird mit einem Klick des Text-Tools markiert.

Achten Sie nun auf die Vorschau ❸ im STEUERUNG-Bedienfeld: Dort sind alle Linien blau markiert. Beachten Sie, dass die äußeren Linien dieser Darstellung immer die äußeren Linien der jeweiligen Markierung und nicht unbedingt den Tabellenrahmen darstellen (das ist nur jetzt der Fall, weil die Markierung den gesamten Tabellenrahmen einschließt). Mit dem nebenstehenden Eingabefeld und dem Pulldown-Menü können Sie die Konturstärke ❶ und die Konturart ❷ für die in der Vorschau markierten Linien einstellen.

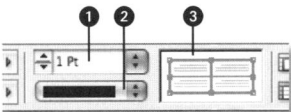

Da nur die äußere Tabellenkontur geändert werden soll, müssen Sie die innere horizontale und vertikale Linie in der Vorschau demarkieren. Dafür brauchen Sie nur einen Doppelklick auf eine der inneren Linien zu machen: Anschließend sind nur noch die vier äußeren Linien blau markiert. Wenn Sie nun die Linienstärke auf »0 Pt« herabsetzen, haben Sie Ihr Etappenziel erreicht:

◄ **Abbildung 5.29**
In diesem Vorschaufeld ❸ treffen Sie die Wahl, welche Linien geändert werden.

▲ **Abbildung 5.30**
Die Vorschau gibt folgende Markierungen an (v. o. n. u.): eine Zelle, zwei oder mehr Zellen über- bzw. nebeneinander.

Thema	Datum	Kategorie	Gebühr
Süße Suppen	13.06.	A	35,–
Herzhafte Desserts	27.06./28.06	WE	80,–
Vorspeisen	30.06.	A*	27,50
Italienische Küche	01.07.	A	31,–
Indische Küche	03.07.	A	45,–

A: Abendkurs, Beginn 19:30 Uhr
WE: Wochenendkurs, Samstag 13–18 Uhr, Sonntag 9–13 Uhr
* Beginn 20 Uhr

◄ **Abbildung 5.31**
Durch das Fehlen der Umrandung wirkt die Tabelle offener.

❸ Spaltenkontur ändern

Die Tabelle wirkt immer noch etwas schwer – setzen Sie die Spaltenkonturen ebenfalls auf »0 Pt«. Die Tabelle ist dafür immer noch komplett aktiviert und in der Vorschau muss zusätzlich die Vertikale ❹ markiert werden:

◄ **Abbildung 5.32**
Hier sind die äußeren und vertikalen Linien zur weiteren Bearbeitung markiert.

Wie eben bei der Tabellenumrandung tragen Sie bei der Kontur-stärke wieder »0 Pt« ein. Damit sind auch die Spaltentrennlinien nicht mehr sichtbar, was der Tabelle zu mehr Leichtigkeit verhilft:

Thema	Datum	Kategorie	Gebühr
Süße Suppen	13.06.	A	35,–
Herzhafte Desserts	27.06./28.06	WE	80,–
Vorspeisen	30.06.	A*	27,50
Italienische Küche	01.07.	A	31,–
Indische Küche	03.07.	A	45,–

A: Abendkurs, Beginn 19:30 Uhr
WE: Wochenendkurs, Samstag 13–18 Uhr, Sonntag 9–13 Uhr
* Beginn 20 Uhr

Abbildung 5.33 ▶
Meist sind die vertikalen Spaltentrennlinien nicht nötig, da sich durch die Einträge in den Spalten ohnehin Kolumnen bilden.

4 Tabellenfuß ändern

Die Informationen in der Tabellenfußzeile wirken durch dieselbe Typografie wie der Großteil der Tabelleneinträge zu wichtig. Ändern Sie einfach den Schriftgrad im Bedienfeld ZEICHEN. Dafür klicken Sie irgendwo in die Tabelle, drücken die [Esc]-Taste, damit die Zelle markiert ist und rufen dann z. B. über das Kontextmenü AUSWÄHLEN • TABELLENFUSSZEILEN auf. Setzen Sie den Schriftgrad der Texte so weit herunter, dass der Unterschied zu den anderen Informationen der Tabelle deutlich sichtbar wird. Ich habe den Schriftgrad von 12 Pt auf 9 Pt verringert:

Thema	Datum	Kategorie	Gebühr
Süße Suppen	13.06.	A	35,–
Herzhafte Desserts	27.06./28.06	WE	80,–
Vorspeisen	30.06.	A*	27,50
Italienische Küche	01.07.	A	31,–
Indische Küche	03.07.	A	45,–

A: Abendkurs, Beginn 19:30 Uhr
WE: Wochenendkurs, Samstag 13–18 Uhr, Sonntag 9–13 Uhr
* Beginn 20 Uhr

Abbildung 5.34 ▶
Jetzt hat der Text der Tabellenfußzeile einen ihm angemessenen Schriftgrad.

5 Zeilentrennlinien modifizieren

Lassen Sie uns auch noch die verbleibenden Linien zwischen den Zeilen ändern. Dafür wählen Sie im Untermenü AUSWÄHLEN des Kontextmenüs oder des Menüs TABELLE den Eintrag TABELLEN-KÖRPERZEILEN.

In der Vorschau im Bedienfeld STEUERUNG wählen Sie jetzt nur die mittlere Horizontale aus ❷, alle anderen Linien müssen gegebenenfalls abgewählt werden:

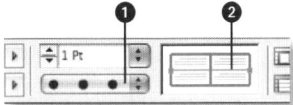

◄ **Abbildung 5.35**
Durch diese Markierung werden eine oder mehrere Zeilentrennlinien aktiviert.

Stellen Sie dann die Linien Ihren Vorstellungen entsprechend ein. Ich habe die Linienstärke bei 1 Pt belassen und habe als Konturtyp ❶ GEPUNKTET gewählt:

Thema	Datum	Kategorie	Gebühr
Süße Suppen	13.06.	A	35,–
Herzhafte Desserts	27.06./28.06	WE	80,–
Vorspeisen	30.06.	A*	27,50
Italienische Küche	01.07.	A	31,–
Indische Küche	03.07.	A	45,–

A: Abendkurs, Beginn 19:30 Uhr
WE: Wochenendkurs, Samstag 13–18 Uhr, Sonntag 9–13 Uhr
* Beginn 20 Uhr

Vorschau: Linien auswählen

Die Linien in der Vorschau reagieren auch auf Mehrfachklicks: Ein Dreifachklick beispielsweise markiert alle Linien bzw. hebt die Markierung aller Linien auf.

◄ **Abbildung 5.36**
Durch die gepunktete Linie wirkt die Tabelle nochmals offener.

⑥ Zellenflächen ändern

Zum Schluss des Workshops möchte ich Ihnen noch zeigen, wie man die Flächen einer Tabelle modifizieren kann. Die Kopfzeile haben Sie ja schon geändert, sehen wir uns also noch ein enorm hilfreiches Feature in InDesign bzgl. Tabellendesign an: abwechselnde Flächen.

Für den nächsten aufzurufenden Menüeintrag reicht es, wenn sich der Textcursor irgendwo in der Tabelle befindet, es braucht also kein Element in der Tabelle aktiviert zu sein. Rufen Sie TABELLE • TABELLENOPTIONEN • ABWECHSELNDE FLÄCHEN auf. Es öffnet sich der Dialog mit den Tabellenoptionen, der Bereich FLÄCHEN ist aktiv. Wenn Sie sich die insgesamt fünf Bereiche in den TABELLENOPTIONEN ansehen, werden Sie bei einem Vergleich mit den Unterpunkten des Menüs TABELLE • TABELLENOPTIONEN feststellen, dass alle Unterpunkte direkt über das Menü aufrufbar sind.

Im Unterschied zu den STEUERUNG- und KONTUR-Bedienfeldern, in denen Sie die Konturen einer Auswahl innerhalb einer Tabelle modifizieren können, werden in den TABELLENOPTIONEN

▲ **Abbildung 5.37**
Eine größere Darstellung der Vorschau finden Sie im Bedienfeld KONTUR.

globale, also für die gesamte Tabelle geltende Einstellungen getroffen. Damit alle Zeilen abwechselnd zur vorherigen anders formatiert werden, wählen Sie bei Abwechselndes Muster die Option Nach jeder Zeile ❶. Bei Farbe und Farbton können Sie die gewünschten Angaben machen, bei aktivierter Vorschau sehen Sie wie gewohnt Ihre Änderungen direkt in der Tabelle.

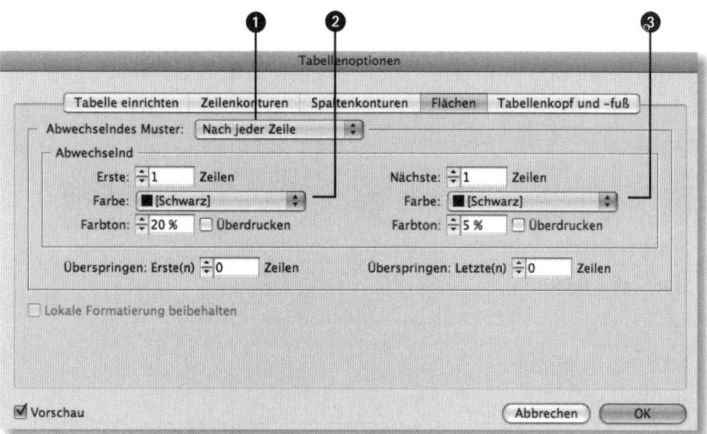

Abbildung 5.38 ▶
In der Kategorie Flächen können Sie abwechselnde Muster für Zeilen festlegen.

Die Eingabe bei Erste ❷ bzw. Nächste Zeilen ❸ färbt im Beispiel die erste, dritte und fünfte Zeile mit 20 % Schwarz, die zweite und vierte Zeile mit 5 % Schwarz. Durch die vorgenommenen Einträge sieht die Tabelle nun folgendermaßen aus:

Thema	Datum	Kategorie	Gebühr
Süße Suppen	13.06.	A	35,–
Herzhafte Desserts	27.06./28.06	WE	80,–
Vorspeisen	30.06.	A*	27,50
Italienische Küche	01.07.	A	31,–
Indische Küche	03.07.	A	45,–

A: Abendkurs, Beginn 19:30 Uhr
WE: Wochenendkurs, Samstag 13–18 Uhr, Sonntag 9–13 Uhr
* Beginn 20 Uhr

Abbildung 5.39 ▶
Als letzter Schritt müssen noch die weißen Räume zwischen den Punkten entfernt werden.

Das ist zwar schon ganz gut, aber noch nicht optimal: Wenn Sie genau hinsehen, fällt auf, dass die gepunkteten Zeilentrennlinien nicht die eben zugewiesenen Zeilenfarben haben. Die gepunkteten Linien sehen aus, als stünden sie auf Weiß. Das ändern wir natürlich noch im letzten Schritt dieses Workshops mit Hilfe der Tabellenoptionen:

7 **Zeilenkonturen korrigieren**

Um die störenden weißen Linien zu korrigieren, öffnen Sie wieder die TABELLENOPTIONEN und wählen dieses Mal die Kategorie ZEILENKONTUREN. Wenn Sie keine abwechselnden Zeilenkonturen haben möchten, können Sie bei NÄCHSTE ZEILEN »0« (also: null) eintragen ❺. Dadurch wird einfach die Kontur, die Sie bei ERSTE ZEILEN definieren, wiederholt.

Zunächst tragen Sie hier die Konturattribute aus Schritt 5 bei ERSTE ein. Dadurch ändert sich das Aussehen der Tabelle aber nicht: Es geht ja auch um den Raum zwischen den Punkten, der noch modifiziert werden soll. Im Dialogfeld können Sie die Angaben bei FARBE FÜR LÜCKE ❹ machen. Wenn Sie bei einer Konturart wie GEPUNKTET keine unterschiedlichen Farben für Punkte und Lücke haben möchten, wählen Sie einfach [OHNE].

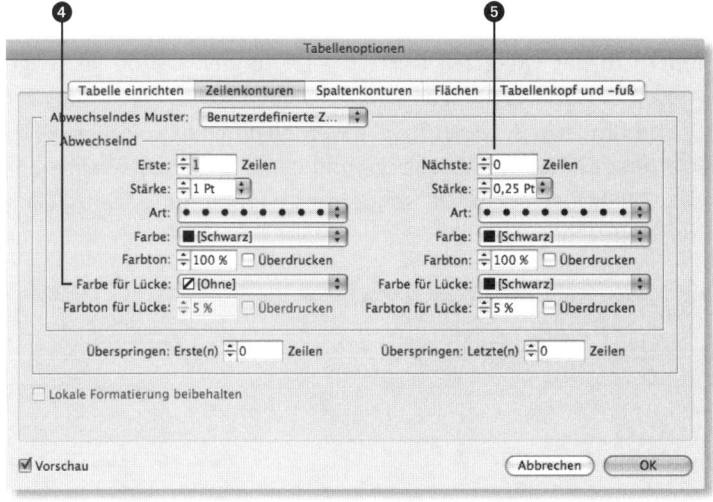

◀ **Abbildung 5.40**
Im Bereich ZEILENKONTUREN werden die weißen Zwischenräume der gepunkteten Linien entfernt.

Das war's!

Thema	Datum	Kategorie	Gebühr
Süße Suppen	13.06.	A	35,–
Herzhafte Desserts	27.06./28.06	WE	80,–
Vorspeisen	30.06.	A*	27,50
Italienische Küche	01.07.	A	31,–
Indische Küche	03.07.	A	45,–

A: Abendkurs, Beginn 19:30 Uhr
WE: Wochenendkurs, Samstag 13–18 Uhr, Sonntag 9–13 Uhr
* Beginn 20 Uhr

◀ **Abbildung 5.41**
So sieht das lohnende Ergebnis der vorangegangenen sieben Schritte aus. ∎

5.7 Tabellenoptionen

Die beiden Kategorien FLÄCHEN und ZEILENKONTUREN des Dialogfeldes TABELLENOPTIONEN haben Sie im vorangegangenen Workshop schon kennengelernt. Werfen wir noch einen Blick auf die anderen drei Bereiche (da der Bereich SPALTENKONTUREN prinzipiell genauso aufgebaut ist wie der Bereich ZEILENKONTUREN, gehe ich auf ihn nicht gesondert ein). Die wichtigsten Änderungen an einer Tabelle können neben der Eingabe der entsprechenden Werte im Dialogfeld TABELLENOPTIONEN auch in den Bedienfeldern STEUERUNG und natürlich TABELLE vorgenommen werden. Auf das TABELLEN-Bedienfeld werde ich im Anschluss an diesen Abschnitt eingehen.

5.7.1 Tabelle einrichten

Innerhalb der TABELLENEINSTELLUNGEN können Sie die jeweilige Anzahl der drei verschiedenen Zeilenarten sowie die Anzahl der Spalten ändern. Bei einer Tabelle werden durch das Eintragen von Werten bei TABELLENKOPFZEILEN und -FUSSZEILEN keine bestehenden Zeilen umgewandelt, sondern es werden neue leere Zeilen hinzugefügt.

Neue Zeilen und Spalten

Wenn Sie in den TABELLEN-OPTIONEN mehr Tabellenkörperzeilen oder Spalten eintragen, als die aktuelle Tabelle hat, werden der Tabelle neue Zeilen unten und neue Spalten rechts hinzugefügt.

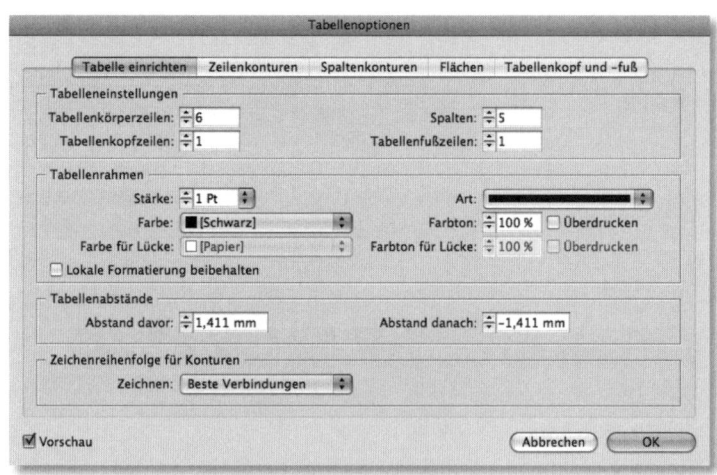

Abbildung 5.42 ▶
In der Kategorie TABELLE EINRICHTEN können Sie grundlegende Eigenschaften einstellen.

Die Editiermöglichkeiten im Abschnitt TABELLENRAHMEN erklären sich weitgehend selbst. Mit der Checkbox LOKALE FORMATIERUNG BEIBEHALTEN können Sie bestimmen, ob gegebenenfalls vorgenommene Änderungen am Aussehen des Tabellenrahmens von den Einstellungen in diesem Bereich überschrieben oder eben berücksichtigt werden sollen. Wird die Checkbox aktiviert, bleiben die Änderungen bestehen.

Die Felder bei ABSTAND DAVOR und DANACH bewirken dasselbe wie die entsprechenden Felder im ABSATZ-Bedienfeld: Befindet sich eine Tabelle in einem Textrahmen zusammen mit Text, können über diese Felder die Abstände ober- und unterhalb der Tabelle zum umgebenden Text eingestellt werden.

Bei der ZEICHENREIHENFOLGE FÜR KONTUREN können Sie zwischen vier Optionen wählen: BESTE VERBINDUNGEN ❶, ZEILENKONTUREN IM VORDERGRUND ❷, SPALTENKONTUREN IM VORDERGRUND ❸ und INDESIGN 2.0-KOMPATIBILITÄT ❹.

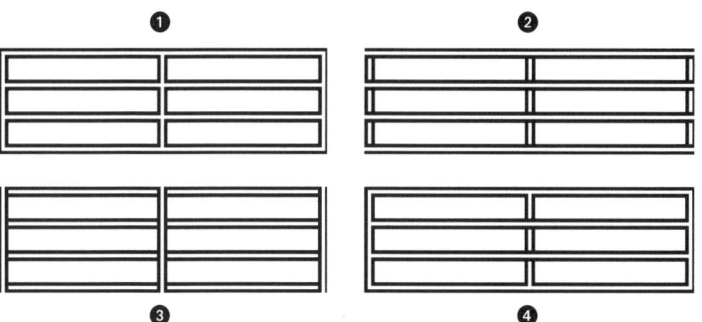

◄ **Abbildung 5.43**
Bei derart wuchtigen Tabellenkonturen sind die verschiedenen Optionen der ZEICHENREIHENFOLGE FÜR KONTUREN gut erkennbar.

5.7.2 Tabellenkopf und -fuß

Hier sind wie im Bereich TABELLE EINRICHTEN die Einstellungen zu der Anzahl der Tabellenkopf- und -fußzeilen zu finden.

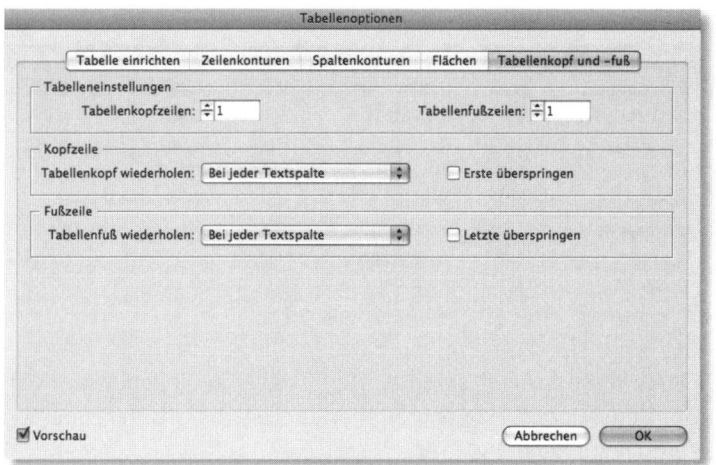

◄ **Abbildung 5.44**
Hier können Sie die Kopf- und Fußzeilen noch weiter editieren.

Für die Änderung der Werte für die jeweilige Zeilenart gilt dasselbe wie zuvor bei der Erläuterung der Kategorie TABELLE EINRICHTEN: Werden hier die Werte geändert, werden keine bestehenden Zeilen zu einer Kopf- oder Fußzeile umgewandelt. Stattdessen werden der Tabelle den eingegebenen Werten entsprechend neue Zeilen hinzugefügt.

Bei TABELLENKOPF bzw. -FUSS WIEDERHOLEN können Sie einstellen, an welchen Stellen die Kopf- und/oder Fußzeilen bei langen Tabellen, die in mehrere Spalten oder Textrahmen umbrochen werden, wiederholt werden sollen. Bei unten stehendem Beispiel werden Kopf- und Fußzeilen in jeder Textspalte wiederholt.

Beachten Sie hierbei, dass sich die Fläche der obersten Tabellenkörperzeile immer nach der Fläche in der untersten Zeile der vorangehenden Spalte richtet und nicht, wie man es eher erwarten würde, mit derselben Fläche wie die erste Zeile in der ersten Spalte beginnt.

Thema	Datum		Thema	Datum		Thema	Datum
Süße Suppen	13.06.		Salate	28.07.		Kalte Suppen	04.07.
Herzhafte Desserts	27.06		Französische Küche	01.08.		Säfte	15.07.
Vorspeisen	30.06.		Rohkost	19.08.		Salate	28.07.
Italienische Küche	01.07.		Kalte Suppen	13.06.		Süßes	01.08.
Indische Küche	03.07.		Vorspeisen	30.06.		Herzhafte Desserts	27.06
Kalte Suppen	04.07.		Backen	01.07.		Frühstück	19.08.
Säfte	15.07.		Indische Küche	03.07.		*alle Kurse beginnen um 19:30 Uhr*	
alle Kurse beginnen um 19:30 Uhr			*alle Kurse beginnen um 19:30 Uhr*				

Abbildung 5.45 ▶
Die Zeilenmuster der vorangehenden Spalte werden in der nächsten Spalte fortgeführt.

Das lässt sich aber natürlich dadurch beheben, dass die Spalten so weit vergrößert oder verkleinert werden, bis die Zeilen einfach eine gerade Anzahl haben:

Thema	Datum		Thema	Datum		Thema	Datum
Süße Suppen	13.06.		Französische Küche	01.08.		Salate	28.07.
Herzhafte Desserts	27.06		Rohkost	19.08.		Süßes	01.08.
Vorspeisen	30.06.		Kalte Suppen	13.06.		Herzhafte Desserts	27.06
Italienische Küche	01.07.		Vorspeisen	30.06.		Frühstück	19.08.
Indische Küche	03.07.		Backen	01.07.		*alle Kurse beginnen um 19:30 Uhr*	
Kalte Suppen	04.07.		Indische Küche	03.07.			
Säfte	15.07.		Kalte Suppen	04.07.			
Salate	28.07.		Säfte	15.07.			
alle Kurse beginnen um 19:30 Uhr			*alle Kurse beginnen um 19:30 Uhr*				

Abbildung 5.46 ▶
Durch die gerade Zeilenzahl sehen die Zeilenmuster ruhiger aus.

Durch diese äußerst durchdachten Tabellenoptionen lassen sich ohne großen Aufwand auch große Tabellen über mehrere Spalten, Textrahmen oder auch Seiten realisieren.

5.8 Das Bedienfeld »Tabelle«

Noch mehr Manipulationsmöglichkeiten bzgl. einer Tabelle finden Sie neben den TABELLENOPTIONEN im Bedienfeld TABELLE, das Sie unter FENSTER • SCHRIFT UND TABELLEN • TABELLE finden oder über ⇧ + F9 aufrufen können. Wenn eine oder mehrere Zellen innerhalb einer Tabelle mit dem Text-Tool markiert sind, finden Sie bei genügend großer Bildschirmbreite dieselben Eingabefelder und Buttons des Bedienfeldes TABELLE auch im STEUERUNG-Bedienfeld.

> **Tabellengröße**
>
> Leider gibt es keine Möglichkeit, die Gesamtbreite und -höhe einer Tabelle numerisch festzulegen.

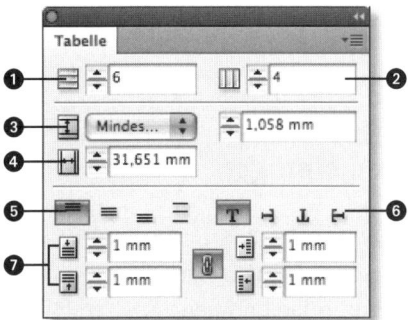

◄ **Abbildung 5.47**
Das Bedienfeld TABELLE bietet Zugriff auf wichtige Einstellungen wie beispielsweise den Zellenversatz ❼.

Die beiden Eingabefelder ANZAHL DER ZEILEN ❶ bzw. SPALTEN ❷ haben dieselbe Funktion wie ihre Entsprechungen in den TABELLENOPTIONEN: Mit ihnen können Sie der markierten Tabelle Körperzeilen und Spalten hinzufügen. Kopf- und Fußzeilen bleiben von diesen Einstellungen hier unberührt. Verringern Sie die Anzahl Zeilen und/oder Spalten über das Bedienfeld, gibt InDesign eine Warnmeldung aus, wenn die zu löschenden Bereiche Daten enthalten. Mit der ZEILENHÖHE ❸ können Sie diese im Eingabefeld festlegen. Dabei stehen Ihnen zwei Optionen zur Verfügung, die Sie über das Pulldown-Menü anwählen können: MINDESTENS und GENAU. Bei der Option MINDESTENS vergrößert InDesign die Zeilenhöhe entsprechend dem aktuellen Platzbedarf des Zeileninhaltes. Ist GENAU gewählt, hat der hier eingegebene Wert Priorität über die Inhalte, die gegebenenfalls aufgrund ihrer Größe verdrängt werden und zu Übersatz werden. Ein kleiner roter Punkt (siehe Abbildung 5.48) verweist ähnlich wie das Übersatzsymbol bei Textrahmen auf diesen Umstand. Im Feld SPALTENBREITE ❹ kann die Breite der Spalten angegeben werden. Es können mehrere Spalten markiert werden, um alle auf denselben Wert zu setzen. Die Funktionen dieser vier Ausrichten-Buttons ❺

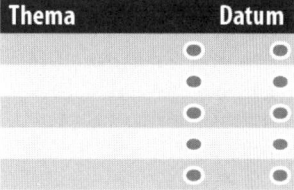

alle Kurse beginnen um 19:30 Uhr

▲ **Abbildung 5.48**
Wenn die Inhalte aufgrund zu geringer Zeilenhöhe nicht in die Tabelle passen, wird dies mit roten Punkten gekennzeichnet.

Thema	Datum	Kategorie	Gebühr
Süße Suppen	13.06.	A	35,–
Herzhafte Desserts	27.06./28.06	WE	80,–
Vorspeisen	30.06.	A*	27,50
Italienische Küche	01.07.	A	31,–
Indische Küche	03.07.	A	45,–

A: Abendkurs, Beginn 19:30 Uhr
WE: Wochenendkurs, Samstag 13–18 Uhr, Sonntag 9–13 Uhr
* Beginn 20 Uhr

▲ **Abbildung 5.49**
Die Inhalte können wie hier in der Kopfzeile auch gedreht werden.

A: Abendkurs, Beginn 19:30 Uhr
WE: Wochenendkurs, Samstag 13–18 Uhr, Sonntag 9–13 Uhr
* Beginn 20 Uhr

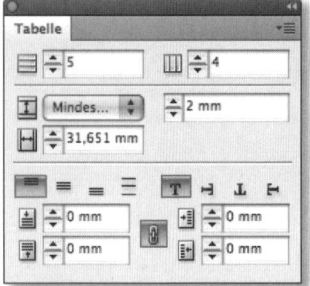

▲ **Abbildung 5.50**
Oben: So sieht eine Tabelle aus, die ohne Zellenversatz auskommen muss. Unten sind die vorgenommenen Einstellungen zu sehen.

Abbildung 5.51 ▶
In diese Tabelle soll noch eine Spalte zwischen »Thema« und »Datum« eingefügt werden.

Thema	Datum	Gebühr
Süße Suppen	13.06.	35,–
Herzhafte Desserts	27.06./28.06	80,–
Vorspeisen	30.06.	27,50
Italienische Küche	01.07.	31,–
Indische Küche	03.07.	45,–

kennen Sie schon von den Textrahmenoptionen: Hier weisen Sie den Zelleninhalten – das können ja auch Grafikrahmen sein – die Ausrichtung OBEN, ZENTRIEREN, UNTEN und BLOCKSATZ VERTIKAL zu. Durch die letzte Option werden die Inhalte auf die gesamte Zellenhöhe verteilt. Mittels der vier Drehen-Buttons ❻ können markierte Zelleninhalte gedreht werden (siehe Abbildung 5.49). Die Drehwinkel sind hierbei auf 0°, 90°, 180° und 270° festgelegt. Auch die Funktion der Eingabefelder für die verschiedenen Versatzarten ❼ kennen Sie schon von den Textrahmenoptionen: Damit beispielsweise die Texte innerhalb einer Tabelle nicht an die Zeilen- und Spaltentrennlinien stoßen, können mit diesen Eingabefeldern die gewünschten Abstände zu den Zellbegrenzungen definiert werden.

5.9 Zeilen oder Spalten einfügen

Durch die Eingabe höherer Werte bei Zeilen oder Spalten im Dialogfeld TABELLENOPTIONEN, im Bedienfeld TABELLE oder STEUERUNG werden neue Zeilen immer unten und neue Spalten immer rechts der Tabelle hinzugefügt. Wenn Sie jedoch genauer steuern möchten, an welcher Stelle eine neue Zeile oder Spalte eingefügt werden soll, wählen Sie EINFÜGEN im Menü TABELLE oder im TABELLE-Bedienfeldmenü. Im sich dann öffnenden Untermenü können Sie zwischen Zeile und Spalte wählen. Die Position, an der InDesign z. B. die neue Spalte einfügen soll, bestimmen Sie einerseits durch die Position des Textcursors innerhalb der Tabelle und andererseits durch das Dialogfeld, in dem Sie wählen können, ob die neue Spalte/n links oder rechts der Einfügemarke erstellt werden soll/en (bei Zeilen können Sie dementsprechend zwischen über oder unter der Einfügemarke wählen).

Ich möchte dies an einem Beispiel demonstrieren: In der folgenden Tabelle soll zwischen den Spalten »Thema« und »Datum« eine weitere Spalte »Kategorie« eingefügt werden.

Um die Funktion EINFÜGEN auszunutzen, wird der Textcursor in die Spalte »Datum« gesetzt und anschließend der Eintrag SPALTE im EINFÜGEN-Untermenü des TABELLE-Bedienfeldes oder des Menüs TABELLE gewählt. Es öffnet sich folgendes Dialogfeld, in dem die gewünschte Spaltenanzahl und die Position angegeben wird:

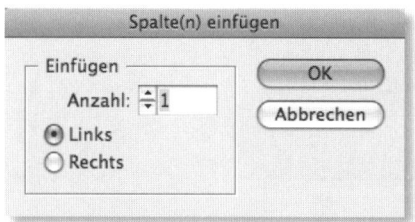

◄ **Abbildung 5.52**
Sie können im Dialogfeld SPALTE(N) EINFÜGEN angeben, wo die neue Spalte erstellt werden soll.

InDesign erstellt daraufhin erwartungsgemäß eine leere Spalte links von der Spalte »Datum«:

Thema		Datum	Gebühr
Süße Suppen		13.06.	35,–
Herzhafte Desserts		27.06./28.06	80,–
Vorspeisen		30.06.	27,50
Italienische Küche		01.07.	31,–
Indische Küche		03.07.	45,–

◄ **Abbildung 5.53**
Und schon ist innerhalb der Tabelle eine neue, leere Spalte von InDesign erstellt worden.

Nun brauchen die Daten nur noch aus der Tabellendatei mit den gewünschten Daten kopiert (hier aus einer Word-Datei) und in die markierte Spalte in InDesign eingefügt werden.

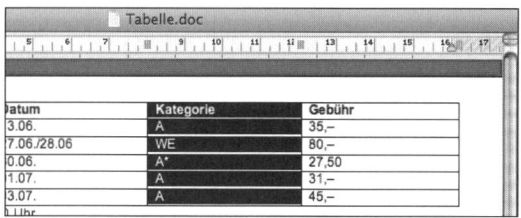

Thema	Kategorie	Datum	Gebühr
Süße Suppen	A	13.06.	35,–
Herzhafte Desserts	WE	27.06./28.06	80,–
Vorspeisen	A*	30.06.	27,50
Italienische Küche	A	01.07.	31,–
Indische Küche	A	03.07.	45,–

▲ **Abbildung 5.54**
Die Daten wurden aus Word kopiert und in die neue Spalte eingefügt.

Übrigens zeigt sich InDesign beim Einfügen von Daten mal wieder von seiner äußerst robusten und intelligenten Seite: Sie können nämlich in der Ursprungsdatei auch mehr Zeilen mit Inhalten kopieren, als Zeilen in der neu angelegten Spalte vorgesehen sind. InDesign fügt der gesamten Tabelle in diesem Fall einfach die nötige Anzahl Tabellenkörperzeilen hinzu.

5.10 Reihenfolge ändern

Für das Vertauschen von Spalten oder Zeilen müssen wir uns mit einem Workaround helfen. In folgender Tabelle sollen die Spalten »Datum« und »Kategorie« vertauscht werden.

Thema	Datum	Kategorie	Gebühr
Süße Suppen	13.06.	A	35,–
Herzhafte Desserts	27.06./28.06	WE	80,–
Vorspeisen	30.06.	A*	27,50
Italienische Küche	01.07.	A	31,–
Indische Küche	03.07.	A	45,–

Abbildung 5.55 ▶
Hier sollen die Spalten »Datum« und »Kategorie« vertauscht werden.

Da die Spalten nicht durch Ziehen und Loslassen (»Drag & Drop«) getauscht werden können, wird zunächst eine der beiden Spalten markiert und kopiert (hier die Spalte »Datum«). Die kopierte Spalte wird mit ⌞Strg⌟/⌞⌘⌟+⌞V⌟ in eine freie Stelle des Dokumentes eingesetzt, der dafür nötige Textrahmen ❶ wird dabei automatisch erstellt:

❶

Thema	Datum	Kategorie	Gebühr		Datum
Süße Suppen	13.06.	A	35,–		13.06.
Herzhafte Desserts	27.06./28.06	WE	80,–		27.06./28.06
Vorspeisen	30.06.	A*	27,50		30.06.
Italienische Küche	01.07.	A	31,–		01.07.
Indische Küche	03.07.	A	45,–		03.07.

Abbildung 5.56 ▶
Sollen z. B. Spalten getauscht werden, geht dies nur über Umwege.

Jetzt kann die Spalte »Kategorie« markiert und kopiert und dann in die Spalte »Datum« eingefügt werden. Die bisherigen Einträge in dieser Spalte werden dabei kommentarlos von InDesign überschrieben. Um nicht noch einmal die Daten aus dem Tabellendokument einfügen zu müssen, war der vorangehende Schritt notwendig.

Thema	Kategorie	Kategorie	Gebühr		Datum
Süße Suppen	A	A	35,–		13.06.
Herzhafte Desserts	WE	WE	80,–		27.06./28.06
Vorspeisen	A*	A*	27,50		30.06.
Italienische Küche	A	A	31,–		01.07.
Indische Küche	A	A	45,–		03.07.

Abbildung 5.57 ▶
Die Spalte »Kategorie« ist kopiert und in die ursprüngliche Spalte »Datum« eingefügt worden.

Dasselbe muss dann noch mit der zuvor herauskopierten Spalte »Datum« wiederholt werden – damit befinden sich die Spalten in der gewünschten Reihenfolge:

Thema	Kategorie	Datum	Gebühr
Süße Suppen	A	13.06.	35,–
Herzhafte Desserts	WE	27.06./28.06	80,–
Vorspeisen	A*	30.06.	27,50
Italienische Küche	A	01.07.	31,–
Indische Küche	A	03.07.	45,–

◀ **Abbildung 5.58**
Die zuvor herauskopierte Spalte »Datum« wurde in die ursprüngliche »Kategorie«-Spalte eingefügt.

Die Vorgehensweise beim Vertauschen von Zeilen ist prinzipiell dieselbe wie beim Tausch von Spalten.

5.11 Tabellen- und Zellenformate

Bisher haben wir uns die Formatierungsmöglichkeiten einzelner Tabellen angesehen. Sie haben zwar auch schon die Möglichkeit kennengelernt, große Tabellen in mehrere Spalten oder Textrahmen zu umbrechen – aber auch das war letztlich eine einzelne Tabelle. Stellen Sie sich nun vor, Sie stehen vor der Aufgabe, in einer Publikation mehrere Tabellen mit denselben Formatierungen zu setzen. Als Beispiel kann hier immer noch die Kochschule dienen: In einem Programmheft sollen Kurse nach Jahreszeiten oder Monaten kategorisiert gesetzt werden. Um die Formatierungen in solch einem Fall nicht zwölf Mal zu kopieren und wieder einzusetzen – Sie ahnen es –, hat Adobe die Tabellen- und Zellenformate in InDesign implementiert.

Das Prinzip der Tabellen- und Zellenformate kennen Sie vom Grundsatz natürlich von den Absatz- und Zeichenformaten. Sie werden aber auf den folgenden Seiten sehen, dass gerade die Zellenformate etwas anders funktionieren als die Zeichenformate. Und: Die Tabellenformate sind in einer Hinsicht noch komplexer als Absatzformate, weil Tabellenformate auf Zellenformate zurückgreifen, die ihrerseits wiederum auf Absatzformate zurückgreifen. Es gibt also bei Tabellenformaten eine Verschachtelungsebene mehr.

Auf den nächsten Seiten möchte ich anhand eines Beispieles die notwendigen Schritte erläutern, die zur Erstellung von Tabellenformaten nötig sind.

Tabstopp in einer Zelle

Die Betätigung der ⇥-Taste innerhalb einer Tabelle lässt die Texteinfügemarke in die nächste Zelle springen. Möchten Sie tatsächlich einen Tabstopp setzen, ist hier zusätzlich zur ⇥-Taste das Drücken der ⇧-Taste notwendig.

Einfügen von Inhalten

Beim Einfügen von Zelleninhalten, die z. B. aus einer 3 × 4-Markierung in der Ursprungsanwendung resultieren, sollte in der Tabelle, in die diese Daten eingefügt werden sollen, im Vorfeld auch exakt dieselbe Anzahl Zellen markiert sein. Ansonsten kann das Einfügen der Daten zu unerwarteten Ergebnissen führen.

5.11.1   Das Bedienfeld »Tabellenformate«

Sehen wir uns zunächst das Bedienfeld Tabellenformate an, das Sie wie die anderen Format-Bedienfelder über Fenster • Formate • Tabellenformate aufrufen können.

Abbildung 5.59 ▶
Die grundsätzliche Funktionsweise des Bedienfeldes Tabellenformate kennen Sie bereits.

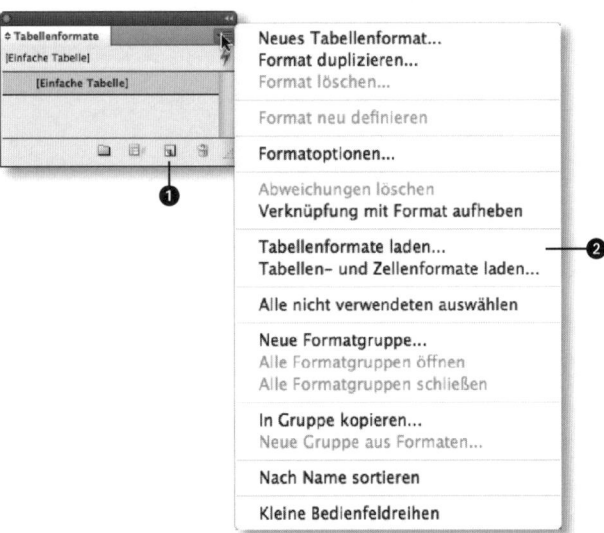

Das Bedienfeld bietet keine Überraschungen: Die Liste enthält zunächst nur das von Adobe vorgegebene Tabellenformat [Einfache Tabelle] – Sie kennen diese Art des Bedienfeldes schon von den Absatz- und Zeichenformaten und den Objektformaten.

An dieser Stelle möchte ich noch einmal darauf hinweisen, dass Sie wie bei den anderen Formatbedienfeldern bestehende Formate aus anderen Dokumenten in das aktuelle InDesign-Dokument laden können ❷. Wenn Sie in mehreren Dokumenten dieselben Formatierungen anwenden möchten, ist der im Bedienfeldmenü hinterlegte Befehl sehr praktisch.

Wie gewohnt können Sie mit Hilfe des Buttons Neues Format erstellen ❶ ein neues Tabellenformat anlegen. Mit einem Doppelklick auf das neue Format Tabellenformat 1 öffnet sich das Dialogfenster Tabellenformatoptionen, was Sie nach der Lektüre des Abschnitts 5.7, »Tabellenoptionen«, ebenfalls kaum überraschen dürfte. Im unteren Bereich sehen Sie den interessanten Bereich Zellenformate. Hier werden den verschiedenen Zeilen und Spalten die gewünschten Zellenformate zugewiesen. Bei einem neuen Tabellenformat wird hier bei den meisten Einträgen [Wie Tabellenkörperzeilen] angezeigt. Würde einer Tabelle dieses Tabellenformat zugewiesen werden, würden Zeilen, die als Kopf- oder Fußzeilen definiert wurden, genauso aussehen wie die Tabellenkörperzeile.

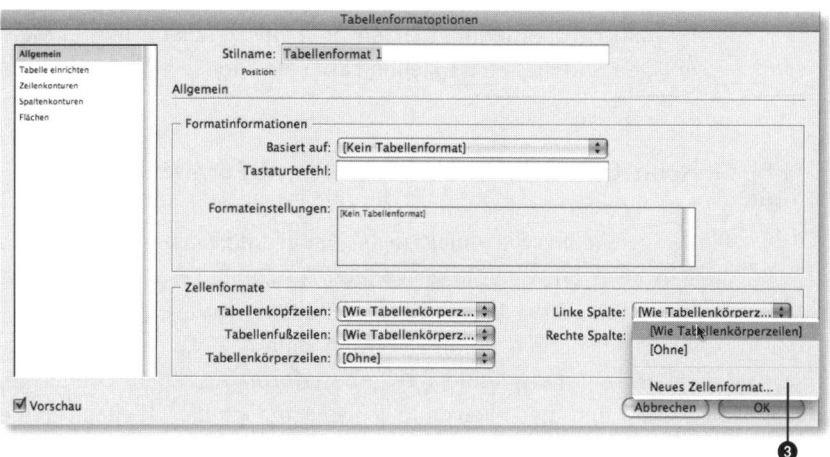

Ein Klick auf ein beliebiges Pulldown-Menü ❸ zeigt die Zellenformate, die im aktuellen Dokument zur Verfügung stehen. Außerdem kann über dieses Ausklapp-Menü auch der Eintrag Neues Zellenformat… gewählt werden. Bei Betätigung dieses Befehls öffnet sich das Dialogfeld Neues Zellenformat:

▲ **Abbildung 5.60**
Tabellenformate können auf Zellenformate zugreifen.

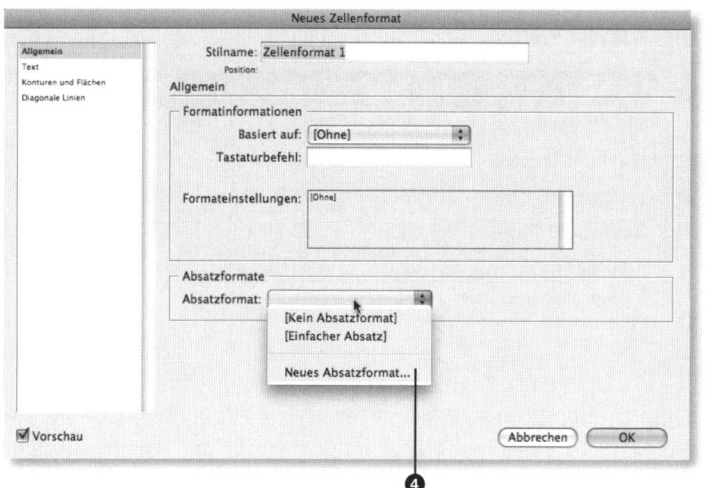

◄ **Abbildung 5.61**
Und Zellenformate können wiederum auf Absatzformate zugreifen.

Und hier können Sie wiederum einem Zellenformat ein Absatzformat ❹ zuweisen. Damit ist die anfangs erwähnte dritte Verschachtelungsebene innerhalb der Tabellenformate erreicht. Genau wie bei den Absatz- und Zeichenformaten und den Objektformaten bleibt es Ihnen überlassen, ob Sie zuerst eine Tabelle formatieren und die verschiedenen Formate in einem zweiten Schritt diese Gestaltung übernehmen lassen oder ob Sie zuerst die Formate anlegen und diese anschließend auf eine Tabelle anwenden.

Schritt für Schritt: Eine Tabelle mit Formaten anlegen

Sehen wir uns die Anlage eines Tabellenformates anhand eines Beispieles an. Wie Sie im vorigen Abschnitt gesehen haben, ist das letzte Glied in der Kette Tabellenformat – Zellenformat – Absatzformat die Typografie. Man kann natürlich auch die Perspektive wechseln und sagen, Absatzformate sind die Grundlage, auf der erst die Zellen- und schließlich auch die Tabellenformate aufbauen. In diesem Workshop möchte ich diesen zweiten Ansatz verfolgen und beginne deshalb mit den Absatzformaten.

1 Definition der notwendigen Absatzformate

»Tabellen-
formate_Anfang.indd«

Die Beispieltabelle mit den Januarterminen einer Kochschule wurde vollständig formatiert und dient als Grundlage zur Erstellung eines Tabellenformates. Dieses Tabellenformat könnte anschließend auf die anderen elf Tabellen des Kursprogrammes angewendet werden.

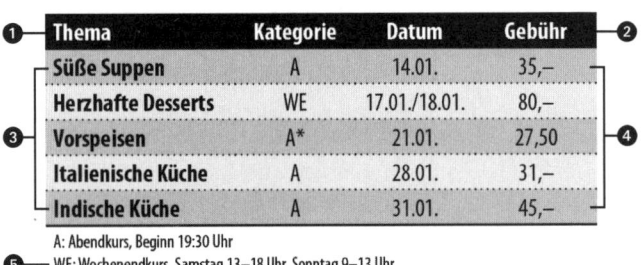

Abbildung 5.62 ▶
Die Formatierung dieser Tabelle soll in ein Tabellenformat überführt werden. Damit lassen sich dann die Tabellen der folgenden Monate formatieren.

Lassen Sie uns zunächst klären, wie viele Absatzformate (die tatsächlich »nur« die Typografie definieren) für die Tabelle notwendig sind. In der Kopfzeile sind zwei unterschiedliche Formatierungen zu sehen: links bei »Thema« die linksbündig ausgerichtete ❶, bei den anderen drei Spaltenbeschreibungen die zentrierte Variante ❷ der weißen Schrift. Für die Kursthemen ❸ wird dieselbe Formatierung wie bei der dazugehörigen Spaltenüberschrift verwendet, dieses Mal lediglich mit Schwarz als Zeichenfarbe. Der Löwenanteil der Informationen ❹ wird im Gegensatz zu den bisher erläuterten Texten im Schriftschnitt »Normal« statt »Bold« gesetzt. Die Typografie der Fußzeile ❺ entspricht bis auf den geringeren Schriftgrad der der Einträge »Kategorie«, »Datum« und »Gebühr«. Somit ist die Anlage von fünf Absatzformaten zur Erstellung eines Tabellenformates sinnvoll.

Erinnern Sie sich an die Möglichkeit, Absatzformate auf anderen Absatzformaten basieren zu lassen? Mit diesem Feature lassen sich Absatzformate hierarchisch organisieren: Änderungen am Basisformat wirken sich hierdurch auf alle Formate aus, die auf dem Basisformat basieren. Auch in unserem Beispiel bietet sich dieses Vorgehen an, da sich die Absatzattribute jeweils nur in wenigen Punkten von dem jeweils übergeordnetem unterscheiden.

Als Grundlage wählen Sie die Absatzformatierung, die am häufigsten zum Einsatz kommt: Die Formatierung der Kursinfos in den Spalten »Kategorie«, »Datum« und »Gebühr« ❹. Um das entsprechende Absatzformat anzulegen, wird der Textcursor in einen Text der gewünschten Formatierung gesetzt und im Bedienfeld ABSATZFORMATE der Button NEUES FORMAT ERSTELLEN ❻ betätigt. Dadurch legt InDesign das neue Format ABSATZFORMAT 1 an. Mit einem Doppelklick auf ABSATZFORMAT 1 öffnen sich die entsprechenden Absatzformatoptionen. Als Namen geben Sie »Typo Infos Standard« ein. Weil später auch noch Zellenformate angelegt werden, habe ich »Typo« der Übersichtlichkeit halber mit in den Namen aufgenommen.

Die im Absatzformat hinterlegten Attribute können Sie folgendem Screenshot entnehmen:

Keine Tabulatoren

Aus Gründen der Übersichtlichkeit verzichte ich in dieser Ausführung auf die Positionierung der Hauptinfos ❹ mit Tabulatoren wie auf Seite 240 beschrieben: In diesem Beispiel werden die Infos lediglich mit dem Absatzattribut ZENTRIEREN formatiert.

▼ **Abbildung 5.63**
Das Basisformat ist mit den hier gezeigten Zeichen- und Absatzattributen erstellt worden.

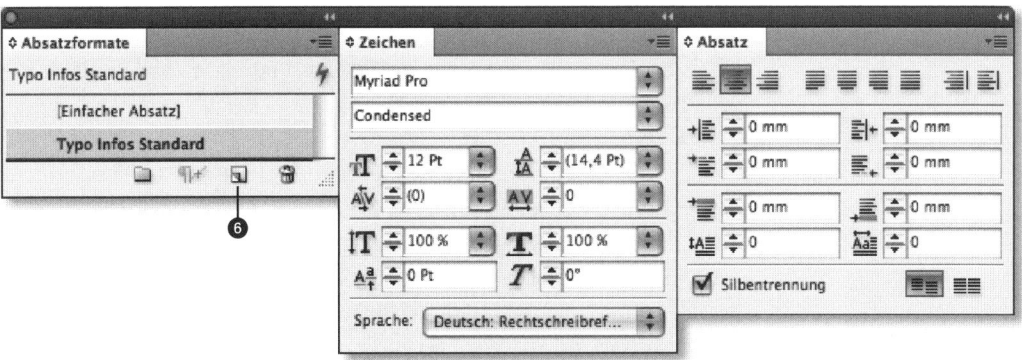

Als nächstes Absatzformat legen Sie das Format »Typo Kurstitel« an: Dafür positionieren Sie den Textcursor in einen der Kurstitel und klicken dann einfach wieder den Button NEUES FORMAT ERSTELLEN an. Benennen Sie es wie oben vorgeschlagen und wählen Sie in den ABSATZFORMATOPTIONEN in der Kategorie ALLGEMEIN bei BASIERT AUF das eben angelegte Absatzformat TYPO INFOS STANDARD ❷.

▼ **Abbildung 5.64**
Das zweite Absatzformat basiert auf dem zuvor angelegten.

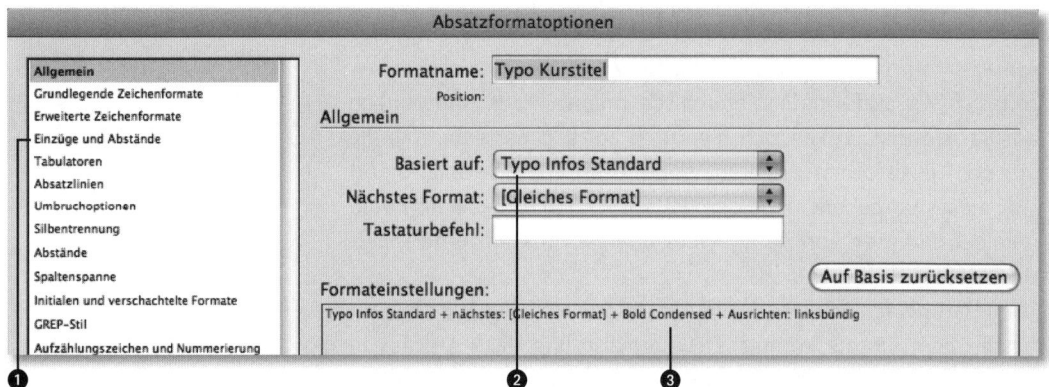

Dadurch, dass der Cursor im formatierten Text der Kurstitel stand, hat InDesign direkt registriert, dass statt der Myriad Pro Condensed des Absatzformates TYPO INFOS STANDARD die Myriad Pro Bold Condensed verwendet wird. Dieses Zeichenattribut wird automatisch in das neue Absatzformat übernommen und in der Übersicht angezeigt ❸. Allerdings müssen Sie noch die Absatzausrichtung korrigieren, die leider nicht übernommen wurde: Die entsprechende Änderung nehmen Sie im Bereich EINZÜGE UND ABSTÄNDE ❶ vor. Dort wählen Sie im Pulldown-Menü AUSRICHTUNG die Option LINKSBÜNDIG. Anschließend bestätigen Sie die Änderungen mit OK.

Für die verbleibenden drei Absatzformate gehen Sie genauso vor. Dabei können Sie die Absatzformate wie folgt aufeinander ·basieren lassen:

▶ Typo Kopfzeile
   wie »Typo Kurstitel« + Kategorie ZEICHENFARBE • [PAPIER]
▶ Typo Kopfzeile zentriert
   wie »Typo Kopfzeile« + Ausrichten: zentriert
▶ Typo Fußzeile
   wie »Typo Infos Standard« + Schriftgrad: 9 Pt + Ausrichten: linksbündig

Beachten Sie, dass die fünf Absatzformate bisher lediglich im Dokument angelegt wurden, sie sind aber noch keinem Text zugewiesen worden. Sollten Sie also ausprobieren wollen, ob sich z. B. eine Änderung der Schriftart im Basisabsatzformat Typo Infos Standard auf alle darauf aufbauenden Absatzformate auswirkt, würde sich dies lediglich in den jeweiligen Absatzformatoptionen widerspiegeln, nicht jedoch in der Tabelle.

Das Bedienfeld Absatzformate sollte nun in etwa wie folgt aussehen:

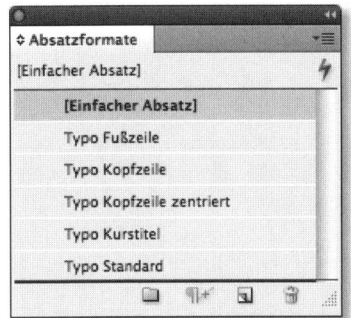

◄ **Abbildung 5.65**
Alle fünf Absatzformate wurden angelegt.

2 Anlage des Tabellenformates

Da die für die Zellenformate benötigten Absatzformate nun vorliegen, könnten Sie jetzt die Zellenformate anlegen. Ich schlage Ihnen stattdessen jedoch vor, zunächst das Tabellenformat anzulegen. Dafür markieren Sie die gesamte Tabelle mit dem Text-Tool durch einen Klick auf die linke obere Ecke (siehe nebenstehende Abbildung).

Rufen Sie als Nächstes das Bedienfeld Tabellenformate über Fenster • Formate auf und klicken Sie wie eben im Absatzformate-Bedienfeld auf Neues Format erstellen ❹.

▲ **Abbildung 5.66**
Mit einem Klick ist die formatierte Tabelle markiert.

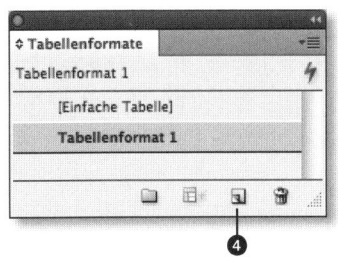

◄ **Abbildung 5.67**
Ein neues Tabellenformat anlegen

Und genau wie bei Absatzformaten sind allein dadurch, dass Sie vorher die Tabelle markiert hatten, die wichtigsten Tabellenattribute schon in das neue Tabellenformat übernommen worden. Öffnen Sie per Doppelklick das gerade erstellte TABELLENFORMAT 1 und nennen Sie es beispielsweise »Kochkurs«. Achten Sie auf die Fülle der FORMATEINSTELLUNGEN ❶. Wenn Sie allerdings versuchen würden, mit diesem Tabellenformat eine beliebige Tabelle zu formatieren, würden Sie feststellen, dass zwar beispielsweise die Zeilenlinien alle wie in der Vorlage formatiert werden, dass aber die Schrift noch nicht erwartungsgemäß formatiert wird. Einer Tabelle können Absatzformate nämlich nur über Zellenformate zugewiesen werden.

▼ **Abbildung 5.68**
In den Formateinstellungen der TABELLENFORMATOPTIONEN sind schon einige Formatierungen hinterlegt, es fehlen aber noch die Zellenformate.

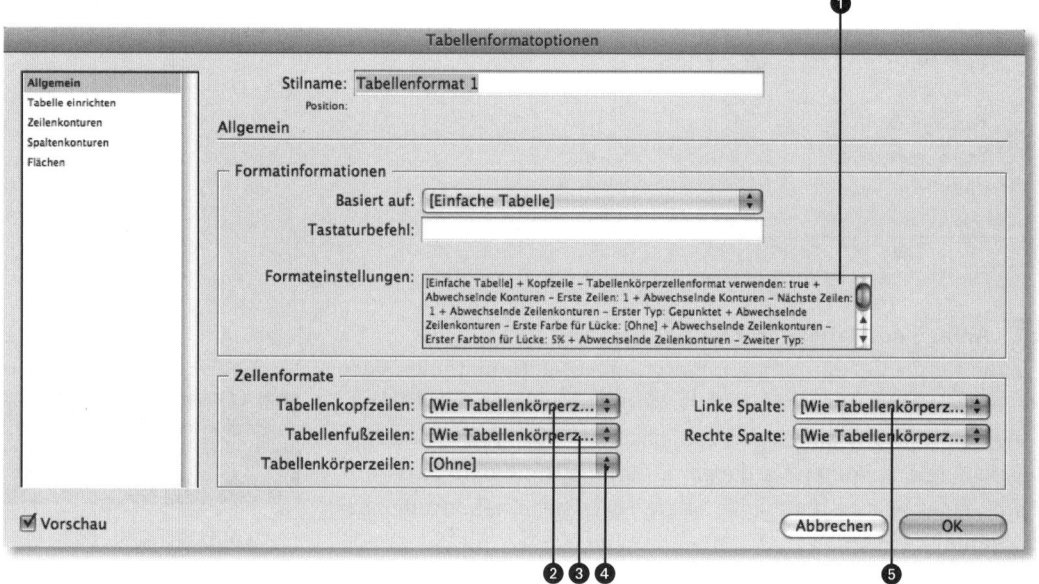

Standardformat zuletzt

Legen Sie innerhalb der TABELLENFORMATOPTIONEN zuletzt das Format für die Tabellenkörperzeilen an, sonst laufen Sie Gefahr, dass die vorgenommene Formatierung der Tabelle überschrieben wird, da sich laut Voreinstellung alle anderen Formate nach denen der Körperzeilen richten (siehe Abbildung 5.68).

❸   Anlage von Zellenformaten

Öffnen Sie zunächst das Bedienfeld ZELLENFORMATE über FENSTER • FORMATE. Außer dem vorinstallierten [OHNE] ist hier noch kein Zellenformat angelegt – behalten Sie dieses Bedienfeld bei dem nächsten Schritt einfach im Auge: Sie werden nämlich gleich Zellenformate anlegen, ohne das ZELLENFORMATE-Bedienfeld bemühen zu müssen!

Sie können nämlich dank der durchdachten Tabellenformatoptionen auf kurzem, direktem Wege neue Zellenformate anlegen. Damit das neue Zellenformat die bestehende Formatierung übernimmt, positionieren Sie den Textcursor in eine der Kopfzellen und klappen dann einfach das Pulldown-Menü der TABELLENKOPF-

ZEILEN ❷ auf und wählen dort den unteren Eintrag NEUES ZELLEN-
FORMAT.

Es öffnet sich vor dem Dialogfeld TABELLENFORMATOPTIO-
NEN das Dialogfeld NEUES ZELLENFORMAT. Hier brauchen Sie nur
zwei Änderungen vorzunehmen: Ändern Sie den Namen in »Zelle
Kopf« ❻ und bei ABSATZFORMAT wählen Sie »Typo Kopf« ❼.

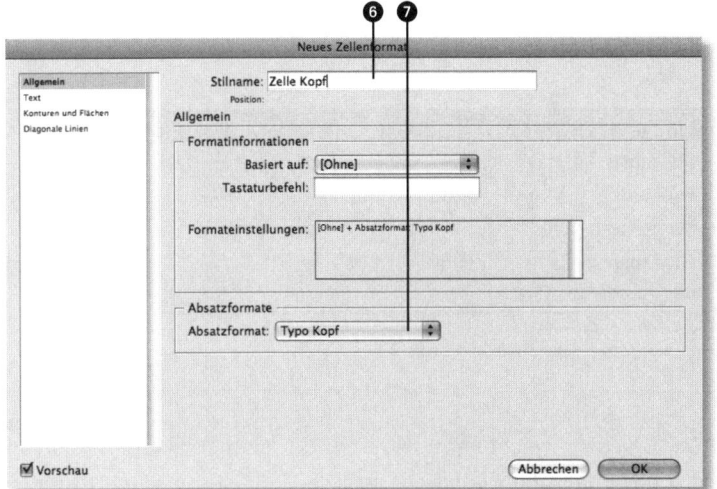

◀ **Abbildung 5.69**
Absatzformate können Zellenformaten zugeteilt werden.

Diese Änderungen bestätigen Sie mit OK und kehren dadurch
zurück zu den TABELLENFORMATOPTIONEN. Dieses Dialogfeld verlassen Sie ebenfalls mit OK, damit Sie den Textcursor in die Fußzeile setzen können, für die Sie gleich auch ein eigenes Zellenformat erstellen werden.

Zur Anlage der drei Zellenformate für die TABELLENFUSSZEI-
LEN ❸, -KÖRPERZEILEN ❹ und die LINKE SPALTE ❺ wiederholen Sie
die letzten Schritte. Beachten Sie hierbei, dass Sie nach der Definition eines neuen Zellenformates jedes Mal den Cursor in die
entsprechende Zelle setzen sollten, damit InDesign die bestehende Formatierung der Fläche und Kontur auch gleich übernimmt.

▶ Die Tabellenfußzeilen erhalten das neue Zellenformat »Zelle
Fuß«, es verwendet das Absatzformat »Typo Fuß«.

▶ LINKE SPALTE erhält das neue Zellenformat »Zelle Kurstitel«, das
wiederum das Absatzformat »Typo Kurstitel« verwendet.

▶ Die Tabellenkörperzeilen erhalten das neue Zellenformat »Zelle
Standard«, ihm wird das Absatzformat »Typo Infos Standard«
zugewiesen.

▲ **Abbildung 5.70**
Diese vier Zellenformate verwenden Absatzformate und
sind selbst Teil eines Tabellenformates.

4 **Anwenden des Tabellenformates**

Mit dem vorangegangenen Schritt ist das eigentliche Workshop-ziel erreicht: Das Tabellenformat ist angelegt. Wenden Sie nun noch das erstellte Tabellenformat Kochkurs auf die bestehende Tabelle an. Dafür positionieren Sie den Textcursor irgendwo innerhalb der Tabelle und klicken dann im Bedienfeld Tabellen-formate auf das neue Tabellenformat. Die bestehende Tabelle sieht nach der Zuweisung des Formates Kochkurs etwa wie in folgender Abbildung aus:

Thema	Kategorie	Datum	Gebühr	❶
Italienische Küche	A	14.01.	35,–	
Frühstück	WE	17.01./18.01.	80,–	
Vorspeisen	A*	21.01.	27,50	
Süße Suppen	A	28.01.	31,–	
Indische Küche	A	31.01.	45,–	

A: Abendkurs, Beginn 19:30 Uhr
WE: Wochenendkurs, Samstag 13–18 Uhr, Sonntag 9–13 Uhr
* Beginn 20 Uhr

Abbildung 5.71 ▶
Die gesamte Kopfzeile ist durch die Anwendung des Tabellen-formates mit demselben Zellen-format – und damit linksbündig ausgerichtet – formatiert.

Das Ergebnis weicht bei genauerem Hinsehen in einem Detail von der bisherigen Formatierung ab: Die drei Spaltenbeschriftungen »Kategorie«, »Datum« und »Gebühr« sind durch das Tabellenfor-mat statt zentriert nun linksbündig ausgerichtet ❶. Da wir ja in den Tabellenformatoptionen »nur« den fünf Bereichen Tabel-lenkopfzeilen, -fußzeilen, -körperzeilen sowie linke und rechte Spalte Zellenformate zuweisen können, müssen wir derartige lokale Abweichungen von einem globalen Zellenformat wie hier manuell korrigieren.

5 **Letzte Korrekturen**

Für genau diese Korrektur haben Sie in Schritt 1 dieses Work-shops das Absatzformat Typo Kopfzeile zentriert angelegt – es wurde ja bisher weder in dem Tabellenformat noch in einem der Zellenformate eingesetzt. Also markieren Sie zum Schluss die betreffenden drei Spaltentitel und wenden dann das genannte Absatzformat darauf an. Ihre Tabelle sollte jetzt dem gewünsch-ten Zustand entsprechen.

Um nun einmal auszuprobieren, wie sich das Tabellenformat tatsächlich auswirkt, wählen Sie in der Liste der Tabellenformate einfach einmal [Einfache Tabelle]. Damit wird die Tabelle ihrer gesamten Formatierung beraubt. Alle Linien werden mit einer

kräftigen Kontur in 1 Pt dargestellt, als Schrift kommt die sattsam
bekannte Times zum Einsatz:

Thema	Kategorie	Datum	Gebühr
Italienische Küche	A	14.01.	35,–
Frühstück	WE		80,–
Vorspeisen	A*	21.01.	27,50
Süße Suppen	A	28.01.	31,–
Indische Küche	A	31.01.	45,–
A: Abendkurs, Beginn 19:30 Uhr WE: Wochenendkurs, Samstag 13–18 Uhr, Sonntag 9–13 Uhr * Beginn 20 Uhr			

Thema	Kategorie	Datum	Gebühr
Italienische Küche	A	14.01.	35,–
Frühstück	WE	17.01./18.01.	80,–
Vorspeisen	A*	21.01.	27,50
Süße Suppen	A	28.01.	31,–
Indische Küche	A	31.01.	45,–

A: Abendkurs, Beginn 19:30 Uhr
WE: Wochenendkurs, Samstag 13–18 Uhr, Sonntag 9–13 Uhr
* Beginn 20 Uhr

Beim Wechsel zurück zum erstellten Tabellenformat gehen natürlich die eben durchgeführten Korrekturen verloren. In der rechten Abbildung wurden die Spaltentitel wie zuvor beschrieben nochmals formatiert.

Mit dem Tabellenformat KOCHKURS ließen sich nun die anderen elf Tabellen ohne Weiteres gleichförmig formatieren. Änderungen an einem der Absatz-/Zellenformate oder des Tabellenformates selbst würden direkt auf alle Tabellen angewendet werden. ■

▲ **Abbildung 5.72**
Mit Hilfe des im Workshop erstellten Tabellenformates KOCHKURS ist die linke Tabelle mit einem Klick in die rechte Formatierung überführt!

5.12   Tabellendaten platzieren

Bisher haben Sie drei Möglichkeiten kennengelernt, wie Sie eine Tabelle mit Daten füllen können: Durch das Eingeben der Daten mit der Tastatur direkt in InDesign, durch die Umwandlung von Text in eine Tabelle und durch das Kopieren und Einfügen von Daten aus dem Ursprungsprogramm in die InDesign-Tabelle.

Eine vierte interessante Möglichkeit besteht darin, Tabellendaten aus anderen Dateien zu platzieren. Genau wie bei Text- oder Bilddateien rufen Sie auch bei Tabellendaten über DATEI • PLATZIEREN den PLATZIEREN-Dialog auf. Das zu importierende Dateiformat wird also nicht über die Art des Rahmens gesteuert, in den gegebenenfalls eine Datei platziert wird, sondern erst durch die tatsächliche Wahl der Datei oder auch Dateien, die Sie platzieren möchten. Sie brauchen noch nicht einmal dieselbe Dateiart im Platzieren-Dialog zu markieren: Sie können durchaus Bilddaten, Textdateien, Tabellendaten und andere InDesign-Dokumente in einem Arbeitsschritt importieren. Konzentrieren wir uns aber

auf den Import einer Tabellendatei, die im XLS-Dateiformat vorliegt und demnach in Excel oder aber in einer anderen Tabellen-
anwendung erstellt und dann als XLS-Datei abgespeichert wurde:

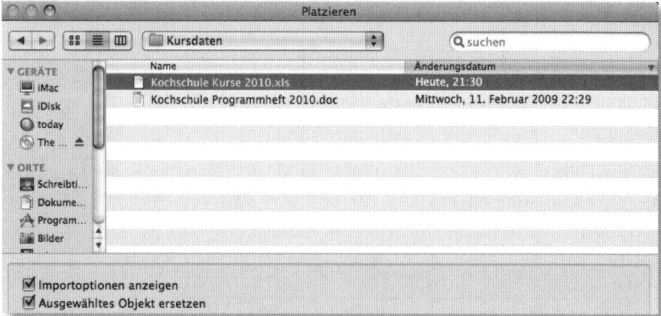

Abbildung 5.73 ▶
InDesign platziert ohne Weiteres Tabellendaten.

Markieren Sie wie beim Bildimport die Checkbox Importoptionen anzeigen. Ein Klick auf den Öffnen-Button blendet
die Microsoft Excel-Importoptionen ein.

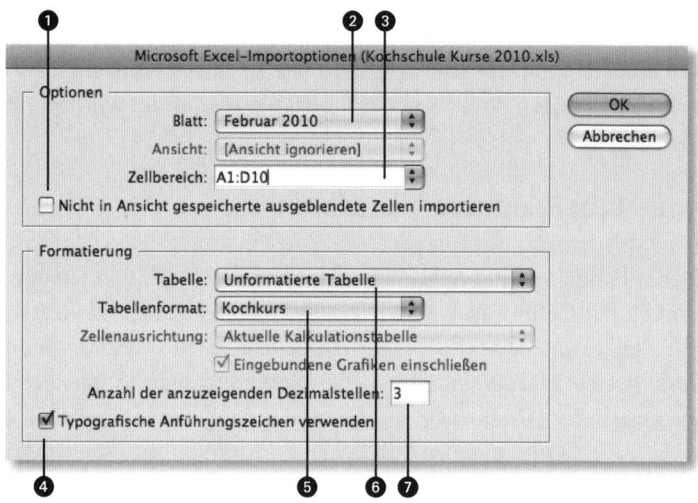

Abbildung 5.74 ▶
Auch bei Tabellen bieten die
Importoptionen vielfältige
Möglichkeiten der Steuerung,
was wie importiert wird.

Tabellendokumente sind in sogenannten Arbeitsmappen organisiert, die einzelnen Tabellen werden als Blätter bezeichnet. Im
Beispiel wurde das Excel-Dokument »Kochschule Kurse 2010.xls«
markiert, das die Daten der Kochkurse des Jahres 2010 enthält.
Die Daten der Kurse sind nach Monat auf einem Blatt innerhalb
dieses Dokumentes angelegt. In den Tabellenimportoptionen
kann aus den möglichen Blättern das gewünschte Blatt per Pulldown-Menü ausgewählt werden ❷. Im Zellbereich ❸ kann der

Bereich der bei BLATT gewählten Tabelle bei Bedarf eingegrenzt werden: Die Großbuchstaben stehen hierbei für die Spalten, die anschließenden Zahlen für die Zeilen. Im Beispiel würden also die Daten der ersten vier Spalten A, B, C, D und der ersten zehn Zeilen bei Bestätigung des Dialogs mit OK importiert werden. Da in Tabellendokumenten einzelne Zellen, die beispielsweise Zwischensummen enthalten, wahlweise ausgeblendet werden können, kann im IMPORT-Dialog festgelegt werden, ob diese mit importiert werden sollen ❶. Im Bereich FORMATIERUNG des Dialogfeldes können Sie im Pulldown-Menü TABELLE ❻ zwischen den Optionen FORMATIERTE TABELLE, UNFORMATIERTE TABELLE, UNFORMATIERTER TEXT MIT TABULATORTRENNZEICHEN und NUR EINMAL FORMATIERT wählen. Die beiden erstgenannten Optionen sind selbsterklärend, bedeutsam ist an der Option UNFORMATIERTE TABELLE jedoch, dass nur bei der Wahl dieser Option das nächste Pulldown-Menü TABELLENFORMAT überhaupt anwählbar ist. Die Option UNFORMATIERTER TEXT MIT TABULATORTRENNZEICHEN führt dazu, dass die Tabellendaten eben nicht als Tabelle, sondern als Text importiert werden. Durch die hierbei von InDesign eingefügten Tabulatortrennzeichen können die Tabelleninhalte nach dem Import mit Hilfe des Bedienfeldes TABULATOREN positioniert werden. Die Option NUR EINMAL FORMATIERT lädt die Tabellendaten so in das InDesign-Dokument, wie sie in Excel ursprünglich formatiert wurden. Dadurch erhält man eine genaue Vorschau der Datei, wie sie in Excel aussieht, ansonsten macht diese Wahlmöglichkeit eigentlich erst Sinn, wenn die Daten nicht wirklich importiert, sondern mit dem InDesign-Dokument verknüpft werden. Das sehen wir uns im nächsten Abschnitt »Tabellendaten verknüpfen« noch genauer an.

Bei TABELLENFORMAT ❺ können Sie das gewünschte Format aus der Liste der im aktuellen Dokument erstellten Tabellenformate wählen. Sie können also nicht nur bereits importierten Tabellen Formate zuweisen, sondern die Formatierung schon beim Import erledigen!

Mit der ANZAHL DER ANZUZEIGENDEN DEZIMALSTELLEN ❼ können Sie festlegen, wie viele Zahlen hinter dem Komma bei Zahlen importiert werden sollen und dementsprechend gerundet werden. Die letzte Importoption ❹ ist standardmäßig aktiviert: Dann werden beispielsweise Zollzeichen, die statt typografisch korrekter Zeichen in Excel verwendet wurden, beim Import nach InDesign umgewandelt.

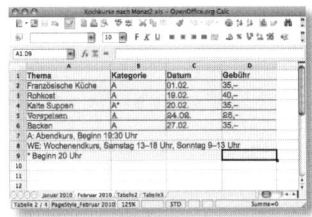

▲ **Abbildung 5.75**
Im IMPORT-Dialog können Sie genau festlegen, welche Daten einer Tabelle importiert werden sollen.

Formatierte Tabelle
Unformatierte Tabelle
Unformatierter Text mit Tabulatortrennzeichen
Nur einmal formatiert

▲ **Abbildung 5.76**
Vier Optionen stehen zur Auswahl, wenn es um den Tabellenimport geht.

5.13 Tabellendaten verknüpfen

Es gibt noch eine weitere Möglichkeit, Tabellendaten in ein Layout einzufügen: Sie können Tabellen genau wie Bilddaten mit einem InDesign-Dokument verknüpfen! Dabei werden Änderungen an der Tabellendatei im Ursprungsprogramm an InDesign weitergegeben – das ist natürlich gerade bei häufig aktualisierten (bzw. zu aktualisierenden) Daten interessant. Abhängig von der Menge der sich ändernden Daten, können diese natürlich auch aus Excel herauskopiert und ins InDesign-Dokument eingefügt werden. Bei umfangreichen Änderungen drängt sich die Verknüpfung von Tabellen aber geradezu auf.

Um Tabellendaten mit einer InDesign-Datei zu verknüpfen, müssen Sie in den Programmvoreinstellungen eine kleine Änderung vornehmen, standardmäßig ist die Verknüpfung von Tabellendaten nämlich deaktiviert. Unter BEARBEITEN/INDESIGN • VOREINSTELLUNGEN finden Sie in den Kategorien links den Eintrag DATEIHANDHABUNG. Dort markieren Sie die Checkbox neben BEIM PLATZIEREN VON TEXT- UND TABELLENDATEIEN VERKNÜPFUNGEN ERSTELLEN ❶.

▼ **Abbildung 5.77**
Um Tabellen nicht nur zu importieren, sondern auch zu verknüpfen, bedarf es der Änderung der Voreinstellungen.

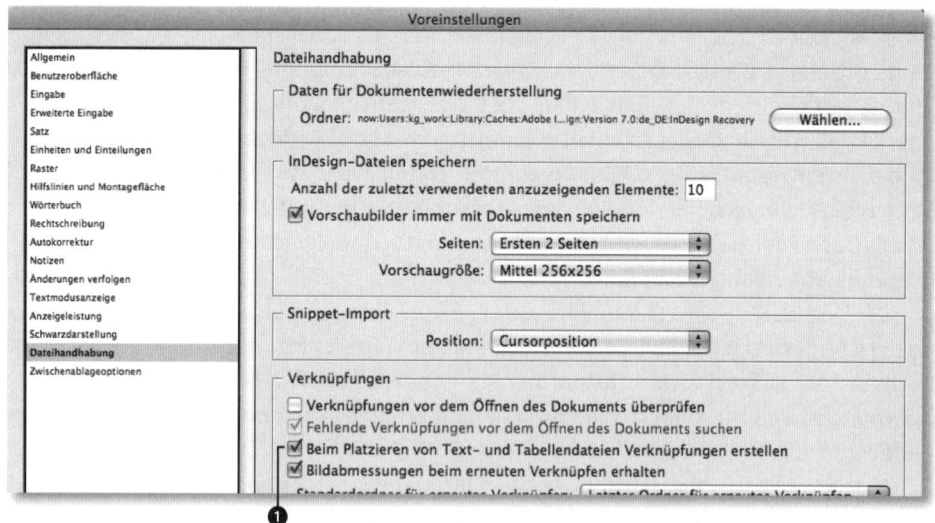

Nach der Aktivierung dieser Option werden Tabellendaten nicht mehr wirklich importiert, sondern verweisen durch die Verknüpfung auf die Tabellendatei auf Ihrer Festplatte, auf CD oder auf dem Server. Hier gilt natürlich dasselbe wie für Bilddaten: Verknüpfte Daten müssen für InDesign verfügbar sein. Das heißt, dass Sie weder den Namen noch den Speicherort einer Datei ändern sollten, die mit einer InDesign-Datei verknüpft wurde – andernfalls hat InDesign keine Chance, die Daten erwartungsgemäß darzustellen. Ebenso sollte natürlich der Server oder die CD mit den Daten für InDesign auffindbar, also gemountet sein.

Für das Platzieren ändert sich durch die geänderten Voreinstellungen nichts: Sie gehen wie gewohnt vor und nehmen die gewünschten Änderungen in den Importoptionen vor. Genauso wenig ist den importierten Daten die Tatsache anzusehen, dass sie mit ihren Ursprungsdaten verknüpft sind. Wo dies allerdings ablesbar ist, ist natürlich im Bedienfeld Verknüpfungen. Hier werden wie bei Bildern der Name und weitere Informationen zur Verknüpfung aufgelistet (es wird allerdings nicht das Blatt genannt, auf dem sich die verknüpfte Tabelle im Ursprungsdokument befindet):

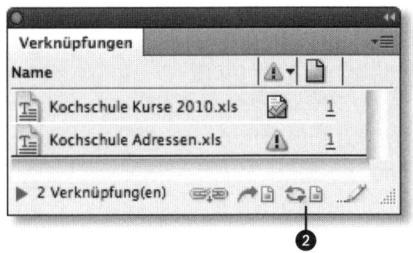

◄ **Abbildung 5.78**
Von einem InDesign-Dokument aus sind zwei verschiedene Excel-Dokumente verknüpft.

Wird die verknüpfte Tabellendatei nun in Excel oder OpenOffice geändert, wird dies vom Bedienfeld Verknüpfungen genau wie bei geänderten Bilddaten umgehend registriert und mit einem gelben Warndreieck in der Statuszeile visualisiert. Und genau wie bei anderen Verknüpfungen auch, können Sie die im Ursprungsprogramm geänderte Tabellendatei mit einem Doppelklick auf das Warndreieck hinter dem Namen oder mit dem Verknüpfung aktualisieren-Button ❷ auf den neuesten Stand bringen.

Eingriffe in die Tabellenstruktur wie beispielsweise die Änderung der Spalten- oder Zeilenzahl oder deren Reihenfolge innerhalb der Tabelle oder sogar das Ändern von Zelleninhalten wird bei einer Aktualisierung mit der geänderten Tabellendatei überschrieben – aber nicht kommentarlos: Vorher bekommen Sie noch eine Warnmeldung von InDesign präsentiert, die Sie auf die bevorstehende Löschung von Daten, Formatierungen u. Ä. aufmerksam macht.

5.14 Bilder in Tabellen

Verankertes Objekt

Bilder, die wie hier beschrieben in einen Text oder eine Tabelle eingefügt werden, sind sogenannte »verankerte Objekte«, die über OBJEKT • VERANKERTES OBJEKT weiter editiert werden können.

Neben Text können auch Bilder in Tabellenzellen platziert werden. Hierbei gibt es zwei Möglichkeiten: Bei der ersten kann das Bild in der Position wie Text in der Positionierung manipuliert werden, in der zweiten füllt das Bild die gesamte Fläche aus.

Der Vorteil bei der ersten Methode ist die große Kontrolle, die man auf das eingefügte Bild hat. Um eine Bilddatei in einen Text oder in eine Tabelle einzufügen, muss der Textcursor nur an der gewünschten Stelle des Textes oder eben der Tabelle positioniert sein. Anschließend wird der PLATZIEREN-Dialog wie gewohnt aufgerufen. Nach Auswahl der entsprechenden Bilddatei wird das Bild an der Position des Textcursors eingefügt.

Grundsätzlich ist es bei dieser Vorgehensweise jedoch ratsam, vor dem Platzieren erst einen Bildrahmen in der gewünschten Größe im Text oder in der Tabelle zu verankern. Ansonsten verdrängen zu große Bilddaten den Text, so dass Übersatztext entsteht. In einer Tabelle führt das Platzieren von zu großen Dateien dazu, dass diese zu Tabellenübersatz werden. Die betreffende Zelle wird dann mit einem roten Punkt gekennzeichnet und Sie haben keinen Zugriff mehr auf das Bild, bis Sie die Zellengröße so weit vergrößert haben, dass das gesamte Bild hineinpasst.

In wenigen Schritten möchte ich diese Vorgehensweise erläutern. Sehen wir uns zunächst die fertige Tabelle an.

Abbildung 5.79 ▸
Die vier Icons sind als verankerte Objekte in die dafür vorgesehenen Zellen eingefügt worden.

	ADRESSLISTE
	Mark Mustermann
	+49 (0) 123-45 67 89 12
	+49 (0) 160-45 67 89 34
	Einheitsstraße 99
	D - 12345 Neustadt

Zunächst wird eine Tabelle aufgebaut, die eine Spalte für die zu ladenden Icons enthält. Prinzipiell wäre es ebenso möglich, ohne eine weitere Spalte für die Bilder zu arbeiten und die Bilddaten direkt vor den Text einzufügen. Damit würde man sich aber um die elegante Änderungsmöglichkeit bringen, die Abstände der Bilder zum Text über das Bedienfeld TABELLE einzustellen. Die separate Spalte bietet darüber hinaus die Möglichkeit, schnell unterschiedliche Varianten von Zeilenkonturen und Flächenfüllungen für die Spalte mit den Bildern und den eigentlichen Adressdaten auszuprobieren. Und eine möglichst große Flexibilität bei der Gestaltung kann ohnehin immer nur von Vorteil sein.

ADRESSLISTE
Mark Mustermann
+49 (0) 123–45 67 89 12
+49 (0) 160–45 67 89 34
Einheitsstraße 99
D – 12345 Neustadt

◄ **Abbildung 5.80**
Die Adressliste ist mit zwei Spalten aufgebaut: Die Abstände der Icons zum Text können dadurch gewohnt elegant gesteuert werden.

Als Nächstes wird an einer freien Stelle im Dokument ein Grafikrahmen der richtigen Größe erstellt. Dieser wird über BEARBEITEN • AUSSCHNEIDEN in den Zwischenspeicher geladen. Der Textcursor wird in die Zelle positioniert, in der die erste Grafik geladen werden soll. Der Platzhalterrahmen braucht dann nur noch mit BEARBEITEN • EINFÜGEN an die aktuelle Position des Cursors eingefügt zu werden:

ADRESSLISTE
Mark Mustermann
+49 (0) 123–45 67 89 12
+49 (0) 160–45 67 89 34
Einheitsstraße 99
D – 12345 Neustadt

◄ **Abbildung 5.81**
Ein Platzhalter der passenden Größe wurde in die erste Zelle eingefügt, in der im zweiten Schritt die entsprechende Grafik platziert wird.

Dieser Schritt wird für die anderen drei Icons wiederholt, und die Bilddaten werden anschließend wie gewohnt in die vorbereiteten Grafikrahmen platziert. Die Spalte mit den Grafiken kann dann über das Bedienfeld TABELLE z. B. in der Breite angepasst werden. Ebenso lässt sich hierüber dann auch bei Bedarf der Versatz der Grafiken zur Zellenbegrenzung weiter steuern. Beachten Sie hierbei, dass sich verankerte Objekte auch mit dem Bedienfeld ABSATZ in ihrer Ausrichtung innerhalb der Zelle einstellen lassen: Bei einem Zellenversatz von 0 mm lassen sich die Grafiken auch ganz nach links an den linken Tabellenrand verschieben.

Soll z. B. ein Foto eine ganze Zelle ausfüllen, markieren Sie vor dem Platzieren der Grafik bei TABELLE • ZELLENOPTIONEN • TEXT die Checkbox INHALT AUF ZELLE BESCHNEIDEN. Außerdem muss der Zellenversatz auf »0 mm« eingestellt sein. Beim anschließenden Platzieren darf der Grafikrahmen nicht höher als die betreffende Zelle sein, sonst erhalten Sie Tabellenübersatz.

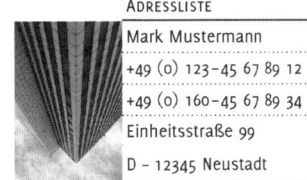

▲ **Abbildung 5.82**
Bilder können Tabellen randlos ausfüllen – dabei müssen ein paar Details beachtet werden.

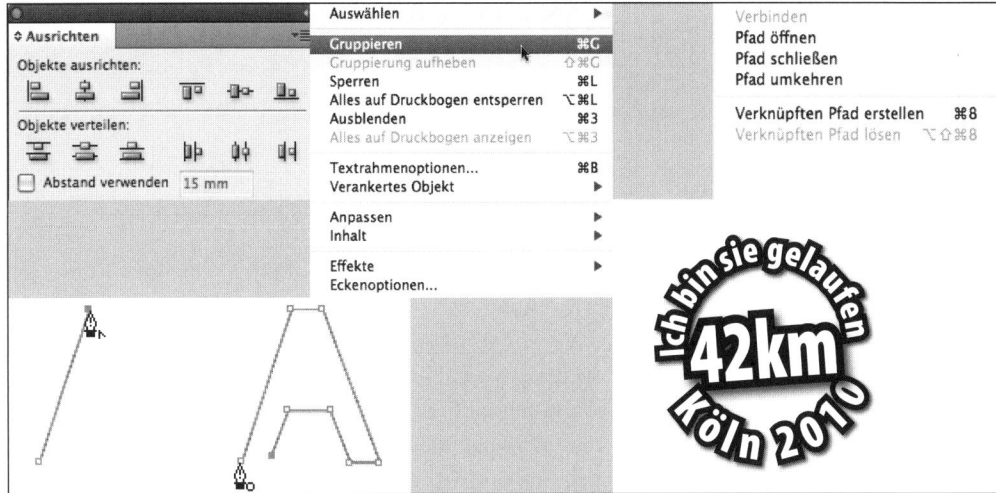

Kapitel 6
Pfade und Objekte
Die Grundlagen der Illustration

Sie werden lernen:

► was Pfade sind

► wie Pfade erstellt und bearbeitet werden können

► wie Text auf Pfaden erstellt und editiert wird

► wie Sie Objekte auswählen und z. B. ausrichten können

6 Pfade und Objekte

In den vorangegangenen Kapiteln spielten Pfade und Objekte zwischendurch immer mal wieder eine Rolle, aber es lohnt sich, dass wir uns hier nun detaillierter mit der Erstellung und Bearbeitung von Pfaden und Objekten beschäftigen. Der deutliche Schwerpunkt innerhalb des Kapitels liegt hierbei auf Pfaden. InDesign ist natürlich kein vollständiges Illustrationsprogramm wie etwa Illustrator – die Möglichkeiten, Pfade zu erstellen und weiterzubearbeiten, sind aber auch bei InDesign beachtlich.

6.1 Grundlagen Pfade

▲ **Abbildung 6.1**
Die Standardeinstellung weist neuen Pfaden Schwarz als Konturfarbe zu, die Fläche ist transparent.

Ein Pfad ist zunächst einmal eine Linie, die z. B. mit einem der Zeichenwerkzeuge wie Zeichenstift-, Buntstift- oder Linienzeichner-Werkzeug erstellt werden kann. Einem solchen Pfad können über die Toolbox oder das Bedienfeld FARBFELDER die beiden wichtigsten Attribute zugewiesen werden: eine **Konturfarbe** und eine **Flächenfarbe**. Ist einem Pfad keine der beiden Farben zugewiesen worden, wird er in der Ausgabe nicht berücksichtigt und ist somit unsichtbar. Bearbeitet werden kann ein solcher Pfad aber dennoch: Im Bildschirmmodus NORMAL werden auch solche, im Druck unsichtbaren Pfade dargestellt.

Sehen wir uns den einfachsten aller möglichen Pfade einmal genau an: Der gerade Pfad im Beispiel unten hat eine schwarze Kontur in der Stärke 1 Pt und ist in der linken Abbildung nicht markiert, in der Mitte ist er mit dem Auswahl-Tool, rechts mit dem Direktauswahl-Tool markiert worden.

Abbildung 6.2 ▶
Hier sehen Sie denselben Pfad in drei verschiedenen Zuständen.

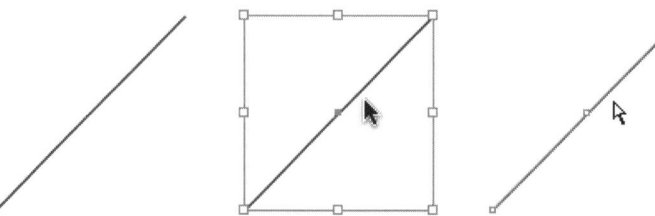

Lassen Sie uns zuerst klären, worin die grundlegenden Unterschiede liegen, die aus dem jeweiligen Werkzeug folgen, mit dem ein Pfad markiert wurde.

6.1.1 Begrenzungsrahmen

Wird ein beliebiges Objekt mit dem Auswahl-Tool markiert, wird von InDesign immer ein sogenannter Begrenzungsrahmen um das eigentliche Objekt dargestellt. Unter die Bezeichnung Objekt fällt in InDesign jedes druckbare Element. Zu Objekten zählen also importierte Grafiken, Tabellen, Textrahmen und eben gefüllte Pfade.

> **Grafikrahmen**
>
> Bei Rahmen, die Grafiken enthalten, führt eine Veränderung des Begrenzungsrahmens immer zu einer Veränderung des sichtbaren Ausschnitts der betreffenden Grafik.

Ein Begrenzungsrahmen, der ein Objekt umschließt, hat immer eine rechteckige Form und gibt in seinen Ausmaßen die Größe des Objektes an. Ein solcher Rahmen hat an seinen vier Ecken und auf den vier Seitenmitten Auswahlgriffe, die mit dem Auswahl-Werkzeug angeklickt werden können. Was eine Verschiebung eines dieser acht Auswahlgriffe bewirkt, ist sowohl von seiner Position (Mitte oder Ecke) als auch vom Objekt abhängig. Bei geraden Pfaden bleiben die Proportionen durch die Verschiebung eines mittleren Auswahlgriffes ❶ gewahrt.

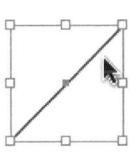

◀ **Abbildung 6.3**
Gerade Linien behalten ihre Proportionen bei einer Verkleinerung des Begrenzungsrahmens bei.

Bei gekrümmten Pfaden wird die Form durch dieselbe Aktion gestaucht:

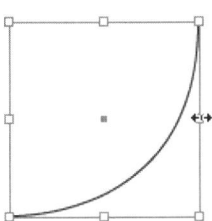 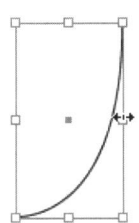

◀ **Abbildung 6.4**
Alle anderen Pfade werden gestaucht, wenn ein mittlerer Auswahlgriff verschoben wird.

Soll das markierte Objekt in der Größe geändert werden und dabei seine Proportionen beibehalten, klicken Sie einen der Aus-

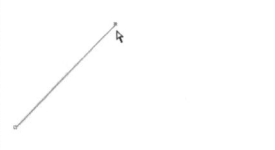

wahlpunkte mit dem Auswahl-Tool an und halten gleichzeitig die ⬦-Taste gedrückt. Dadurch wird die Bewegungsrichtung bei der Größenänderung auf den 45°-Winkel bzw. ein Vielfaches davon beschränkt. Dieses Prinzip kennen Sie ja auch schon von den Grafikrahmen her.

6.1.2 Pfadelemente

Wird ein Pfad mit dem Direktauswahl-Tool markiert, werden die unterschiedlichen Elemente, aus denen ein Pfad besteht, sichtbar und damit weiter editierbar.

Endpunkte

In folgendem Beispiel sind die beiden Endpunkte sichtbar, der obere ist vom Direktauswahl-Werkzeug markiert worden ❶ und kann nun unabhängig vom unteren verschoben werden ❷.

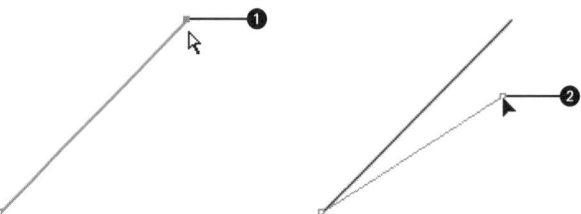

Abbildung 6.5 ▶
Endpunkte können vom Direktauswahl-Tool markiert und dann verschoben werden.

Ankerpunkte

Neben den Endpunkten gibt es noch eine zweite Punktart: den Ankerpunkt. Er kommt in zwei Varianten vor: als Eckpunkt ❸ und als Übergangspunkt ❹.

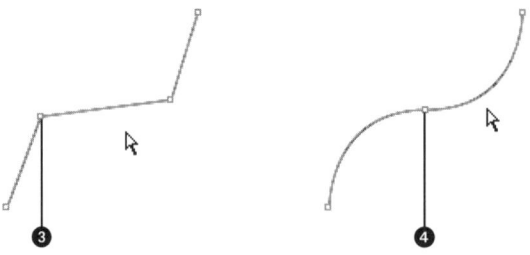

Abbildung 6.6 ▶
Ein Ankerpunkt ist entweder Eck- oder Übergangspunkt.

Eckpunkte liegen immer dann vor, wenn die Linie ihre Richtung abrupt ändert. Übergangspunkte hingegen verbinden immer geschwungene Pfadstücke miteinander und sorgen dabei für weiche Übergänge.

Auch in den folgenden beiden Situationen liegen bei den mittleren Punkten Eckpunkte vor:

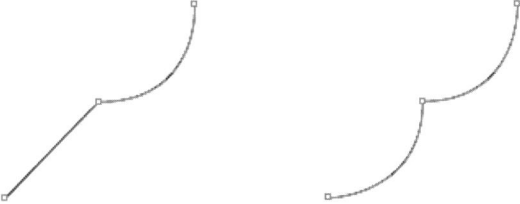

◄ Abbildung 6.7
Immer, wenn der Pfad abrupt seine Richtung ändert, liegt ein Eckpunkt vor.

Pfadpunkte können mit dem Direktauswahl-Tool einzeln markiert und dann in ihrer Lage geändert werden. Auch dadurch verändert sich der Verlauf der Linie:

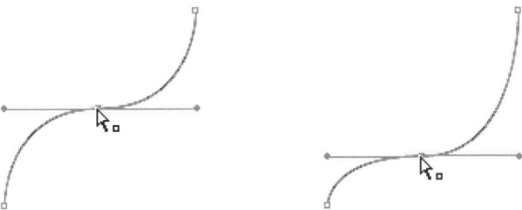

◄ Abbildung 6.8
Ankerpunkte können wie Endpunkte verschoben werden.

Es können auch mehrere Punkte gleichzeitig verschoben werden.

Pfadsegmente

Die Teile eines Pfades, die jeweils zwischen zwei Ankerpunkten liegen, werden Pfadsegmente genannt. Bei geschwungenen Pfaden können diese direkt mit dem Direktauswahl-Tool markiert und verschoben werden. Solange nicht auch die benachbarten Ankerpunkte markiert sind, ändert sich hierdurch nur die Krümmung des betreffenden Pfadsegmentes:

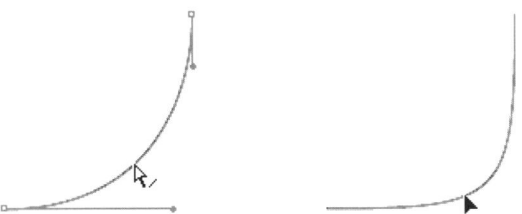

◄ Abbildung 6.9
Mit dem Direktauswahl-Tool können Sie bei gekrümmten Pfaden einzelne Pfadsegmente anklicken und verschieben.

Aus den bisherigen Erläuterungen folgt demnach, dass ein einfacher Pfad aus zwei Eckpunkten besteht, die durch mindestens ein Pfadsegment verbunden sind.

6.1.3 Grifflinien und -punkte

Pfade können in ihrem Kurvenverlauf durch die Grifflinien ❷, die mit dem Direktauswahl-Tool an den Griffpunkten ❶ angeklickt werden können, äußerst präzise verändert werden.

Abbildung 6.10 ▶
Die Linien, die aus den Ankerpunkten herauskommen, werden Grifflinien genannt und bestimmen den Kurvenverlauf.

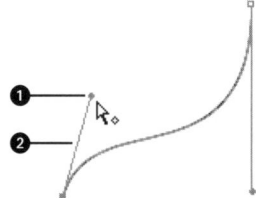

Grifflinien sind Teil aller Übergangspunkte und gegebenenfalls auch von Eck- und Endpunkten. Diese Hilfslinien sind nur sichtbar, wenn ein Pfad, ein Pfadsegment oder ein Ankerpunkt aktiviert ist. Sie dienen ausschließlich der Modifikation von Pfaden und sind nicht druckend.

Feintuning von Pfaden

Wenn es um das Bearbeiten von Details an Pfaden geht, werden diese immer mit dem Direktauswahl-Tool oder dem Zeichenstift-Werkzeug und seinen Varianten durchgeführt.

6.1.4 Pfadarten

In InDesign wird zwischen drei Arten von Pfaden unterschieden: geöffneter Pfad, geschlossener Pfad und verknüpfter Pfad.

Offener Pfad
Alle bisher gezeigten Beispiele dieses Kapitels sind offene Pfade: Sie verfügen alle über zwei Endpunkte. Offene Pfade können sich auch selbst überlappen, so dass beispielsweise schleifenförmige Linienverläufe möglich sind. Die Endpunkte markieren dabei aber immer noch den Anfang bzw. das Ende eines (offenen) Pfades.

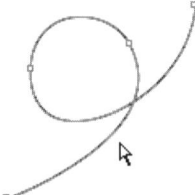

Abbildung 6.11 ▶
Pfade können sich selbst schneiden.

Geschlossener Pfad
Hat ein Pfad keine Endpunkte, ist es ein geschlossener Pfad. Im folgenden Beispiel sind die vier Übergangspunkte, die Grifflinien des markierten Ankerpunktes und die der nächstliegenden

Ankerpunkte zu sehen. InDesign zeigt nicht nur die Grifflinien des markierten Ankerpunktes an, sondern alle, die den Kurvenverlauf des Pfadsegementes definieren.

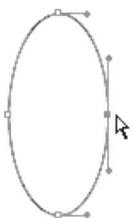

◄ **Abbildung 6.12**
Ein geschlossener Pfad hat keine Endpunkte.

Verknüpfter Pfad

Ein verknüpfter Pfad besteht immer aus mindestens zwei geschlossenen Pfaden, die über den Befehl OBJEKT • PFADE • VERKNÜPFTEN PFAD ERSTELLEN zusammengefügt wurden. Durch diese Aktion wird erreicht, dass man beispielsweise durch eine Form hindurchsehen kann.

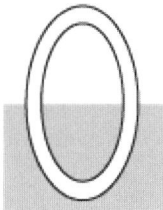 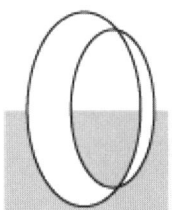

◄ **Abbildung 6.13**
Durch verknüpfte Pfade kann hindurchgesehen werden.

Beide Pfade und ihre Pfadelemente lassen sich nach der Verknüpfung aber weiterhin einzeln bearbeiten.

▲ **Abbildung 6.14**
Es können in verknüpfte Pfade nicht nur Bilder eingesetzt werden, ihnen können auch Verläufe zugewiesen werden.

6.2 Pfade zeichnen

Jetzt haben Sie schon einiges zu Pfaden gelesen und gesehen – nun soll es in die Praxis gehen. Zunächst werden Sie lernen, wie man einfache Formen mit dem Zeichenstift-Werkzeug erstellt. Nach dem Workshop zum Thema gerade Liniensegmente und verknüpfte Pfade werde ich auf das Zeichnen von gekrümmten Pfaden eingehen.

Grundsätzlich können Sie zum Zeichnen auch das intuitivere Buntstift-Werkzeug verwenden, es lässt sich aber nicht so präzise handhaben wie das Zeichenstift-Tool, weshalb ich mich hier auf Letzteres beschränke.

6.2.1 Zeichnen gerader Pfadsegmente

Gerade Pfadsegmente werden auf denkbar einfache Weise erstellt: Mit dem Zeichenstift-Werkzeug werden durch einfaches Klicken nacheinander Ankerpunkte an die gewünschten Stellen gesetzt. Wichtig ist hierbei, dass wirklich nur geklickt wird – die Maustaste muss direkt danach wieder gelöst werden, sonst wird ein Übergangspunkt erstellt, der weiche Übergänge zwischen Pfadsegmenten formt. Im folgenden Workshop möchte ich das Zeichnen von Pfaden mittels Eckpunkten näher erläutern.

Schritt für Schritt: Ein »A« zeichnen

Bei den im Folgenden beschriebenen Arbeitsschritten werden Sie das Zeichenstift-Werkzeug einsetzen. Dieses Werkzeug nutzt die verschiedenen Pfadkonzepte wie kein anderes aus und bietet sich deshalb für die erste Übung besonders an. Da genau diese Pfadkonzepte einen ebenso spezifischen Umgang mit dem Werkzeug verlangen, beginnen wir mit den einfachen, geraden Linien: In dieser Übung werden Sie zwei geschlossene Pfade mit geraden Pfadsegmenten zeichnen und beide Pfade zum Schluss zu einem verknüpften Pfad verbinden. Das Ergebnis dieses Workshops soll der Großbuchstabe »A« sein.

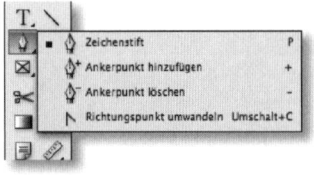

▲ **Abbildung 6.15**
Zunächst werden Sie nur das eigentliche Zeichenstift-Werkzeug einsetzen.

1 **Zeichnen der äußeren Zeichenform**
Wählen Sie das Zeichenstift-Werkzeug in der Toolbox, und setzen Sie den ersten Punkt des Buchstabens unten links durch einen einfachen Klick mit dem Zeichenstift-Tool auf eine leere Stelle einer beliebigen Dokumentseite. Lassen Sie die Maustaste direkt wieder los und setzen Sie den nächsten Punkt rechts oben, um die aufsteigende Diagonale der Versalie zu zeichnen.

Abbildung 6.16 ▶
Gerade Pfadsegmente werden einfach durch das Klicken mit dem Zeichenstift-Werkzeug erstellt.

Wenn Sie beim Zeichnen z. B. eine Horizontale durch das Setzen eines weiteren Punktes erreichen wollen, halten Sie einfach die

[⇧]-Taste gedrückt. Und horizontale Linien sind im Buchstaben A ja an verschiedenen Stellen zu finden:

◀ **Abbildung 6.17**
Horizontale werden erstellt, wenn beim Setzen des nächsten Ankerpunktes die [⇧]-Taste gedrückt wird.

Die nächsten fünf Punkte zeichnen Sie einfach, indem Sie weitere Eckpunkte setzen. Bei den horizontal verlaufenden Pfadsegmenten können Sie wie eben die [⇧]-Taste drücken. Verlassen Sie sich ansonsten beim Zeichnen des Buchstabens einfach auf Ihr Augenmaß – Sie wollen ja (noch?) keine Alternative zur Helvetica zeichnen … Hier soll es zunächst einmal um die Grundlagen des Zeichnens mit dem Zeichenstift-Werkzeug gehen. Mit dem Zeichnen dieser insgesamt sieben Eckpunkte ist die äußere Form des Buchstabens auch fast schon fertiggestellt.

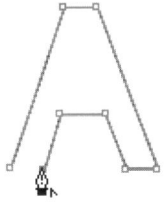

◀ **Abbildung 6.18**
Die äußere Form des Buchstabens ist fast fertiggestellt.

Wenn Sie nun das Zeichenstift-Tool auf den ersten Punkt positionieren, ändert sich das Symbol des Zeichenstift-Cursors: Ein kleiner Kreis erscheint neben der Zeichenfeder. Dieser Kreis weist darauf hin, dass der Pfad mit einem Klick auf den betreffenden bisherigen Endpunkt geschlossen wird:

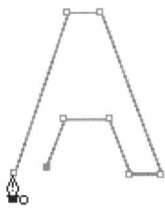

◀ **Abbildung 6.19**
Der bisher offene Pfad wird mit einem Klick auf den ersten Ankerpunkt geschlossen.

Nach dem Klick auf den ersten Punkt ist der Pfad geschlossen und der Cursor ändert sich direkt in das Symbol des Ankerpunkt-löschen-Werkzeuges. Achten Sie also immer auf diese kleinen, hilfreichen Zusätze am Zeichenstift.

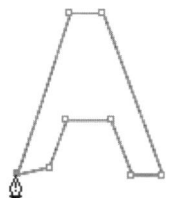

2 Zeichnen der inneren Zeichenform

Um nun die Punze, also den geschlossenen Innenraum des Schriftzeichens, zu zeichnen, gehen Sie einfach genau so vor wie bei dem äußeren Pfad. Ist der geschlossene, äußere Pfad noch markiert, können Sie dennoch durch Klicken auf die gewünschte Stelle einen neuen Pfad beginnen.

3 Nachbearbeitung einzelner Ankerpunkte

Möchten Sie die Position einzelner Ankerpunkte nach dem Zeichnen ändern, wechseln Sie dafür zum Direktauswahl-Tool. Natürlich können Sie dieses Werkzeug wie gewohnt über die Toolbox anwählen – wenn Sie beim Zeichnen nur zwischendurch kurz zum Direktauswahl-Tool wechseln möchten, können Sie auch einfach die ⌐Strg⌐/⌐⌘⌐-Taste drücken. Das Loslassen der Taste aktiviert wieder das zuvor gewählte Tool.

In meiner Version der Versalie A habe ich die Schräge am linken Fuß ❶ und die Punze ❷ mit dem Direktauswahl-Tool weiter meinen Vorstellungen angepasst.

❶   ❷

4 Pfade einfärben und überprüfen

Das A sieht doch schon ganz gut aus. Weisen Sie nun der Fläche ❸ des äußeren Pfades einen Farbton zu. Dafür markieren Sie den betreffenden Pfad mit dem Auswahl-Tool und weisen ihm eine Farbe zu – ich habe hier Schwarz mit einem Farbton von 20% genommen ❹. Sollte bei Ihrer Version die Punze nicht weiß sein, ändern Sie dies noch auf dieselbe Weise.

▼ **Abbildung 6.23**
Der Buchstabe wird mit Hilfe der Farbfelder eingefärbt.

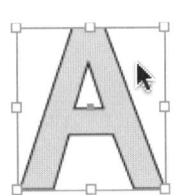

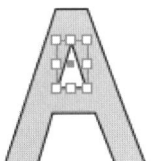
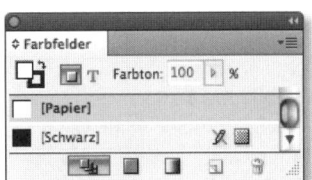

Wie Sie sehen, liegt der kleinere Pfad über dem größeren: InDesign schichtet nämlich die Objekte entsprechend ihrer Reihenfolge, in der sie angelegt wurden, übereinander.

Machen Sie jetzt den Test, ob man durch die Punze hindurchsehen kann. Erstellen Sie hierfür mit dem Rechteck-Werkzeug eine Fläche über die Hälfte des Buchstabens ❺ und stellen Sie diese im zweiten Schritt z. B. mit Hilfe des Befehls im Kontextmenü Anordnen • In den Hintergrund nach hinten. Selbstverständlich ist dieser Befehl ebenso im Menü Objekt zu finden. Durch diesen Befehl wird das aktuelle Objekt an die unterste Stelle eines Stapels mit mehreren Objekten verschoben ❻:

> **Weiterzeichnen**
>
> Sie müssen einen Pfad nicht mit einem Mal zu Ende zeichnen: Pfade lassen sich, nachdem sie wieder mit dem Direktauswahl-Werkzeug markiert wurden, nicht nur an den Ankerpunkten beliebig weiter modifizieren, Sie können auch einfach mit dem Zeichenstift-Tool an einem Endpunkt weiterzeichnen.

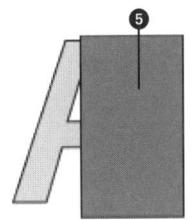
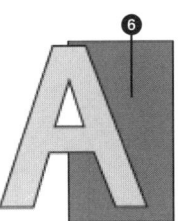

◄ **Abbildung 6.24**
Der innere Bereich des Schriftzeichens verdeckt die unter ihm liegenden Objekte.

Die Punze ist natürlich nicht durchsichtig. Dadurch, dass die Innenfläche bisher dieselbe Flächenfarbe wie der Hintergrund hatte – nämlich Weiß oder um genau zu sein: [Papier] –, wirkte es nur so, als würde man durch sie hindurch den Hintergrund sehen. Tatsächlich überdeckt ein Objekt, dem eine Flächenfarbe zugewiesen wurde, immer die darunterliegenden Objekte, selbst wenn die Flächenfarbe [Papier] ist.

Verbinden
Pfad öffnen
Pfad schließen
Pfad umkehren

Verknüpften Pfad erstellen ⌘8
Verknüpften Pfad lösen ⌥⇧⌘8

▲ **Abbildung 6.25**
Pfade können auch durch die
Befehle unter OBJEKT • PFADE
manipuliert werden.

Abbildung 6.26 ▶
Nachdem beide Pfade ver-
knüpft sind, ist die Fläche im
Hintergrund auch durch die
Punze zu sehen.

Pfadrichtung

Von der Richtung eines
Pfades hängt ab, was
InDesign beim Verknüpfen
von Pfaden als »innen«
und »außen« annimmt.

---

5 **Verknüpften Pfad erstellen**

Um nun doch noch den Hintergrund durch die Innenfläche
des Buchstabens zu sehen, müssen die beiden Pfade, die das A
beschreiben, miteinander verknüpft werden. Und um zwei oder
mehrere Pfade miteinander zu verknüpfen, markieren Sie die entsprechenden Pfade und rufen OBJEKT • PFADE • VERKNÜPFTEN PFAD
ERSTELLEN auf. Wenn Sie dies mit den beiden selbst erstellten Pfaden des Schriftzeichens machen, sollte das Ergebnis in etwa so
aussehen:

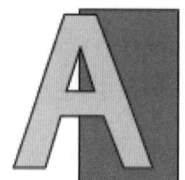

Sollte bei Ihnen nach dem Verknüpfen der beiden Pfade die Punze
dieselbe Farbe wie die eigentliche Buchstabenfläche haben, markieren Sie den inneren, kleinen Pfad mit dem Direktauswahl-Tool
und wählen dann OBJEKT • PFADE • PFAD UMKEHREN. ◼

6.2.2 Zeichnen gekrümmter Pfade mit Übergangspunkten

Das Zeichnen von Krümmungen unterscheidet sich in einem
wesentlichen Punkt vom Zeichnen gerader Pfadsegmente: Nachdem ein Ankerpunkt gesetzt wurde, bleibt die Maustaste gedrückt
und wird in die gewünschte Richtung gezogen. Dadurch werden
die Grifflinien aus dem gerade gesetzten Ankerpunkt gezogen
und bei gedrückter Maustaste wird die Länge und der Winkel der
Grifflinien definiert:

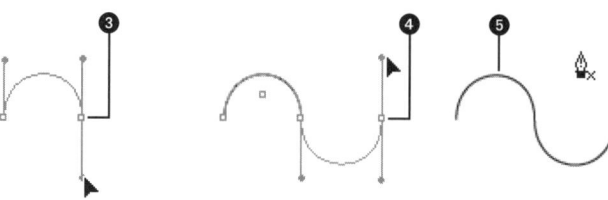

▲ **Abbildung 6.27**
Für die geschlängelte Linie im
letzten Bild rechts müssen drei
Ankerpunkte gesetzt werden.

Ein Ankerpunkt ❶ wurde mit dem Zeichenstift gesetzt und mit
gedrückter Maus werden die Grifflinien aus dem Ankerpunkt auf
die gewünschte Länge und mit dem gewünschten Winkel gezogen ❷. Dann erst wird die Maus losgelassen und der nächste

Ankerpunkt wird gesetzt ❸. Wieder wird die Grifflinie bis auf die gewünschte Länge herausgezogen. Die Vorgehensweise ist beim dritten Ankerpunkt natürlich dieselbe ❹. Die rechte Abbildung zeigt den fertigen, demarkierten Pfad, wie er gedruckt werden würde ❺. An den Abbildungen ist gut zu erkennen, dass die Grifflinien immer paarweise aus den Ankerpunkten gezogen werden und dass diese immer dieselbe Länge aufweisen. Bei der späteren Bearbeitung kann man beides selbstverständlich ändern.

Am besten vollziehen Sie die eben erläuterte Vorgehensweise einmal mit dem Zeichenstift-Tool nach.

6.2.3 Zeichnen gekrümmter Pfade mit Eckpunkten

Neben den auf den vorangegangenen Seiten erläuterten Kombinationen Eckpunkt/gerade Segmente und Übergangspunkt/gekrümmte Segmente gibt es auch noch als dritte Kombinationsmöglichkeit Eckpunkt/gekrümmte Segmente:

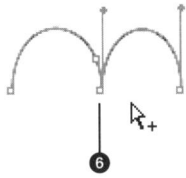

◄ **Abbildung 6.28**
Der Ankerpunkt in der Mitte ist ein Eckpunkt.

Obwohl die beiden Pfadsegmente zu beiden Seiten des Ankerpunktes ❻ gekrümmt sind, liegt hier ein Eckpunkt vor, da der Pfad an dieser Stelle abrupt seine Richtung ändert.

Wie ein Pfad wie der oben gezeigte in einem Arbeitsschritt gezeichnet werden kann, sehen wir uns in einer Sequenz an, die Sie in InDesign nachvollziehen sollten. Die ersten beiden Punkte werden genauso angelegt wie bei dem vorangegangenen Beispiel:

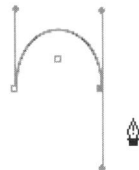

◄ **Abbildung 6.29**
Die ersten beiden Punkte werden genau wie im vorangegangenen Beispiel angelegt.

Um nun den Pfad nach oben, in entgegengesetzter Richtung weiterzuzeichnen, muss das Richtungspunkt-umwandeln-Tool aktiviert werden. Am einfachsten erreichen Sie dies, indem Sie

durch das Drücken der ⬚/⬚-Taste vom Zeichenstift-Tool
temporär zum Richtungspunkt-umwandeln-Werkzeug wechseln.
Beim Wechsel zu diesem Werkzeug über die Toolbox oder durch
Drücken des Tastaturbefehls ⬚+Ⓒ würde nämlich der letzte
Ankerpunkt deaktiviert und Sie müssten diesen zum Weiterzeich-
nen erst wieder mit dem Zeichenstift-Werkzeug anklicken.

Das Richtungspunkt-umwandeln-Werkzeug erkennen Sie,
solange mit ihm kein Griffpunkt markiert ist, an dem offenen
Pfeil ❶. Nach dem Klick auf den Griffpunkt kann die dazugehörige Grifflinie unabhängig von ihrem Pendant bewegt werden ❷.
Nachdem die Grifflinie die gewünschte Länge und den gewünschten Winkel angenommen hat, wird mit dem Zeichenstift wie
gewohnt weitergezeichnet ❸.

Abbildung 6.30 ▶
Mit dem Richtungspunkt-
umwandeln-Tool lassen sich
Grifflinien separat bearbeiten,
hier werden dadurch Über-
gangspunkte zu Eckpunkten.

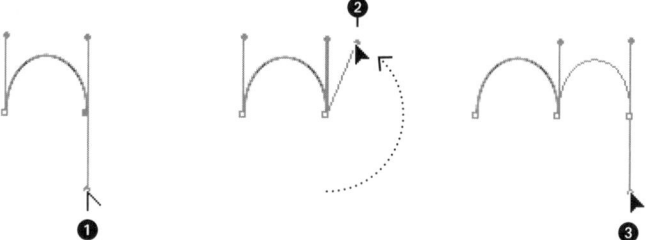

6.3 Pfade bearbeiten

Häufig gelingt es einem nicht, auf Anhieb die gewünschte Form
zu erstellen: Das Zeichenstift-Tool ist zwar ein äußerst präzise
einsetzbares Tool, es ist anfangs nur nicht sonderlich intuitiv zu
bedienen. Hier müssen Sie durchaus etwas Einarbeitungszeit ein-
planen – aber gerade bei diesem Tool lohnt sich die Beschäftigung damit, da es auch in den meisten anderen Programmen der
diversen Suites von Adobe an ganz zentralen Stellen vorkommt
(z. B. bei der Erstellung von Beschneidungspfaden in Photoshop).
Im Folgenden lernen Sie weitere Techniken zur Manipulation von
Pfaden kennen.

6.3.1 Direktauswahl-Werkzeug

Sehen wir uns zunächst die Manipulationsmöglichkeiten des
Direktauswahl-Tools an. Wie Sie wissen, lassen sich mit diesem
Werkzeug einzelne Ankerpunkte markieren und diese können

dann in der Position verändert werden. Um mehrere Ankerpunkte zu markieren, die nicht direkt nebeneinanderliegen, halten Sie die ⌀-Taste gedrückt.

Bei mehreren Ankerpunkten, die hingegen nebeneinanderliegen, ziehen Sie einfach ein Rechteck mit dem Direktauswahl-Cursor auf ❹, und alle Ankerpunkte, die durch diese Aktion überstrichen werden, sind daraufhin markiert (❺ und ❻). Diese Auswahltechnik lässt sich übrigens mit der Auswahl einzelner Punkte mit Hilfe der ⌀-Taste beliebig kombinieren.

> **Grifflinien löschen**
>
> Mit einem Klick des Richtungspunkt-umwandeln-Tools auf einen Ankerpunkt werden die Grifflinien entfernt, dadurch ändert sich in der Regel das Aussehen des Pfades deutlich.

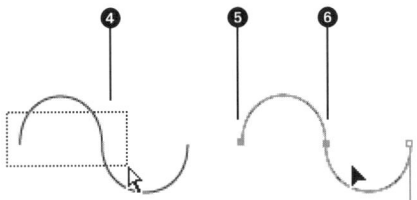

◀ **Abbildung 6.31**
Mit den Auswahl-Tools lassen sich Auswahlrechtecke aufziehen.

6.3.2 Richtungspunkt-umwandeln-Werkzeug

Mit diesem Tool können Punkte nicht nur beim Zeichnen, sondern auch danach in ihr jeweiliges Gegenteil umgewandelt werden: Durch einen Klick mit diesem Werkzeug auf eine Grifflinie ❽ eines Übergangspunktes ❼ wird der Punkt zu einem Eckpunkt und die Grifflinie lässt sich individuell bewegen ❾.

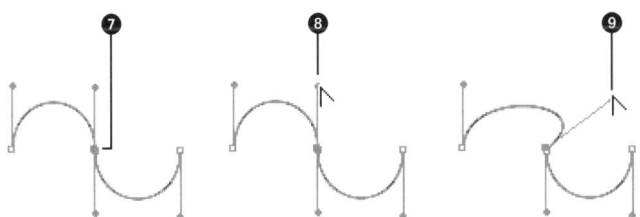

◀ **Abbildung 6.32**
Mit einem Klick auf einen Griffpunkt mit dem Richtungspunkt-umwandeln-Tool lässt sich jede Grifflinie separat bearbeiten.

Ein Eckpunkt ❿ lässt sich in einen Übergangspunkt umwandeln, indem Grifflinien mit dem Richtungspunkt-umwandeln-Tool aus dem betreffenden Ankerpunkt herausgezogen werden ⓫.

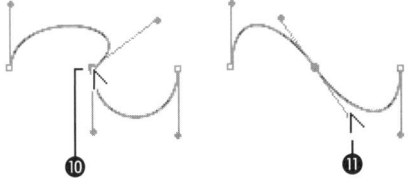

◀ **Abbildung 6.33**
Ebenso lassen sich Eckpunkte auch wieder in Übergangspunkte umwandeln.

▲ **Abbildung 6.34**
Das Bedienfeld PATHFINDER bietet eine ganze Reihe von Funktionen, von denen einige eher exotischer Natur sind.

Abbildung 6.35 ▶
Nicht alle Funktionen sind wirklich praxisrelevant.

Pfade verbinden

Eckpunkte verschiedener Pfade lassen sich selbstverständlich auch mit dem Zeichenstift-Tool verbinden.

Abbildung 6.36 ▶
Die beiden rechten Formen sind beide Ergebnisse desselben Befehls – nach unterschiedlicher Markierung.

6.4 Das Bedienfeld »Pathfinder«

Dieses Bedienfeld mit dem eigentümlichen Namen – im deutschsprachigen Raum dürfen wir wohl froh sein, dass das Bedienfeld nicht mit Pfadfinder übersetzt wurde – bietet einige wirklich wichtige Pfadfunktionen. Sie können es über FENSTER • OBJEKT UND LAYOUT aufrufen. Die Befehle, die im Bedienfeld als Buttons hinterlegt sind, finden Sie auch noch einmal im Menü OBJEKT in den vier Untermenüs PFADE, PATHFINDER, FORM KONVERTIEREN und PUNKT KONVERTIEREN.

Die wichtigsten Befehle der Bereiche PFADE, PATHFINDER, FORM KONVERTIEREN und PUNKT KONVERTIEREN möchte ich im Folgenden nach den Bereichen geordnet vorstellen.

6.4.1 Pfade

Der Bereich PFADE beherbergt vier Befehle, die von unterschiedlicher Bedeutung für die Praxis sind. Lassen Sie uns aber auf alle einen Blick werfen:

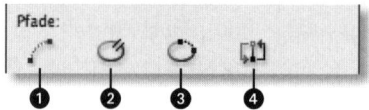

Pfad zusammenfügen

Mit dem Button PFAD VERBINDEN ❶ können Sie zwei offene Pfade zu einem offenen Pfad kombinieren. Das heißt, dass dieser Befehl die beiden Pfade an jeweils einem Endpunkt miteinander verbindet. Dabei ist das Ergebnis dieses Befehls davon abhängig, ob die beiden Pfade mit dem Auswahl- oder dem Direktauswahl-Tool markiert wurden, bevor der Befehl PFADE VERBINDEN angewendet wurde.

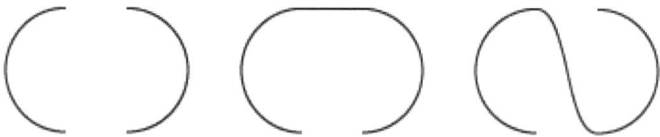

Links sind die beiden offenen Pfade zu sehen, die zusammengefügt werden. In dem mittleren Screenshot sehen Sie das Ergebnis, nachdem die beiden Pfade mit dem Auswahl-Tool markiert wur-

den. Die rechte Form ist nach dem Markieren mit dem Direktauswahl-Tool der gegenüberliegenden Eckpunkte entstanden.

Pfad öffnen

Einen geschlossenen Pfad können Sie mit dem Befehl Pfad öffnen ❷ an einem Ankerpunkt öffnen. Da sich nicht – z. B. durch das
Markieren eines Ankerpunktes mit dem Direktauswahl-Werkzeug
– steuern lässt, an welchem Ankerpunkt der Pfad geöffnet wird,
führt dieser Befehl zu eher zufälligen Ergebnissen.

Mit dem Schere-Werkzeug können Sie im Gegensatz zu diesem
Button einfach durch Anklicken der gewünschten Stelle den Pfad
öffnen. Der Pfad muss dafür aktiviert sein. Die Schere fügt dem
Pfad an der Schnittstelle zwei neue Endpunkte hinzu, die dann
wie gewohnt beispielsweise mit dem Direktauswahl-Tool bearbeitet werden können. Die Schere teilt natürlich neben geschlossenen auch offene Pfade.

▲ **Abbildung 6.37**
Auch Grafikrahmen können mit
der Schere geöffnet werden,
Textrahmen lassen sich zumindest an einer Stelle öffnen.

Pfad schließen

Soll ein offener Pfad geschlossen werden, kann dies mit diesem
Button ❸ erreicht werden. Vorhandene Grifflinien werden beim
Schließen eines Pfades berücksichtigt.

Die beiden Pfade aus dem Beispiel auf Seite 294 sehen nach
Ausführung dieses Befehls so aus:

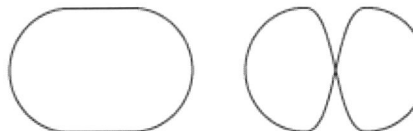

◄ **Abbildung 6.38**
Diese beiden Formen sind aus
den Pfaden von Abbildung
6.36 durch den Befehl Pfad
schließen entstanden.

Pfad umkehren

Diesen Befehl ❹ haben Sie beim Workshop »Ein ›A‹ zeichnen«
schon kennengelernt. Dort hat er dafür gesorgt, dass durch den
verknüpften Pfad hindurchgesehen werden konnte.

Grundsätzlich haben alle Pfade für InDesign immer eine Richtung. Für den Anwender ist diese Pfadrichtung allerdings nur in
Ausnahmefällen von Bedeutung. Offensichtlich wird die Richtungsänderung natürlich bei Pfaden mit Pfeilspitzen und -enden:

◄ **Abbildung 6.39**
Hier ist zweimal derselbe Pfad
zu sehen: Er unterscheidet sich
nur in der Richtung.

▲ **Abbildung 6.40**
Auf diese beiden Pfade werden die verschiedenen Pathfinder-Aktionen angewendet.

Abbildung 6.41 ▶
Die Icons spiegeln ihre jeweiligen Funktionen gut wider.

6.4.2 Pathfinder

Im Bedienfeld PATHFINDER finden wir den Bereich PATHFINDER. Hier ist Adobe wohl die Zusammenfassung der in mittlerweile drei Unterbereiche zusammengefassten Funktionen schwergefallen. Macht aber auch nichts, Hauptsache, Sie finden diese nützlichen Funktionen.

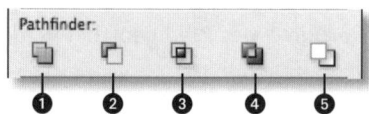

Addieren

Mit der Betätigung dieses Buttons ❶ werden einfach die beiden aktivierten Pfade zu einem Pfad zusammengefasst. Dabei gehen die sich überlappenden Pfadbereiche verloren, der neue Pfad erhält die Kontur- und Flächenattribute des vorderen Objektes.

Abbildung 6.42 ▶
Die beiden Pfade wurden addiert.

Subtrahieren

Durch diesen Befehl ❷ wird das vordere vom hinteren Objekt abgezogen, das seine Flächenfarbe und seine ursprüngliche Kontur beibehält.

Abbildung 6.43 ▶
Der vordere Kreispfad wurde durch Subtrahieren aus der hinteren Form ausgestanzt.

Schnittmenge bilden

Der mittlere Button ❸ lässt von den beiden markierten Pfaden nur die Schnittmenge stehen.

Abbildung 6.44 ▶
Der Befehlsname sagt alles.

Überlappung ausschließen

Die Funktion dieses Befehls ❹ entspricht in etwa der von VERKNÜPFTEN PFAD ERSTELLEN, den Sie weiter vorn im Workshop »Ein ›A‹ zeichnen« kennengelernt haben. Bei ÜBERLAPPUNG AUS-

SCHLIESSEN wird im Gegensatz zu VERKNÜPFTEN PFAD ERSTELLEN das vordere Objekt als Referenz herangezogen:

◄ **Abbildung 6.45**
Die beiden Pfade werden zu einem verknüpften Pfad kombiniert.

Interessant ist in diesem Zusammenhang der Befehl OBJEKT • PFADE • VERKNÜPFTEN PFAD LÖSEN. Dieser Befehl bewirkt bei Pfaden, die mit ÜBERLAPPUNG AUSSCHLIESSEN verknüpft wurden, dass anschließend zwei neue Pfade vorliegen:

◄ **Abbildung 6.46**
Durch den Befehl ÜBERLAPPUNG AUSSCHLIESSEN werden tatsächlich zwei Pfade erstellt.

Wird dieser Befehl auf eine Pfadkombination angewendet, die durch VERKNÜPFTEN PFAD ERSTELLEN erstellt wurde, werden einfach die beiden ursprünglichen Pfadformen wiederhergestellt:

 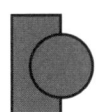

◄ **Abbildung 6.47**
Der Befehl VERKNÜPFTEN PFAD ERSTELLEN kann auch später rückgängig gemacht werden.

Hinteres Objekt abziehen

Dieser Befehl ❺ entspricht in seiner Funktion dem Befehl SUBTRAHIEREN, nur dass hier eben das hintere vom vorderen Objekt subtrahiert wird:

◄ **Abbildung 6.48**
Hier hat das hintere Rechteck als Stanze fungiert.

Alle Pfadaktionen des Bereiches PATHFINDER können auch auf mehrere Pfade gleichzeitig angewendet werden. Im folgenden Beispiel wird auf die drei linken einzelnen Pfade der Befehl SUBTRAHIEREN angewendet.

◄ **Abbildung 6.49**
Auf diese drei Pfade wurde der Befehl SUBTRAHIEREN angewendet.

6.4.3 Form konvertieren

In diesem Bereich des Bedienfeldes PATHFINDER finden Sie neun Buttons, mit denen Sie einen beliebigen Pfad in eine andere Form konvertieren können.

Abbildung 6.50 ▶
Die Icons spiegeln ihre jeweiligen Funktionen gut wider.

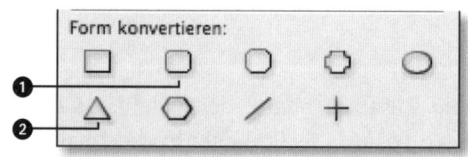

InDesign wendet zwei verschiedene Verfahren beim Konvertieren einer Form an: Wird beispielsweise auf ein Rechteck der Befehl ABGERUNDETES RECHTECK ❶ angewendet, weist InDesign diesem Rechteck ❸ sozusagen den Effekt abgerundeter Ecken zu. Die abgerundeten Ecken sind dadurch nicht Teil des Pfades und können z. B. nicht mit dem Direktauswahl- oder dem Zeichenstift-Werkzeug nachbearbeitet werden ❹.

> **Die anderen Buttons**
>
> Ich beschränke mich hier auf zwei Befehle, da die Funktionen der anderen Buttons analog zu diesen beiden Beispielen funktionieren. Probieren Sie diese einfach aus!

Abbildung 6.51 ▶
Die abgerundeten Ecken sind nicht Teil des Pfades.

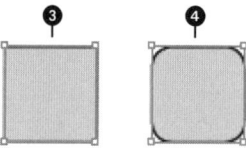

Wird hingegen auf ein Rechteck ❺ der Befehl DREIECK ❷ angewendet, ändert sich der Pfad selbst ❻.

Abbildung 6.52 ▶
Durch den Befehl DREIECK ändert sich die Pfadform selbst.

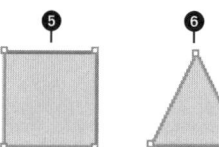

Die Pfade und Ankerpunkte des entstandenen Dreiecks können wie gewohnt weiterbearbeitet werden.

6.4.4 Punkt konvertieren

Die verbleibenden vier Buttons ändern die Art einer oder mehrerer markierter Ankerpunkte.

Abbildung 6.53 ▶
Hiermit kann die Art eines Punktes geändert werden.

Der erste Button ❼ ändert den markierten Übergangspunkt ⓫ in einen einfachen Eckpunkt. Dieser weist keine Grifflinien auf ⓬:

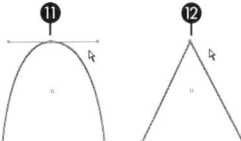

◄ **Abbildung 6.54**
Ein Übergangspunkt wird in einen Eckpunkt ohne Grifflinien umgewandelt.

Durch den Button Eckpunkt ❽ wird ebenfalls ein Übergangspunkt ⓭ in einen Eckpunkt umgewandelt, dieses Mal behält der Eckpunkt jedoch Grifflinien, wodurch die ursprüngliche Form des Pfades erhalten bleibt ⓮. Dass hier nun ein Eckpunkt vorliegt, wird erst durch die weitere Bearbeitung der jetzt unabhängigen Grifflinien sichtbar ⓯.

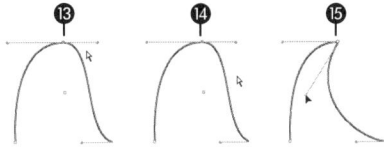

◄ **Abbildung 6.55**
Hier behält der Punkt seine Grifflinien auch nach der Umwandlung in einen Eckpunkt.

Auch für die Umwandlung von Ankerpunkten ⓰ in Übergangspunkten gibt es zwei Alternativen:

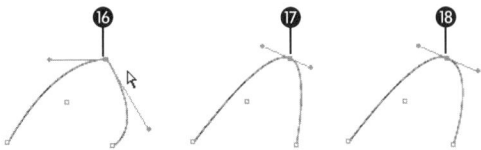

◄ **Abbildung 6.56**
Die abgerundeten Ecken sind nicht Teil des Pfades.

Durch Drücken des Buttons Kurvenpunkt ❾ wird eine Ecke in eine Kurve umgewandelt. Die Grifflinien verlaufen nun in einer Linie und sind unterschiedlich lang ⓱.

Derselbe Ausgangspfad erhält durch Aktivierung des letzten Buttons im Bedienfeld Pathfinder einen etwas anderen Kurvenverlauf. Der Button Symmetrischer Kurvenpunkt ❿ erstellt immer gleich lange Grifflinien, weshalb die Kurve etwas bauchiger ausfällt ⓲.

Wie weiter vorn erklärt, können Punkte auch mithilfe des Richtungspunkt-umwandeln-Werkzeugs in die jeweils andere Punktart geändert werden. Die vier Buttons im PathfinderBedienfeld erlauben jedoch eine genauere Steuerung des zu erwartenden Ergebnisses.

6.5 Eckenoptionen

Einem Rechteck können nicht nur durch den entsprechenden Button im PATHFINDER-Bedienfeld abgerundete Ecken zugewiesen werden. Im Menü OBJEKT lassen sich auch die ECKENOPTIONEN aufrufen:

Abbildung 6.57 ▶
Über die ECKENOPTIONEN sind einem Textrahmen verschiedene Eckenradien und -formen zugewiesen worden.

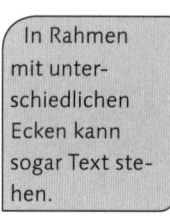

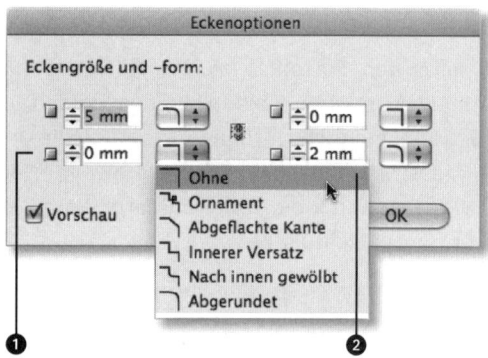

In den vier Eingabefeldern kann je Ecke der gewünschte Eckenradius ❶ eingegeben werden. Aus dem Pulldown-Menü daneben kann ebenfalls für jede Ecke individuell eine Form gewählt werden ❷.

Die Ecken können auch direkt am Rahmen geändert werden. Dazu wird das gelbe Quadrat an der rechten Seite ❸ mit dem Auswahl-Werkzeug angeklickt. Daraufhin erscheinen vier gelbe Rauten an den Ecken des Rahmens ❹. Durch Ziehen einer Raute wird der Radius für alle Ecken gleichzeitig geändert ❺. Soll eine Ecke individuell verändert werden, wird zusätzlich die ⬦-Taste gedrückt ❻.

Abbildung 6.58 ▶
Die Ecken können auch ganz einfach mit dem Auswahl-Werkzeug geändert werden.

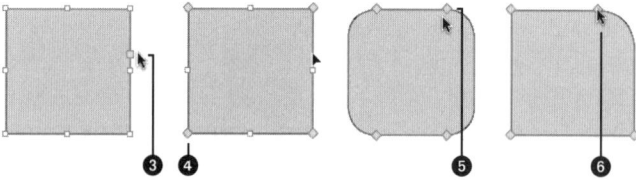

Bei aktivem Auswahl-Werkzeug können die Eckenoptionen auch im Steuerung-Bedienfeld für alle Ecken eingestellt werden.

Abbildung 6.59 ▶
Das STEUERUNG-Bedienfeld bietet auch Eckenoptionen.

6.6   Text auf Pfad

Wenn Sie Text einer bestimmten Form anpassen möchten, bietet InDesign die Möglichkeit, Text auf einem Pfad zu positionieren. Der Text kann auf einem Pfad immer nur einzeilig sein. Passt die Textmenge nicht auf den Pfad, entsteht wie bei Textrahmen Übersatz. Die Form des Pfades kann unabhängig vom Text mit den beschriebenen Techniken weiterbearbeitet werden. Die Techniken der Textbearbeitung unterscheiden sich bei Pfadtext allerdings in einigen Details von der Textmanipulation innerhalb eines Textrahmens.

Text kann auf einem markierten Pfad direkt mit dem Text auf Pfad-Werkzeug eingegeben werden. Neben den bekannten Möglichkeiten, Text zu formatieren, bietet InDesign mit drei speziellen Pfadtext-Symbolen zusätzliche Elemente an, den Text zu positionieren: die Anfangsklammer ❼, die Mittelpunktklammer ❽ und die Endklammer ❾.

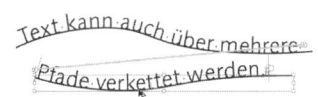

▲ **Abbildung 6.60**
Textpfade können wie Textrahmen miteinander verkettet werden.

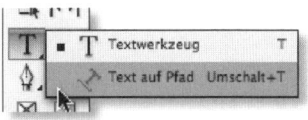

▲ **Abbildung 6.61**
Für die Eingabe von Text auf Pfaden ist ein eigenes Tool vorgesehen.

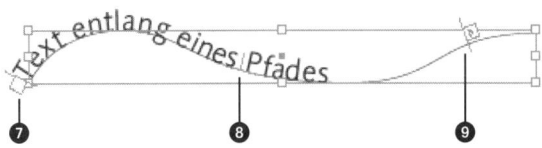

◀ **Abbildung 6.62**
Pfadtexte können mittels dieser drei Linien auf dem Pfad verschoben werden.

Die Anfangs- und Endklammer definieren den Bereich, in dem Text auf dem Pfad stehen kann. Mit der Mittelpunktklammer kann der Pfadtext mit den beiden äußeren Klammern verschoben werden. Beachten Sie, dass diese drei Klammern nicht mit einem der Textwerkzeuge verschoben werden, sondern mit dem Auswahl-Tool. Das Auswahl-Tool blendet kleine Symbole ein, wenn sich der Cursor in der Nähe einer Klammer befindet:

◀ **Abbildung 6.63**
In der Bildmontage sind die verschiedenen Symbole für die Klammern zu sehen.

Beim Auswählen der gewünschten Klammer muss darauf geachtet werden, dass nicht die Quadrate an der Anfangs- oder Endklammer angeklickt werden: Dies sind genau wie bei Textrahmen der Texteingang ❿ und Textausgang ⓫, mit deren Hilfe sich auch mehrere Pfadtexte verketten lassen.

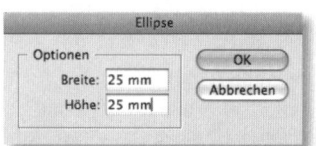

▲ **Abbildung 6.64**
Wenn Sie mit dem Ellipsen-Tool
auf eine freie Stelle klicken,
können Sie die gewünschten
Maße direkt angeben.

Abbildung 6.65 ▶
Dieser Pfad hat weder eine Flä-
chen- noch eine Konturfarbe.

Abbildung 6.66 ▶
Nachdem der Textcursor auf
dem Pfad positioniert wurde,
wird der Bereich definiert, der
den Text im oberen Bereich
aufnehmen soll.

Schritt für Schritt: Text auf Kreispfaden

Soll Pfadtext auf einem Kreis einmal wie in nebenstehender Wortmarke sowohl in der oberen als auch in der unteren Hälfte von
links nach rechts zu lesen sein, gibt es ein paar Dinge zu beachten.
Lassen Sie mich diese im folgenden Workshop, in dem Sie Text
auf einem Kreis wie im Beispiel links erstellen können, erläutern.

1 Kreis erstellen

Zeichnen Sie mit dem Ellipse-Tool einen Kreis, indem Sie mit
dem Ellipse-Tool einfach auf eine freie Stelle klicken und in dem
Dialog, der daraufhin eingeblendet wird, die gewünschte Größe
eingeben. Ich habe mich für einen Kreis mit einem Durchmesser
von 25 mm entschieden. Sie können natürlich auch einfach eine
Ellipse zeichnen und dabei die ⬚-Taste gedrückt halten.

Falls Ihr Kreispfad eine Flächenfarbe und/oder eine Konturfarbe hat, ändern Sie dies, indem Sie in der Toolbox erst das Flä-
chen- ❶ bzw. Kontur-Symbol ❷ anklicken und dann jeweils den
Button für KEINE FARBE ❸ anklicken.

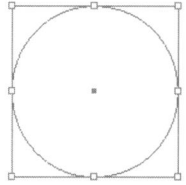
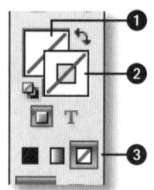

2 Den Textbereich definieren

Wählen Sie nun das Text-auf-Pfad-Werkzeug und klicken Sie
damit irgendwo im oberen Bereich auf den Pfad. An dieser Stelle
erscheint direkt die blinkende Texteinfügemarke ❹.

Um nun noch den Bereich zu bestimmen, der den Text aufnehmen soll, wechseln Sie zum Auswahl-Tool und verschieben die
Anfangsklammer ❺ und die Endklammer ❻:

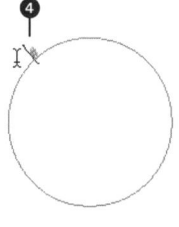
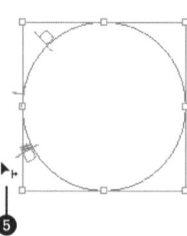
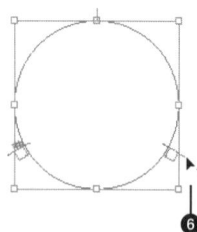

Damit Sie auch wirklich die Klammern und nicht den Textein- oder -ausgang bewegen, empfiehlt es sich, die Klammern am äußeren Ende mit dem Auswahl-Tool, wie in den Abbildungen zu sehen, anzuklicken. Achten Sie beim Verschieben der Klammern auf die kleinen Symbole neben dem Cursor, da beide Klammern zu Beginn sehr nahe bei aneinanderstehen. Die Mittelpunktklammer sollte anschließend wie im dritten Screenshot ganz oben mittig auf dem Pfad zu stehen kommen. Ansonsten können Sie die Position der beiden Klammern entsprechend dem Text, den Sie eingeben möchten, selbst bestimmen. Der Text »Ich bin sie gelaufen« soll im Beispiel in der oberen Hälfte stehen, deshalb habe ich die Anfangs- und Endklammer großzügig auf 8 und 4 Uhr des Kreispfades positioniert.

▲ **Abbildung 6.67**
Die diversen Schriftattribute werden bei Pfadtext genauso wie bei Text in Rahmen über das Bedienfeld ZEICHEN definiert.

3 Pfadtext eingeben

Geben Sie nun den gewünschten Text ein. Klicken Sie dafür mit dem Text-Tool zwischen die Anfangs- und Endklammer auf den Pfad. Die Texteinfügemarke blinkt an der Anfangsklammer, Text kann dann wie gewohnt eingegeben werden. Als Schrift verwende ich hier die Myriad Pro Black Condensed in 14 Pt. Damit sich der Text an der Mittelpunktklammer ausrichtet, können Sie den Text über das ABSATZ- oder STEUERUNG-Bedienfeld einfach zentriert ausrichten:

◄ **Abbildung 6.68**
Pfadtext kann wie in Textrahmen eingegeben und formatiert werden.

4 Pfad für den unteren Text erstellen

Der Text, der im unteren Teil (im Beispiel die Jahreszahl) stehen soll, kann nicht auf demselben Pfad eingeben werden, da er dann auf dem Kopf stehen würde: Wir müssen hierfür einen zweiten Pfad erstellen. Da der zweite Pfad dieselbe Größe und dieselbe Position wie der erste Kreispfad haben soll, kopieren wir einfach den ersten Pfad und fügen ihn mit BEARBEITEN • AN ORIGINAL-POSITION EINFÜGEN an genau derselben Stelle wieder ein. Diesen ungeheuer wichtigen Befehl sollten Sie sich möglichst mit dem Tastaturbefehl Strg+Alt+⇧+V/⌘+⌥+⇧+V merken.

Jetzt liegen zwei exakte Kopien an derselben Stelle übereinander, was natürlich zur Folge hat, dass dies nicht zu erkennen ist, aber ist es nicht gut zu wissen, wie präzise InDesign arbeitet?

Als Nächstes verschieben Sie den Text des oberen Pfades nach unten: Wechseln Sie zum Auswahl-Tool, klicken Sie die Mittelpunktklammer im oberen Text an ❶ und ziehen Sie diese auf dem Pfad nach unten auf die gegenüberliegende Seite ❷. Um den Text am Pfad zu spiegeln, damit er nicht mehr über Kopf steht, ziehen Sie einfach die Mittelpunktklammer nach innen ❸. Anschließend können Sie noch den unteren Text ersetzen ❹.

Abbildung 6.69 ▼
Der Text der standgerechten Kopie wird an der Mittelpunktklammer nach unten geschoben und am Pfad gespiegelt.

5 Pfadtexte angleichen

Die beiden Texte passen noch nicht zusammen, da der obere außerhalb, der untere Text aber innerhalb des Kreises steht. Zur Korrektur markieren Sie beide Pfade, indem Sie mit dem Auswahl-Werkzeug ein Auswahlrechteck aufziehen, das beide Kreise berührt ❺. Beim Auswahl-Tool reicht dies, damit beide Kreise markiert werden. Dass hier beide Pfade aktiviert sind, ist nur an den vier Textein- und Textausgängen zu erkennen ❻.

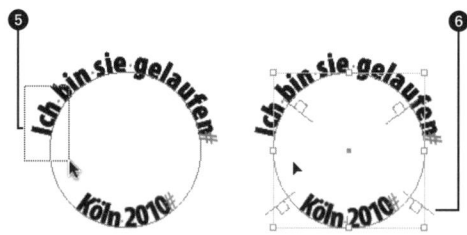

Abbildung 6.70 ▶
Beide Pfadtexte werden zur weiteren Modifikation mit dem Auswahl-Werkzeug markiert.

Die einzelnen Texte könnte man zwar auch mittels Grundlinienversatz über den Pfad verschieben, einfacher lässt es sich aber über die PFADTEXTOPTIONEN bewerkstelligen. Dieses Dialogfeld können Sie über SCHRIFT • PFADTEXT aufrufen. Im Pulldown-Menü EFFEKT ist REGENBOGEN markiert. Sie können die anderen Effekte ja mal ausprobieren – ich habe es bei Regenbogen belassen. Wählen Sie aber im Pulldown-Menü Ausrichten den Eintrag Zentrieren.

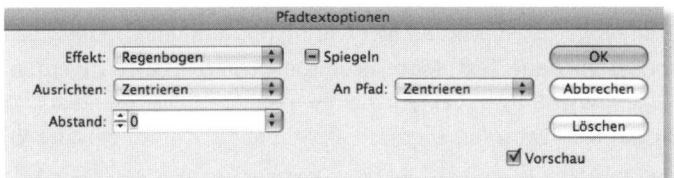

◄ **Abbildung 6.71**
Auch zu Pfadtexten gibt es ein Dialogfeld – für unsere Wortmarke ist das Menü Ausrichten von Interesse.

Mit dieser Einstellung sind nun beide Texte mit ihrer Schriftgröße mittig an ihren Pfaden ausgerichtet und fügen sich dadurch optisch zu einem Kreis:

◄ **Abbildung 6.72**
Jetzt verspringen beide Texte nicht mehr gegeneinander.

6 Pfadtexte formatieren

Um die beiden seitlichen Lücken zwischen den Texten zu verringern, habe ich den unteren Text »Köln 2010« um 4 Pt auf 18 Pt vergrößert ⓫. Es fehlt noch der Text »42km«, der in 33 Pt in einen normalen Textrahmen eingegeben wird ⓬. Um die Wortmarke noch etwas prägnanter werden zu lassen, habe ich alle Texte mit dem Auswahl-Tool markiert und ihnen über das Bedienfeld Farbfelder als Flächenfarbe [Papier] und für die Kontur [Schwarz] zugewiesen ⓭. Achten Sie bei diesen Formatierungen immer darauf, dass das richtige Symbol für Fläche ❼ oder Kontur ❽ vorn steht und dass ebenso der entsprechende Button für Rahmen ❾ bzw. Text ❿ aktiviert ist. Mit Hilfe der Pfeiltasten auf der Tastatur habe ich den »42km«-Textrahmen noch etwas nach links unten verschoben.

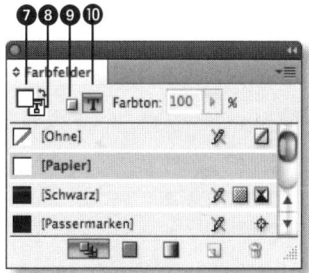

▲ **Abbildung 6.73**
Damit auch wirklich die Farbe auf das gewünschte Element angewendet wird, müssen die entsprechenden Buttons aktiv sein.

⓫

⓬

⓭

◄ **Abbildung 6.74**
Der Text in der Mitte wird hinzugefügt, alle Texte erhalten eine schwarze Kontur und [Papier] als Flächenfarbe.

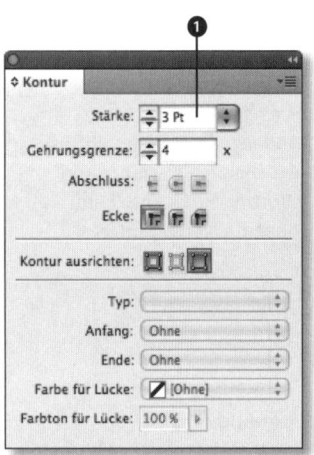

7 Konturstärke modifizieren

Die bisherige Kontur von 1 Pt sieht etwas kraftlos aus. Also werden die entsprechenden Texte nacheinander markiert ❷ und im Bedienfeld KONTUR im Menü FENSTER kann nun die gewünschte Stärke eingetragen werden ❶. Wie in Textrahmen können auch hier verschiedene Textblöcke nicht gleichzeitig aktiviert werden. Für die kreisförmigen Texte habe ich mich für 2 Pt entschieden ❸ und für die »42 km« habe ich 3 Pt als Stärke der Kontur gewählt ❹.

8 Zeichenabstand erhöhen

Durch die starken Konturen stehen die Zeichen etwas zu eng, dies können Sie bei Pfadtext mit dem Bedienfeld PFADTEXTOPTIONEN regulieren. Markieren Sie den oberen Text und rufen Sie das Bedienfeld über SCHRIFT • PFADTEXT auf.

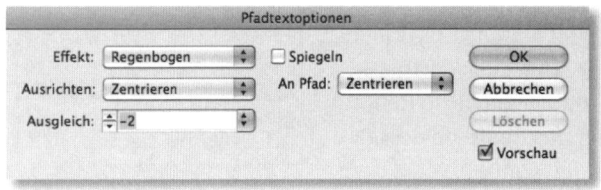

▲ **Abbildung 6.76**
Durch negative Werte bei AUS-GLEICH wird der Zeichenabstand auf einem gekrümmten Pfad erhöht.

Bei AUSGLEICH müssen Sie, um die Laufweite, also den Abstand zwischen den Zeichen eines Textes, zu erhöhen, negative Werte eingeben. Das ist darin begründet, dass diese Option eigentlich für die Verringerung der Laufweite eingesetzt werden soll, nämlich wenn InDesign den Zeichenabstand selbstständig erhöht, um Text um scharfe Kurven herumzuführen: Durch positive Zahlen wird dann die Laufweite verringert.

Bei gespiegelten Texten müssen Sie hier einen positiven Wert eingeben, da es sich hier genau andersherum verhält. Dass gespiegelter Text vorliegt, kennzeichnet InDesign in den Optionen durch die markierte Checkbox bei SPIEGELN. Über diese Checkbox können Sie natürlich auch selbst den Text in seiner Ausrich-

tung ändern, statt dies, wie bereits beschrieben, mit der Mittelpunktklammer zu erreichen.

9 Wortmarke drehen

Zum Abschluss können Sie die Wortmarke noch um ein paar Grad
drehen, um sie noch etwas dynamischer wirken zu lassen. Markieren Sie dafür die beiden Textpfade und den Textrahmen mit
dem Auswahl-Werkzeug. Wie in Schritt 5 beschrieben, reicht
es für die Aktivierung, dass die entsprechenden Objekte vom
Auswahlrechteck berührt werden. Anschließend können Sie die
markierten Objekte über das STEUERUNG- oder TRANSFORMIEREN-
Bedienfeld oder über das Drehen-Tool Ihren Vorstellungen entsprechend anpassen. Ich habe die drei Objekte um 4° gegen den
Uhrzeigersinn gedreht.

◀ **Abbildung 6.77**
Die erstellten Textpfade und
der »42km«-Textrahmen wurden um wenige Grade gedreht.

Bedenken Sei bei der Eingabe numerischer Werte in Bedien- und
Dialogfeldern, dass Sie die Zahlen mit den Pfeiltasten der Tastatur
in ganzen Zahlen erhöhen und verringern können, das Drücken
der ⌥-Taste führt zu größeren Zahlensprüngen.

10 Schlagschatten hinzufügen

Einen Schlagschatten können Sie beliebigen Objekten über
OBJEKT • EFFEKTE • SCHLAGSCHATTEN hinzufügen. Meine Einstellungen und das Endergebnis sehen Sie hier:

▼ **Abbildung 6.78**
Diese Einstellungen führen zu
dem gewünschten leichten
Schlagschatten.

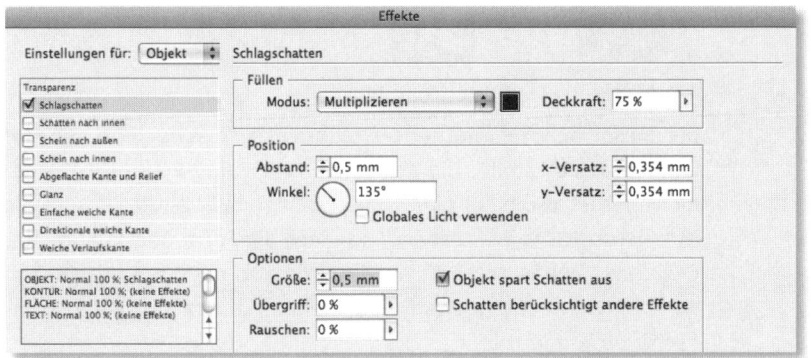

6.7   Objektspezifische Aktionen

Auf den vorangegangenen Seiten haben Sie gesehen, wie Objekte mit dem Auswahl-Werkzeug und Pfadsegmente oder Anker-punkte mit dem Direktauswahl-Werkzeug ausgewählt werden können. Sehen wir uns nun noch weitere wichtige Techniken an, die die Manipulation von Objekten betreffen.

6.7.1   Objekte auswählen

Wie Sie wissen, reicht beim Auswahl-Werkzeug für die Aktivie-rung von Objekten, wenn der Auswahlrahmen die gewünschten Objekte nur berührt, es müssen nicht die gesamten Objekte mit dem Auswahlrechteck umrandet werden.

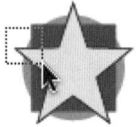 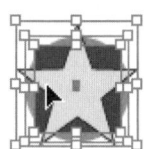

Abbildung 6.79 ▶
Mehrere Objekte können einfach mit einem Auswahl-rechteck markiert werden.

Kontextmenü

Befehle zum Markieren von Objekten finden Sie übrigens sowohl im Kon-textmenü als auch im Menü OBJEKT unter AUSWÄHLEN.

Wenn Sie in einem Stapel wie in diesem Beispiel nun aber nicht alle, sondern nur z. B. das hinterste Objekt, hier also den Kreis, markieren möchten, können Sie sich mit dem Auswahl-Tool und gedrückter ⌈Strg⌉/⌈⌘⌉-Taste von oben nach unten durch die einzelnen Objekte klicken. Mit jedem weiteren Klick wird das nächste Objekt gewählt: Durch den ersten Klick wird der obere Stern, durch den zweiten Klick das mittlere Quadrat und durch den dritten Klick der untere Kreis markiert:

Abbildung 6.80 ▶
Mit dem Auswahl-Tool und gedrückter ⌈Strg⌉/⌈⌘⌉-Taste können Sie sich durch ganze Objektstapel klicken.

Bei dieser Auswahlmethode ist übrigens entscheidend, ob das Objekt an der Stelle, die angeklickt wird, eine Füllung hat oder nicht – es ist also nicht die Größe des Begrenzungsrahmens für die Markierung ausschlaggebend, sondern die Form und Füllung des Objektes. Der Stern im Beispiel würde also nicht mit ausgewählt werden, wenn das Auswahl-Tool nicht auf die tatsächliche Stern-fläche klicken würde.

Möchten Sie Objekte markieren, die nicht alle nebeneinander-
stehen, können Sie dies bei aktivem Auswahl-Tool mit Drücken
der ⇧-Taste erreichen. Für die Auswahl der vier Objekte in folgendem Beispiel hätten auch alternativ erst alle sechs Objekte mit
einem Auswahlrechteck markiert werden können. Anschließend
hätten der Stern rechts oben und der Kreis in der Mitte unten mit
gedrückter ⇧-Taste von der Auswahl abgezogen werden können. Beides sind übliche Auswahltechniken, die Sie am besten
selbst ausprobieren.

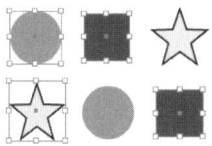

◄ **Abbildung 6.81**
Mit dem Auswahl-Werkzeug
lassen sich mit gedrückter ⇧-
Taste problemlos unzusammen-
hängende Auswahlen treffen.

6.7.2 Objekte ausrichten

Häufig sollen Gestaltungselemente wie Textrahmen, Grafikrahmen, Flächen oder Linien in einer ganz bestimmten Weise zueinander angeordnet werden. Für diese Aufgabe gibt es in InDesign
das Bedienfeld AUSRICHTEN, mit dem diese Aufgaben äußerst flexibel gelöst werden können. Dieses Bedienfeld ist unter FENSTER
• OBJEKT UND LAYOUT zu finden, außerdem finden Sie die meisten
Buttons auch im STEUERUNG-Bedienfeld.

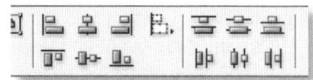

▲ **Abbildung 6.82**
Im STEUERUNG-Bedienfeld sind
auch die meisten Buttons des
AUSRICHTEN-Bedienfeldes zu
finden.

Objekte markieren, Button drücken – fertig! So einfach geht es
tatsächlich, zumindest, wenn man weiß, welcher Button für welchen Befehl zuständig ist (siehe nebenstehenden Screenshot der
Ausrichten-Buttons im STEUERUNG-Bedienfeld). Um dies zu erklären, möchte ich auf ein paar Details dieses Bedienfeldes eingehen, die schnell übersehen werden und die gerade die besondere
Stärke dieses Bedienfeldes sind.

Das Bedienfeld ist in die drei Bereiche OBJEKTE AUSRICHTEN,
OBJEKTE VERTEILEN und ABSTAND VERTEILEN unterteilt (siehe
Abbildung 6.84). Die Befehle von ABSTAND VERTEILEN sind im
STEUERUNG-Bedienfeld nicht anwählbar. Um das Bedienfeld nicht
durch »trial & error« kennenzulernen, ist das Verständnis dieser
drei Bereiche von zentraler Bedeutung. Solange man nämlich das
zugrunde liegende Konzept dieser Unterteilung nicht verstanden hat, sind die Symbole der Buttons wenig hilfreich, da sie sich,
genau wie die Funktionen, die sie bezeichnen, zu sehr ähneln. An
drei Buttons möchte ich das Konzept des Bedienfeldes erläutern.

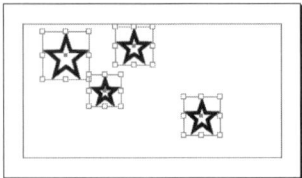

▲ **Abbildung 6.83**
So sieht die Ausgangssituation für die Ausrichten-Befehle aus.

Abbildung 6.84 ▶
Die meisten der Buttons haben Sie eben schon im Steuerung-Bedienfeld gesehen.

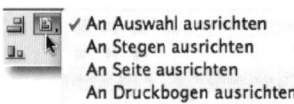

▲ **Abbildung 6.85**
Im Steuerung-Bedienfeld können Sie dieselbe Wahl wie im Pulldown-Menü des Bedienfeldes ❸ treffen.

Abbildung 6.86 ▶
Entsprechend der gewählten Option werden die Objekte aneinander oder an den Seitenrändern ausgerichtet.

Stege

Mit Stegen sind die äußeren Abstände des Satzspiegels zum Formatrand gemeint.

Das Bedienfeld Ausrichten beherbergt eine Fülle von Buttons, zwei Checkboxen mit Eingabefeldern und ein Pulldown-Menü:

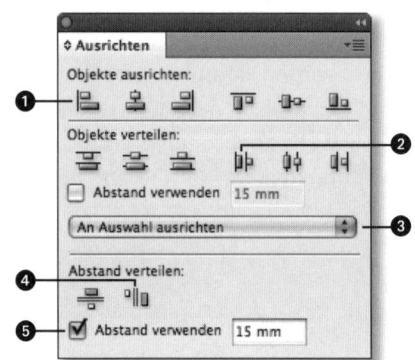

Durch die Betätigung einer der im Bereich Objekte ausrichten hinterlegten Funktionen werden die markierten Objekte aneinander ausgerichtet: Der Befehl Linke Kanten ausrichten ❶ führt dann auch erwartungsgemäß dazu, dass die Objekte ungeachtet ihrer sonstigen Eigenschaften wie Breite oder Position an der linken Seite des am weitesten links positionierten Sterns ausgerichtet werden ❻. Wenn im Pulldown-Menü ❸ statt der voreingestellten Option An Auswahl ausrichten nun An Stegen ausrichten gewählt wird, werden die Objekte dementsprechend am linken Rand der Seite ausgerichtet ❼.

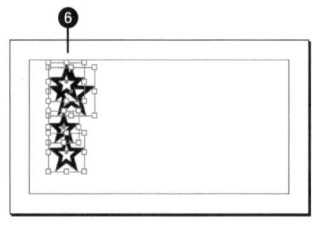 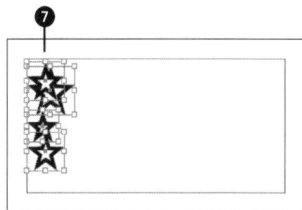

Wird einer der Befehle des Bereichs Objekte verteilen angewählt, werden die Objekte zwischen denjenigen Objekten verteilt, die sich am weitesten außen befinden. Hierbei entscheidet die Auswahl im Pulldown-Menü darüber, ob diese äußeren Objekte an ihrer ursprünglichen Position bleiben (das ist bei der Option An Auswahl ausrichten der Fall) oder ob diese Objekte mit jeweils einer Kante ihres Begrenzungsrahmens bis an die jeweiligen Ränder verschoben werden (das ist bei der Option An Stegen ausrichten der Fall). In den folgenden beiden Screenshots sind die

Ergebnisse des Befehls LINKE KANTEN VERTEILEN ❷ mit beiden Varianten zu sehen: links wurde die Option AN AUSWAHL AUSRICHTEN aktiviert, rechts wurde die Option AN STEGEN AUSRICHTEN aktiviert.

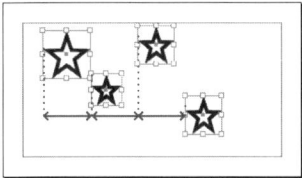 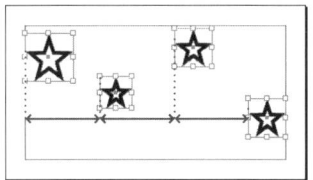

◀ **Abbildung 6.87**
Das Ergebnis der Ausrichten-Befehle ist stark von der gewählten Option, woran die Objekte ausgerichtet werden sollen, abhängig.

Die beiden Buttons im unteren, dritten Bereich ABSTAND VERTEILEN führen bei den aktiven Objekten dazu, dass die Objekte, die sich zwischen den beiden äußeren befinden, gleichmäßig verteilt werden. Wie bei den zuvor besprochenen Befehlen der anderen Bereiche hat auch hier die Wahl der Option einen Einfluss auf das Ausrichten-Ergebnis:

Links sehen Sie das Ergebnis von ZWISCHENRAUM HORIZONTAL VERTEILEN ❹ bei aktivierter Option AN AUSWAHL AUSRICHTEN, rechts ist die Situation bei aktivierter Option AN STEGEN AUSRICHTEN zu sehen.

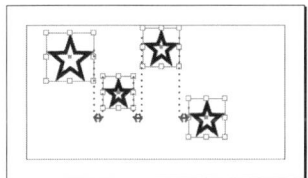 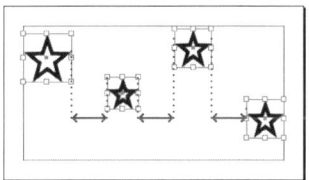

◀ **Abbildung 6.88**
Auch bei den Verteilen-Befehlen spielt die Wahl der Optionen eine entscheidende Rolle.

Eine weitere interessante Möglichkeit der Einflussname bieten die beiden Befehlsgruppen OBJEKTE bzw. ABSTAND VERTEILEN: Hier können Sie nach Markierung der jeweiligen Checkbox auch konkrete Werte für die Objektverteilung eingeben ❺.

6.7.3 Objekte gruppieren

Eine wichtige Maßnahme im Umgang mit Objekten ist die Möglichkeit der Gruppierung. Objekte, die gruppiert wurden, können bezüglich Position und Größe wie ein Objekt behandelt werden. Objekte in Gruppen ändern ihre individuellen Attribute durch die Gruppierung nicht, es können auch ohne Weiteres verschiedene Objektarten wie Text-, Grafikrahmen und Zeichenobjekte in einer

Gruppe zusammengefasst werden. Gruppen können sogar mit anderen Gruppen zu einer größeren Gruppe organisiert werden.

Um Objekte zu gruppieren, wählen Sie nach der Aktivierung der gewünschten Objekte den Befehl OBJEKT • GRUPPIEREN. Gruppen sind durch einen gestrichelten Begrenzungsrahmen um alle zur Gruppe gehörenden Objekte gekennzeichnet. Objektgruppen können sogar als solche in der Größe geändert werden.

Für das folgende Beispiel wurden die Sterne gruppiert ❶, mit dem Auswahl-Tool verschoben ❷ und durch Ziehen an der unteren rechten Ecke mit demselben Werkzeug bei gedrückter ⇧-Taste proportional vergrößert ❸.

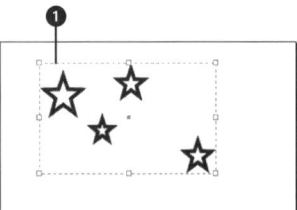
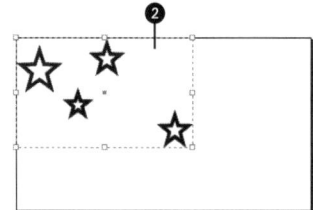
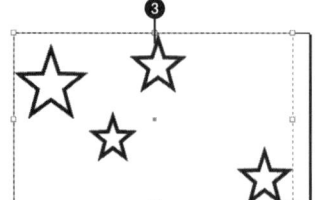

▼ **Abbildung 6.89**
Sollen mehrere Objekte ihre relative Position zueinander behalten, bietet sich die Gruppierung an.

Objekte, die sich in einer Gruppe befinden, können mit einem Doppelklick aktiviert und beispielsweise verschoben werden:

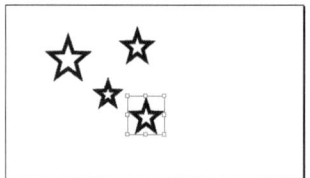

Abbildung 6.90 ▶
Einzelne Objekte können innerhalb von Gruppen ausgewählt und weiter editiert werden.

6.7.4 Objekte duplizieren

Objekte können auf verschiedene Weisen vervielfältigt werden. Die naheliegendste ist gleichzeitig die ungenaueste Methode: Nachdem das betreffende Objekt markiert wurde, wird es über BEARBEITEN • KOPIEREN in den Zwischenspeicher geladen und daraufhin mit BEARBEITEN • EINFÜGEN wieder eingesetzt. Hierbei erstellt InDesign eine Kopie und setzt diese einfach auf die Mitte der Dokumentseite.

Nach dem Kopieren kann ein Duplikat aber auch mit BEARBEITEN • AN ORIGINALPOSITION EINFÜGEN entweder genau über dem Original eingefügt werden, wie Sie es im Workshop mit der »42km«-Wortmarke gesehen haben, oder aber Sie wechseln zu einer anderen Seite und fügen dort die Kopie ein. Der erste Befehl kann dabei natürlich auch ebenso gut BEARBEITEN • AUSSCHNEI- DEN sein.

Des Weiteren können Sie auch einfach das Originalobjekt mit dem Auswahl-Werkzeug markieren und mit gedrückter ⌥-Taste auf eine andere Position auf der Seite ziehen – hierdurch wird ebenfalls eine Kopie erzeugt.

Im Menü BEARBEITEN finden Sie dann auch noch die Befehle DUPLIZIEREN und DUPLIZIEREN UND VERSETZT EINFÜGEN. Wäh- rend Sie beim ersten der beiden Befehle keine besonderen Steu- erungsmöglichkeiten haben, außer dass sich InDesign sozusagen die Einstellungen vom letzten Duplizieren merkt und diese erneut anwendet, öffnet sich durch DUPLIZIEREN UND VERSETZT EINFÜ- GEN das folgende Dialogfeld, in dem Sie die gewünschten Einga- ben machen können:

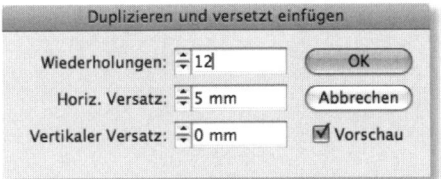

◀ **Abbildung 6.91**
Wenn Sie viele Duplikate in einem bestimmten Abstand brauchen: Über dieses Dialog- feld sind die Kopien im Hand- umdrehen erstellt.

6.7.5 Objekt sperren

Wenn Sie einzelne Objekte oder Gruppen zeitweise vor weite- rer Bearbeitung ausnehmen möchten, können Sie diese mit dem Befehl OBJEKT • SPERREN auf der Dokumentseite festsetzen. Bei Gruppen kann nur die gesamte Gruppierung gesperrt werden.

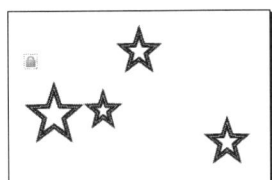

◀ **Abbildung 6.92**
Hier sehen Sie eine gesperrte Gruppe, erkennbar am abge- schlossenen Schloss.

Objekte, die gesperrt wurden, werden mit einem Schloss gekenn- zeichnet. Sie sind dann nicht mehr aktivierbar. Ein Klick auf das Schloss entsperrt das Objekt und ermöglicht eine weitere Bear- beitung. Sind mehrere Objekte auf einer Seite oder einem Druck- bogen gesperrt worden, können diese mit OBJEKT • ALLES AUF DRUCKBOGEN ENTSPERREN gelöst werden.

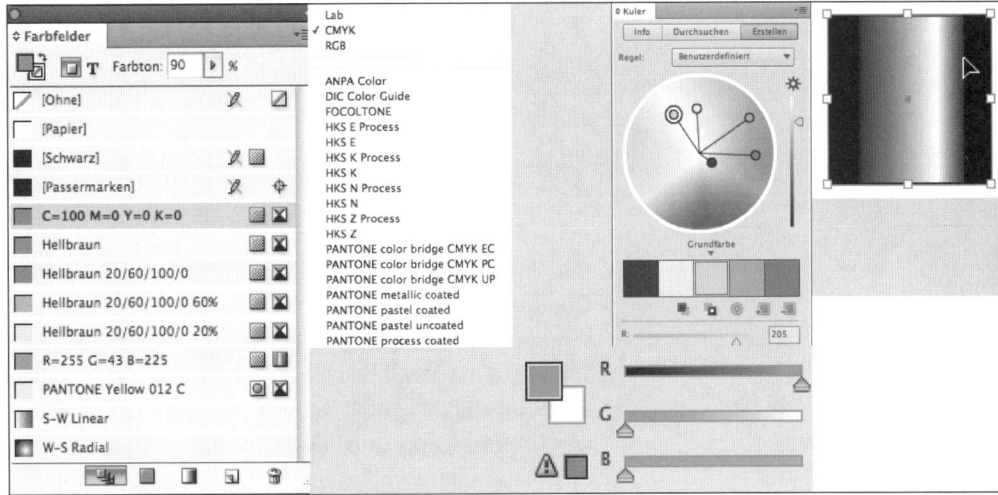

Kapitel 7

Farben und Effekte

Geben Sie Ihren Layouts das gewisse Etwas

Sie werden lernen:

▶ welche Arten von Farben es gibt

▶ wie Farben angelegt und modifiziert werden

▶ was ein Verlauf ist und wie er angewendet wird

▶ wie Sie Farben auf Objekte anwenden

▶ was Farbmanagement ist und warum Sie damit arbeiten sollten

▶ was ein Effekt ist

▶ wie Sie einen Effekt auf ein Objekt anwenden können

7   Farben und Effekte

Mit Farben und Effekten können Sie das Aussehen beliebiger Objekte beeinflussen. Die Anwendung von Farben ist bisher schon häufiger angesprochen worden, in diesem Kapitel werden wir uns die Verwaltung von Farben genauer ansehen. InDesign bietet mittlerweile eine beachtliche Anzahl Effekte an, die ähnlich wie in Photoshop und Illustrator, aber auch wie in den Video-Applikationen Premiere und After Effects auf Objekte angewendet werden, ohne Teil von ihnen zu werden.

7.1   Das Bedienfeld »Farbfelder«

Lassen Sie uns Ihr bisher angeeignetes Wissen um das FARBFELDER-Bedienfeld vertiefen. Da es zu den wichtigsten Bedienfeldern gehört, ist es mit einem Ein-Tasten-Befehl einzublenden: [F5], zu finden ist es ansonsten unter FENSTER • FARBE.

Abbildung 7.1 ▶
Das FARBFELDER-Bedienfeld bietet übersichtlichen Zugriff auf Farb-, Farbton- und Verlaufsfelder.

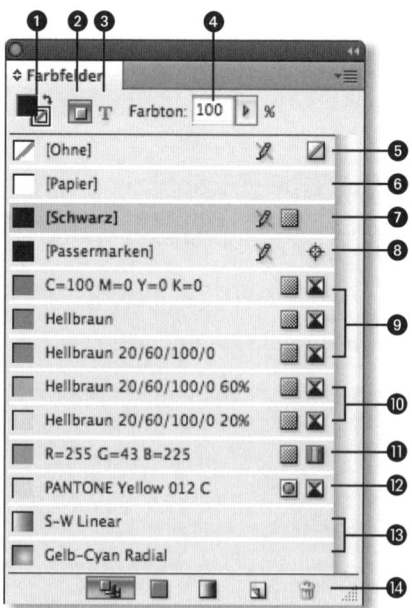

Im Folgenden möchte ich Ihnen einen Überblick über die Oberfläche des Bedienfeldes geben. Auf die meisten der hier erwähnten Punkte werde ich in später folgenden Abschnitten noch detaillierter eingehen.

Ob die Fläche oder die Kontur eines markierten Objektes formatiert wird, legen Sie mit diesen Buttons ❶ fest. Ein Klick auf das entsprechende Symbol holt dieses in den Vordergrund. Einfacher wechseln Sie zwischen Fläche und Kontur mit der Taste x, dabei darf sich der Textcursor natürlich nicht im Text befinden. Mit dem kleinen Pfeil oben rechts am Flächen-/Kontur-Button vertauschen Sie die Formatierung von Fläche und Kontur. In der Toolbox werden dieselben Symbole wiederholt und dort bei zweispaltiger Toolbox-Darstellung deutlich größer als im FARBFELDER-Bedienfeld dargestellt. Bei Textrahmen ist neben dem normalen Rahmen-Button ❷ auch noch der Text-Button ❸ anwählbar, mit dem Sie entscheiden, ob sich die Farbänderung auf den Container – den Textrahmen – oder auf die Schrift auswirken soll. Ist hier Text ⑯ angewählt, ändern sich dementsprechend auch die Symbole für Fläche und Kontur ⑮ (siehe Abbildung 7.2). Mit dem Wert bei FARBTON ❹ wird angegeben, mit welcher Intensität die gewählte Farbe angewendet werden soll. Das oberste Farbfeld [OHNE] ❺ entfernt gegebenenfalls eine Farbe von einer Fläche oder Kontur. Es kann mit dem Tastaturbefehl # oder / auf dem Nummernblock direkt angewählt werden. Wird einer Fläche das Farbfeld [PAPIER] ❻ zugewiesen, führt dies dazu, dass andere Objekte, die von diesem papierfarbenen Objekt überlappt werden, an den verdeckten Stellen nicht ausgegeben werden (siehe Abbildung 7.3). Das Farbfeld [SCHWARZ] ❼ kann weder bearbeitet noch gelöscht werden. Darauf weisen das Symbol des durchgestrichenen Stiftes bzw. die eckigen Klammern hin. Dasselbe gilt für das Farbfeld [PASSERMARKEN] ❽. Farbfelder können auf verschiedene Arten benannt werden ❾. Neben den Farbfeldern können auch Farbtonfelder ❿ angelegt werden. In ihnen wird eine andere Intensität desjenigen Farbfeldes hinterlegt, auf dem sie basieren. Neben den Farben des CMYK-Farbraumes ▧ können auch hier Farben des RGB-Farbraumes ▦ angelegt werden ⓫. Neben den Farbfeldern, die auf Prozessfarben basieren oder als solche gedruckt werden ▨, können auch Volltonfarben ◉ in Farbfeldern hinterlegt werden ⓬. Im FARBFELDER-Bedienfeld können auch Verläufe ⓭ erstellt werden. Mit den ersten drei Buttons können Sie filtern, welche Farbfelder angezeigt werden ⓮.

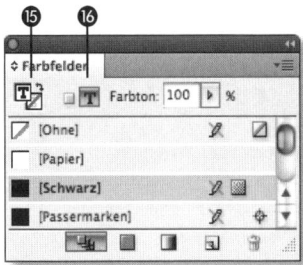

▲ **Abbildung 7.2**
Wenn bei aktivem Textrahmen der Textbutton markiert ist, ändern sich auch das Flächen-Symbol und das Kontur-Symbol.

▲ **Abbildung 7.3**
Auf die Fläche des linken A wurde das Farbfeld [OHNE], bei der rechten Version das Farbfeld [PAPIER] angewendet.

Passermarken

Passermarken dienen beim Offsetdruck für das Justieren der Druckmaschinen. An ihnen ist ablesbar, ob die verschiedenen Farben standgenau übereinandergedruckt werden. Das Farbfeld [PASSERMARKEN] fasst dementsprechend immer alle Farben zusammen, für die im Offsetdruck einzelne Druckplatten benötigt werden.

▲ **Abbildung 7.4**
Legen Sie neue Einträge im
Bedienfeld FARBFELDER am besten über das Bedienfeldmenü
an.

Abbildung 7.5 ▶
Farben lassen sich mit dem
Dialog NEUES FARBFELD präzise
steuern.

Größere Schritte

Da feinere Farbabstufungen
als 5 %-Schritte ohnehin
kaum auszumachen sind,
empfehle ich Ihnen die
Anlage von Farben mit glatten Farbwerten. Farben in
5er-Schritten finden Sie
auch in Farbmusterbüchern.

7.1.1 Farbfelder anlegen

Farben können in InDesign auf verschiedenen Wegen angelegt werden. Der Vorteil von Farbfeldern liegt in der Möglichkeit, diese dokumentweit verwalten zu können. Eine Farbe,
die in einem Layout an verschiedenen Stellen eingesetzt wird,
kann über das FARBFELDER-Bedienfeld schnell geändert werden.
Alle Objekte und Texte, die dieselbe Farbe verwenden, manuell suchen zu müssen, um diese neu einzufärben, kann hingegen
schnell zu einer fehlerbehafteten Fleißarbeit ausarten.

Um aus dem Bedienfeld heraus ein neues Farbfeld anzulegen,
können Sie die von anderen Bedienfeldern bekannten Methoden
wählen: Entweder Sie klicken am unteren Bedienfeldrand auf den
Button mit dem Abreißblock oder Sie wählen im Bedienfeldmenü
den entsprechenden Eintrag. Ich empfehle Ihnen den Weg über
das Bedienfeldmenü, da der Klick auf den Button NEUES FARBFELD
immer die Art des aktuell markierten Feldes erstellt, das kann
demnach auch ein Verlaufsfeld sein. Als dritte Methode können Sie natürlich vorhandene Einträge genauso wie bei anderen
Bedienfeldern dadurch duplizieren, indem Sie das gewünschte
Farbfeld auf den Abreißblock ziehen.

Nach der Anwahl des Befehls NEUES FARBFELD… erscheint der
dazugehörige Dialog, den Sie sich mit einem Doppelklick auf ein
vorhandenes Farbfeld ebenso anzeigen lassen können.

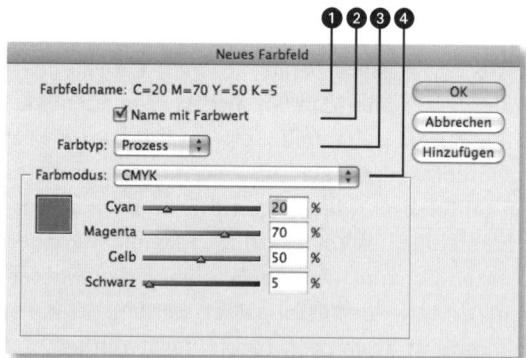

Wenn Sie die Checkbox NAME MIT FARBWERT ❷ markiert haben,
stehen die aktuellen Farbwerte bei FARBFELDNAME, dieser ist
manuell dann nicht zu ändern. Werden die Farbwerte im unteren Bereich durch das Verschieben der Regler an den Farbbalken
geändert, spiegeln sich diese Änderungen direkt im Farbfeldnamen wider. Leider sind die so abgeleiteten Farbnamen wie im

Beispiel »C=20 M=70 Y=50 K=5« ❶ sehr schlecht zu lesen. Alternativ können Sie die Checkbox NAME MIT FARBWERT demarkieren. Dann können Sie selbst Farbnamen vergeben, wobei hier natürlich auch die aktuellen Farbwerte zusätzlich eingetragen werden können. Die von Ihnen eingetragenen Farbwerte müssen nach einer Änderung der Farbanteile manuell korrigiert werden.

Bei FARBTYP ❸ können Sie zwischen PROZESS und VOLLTON wählen. Diese beiden Farbtypen wurden in Kapitel 4, »Bilder«, auf Seite 201 schon besprochen. Hier sollte bis auf seltene Ausnahmen PROZESS stehen. Wenn Sie jedoch mit einer Sonderfarbe arbeiten, wählen Sie hier natürlich VOLLTON.

Neben den geläufigen Farbräumen CMYK und RGB steht Ihnen bei FARBMODUS ❹ auch noch der eher exotische Lab-Farbraum zur Verfügung, der im Zusammenhang mit Photoshop interessant ist, in InDesign aber keine nennenswerte Rolle spielt. Klappen Sie das Pulldown-Menü auf, sehen Sie hier eine umfangreiche Liste der installierten Sonderfarben-Bibliotheken (siehe Abbildung 7.7), aus der sie die gewünschte Farbpalette für eine Volltonfarbe wählen können.

Normalerweise steht die Art der Ausgabe eines Layouts von Anbeginn fest und wird fast ausschließlich CMYK sein, da die allermeisten Drucksachen im Offset gedruckt werden und Offsetdruck gleichbedeutend mit CMYK ist (eventuell mit einer zusätzlichen Sonderfarbe). Wenn Ihr Layout in einer kleineren Auflage z. B. im Digitaldruck produziert werden soll, sind eventuell auch RGB-Daten erwünscht. Das sollten Sie frühzeitig mit dem Druckdienstleister klären, um von Beginn an im korrekten Farbmodus arbeiten zu können.

Sonderfall Sonderfarbe

Um ein Farbfeld mit einer Sonderfarbe anzulegen, wählen Sie wie oben beschrieben bei FARBTYP VOLLTON und bei FARBMODUS die Sonderfarbpalette, die beim Druck zum Einsatz kommen soll, beispielsweise PANTONE SOLID COATED. Nun erscheint statt der vier Farbbalken bei CMYK eine Auswahlliste der gerade gewählten Pantone-Farbpalette, die mehrere Hundert Einträge beinhaltet. Oberhalb dieser Liste ist ein Eingabefeld, in das Sie die Farbnummer der gewünschten Farbe eingeben können, das erspart Ihnen das Scrollen. Das setzt natürlich voraus, dass Sie sich im Vorfeld entweder anhand eines Pantone-Fächers für eine konkrete Farbe entschieden haben oder dass Ihnen vom Kunden z. B. als Haus-

Übersichtliche Farbnamen

Da es im Druckgewerbe ohnehin verbreitet ist, die Farbwerte ohne die Farben zu nennen, die entsprechenden Farben leiten sich ja aus dem gängigen CMYK her, kann man zur besseren Lesbarkeit auch in InDesign auf die Farbkürzel im Namen verzichten.

▲ **Abbildung 7.6**
Wenn Sie die Farbnamen selbst vergeben, können Sie die Farbwerte (ohne die Farbkürzel) natürlich auch in den Namen übernehmen.

▲ **Abbildung 7.7**
Bei der Programminstallation wurden schon zahlreiche Sonderfarben-Bibliotheken mit installiert.

farbe der Firma eine bestimmte Farbe einer Farbskala mitgeteilt wurde.

Abbildung 7.8 ►
Bei Volltonfarben wird der Farbfeldname automatisch durch die Wahl der konkreten Farbe vergeben.

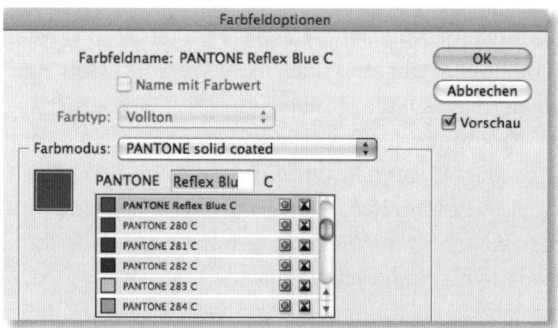

Volltonfarbenimport

Volltonfarben können in InDesign nicht geändert werden, wenn sie durch das Platzieren einer Datei, die diese Farbe verwendet, importiert wurden. Dies muss im Ursprungsprogramm oder später in Acrobat erfolgen. Wird die Grafik mit der Sonderfarbe aus dem Dokument entfernt, kann auch die Farbe gelöscht werden.

Interessant ist hierbei die Möglichkeit, in InDesign Volltonfarben zu CMYK-Farben umzurechnen. Dies lässt sich zwar auch über den Druckfarben-Manager bei der eigentlichen Ausgabe erreichen, wenn man aber sein InDesign-Dokument von Sonderfarben bereinigen möchte, da statt mit Sonderfarben doch »nur« mit den vier Standard-Offsetfarben gedruckt werden soll, können Sie bei FARBMODUS einfach wieder CMYK wählen und InDesign wandelt die bisherige Sonderfarbe zu CMYK um:

Abbildung 7.9 ►
Wird eine Volltonfarbe in eine Prozessfarbe umgewandelt, ändert sich der Farbton z. T. drastisch.

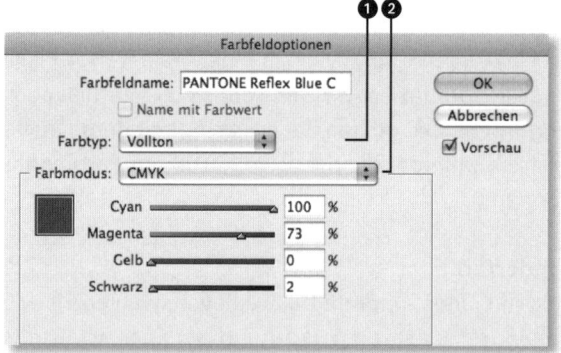

Farbmodusänderung

Farben lassen sich von einem Farbmodus in einen beliebigen anderen Farbmodus umwandeln. Bei RGB-Farben erscheint ein Warnhinweis, wenn diese außerhalb des CMYK-Farbraumes liegen.

Bei der Umwandlung von Pantone zu CMYK hat InDesign den kompletten Pantone-Namen im Farbfeldnamen übernommen, der nun aber nach Bedarf überschrieben werden kann. Beachten Sie, dass für InDesign trotz des Farbmodus CMYK ❷ immer noch eine Volltonfarbe vorliegt. Bei der Ausgabe würden also gegebenenfalls immer noch fünf Farbplatten erstellt werden. Um dies zu vermeiden, muss bei FARBTYP ❶ statt VOLLTON wieder PROZESS gewählt werden.

7.1.2 Farbfelder löschen und ersetzen

Möchten Sie ein einzelnes Farbfeld löschen, ziehen Sie das entsprechende Farbfeld auf den FARBFELD LÖSCHEN-Button mit dem Mülleimer am unteren Bedienfeldrand oder klicken diesen Button an. Ist die betreffende Farbe an keiner Stelle des Dokumentes eingesetzt worden, löscht InDesign diese Farbe direkt.

Beim Löschen einer Farbe, die im Dokument verwendet wird, erscheint hingegen folgender Warndialog, in dem Sie sich entscheiden müssen, welche Ersatzfarbe stattdessen verwendet werden soll:

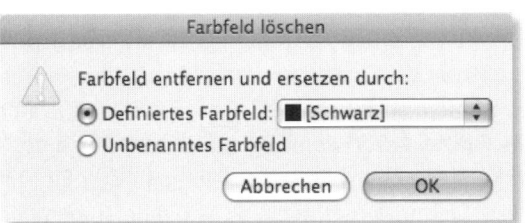

Im Pulldown-Menü DEFINIERTES FARBFELD finden Sie alle Farbfelder, die im Bedienfeld hinterlegt sind. Neben den selbst definierten Farben sind hier selbstverständlich auch die vorinstallierten Farbfelder wie [OHNE] und [PAPIER] anwählbar.

Wird in diesem Dialog die zweite Option UNBENANNTES FARBFELD gewählt, behalten alle Objekte die Farbe, die mit Bestätigung des Dialogs mit OK aus dem Bedienfeld entfernt wird. Das betreffende Farbfeld wird dadurch lediglich aus der Liste der Farbfelder innerhalb des Bedienfeldes entfernt.

Eine interessante Funktion zum Löschen von Farbfeldern ist im Bedienfeldmenü abgelegt. Dort finden Sie den Befehl ALLE NICHT VERWENDETEN AUSWÄHLEN. Dieser Befehl markiert bei Aktivierung alle Farbfelder, die nicht (mehr) im aktuellen InDesign-Dokument verwendet werden. Diese Farben können anschließend mit einem Klick auf den FARBFELD LÖSCHEN-Button aus dem Dokument entfernt werden.

7.1.3 Farbtonfelder anlegen

Die Intensität einer Farbe kann im FARBFELDER-Bedienfeld stufenlos über den Farbtonwähler oder direkt über die Eingabe eines konkreten Wertes gesteuert werden. Dabei ist mit 100 % die Vollfläche, mit 0 % kein Farbauftrag gemeint. 0 % einer Farbe hat den-

---

Importierte RGB-Farben

Da Office-Programme wie Word und Excel keine Prozessfarben kennen, werden beim Platzieren von Text- und Tabellendaten schnell auch RGB-Farben importiert. Nach dem Import sind diese als Farbfelder aufgeführt und können dann gelöscht, ersetzt oder umgewandelt werden.

◄ **Abbildung 7.10**
Beim Löschen von verwendeten Farben können diese auch durch andere ersetzt werden.

Offsetdruck

Beim Offsetdruck gibt es nur zwei Möglichkeiten des Farbauftrags: Farbe oder keine Farbe. In der Vergrößerung wird erkennbar, dass der Eindruck von helleren Flächen durch kleinere Rasterpunkte erreicht wird und dass diese sich erst bei der Wahrnehmung durch das menschliche Auge zu einem helleren Ton mischen. Oben sind die Raster einer Vollfläche (also 100 %), von 60 % und von 20 % abgebildet.

selben Effekt wie die Zuweisung des Farbfeldes [PAPIER]. Das so formatierte Objekt führt dazu, dass unter ihm liegende Objekte bei der Ausgabe in den verdeckten Bereichen nicht berücksichtigt werden und somit nicht sichtbar sind.

Abbildung 7.11 ►
Die Fläche des Rechtecks ist mit 0 % Cyan formatiert, was denselben Effekt wie die Zuweisung von [Papier] hat. Das B wird dadurch verdeckt.

Wenn Sie häufiger mit denselben Abstufungen einer Farbe arbeiten, z. B. 50 % und 20 % Cyan, macht es Sinn, diese Farbvarianten im FARBFELDER-Bedienfeld als Farbtonfelder zu hinterlegen. Dafür markieren Sie das Farbfeld, von dem Sie ein Farbtonfeld erzeugen möchten, und wählen dann im Bedienfeldmenü den Eintrag NEUES FARBTONFELD. Darauf öffnet sich ein Dialogfeld, in dem Sie lediglich den Farbton einstellen können:

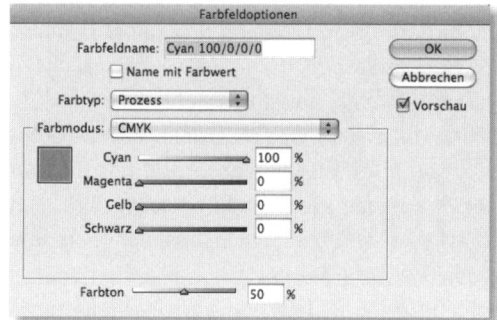

Abbildung 7.12 ►
Bei der Anlage eines Farbtonfeldes kann lediglich der FARBTON eingegeben werden.

Bestätigen Sie mit OK und verlassen Sie das Dialogfeld. Wenn Sie mehrere Farbtonfelder anlegen möchten, die alle auf einer Farbe beruhen, können Sie auch auf HINZUFÜGEN klicken. Dadurch wird ebenfalls ein neues Farbtonfeld hinterlegt und Sie können mit der Eingabe eines Wertes für das nächste Farbtonfeld fortfahren.

Abbildung 7.13 ►
Farbtonfelder werden mit dem entsprechenden Prozentwert hinter dem Namen gekennzeichnet.

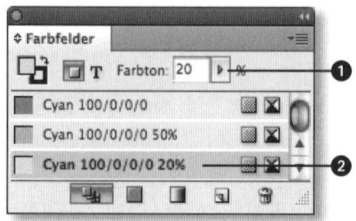

Im Unterschied zu Farbfeldern kann der Farbton von Farbtonfeldern nicht im Farbfelder-Bedienfeld ❶ geändert werden. Der angezeigte Farbton entspricht bei Farbtonfeldern immer ihrem definierten Wert ❷.

Durch die Farbtonfelder sind Sie nun in der Lage, im ganzen Dokument mit konsistenten Farbabstufungen zu arbeiten. Da die Farbtonfelder auf einem Farbfeld beruhen, ändern sich die Farbtonfelder, sobald das Basisfarbfeld oder ein anderes Farbtonfeld modifiziert wird. Farbtonfelder können im Farbfeldoptionen-Dialog geändert werden, den Sie mit einem Doppelklick auf ein Farbtonfeld öffnen können.

> **Keine Farbgruppen**
>
> Im Unterschied zu bspw. Absatzformaten, die innerhalb ihres Bedienfeldes zur besseren Übersicht zu Gruppen zusammengefasst werden können, geht dies im FARBFELDER-Bedienfeld leider nicht.

7.1.4   Verlaufsfelder anlegen

Verlaufsfelder können nur über das Menü des Bedienfeldes erzeugt werden. Dort ruft der Befehl NEUES VERLAUFSFELD einen Dialog auf, in dem der Verlauf definiert wird. Bei ART ❸ können Sie zwischen den beiden möglichen Verlaufsformen LINEAR und RADIAL wählen. Als REGLERFARBE ❹ stehen Ihnen LAB, CMYK, RGB und die bisher angelegten Farbfelder zur Verfügung. Damit Sie hier zwischen den verschiedenen Reglerfarben wählen können, muss einer der Farbregler ❺ oder ❼ unter dem VERLAUFSBALKEN markiert sein. Diese Regler bestimmen die Punkte eines Verlaufs, an denen die jeweilige Farbe als reine Farbe ohne Beimischung der anderen Verlaufsfarbe erreicht ist. Der Mittelpunkt zwischen zwei benachbarten Verlaufsfarben wird durch die Raute ❻ über dem Verlaufsbalken repräsentiert, der entweder durch Verschieben oder durch die Eingabe eines konkreten Prozentwertes ❽ geändert werden kann.

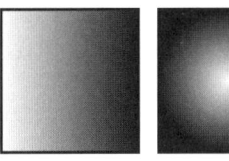

▲ **Abbildung 7.14**
Der Standardverlauf von Weiß/ [PAPIER] nach Schwarz in den Varianten LINEAR und RADIAL wurde auf die Flächen angewendet.

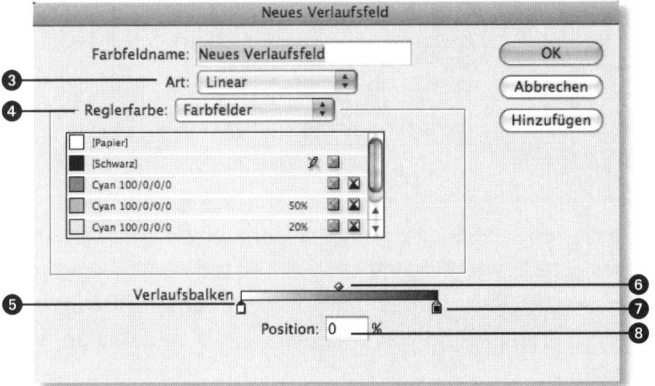

◄ **Abbildung 7.15**
Markierte Farbregler werden mit einem winzigen Dreieck ❺ gekennzeichnet, ihre Farbe und Position können nach der Aktivierung definiert werden.

Die genaue Funktionsweise der Farbregler und des Mittelpunktes möchte ich an folgenden drei Beispielen erläutern. Der Verlaufsbalken gibt die Farbverteilung innerhalb des Verlaufs wieder. Ein Verlauf, der einem Objekt zugewiesen wurde, orientiert sich an der Größe des Objekts und ändert sich bei einer Änderung der Objektproportionen mit:

Abbildung 7.16 ▶
Auf beide Objekte wurde derselbe Verlauf mittels eines Verlaufsfeldes angewendet.

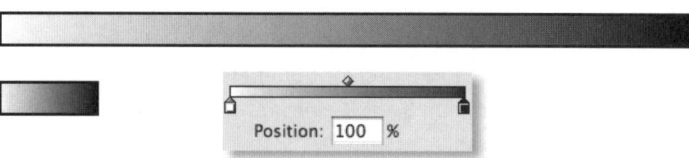

Auch der Punkt, an dem zwei benachbarte Farben ❶ und ❸ zu je 50 % gemischt sind ❷, kann über das Eingabefeld ❹ präzise definiert werden. Bei ihm ist im Unterschied zu den Verlaufsfarben mit 100 % immer der Abstand zwischen den beiden benachbarten Verlaufsfarben gemeint.

Abbildung 7.17 ▶
Verläufe können auch mit mehreren Farben angelegt werden.

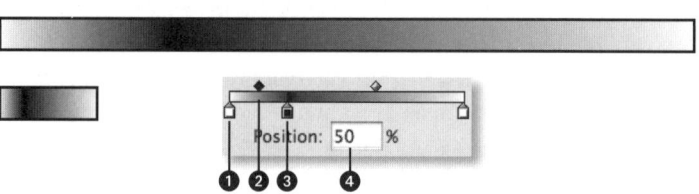

Neue Verlaufsfarben werden mit einem Klick unterhalb des Farbbalkens erstellt. Haben zwei benachbarte Verlaufsfarben (❺ und ❻) dieselbe Farbe, entsteht über die durch sie definierte Fläche ein einfarbiger Abschnitt ❼.

Abbildung 7.18 ▶
Verläufe können auch Bereiche ohne Farbübergänge beinhalten.

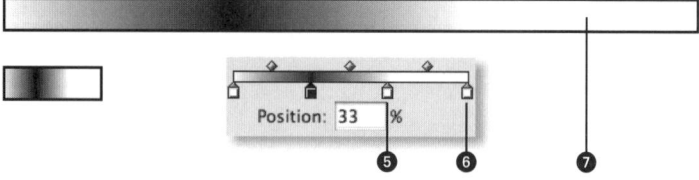

▲ **Abbildung 7.19**
Verläufe können unabhängig auf Fläche und Kontur angewendet werden.

Nachdem Sie nun die wichtigsten Techniken kennengelernt haben, um Verlaufsfelder zu erstellen, sehen wir uns im nächsten Abschnitt an, wie Verläufe auf Flächen (oder auch Konturen) angewendet werden. Die Vorgehensweise unterscheidet sich nämlich z. T. grundlegend von der Zuweisung von Farbfeldern auf Objekte.

7.1.5 Verlaufsfelder anwenden

Wie bei Farbfeldern und Farbtonfeldern können auch Verlaufsfelder auf aktivierte Objekte angewendet werden, indem einfach
das gewünschte Verlaufsfeld im FARBFELDER-Bedienfeld angewählt wird. Somit können auch Verläufe dokumentweit verwaltet
werden: Objekten, die denselben Verlauf aufweisen sollen, muss
nur dasselbe Verlaufsfeld zugewiesen werden. Änderungen an
diesem Verlaufsfeld sind anschließend an allen Objekten sichtbar,
denen dieses Verlaufsfeld zugewiesen wurde.

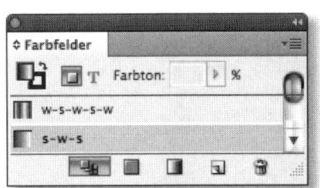

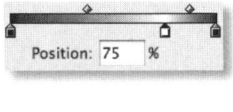

◄ **Abbildung 7.20**
Diese Einstellung ist im Verlauf
»s-w-s« hinterlegt und wurde
auf das Quadrat angewendet.

Um einen Verlauf in seiner Ausrichtung zu ändern, rufen Sie das
VERLAUF-Bedienfeld im Menü FENSTER • FARBE auf. Im Eingabefeld
WINKEL können Sie den gewünschten Winkel eintragen.

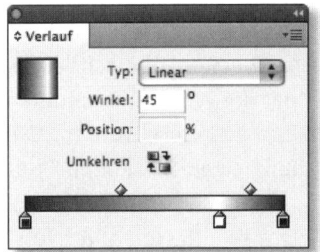

◄ **Abbildung 7.21**
Die Richtung des Verlaufs kann
im Bedienfeld VERLAUF geändert werden.

Mit dem Verlaufsfarbfeld-Werkzeug arbeiten

Mit den eben vorgestellten Techniken ist der Teil, über den sich
der Verlauf erstreckt, immer abhängig vom Objekt. Genauer steuern lässt sich die Länge eines Verlaufs mit dem Verlaufsfarbfeld-
Werkzeug. Mit diesem Tool lassen sich der Winkel und die Länge
des Verlaufs mit zwei individuell zu setzenden Punkten festlegen.
Wie immer bei Objektmanipulationen muss das zu ändernde
Objekt markiert sein. Bei aktiviertem Verlaufsfarbfeld-Werkzeug
wird mit dem ersten Klick der Startpunkt des Verlaufs definiert.
Mit gedrückter Maustaste kann dann in der gewünschten Rich-
tung und über die gewünschte Länge gezogen werden. Erst beim
Lösen der gedrückten Maustaste wird der Endpunkt des Verlaufs

▲ **Abbildung 7.22**
Verläufe können auch mit dem
entsprechenden Werkzeug
angewendet werden.

definiert. Hierbei wird der Anfangspunkt ❸ des Verlaufs immer durch den linken Punkt des Verlaufsbalkens ❶ im Verlaufsfeld repräsentiert, der Endpunkt ❹ wird dementsprechend durch das rechte Ende ❷ des Verlaufsbalkens dargestellt. Wird das Verlaufsfarbfeld-Werkzeug, wie im Beispiel zu sehen, nur über einen Teil des markierten Objektes gezogen, werden die außerhalb des definierten Verlaufs liegenden Objektbereiche in der Anfangs- und Endfarbe eingefärbt.

▼ Abbildung 7.23
Hier wurde derselbe Verlauf aus Abbildung 7.20 auf eine kürzere Strecke angewendet.

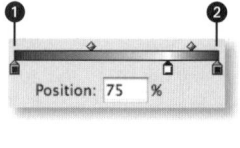

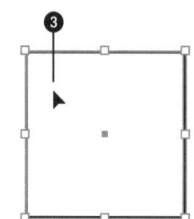

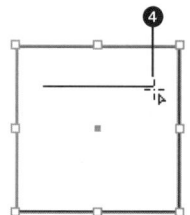

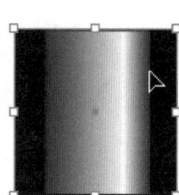

Bug oder Feature?

Radiale Verläufe, die einem hochformatigen Rechteck zugewiesen werden, sehen ellipsenförmig aus. Bei querformatigen Rechtecken zeichnet InDesign hingegen kreisrunde Verläufe. In den Beispielen unten wurde derselbe Verlauf auf beide Rahmen angewendet.

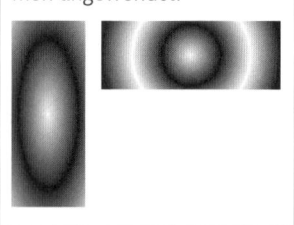

Der Anfangs- und Endpunkt eines Verlaufs kann ebenso gut außerhalb eines Objektes liegen. Dementsprechend sieht man dann auch nur einen Teil des hinterlegten Verlaufsmusters.

Verläufe können einem Objekt auch wiederholt mit dem Verlaufsfarbfeld-Werkzeug zugewiesen werden, dabei wird der jeweils letzte Verlauf mit der aktuellen Version überschrieben. Außerdem kann die Art des Verlaufs über die Wahl eines anderen Verlaufsfeldes im Bedienfeld FARBFELDER geändert werden. Die mit dem Verlaufsfarbfeld-Werkzeug definierten Start- und Endpunkte bleiben dabei erhalten.

Mehreren Objekten kann auch gleichzeitig dasselbe Verlaufsfeld zugewiesen werden, indem die Objekte markiert werden und dann das gewünschte Verlaufsfeld angewählt wird ❺.

Um mehreren Objekten einen Verlauf mit demselben Start- und Endpunkt zuzuweisen, werden zunächst wieder die Objekte markiert. Mit dem Verlaufsfarbfeld-Tool kann dann genau wie bei einzelnen Objekten der Anfangs- und Endpunkt des Verlaufs durch Klicken und Ziehen definiert werden ❻.

Abbildung 7.24 ▶
Verläufe können auch auf mehrere Objekte gleichzeitig angewendet werden.

7.1.6   Farbfelder austauschen

Eine Möglichkeit, eine Farbe von einem in ein anderes Dokument zu übernehmen, besteht darin, ein eingefärbtes Objekt aus einem Dokument zu kopieren und in ein zweites Dokument einzufügen. War die betreffende Farbe im Ursprungsdokument als Farbfeld hinterlegt, wird dieses in das Zieldokument importiert.

Sollen alle Farbfelder samt Farbtonfeldern und Verlaufsfeldern eines Dokumentes in ein anderes übernommen werden, wird in dem Dokument, in das die Farbfelder importiert werden sollen, der Befehl FARBFELDER LADEN... im Bedienfeldmenü aufgerufen. Daraufhin öffnet sich ein Dialog, in dem die Datei mit den gewünschten Farbfeldern angewählt werden kann. Die darin enthaltenen Farbfelder werden mit Bestätigung des Dialogs importiert.

Eine dritte Möglichkeit für den Austausch von Farbfeldern besteht darin, einzelne Farbfelder mit gedrückter ⎡Strg⎤/⌘-Taste im FARBFELDER-Bedienfeld zu markieren (❼ und ❽) und anschließend im Bedienfeldmenü den Befehl FARBFELDER SPEICHERN... ❾ anzuwählen. Hierbei können keine Farbton- oder Verlaufsfelder gespeichert werden. Die beim Speichern der Farbfelder erstellte Datei mit der Endung .ase (Adobe Swatch Exchange) ❿ kann nicht nur von anderen InDesign-Dokumenten, sondern auch von Programmen wie Illustrator und Photoshop geladen werden.

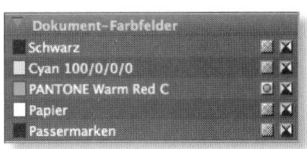

▲ **Abbildung 7.25**
Die Bridge gibt über FENSTER • METADATEN-FENSTER bereitwillig Auskunft über die in einem markierten Dokument verwendeten Farbfelder.

▲ **Abbildung 7.26**
Hier sehen Sie eine Farb-Bibliothek in der Bridge.

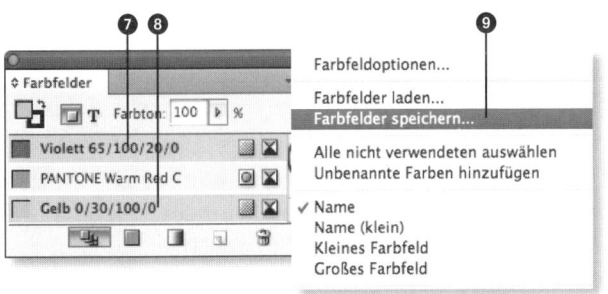

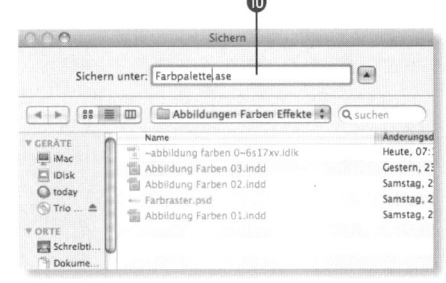

In Illustrator und Photoshop werden ASE-Bibliotheken über das Menü des jeweiligen FARBFELDER-Bedienfeldes geladen. Die ausgetauschten Farben sind von da an als zusätzliche Farbfelder hinterlegt und können wie gewohnt in den anderen Applikationen verwendet werden. Dieser Austausch von Farben ermöglicht es dem Designer auf elegante Weise, Farben in verschiedenen Applikationen, und damit in verschiedenen Dateiformaten konsistent einzusetzen.

▲ **Abbildung 7.27**
Farbfelder werden über das Farbfelder-Bedienfeldmenü als ASE-Datei gespeichert und können hierüber auch geladen werden.

7.2 Das Bedienfeld »Farbe«

Dieses Bedienfeld wird Photoshop- und Illustrator-Anwendern bekannt vorkommen. Wie das FARBFELDER-Bedienfeld ist es im Menü FENSTER • FARBE hinterlegt, der Tastenbefehl lautet [F6]. Von der Toolbox und dem FARBFELDER-Bedienfeld ist der Formatierungsbereich ❶ hinlänglich bekannt. Im unteren Bereich des Bedienfeldes FARBE können Sie Farben aus einer digitalen Farbpalette wählen oder über die Regler Ihren Vorstellungen entsprechend zusammenmischen. Im Palettenbereich stehen unabhängig vom gewählten Farbmodus immer die drei Farboptionen KEINE ❷, WEISS und SCHWARZ ❸ zur Verfügung. Die drei Farbräume CMYK, RGB und LAB werden hierbei unterstützt und bei Bedarf über das Bedienfeldmenü gewählt.

Optionen ausblenden
Lab
✓ CMYK
RGB
Den Farbfeldern hinzufügen

▲ **Abbildung 7.28**
Über das Bedienfeldmenü kann der Farbmodus gewählt werden, der im Bedienfeld angezeigt wird.

Abbildung 7.29 ▶
Die Farbe der rechten Abbildung wurde durch Verstellen der Regler links bei gedrückter [⇧]-Taste erzielt.

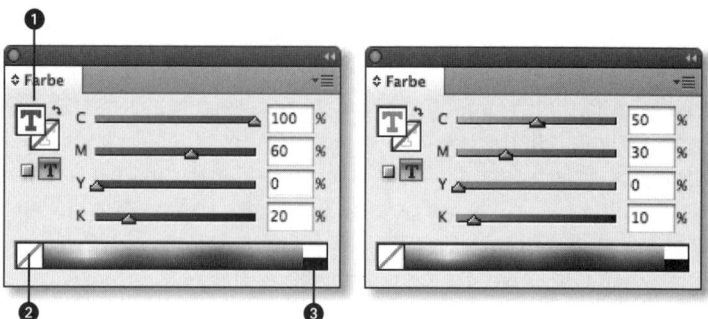

Soll eine neu gemischte Farbe in das FARBFELDER-Bedienfeld übernommen werden, rufen Sie den Befehl DEN FARBFELDERN HINZUFÜGEN im Bedienfeldmenü (siehe Abbildung 7.28) auf. InDesign benennt die neue Farbe automatisch nach den angewendeten Farbwerten. Interessant beim Mischen einer neuen Farbe ist die Funktion der [⇧]-Taste, durch sie bleibt das Mischungsverhältnis einer Farbe beim Verschieben eines Reglers erhalten. Dadurch können Sie hier Farbtonvarianten einer Farbe erstellen.

7.3 Der Farbwähler-Dialog

Farben lassen sich außerdem über einen weiteren Dialog wählen, der in ähnlicher Form von Illustrator und Photoshop bekannt ist. Dieser FARBWÄHLER-Dialog wird eingeblendet, wenn Sie auf das Flächen- oder Kontur-Symbol in der Toolbox im Bedienfeld FARB-

FELDER oder FARBE doppelklicken. In einem zweigeteilten Farbfeld wird unten die zuletzt verwendete Farbe ❹, darüber die aktuelle Farbe ❺ angezeigt, die innerhalb des Dialogfeldes definiert wird. Welcher Farbraum der drei möglichen CMYK, RGB und LAB angezeigt wird, hängt davon ab, in welchem Eingabebereich der Cursor platziert ist ❼. Von der Cursorposition hängt auch ab, in welchem Farbraum das neue Farbfeld ❻ angelegt werden soll. Wenn Sie den Dialog mit OK statt CMYK-FARBFELD HINZUFÜGEN bestätigen, wird eine unbenannte Farbe erstellt, die auf das gegebenenfalls zuvor aktivierte Objekt angewendet wird, ohne dass diese Farbe im Bedienfeld FARBFELDER hinterlegt wird. Mit dem Fadenkreuz ❽ kann die gewünschte Farbe gewählt werden. Die RGB-FARBRAUMANSICHT, in der sich das Fadenkreuz befindet, ist wiederum abhängig von der Position des Farbreglers ❾, der ebenfalls vom Anwender frei positioniert werden kann.

▲ **Abbildung 7.30**
Mit einem Doppelklick auf das Flächen- oder Kontur-Symbol wird der Farbwähler geöffnet.

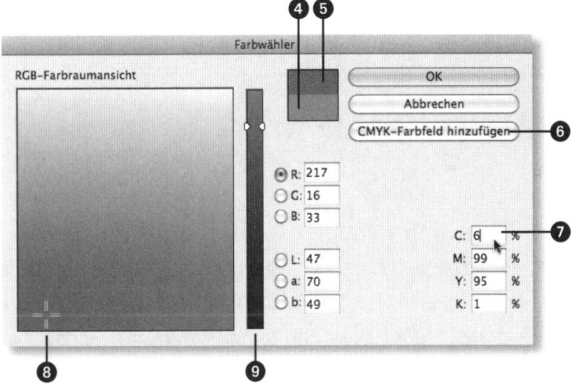

◀ **Abbildung 7.31**
Im FARBWÄHLER-Dialog können neue Farben nicht nur definiert, sondern auch gleich als Farbfeld hinterlegt werden.

7.4   Farbe mit der Pipette aufnehmen

In Kapitel 3, »Typografie«, haben Sie das Pipette-Werkzeug im Zusammenhang mit der Formatierung von Text kennengelernt. Mit diesem Tool lassen sich natürlich auch Farben aufnehmen, um diese auf ein anderes Objekt anzuwenden. Interessant ist beispielsweise die Möglichkeit, aus Bildern, die in einem InDesign-Dokument platziert sind, Farben aufzunehmen. Durch die Anwendung der InDesign-Pipette brauchen nicht die Ursprungsprogramme wie Photoshop oder Illustrator bemüht zu werden, die ebenfalls über Pipetten-Tools verfügen, um die konkreten Farbwerte nachzumessen.

Die Objektattribute, die die Pipette aufnehmen soll, lassen sich über die PIPETTE-OPTIONEN steuern, die Sie mit einem Doppelklick auf die Pipette in der Toolbox öffnen können. Um beispielsweise einem Text wie im folgenden Beispiel einen Farbton aus dem Bild zuzuweisen, muss in den Optionen bei FLÄCHENEINSTELLUNGEN • FARBE UND FARBTON ❶ aktiviert sein. Bei markiertem Textrahmen brauchen dann nur noch z. B. in der Toolbox die Buttons TEXT/FLÄCHE aktiviert zu werden ❷, um anschließend den gewünschten Farbton mit der Pipette aus dem Foto aufzunehmen. Die Farbe wird direkt auf den Text angewendet ❸.

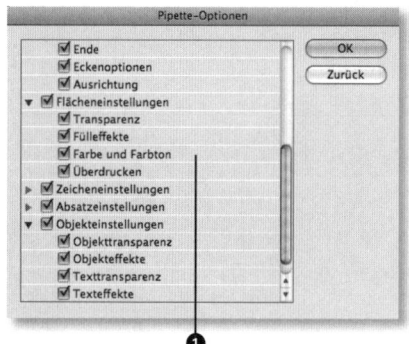

▲ **Abbildung 7.32**
Mit den richtigen Einstellungen können Sie Farben aus Bildern auf andere Objekte anwenden.

Haben Sie noch nicht den richtigen Farbton im Bild getroffen, können Sie mit gedrückter [Alt]/[⌥]-Taste einen neuen Bereich des Bildes mit dem Pipette-Tool anklicken. Ohne diese Zusatztaste wird durch erneutes Klicken die zuvor gewählte Farbe auf den Grafikrahmen angewendet. Das Pipette-Werkzeug nimmt übrigens immer die Farbe im verwendeten Farbmodus des Bildes auf: Liegt das Bild z. B. im RGB-Modus vor, wird mit der geladenen Pipette auch eine RGB-Farbe auf das entsprechende Objekt angewendet.

Möchten Sie eine Farbe, die mit einer der eben beschriebenen Methoden erstellt wurde, als Farbfeld anlegen, um diese Farbe an mehreren Stellen des Dokumentes oder in Absatz- oder Zeichenformaten anzuwenden, wählen Sie im Menü des FARBFELDER-Bedienfeldes den Eintrag NEUES FARBFELD. Möchten Sie alle Farben, die zwar im Layout eingesetzt werden, aber noch nicht als Farbfelder hinterlegt wurden, in das Bedienfeld FARBFELDER übernehmen, wählen Sie im Bedienfeldmenü den Befehl UNBENANNTE FARBEN HINZUFÜGEN. Die betreffenden Farben werden im jeweiligen Farbmodus den Farbfeldern hinzugefügt.

Alle nicht verwendeten auswählen
Unbenannte Farben hinzufügen

▲ **Abbildung 7.33**
Sollen alle im Dokument verwendeten Farben als Farbfelder hinterlegt werden, rufen Sie den Befehl UNBENANNTE FARBEN HINZUFÜGEN auf.

7.5 Das Bedienfeld »Kuler«

Mit diesem Bedienfeld können Farbkombinationen auf äußerst elegante Weise erstellt, angewendet und ausgetauscht werden. Das KULER-Bedienfeld können Sie über FENSTER • ERWEITERUNGEN aufrufen.

Im oberen Bereich sind drei Buttons sichtbar, INFO ist hierbei nicht von besonderem Interesse. Ist der Button DURCHSUCHEN ❹ aktiv, werden im Hauptbereich des Bedienfeldes Farbschemen mit Namen aufgelistet. Die Farbpaletten im Kuler-Bedienfeld setzen sich grundsätzlich immer aus fünf Farben zusammen. Im Suchfeld ❺ können Sie ein beliebiges Wort eingeben, das Sie mit den Farben, die Sie suchen, assoziieren. Bei den englischen Pendants zu beispielsweise deutschen Begriffen werden deutlich mehr Farbpaletten gefunden. Da Kuler ein webbasierter Dienst ist, müssen Sie über eine aktive Verbindung zum Internet verfügen, damit die Adobe-Datenbank durchsucht werden kann. Mit den in den beiden Pulldown-Menüs BEWERTUNG und ALLE hinterlegten Optionen können Sie die gefundenen Farbgruppen filtern ❻. Mit Hilfe dieser Filter können Sie sich beispielsweise nur die Farbkombinationen anzeigen lassen, die am neuesten sind oder die am häufigsten abgerufen werden. Es kommen immer neue Schemen dazu, da Anwender aus aller Welt ihre selbst zusammengestellten Farben über *http://kuler.adobe.com* allen anderen Anwendern zur Verfügung stellen können. Neben dem Namen des markierten Farbschemas ❼ ist ein kleiner Pfeil zu sehen, der bei Betätigung Zugriff auf die drei interessanten Optionen DIESES FARBSCHEMA BEARBEITEN, ZUM FARBFELDBEDIENFELD HINZUFÜGEN und ONLINE IN KULER ANZEIGEN bietet. Die erste Option ist ebenfalls am unteren Bedienfeldrand ❿ aufrufbar. Damit die Farben eines Farbschemas in InDesign angewendet werden können, muss das gewünschte Schema zunächst dem FARBFELDER-Bedienfeld hinzugefügt werden. Dieselbe Funktion können Sie ebenfalls über den entsprechenden Button aufrufen ⓫. Die Option ONLINE IN KULER ANZEIGEN ruft die Kuler-Website in Ihrem bevorzugten Browser auf. Mit Pfeilen ❽ können Sie sich den nächsten/vorangegangenen Satz Farbschemen anzeigen lassen. Der Aktualisieren-Button ❾ sorgt dafür, dass Sie auf dem neuesten Stand sind und dadurch auch Zugriff auf die Farbpaletten haben, die erst kürzlich von anderen Designern über die Kuler-Website auf die Adobe-Server hochgeladen wurden.

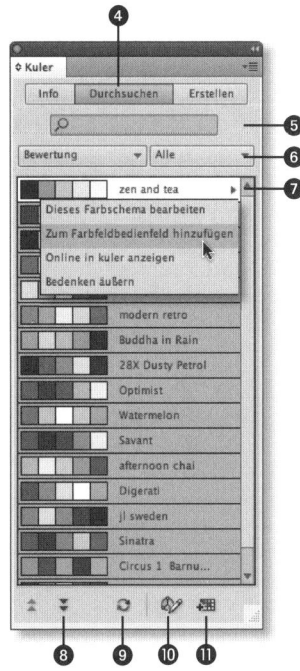

▲ **Abbildung 7.34**
Über das KULER-Bedienfeld haben Sie Zugriff auf eine ständig wachsende Auswahl an Farbpaletten.

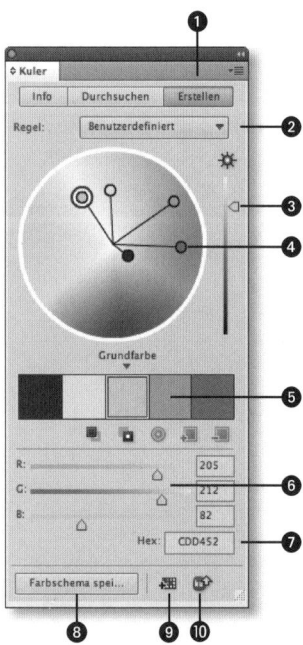

▲ Abbildung 7.35
Adobe macht das Anlegen von
stimmigen Farbkombinationen
leicht.

Adobe-ID

Um eigene Farbschemen auf
http://kuler.adobe.com speichern zu können, brauchen
Sie wie für andere Webser-
vices (Acrobat.com, Con-
nect Now) von Adobe eine
ID, die Sie kostenfrei anlegen können. Sie besteht aus
Ihrer E-Mail-Adresse und
einem Passwort.

Das KULER-Bedienfeld verfügt mit dem Button ERSTELLEN ❶
über eine intuitiv zu bedienende Oberfläche, mit der Sie auf
Basis einer bestehender Farbpalette diese ändern oder ganz
neue Farbkombinationen erstellen können. Im Bereich REGEL ❷
können Sie außer der in nebenstehender Abbildung gezeigten
Option BENUTZERDEFINIERT auch noch andere Optionen wählen.
Hier lässt sich beispielsweise festlegen, dass die Farben im Farbrad zueinander komplementär sein sollen. Dadurch sind die fünf
Kreise ❹, die zur Definition der Farben dienen, nicht mehr wie
im Beispiel zu sehen, frei positionierbar, sondern befinden sich
alle auf einer Linie, da sich komplementäre Farben genau dadurch
auszeichnen: Im Farbkreis liegen sie sich gegenüber. Mit dem Hel-
ligkeitsregler ❸ kann der entsprechende Wert individuell für die
gewählte Farbe geändert werden. Farben lassen sich nicht nur
über die Kreise im Farbrad markieren, ein Klick auf die Farbfelder
❺ aktiviert eine einzelne Farbe ebenso. Mit einem Doppelklick
wird die entsprechende Farbe als aktuelle Farbe für Fläche oder
Kontur entsprechend des vorn stehenden Symbols im Formatierungsbereich der Toolbox oder des FARBFELDER-Bedienfeldes von
KULER übernommen. Die Farben lassen sich im KULER-Bedienfeld
leider nur im RGB-Farbraum ❻ mischen oder als Hexadezimal-
farbe ❼ definieren. Da RBG-Farben im Druck überhaupt keine
Rolle spielen und Hexadezimalfarben ausschließlich bei Web-
Designern gängig sind, ist das Bedienfeld in dieser Hinsicht für
Print-Designer noch ausbaufähig. Mit dem Button FARBSCHEMA
SPEICHERN ❽ kann die selbst erstellte Farbpalette innerhalb des
KULER-Bedienfeldes gespeichert und im Bereich DURCHSUCHEN
des Bedienfeldes wieder aufgerufen werden. Der Button DIESES
FARBSCHEMA ZU FARBFELDERN HINZUFÜGEN ❾ ist vom Bereich
DURCHSUCHEN bekannt und der Button FARBSCHEMA IN KULER
HOCHLADEN ❿ lädt die erstellte Farbkombination auf den Adobe-
Server. Dafür öffnet sich in Ihrem Browser zunächst die Kuler-
Website, auf der Sie aufgefordert werden, sich mit Ihrer Adobe-
ID anzumelden. Ohne Anmeldung steht Ihnen die Möglichkeit
zum Speichern von Farbschemen nicht zur Verfügung.

Das Webinterface auf *http://kuler.adobe.com* hält noch eine
ganze Reihe von Überraschungen für Sie bereit. Ich möchte hier
nur zwei besonders interessante Details erwähnen: Sie können im
Unterschied zum KULER-Bedienfeld die Farben auch im CMYK-
Farbmodus mischen ⓭. Und Sie können auf der Website Farbpaletten nicht nur auf Basis einer Farbe ⓫, sondern auch auf Basis

von Fotos ⓬ erstellen. Dafür können Sie entweder eigene Bilder von Ihrer Festplatte hochladen oder Sie verwenden Fotos, die vom flickr-Onlineservice zur Verfügung gestellt werden.

▼ **Abbildung 7.36**
Die Kuler-Website bietet zahlreiche weitere Features.

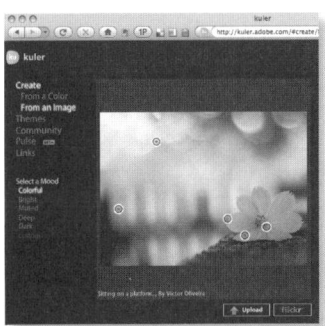

⓭

Wenn Sie ein Farbschema auf einem Foto basieren lassen möchten, können Sie wie beim Farbkreis die Farbpunkte frei auf dem
Bild positionieren.

Flickr

Der Fotoservice Flickr zeichnet sich wie andere »social
networking«-Services da-
durch aus, dass er kostenlos
und von jedermann ohne
technische Vorkenntnisse
genutzt werden kann.

◄ **Abbildung 7.37**
Auf der Kuler-Website können
Sie Farbpaletten auch auf Fotos
basieren lassen.

7.6 Farbmanagement

ICC

Dem 1993 gegründeten International Color Consortium, dem die ICC-Profile ihre Namen verdanken, gehört eine Vielzahl Hard- und Softwarehersteller an. Dazu gehören etwa Apple, Canon, Heidelberger Druckmaschinen, Hewlett Packard, Xerox und selbstverständlich Adobe. Das Ziel dieses Zusammenschlusses ist die plattform-, soft- und hardwareunabhängige Vereinheitlichung von Farbmanagement.

Mit Farbmanagement sind Maßnahmen gemeint, die dafür sorgen sollen, eine möglichst gleichbleibende Farbwiedergabe im gesamten digitalen Workflow zu gewährleisten. Die zentrale Technologie in diesem Zusammenhang sind sogenannte **ICC-Profile**. Mit Hilfe dieser Profile können die individuellen Farbräume der diversen Ein- und Ausgabegeräte ineinander umgerechnet werden, um so die gewünschte Farbkonstanz innerhalb des Produktionsprozesses zu gewährleisten.

Um sich die Notwendigkeit einer möglichst verbindlichen und gleichbleibenden Farbwiedergabe zu vergegenwärtigen, versuchen Sie sich vorzustellen, wie groß die Unterschiede der Darstellungsmöglichkeiten so unterschiedlicher Ausgabegeräte wie eines Monitors und eines Offsetdrucks auf ungestrichenem Papier sind. Mit ungestrichenem Papier wird Papier bezeichnet, das im Gegensatz zu gestrichenem Papier eine offenere, rauere Oberfläche aufweist und auf dem dieselben Offsetfarben nicht so brillant aussehen wie in einem Hochglanzmagazin mit gestrichenem Papier. Der Farbraum eines solchen ungestrichenen Papieres ist also geringer als bei gestrichenem Papier und dieser ist wiederum geringer als der eines Monitors. Auch mit einem durchgängigen Farbmanagement lassen sich solche Farbraumunterschiede nicht beheben, aber zumindest so weit wie möglich verringern.

Um ein durchgängiges Farbmanagement zu realisieren, müssen alle digitalen Bilddaten von Anbeginn der Produktion die entsprechenden Profile zugewiesen bekommen. Wird nun eine bei der Digitalisierung profilierte Bilddatei auf einem Monitor ausgegeben, sollte dieser kalibriert sein und ebenfalls über ein ICC-Profil verfügen. Auf Systemebene können dann beide Profile abgeglichen und Unterschiede in der Wiedergabe damit umgangen werden. Dasselbe gilt genauso für den Desktop-Drucker, auf dem die Datei gedruckt wird: Verfügt dieser über ein eigenes ICC-Profil, sorgt dieses ebenso dafür, dass dasselbe Bild möglichst genau so gedruckt wird, wie es in der Kamera und auf dem Monitor aussah. Soll nun das Bild auch noch im Offsetdruck wiedergegeben werden – Sie ahnen es –, sorgt auch hier wieder ein Profil für eine möglichst gleichbleibende Farbwiedergabe.

So weit die Theorie. In der Praxis sieht es nämlich häufig so aus, dass gerade Eingabegeräte wie Digitalkameras und Scanner erst in den oberen Preisklassen mit Software ausgestattet sind, die den mit ihnen erfassten Bildern ICC-Profile zuweisen. Ähnliches gilt für Monitore: Um sie zu kalibrieren, können zwar die betriebssysteminternen Programme angewendet werden, zu befriedigenderen Ergebnissen kommt man aber erst durch Hard- und Software, die auf die Profilierung von Monitoren spezialisiert ist und die zusätzlich erworben werden muss. Für eine weitestgehend konstante und vorhersagbare Farbwiedergabe sollte auf alle Fälle der Monitor zumindest mit den vom Betriebssystem mitgelieferten Mitteln zu einer möglichst neutralen Wiedergabe gebracht werden.

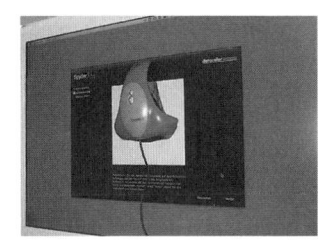

▲ **Abbildung 7.38**
Ein sogenanntes Colorimeter vermisst einen Monitor.

7.6.1 Farbmanagement in InDesign

Sehen wir uns nun an, welche Farbmanagement-Möglichkeiten InDesign bietet. Um einen möglichen Workflow vorzustellen, beschränke ich mich hier auf die Situation, die am weitesten verbreitet sein dürfte: Die Daten, die in InDesign in einem Layout zusammengefügt werden, sollen letztlich im Offset gedruckt werden. Wenn Sie mit mehreren Programmen einer Creative Suite arbeiten, sollten Sie das Farbmanagement zentral über die Bridge steuern. Dafür rufen Sie in der Bridge BEARBEITEN • CREATIVE SUITE FARBEINSTELLUNGEN das Bedienfeld SUITE-FARBEINSTELLUNGEN auf. Hier stehen Ihnen vier Optionen zur Verfügung, von denen sich EUROPA, DRUCKVORSTUFE 3 für das oben genannte Szenario anbietet. Das farbige Symbol mit dem Passkreuz ❶ signalisiert, dass alle Programme der Creative Suite mit denselben Farbeinstellungen arbeiten.

Sowohl als auch

Da in InDesign-Dokumenten sowohl RGB- als auch CMYK-Farben vorkommen können, greift InDesign im Unterschied zu beispielsweise Photoshop immer auf RGB- und CMYK-Profile zu.

◄ **Abbildung 7.39**
Mit den SUITE-FARBEINSTELLUNGEN der Bridge lassen sich alle Creative Suite-Programme mit denselben Farbeinstellungen synchronisieren.

Nicht synchronisiert

Sind in einem der CS-Programme die Farbeinstellungen geändert worden, realisieren dies die anderen Programme. Im jeweiligen FARBEINSTELLUNGEN-Dialog sehen Sie dann das oben abgebildete Symbol für nicht synchronisierte Anwendungen.

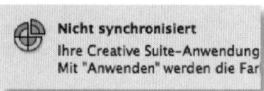

Arbeitsfarbräume

Bilddaten, denen keine Profile zugewiesen wurden, werden mit den Profilen der Arbeitsfarbräume dargestellt.

Abbildung 7.40 ▶
Im InDesign-Dialogfeld FARBEINSTELLUNGEN sehen Sie die Vorgaben, die mit den SUITE-FARBEINSTELLUNGEN der Bridge aktiviert wurden.

Sind in einem CS-Programm andere Farbeinstellungen aktiv, zerfällt das Passkreuz in zwei Teile und symbolisiert dadurch, dass das Farbmanagement zwischen den Anwendungen der Creative Suite nicht mehr synchronisiert ist. Dementsprechend ist mit unterschiedlichen Ausgabeergebnissen zu rechnen.

In InDesign beispielsweise kann das Bedienfeld FARBEINSTELLUNGEN im Menü BEARBEITEN aufgerufen werden. In diesem Bedienfeld ist erkennbar, welche Einstellungen mit der in der Bridge gewählten Option ❶ im Hintergrund vorgenommen wurden. In ARBEITSFARBRÄUME ❷ sind der nun aktuelle RGB- und CMYK-Farbraum aufgelistet. Diese Farbräume werden als Referenz angenommen, wenn Sie ein InDesign-Dokument öffnen, das in einem abweichenden Farbraum abgespeichert wurde. Dann greifen die FARBMANAGEMENT-RICHTLINIEN ❸, in denen festgelegt ist, wie InDesign (und andere Programme der Creative Suite) reagieren soll, wenn eine Farbprofilabweichung festgestellt wird. Außerdem bestimmen sie, wie RGB- und CMYK-Farben, die in InDesign angelegt werden, auf dem Monitor dargestellt werden.

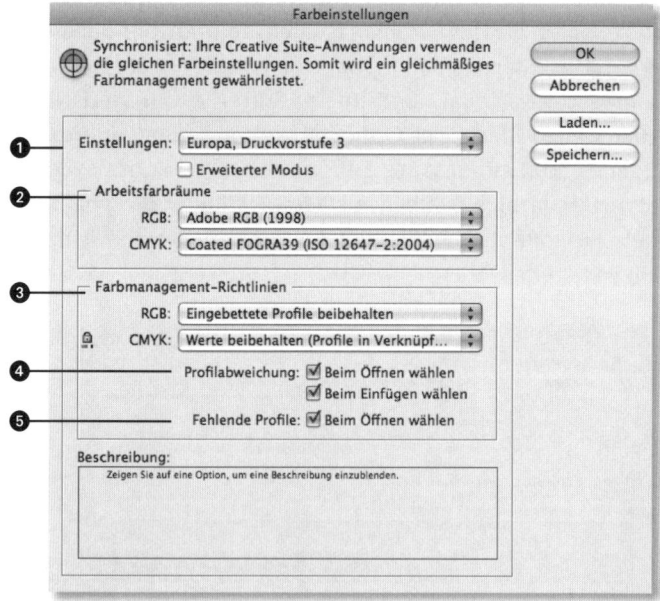

Bei der gewählten Einstellung EUROPA, DRUCKVORSTUFE 3 werden durch die aktivierten Checkboxen bei PROFILABWEICHUNG ❹ und FEHLENDE PROFILE ❺ immer Warnmeldungen für abweichende RGB-Profile ❻ und CMYK-Profile ❾ von InDesign eingeblendet, wenn das Dokumentprofil nicht den in der Bridge gewählten Profilen entspricht. In den beiden sich einblendenden Dialogen können Sie wählen, wie mit den Profilabweichungen verfahren werden soll.

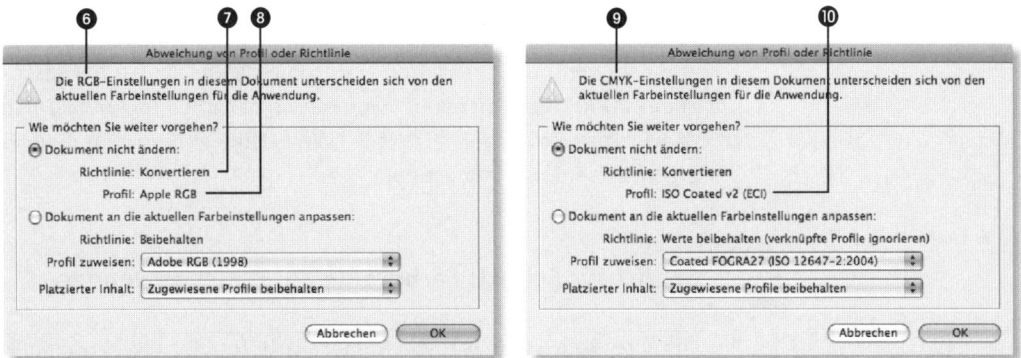

Soll das Dokument nicht in die aktuell gewählten Arbeitsfarbräumen überführt werden, bestätigen Sie beide Dialoge mit OK. Dadurch ändern sich die Farbprofile des Dokumentes nicht, im gezeigten Beispiel wird also weiterhin das APPLE RGB ❽ und ISO COATED V2 (ECI) ❿ angewendet. Durch diese Konvertierung ❼, die InDesign lediglich intern zur gleichbleibenden Farbdarstellung durchführt, werden die Farbwerte von den Dokumentprofilen in die der Arbeitsprofile umgerechnet, wodurch die Wiedergabe der Farben konstant bleibt. Beachten Sie hierbei, dass diese Umrechnung nicht in die Datei geschrieben wird. Deshalb werden beim erneuten Öffnen dieser Datei und bei unveränderten Suite-Farbeinstellungen der Bridge dieselben Dialoge erneut eingeblendet.

Damit Sie diese Warnhinweise erst gar nicht zu Gesicht bekommen, sollten Sie immer in dem Farbraum arbeiten, den Sie wie oben erläutert in der Bridge festlegen. Sollte eine Profiländerung eines InDesign-Dokumentes nötig sein, beispielsweise, weil sich der Kunde im Laufe der Arbeit an einem Layout für eine andere Papiersorte entscheidet, sollten Sie das entsprechende CMYK-Farbprofil in der Bridge markieren und bei diesem Layout immer im neuen Arbeitsfarbraum arbeiten. Entsprechend dem gewählten Farbprofil für gestrichenes und ungestrichenes Papier fällt das Ergebnis bei der Umwandlung von RGB-Daten in den CMYK-Farbraum nämlich unterschiedlich aus. Die offensichtlichen Unterschiede liegen hierbei im sogenannten Gesamtfarbauftrag und im Schwarzaufbau. Das ECI-Offsetprofil »ISOcoated_v2_eci.icc« bei-

▲ **Abbildung 7.41**
Bei festgestellten Profilabweichung werden erst die RGB- und dann die CMYK-Optionen eingeblendet.

Schwarzaufbau

Werden RGB-Bilder in den CMYK-Farbraum umgewandelt, entscheidet das verwendete Farbprofil, in welchem Mischungsverhältnis der vier Druckfarben dunkle Bildbereiche wiedergegeben werden.

spielsweise ermöglicht einen Gesamtfarbauftrag von 330 %, während beim »ISOuncoated.icc« ein Gesamtfarbauftrag von 320 % zu erwarten ist. Mit Gesamtfarbauftrag ist die Summe der vier Offset-Druckfarben Cyan, Magenta, Gelb und Schwarz gemeint. Würden alle Farben vollflächig gedruckt, betrüge der Gesamtfarbauftrag 400 %, was produktionstechnisch problematisch ist.

Auch wenn die genannten Unterschiede der Profile für gestrichenes und ungestrichenes Papier gering erscheinen, würde sich das falsche Profil bei der RGB-CMYK-Umwandlung im Druckergebnis bemerkbar machen.

Schritt für Schritt: Farbprofile auf Bilder anwenden

Um die Bedeutung verschiedener Farbprofile zu veranschaulichen, möchte ich anhand folgender Anleitung zeigen, wie sich RGB-Daten verändern, wenn ihnen ein CMYK-Profil zugewiesen wird. Der überwiegende Teil von Bilddaten, die Ihnen zum Layouten zur Verfügung gestellt werden, werden vermutlich RGB-Daten sein. Für diese Übung sollte Ihnen Photoshop zur Verfügung stehen, da die Umwandlung von RGB nach 4c in InDesign so nicht realisierbar ist. Lesen Sie auch dann weiter, wenn Sie die Anleitung ohne Photoshop nur »trocken« nachvollziehen können.

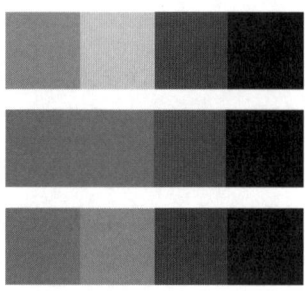

▲ Abbildung 7.42
In diesem kleinen Photoshop-Exkurs wird eine RGB-Datei (ganz oben) mit zwei verschiedenen Farbprofilen konvertiert.

1 RGB-Dokument anlegen
Am deutlichsten wird die Farbverschiebung der reinen Farben Rot, Grün und Blau. Also lassen Sie uns eine Datei mit diesen Farben in ihrer reinen Form anlegen. Öffnen Sie Photoshop und legen Sie ein neues Dokument mit den Maßen 4 x 16 cm an. Die Auflösung spielt hierbei keine Rolle. Der FARBMODUS soll natürlich RGB-FARBE sein ❶.

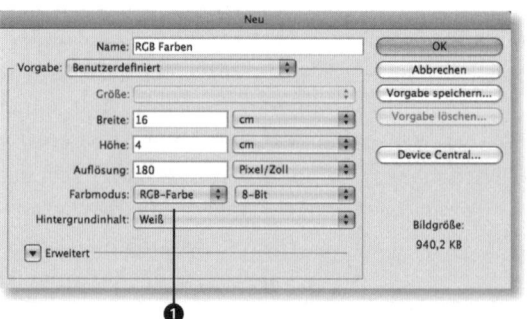

Abbildung 7.43 ▶
Legen Sie zuerst ein schmales RGB-Dokument in Photoshop an.

2   Das erste Farbfeld vorbereiten

Es sollen vier einfache Quadrate mit den drei reinen RGB-Farben angelegt werden, als vierte Farbe nehmen wir noch Schwarz hinzu. Am Schwarz werden Sie am Ende des Exkurses gut erkennen, wie sehr sich auch hier die verschiedenen Farbprofile bei der Umwandlung unterscheiden. Da jede Farbfläche 4 x 4 cm groß sein soll, bietet es sich an, die jeweilige Auswahl je Farbe auf dieses Maß festzulegen. Dazu aktivieren Sie das Auswahlrechteck-Werkzeug ❷ und wählen in der Optionsleiste bei ART die Option FESTE GRÖSSE ❸ und geben bei BREITE ❹ und HÖHE ❺ jeweils »4 cm« ein. Mit einem Klick auf das Bild erstellt Photoshop ein Auswahlrechteck der gewünschten Größe.

▼ **Abbildung 7.44**
In Photoshop kann die Größe einer Auswahl definiert werden. So sind die vier Farbfelder im Handumdrehen angelegt.

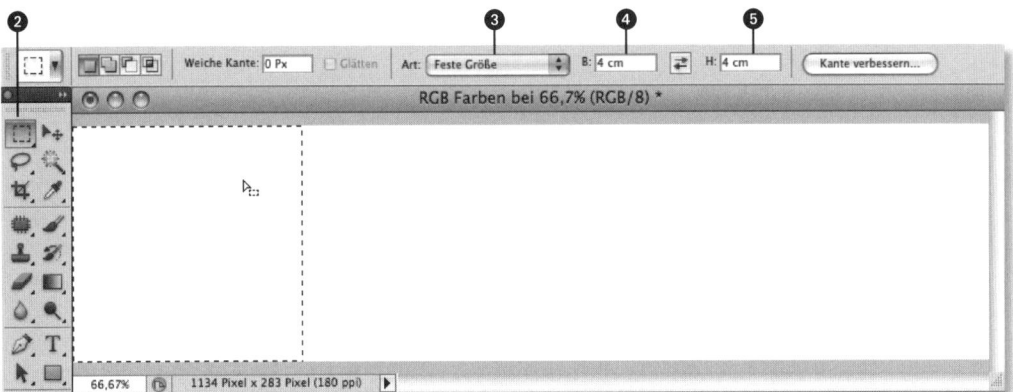

3   Die Auswahl mit reinem Rot füllen

Nun brauchen Sie die Auswahl nur noch mit dem reinen RGB-Rot zu füllen. Dafür rufen Sie das Bedienfeld FARBFELDER im Menü FENSTER auf. Wählen Sie nun im FARBFELDER-Bedienfeld mit einem Klick das intensiv leuchtende RGB-Rot als Vordergrundfarbe ❻. In Photoshop wird jedes Werkzeug automatisch zur Pipette, wenn es sich über den Farbfeldern befindet, Sie brauchen also nicht zu einem anderen Tool zu wechseln.

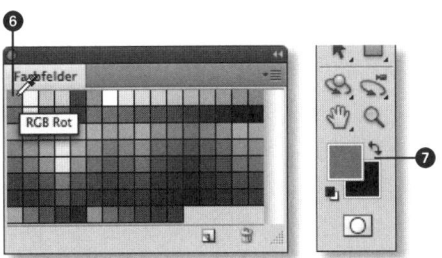

◄ **Abbildung 7.45**
Das Bedienfeld FARBFELDER in Photoshop hat ein völlig anderes Layout als in InDesign, ein Klick auf eine Farbe lädt diese als Vordergrundfarbe ❼.

Rufen Sie nun für weitere Farbinformationen das Bedienfeld FARBE auf, das auch im FENSTER-Menü hinterlegt ist. Hier werden uns die aktuellen Farbnummern ❶ gezeigt: »R 255«, »G 0«, »B 0«. Da dieses Rot keinerlei Grün- und Blauanteile hat, ist es sozusagen das roteste aller möglichen Rot-Töne.

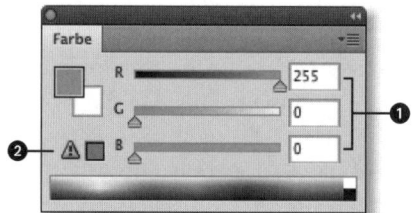

Abbildung 7.46 ▶
Das reine RGB-Rot befindet sich außerhalb des druckbaren CMYK-Farbraumes, deshalb wird das Warndreieck eingeblendet.

Sollten bei Ihnen andere als die RGB-Farben angezeigt werden, ändern Sie dies über das Bedienfeldmenü und wählen dort RGB. Das FARBE-Bedienfeld weist uns durch das Warndreieck ❷ unterhalb der Symbole für Vorder- und Hintergrundfarbe darauf hin, dass die gewählte Farbe nicht druckbar ist, da sie sich außerhalb des CMYK-Farbraumes befindet. Um die aktive Auswahl mit dem gewählten RGB-Rot zu füllen, rufen Sie im BEARBEITEN-Menü den Befehl FLÄCHE FÜLLEN auf.

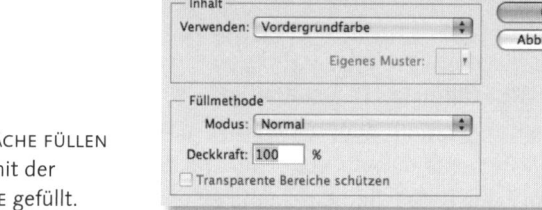

Abbildung 7.47 ▶
Mit dem Befehl FLÄCHE FÜLLEN wird die Auswahl mit der VORDERGRUNDFARBE gefüllt.

Hier sollte im Bereich INHALT für VERWENDEN die Option VORDERGRUNDFARBE gewählt sein, ansonsten ändern Sie dies und bestätigen dann den Dialog mit OK. Photoshop füllt die quadratische Auswahl mit dem RGB-Rot:

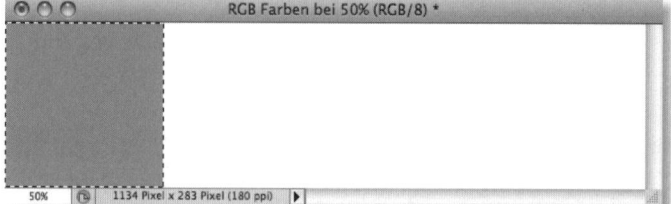

Abbildung 7.48 ▶
Das erste Farbfeld ist mit Rot gefüllt.

4 Drei Flächen mit Grün, Blau und Schwarz anlegen

Die aktive Auswahl können Sie mit dem Auswahlrechteck-Werkzeug einfach mit gedrückter ⌂-Taste nach rechts versetzen ❸, die rote Fläche bleibt davon unberührt. Ihr Augenmaß genügt hier völlig, auf die präzise Positionierung der Flächen kommt es bei dieser Übung nicht an. Wählen Sie in den Farbfeldern das reine RGB-Grün ❹, und füllen Sie damit die Auswahl wie im vorigen Schritt.

▼ **Abbildung 7.49**
Die Auswahl wird für jede neue Farbe verschoben und mit den entsprechenden RGB-Farben gefüllt.

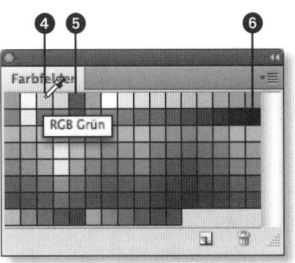

Wiederholen Sie diese Arbeitsschritte noch für das reine RGB-Blau ❺ und Schwarz ❻. Die Datei sollte jetzt etwa so aussehen – allerdings in strahlenden RGB-Farben im Unterschied zu der Graustufendarstellung hier:

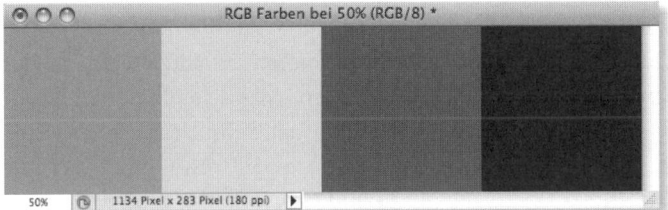

◄ **Abbildung 7.50**
Die Farbfelder Rot, Grün, Blau und Schwarz sind angelegt.

5 Farbmesspunkte hinzufügen

Um die Farben auf einen Blick überprüfen zu können, wählen Sie das Farbaufnahme-Werkzeug, das Sie unter der einfachen Pipette in der Toolbox finden, und klicken damit je einmal in jede Farbfläche.

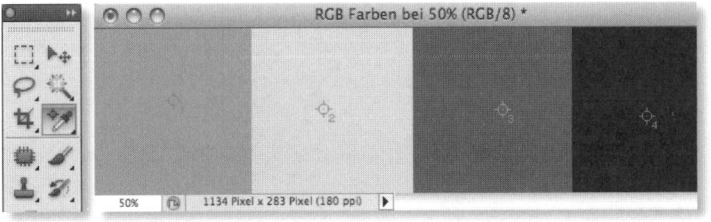

◄ **Abbildung 7.51**
Damit die unterschiedlichen Farbnummern im Info-Bedienfeld schnell erfassbar sind, fügen Sie den Farbflächen Messpunkte hinzu.

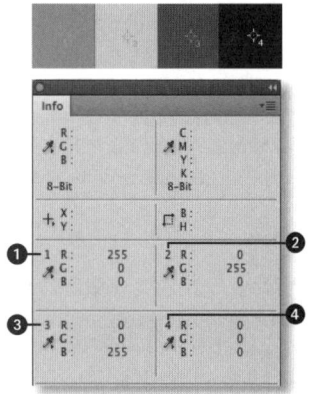

▲ **Abbildung 7.52**
Im INFO-Bedienfeld lassen sich die Farbnummern an den Messpunkten ablesen.

Abbildung 7.53 ▶
Durch den Befehl IN PROFIL UMWANDELN werden RGB-Daten in 4c-Daten umgerechnet.

6 RGB in CMYK umwandeln

Bevor Sie die RGB-Datei in eine CMYK-Datei umwandeln, öffnen Sie über FENSTER • INFO das betreffende Bedienfeld. Hier werden Ihnen im unteren Teil die Farbnummern der im letzten Schritt markierten Messpunkte angezeigt: Rot ❶, Grün ❷, Blau ❸ und Schwarz ❹.

Wandeln Sie nun die RGB-Datei in eine CMYK-Datei um, indem Sie BEARBEITEN • IN PROFIL UMWANDELN wählen. (Beim Befehl BEARBEITEN • PROFIL ZUWEISEN stehen Ihnen immer nur die Profile des aktuellen Bildfarbraumes zur Verfügung, eine Umwandlung von RGB nach 4c ist hiermit also nicht möglich.)

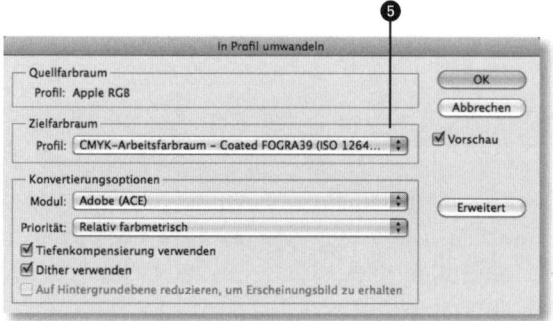

Bei aktivierter Vorschau können Sie die auf Ihrem Rechner installierten CMYK-Farbprofile ❺ ausprobieren. Behalten Sie dabei das INFO-Bedienfeld im Blick, die großen Unterschiede in den Änderungen der Farbnummern sind hierbei deutlich zu sehen. Zum Abschluss sind hier die Farbwerte nach der Umwandlung mit dem Profil UNCOATED FOGRA39 ❻ und ISOCOATED _ V2 ❼ zu sehen:

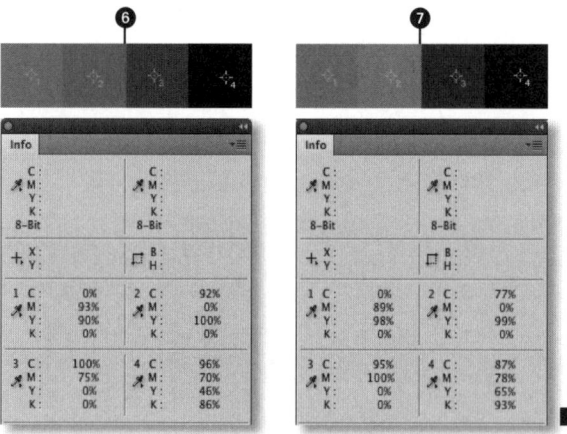

Abbildung 7.54 ▶
Die verschiedenen Farbprofile führen bei der Separation, der Umwandlung von RGB-Daten in den 4c-Farbraum, zu völlig anderen Ergebnissen.

Selbst in der Graustufendarstellung sind die z.T. dramatischen Farbverschiebungen zu erkennen. Besonders deutlich ist die Farbverschiebung bei Grün. Dies erklärt sich durch den deutlich größeren RGB-Farbraum, dessen Farben nur zum Teil in CMYK abbildbar sind. Sie haben also gerade bei Grüntönen mit unvermeidbaren Farbänderungen zu rechnen, wenn Sie Bilder von RGB nach 4c konvertieren.

Sehen Sie sich auch die verschiedenen Summen des Gesamtfarbauftrags bei Schwarz, also der im Info-Bedienfeld mit »4« gekennzeichneten Werte, näher an. Sie liegen bei der Uncoated-Version bei knapp 300%, beim Coated-Profil dagegen bei 325%.

Durch diesen Workshop ist sicher deutlich geworden, dass die Wahl des richtigen Profils von größter Bedeutung ist, wenn RGB-Daten nach CMYK umgerechnet werden. Diese Umwandlung sollte auch nur ein einziges Mal erfolgen. Ein mehrfaches Ändern des Farbraumes einer Bilddatei führt unweigerlich zu einem unbrauchbaren Bild. Häufig wird diese als Separation bezeichnete Farbraumumwandlung erst relativ spät im Produktionsablauf, nämlich bei der Reinzeichnung/dem PDF-Export, durchgeführt.

Einrichten eines Farbsets

Nach diesem kleinen Exkurs nach Photoshop kommen wir wieder zurück zu InDesign. Möchten Sie ein anderes CMYK-Farbprofil für alle CS-Programme verwenden als Coated FOGRA37, das im Europa Druckvorstufe3-Set der Bridge hinterlegt ist, können Sie sich zunächst alle aktuell installierten Sets im Dialog SUITE-FARB-EINSTELLUNGEN anzeigen lassen, indem Sie die Checkbox ERWEI-TERTE LISTE MIT FARBEINSTELLUNGSDATEIEN ANZEIGEN markieren ❽. Ist das gewünschte Farbprofil nicht dabei, müssen Sie es installieren.

Um nun ein eigenes Set zu erstellen, sind gegebenenfalls zwei Arbeitsschritte nötig. Eventuell müssen Sie erst das gewünschte ICC-Profil installieren, um dann ein Farbset in InDesign oder Photoshop etc. zu erstellen, das auf dieses Profil verweist. Welche Farbprofile auf Ihrem Rechner installiert sind, können Sie sich im Dialog FARBEINSTELLUNG der CS-Programme anzeigen lassen, die Sie im jeweiligen BEARBEITEN-Menü finden. Ich zeige die Vorgehensweise anhand von Photoshop, da Sie hier im Vergleich zu InDesign auch noch Vorgaben zur Erstellung von Graustufenbildern machen können. Ein neues Farbset lässt sich aber auch aus InDesign über den FARBEINSTELLUNGEN-Dialog realisieren.

Farbprofile übernehmen

Möglicherweise bekommen Sie von Ihrem Prepress-Betrieb oder Ihrer Druckerei die ICC-Profile oder Farbsets gestellt, die Sie an die korrekten Stellen auf Ihrem System kopieren müssen (siehe Seite 346), um von der Bridge aus das empfohlene Set anwählen zu können. Generell empfiehlt es sich beim Thema Farbprofile, eng mit den Kollegen der Druckdienstleister zusammenzuarbeiten.

Farbsets

Beachten Sie, dass ICC-Profile nicht dasselbe sind wie die im Dialog SUITE-FARBEIN-STELLUNGEN anwählbaren Sets. Diese Einstellungssets verweisen lediglich auf die ICC-Profile, die auf Ihrem Rechner installiert sind.

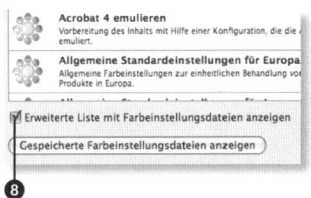

❽

▲ **Abbildung 7.55**
Über diese Checkbox im Dialog SUITE-FARBEINSTELLUNGEN der Bridge können Sie sich alle installierten Sets anzeigen lassen.

Wenn Sie in Photoshop über BEARBEITEN • FARBEINSTELLUNGEN den betreffenden Dialog aufrufen, können Sie sich im Bereich ARBEITSFARBRÄUME im Pulldown-Menü CMYK ❶ die installierten Profile ❷ anzeigen lassen. Im Beispiel ist das gewünschte Profil ISO COATED V2 installiert und kann gewählt werden. Alle anderen Einstellungen können Sie, sofern Sie keine andere Angaben von Ihren Dienstleistern erhalten haben, übernehmen.

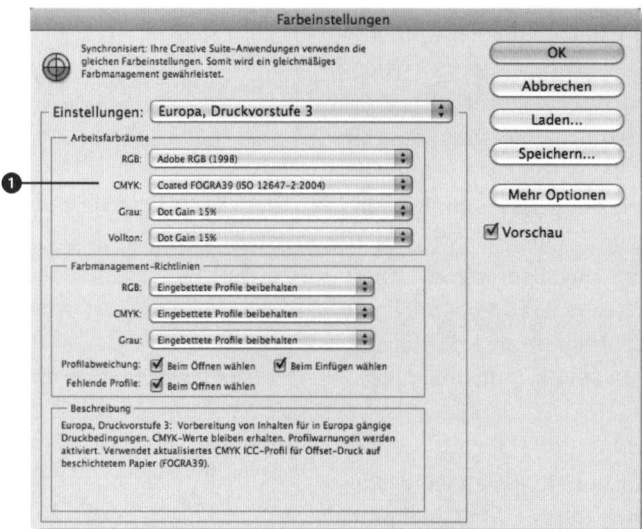
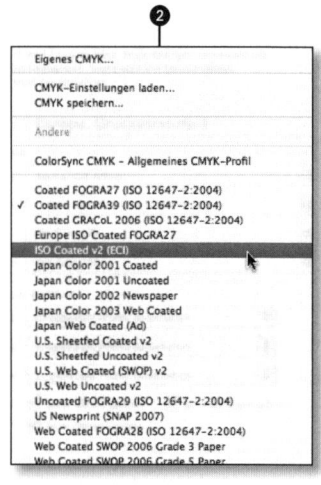

▲ Abbildung 7.56
Im (Photoshop-)Dialogfeld FARBEINSTELLUNGEN können Sie sich die installierten ICC-Profile anzeigen lassen.

Nun brauchen Sie die neuen Einstellungen nur noch unter einem aussagekräftigen Namen zu speichern. Hierbei wird automatisch das korrekte Verzeichnis, auf das die Bridge zugreift, gezeigt:

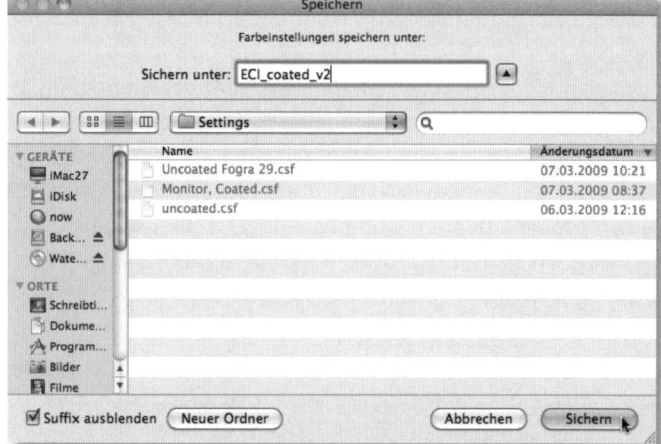

Abbildung 7.57 ▶
Das neue Farbset, das auf das ICC-Profil UNCOATED FOGRA29 zugreift, wird gespeichert.

Nach dem Speichern ist das neue Set direkt angewählt ❹. Die Einstellungen sind aber bisher nur für das Programm gültig, in dem diese Einstellungen vorgenommen wurden. Im Beispiel ist dies Photoshop, über die Bridge muss das erstellte Farbset noch mit allen anderen CS-Anwendungen synchronisiert werden ❸.

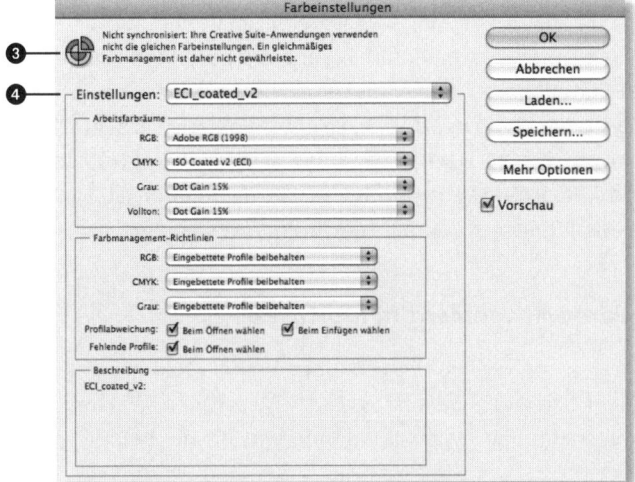

◄ **Abbildung 7.58**
Das neue Farbset ist in Photoshop angewendet und muss nun noch über die Bridge mit den anderen Programmen synchronisiert werden.

Nach einem Wechsel zur Bridge und dem Aufruf der SUITE-FARB-EINSTELLUNGEN im BEARBEITEN-Menü ist das erstellte Set ❺ nun anwählbar:

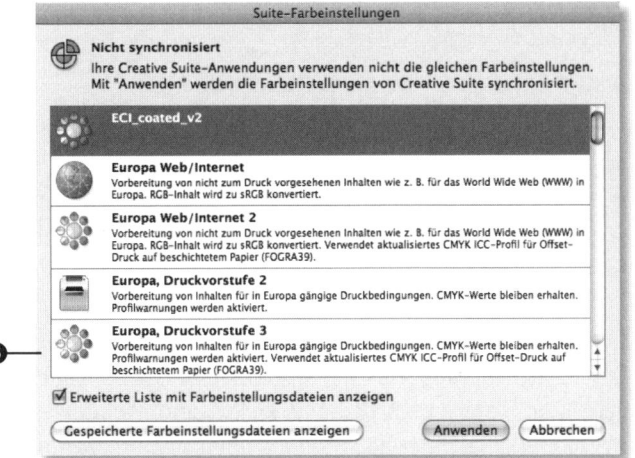

◄ **Abbildung 7.59**
Das erstellte Farbset ist nun in der Bridge aufgeführt und kann mit dem ANWENDEN-Button auf alle CS-Programme angewendet werden.

Nach der Bestätigung des Dialogs mit ANWENDEN sind alle CS-Programme synchronisiert.

Strikte Trennung

Wenn sich Ihnen die Möglichkeit bietet, empfehle ich Ihnen, die Zuweisung von Farbprofilen nicht in InDesign, sondern in Photoshop vorzunehmen. Außerdem empfiehlt es sich, pro InDesign-Datei möglichst in einem Farbraum zu bleiben und RGB-Daten nicht in verschiedenen Farbprofilen zu layouten.

Installation von ICC-Profilen und Farbsets

Wenn Sie ein ICC-Profil von Ihrem Druckdienstleister geliefert bekommen, kopieren Sie es auf einem Windows-System in den Ordner WINDOWS/SYSTEM32/SPOOL/DRIVERS/COLOR. Arbeiten Sie an einem Mac, kopieren Sie die .icc-Datei nach /LIBRARY/COLORSYNC/PROFILES. Dieses Profil steht Ihnen danach zur Auswahl in den Farbeinstellungen-Dialogen zur Verfügung.

Werden Ihnen zusätzlich auch Farbsets gestellt, so haben sie die Dateiendung .csf (Color Setting File). Sie müssen in Windows-Systemen in folgendes Verzeichnis kopiert werden: DOKUMENTE UND EINSTELLUNGEN/[BENUTZERNAME]/ANWENDUNGSDATEN/ADOBE/COLOR/SETTING. Am Mac werden diese nach LIBRARY/APPLICATION SUPPORT/ADOBE/COLOR/SETTINGS kopiert.

7.6.2 Farbmanagement in Photoshop

Jedes Mal, wenn die Profileinstellungen eines Dokumentes nicht dem in der Bridge gewählten Farbset entsprechen, erscheint wie in InDesign eine Farbwarnung. Sehen wir uns die beiden möglichen Fälle an.

Datei ohne Profil

Sie werden häufig mit Bilddaten arbeiten, die ohne Farbprofil abgespeichert wurden. Das ist z. B. bei allen Bildern, die von Digitalkameras stammen, die nicht zum Profisegment zu zählen sind, der Fall:

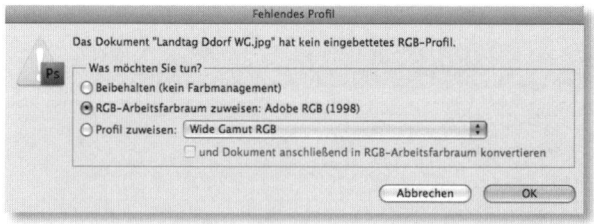

Abbildung 7.60 ▶
Beim Öffnen von RGB-Daten ohne Profil erscheint dieses Dialogfeld.

Wählen Sie hier RGB-ARBEITSFARBRAUM ZUWEISEN. Dabei wird die Datei selbst nicht verändert, sondern nur mit den in dem entsprechenden Profil hinterlegten Farbwerten auf dem Monitor dargestellt. Wenn Sie die Datei nach dem Öffnen sichern, verfügt sie über das dem Arbeitsfarbraum entsprechende RGB-Profil. Ist das Ergebnis unbefriedigend, können Sie beispielsweise auch versuchen, mit dem sRGB-Profil zu einem besseren Ergebnis zu gelangen. Alternative Farbprofile können Sie in Photoshop über BEARBEITEN • PROFIL ZUWEISEN ausprobieren. Bei aktivierter Vorschau können Sie die zur Verfügung stehenden Profile testen.

Die erste Option BEIBEHALTEN öffnet die Datei, ohne dass ein Farbprofil darauf angewendet wird.

Bei der dritten anwählbaren Möglichkeit PROFIL ZUWEISEN: UND DOKUMENT ANSCHLIESSEND IN RGB-ARBEITSFARBRAUM KONVERTIEREN wird die Datei nach der Zuweisung des neuen Profils in das Farbprofil des aktuellen RGB-Arbeitsprofils umgewandelt. Da Ihnen bei dieser Art der Umrechnung die visuelle Kontrolle fehlt, die Ihnen Photoshop bietet, wenn Sie Bilder über BEARBEITEN • PROFIL ZUWEISEN bzw. BEARBEITEN • IN PROFIL UMWANDELN wählen, ist von dieser Option eher abzuraten.

Datei mit abweichendem Profil

Ist in einem Bild ein von Ihrem Arbeitsfarbraum abweichendes Profil eingebettet, wählen Sie EINGEBETTETES PROFIL VERWENDEN. Auf einem kalibrierten Monitor sehen Sie dadurch die Datei so, wie derjenige, der sie erstellt hat:

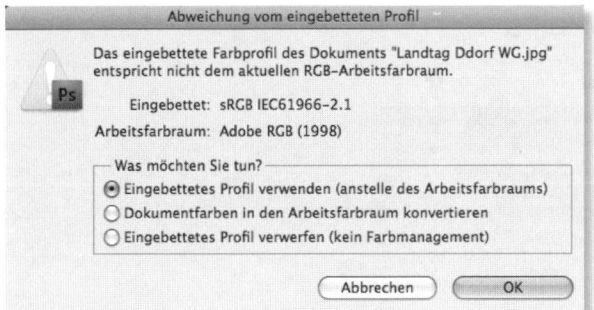

Bei der zweiten Option DOKUMENTFARBEN IN DEN ARBEITSFARBRAUM KONVERTIEREN werden die Farben vom eingebetteten Profil in das Profil des Arbeitsfarbraumes konvertiert. Hierbei werden die Farbnummern, also die konkreten, in der Datei gespeicherten Farbwerte, geändert. Das sichtbare Ergebnis nach dieser Konvertierung ist dasselbe wie beim Öffnen der Datei mit der ersten Option EINGEBETTETES PROFIL VERWENDEN.

Wenn eine Datei schon über ein Farbprofil verfügt, sollten Sie es auch in der einen oder anderen Weise nutzen, von daher sollten Sie die dritte Option EINGEBETTETES PROFIL VERWERFEN nicht anwenden.

RGB vs. CMYK

Sind Bearbeitungen an Bilddaten notwendig, empfiehlt es sich in der Regel, diese an den RGB-Daten vorzunehmen. In Photoshop sind beispielsweise einige Filter nur im RGB-Modus verfügbar.

◄ **Abbildung 7.61**
Auch beim Öffnen einer Datei, die ein anderes als das Arbeitsfarbraumprofil hat, erhalten Sie eine Warnmeldung.

▲ **Abbildung 7.62**
Auf den oberen Textrahmen
wurden Transparenz und verschiedene Effekte angewendet.

Abbildung 7.63 ▶
Effekte werden hier definiert.

▼ **Abbildung 7.64**
Es stehen 16 Füllmethoden
zur Verfügung.

7.7 Effekte

Die Flächen oder Konturen von Objekten und Texten sind immer
deckend, wenn ihnen ein Farbe zugewiesen wurde. Wie Sie weiter
vorn gesehen haben, gilt dies auch für Farben mit einem Tonwert
von 0%. Um bei Objekten auf vielfältige Weise die unter ihnen
befindlichen Objekte durchscheinen zu lassen oder um Objekten
Effekte wie einen Schlagschatten hinzuzufügen, ist in InDesign
das Bedienfeld EFFEKTE implementiert. Sie finden es direkt im
FENSTER-Menü.

7.7.1 Das Bedienfeld »Effekte«

Photoshop- und Illustrator-User wird dieses Bedienfeld bekannt
vorkommen, da es die Konzepte der Füllmethoden, Ebenen- bzw.
Grafikstile dieser DTP-Anwendungen übernimmt.

In der InDesign-Variante kann dem gesamten Objekt – etwa
einem gefüllten Textrahmen – eine Transparenz und/oder ein
Effekt zugewiesen werden. Ebenso können auf die Kontur, die
Fläche und den Text auch individuelle Transparenzeffekte angewendet werden ❸.

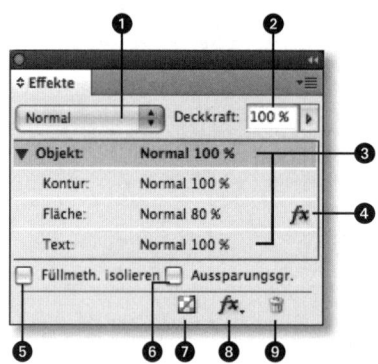

In dem Pulldown-Menü der Füllmethoden ❶ stehen Ihnen die
nebenstehenden Varianten zur Verfügung. Mit ihnen können Sie
einstellen, auf welche Weise das Objekt, die Kontur, die Fläche
oder der Text in das darunterliegende Objekt bzw. das Papier-
weiß übergeblendet wird. Mit der DECKKRAFT ❷ wird die Transparenz des markierten Objektes gesteuert. »100%« bedeutet
hierbei vollständig deckend, und unter dem markierten Objekt
befindliche Objekte werden verdeckt, »0%« führt zur vollstän-

digen Transparenz des markierten Objektes. Das FX ❹ (englisch ausgesprochen: eff-ex für effects) zeigt im Bedienfeld an, dass auf das betreffende Objekt ein Effekt angewendet wurde. Bei markierter Checkbox FÜLLMETHODE ISOLIEREN ❺ wirken sich die angewendeten Transparenzeffekte nur auf die zu einer Gruppe zusammengefassten Objekte und nicht auf die gegebenenfalls unter ihnen liegenden Objekte aus. Im Gegensatz dazu wird durch die Aktivierung von AUSSPARUNGSGRUPPE ❻ eine Füllmethode eben nicht auf die Objekte der Gruppe, sondern auf den Hintergrund angewendet. Die Gruppenobjekte werden hierbei ausgespart. Sollen alle Transparenzeffekte von einem Objekt entfernt werden, reicht ein Klick auf diesen Button ❼. Hinter diesem FX-Button ❽ verbirgt sich ein Menü, über das Sie die verschiedenen Effekte anwählen können. Bei Betätigung öffnet sich ein Dialogfeld, in dem Sie die gewünschten Effekte aktivieren und modifizieren können. Der bekannte Mülleimer ❾ entfernt bei Bedarf Effekte, die auf einen Teil des Objektes wie Kontur, Fläche oder Text angewendet wurden.

Lassen Sie mich an dieser Stelle noch näher auf die einzelnen Funktionen eingehen.

Die Füllmethoden

Die verschiedenen Füllmethoden lassen sich an einem einfachen Beispiel verdeutlichen. Hierbei wird die Farbe des unteren Objektes als Grundfarbe, die des oberen Objektes als Angleichungsfarbe bezeichnet. Das Ergebnis der Überblendung führt zur Ergebnisfarbe.

▸ NORMAL ❿ ist die Standardeinstellung, das untere Objekt wird verdeckt, es gibt keine Ergebnisfarbe.

▸ Bei MULTIPLIZIEREN ⓫ ist die Ergebnisfarbe immer dunkler, eine Überblendung mit Schwarz bleibt schwarz. Dieser Effekt ähnelt dem Zeichnen mit Filzstiften oder Markern.

▸ Die Füllmethode NEGATIV MULTIPLIZIEREN ⓬ liefert das entgegengesetzte Ergebnis: Das Ergebnis ist immer heller, Weiß setzt sich durch – ähnlich wie zwei Spotlights, Diaprojektoren oder Beamer, die dieselbe Stelle anstrahlen.

▸ Beim INEINANDERKOPIEREN ⓭ entscheidet die Grundfarbe darüber, ob die Farben multipliziert oder negativ multipliziert werden.

▸ Die Füllmethode WEICHES LICHT ⓮ imitiert die Beleuchtung mit diffusem Licht. Dabei sorgen helle Bereiche für eine Aufhellung

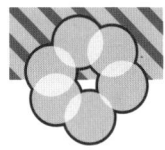

▲ **Abbildung 7.65**
Auf die gruppierten Kreise wurde FÜLLMETHODE ISOLIEREN angewendet, die Füllmethode hat dadurch nur Auswirkungen auf die Gruppe.

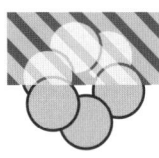

▲ **Abbildung 7.66**
Wird bei einer Gruppe die Option AUSSPARUNGSGRUPPE aktiviert, wird die Füllmethode auf den Hintergrund angewendet, nicht auf die Gruppenobjekte.

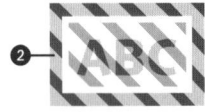

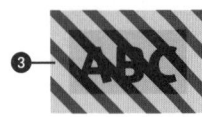

▲ **Abbildung 7.67**
Wenden Sie die verschiedenen Füllmethoden selbst an, um die zu erwartenden Ergebnisse abschätzen zu können.

Füllmethoden in Photoshop

In Photoshop können die Füllmethoden auch beim Malen eingesetzt werden.

---

des unteren Objektes, dunkle Bildbereiche dunkeln es dementsprechend ab.

▶ Auch die Füllmethode HARTES LICHT ❶ imitiert Scheinwerferlicht. Der Effekt ist ausgeprägter als bei WEICHES LICHT.

▶ FARBIG ABWEDELN ❷ führt zur Aufhellung der Grundfarbe.

▶ FARBIG NACHBELICHTEN ❸ hat das Gegenteil zur Folge: Die Grundfarbe wird abgedunkelt. (Beide Begriffe stammen aus dem Bereich der Dunkelkammer.)

▶ Beim ABDUNKELN ❹ wird die jeweils dunklere der beiden Farben zur Ergebnisfarbe. Am Beispielbild ist dies gut an den dunklen Hintergrundstreifen zu erkennen.

▶ Wird die Füllmethode AUFHELLEN ❺ angewendet, setzt sich die jeweils hellere Farbe von Hinter- bzw. Vordergrund als Ergebnisfarbe durch.

▶ Bei DIFFERENZ ❻ wird die hellere Farbe von der jeweils anderen abgezogen.

▶ AUSSCHLUSS ❼ führt zu einem ähnlichen Ergebnis wie DIFFERENZ, der Kontrast ist hierbei jedoch geringer.

▶ Die Option FARBTON nimmt für die Ergebnisfarbe die Helligkeit und die Sättigung des Hintergrundbildes an, als Farbton kommt die Farbe des Vordergrundes zum Einsatz. Mit Graustufenbildern lässt sich dieser Effekt wie auch die nächsten drei Effekte nicht wiedergeben.

▶ Bei der Füllmethode SÄTTIGUNG werden die Helligkeit und der Farbton des Hintergrundes und die Sättigung des Vordergrundes zur Berechnung der Ergebnisfarbe herangezogen.

▶ Durch die Füllmethode FARBE können beispielsweise Graustufenbilder eingefärbt werden, da die Helligkeit des Hintergrundes mit der Sättigung und dem Farbton des Vordergrundes verrechnet werden.

▶ Mit LUMINANZ wird das Gegenteil von Farbe erreicht, hierbei wird zur Berechnung der Ergebnisfarbe der Farbton und die Sättigung der Grundfarbe mit der Helligkeit (Luminanz) der Angleichungsfarbe herangezogen.

Die verschiedenen Füllmethoden erschließen sich einem nicht durchs Lesen: Experimentieren Sie mit den verschiedenen Füllmethoden, damit Sie ein Gefühl für die möglichen Effekte, die sich damit erzielen lassen, bekommen. Die letzten sechs Füllmethoden sollten wegen zu erwartender Probleme nicht mit Volltonfarben angewendet werden.

Effekte zuweisen

Über den FX-Button ❽ am unteren Bedienfeldrand lassen sich die neun möglichen Effekte aufrufen. Nach Wahl eines Effektes öffnet sich der EFFEKTE-Dialog, in dem der entsprechende Effekt eingestellt werden kann. Die Optionen des Schlagschatteneffektes möchte ich stellvertretend für die anderen Effekte erläutern.

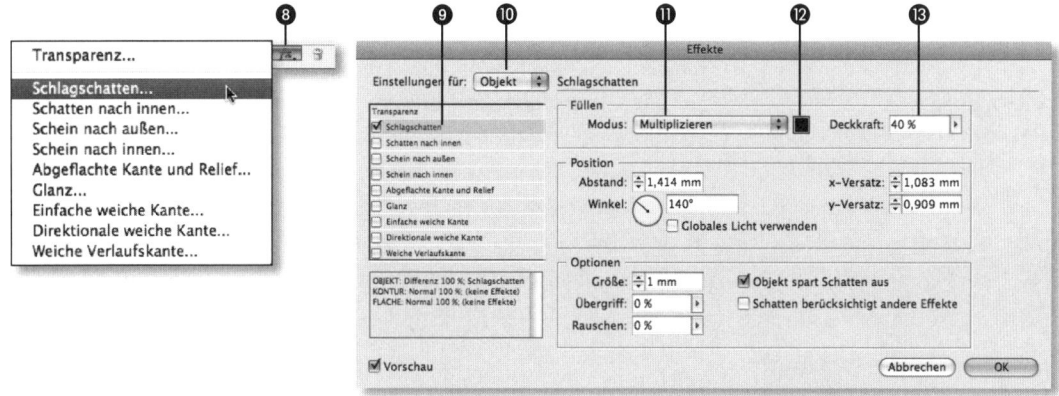

Im linken Bereich können Sie wie beispielsweise bei den Objektformatoptionen auswählen, welche Effekte auf das markierte Objekt angewendet werden sollen ❾. Im rechten Bereich werden die Optionen des markierten Effektes eingeblendet. Im Pulldown-Menü EINSTELLUNGEN FÜR ❿ können Sie wie im Bedienfeld definieren, ob die Effekteinstellungen für das gesamte OBJEKT, die KONTUR, die FLÄCHE oder den TEXT gelten sollen. Hierüber ist es möglich, dem Objekt insgesamt bestimmte Effekte zuzuweisen und beispielsweise auf den Text einen anderen Effekt anzuwenden. Beim Füllmodus ⓫ stehen Ihnen die eben vorgestellten Optionen zur Auswahl. Ein Klick auf den Farbe-Button ⓬ öffnet einen Dialog, in dem eines der im Dokument angelegten Farbfelder angewählt werden kann. Mit der DECKKRAFT ⓭ steuern Sie, wie transparent die gewählte Farbe die unteren Objekte überlagern soll. Eine Deckkraft von 100 % hat dieselbe Wirkung wie der Füllmodus NORMAL. Die Farbe des Effektes überdeckt dann das unter ihr positionierte Objekt vollständig.

Im Bereich POSITION können Sie einstellen, wo sich der Schlagschatten in Bezug auf das markierte Objekt befinden soll. Die möglichen Eingaben hier stehen in Wechselwirkung zueinander. Der ABSTAND bestimmt die absolute Entfernung des Schattens zum Objekt. Bei rechteckigen Formen ist dieser Wert z. B.

▲ **Abbildung 7.68**
Über den FX-Button lassen sich die verschiedenen Effekte direkt auswählen. Der Dialog öffnet sich nach der Wahl eines Effektes.

▶ **Video-Training**

Den Einsatz von Effekten können Sie sich in Video-Lektion 1.3. anschauen.

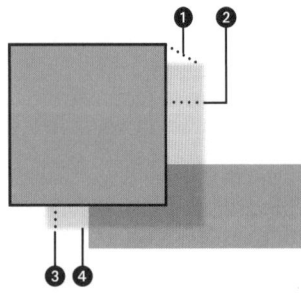

▲ Abbildung 7.69
Das Ergebnis von angewendeten Effekten lässt sich präzise
steuern.

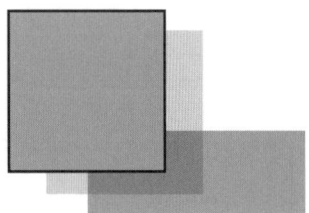

▲ Abbildung 7.70
Auf dieses Quadrat wurde ein
Schlagschatten mit der Größe
0 mm angewendet.

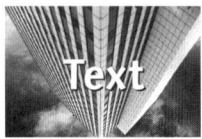

▲ Abbildung 7.71
Der weiße Text wäre ohne den
harten Schlagschatten nur
schlecht lesbar.

Abbildung 7.72 ▶
Neben dem Effekt SCHLAG-
SCHATTEN können Sie acht
weitere Effekte einsetzen.

am Abstand zwischen den Ecken des Objektes und dem Schatten sichtbar ❶. Mit WINKEL können Sie die Richtung der virtu-
ellen Lichtquelle einstellen. Mit diesem hier eingetragenen Wert
steht der X-VERSATZ ❷ und Y-VERSATZ ❸ im direkten Zusammenhang. Ändern Sie hier einen der drei Werte, passen sich die anderen beiden diesem an. Wenn Sie die Checkbox GLOBALES LICHT
VERWENDEN aktivieren, können Sie mehrere Effekte und mehrere
Objekte, bei denen diese Option ebenfalls aktiviert wurde, miteinander synchronisieren. Dadurch brauchen Sie den Winkel nicht
bei allen betreffenden Effekten manuell eingeben. Diese Option
steht für die Effekte SCHLAGSCHATTEN, SCHATTEN NACH INNEN und
ABGEFLACHTE KANTE UND RELIEF zur Verfügung.

Im Bereich OPTIONEN regelt der Wert bei GRÖSSE den Bereich,
in dem der Schlagschatten weichgezeichnet wird ❹. Je kleiner
der Wert, desto härter wird die Kante von InDesign dargestellt.
Auf das Quadrat in Abbildung 7.69 wurde 0,5 mm angewendet.
Durch den Wert »0« wird wie in Abbildung 7.70 keine Weich-
zeichnung vorgenommen.

Harte Schlagschatten werden im Magazindesign häufig verwendet, um Texte auf unruhigen Abbildungen – etwa auf Titel-
seiten – lesbarer zu machen (siehe Abbildung 7.71). Die Wirkung
eines solchen Schattens ist weniger aufdringlich als die Zuweisung
einer Kontur auf Text.

Als weitere Effekte stehen SCHATTEN NACH INNEN ❺, SCHEIN
NACH AUSSEN ❻, SCHEIN NACH INNEN ❼, ABGEFLACHTE KANTE UND
RELIEF ❽, GLANZ ❾, EINFACHE WEICHE KANTE ❿, DIREKTIONALE
WEICHE KANTE ⓫ und WEICHE VERLAUFSKANTE ⓬ zur Verfügung.

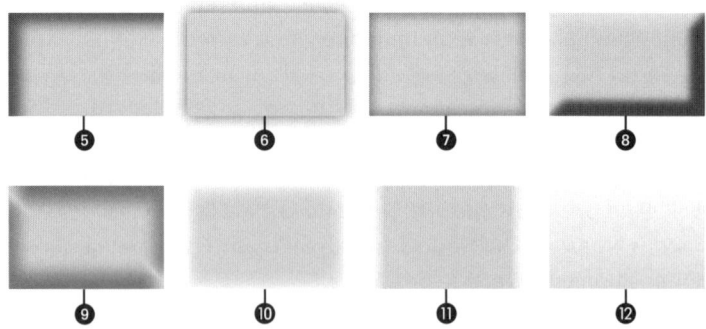

Um die vorgenommenen Einstellungen bezüglich Füllmethode
und Effekte auf mehrere Objekte anzuwenden, können entsprechende Objektformate angelegt werden.

Kopieren von Transparenzeffekten

Effekte, die auf einem Objekt angewendet wurden, können auf verschiedene Weise auf andere Objekte übertragen werden. Das Objekt, von dem die Effekteinstellungen kopiert werden sollen, muss aktiv sein ⓭. Das FX-Symbol kann dann auf das nächste Objekt gezogen werden ⓮, die Effekte werden direkt angewendet ⓯. Effekte, die z. B. nur auf die Fläche angewendet wurden, können ebenso ausgetauscht werden.

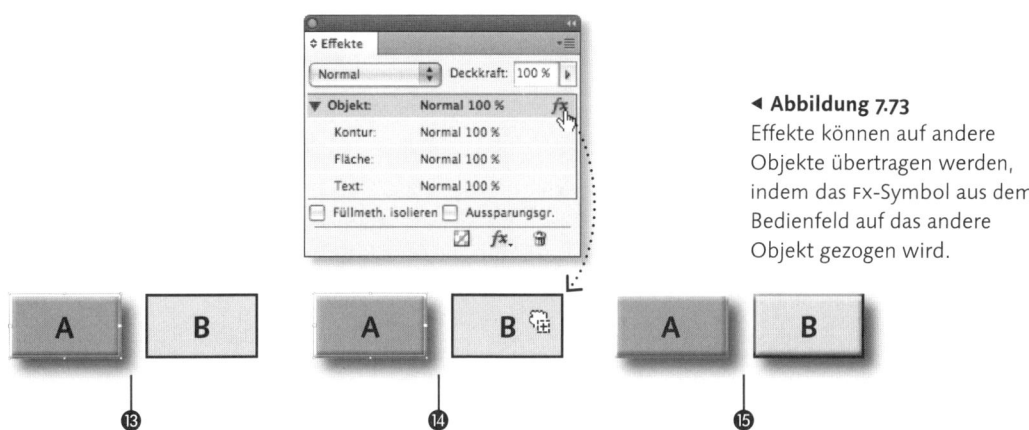

◀ **Abbildung 7.73**
Effekte können auf andere Objekte übertragen werden, indem das FX-Symbol aus dem Bedienfeld auf das andere Objekt gezogen wird.

Außerdem können Transparenzeffekte mit dem Pipette-Werkzeug auf mehrere Objekte übertragen werden. Mit einem Doppelklick können die PIPETTE-OPTIONEN geöffnet werden. Dort kann eingestellt werden, dass beispielsweise alle Objekteinstellungen mit Ausnahme der Objekttransparenz aufgenommen werden sollen.

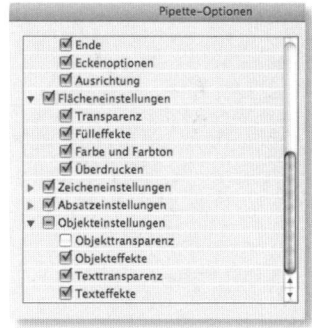

▲ **Abbildung 7.74**
Bei diesen Einstellungen wird mit der Pipette keine Objekttransparenz kopiert.

Gruppen

Transparenzeffekte zeigen unterschiedliche Ergebnisse, abhängig davon, ob die Deckkraft der Objekte zuerst geändert wurde und die Objekte dann gruppiert wurden ⓰ oder ob die Objekte erst zu einer Gruppe zusammengefasst wurden und anschließend die Deckkraft geändert wurde. Im zweiten Fall wird die Gruppe nämlich als ein Objekt behandelt ⓱.

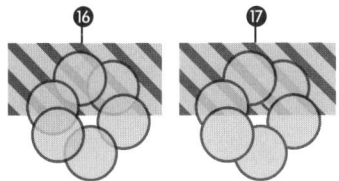

◀ **Abbildung 7.75**
Die Reihenfolge, wann gruppiert wird, entscheidet über das Aussehen.

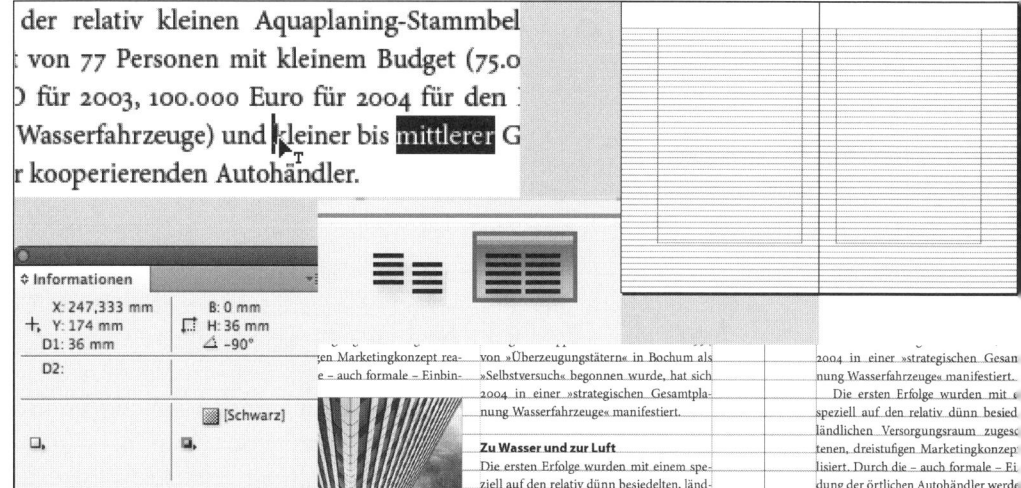

Kapitel 8
Praktische Hilfsmittel
Die Lotsen von InDesign

Sie werden lernen:

▸ wofür Lineale in InDesign verwendet werden

▸ was Hilfslinien sind und wie sie erstellt werden

▸ was intelligente Hilfslinien sind

▸ was ein Grundlinienraster ist

▸ wie Sie einen Satzspiegel konstruieren können

▸ was Ebenen sind und wie Sie damit Objekte organisieren können

▸ was eine Bibliothek ist

▸ was Snippets sind

▸ wie Sie die mächtige GREP-Suche in der Praxis einsetzen können

8   Praktische Hilfsmittel

Mittlerweile haben Sie schon eine Reihe wichtiger und zeitspa-render Funktionen von InDesign kennengelernt. Die meisten nutzen das Konzept von der zentralen Verwaltung aus, damit die-selben Attribute wie Farbe, Zeichen- und Absatzformate sowie Layoutentscheidungen etwa bezüglich Rändern und Spalten nicht immer wieder eingegeben werden müssen. In diesem Kapitel werde ich Ihnen weitere Hilfsmittel vorstellen, die das Gestalten in InDesign spürbar effizienter werden lassen.

8.1   Lineale

▲ **Abbildung 8.1**
Lineale können auch über die Anwendungsleiste eingeblendet werden.

Als Vorbereitung zu den Hilfslinien beschäftigen wir uns mit den Linealen. Sie werden über ANSICHT • LINEALE EINBLENDEN, das Menü ANZEIGEOPTIONEN der Anwendungsleiste oder durch ⌴Strg⌴/⌘+⌴R⌴ (»R« für engl.: »ruler«) eingeblendet und sind nicht Teil des Layouts und werden demnach bei der Ausgabe nicht berücksichtigt. Die Position des horizontalen und vertikalen Lineals ist immer am oberen bzw. linken Rand des Dokument-fensters. Die Einheit der Lineale lässt sich über das Kontextmenü, das sich durch einen Rechtsklick auf ein Lineal öffnet, ändern.

Abbildung 8.2 ▶
Wichtige Linealeinstellungen können direkt im Kontextmenü vorgenommen werden.

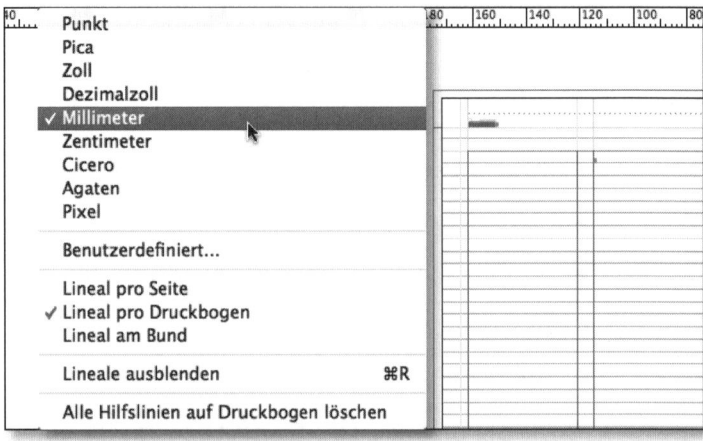

Die Linealeinheiten können für beide Lineale unterschiedlich angegeben werden. Die Einheiten, die für die Lineale gelten, werden auch für die Objektangaben im Steuerung- und im Transformieren-Bedienfeld angewendet.

Im Lineal-Kontextmenü können Sie auch festlegen, ob sich das horizontale Lineal über den gesamten Druckbogen erstrecken soll ❶, ob jede Seite ein eigenes Lineal haben soll (❷ und ❸) oder ob sich das Lineal vom Rücken ❹ aus nach links und rechts ausdehnen soll.

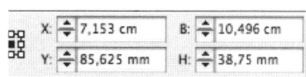

▲ **Abbildung 8.3**
Unterschiedliche Linealeinheiten werden von den Objektangaben in den Bedienfeldern übernommen.

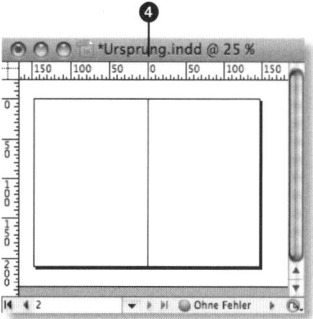

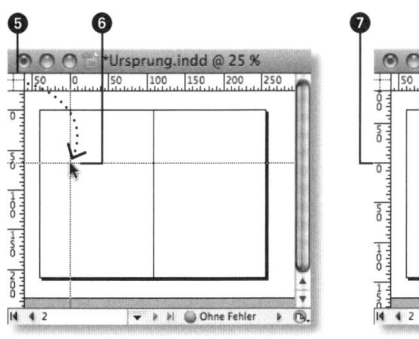

Alle Positionierungsmaße von Objekten werden vom Linealursprung aus angegeben, der sich bei neuen Dokumenten immer in der linken oberen Ecke eines Druckbogens befindet. Auf diesen Ursprung beziehen sich alle Positionierungsangaben von Objekten. Möchte man diesen Ursprung an eine andere Stelle verschieben, muss die Darstellung Lineal pro Druckbogen gewählt sein. Das Fadenkreuz links oben ❺ symbolisiert den Linealursprung und kann frei auf der Seite positioniert werden ❻. Die neue Position des Ursprungs (❼ und ❽) ändert sich für alle Seiten des Dokuments und kann mit einem Doppelklick auf das Fadenkreuz auf die linke obere Ecke des Druckbogens zurückgesetzt werden.

▲ **Abbildung 8.4**
Die Ausrichtung der Lineale kann geändert werden.

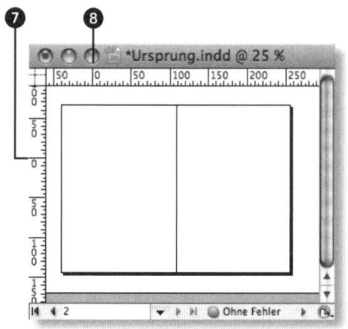

◄ **Abbildung 8.5**
Der Ursprung der Lineale kann neu festgelegt werden, wenn die Anzeige Lineal pro Druckbogen aktiv ist.

8.2 Hilfslinien

Das wichtigste Hilfsmittel in DTP-Programmen sind Hilfslinien, die vom Anwender frei positioniert werden können, um an ihnen Objekte auszurichten. Hinsichtlich der Positionierung ähneln Hilfslinien Pfaden, aber im Gegensatz zu Pfaden kann einer Hilfslinie z. B. keine Konturstärke oder Flächenfarbe zugewiesen werden. Hilfslinien können auch nicht in ihrer Form geändert werden, sie sind immer gerade und vertikal oder horizontal ausgerichtet. Anders als etwa in Illustrator können Hilfslinien nicht aus selbst gezeichneten Pfaden erstellt werden. Hilfslinien können in InDesign auf zwei Arten erstellt werden.

Hilfslinien ausdrucken

Hilfslinien werden mit ausgegeben, wenn im DRUCKEN-Dialog die entsprechende Checkbox markiert ist.

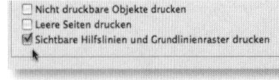

8.2.1 Hilfslinien aus dem Lineal auf die Seite ziehen

Hilfslinien können am einfachsten dadurch erstellt werden, indem sie aus dem Lineal gezogen und an beliebiger Stelle der Dokument- oder Musterseite positioniert werden. Dabei entscheidet die Stelle, an der die Hilfslinie losgelassen wird, darüber, ob die Hilfslinie auf dem gesamten Druckbogen oder nur auf einer Seite positioniert wird. Um eine sogenannte Druckbogenhilfslinie zu erstellen, wird die Hilfslinie auf der Montagefläche ❷ losgelassen. Eine Seitenhilfslinie wird erstellt, wenn die neue Hilfslinie auf der Seite selbst losgelassen wird ❶. Die Positionierung kann auf die aktuelle Linealeinheit beschränkt werden, indem beim Ziehen einer Linie aus dem Lineal die ⬆-Taste gedrückt wird. Die Hilfslinie rastet dadurch in der gewählten Linealeinheit, also beispielsweise in Millimeter-Abständen, ein.

Hilfslinien auf Musterseiten

Wenn Sie Hilfslinien auf mehreren Seiten benötigen, legen Sie die Linien auf den entsprechenden Musterseiten an.

Zwei Hilfslinien erstellen

Ziehen Sie mit gedrückter Strg/⌘-Taste aus dem Ursprungssymbol oben links den Cursor auf die Seite, werden ein horizontales und ein vertikales Lineal erstellt.

Abbildung 8.6 ▶
Hilfslinien können für eine Seite oder einen ganzen Druckbogen erzeugt werden.

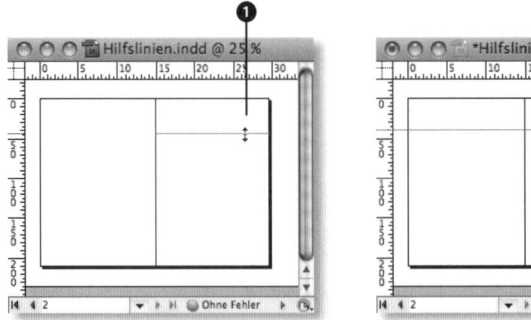

Hilfslinien können beliebig auf der Seite verschoben werden. Dafür muss eines der Auswahl-Tools aktiv sein und die Hilfslinie muss direkt mit einem Klick markiert werden. Anschließend kann die aktive Linie wie ein gewöhnliches Objekt an die gewünschte Stelle der Seite geschoben werden. Soll die Hilfslinie an einer konkreten Stelle positioniert werden, kann dies durch die Eingabe des entsprechenden nummerischen Wertes bei der X- bzw. Y-Position erreicht werden (siehe nebenstehende Abbildung).

Die Auswahl mehrerer Hilfslinien ist wie von anderen Objekten bekannt mit gedrückter ⟨⇧⟩-Taste möglich. Soll eine Hilfslinie gelöscht werden, wird sie zurück auf ein Lineal gezogen oder mit Bearbeiten • Löschen von der Seite entfernt. Sollen alle Hilfslinien einer Seite bzw. eines Druckbogens gelöscht werden, wird der Befehl Alle Hilfslinien auf Druckbogen löschen im Kontextmenü der Lineale aufgerufen.

Damit Hilfslinien nicht aus Versehen markiert und verschoben werden, können Sie Hilfslinien festsetzen. Den entsprechenden Befehl finden Sie unter Ansicht • Raster und Hilfslinien • Hilfslinien sperren. Über das Kontextmenü, das Sie sich mit einem Rechtsklick auf eine leere Stelle Ihres Dokuments einblenden lassen können, haben Sie noch schnelleren Zugriff auf alle Funktionen, die die verschiedenen Hilfslinien betreffen.

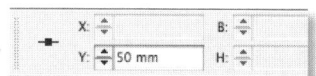

▲ **Abbildung 8.7**
Im Steuerung-Bedienfeld kann nur der X- oder Y-Wert eingegeben werden, da eine Hilfslinie entweder horizontal oder vertikal verläuft.

Direkte Aktivierung
Hilfslinien werden bei dem Befehl Bearbeiten • Alles auswählen nicht mit berücksichtigt und müssen deshalb immer direkt markiert werden.

Hilfslinien per Doppelklick
Mit einem Doppelklick auf ein Lineal wird an der entsprechenden Stelle ebenfalls eine Hilfslinie erstellt.

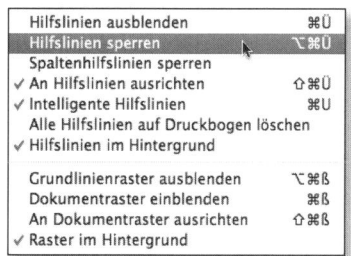

◀ **Abbildung 8.8**
Einen besonders schnellen Zugriff auf die zahlreichen Hilfslinienoptionen bietet Ihnen das Kontextmenü.

Um dieses Kontextmenü, das außerdem über zwei Befehle mehr als sein Pendant im Ansicht-Menü verfügt, aufzurufen, darf allerdings kein Objekt markiert sein. Um eventuell aktive Objekte zu demarkieren, drücken Sie den Tastaturbefehl ⟨Strg⟩/⟨⌘⟩+⟨⇧⟩+⟨A⟩ für Auswahl aufheben im Bearbeiten-Menü.

Durch den Befehl Hilfslinien sperren werden alle erstellten Hilfslinien vor einer Bearbeitung so lange geschützt, bis der genannte Befehl erneut ausgeführt und dadurch das Häkchen vor dem Befehl im Menü entfernt wird. Sind die Hilfslinien geschützt, können dennoch weitere Hilfslinien erstellt werden. Diese sind automatisch ebenfalls geschützt, sobald die Maustaste gelöst wird.

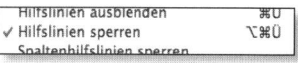

▲ **Abbildung 8.9**
Sind die Hilfslinien gesperrt, können sie nicht mehr modifiziert werden, es können aber weitere neue Hilfslinien angelegt werden.

Ausrichtungsbereich

Ab welcher Entfernung von einer Hilfslinie diese ein Objekt anziehen soll, lässt sich unter BEARBEITEN/ INDESIGN • VOREINSTELLUNGEN im Bereich HILFSLINIEN UND MONTAGEFLÄCHE einstellen.

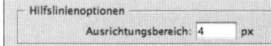

Beachten Sie beim Umgang mit Hilfslinien, dass Objekte nur dann an Hilfslinien ausgerichtet werden können, wenn die Hilfslinien auf »sichtbar« gestellt sind und die Option AN HILFSLINIEN AUSRICHTEN aktiviert wurde. Der gewählte Bildschirmmodus hat hingegen keinen Einfluss auf das Verhalten der Hilfslinien. So ist es durchaus möglich, dass die Hilfslinien etwa durch den Bildschirmmodus VORSCHAU ausgeblendet, aber dennoch aktiv sind.

8.2.2 Hilfslinien automatisch erstellen

Sollen Hilfslinien automatisch und in Abhängigkeit vom Seitenformat oder vom erstellten Satzspiegel erstellt werden, rufen Sie hierfür im LAYOUT-Menü den Eintrag HILFSLINIEN ERSTELLEN auf. Analog zu den Angaben bei Spalten, die Sie bereits aus dem Dialog NEUES DOKUMENT kennen, können hier auch Zeilen mit den dazugehörigen Abständen, die hier ebenfalls mit STEG bezeichnet sind, erstellt werden. Von großer Bedeutung sind hier die Optionen. Sie haben die Wahl, ob sich die neuen Hilfslinien am Satzspiegel, also an den aktuellen Stegen ❹, oder an der gesamten Seite orientieren sollen ❸. Die jeweiligen Ergebnisse fallen gegebenenfalls deutlich anders aus. In den abgebildeten Beispielen wurde einmal STEGE ❶ und einmal SEITE ❷ als Anpassungsoption gewählt, die anderen Einstellungen entsprachen dem unten abgebildeten Screenshot.

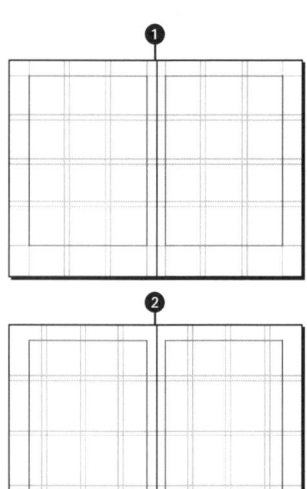

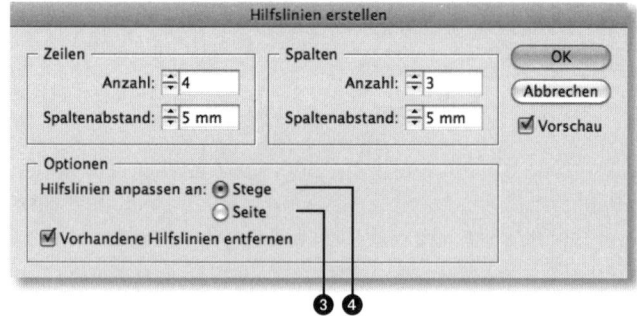

▲ **Abbildung 8.10**
Mit Ausnahme der Stege-/ Seite-Anpassung wurden die Hilfslinien bei beiden Versionen mit denselben Einstellungen erstellt.

Wenn Sie eventuell vorher erstellte Hilfslinien entfernen möchten, regeln Sie dies mit der entsprechenden Checkbox.

Mit Hilfe des HILFSLINIEN ERSTELLEN-Dialogs lässt sich der Satzspiegel weiter in sogenannte Rasterzellen oder -felder aufteilen. Das Layouten mit solchen Rastersystemen gewährleistet ein durchgängiges, wiedererkennbares Layout, da die erstellten Felder für Bilder und die Positionierung von Textrahmen verwendet werden. Somit gibt es abhängig von der Anzahl der Rasterfelder eine überschaubare Menge möglicher Bildrahmenformate. Aus diesem Grund kann man zügig in solche Gestaltungsraster hineinarbeiten. Diese Art der Gestaltung wird Rastertypografie genannt und ist innerhalb der Typografie eines der zentralen Themen.

8.3   Intelligente Hilfslinien

Standardmäßig ist dieses Feature, das mit CS4 eingeführt wurde, zu Recht aktiviert. Mit »intelligent« ist hier wohl gemeint, dass InDesign einerseits diese Hilfslinien nur bei Bedarf einblendet und andererseits Vergleiche zu Objekten in der Nähe durchführt.

Wird ein Objekt in der Nähe eines anderen positioniert, blendet InDesign kurzzeitig die intelligenten Hilfslinien ein, die anzeigen, dass das aktive Objekt mit dem benachbarten Objekt an einer Kante oder an der Objektmitte ausgerichtet ist oder über dieselbe Breite, dieselbe Höhe oder denselben Drehwinkel verfügt. Genauso zeigen die intelligenten Hilfslinien an, wenn ein Objekt in der vertikalen und/oder horizontalen Seitenmitte platziert ist. Im Beispiel hat das aktive Rechteck dieselben Maße wie das mittlere Rechteck und ist mit diesem an der Oberkante ❺, Objektmitte ❻ und Unterkante ❼ ausgerichtet. Außerdem zeigen die intelligenten Hilfslinien an, dass der Abstand zwischen den drei Objekten gleich ist ❽.

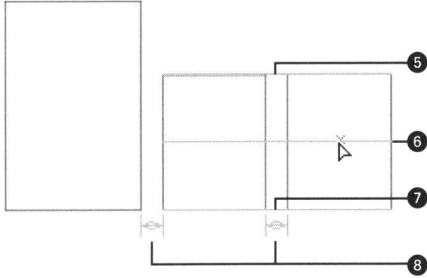

◄ **Abbildung 8.11**
Die intelligenten Hilfslinien haben enormes Potenzial zum zeitsparenden Arbeiten.

Einzelne Kategorien können Sie in den Voreinstellungen unter BEARBEITEN/INDESIGN • VOREINSTELLUNGEN im Bereich HILFSLINIEN UND MONTAGEFLÄCHE ausschalten, des Weiteren können Sie dort auch die Farbe der intelligenten Hilfslinien ändern, sollte Ihnen das vordefinierte Grün nicht zusagen.

8.4 Grundlinienraster

Textrahmenoptionen

Für Textrahmen (OBJEKT • TEXTRAHMENOPTIONEN) lassen sich individuelle Grundlinienraster anlegen.

▲ **Abbildung 8.12**
Das Grundlinienraster überzieht alle Seiten bzw. Druckbögen mit horizontalen Hilfslinien.

Am Grundlinienraster, das aus einer Vielzahl von horizontalen Hilfslinien besteht, können Texte und Bilder ausgerichtet werden. Eingeblendet wird es über ANSICHT • RASTER UND HILFSLINIEN • GRUNDLINIENRASTER EINBLENDEN und ist wie die anderen Hilfslinien nur im Bildschirmmodus NORMAL sichtbar. Im Folgenden ist mit Grundlinienraster immer das Raster gemeint, das für ein komplettes Dokument erstellt und angewendet wird. Für Textrahmen können nämlich noch individuelle Grundlinienoptionen im gleichlautenden Register des Bedienfeldes OBJEKT • TEXTRAHMENOPTIONEN definiert werden.

Der große Vorteil eines Grundlinienrasters liegt in der enormen Steigerung der Effizienz. Wird der gesamte Fließtext am Grundlinienraster ausgerichtet, kann man sicher sein, dass er dokumentweit auf denselben Linien steht ❷ und nicht wegen eventuell eingefügter Abstände z. B. nach Überschriften plötzlich verspringt ❶. Diese sogenannte Registerhaltigkeit stellt eben auch sicher, dass Texte, die auf doppelseitig bedruckten Seiten stehen, nicht versetzt durch das Papier hindurchscheinen.

❶

❷

▲ **Abbildung 8.13**
Im Unterschied zur linken Version ist der rechte Text komplett am Grundlinienraster ausgerichtet.

▲ **Abbildung 8.14**
Mit dem rechten Button werden Absätze am Grundlinienraster ausgerichtet.

Im Beispiel ❷ sind der gesamte Text und das Bild am Grundlinienraster ausgerichtet. Dadurch bringt man sehr schnell und ohne ständiges Nachmessen und Justieren – im wahrsten Sinne des Wortes – eine Linie ins Layout.

Jedes InDesign-Dokument hat ein Grundlinienraster. Dem Text muss nur das Absatzattribut AN GRUNDLINIENRASTER AUSRICHTEN zugewiesen werden, was natürlich möglichst über die Absatzformate realisiert werden sollte. Für kürzere Texte oder während der Layoutkonzeption kann auch der entsprechende Button im ABSATZ- oder STEUERUNG-Bedienfeld eingesetzt werden.

Beachten Sie bei der Ausrichtung von Text am Grundlinienraster, dass der aktuelle Zeilenabstand gleich oder kleiner dem Abstand des Grundlinienrasters sein sollte. Wenn der Zeilenabstand jedoch größer als der des Grundlinienrasters ist, überspringt InDesign mindestens eine Zeile.

Die Eigenschaften eines Grundlinienrasters werden überraschenderweise nicht in einem Menüpunkt von LAYOUT oder DATEI • DOKUMENT EINRICHTEN O. Ä. definiert, sondern sind Teil der Voreinstellungen. Sie finden diese unter BEARBEITEN/INDESIGN • VOREINSTELLUNGEN im Bereich RASTER.

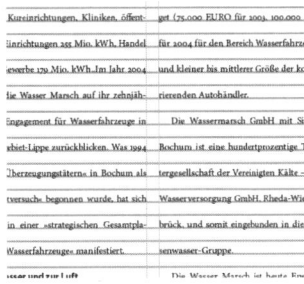

▲ **Abbildung 8.15**
Wenn der Zeilenabstand des Textes größer als der des Grundlinienrasters ist, wird immer mindestens eine Zeile übersprungen.

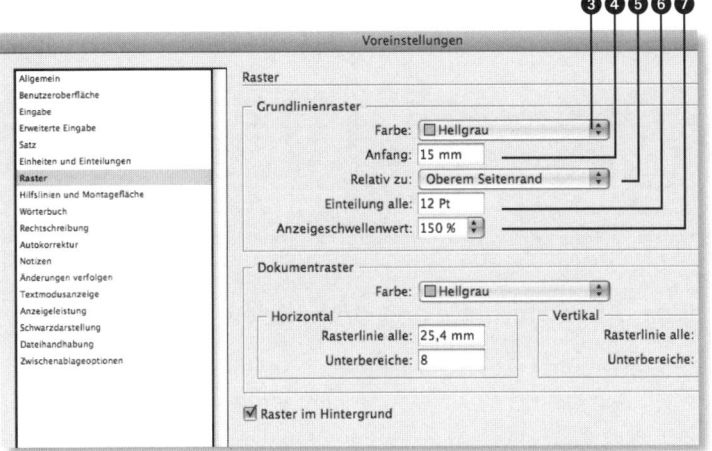

◄ **Abbildung 8.16**
Grundlinienraster werden für das aktuelle Dokument in den VOREINSTELLUNGEN eingestellt.

Mit welcher Farbe die Linien des Grundlinienrasters dargestellt werden sollen, können Sie mit dem Pulldown-Menü ändern ❸. Ich nehme hier eher ein unauffälligeres Hellgrau als das voreingestellte Hellblau, das sich doch sehr in den Vordergrund drängt. Bei ANFANG ❹ wird der Abstand von oben eingetragen, an dem die erste Linie des Grundlinienrasters positioniert werden soll. Ob sich diese erste Linie relativ zum OBEREN SEITENRAND oder zum KOPFSTEG, den Sie über LAYOUT • STEGE UND SPALTEN eingestellt haben, verhält, wird über die beiden möglichen Optionen bei RELATIV ZU definiert ❺. Da bei der Option KOPFSTEG das Grundlinienraster nur im Bereich des Satzspiegels dargestellt wird, vergibt man sich hierdurch die Möglichkeit, Elemente wie Seitenzahl oder lebender Kolumnentitel auch am Grundlinienraster auszurichten. Bei EINTEILUNG ALLE ❻ sollte gegebenenfalls der Zeilenabstand stehen, der schon beim Fließtext verwendet wird. Der ANZEIGESCHWELLENWERT ❼ bestimmt, ab welcher Zoomstufe das

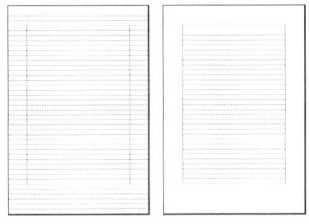

▲ **Abbildung 8.17**
Links bezieht sich die erste Linie auf den oberen Seitenrand, rechts auf den Kopfsteg.

Raster im Hintergrund

Ob Raster vor oder hinter Objekten dargestellt werden, können Sie mit dem entsprechenden Befehl z. B. im Kontextmenü regeln.

✓ Raster im Hintergrund

Grundlinienraster eingeblendet wird. Dass man das Grundlinienraster tatsächlich sieht, macht vor allem Sinn bei Detailarbeiten, z. B. beim Festlegen von Bildrahmengrößen. Und da diese in der Regel eher bei größeren Zoom-Stufen erledigt werden, kann man hier den gewünschten Prozentwert eingeben, ab dem das Raster eingeblendet wird. Ein Wert von beispielsweise 150 % führt dazu, dass bei allen Vergrößerungsstufen bis 149 % das Grundlinienraster nicht zu sehen ist. Daran ändert auch der Bildschirmmodus NORMAL und die Ansichtsoption GRUNDLINIENRASTER EINBLENDEN nichts.

Abbildung 8.18 ▶
Bei einem Anzeigeschwellenwert von z. B. 150 % ❷ wird das Grundlinienraster bei geringeren Zoomstufen ❶ ausgeblendet.

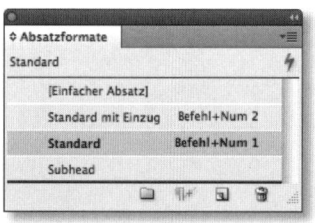

8.4.1 Absatzformate und Grundlinienraster

Um Texte über Absatzformate am Grundlinienraster auszurichten, rufen Sie mit einem Doppelklick auf den Namen des Absatzformates im ABSATZFORMATE-Bedienfeld die ABSATZFORMATOPTIONEN auf.

Abbildung 8.19 ▲▶
Mit einem Doppelklick auf den Formatnamen öffnen sich die dazugehörigen ABSATZFORMATOPTIONEN.

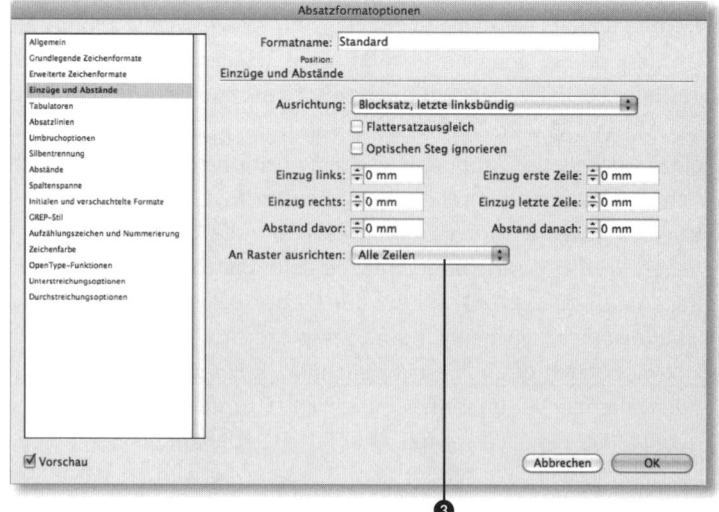

Im Bereich EINZÜGE UND ABSTÄNDE finden Sie bei AN RASTER AUS-
RICHTEN ein Pulldown-Menü ❸. Hier sind die drei Optionen OHNE,
ALLE ZEILEN und NUR ERSTE ZEILE verfügbar. Die Option OHNE
ist selbsterklärend, beachten Sie bei der Option ALLE ZEILEN,
dass sich diese Einstellung nicht auf alle Zeilen des Dokumentes
bezieht, sondern natürlich nur auf die Texte, die mit dem gerade
bearbeiteten Absatzformat formatiert werden. Die dritte Option
NUR ERSTE ZEILE bietet sich beispielsweise bei Überschriften an,
die aufgrund ihres in Bezug zum Fließtext größeren Schriftgrades
auch nach einem größeren Zeilenabstand verlangen ❹. Um nun
nicht den doppelten Zeilenabstand des Fließtextes zu verwenden ❻, wird diese Option angewendet. Dadurch ist zumindest
gewährleistet, dass die erste Zeile der Zwischenüberschrift mit
dem Fließtext alineiert ist ❺, wie es unter Typografen heißt.

| Ohne |
| ✓ Alle Zeilen |
| Nur erste Zeile |

▲ **Abbildung 8.20**
Diese drei Möglichkeiten für
die Anwendung vom Grund-
linienraster stehen in den
ABSATZFORMATOPTIONEN zur
Verfügung.

❹ ❺ ❻

»Selbstversuch« begonnen wurde, hat sich 2004 in einer »strategischen Gesamtpla-nung Wasserfahrzeuge« manifestiert.

DIE ERSTEN ERFOLGE DES SELBSTVERSUCHS

Die ersten Erfolge wurden mit einem spe-ziell auf den relativ dünn besiedelten, länd-lichen Versorgungsraum zugeschnittenen,

»Selbstversuch« begonnen wurde, hat sich 2004 in einer »strategischen Gesamtpla-nung Wasserfahrzeuge« manifestiert.

DIE ERSTEN ERFOLGE DES SELBSTVERSUCHS

Die ersten Erfolge wurden mit einem spe-ziell auf den relativ dünn besiedelten, länd-

◄ **Abbildung 8.21**
Mit der Option NUR ERSTE ZEILE
kann zumindest der Anfang
eines Absatzes mit größerem
Zeilenabstand am Grundlinienraster ausgerichtet werden.

Schritt für Schritt: Satzspiegel konstruieren und Grundlinienraster definieren

In diesem Workshop möchte ich Ihnen zeigen, wie Sie einen Satzspiegel mit harmonischen Proportionen konstruieren können und
wie Sie es erreichen, dass sich Satzspiegel und Grundlinienraster
aufeinander beziehen.

1 Dokumente anlegen
Legen Sie ein doppelseitiges Dokument im Format DIN A5 mit
Mustertextrahmen an. Alle Vorgaben bezüglich Ränder, Spalten-
abstand und Stegen können Sie übernehmen.

Vor allem in der Buchtypografie wird ein spezielles Konstruktionsprinzip beim Erstellen eines Satzspiegels angewendet, das zu
einem angenehmen Verhältnis von bedruckter und unbedruckter
Fläche führt. Dieses Konstruktionsprinzip ist ebenso simpel, wie
es zu überzeugenden Ergebnissen führt. Damit sich die bedruck-

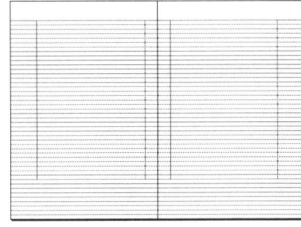

▲ **Abbildung 8.22**
Der Satzspiegel hat harmoni-
sche Proportionen und das
Grundlinienraster passt genau
zum Satzspiegel.

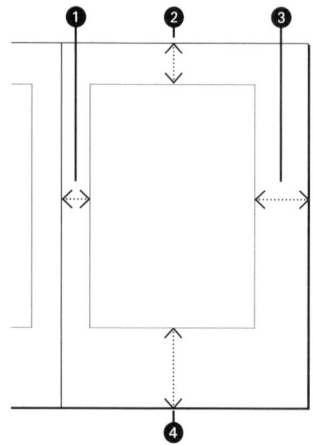

▲ **Abbildung 8.23**
Die Stege nehmen im Uhrzeigersinn vom Bundsteg ausgehend in ihrer Größe zu.

Abbildung 8.24 ▶
Noch ist der Satzspiegel nicht modifiziert und wirkt durch seine symmetrischen Ränder unharmonisch.

▲ **Abbildung 8.25**
Mit dem Linienzeichner-Tool werden zwei Diagonalen zur Orientierung gezeichnet.

Abbildung 8.26 ▶
Die erste Linie, die zur Orientierung dienen soll, wird über die gesamte Doppelseite gezeichnet.

ten Flächen einer Doppelseite aufeinander beziehen und nicht als unabhängige Flächen wahrgenommen werden und damit außerdem der Satzspiegel optisch nicht nach unten fällt, werden Satzspiegel häufig so angelegt, dass die Ränder in folgender Reihenfolge in ihrer Größe zunehmen: innen (Bundsteg) ❶, oben (Kopfsteg) ❷, außen (Außensteg) ❸, unten (Fußsteg) ❹.

Um nun einen Satzspiegel mit einem solchen Rhythmus zu erstellen, öffnen Sie die Musterseite mit einem Doppelklick auf das entsprechende Symbol in dem Bedienfeld SEITEN. Damit Sie die komplette Doppelseite sehen können, passen Sie die Doppelseite gegebenenfalls über ANSICHT • DRUCKBOGEN IN FENSTER EINPASSEN in Ihr Dokumentfenster ein, Sie sehen dann die Musterseite mit dem unveränderten Satzspiegel:

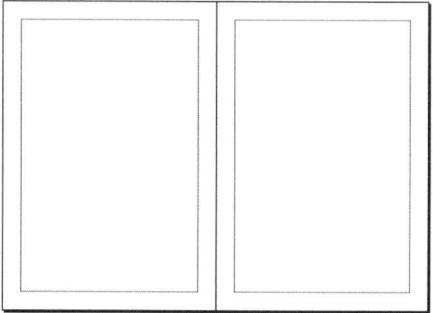

❷ Zeichnen von zwei diagonalen Linien
Aktivieren Sie nun das Linienzeichner-Werkzeug und zeichnen Sie zunächst eine Diagonale von links unten über die Doppelseite nach rechts oben. Dafür klicken Sie auf die untere linke Ecke der Doppelseite, halten die Maus gedrückt und ziehen damit zur gegenüberliegenden Ecke rechts oben. Die intelligenten Hilfslinien helfen auch hier bei der exakten Zeichnung.

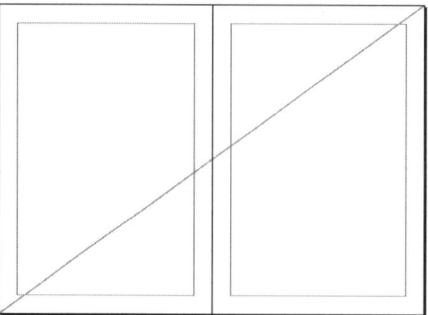

An dieser und einer zweiten Diagonale orientieren wir uns gleich bei der Erstellung des Satzspiegels. Zeichnen Sie nun ebenfalls mit dem Linienzeichner-Tool die zweite Diagonale, dieses Mal auf der rechten Seite von links oben nach rechts unten:

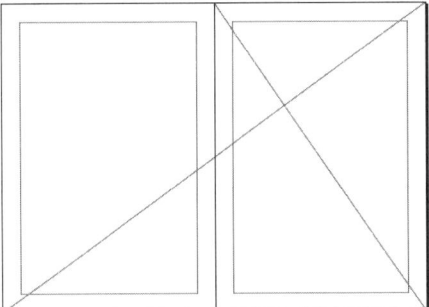

◄ **Abbildung 8.27**
Die beiden gezeichneten Linien dienen beim Erstellen des Satzspiegels zur Orientierung.

Die beiden erstellten Linien sind alles, was zur Konstruktion eines ausgeglichenen Satzspiegels erforderlich ist. Der Satzspiegel ergibt sich aus drei Kreuzungspunkten mit den beiden Diagonalen. Aus der Festlegung des ersten Punktes bei ❺ ergeben sich zwangsläufig die beiden anderen (❻ und ❼). Das klingt komplizierter als es ist, Sie werden diesen Zusammenhang beim nächsten Schritt des Workshops nachvollziehen können.

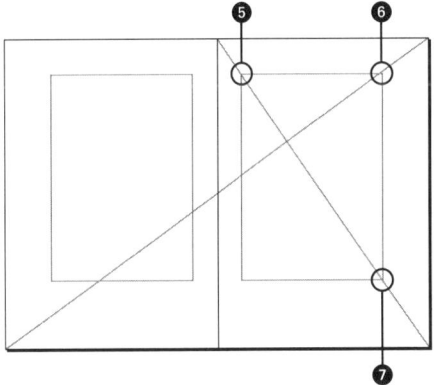

◄ **Abbildung 8.28**
Durch die drei Kreuzungspunkte mit den Diagonalen wird der Satzspiegel definiert.

Interessant hierbei ist, dass Sie die Größe des Satzspiegels beliebig wählen können, das Größenverhältnis der vier Stege zueinander bleibt dabei immer gleich und folgt damit auch dem bereits erläuterten erstrebenswerten Rhythmus. Die Wahl der Satzspiegelgröße richtet sich im Allgemeinen nach dem gewählten Seitenformat und den Inhalten, die gelayoutet werden sollen.

3 Layoutanpassung aktivieren

Damit sich die im nächsten Schritt vorzunehmenden Änderungen der Ränder auch auf die Mustertextrahmen auswirken, öffnen Sie den Dialog LAYOUTANPASSUNG, den Sie im LAYOUT-Menü finden. Aktivieren Sie einfach die obere Checkbox LAYOUTANPASSUNG AKTIVIEREN, alle anderen Voreinstellungen können Sie übernehmen:

Abbildung 8.29 ▶
Damit sich auch der Mustertextrahmen mit den Änderungen der Stege ändert, muss die Layoutanpassung aktiviert werden.

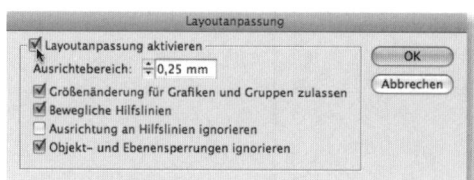

▼ **Abbildung 8.30**
Der Wert bei OBEN wird so lange erhöht, bis die obere linke Ecke auf der kurzen Diagonale liegt.

4 Kopfsteg definieren

Um den Satzspiegel zu definieren, rufen Sie den Dialog STEGE UND SPALTEN im LAYOUT-Menü auf. Aktivieren Sie die Vorschaufunktion und vergrößern Sie den Wert bei OBEN ❶ so weit, bis die obere linke Ecke mit der kurzen Diagonale zusammenfällt ❷:

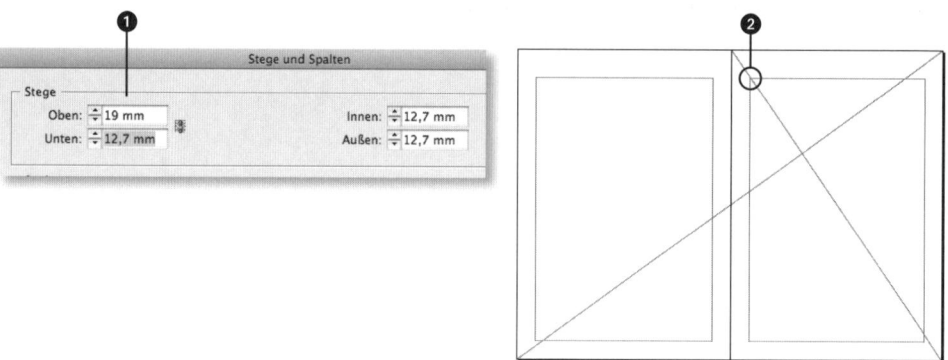

Ich empfehle Ihnen auch bei der Anlage des Satzspiegels zumindest ganzzahlige Werte für die Ränder zu verwenden. Ich habe hier für den Kopfsteg 19 mm verwendet. Das Dialogfeld können Sie bis zum Ende des Workshops geöffnet lassen, bestätigen Sie also noch nicht mit OK.

Schneller Werte ändern

Am einfachsten ändern Sie numerische Werte, indem Sie die Pfeiltasten auf der Tastatur verwenden. Durch das Drücken der ⬆-Taste werden die Werte in glatten 10er-Sprüngen geändert.

---

5 Außensteg definieren

Um als Nächstes den Außensteg festzulegen, gehen Sie genauso vor. Erhöhen Sie den Wert bei AUSSEN ❸, bis die rechte obere Ecke mit der langen Diagonale übereinstimmt ❹. Ich bin hierbei auf 27 mm gekommen. Diese Werte sollen Ihnen hier nur als Anhaltspunkte gelten.

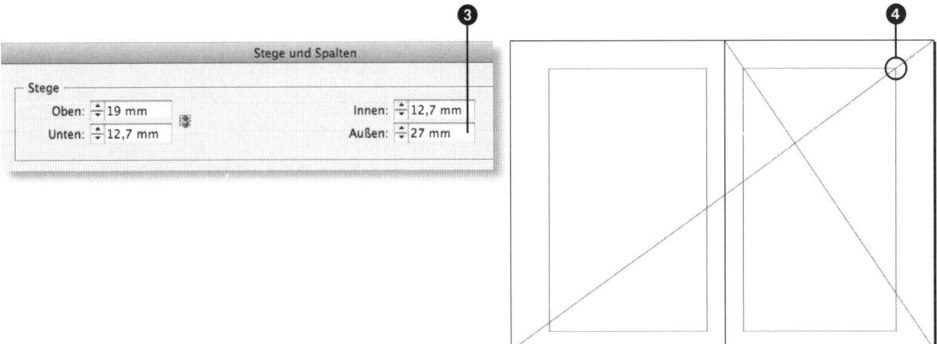

6 Fußsteg definieren

Nun brauchen Sie nur noch den Fußsteg zu verbreitern, bis auch die rechte untere Ecke mit der kurzen Diagonale übereinstimmt ⑥. Erhöhen Sie dafür den Wert bei UNTEN ⑤. Ich komme dabei auf 38 mm. Damit ist der Satzspiegel fürs Erste fertiggestellt – bestätigen Sie Ihre Eingaben mit OK. Sobald das Grundlinienraster eingerichtet ist, müssen wir nämlich noch nachkorrigieren.

▲ **Abbildung 8.31**
Als Nächstes wird der Außensteg geändert.

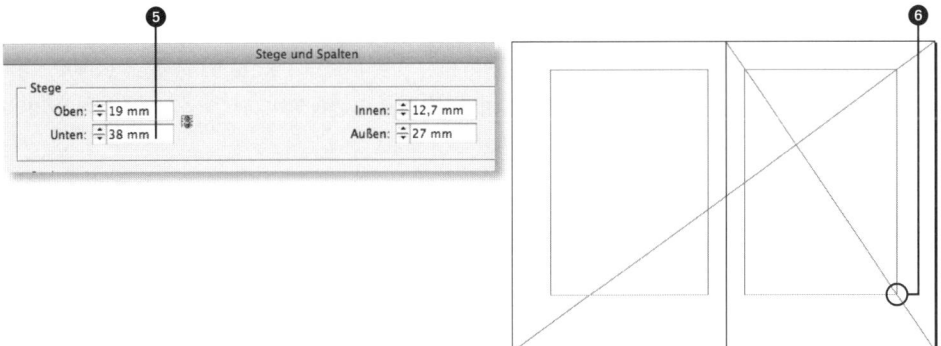

Übrigens hätten Sie bei der Anlage des Satzspiegels auch mit der Änderung des Bundsteges oder eines anderen beliebigen Steges beginnen können. Wie Sie bei dieser Satzspiegelkonstruktion gesehen haben, hängt hierbei jeder Steg mit den jeweils anderen Stegen eng zusammen. Wird der Wert eines Steges geändert, müssen alle anderen daraufhin angepasst werden.

Für das noch einzurichtende Grundlinienraster brauchen Sie die beiden Diagonalen nicht mehr, sie können gelöscht werden.

▲ **Abbildung 8.32**
Nachdem auch der Fußsteg geändert wurde, ist der Satzspiegel fertiggestellt.

7 Grundlinienraster einrichten

Blenden Sie nun das Grundlinienraster über ANSICHT • RASTER UND HILFSLINIEN • GRUNDLINIENRASTER EINBLENDEN ein. Das Grundlinienraster ist weder oben ❶ noch unten ❷ am Satzspiegel angepasst.

Abbildung 8.33 ▶
Das Grundlinienraster verspringt zum Satzspiegel.

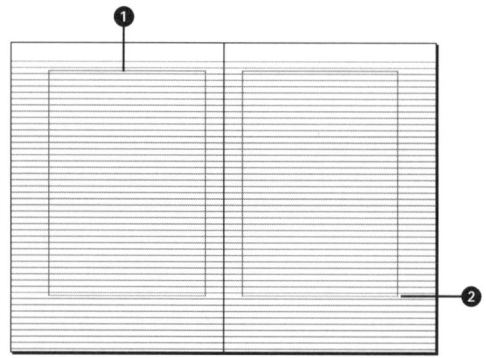

Damit das Grundlinienraster bündig bei der oberen Satzspiegelkante beginnt, muss als Beginn des Grundlinienrasters nur derselbe Wert wie beim Kopfsteg hinterlegt werden. Rufen Sie also noch einmal den STEGE UND SPALTEN-Dialog auf und sehen Sie nach, was in Ihrem Fall bei OBEN steht.

▼ **Abbildung 8.34**
Entspricht der Wert des Kopfsteges dem Anfang des Grundlinienrasters, beginnen beide an derselben Position.

Anschließend rufen Sie über BEARBEITEN/INDESIGN • VOREINSTELLUNGEN • RASTER die gewünschte Kategorie der Voreinstellungen auf und tragen dort bei ANFANG den eben abgelesenen Wert ein ❸.

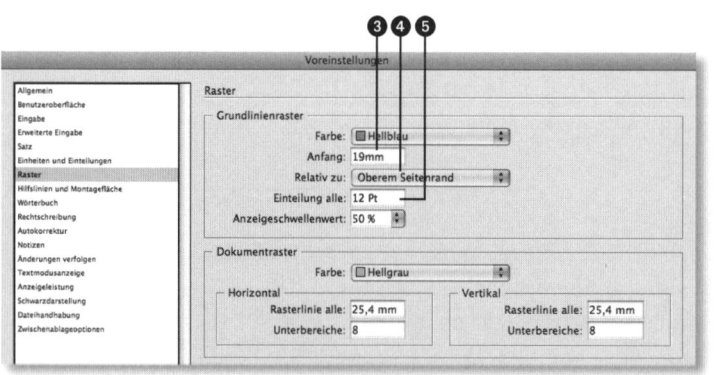

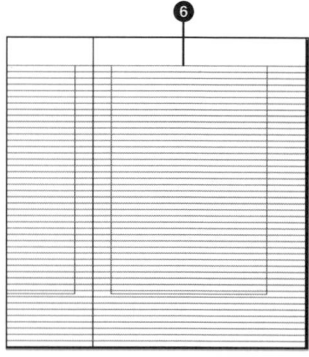

Lassen Sie die Option OBEREM SEITENRAND aus bereits erläuterten Gründen bei RELATIV ZU ❹ aktiviert. Wenn Sie nun die getroffenen Änderungen an den Voreinstellungen mit OK bestätigen und damit den Dialog verlassen, sehen Sie, wie Satzspiegel und Grundlinienraster nun exakt an derselben Position beginnen ❻. Am unteren Rand hingegen passen Grundlinienraster und Satzspiegel noch nicht genau aufeinander.

8 Fußsteg anpassen

An dieser Stelle stellt sich einem nun eigentlich erst einmal die Frage, ob das Grundlinienraster dem Satzspiegel oder der Satzspiegel dem Raster angepasst werden soll? Ich empfehle Ihnen, den Satzspiegel dem Raster anzupassen. Außerdem müssen Sie, damit Sie mit einem konkreten Wert für den Zeilenabstand arbeiten können, zunächst die Fließtextschrift und den Schriftgrad festlegen. Dafür sollten Sie Ausdrucke mit verschiedenen Schriften, Größen und Abständen im bisher erstellten Satzspiegel machen, da eine Beurteilung von Größen am Monitor äußerst schwerfällt.

Lassen Sie uns in unserem Workshop aber davon ausgehen, dass die 12 Pt, die in den Voreinstellungen bei EINTEILUNG ALLE ❺ voreingestellt sind, für das Layout funktionieren. Ansonsten müsste hier natürlich der passende Zeilenabstand für die gewählte Schrift und den gewählten Schriftgrad eingetragen werden.

Um nun den Satzspiegel an das Grundlinienraster anzupassen, vergrößern Sie den Fußsteg mit dem Zoomwerkzeug so weit, dass Sie den unteren Bereich der Seite gut sehen können. Wählen Sie nun das Messwerkzeug und klicken Sie auf die Grundlinie, an der der Satzspiegel unten enden soll ❼. Ziehen Sie das Werkzeug nun bei gedrückter ⇧-Taste bis an den unteren Seitenrand ❽. Öffnen Sie dann über FENSTER • INFORMATIONEN das entsprechende Bedienfeld, in dem Sie die Länge der eben mit dem Messwerkzeug markierten Strecke ablesen ❾.

▲ **Abbildung 8.35**
Mit dem Messwerkzeug können Sie den Abstand von der Grundlinie zum Seitenrand in Erfahrung bringen.

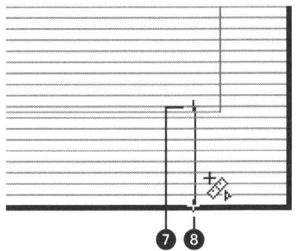
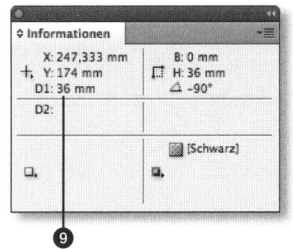

◄ **Abbildung 8.36**
Das Messwerkzeug liefert in Kombination mit dem INFORMATIONEN-Bedienfeld die gewünschte Information.

Der abgelesene Wert muss jetzt nur noch für den Fußsteg eingesetzt werden. Dafür rufen Sie noch einmal das Dialogfeld STEGE UND SPALTEN im Menü LAYOUT auf und tragen den Wert bei

Unten ein ❶. Verlassen Sie das Dialogfeld mit OK. Satzspiegel und Grundlinienraster stimmen nun überein:

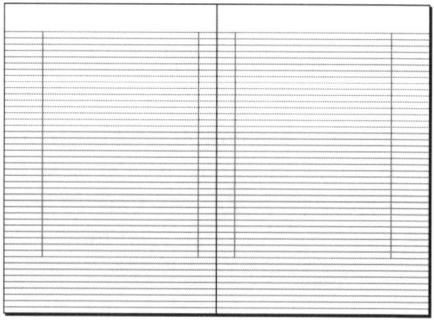

Abbildung 8.37 ▲▶
Nachdem bei Unten der zuvor ermittelte Wert eingetragen wurde, stimmen Satzspiegel und Grundlinienraster überein.

Der in diesem Workshop erstellte Satzspiegel stellt nur eine von vielen Möglichkeiten dar. Ebenso sind mehrere Techniken im Umgang mit dem Grundlinienraster denkbar. So könnte das Grundlinienraster auch schon oberhalb des Satzspiegels beginnen, damit dort platzierte Kolumnentitel ebenfalls am Grundlinienraster ausgerichtet werden können. ■

8.5 Dokumentraster

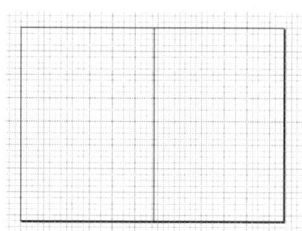

▲ **Abbildung 8.38**
Das Dokumentraster überzieht nicht nur die Dokumentseiten, sondern auch die Montagefläche.

InDesign bietet neben dem Grundlinienraster mit dem Dokumentraster noch ein zweites Raster. Im Unterschied zum Grundlinienraster ist das Dokumentraster ausschließlich zum Ausrichten von Objekten vorgesehen. Während das Grundlinienraster wie die Lineatur eines Schreibheftes wirkt, erinnert das Dokumentraster an das Kästchenmuster von Rechenpapier. Eingeblendet wird es über Ansicht • Raster und Hilfslinien • Dokumentraster einblenden. Sollen Objekte am Dokumentraster ausgerichtet werden, wird dieses Feature im selben Untermenü über An Dokumentraster ausrichten aktiviert.

Die horizontale und vertikale Einteilung kann zwar wie das Grundlinienraster auch unter Bearbeiten/InDesign • Voreinstellungen in der Kategorie Raster geändert werden. Da der Ursprung des Dokumentrasters aber im Gegensatz zum Grundlinienraster nicht neu definiert werden kann und sich das Dokumentraster ohne Rücksicht auf Seiten einfach fortsetzt, ist der praktische Nutzen dieses Features eher zweitrangig.

8.6 Ebenen

Neben Hilfslinien und Grundlinienraster sind Ebenen ein äußerst wichtiges Hilfsmittel. Dass Objekte immer entsprechend ihrer Reihenfolge, in der sie erstellt wurden, übereinanderliegen, haben Sie in Kapitel 6, »Pfade und Objekte«, auf Seite 289 gesehen. Nun können Objekte weiter auf Ebenen organisiert und in der gesamten Stapelreihenfolge geändert werden. Zur Verwaltung von Ebenen rufen Sie das entsprechende Bedienfeld über FENSTER • EBENEN oder mit F7 auf.

Überall Ebenen

Das Konzept der Ebenen findet sich genauso wie andere zentrale Bedienelemente wie die Toolbox oder die Möglichkeit, Pfade zu erstellen, in den meisten Adobe-Programmen.

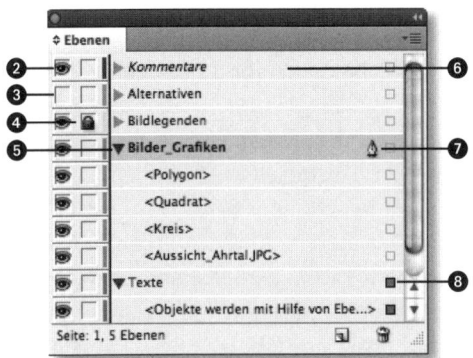

◀ **Abbildung 8.39**
Das EBENEN-Bedienfeld bietet enormes Potenzial zur Objektorganisation.

Das Auge ❷ signalisiert, dass die entsprechende Ebene und alle auf ihr abgelegten Objekte sichtbar sind. Ist die Sichtbarkeit mit einem Klick auf das Augen-Symbol ausgeschaltet worden, ist das entsprechende Feld leer ❸. Ein erneuter Klick auf diese leere Fläche macht die Ebene wieder sichtbar und das Auge wird wieder eingeblendet. In der zweiten Spalte kann mit einem Klick auf ein leeres Feld das Schloss-Symbol aufgerufen werden ❹. Es signalisiert, dass diese Ebene momentan nicht bearbeitet werden kann. Einzelne Objekte und Objektgruppen können im EBENEN-Bedienfeld eingeblendet werden, indem die Ebene am kleinen Dreieck aufgeklappt wird ❺. Die nun sichtbaren Ebenenelemente werden von InDesign automatisch benannt und repräsentieren ihre Stapelreihenfolge innerhalb der aufgeklappten Ebene. Ebenen mit kursiven Namen ❻ werden beim Druck nicht mit ausgegeben. Die Zeichenfeder ❼ kennzeichnet die sogenannte Zielebene, sie zeichnet sich dadurch aus, dass sie markiert und zur Bearbeitung bereit ist. Neue Objekte werden automatisch auf der Zielebene erstellt. Ist ein Objekt markiert, wird dies durch ein kleines Quadrat ❽ in der jeweiligen Ebenenfarbe kenntlich gemacht.

Einzelne Objekte sperren

Neben dem Sperren ganzer Ebenen können auch Objekte individuell mit einem Klick auf die zweite Spalte gesperrt bzw. entsperrt werden.

Ebene kopieren

Soll eine Ebene mit allen auf ihr befindlichen Objekten kopiert werden, wird die gewünschte Ebene auf den Button NEUE EBENE ERSTELLEN gezogen.

8.6.1 Stapelreihenfolge

Objekte auf Musterseiten

Eine Sonderstellung in Bezug auf die Stapelreihenfolge von Objekten nehmen Objekte ein, die auf der Musterseite erstellt werden. Sie liegen auf Dokumentseiten immer unter anderen Objekten, die zwar auf derselben Ebene, aber auf der Dokumentseite angelegt wurden.

Objekte umbenennen

Nach einem Klick auf den Objektnamen im EBENEN-Bedienfeld können neue Namen vergeben werden.

Objekte werden mit Hilfe von Ebenen auf zweierlei Weise gestapelt. Zum einen gibt es pro Ebene eine Stapelreihenfolge, zum anderen können die Ebenen als Einheit in der Ebenenreihenfolge geändert werden.

Um einen Einstieg in das Konzept von Ebenen zu finden, stellen Sie sich die Objekte auf einer Ebene wie Klarsichtfolien vor. Deren Stapelreihenfolge wird zunächst von InDesign durch die Reihenfolge bestimmt, in der die einzelnen Objekte erstellt wurden. Als Bild für die Ebenen dienen Klarsichthüllen, in die Sie die Folien ablegen können. Die Klarsichthüllen (Ebenen) mit den Klarsichtfolien (Objekten) lassen sich wiederum beliebig stapeln.

Jedes InDesign-Dokument hat von vornherein eine Ebene. Sofern keine weiteren Ebenen angelegt werden, befinden sich alle Objekte auf dieser Ebene. Das gilt unabhängig von der Seite und davon, ob sich Objekte auf der Musterseite befinden.

Im folgenden Beispiel sind drei Objekte ❶ auf der Ebene GRAFIKEN ❷ angelegt worden. Der Stern soll nun zwischen Quadrat und Kreis verschoben werden. Dafür wird einfach das Objekt, das im EBENEN-Bedienfeld mit <POLYGON> gekennzeichnet ist, im Bedienfeld angefasst ❸ und unter das Objekt <QUADRAT> gezogen ❺. Im Layout wird das Ergebnis direkt angezeigt ❹.

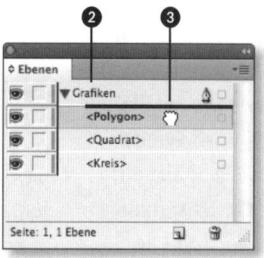

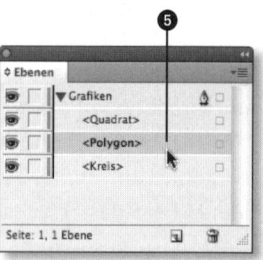

▲ **Abbildung 8.40**
Die drei Objekte werden auf derselben Ebene in eine andere Stapelreihenfolge gebracht.

Bei der gezeigten Vorgehensweise wurde der Stern im Layout nicht markiert und konnte dennoch bearbeitet werden – eine Besonderheit bei der Arbeit mit Objekten im EBENEN-Bedienfeld.

Von der Anzahl und Komplexität der im Layout verwendeten Objekte ist es abhängig, ob die Objektauswahl mit dem Auswahl-Werkzeug oder im EBENEN-Bedienfeld vorgenommen wird. Wie beim Auswahl-Tool können auch im EBENEN-Bedienfeld mehrere Objekte durch Halten der ⌂-Taste markiert werden. So angewählte Objekte können anschließend gemeinsam verschoben werden.

Durch einen Klick auf den Button Neue Ebene erstellen am unteren Bedienfeldrand können weitere Ebenen angelegt werden, auf die z.B. Elemente verschoben werden können. Hierzu wird zunächst das Objekt im Ebenen-Bedienfeld markiert und statt wie im vorangegangenen Beispiel innerhalb derselben Ebene ⑥ auf eine andere Ebene gezogen. Im Beispiel liegt der Kreis nun auf der separaten Ebene Ebene 2 über der Ebene Grafiken ⑦ ⑧.

▼ **Abbildung 8.41**
Hier wird der Kreis auf eine andere Ebene verschoben.

 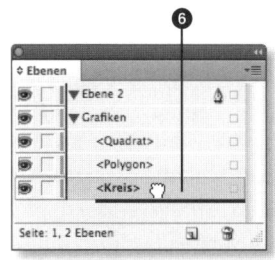  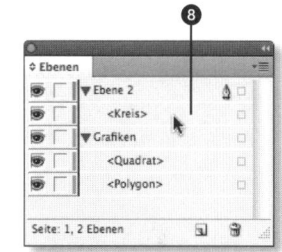

Übrigens können Sie beim Verschieben von Objekten zwischen Ebenen ⑨ ⑩ eine Kopie des Objektes auf der Zielebene erstellen ⑪, wenn Sie dabei die [Alt]/[⌥]-Taste drücken.

▼ **Abbildung 8.42**
Beim Verschieben zwischen Ebenen können gleich Kopien erstellt werden.

 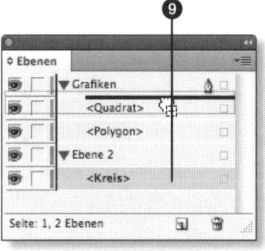  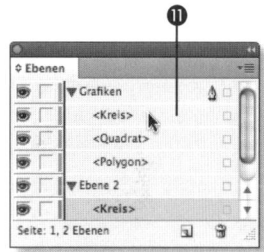

Weiterhin können die Ebenen selbst in der Reihenfolge geändert werden. Wie bei den Objekten wird hierfür die Ebene im Bedienfeld angeklickt ⑫ und an die gewünschte Stelle gezogen ⑭. Alle in der markierten Ebene enthaltenen Objekte werden mit verschoben ⑬.

▼ **Abbildung 8.43**
Auch komplette Ebenen mitsamt ihren Objekten können verschoben werden.

 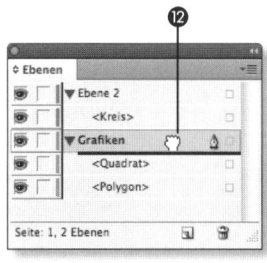 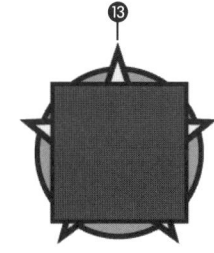 

8.6.2 Ebenenoptionen

Um einer Ebene spezifische Eigenschaften zuzuweisen, rufen Sie die Ebenenoptionen entweder über das Bedienfeldmenü oder durch einen Doppelklick auf ihren Namen auf.

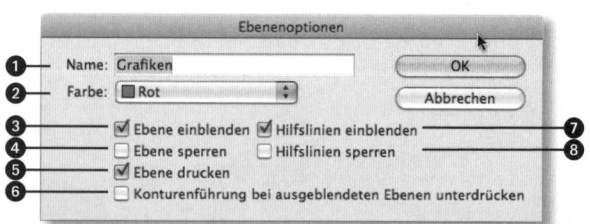

Abbildung 8.44 ▶
Die Ebenenoptionen lassen sich über das Bedienfeldmenü oder per Doppelklick öffnen.

▲ **Abbildung 8.45**
Der Ebenenstatus bezüglich der Eigenschaften »sichtbar« und »gesperrt« wird auch im Bedienfeld wiedergegeben und ist auch dort einstellbar.

Andere ausblenden/sperren

Möchten Sie alle Ebenen bis auf die aktuell markierte Ebene ausblenden oder sperren, klicken Sie mit gedrückter Alt/⌥-Taste auf das jeweilige Feld neben dem Ebenennamen, der weiter zugänglich bleiben soll.

Vergeben Sie hier aussagekräftige Namen ❶, z. B. solche, die die Inhalte der jeweiligen Ebene widerspiegeln. InDesign legt für jede neue Ebene automatisch eine andere Farbe fest, möchten Sie diese ändern, können Sie bei Farbe ❷ aus einer vordefinierten Liste wählen. Ebenenfarben kommen im Ebenen-Bedienfeld zur Kennzeichnung zum Einsatz. Außerdem werden die Begrenzungsrahmen markierter Objekte in der jeweiligen Ebenenfarbe dargestellt, was sehr zur Orientierung, auf welcher Ebene sich ein Objekt befindet, beiträgt. Ob eine Ebene mit seinen Objekten sichtbar ist, können Sie mit der Checkbox Ebene einblenden ❸ steuern. Dies hat denselben Effekt, wie die Aktivierung/Deaktivierung der Sichtbarkeit im Bedienfeld (siehe nebenstehende Abbildung). Selbiges gilt für die Option Ebene sperren ❹. Ist die Ebene sichtbar, steht als besondere Option Ebene drucken ❺ zur Verfügung. Mit dieser Ebenenoption ist man beispielsweise in der Lage, eine alternative Gestaltung in einem InDesign-Dokument anzulegen. Welche Version beim Druck ausgegeben wird, lässt sich dann über die Ebenenoptionen regeln. Ebenso kann man mit dieser Option eine Ebene für Kommentare oder Korrekturanweisungen anlegen, die zwar für den Layouter sichtbar sind, aber beim Ausdruck nicht berücksichtigt werden. Ebenen, bei denen diese Option deaktiviert wurde, werden im Ebenen-Bedienfeld in kursiver Schrift angezeigt. Auch die Option Konturenführung bei ausgeblendeten Ebenen unterdrücken ❻ ist für die Entwicklung von Layoutalternativen interessant. Wir kommen gleich noch darauf zurück. Hilfslinien werden immer auf der aktuell markierten Ebene erstellt, und da die Option Hilfslinien einblenden ❼ bei neuen Ebenen aktiv ist, werden auch alle Hilfslinien angezeigt. Sollen spezielle Hilfslinien nur für besondere

Layoutaufgaben sichtbar sein, lässt sich dies mit dieser Option realisieren. Erstellte Hilfslinien lassen sich wie bereits beschrieben dokumentweit sperren, indem beispielsweise die Option HILFS-LINIEN SPERREN unter ANSICHT • RASTER UND HILFSLINIEN aktiviert wird. Über die Option HILFSLINIEN SPERREN ❽ im EBENENOPTIO-NEN-Dialog können Hilfslinien ebenenweise gesperrt werden.

Konturenführung bei ausgeblendeten Ebenen unterdrücken
Wenn bei der Konzeption eines Layouts Varianten angelegt werden, brauchen bei entsprechender Planung und bei Gebrauch von Ebenen unter Anwendung dieser Option keine neuen InDesign-Dokumente erstellt werden:

▼ Abbildung 8.46
Der Textrahmen kann mitsamt seiner Konturenführung ❿ ausgeblendet werden.

Der eingeklinkte Textrahmen verdrängt durch die ihm zugewiesenen Konturenführungswerte den Fließtext ❾. Liegt dieser Textrahmen auf einer separaten Ebene und ist bei dieser die Option KONTURENFÜHRUNG BEI AUSGEBLENDETEN EBENEN UNTERDRÜCKEN aktiv, verdrängt der Textrahmen den Fließtext nicht mehr, wenn die entsprechende Ebene ausgeblendet wird ❿. Andernfalls wird zwar der Textrahmen ausgeblendet, die Konturenführung wirkt aber weiter auf den Fließtext ⓫.

8.6.3 Ebenen beim Einfügen erhalten

Diese Option finden Sie wie ein paar weitere nützliche Befehle im Bedienfeldmenü. EBENEN BEIM EINFÜGEN ERHALTEN ist standardmäßig deaktiviert, was zur Folge hat, dass Objekte, die von anderen Seiten oder Dokumenten kopiert oder ausgeschnitten wurden, beim Einsetzen alle zusammen auf der derzeit aktiven Ebene eingefügt werden. Ist diese Option aktiviert, werden die Objekte wieder auf ihrer ursprünglichen Ebene eingesetzt. Diese Option wirkt dokumentübergreifend.

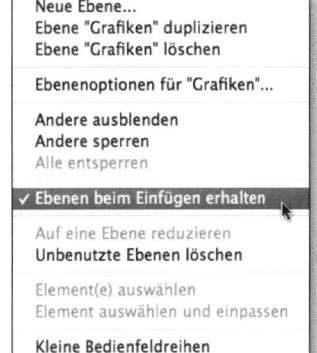

▲ Abbildung 8.47
Auch bei den Ebenen lohnt sich ein Blick ins Bedienfeldmenü.

8.7 Bibliotheken

In einer Bibliothek können Sie beliebige Elemente ablegen, die Sie innerhalb eines Dokumentes oder in verschiedenen InDesign-Dokumenten immer wieder verwenden. Eine Bibliothek ist eine eigenständige Datei und wird über DATEI • NEU • BIBLIOTHEK angelegt. Nach Aufruf dieses Menüeintrags werden Sie direkt aufgefordert, einen Speicherort für die neue Bibliothek festzulegen. InDesign-Bibliotheken haben die Dateiendung .indl für InDesign Library (engl.: Bibliothek) ❶. Nach dem Sichern wird die neue, leere Bibliothek direkt geöffnet.

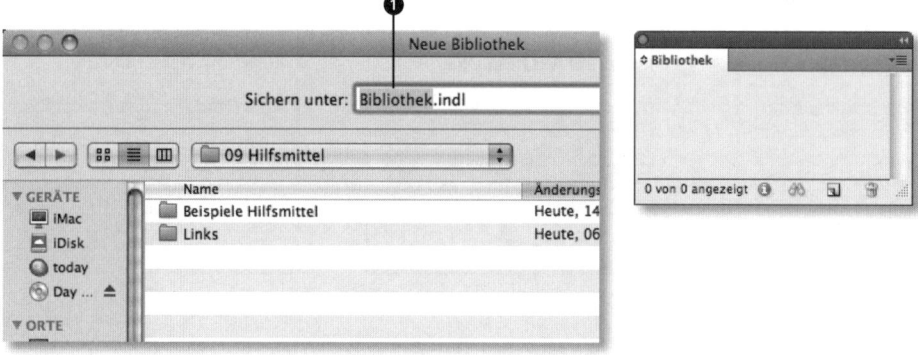

▲ **Abbildung 8.48**
Nachdem eine Bibliotheksdatei angelegt wurde, wird diese direkt geöffnet.

Objekte können in die Bibliothek aufgenommen werden ❸, indem sie auf das Fenster der Bibliothek gezogen werden ❷. Werden Objekte der Bibliothek hinzugefügt, erstellt InDesign automatisch Kopien der Objekte, die in die Bibliothek aufgenommen werden. Die Seite, von der die Objekte stammen, bleibt unverändert.

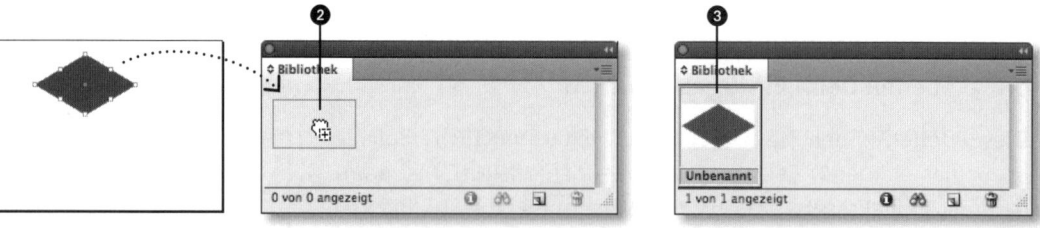

▲ **Abbildung 8.49**
Objekte können einfach auf das Bibliotheksfenster gezogen werden.

Im Menü des Bibliothekfensters sind außerdem zwei Befehle hinterlegt, mit denen ebenfalls Objekte zur Bibliothek hinzugefügt werden. Hier stehen Ihnen die beiden Varianten ELEMENTE AUF SEITE [AKTUELLE SEITE] HINZUFÜGEN/ALS SEPARATE OBJEKTE HIN-

ZUFÜGEN zur Verfügung. Durch den Befehl ELEMENTE AUF SEITE [AKTUELLE SEITE] HINZUFÜGEN werden alle Objekte als Einheit in der Bibliothek zusammengefasst ❹. Im Gegensatz dazu werden die Seitenobjekte durch den Befehl ELEMENTE AUF SEITE [AKTUELLE SEITE] ALS SEPARATE OBJEKTE HINZUFÜGEN als einzelne Objekte der Bibliothek hinzugefügt ❺.

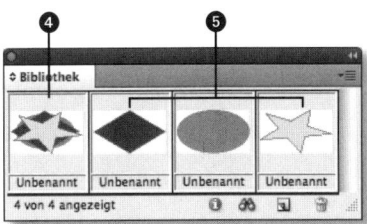

◄ **Abbildung 8.50**
Es können auch alle Objekte einer Seite gleichzeitig in die Bibliothek aufgenommen werden.

Objekte, die sich in einer Bibliothek befinden, können bei Bedarf einfach wieder auf die Dokumentseite gezogen werden. Dabei verbleibt das Bibliothekselement in der Bibliothek, auf der Dokumentseite wird eine Kopie positioniert ❻.

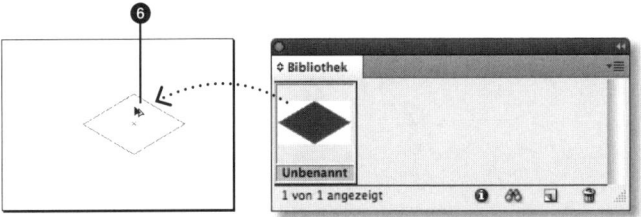

◄ **Abbildung 8.51**
Werden Objekte aus der Bibliothek auf eine Dokumentseite gezogen, wird automatisch eine Objektkopie erstellt.

Noch interessanter ist das Einsetzen von Bibliotheksobjekten über den Befehl OBJEKT(E) PLATZIEREN aus dem Bibliotheksmenü bzw. aus dem Kontextmenü, das sich durch einen Rechtsklick auf ein Objekt in der Bibliothek öffnet. Wird dieser Befehl gewählt, wird das markierte Objekt mit seinen ursprünglichen Koordinaten auf der aktuellen Seite platziert. Ein Objekt selbst »merkt« sich nämlich seine Objekteigenschaften, die es hatte, als es der Bibliothek hinzugefügt wurde!

Da eine Bibliothek auch komplexere Objekte aufnehmen kann, bieten sich hier enorme Möglichkeiten. So lassen sich beispielsweise auch Bildrahmen mit Textrahmen, die die Bildlegende aufnehmen sollen, in eine Bibliothek ziehen. Jedes Mal, wenn ein solcher Bildrahmen mit vorbereiteten Bildlegendentextrahmen benötigt wird, wird dieser aus der Bibliothek auf der Dokumentseite standgerecht platziert.

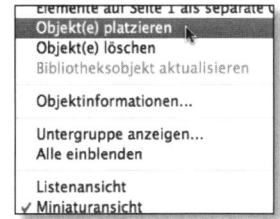

▲ **Abbildung 8.52**
Besonders interessant ist der Befehl OBJEKT(E) PLATZIEREN im Kontextmenü einer Bibliothek.

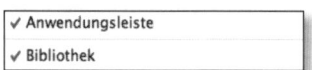

✔ Anwendungsleiste

✔ Bibliothek

▲ **Abbildung 8.53**
Bibliotheken werden wie Dokumente im Menü FENSTER aufgelistet.

8.7.1   Besonderheiten von Bibliotheken

InDesign-Bibliotheken weisen im Vergleich zu InDesign-Dokumenten einige Besonderheiten auf. Bibliotheken befinden sich immer im Vordergrund vor Dokumentfenstern und können nicht wie Dokumentfenster mittels Registerkarten am oberen Rand eines Dokumentfensters organisiert werden. Darin und in ihrem Layout ähneln sie eher Bedienfeldern. Sie sind jedoch, wie anfangs gezeigt, selbstständige InDesign-Dateien. Eine Bibliothek wird gespeichert, wenn sie geschlossen wird, einen extra Menüeintrag gibt es dafür nicht.

8.8   Snippets

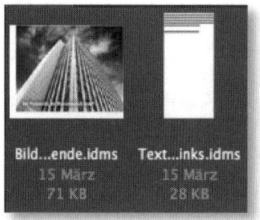

▲ **Abbildung 8.54**
In der Bridge werden Snippets mit einer Vorschau ihres Inhalts dargestellt.

Abbildung 8.55 ▶
Aus InDesign können auch einzelne oder mehrere Objekte exportiert werden, es steht dann das Format INDESIGN-SNIPPET zur Verfügung.

Die Fähigkeit von Objekten, Eigenschaften wie Koordinaten zu speichern, kann neben den Bibliotheken noch durch eine weitere Dateiart ausgenutzt werden: das Snippet (engl.: Schnipsel). Ein Snippet wird durch den Export von Objekten erzeugt. Hierzu wird DATEI • EXPORTIEREN aufgerufen. Im EXPORTIEREN-Dialog wird als Format INDESIGN-SNIPPET gewählt ❷, worauf sich die Dateiendung zu .idms ändert ❶.

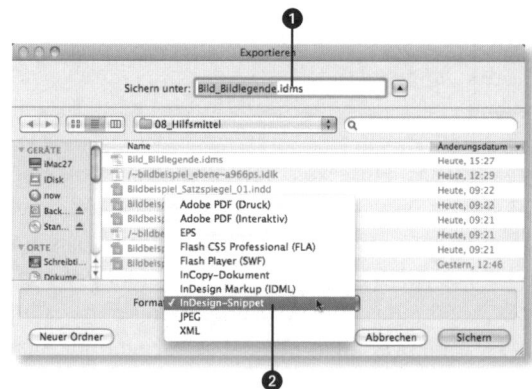

Anzeigenplatzhalter

Snippets bieten sich etwa zum Positionieren von Platzhaltern für Anzeigen beim Magazinlayout an, da Größe und Position der vorbereiteten Rahmen vordefiniert ist.

Um ein Snippet wieder in ein InDesign-Dokument einzufügen, muss DATEI • PLATZIEREN gewählt werden. Wird dann ein Snippet gewählt, wird das Snippet ähnlich wie bei Bildern mit einer Miniaturvorschau am Cursor gezeigt. Ein Klick auf eine leere Stelle platziert das Snippet an die betreffende Stelle.

Soll das Snippet an seiner Originalposition eingefügt werden, rufen Sie die Kategorie DATEIHANDHABUNG in den Voreinstellungen (BEARBEITEN/INDESIGN • VOREINSTELLUNGEN) auf. Dort markieren Sie statt CURSORPOSITION die Option URSPRÜNGLICHE POSITION. Alternativ können Sie beim Platzieren von Snippets auch die ⌥Alt⌥/⌥⌥-Taste drücken, dadurch wird die in den Voreinstellungen gewählte Option übergangen und das Snippet wird mit der jeweils anderen Option platziert.

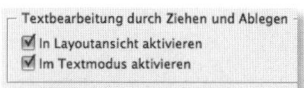

▲ **Abbildung 8.56**
Die in den Voreinstellungen markierte Option entscheidet über die Handhabung von Snippets beim Platzieren.

8.9   Spezielle Textfunktionen

In Kapitel 3, »Typografie«, haben Sie die umfangreichen Layout- und Formatierungsfunktionen von InDesign kennengelernt. InDesign bietet aber auch zur eigentlichen Textverarbeitung hilfreiche Funktionen an.

8.9.1   Textbearbeitung durch Ziehen und Loslassen

In den Voreinstellungen (BEARBEITEN/INDESIGN • VOREINSTELLUNGEN) im Register EINGABE finden Sie den Bereich TEXTBEARBEITUNG DURCH ZIEHEN UND ABLEGEN mit den beiden Optionen IN LAYOUTANSICHT AKTIVIEREN und IM TEXTMODUS AKTIVIEREN. Ich empfehle Ihnen, beide zu aktivieren.

Mit TEXTBEARBEITUNG DURCH ZIEHEN UND ABLEGEN ist eine Funktion gemeint, mit der Text einfach an eine andere Stelle verschoben werden kann. Ist diese Funktion aktiv, wird der betreffende Text wie gewohnt mit dem Textcursor markiert ❸, der Cursor wird dann mit gedrückter Maustaste an der Stelle positioniert, an der der markierte Text eingefügt werden soll ❹ und beim Loslassen der Maus wird der aktivierte Text von InDesign ausgeschnitten und an der neuen Stelle eingefügt ❺.

▲ **Abbildung 8.57**
Aktivieren Sie beide Optionen in den Voreinstellungen.

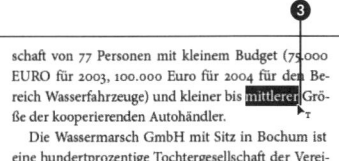

schaft von 77 Personen mit kleinem Budget (75.000 EURO für 2003, 100.000 Euro für 2004 für den Bereich Wasserfahrzeuge) und kleiner bis mittlerer Größe der kooperierenden Autohändler.
Die Wassermarsch GmbH mit Sitz in Bochum ist eine hundertprozentige Tochtergesellschaft der Verei-

schaft von 77 Personen mit kleinem Budget (75.000 EURO für 2003, 100.000 Euro für 2004 für den Bereich Wasserfahrzeuge) und kleiner bis mittlerer Größe der kooperierenden Autohändler.
Die Wassermarsch GmbH mit Sitz in Bochum ist eine hundertprozentige Tochtergesellschaft der Verei-

schaft von 77 Personen mit kleinem Budget (75.000 EURO für 2003, 100.000 Euro für 2004 für den Bereich Wasserfahrzeuge) und mittlerer kleiner bis Größe der kooperierenden Autohändler.
Die Wassermarsch GmbH mit Sitz in Bochum ist eine hundertprozentige Tochtergesellschaft der Verei-

Für Textkorrekturen, bei denen es nicht nur um Löschen und Einfügen von neuen Texten, sondern auch um das Umstellen von bestehenden Textpassagen geht, ist diese Option eine willkommene Arbeitserleichterung.

▲ **Abbildung 8.58**
Ist die oben gezeigte Textbearbeitungsoption aktiv, ist dies auch am veränderten Aussehen des Textcursors erkennbar.

8.9.2 Textmodus

Im Textmodus wird Ihnen der reine Text bar jeder Formatierung angezeigt. Aufgerufen wird diese besondere Textdarstellung über BEARBEITEN • IM TEXTMODUS BEARBEITEN oder über [Strg]/[⌘]+[Y]. Da im Textmodus immer Textabschnitte dargestellt werden, muss der Textcursor in einem Text positioniert sein. Entsprechend der Länge des angewählten Textes kann es eine Weile dauern, bis InDesign den aktuellen Text einblendet.

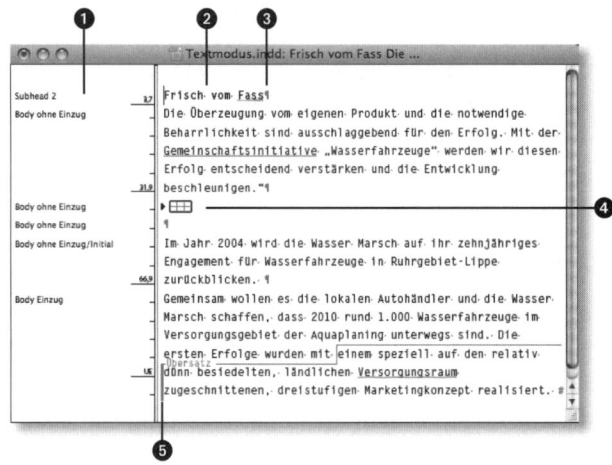

Abbildung 8.59 ►
Für eine Reihe von Arbeiten ist die nüchterne Darstellung im Textmodus sehr hilfreich.

Das Textmodus-Fenster ist vertikal in zwei Bereiche aufgeteilt. Links sind die Absatzformate aufgelistet ❶, die auf den Text im rechten Bereich angewendet wurden. An dieser Auflistung lässt sich die aktuelle Formatierung gegebenenfalls wesentlich besser überblicken und bei Bedarf überprüfen. Am formatierten Text im Layoutmodus ist ja nicht erkennbar, ob Absatzformate angewendet wurden oder ob der Text nur lokal formatiert wurde. Im Hauptbereich rechts werden neben dem eigentlichen Text auch die nichtdruckenden verborgenen Zeichen wie Leerzeichen ❷ und Absatzenden ❸ eingeblendet. Die zugrunde liegende Textstruktur ist so eindeutig zu erkennen. Tabellen werden im Textmodus als kleine Boxen dargestellt ❹, die an dem Ausklapp-Pfeil vergrößert werden können. Interessant ist auch die Tatsache, dass im Textmodus der gesamte Text eines Textabschnitts präsentiert wird: Ist Übersatztext vorhanden, wird dieser genau gekennzeichnet ❺ und kann bearbeitet werden. Der Textmodus ist somit die einzige Möglichkeit, sich Übersatz anzeigen zu lassen, ohne z. B. den entsprechenden Textrahmen zu vergrößern.

Gerade auch bei Tabellen kann der Textmodus sehr hilfreich sein. Zelleninhalte lassen sich im Textmodus gegebenenfalls einfacher markieren und ändern. Ausgeklappte Tabellen werden als einfache Listen ❻ im Textmodus dargestellt.

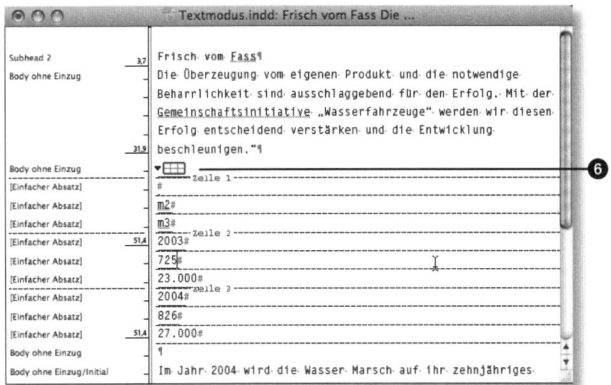

◄ **Abbildung 8.60**
Mit der neuen InDesign-Version lassen sich auch Tabelleninhalte im Textmodus bearbeiten.

8.9.3 Autokorrektur

Wenn Sie selbst Texte in InDesign verfassen, könnte die Autokorrektur für Sie von Interesse sein. Ist dieses Feature aktiviert, kann InDesign selbstständig falsch geschriebene Wörter korrigieren. Das funktioniert allerdings nur beim tatsächlichen Schreiben von Texten – die Autokorrektur kann nicht auf schon verfasste Texte angewendet werden.

In den VOREINSTELLUNGEN finden Sie in der Kategorie AUTO-KORREKTUR zunächst ein leeres Feld, das Sie selbst mit von Ihnen häufig falsch geschriebenen Wörtern und deren korrekter Schreibweise füllen müssen. Ist die Autokorrektur aktiviert, ersetzt InDesign das vertippte Wort durch die richtige Version.

Tipparbeit sparen

Geben Sie selbst vergebene Abkürzungen als Rechtschreibfehler an und bei KORREKTUR den ausgeschriebenen Begriff, sparen Sie sich viel Tipparbeit. Aus »IDD« könnte die Autokorrektur »InDesign-Dokument« machen.

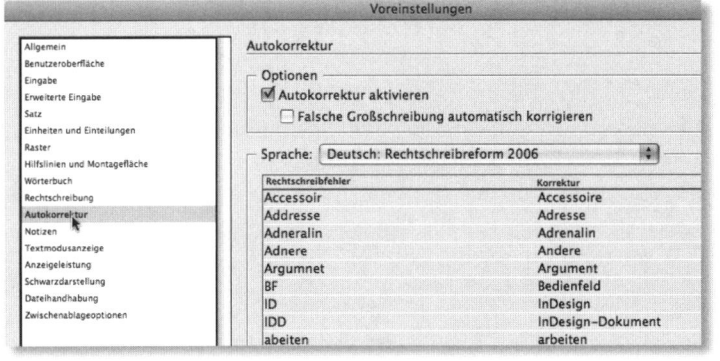

◄ **Abbildung 8.61**
Wenn Sie selbst viel schreiben, lohnt sich die Anlage von Wortpaaren in der Autokorrektur.

8.10 GREP-Suche

GREP

GREP steht für **g**lobal **r**egular **e**xpression **p**rint (engl. für: globale Suche und Ausgabe regulärer Ausdrücke).

Sie finden diese mächtige Suche im SUCHEN/ERSETZEN-Dialog, den Sie über das Menü BEARBEITEN aufrufen können. Die Suche mit GREP verwendet sogenannte reguläre Ausdrücke. Das sind Zeichenkombinationen, die bestimmte Zeichenmuster beschreiben und nicht wie bei der normalen Textsuche konkrete Wörter.

8.10.1 Mehrfache Leerzeichen suchen und ersetzen

Während mit einer normalen Textsuche nur eine konkrete Anzahl Leerzeichen (wie »suche genau zwei Leerzeichen«) gesucht werden kann, lassen sich mit GREP ❸ beispielsweise beliebig viele direkt aufeinanderfolgende Leerzeichen suchen. Das ist insofern nützlich, da gelieferte Texte immer mal wieder versehentlich zu viel eingegebene Wortzwischenräume enthalten. Darüber hinaus enthalten Texte manchmal auch mehrfache Leerzeichen oder Tabulatoren, mit denen in Word Texte eingerückt und positioniert wurden.

Metazeichen automatisch einfügen

Die Metazeichen werden von InDesign automatisch eingefügt, wenn Sie das gewünschte Zeichen über die Untermenüs neben SUCHEN NACH bzw. ÄNDERN IN anwählen (siehe Abbildung 8.62)

Sehen wir uns an, wie man eine entsprechende GREP-Suche formulieren könnte. Zunächst bietet es sich an, im Aufklappmenü des Bedienfeldes ❹ nachzusehen, ob der gewünschte Suchbegriff hier zu finden ist. Obwohl hier ein Untermenü LEERRAUM existiert, werden wir etwas weiter unten fündig – der Menüpunkt PLATZHALTER hält den Eintrag ALLE LEERRÄUME ❻ bereit. Damit sind neben den verschiedenen Leerzeichen eben auch Tabulatoren, aber auch Absatzenden gemeint.

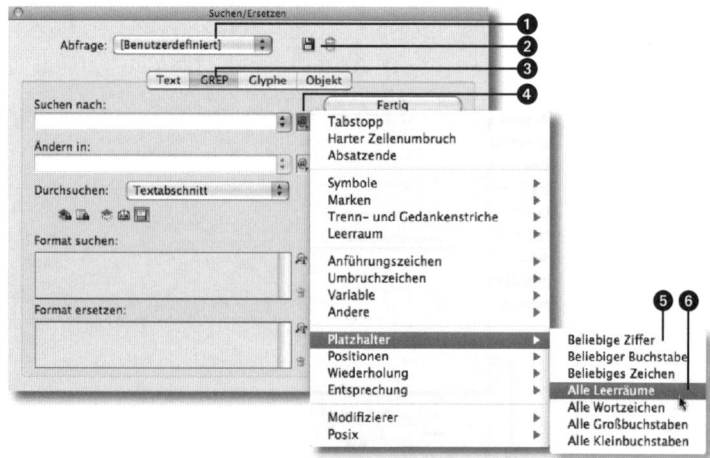

Abbildung 8.62 ▶
Das Untermenü im SUCHEN/ERSETZEN-Dialog ist für das Einfügen der gewünschten Metazeichen extrem hilfreich.

Wird hier ALLE LEERRÄUME gewählt, fügt InDesign das entsprechende GREP-Kürzel in das Feld SUCHE NACH ein: \s. Von diesen für GREP typischen Metazeichen gibt es sehr viele, zum Einstieg in das Thema sind die im Ausklappmenü hinterlegten Zeichen eine hervorragende Hilfe. Am Ende dieses Abschnitts auf Seite 389 finden Sie eine Übersicht der wichtigsten Kürzel.

Als Nächstes soll festgelegt werden, wie viele Leerzeichen, die direkt hintereinanderstehen, gefunden werden sollen. In GREP-Suchmustern wird die Anzahl der zu suchenden Zeichen in geschweiften Klammern (Alt + 8 bzw. 9) angegeben. Sollen in einem Text Postleitzahlen gesucht werden, würde \d{5} hierfür infrage kommen. Das \d steht für BELIEBIGE ZIFFER ❺, die {5} sagt GREP »finde Ziffernfolgen, die aus genau fünf beliebigen Ziffern bestehen«. Sollen Ziffern gefunden werden, die einer bestimmten Häufung entsprechen sollen, wird dieser Bereich angegeben. \d{3,5} heißt demnach »finde beliebige Ziffernfolgen, die aus drei, vier oder fünf Ziffern bestehen«. Dieses GREP könnte beispielsweise Vorwahlnummern finden. Wird die zweite Zahl weggelassen, sucht GREP das vorn stehende Suchmuster, das mindestens so häufig vorkommt, wie in den geschweiften Klammern angegeben. \d{2,} bedeutet »finde Zeichenfolgen, die aus mindestens zwei Ziffern bestehen«. Genau diese Musterwiederholung benötigen wir bei der Suche nach mehrfachen Leerzeichen. Damit sieht die GREP-Suche so aus: \s{2,}.

Da die mehrfachen Leerzeichen nicht durch nichts, sondern durch ein einfaches Leerzeichen ersetzt werden sollen, muss bei ÄNDERN IN ebenfalls ein \s eingetragen werden. Soll die Suche mehrfach verwendet werden, wird sie mit einem Klick auf den Disketten-Button ❷ für spätere Verwendungen unter einem aussagekräftigen Namen gespeichert. Die gespeicherten GREP-Suchen sind über das Pulldown-Menü ABFRAGE ❶ wieder aufrufbar. Hier sind auch einige vorinstallierte Suchen zu finden. Ein Blick auf diese Suchen hilft, um in das Thema weiter einzusteigen.

Hier finden Sie etwa auch die Suche MEHRERE LEERSTELLEN IN EINFACHE LEERSTELLE. Dieses Suchmuster ist deutlich komplexer als die eben entwickelte Lösung. Tatsächlich sind hier jedoch nur die verschiedensten Leerzeichen nacheinander aufgelistet. ~m steht für Geviert, ~> für Halbgeviert etc.

Nur Leerzeichen finden

Wenn Sie statt nach ALLEN LEERRÄUMEN, die Tabulatoren und Absatzenden enthalten, nur Leerzeichen suchen möchten, geben Sie eines einfach unter SUCHE NACH ein. Wie bei der normalen Textsuche wird das einfache Leerzeichen auch bei GREP nicht angezeigt. Sollen wiederholte Leerzeichen gesucht werden, lautet die GREP-Suche hierfür: `[[Leerzeichen]]{2,}` (der Ausdruck `[[Leerzeichen]]` steht hier nur zur Verdeutlichung).

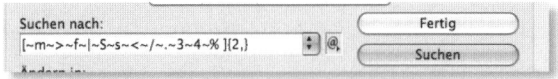

◀ **Abbildung 8.63**
In einer der vorinstallierten Suchabfragen werden alle Leerzeichen aufgeführt.

Schritt für Schritt: Eigene GREP-Abfrage erstellen

In Kapitel 3, »Typografie«, wurden im Workshop »Absatzformate definieren« die Spiegelstriche mit einer vergleichsweise umständlichen Textsuchabfrage in einer Auflistung gesucht und gelöscht (siehe Seite 153), damit die Aufzählungszeichen anschließend durch die Listenfunktion erzeugt werden konnten. Die Spiegelstriche konnten mit einer einfachen Textsuche nur in Kombination mit dem vorangehenden Absatzzeichen gesucht und ersetzt werden, da der Viertelgeviertstrich auch als Bindestrich im Text vorkommt.

Mit GREP kann eine solche Suche eleganter gelöst werden, da hier im Gegensatz zur reinen Textsuche nach Absatzanfängen gesucht werden kann.

> - Modifikation des Förderprogramms, I
> Gesamt-Förderaktivitäten
> - Abschluss des Infrastrukturaufbaus du
> che Wasser-Tankstellen in Bochum und

▲ **Abbildung 8.64**
Zur Formatierung mit Aufzählungszeichen sollen die Spiegelstriche am Zeilenanfang der einzelnen Listenpunkte gelöscht werden.

❶ Mit GREP nach Absatzanfängen suchen

Öffnen Sie die Datei »Liste_GREP.indd« von der DVD und lassen Sie sich über BEARBEITEN • SUCHEN/ERSETZEN den gewünschten Dialog anzeigen. Markieren Sie nun mit einem Klick auf die Registerkarte die Suchkategorie GREP ❶. Öffnen Sie dann das Untermenü neben SUCHEN NACH ❷ und wählen dort POSITIONEN • ABSATZBEGINN ❸.

»Liste_GREP.indd«

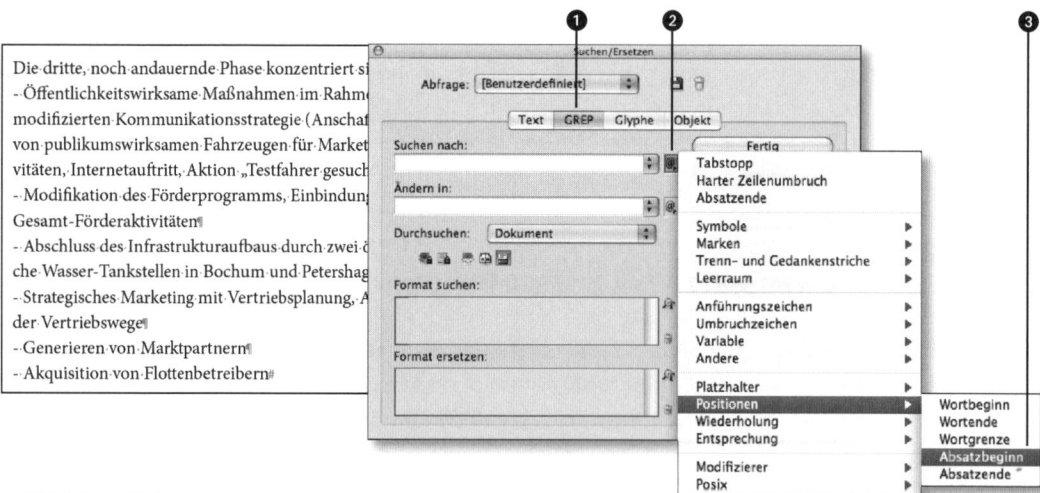

▲ **Abbildung 8.65**
Die wichtigsten Elemente lassen sich im Menü direkt anwählen.

Im Feld SUCHEN NACH fügt InDesign nach der Anwahl von ABSATZBEGINN das Caret-Zeichen (^) ein, das entsprechende Metazeichen in der GREP-Suche für Absatzbeginn.

2   Die Suchabfrage vervollständigen

Im SUCHEN NACH-Feld brauchen Sie nun nur noch das Divis (-)
und ein Leerzeichen nach dem Caret-Zeichen einzugeben. Für
diese beiden Zeichen müssen Sie nicht einmal Metazeichen verwenden, die GREP-Suche funktioniert auch mit den buchstäbli-
chen Zeichen:

◀ **Abbildung 8.66**
Hiermit werden die Spiegelstriche gefunden.

3   Die Suchabfrage anwenden

Das ÄNDERN IN-Feld bleibt leer, die Spiegelstriche mitsamt den
folgenden Leerzeichen sollen einfach nur gelöscht werden. Ein
Klick auf den Button ALLE ÄNDERN führt zu dem gewünschten
Ergebnis, die Bindestriche sind unangetastet geblieben ❹ ❺,
gelöscht wurden nur die Striche an der linken Satzkante:

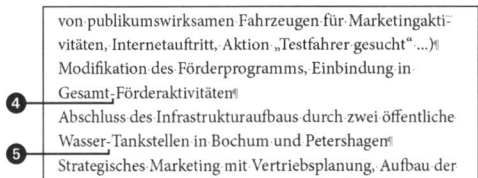

◀ **Abbildung 8.67**
Die Spiegelstriche sind durch
die GREP-Suchabfrage gelöscht
worden, zwischen Wortkom-
binationen sind sie stehen
geblieben.

Speichern Sie die erstellte GREP-Abfrage mit einem Klick auf das
Disketten-Symbol im SUCHEN/ERSETZEN-Dialog ab.

4   Listenfunktion anwenden

Nun sind die Absätze natürlich nicht mehr als Teil einer Liste zu
erkennen. Markieren Sie daher die sechs Absätze, die zur Auflistung gehören, und betätigen Sie dann abwechselnd den Button
LISTE MIT AUFZÄHLUNGSZEICHEN ❻ und den Button NUMMERIERTE
LISTE ❼ im STEUERUNG-Bedienfeld – die Listenart lässt sich nun
beliebig zuweisen. Die gewünschte Formatierung kann anschließend wie gewohnt in ein Absatzformat übernommen und angewendet werden.

▼ **Abbildung 8.68**
Die Art der Liste kann nun
beliebig mit den beiden Schaltflächen des STEUERUNG-Bedienfeldes zugewiesen werden.

• Öffentlichkeitswirksame Maßnahmen im Rahmen einer modifizierten Kommunikationsstrategie (An-schaffung von publikumswirksamen Fahrzeugen für Marketingaktivitäten, Internetauftritt, Aktion „Test-fahrer gesucht" ...)	1. Öffentlichkeitswirksame Maßnahmen im Rahmen einer modifizierten Kommunikationsstrategie (An-schaffung von publikumswirksamen Fahrzeugen für Marketingaktivitäten, Internetauftritt, Aktion „Test-fahrer gesucht" ...)
• Modifikation des Förderprogramms, Einbindung in Gesamt-Förderaktivitäten	2. Modifikation des Förderprogramms, Einbindung in Gesamt-Förderaktivitäten

8.10.2 Reihenfolge von Suchergebnissen ändern

Ein besonderes Feature besteht bei GREP darin, dass die Reihenfolge von Suchergebnissen geändert werden kann. Im folgenden Beispiel werden Nachname und Vorname vertauscht, das Komma nach den Nachnamen wird dabei gelöscht:

Abbildung 8.69 ▶
Mit GREP kann die Abfolge der Namen einer Liste problemlos getauscht werden.

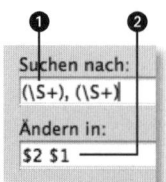

Ausdrücke, die in runden Klammern stehen ❶, können im Bereich ÄNDERN IN ❷ in ihrer Reihenfolge manipuliert werden. $1 entspricht dem Suchergebnis, das durch das Suchmuster der ersten Klammer bei SUCHEN NACH steht. In diesem Fall ist dies also der Nachname. Er wird im Feld ÄNDERN IN an die zweite Stelle nach $2, dem Suchergebnis für den Vornamen, gestellt.

Die Namen selbst werden durch \S+ gefunden. \S ist das Metazeichen für »beliebiges Zeichen, das kein Leerraum ist« und + bedeutet »einmal oder mehrmals«.

8.10.3 Wortalternativen suchen

Suchergebnisse formatieren

Häufig sollen Suchergebnisse nicht nur durch etwas anderes ersetzt, sondern auch formatiert werden. Das Vorgehen bei GREP-Suchen entspricht genau dem bei der Textsuche (siehe Seite 103).

Um verschiedene Varianten desselben Wortes zu finden und umzuformatieren, mussten Sie bislang jedesmal, wenn die Textsuche »Wasserfahrzeug« gefunden hatte, mit einem Doppelklick auf das Wort im Text sicherstellen, dass etwa auch »Wasserfahrzeugen« markiert und dann formatiert wurde (siehe Seite 103).

Mit GREP können Sie nach den verschiedenen Wortalternativen suchen und die gefundenen Wörter direkt formatieren lassen. Zunächst wird der Wortstamm, in diesem Fall also »Wasserfahrzeug«, bei SUCHEN NACH eingetragen. Über das Aufklappmenü wird PLATZHALTER • ALLE WORTZEICHEN und WIEDERHOLUNG • NULL ODER MEHRERE MALE gewählt. InDesign trägt die passenden Metazeichen \w und * ein ❸:

Abbildung 8.70 ▶
Mit \w werden Wortzeichen gesucht, das * bedeutet keinmal oder mehrere Male.

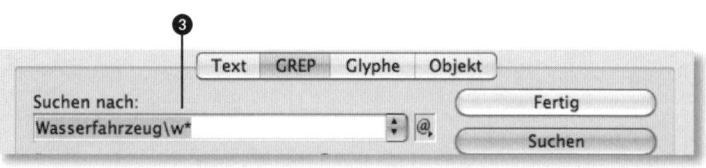

8.10.4 Bis-Striche zwischen Ziffern setzen

Zwischen Jahres- und Seitenzahlen wird als typografisch korrektes Zeichen der Halbgeviertstrich gesetzt (siehe Seite 107). Mit GREP lässt sich das in Textdateien meist verwendete Divis ganz einfach suchen und durch den Halbgeviertstrich ersetzen. Die meisten Details aus der folgenden Suche kennen Sie schon. \d steht für eine beliebige Ziffer ❹, die Klammern erlauben, dass die gefundenen Ziffern bei ÄNDERN IN einfach wieder mit $1 und $2 eingesetzt werden und damit unverändert bleiben. Das Metazeichen ~= steht für den gewünschten Halbgeviertstrich, der zwischen die beiden gefundenen Ziffern eingefügt wird ❺.

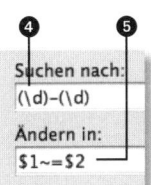

Kapitel 1-2	Kapitel 1–2
S. 356-370	S. 356–370
Von 1970-1975	Von 1970–1975

Wie Sie sicherlich gesehen haben, ist GREP ein mächtiges Tool zur Textmanipulation, wobei die hier gezeigten Beispiele nur einen kleinen Teil der Möglichkeiten, die GREP bietet, wiedergeben. Wichtige Metazeichen, die bei einer GREP-Suche im Feld SUCHEN NACH angewendet werden, sind:

Suchmuster	Metazeichen
beliebige Ziffer	\d
beliebiges Zeichen	.
beliebiges Wortzeichen	\w
beliebiger Leerraum	\s
gefundener Text 1–9	$1-9 (gibt Nummer der Gruppierung wieder, die bei SUCHEN NACH in Klammern gesetzt wurde, siehe Abbildung 8.69 u. 8.71)
null oder einmal	?
null oder mehrere Male	*
einmal oder mehrere Male	+
Zeichengruppe	[ ]
oder	|

Lookbehind/Lookahead

In GREP-Suchen kann auch nach Bedingungen gesucht werden, ohne dass diese als Suchergebnis ausgegeben werden. So findet auch (?<=\d)-(?=\d) ein Divis nur, wenn davor und danach eine beliebige Ziffer steht. Derartige Bedingungen werden als positives Lookbehind/Lookahead bezeichnet.

◀ **Abbildung 8.71**
Ein Divis zwischen beliebigen Ziffern wird mit Hilfe von GREP ganz einfach ausgetauscht.

◀ **Tabelle 8.1**
Hier finden Sie wichtige Metazeichen für den Einsatz bei der GREP-Suche.

Weitere Ressourcen

Neben der InDesign-Hilfe, in der Sie natürlich eine komplette Liste der Metazeichen finden, bietet Gerald Singelmann auf seiner Website *www.indesign-faq.de* weiterführende Infos zum Thema GREP. Eine sehr gute – englischsprachige – Übersicht bietet auch Michael Murphy auf *www.theindesigner.com*.

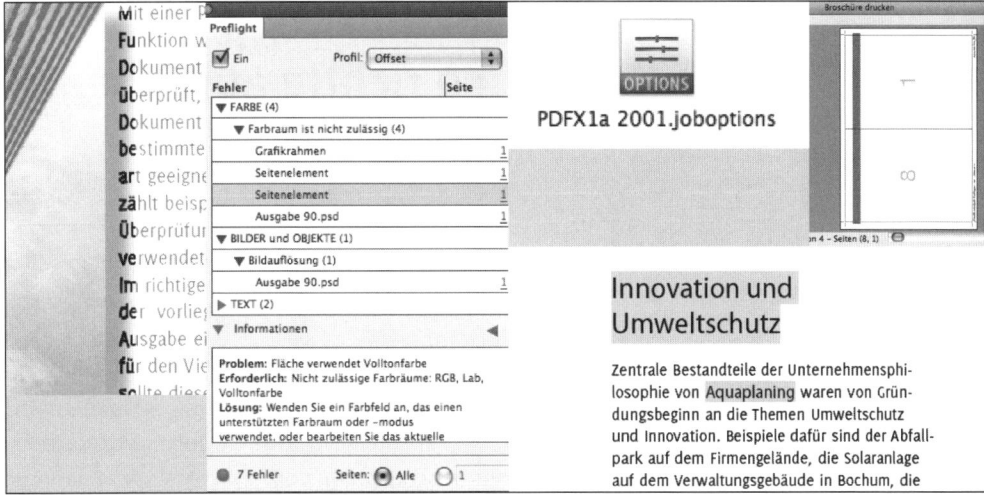

Kapitel 9

Dokumente prüfen und richtig ausgeben

Auf dem Punkt landen

Sie werden lernen:

- ▸ wie Sie Probleme mit Schriften lösen
- ▸ wie Sie Layouts für ältere Programmversionen speichern
- ▸ was Transparenzreduzierung ist
- ▸ was Separation ist und wie Sie diese überprüfen
- ▸ was Live-Preflight ist
- ▸ wie Sie Ihre Layouts auf einem Drucker ausgeben
- ▸ wie Sie Layoutdaten als PDF exportieren
- ▸ wie Sie Ihre Layoutdaten zentral sammeln
- ▸ wie Sie interaktive Dokumente erstellen und ausgeben

9 Dokumente prüfen und richtig ausgeben

Jedes gelungene Layout will letztlich ausgegeben werden. Sei es, dass es auf einem Desktop-Drucker gedruckt oder im Digital- oder Offsetdruck vervielfältigt wird. In den beiden letztgenannten Fällen werden Sie am ehesten PDF-Dateien an die Druckdienstleister weitergeben und keine offenen InDesign-Dokumente. Damit die jeweilige Ausgabe ohne Überraschungen vonstattengeht, sehen wir uns die verschiedenen vorbereitenden Maßnahmen und individuellen Arbeitsschritte einmal genauer an.

9.1 Schriftprobleme lösen

Zunächst einmal kann festgestellt werden, dass Adobe den InDesign-Anwendern verschiedene umfangreiche Funktionen bereitstellt, die das Prüfen und das eventuell notwendige Beheben von potenziellen Problemen vereinfacht. Auf einige Fallstricke weist InDesign automatisch hin, wenn Schwierigkeiten festgestellt werden. Das ist beispielsweise bei Schriftproblemen der Fall. Wird ein InDesign-Dokument geöffnet, in dem Schriften eingesetzt werden, die auf dem aktuellen System nicht verfügbar sind, wird eine Warnmeldung eingeblendet, in der alle fehlenden Schriften aufgelistet sind:

Fontutilities

Programme, die Schriften verwalten, bieten die Möglichkeit, Fonts erst dann zu laden, wenn sie benötigt werden. Der Vorteil dabei liegt darin, dass die aktivierten Schriften nur so lange das System belasten, wie sie beispielsweise von InDesign benötigt werden. Wird ein Dokument geschlossen, das andere als Systemschriften verwendet, werden diese Schriften wieder deaktiviert. Als Fontutilities bieten sich etwa Extensis Suitcase und Linotype Fontexplorer an.

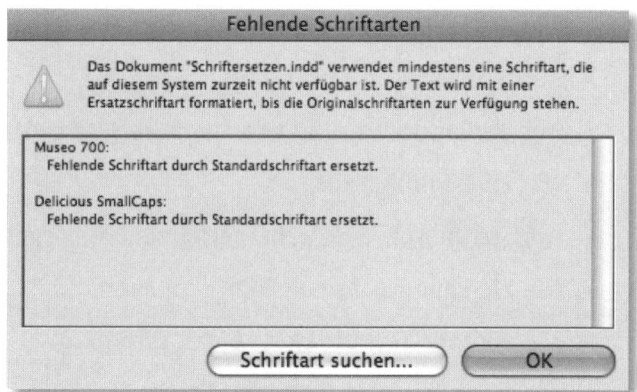

Abbildung 9.1 ▶
InDesign merkt beim Öffnen von Dateien, ob die verwendeten Schriften auf dem Rechner verfügbar sind.

Bestätigen Sie das Dialogfenster mit OK, wird das betreffende Dokument geöffnet und alle Textpassagen, die nicht installierte Schriften verwenden, werden mit Rosa unterlegt. Als Schrift wird die Myriad verwendet:

Innovation und Umweltschutz Zentrale Bestandteile der Unternehmensphilosophie von Aquaplaning waren von Grün-	**Innovation und Umweltschutz** Zentrale Bestandteile der Unternehmensphilosophie von AQUAPLANING waren von Grün-

◄ **Abbildung 9.2**
Texte, die Schriften verwenden, die dem Betriebssystem nicht zur Verfügung stehen, werden von InDesign im Dokument rosa gemarkert (links).

Wählen Sie im Dialog FEHLENDE SCHRIFTARTEN statt des OK- den SCHRIFTART SUCHEN-Button, erscheint ein zweiter Dialog, in dem Sie fehlende Schriften durch solche ersetzen können, die auf Ihrem Rechner aktiv sind:

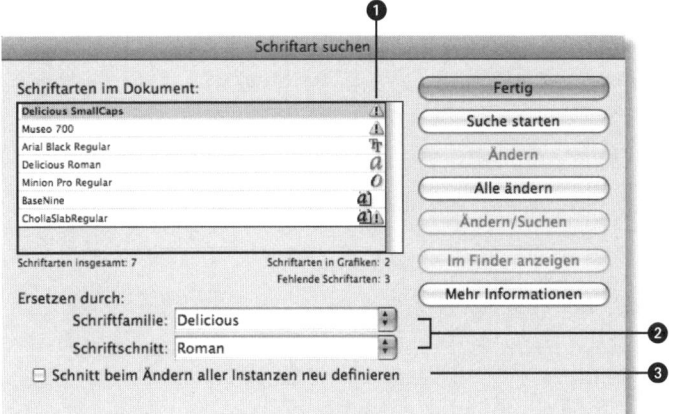

◄ **Abbildung 9.3**
Der Dialog SCHRIFTART SUCHEN bietet umfangreiche Möglichkeiten, mit fehlenden Schriften umzugehen.

Alle im Dokument verwendeten Schriften werden nach ihren Schnitten aufgelistet ❶, die Icons am rechten Rand geben wie in den Fontmenüs die jeweilige Schrifttechnologie an. Im Beispiel aus Abbildung 9.3 fehlt neben der Museo 700 für die Headline die Delicious SmallCaps für das Wort »Aquaplaning«. Bei ERSETZEN DURCH ❷ können die gewünschte Schriftfamilie und der gewünschte Schriftschnitt angegeben werden, die den in der Liste markierten Schriftschnitt ersetzen sollen. Mit SCHNITT BEIM ÄNDERN ALLER INSTANZEN NEU DEFINIEREN ❸ können Sie die Schrift sogar in Absatzformaten und Zeichenformaten ersetzen.

Mit dem Button FERTIG verlassen Sie den Dialog, unabhängig davon, ob Sie Schriften ersetzt haben oder nicht. SUCHE STARTEN durchsucht das gesamte Dokument nach der ersten Position,

Schriftart suchen

Der Dialog SCHRIFTART SUCHEN kann auch über das SCHRIFT-Menü aufgerufen werden und zum Ersetzen von vorhandenen Schriften eingesetzt werden. Dies kann beispielsweise bei der Entwicklung von Designvarianten Sinn machen.

an der die markierte Schrift verwendet wird, und zeigt diese im Dokumentfenster an. Mit den daraufhin zur Verfügung stehenden Buttons WEITERSUCHEN bzw. ÄNDERN können Sie bestimmen, wie InDesign weiter vorgehen soll. Mit Betätigung des WEITER-SUCHEN-Buttons ❸ bleibt die Textstelle unverändert, ÄNDERN ❹ würde dementsprechend die Schriftart und den Schriftschnitt der durch die Suche markierten Worte ändern. Mit ALLE ÄNDERN ❺ würden alle Stellen, an denen die fehlende Schrift eingesetzt wird, geändert. ÄNDERN/SUCHEN ❻ veranlasst InDesign dazu, die aktuell gefundene Textpassage zu ändern und direkt weiterzusuchen. Allgemeine Angaben zu den Dokumentschriften werden unterhalb der Auflistung angegeben ❼.

Abbildung 9.4 ▶
Mit Hilfe des Dialogs SCHRIFT-ART SUCHEN können Schriften dokumentweit ersetzt werden.

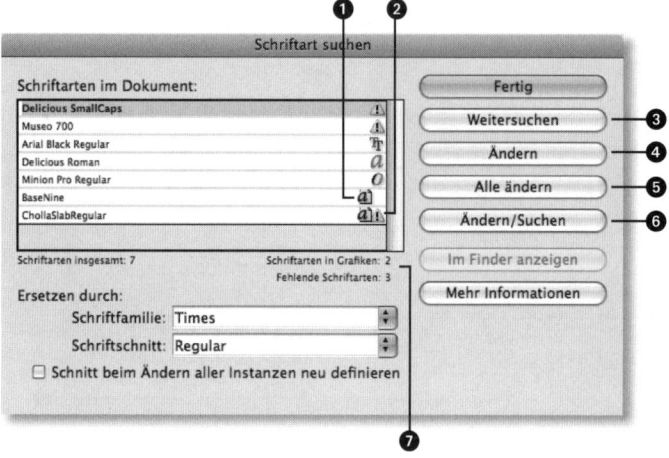

Interessant ist auch die Fähigkeit von InDesign, fehlende Schriften in platzierten Grafiken zu bemerken. Grafiken, die bearbeitbaren Text enthalten, werden im SCHRIFTART SUCHEN-Dialog durch ein Dokumentsymbol mit einem »a« gekennzeichnet ❶. Fehlt die Schrift, die im Dokument verwendet wird, erhält dieses Symbol wie die fehlenden Dokumentschriften ein Warndreieck ❷. Beachten Sie hierbei, dass InDesign dies nur anmerkt, wenn Sie den Dialog SCHRIFTART SUCHEN öffnen. Beim Öffnen eines InDesign-Dokumentes, das Grafiken mit fehlenden Schriften enthält, wird diese Information nicht angezeigt (siehe Abbildung 9.1). Ähnlich wie im Bedienfeld VERKNÜPFUNGEN können Sie die gewünschte Grafik in der Auflistung des SCHRIFTART SUCHEN-Dialogs markieren und durch einen Klick auf den Button, der dann mit GRA-FIK SUCHEN beschriftet ist, die entsprechende Grafik im Layout

▲ Abbildung 9.5
Wird eine Grafik in der Liste markiert, ändert sich die Beschriftung des zweiten Buttons in GRAFIK SUCHEN.

im Dokumentfenster einblenden. Fehlende Schriften in Grafiken können von InDesign zwar erkannt und angezeigt werden, soll eine solche Schrift jedoch in eine auf dem aktuellen Rechner vorhandene ersetzt werden, so muss dies in der Ursprungsapplikation der Grafik erledigt werden.

Dass eine Schrift in einer importierten Grafik fehlt, merkt InDesign noch an zwei anderen Stellen an. Die Preflight-Leiste am unteren Dokumentfensterrand weist mit einem roten Button auch auf fehlende Schriften hin. Ein Doppelklick auf den roten Button ❽ öffnet das PREFLIGHT-Bedienfeld. Im Beispiel werden auch hier die drei fehlenden Schriften aufgelistet und wie im Dialog SCHRIFTART SUCHEN kann die entsprechende Grafik ❾ vom PREFLIGHT-Bedienfeld aus im Dokumentfenster aufgerufen werden. Wir werden dieses hervorragende Feature des Live-Preflights später noch detaillierter besprechen.

Aufräumen

Ein Blick in den SCHRIFTART SUCHEN-Dialog, den Sie auch über das Menü SCHRIFT aufrufen können, lohnt sich auch, nachdem importierte Word-Texte formatiert wurden. InDesign merkt auch jedes z. B. mit der Times oder Arial formatierte Leerzeichen (!) und Absatzende an. Um spätere Verwirrung zu vermeiden, ersetzen Sie solche Schriften frühzeitig mit Hilfe dieses Dialoges.

◄ **Abbildung 9.6**
Der PREFLIGHT-Dialog weist auch auf fehlende Schriften in Grafiken hin.

Neben dem Live-Preflight werden Sie außerdem bei dem Versuch, eine Datei als PDF oder auf einem Drucker auszugeben, mit einem Warnhinweis auf die fehlenden Schriften aufmerksam gemacht. Mit Betätigung des OK-Buttons wird die Datei trotz fehlender Schriften ausgegeben, der ABBRECHEN-Button bricht die Ausgabe ab und der Button SCHRIFTART SUCHEN öffnet wiederum den entsprechenden Dialog.

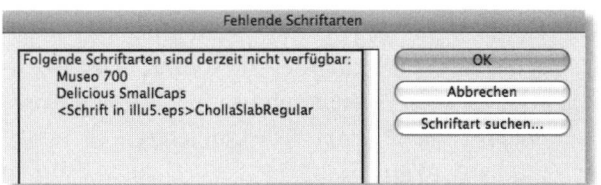

◄ **Abbildung 9.7**
Soll ein InDesign-Dokument mit fehlenden Schriften ausgegeben werden, weist InDesign auf die benötigten Fonts hin.

9.2 Verschiedene Wörterbücher

Wenn Sie Fremddaten übernehmen, kann es neben den Schrift-konflikten auch zu Problemen durch verschiedene Wörterbücher kommen. Öffnen Sie eine Datei, deren Worttrennungen von denen Ihres Wörterbuches abweichen, erhalten Sie eine Warn-meldung:

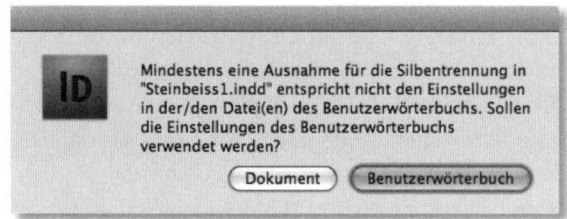

Abbildung 9.8 ▶
InDesign weist auf Silben-trennungsprobleme hin.

Der Button BENUTZERWÖRTERBUCH ist wie zu sehen vorgewählt, was seitens Adobe eine recht merkwürdige Entscheidung dar-stellt: Bei Bestätigung dieser Wahl wird das Dokument nämlich mit den Silbentrennungen des Benutzers neu umbrochen, der die Datei öffnet. Wird hingegen DOKUMENT gewählt, bleibt die ursprüngliche Silbentrennung so, wie der Ersteller der Datei sie vorgesehen hat, erhalten. Am einfachsten kann derartigen Pro-blemen vorgebeugt werden, wenn die InDesign-Datei mit allen verwendeten Daten als Paket weitergegeben wird. Wir kommen später auf das Verpacken von InDesign-Dokumenten zurück.

9.3 Dateien verschiedener Programmversionen

*0704–03 OGTS Apr.indd @ 97 % [Umgewandelt]

▲ **Abbildung 9.9**
Beim Öffnen eines Dokumen-tes, das in einer älteren InDesign-Version erstellt wurde, wird im Dokumenttitel [UMGEWANDELT] angezeigt.

Erhalten Sie InDesign-Dokumente zur Bearbeitung von Kollegen, sollte es zwar nicht zu Problemen kommen, auszuschließen ist dies aber vor allem bei Plattform-Unterschieden (PC/Mac) und auch bei Unterschieden zwischen den InDesign-Versionen nicht.

Wird eine Datei geöffnet, die mit einer älteren InDesign-Ver-sion erstellt wurde, als die, mit der Sie arbeiten, wird die Datei in das Dateiformat Ihrer Version konvertiert. Erkennbar ist dies an der Fensterzeile, dort wird neben dem Dokumentnamen [UMGE-WANDELT] eingeblendet. Möchten Sie ein konvertiertes Doku-ment schließen, werden Sie – selbst ohne zusätzliche Änderun-gen vorgenommen zu haben – von InDesign gefragt, ob Sie die Änderungen speichern wollen. Bestätigen Sie dies durch Drücken des SPEICHERN-Buttons, ist die Datei von nun an nur noch mit der InDesign-Version zu öffnen, mit der Sie die Datei gespeichert haben, da Sie durch das Speichern die Konvertierung der Datei bestätigen.

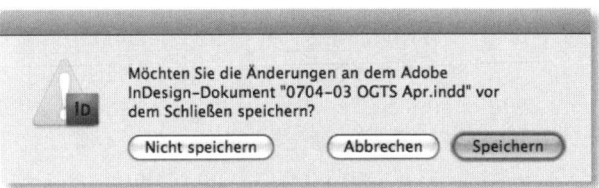

◀ **Abbildung 9.10**
Wird ein Dokument einer älteren InDesign-Version geöffnet und gespeichert, kann sie nur noch mit dem neueren Programm geöffnet werden.

InDesign kann zwar immer problemlos Dateien von vorangegangenen Programmversionen öffnen, es ist hingegen nicht möglich, direkt Layouts aus einem Programm einer höheren Versionsnummer mit einer älteren InDesign-Version zu öffnen.

Möglich ist der Austausch von einer höheren Programmversion in eine ältere dennoch. Diese Weitergabe funktioniert jedoch immer nur für die direkt vorangegangene Programmversion. Aus InDesign CS5 können Sie also nur eine Datei für InDesign CS4 erstellen, nicht für noch ältere Versionen. Um nun eine Datei für die jeweils vorige InDesign-Version zu speichern, muss die Datei im InDesign Interchange-Format mit der Dateiendung .idml ❶ abgespeichert werden. Dieses Format kann beim Dateiexport über DATEI • EXPORTIEREN im entsprechenden Dialog gewählt werden ❷.

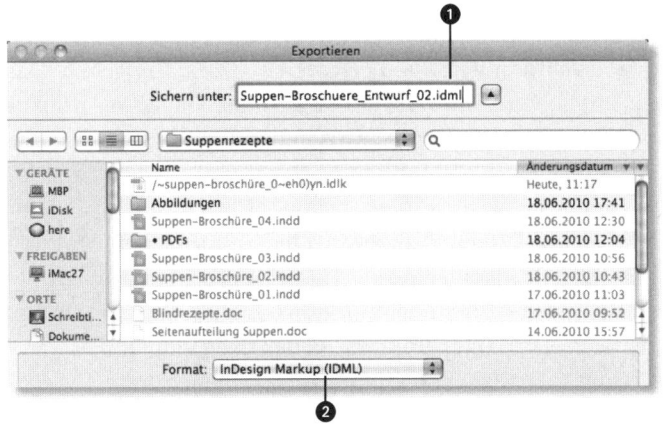

◀ **Abbildung 9.11**
Im EXPORTIEREN-Dialog steht Ihnen auch ein InDesign-Austauschformat für die jeweils vorige Programmversion zur Verfügung.

Damit eine Datei im jeweiligen Austauschformat von der passenden Programmversion geöffnet werden kann, müssen gegebenenfalls die dafür notwendigen Zusatzmodule aktualisiert werden. Rufen Sie hierfür in dem Programm, mit dem die .idml-Datei geöffnet werden soll, HILFE • AKTUALISIERUNGEN auf. Hierfür muss eine Internetverbindung bestehen, das Programm Adobe Updater wird daraufhin gestartet und überprüft, ob Updates für die installierten Adobe-Programme verfügbar sind. Folgen Sie gegebenenfalls den Bildschirmanweisungen. Anschließend sollte sich die .idml-Datei von der CS4-Version öffnen lassen. Hierbei wandelt InDesign die .idml-Datei in ein unbenanntes Dokument der vorangegangenen Programmversion um. Entsprechend der im Ursprungsdokument angewendeten versionsspezifischen Features kann es hierbei natürlich zu Unterschieden kommen.

Zusammenfassend kann festgestellt werden, dass es zwar grundsätzlich möglich ist, InDesign-Daten zwischen verschiedenen Betriebssystemen und/oder Programmversionen auszutauschen, wegen der möglichen Probleme ist dies aber nicht empfehlenswert und sollte nach Möglichkeit vermieden werden. Dies gilt besonders für komplexe Layouts, die intensiven Gebrauch von Funktionen der höheren Programmversion machen.

Transparenzfarbraum

Im InDesign-Dokument können sich Objekte überlagern, die in verschiedenen Farbräumen vorliegen. Die Reduzierung von Transparenzen kann hingegen immer nur in einem Farbraum erfolgen. Dieser kann unter BEARBEITEN • TRANSPARENZFÜLLRAUM festgelegt werden, hier steht der jeweilige RGB- bzw. CMYK-Arbeitsfarbraum zur Wahl.

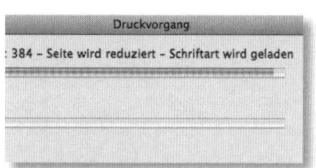

9.4 Transparenzreduzierung

Für den Anwender wird im Druckfenster (siehe Abbildung 9.12) ersichtlich, dass InDesign bei der Ausgabe von Objekten, auf die Transparenzeffekte angewendet wurden, eine sogenannte Transparenzreduzierung durchführt. Hierbei werden die betreffenden Objekte in vektorbasierte und gerasterte Bereiche aufgeteilt. Das ist bei Ausgabeprozessen notwendig, die die Transparenzfunktionen von InDesign nicht unterstützen. Dazu zählt beispielsweise der Druck auf Desktop-Druckern oder, abhängig von der gewählten PDF-Version, auch die Ausgabe einer Datei als PDF.

▲ **Abbildung 9.12**
Dokumentseiten werden bei der Ausgabe, hier beim Ausdruck, reduziert.

Es sind drei Reduzierungsvorgaben vorinstalliert, auf die InDesign bei der Ausgabe von Transparenzen zurückgreift. In diesen Vorgaben ist hinterlegt, wie InDesign beim Auflösen der Transparenzen verfahren soll. Im Allgemeinen sorgen diese drei Vorgaben für gute Ergebnisse, sollten Sie dennoch andere Vorgaben als diese drei benötigen, um so die besten Ausgabeergebnisse für Ihre individuellen Geräte zu erstellen, können Sie diese im Dialog TRANSPARENZREDUZIERUNGSVORGABEN anlegen. Sie finden ihn im Menü BEARBEITEN. Über diesen Dialog lassen sich nicht nur

▲ **Abbildung 9.13**
Diese drei Reduzierungsvorgaben sind vorinstalliert.

eigene Vorgaben erstellen, hier können ebenso Vorgaben geladen oder über den Befehl SPEICHERN in einer .flst-Datei gespeichert werden, die Sie Ihrerseits weitergeben können.

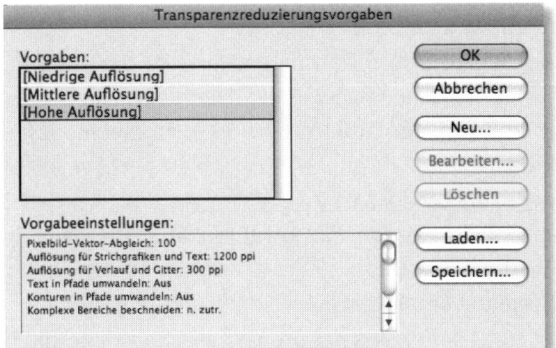

◄ **Abbildung 9.14**
Die vorinstallierten Vorgaben lassen sich zwar nicht öffnen, im unteren Bereich sind aber die von Adobe angewendeten Einstellungen einsehbar.

Mit einem Klick auf NEU… erhalten Sie ein neues Fenster, in dem zunächst die Werte des zuvor unter VORGABEN markierten Presets zu sehen sind:

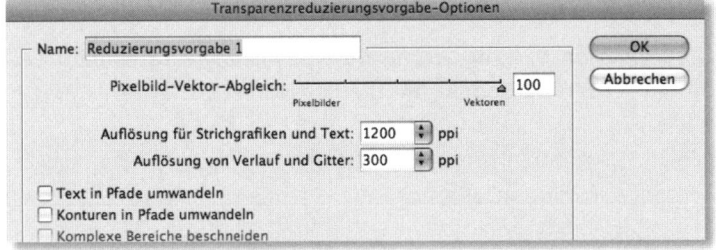

◄ **Abbildung 9.15**
Bei Bedarf können für die eigenen Ausgabegeräte wie etwa Tintenstrahl- oder Laserdrucker eigene Vorgaben zur Reduzierung angelegt werden.

▶ PIXELBILD-VEKTOR-ABGLEICH

Hier können Sie festlegen, ob bei der Reduzierung eher die Vektorformen beibehalten oder Pixelbilder errechnet werden. Je mehr der Regler Richtung PIXELBILDER geschoben wird, umso größer sind die Daten. Steht der Regler mehr bei VEKTOREN, versucht InDesign eher Pfaddaten zu erstellen. Das kann allerdings bei Druckern mit geringer Auflösung zu einer vergrößerten Darstellung des Textes führen, da InDesign Text bei einer solchen Einstellung in Konturen umwandelt und diese im Druck eventuell zu fett gedruckt werden.

▶ AUFLÖSUNG FÜR STRICHGRAFIKEN UND TEXT

Mit dem hier eingetragenen Wert werden alle von der Reduzierung betroffenen Objekte gerastert. Der Wert sollte zwischen 600 und 1.200 ppi stehen.

▶ AUFLÖSUNG VON VERLAUF UND GITTER
Hier wird der Wert eingegeben, mit dem Verläufe und die von Illustrator bekannten Verlaufsgitter gerastert werden. Empfehlenswert sind Werte zwischen 150 und 300 ppi.

▶ TEXT IN PFADE UMWANDELN
Enthält eine Dokumentseite Transparenzen, wird der gesamte Text dieser Seite in Pfade umgewandelt. Dies kann wie bereits beschrieben im Druck auf Desktop-Druckern zu einem kräftigeren Schriftbild führen.

▶ KONTUREN IN PFADE UMWANDELN
Durch diese Option werden die Konturen von Objekten in gefüllte Pfade umgerechnet.

▶ KOMPLEXE BEREICHE BESCHNEIDEN
Diese Option sorgt dafür, dass die Grenze zwischen einer durch die Transparenzreduzierung gerasterten Bildfläche und einer durch einen Pfad definierten Fläche an diesem Pfad verläuft. Andernfalls kann es zu sichtbaren Artefakten bei der Reduzierung kommen. Diese Option steht nur zur Wahl, wenn der Pixelbild-Vektor-Abgleich nicht auf 0 oder 100 steht.

▼ **Abbildung 9.16**
Mit sehr niedrigen Auflösungen lassen sich die verschiedenen Auswirkungen bei der Reduzierung am besten nachvollziehen.

Zur Veranschaulichung wurde dieselbe InDesign-Datei mit unterschiedlichen Transparenzreduzierungsvorgaben in PDFs exportiert.

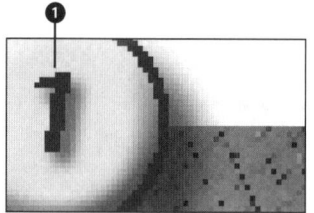 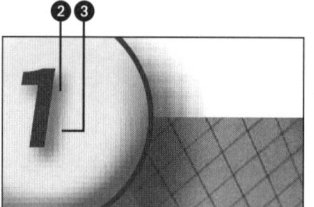 

Vorgabeeinstellungen:

Pixelbild-Vektor-Abgleich: 0
Auflösung für Strichgrafiken und Text: 72 ppi
Auflösung für Verlauf und Gitter: 72 ppi
Text in Pfade umwandeln: n. zutr.
Konturen in Pfade umwandeln: n. zutr.
Komplexe Bereiche beschneiden: n. zutr.

Vorgabeeinstellungen:

Pixelbild-Vektor-Abgleich: 100
Auflösung für Strichgrafiken und Text: 72 ppi
Auflösung für Verlauf und Gitter: 72 ppi
Text in Pfade umwandeln: Ein
Konturen in Pfade umwandeln: Ein
Komplexe Bereiche beschneiden: n. zutr.

Der durch den PDF-Export gerasterte Text ist hier gut zu erkennen ❶. Entsprechend den zu verrechnenden Objekten fallen die Ergebnisse unterschiedlich aus. Der obere Teil des Buttons liegt auf einer weißen Fläche ohne Transparenzeffekte ❷, die untere

Hälfte liegt auf einem Rasterbild ❸. Zur Demonstration, wie die Objekte des Layouts bei der Reduzierung zerschnitten werden, sind einige Flächen in Acrobat Professional mit dem TouchUp-Objektwerkzeug markiert und verschoben worden ❹.

9.4.1 Verwendung verschiedener Reduzierungsvorgaben

Transparenzreduzierungsvorgaben sind in den verschiedenen Ausgabeoptionen innerhalb der Kategorie ERWEITERT ❺ anwählbar ❻.

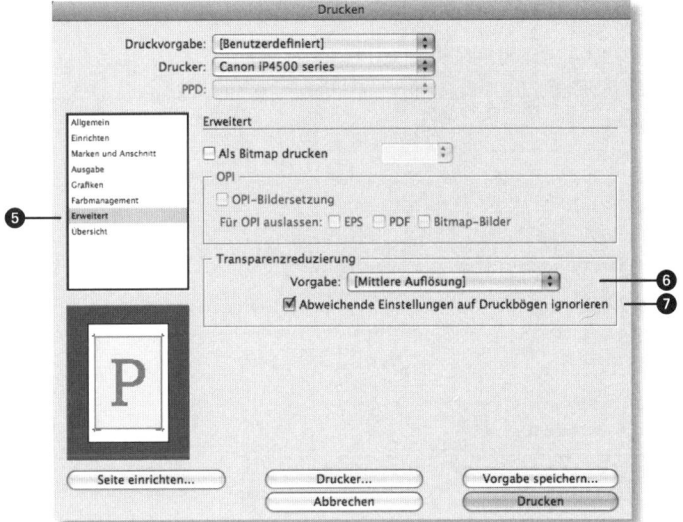

▲ **Abbildung 9.17**
In Acrobat Professional lassen sich PDFs mit verschiedenen Werkzeugen und Funktionen weiterbearbeiten.

Transparenzen im Bedienfeld »Seiten«

Druckbögen, auf denen Transparenzeffekte eingesetzt wurden, sind an einem kleinen Quadrat mit Karomuster im SEITEN-Bedienfeld zu erkennen.

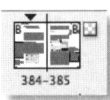

◄ **Abbildung 9.18**
Im DRUCKEN-Dialog kann die gewünschte Reduzierungsvorgabe gewählt werden.

InDesign bietet über den Eintrag DRUCKBOGENREDUZIERUNG im Menü des SEITEN-Bedienfelds die Möglichkeit, einzelnen Druckbögen individuelle Reduzierungseinstellungen zuzuweisen. Das kann z. B. beim Drucken Sinn machen, wenn für das gesamte Dokument eine Reduzierung mit mittlerer Qualität ausreichend ist und nur auf einzelnen Seiten komplexere Transparenzeffekte angewendet wurden, die mit einer höheren Auflösung reduziert werden sollen. Sollen diese hier vorgenommenen Abweichungen vom Dokumentstandard wiederum z.B. bei der PDF-Ausgabe nicht berücksichtigt werden, kann dies auch im EXPORT-Dialog in der Rubrik ERWEITERT mit Aktivierung der Checkbox ABWEICHENDE EINSTELLUNGEN AUF DRUCKBÖGEN IGNORIEREN ❼ erreicht werden.

▲ **Abbildung 9.19**
Über das SEITEN-Bedienfeldmenü können einzelnen Druckbögen vom Dokumentstandard abweichende Reduzierungseinstellungen zugewiesen werden.

Beim Export von InDesign-Dokumenten als PDFs wird ab der PDF-Version 1.4 keine Transparenzreduzierung mehr vorgenommen, das entsprechende Pulldown-Menü ist dann ausgegraut **②**. Im Pulldown-Menü KOMPATIBILITÄT können Sie die gewünschte PDF-Version anwählen **③**. Klären Sie im Vorfeld der Produktion jedoch, welchen PDF-Standard Ihr Druckdienstleister erwartet **①**. Häufig wird nämlich eine PDF/X-1-Datei gewünscht, diese unterstützt jedoch keine Transparenzen. Deshalb sind im EXPORT-Dialog beispielsweise auch nicht gleichzeitig PDF/X-1 und PDF 1.4 anwählbar.

▼ **Abbildung 9.20**
PDF/X-4-Dateien unterstützen zwar Transparenzen, durchgesetzt hat sich dieser Standard aber noch nicht.

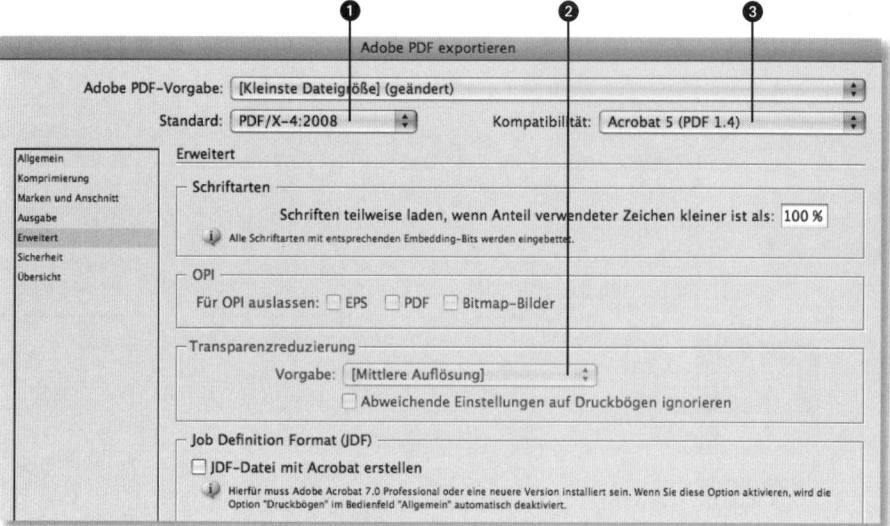

9.4.2 Bedienfeld »Reduzierungsvorschau«

Im Menü FENSTER • AUSGABE finden Sie das Bedienfeld REDUZIE-RUNGSVORSCHAU, mit dem Sie sich im Layout die verschiedenen Konsequenzen aus der Transparenzreduzierung anzeigen lassen können.

Abbildung 9.21 ▶
Transparenzen können im Layout mit einem Bedienfeld überprüft werden.

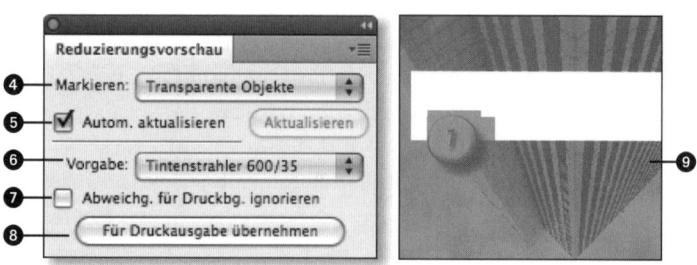

Im Menü MARKIEREN ❹ stehen Ihnen neben OHNE acht weitere Optionen zur Verfügung (siehe Abbildung 9.22). Hiermit steuern Sie, was InDesign zur Kontrolle der Transparenzreduzierung im Layout hervorheben soll. Befinden sich auf der aktuellen Dokumentseite entsprechende Objekte, werden diese in Rot gekennzeichnet ❾.

Dass Sie sich überhaupt im Reduzierungsvorschaumodus befinden, wird von InDesign durch zwei Maßnahmen gekennzeichnet. Zum einen erscheint [REDUZIERUNGSVORSCHAU] neben dem Dokumentnamen in der Dokumenttitelleiste, zum anderen werden alle Seiten und die auf ihnen befindlichen Objekte in ihrem Kontrast herabgesetzt.

Durch die Wahl des Menüpunktes OHNE wechseln Sie zur Standardansicht zurück. Wenn Sie mit dem Bedienfeld REDUZIERUNGSVORSCHAU arbeiten, markieren Sie die Checkbox AUTOMATISCH AKTUALISIEREN ❺, sonst müssen Sie bei jedem Wechsel der MARKIEREN-Option den danebenstehenden Button AKTUALISIEREN betätigen. Im Pulldown-Menü VORGABE ❻ sind alle zur Verfügung stehenden Transparenzreduzierungsvorgaben anwählbar. In Kombination mit den verschiedenen MARKIEREN-Optionen lassen sich die Auswirkungen verschiedener Vorgaben beurteilen. Sollten Sie, wie bereits erwähnt, für einzelne Druckbögen individuelle Tranzparenzreduzierungen definiert haben, lassen sich diese mit der Checkbox ABWEICHUNG FÜR DRUCKBOGEN IGNORIEREN ❼ bei der Reduzierungsvorschau übergehen. Mit einem Klick auf FÜR DRUCKAUSGABE ÜBERNEHMEN ❽ wird das unter VORGABE gewählte Preset für den nächsten Ausdruck des Dokumentes übernommen.

In der Vorschau können Sie beispielsweise erkennen, dass Text mit den entsprechenden Einstellungen in Pfade konvertiert wird, wenn er mit einem Transparenzeffekt wie beispielsweise einem Schlagschatten verrechnet wird ⓫. Mit der Markierungsoption IN PFADE UMGEWANDELTER TEXT ❿ wird dies angezeigt.

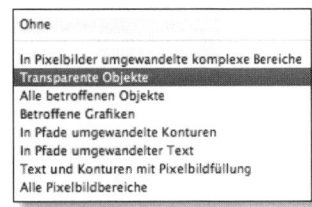

▲ **Abbildung 9.22**
Über das Pulldown-Menü MARKIEREN ❹ können Sie genau auswählen, was InDesign im Layout markieren soll.

🔲 BGC-Anz.indd @ 83 % [Reduzierungsvorschau]

▲ **Abbildung 9.23**
InDesign weist auch in der Titelleiste darauf hin, dass Sie sich im Reduzierungsvorschaumodus befinden.

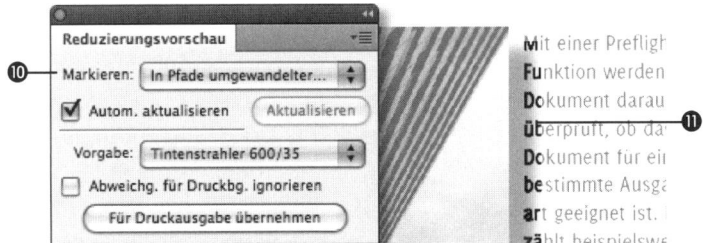

◀ **Abbildung 9.24**
Text, der beispielsweise unter einem Schatten steht, wird gegebenenfalls. bei der Ausgabe von InDesign in Pfade umgewandelt.

403

Für hochauflösende Ausgaben ist dies kein Problem, bei der Ausgabe auf einem Desktop-Drucker jedoch könnten die Textpartien zu kräftig erscheinen. Um dies zu umgehen, stellen Sie den Text mit Hilfe des Befehls OBJEKT • ANORDNEN • IN DEN VORDERGRUND oder über das EBENEN-Bedienfeld über das Objekt, auf das Transparenzeffekte angewendet werden. Text, der vor transparenten Objekten steht, wird nämlich von der Umwandlung in Pfade ausgenommen ❶:

Abbildung 9.25 ▶
Texte werden bei der Transparenzreduzierung von der Umwandlung in Pfade ausgenommen, wenn sie vor dem transparenten Objekt stehen.

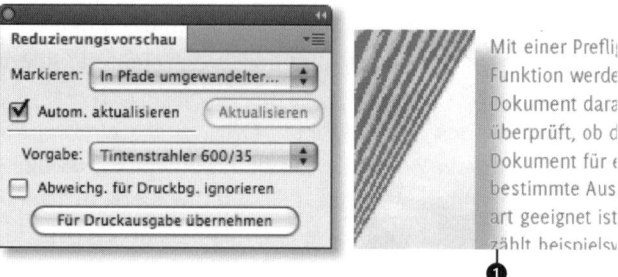

9.5 Das Bedienfeld »Separationsvorschau«

Ein weiteres Bedienfeld zur Überprüfung des Dokumentes in Hinblick auf eine bestimmte Ausgabe bietet InDesign mit der SEPARATIONSVORSCHAU, das wie die REDUZIERUNGSVORSCHAU im Menü FENSTER • AUSGABE zu finden ist.

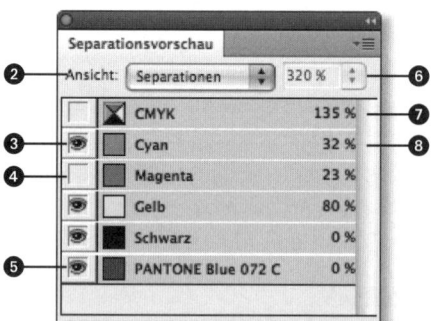

Abbildung 9.26 ▶
Mit der SEPARATIONSVORSCHAU haben Sie einen Überblick über die sogenannten Farbauszüge und den Gesamtfarbauftrag.

Im Pulldown-Menü ANSICHT ❷ stehen neben der hier gezeigten Option SEPARATIONEN noch AUS und FARBAUFTRAG zur Wahl. Aus dem EBENEN-Bedienfeld ist die Funktion des Auges ❸ bekannt: Ein Klick darauf blendet in diesem Bedienfeld den entsprechenden Farbauszug aus und das Augen-Symbol verschwindet ❹.

Möchten Sie sich nur einen bestimmten Farbauszug ansehen, klicken Sie auf den betreffenden Farbnamen, alle anderen Farben werden daraufhin ausgeblendet. Neben den vier Offset-Druckfarben CMYK wird gegebenenfalls auch der Farbauszug der im Dokument verwendeten Volltonfarbe gezeigt ❺. Die Summe der übereinander druckbaren Farbanteile liegt je nach Druckverfahren und verwendetem Papier bei einem Wert zwischen 250 und 350 %, den Sie in dem Eingabefeld für den Gesamtfarbauftrag nach Absprache mit Ihrem Druckdienstleister eintragen können ❻. Der tatsächliche Wert des Gesamtfarbauftrags der Stelle, an der sich der Cursor im Dokument befindet, wird neben CMYK angezeigt ❼. Dieser Wert gibt immer den tatsächlichen Gesamtwert an und ist unabhängig von den eventuell ausgeblendeten Farbauszügen. Der Farbauftrag der einzelnen Farben wird ebenfalls angezeigt ❽.

> **Farbauszug**
>
> Für jede der vier Offsetfarben wird beim Druck ein sogenannter Farbauszug erstellt. Auf ihm sind nur die Teile des Layouts sichtbar, die Farbanteile der jeweiligen Farbe verwenden. Normale Drucksachen kommen somit mit vier Auszügen für jede der vier Offset-Druckfarben aus. Kommt eine Volltonfarbe zum Einsatz, muss für diese ein zusätzlicher Farbauszug erstellt werden.

9.5.1   Farbauftrag

Wird im Bedienfeld SEPARATIONSVORSCHAU im Menü ANSICHT die Option FARBAUFTRAG gewählt, werden die Farbnamen im Bedienfeld ausgegraut, da in diesem Modus immer der Gesamtfarbauftrag im Dokument dargestellt wird. Alle Farben werden in diesem Modus in Graustufen wiedergegeben. Bereiche des Dokumentes, in denen der im Feld GESAMTFARBAUFTRAG ❻ eingegebene oder über das Pulldown-Menü gewählte Prozentwert erreicht oder überschritten wird, werden in Rot gekennzeichnet. Je größer die Abweichung vom angegebenen Grenzwert ist, desto kräftiger erscheint das Rot. Dies gilt nicht nur für die im InDesign-Dokument angelegten Objekte, sondern auch für alle importierten Bilder und Grafiken. Sollten Sie in einem Dokument solche Bereiche feststellen, müssen diese in der Ursprungsapplikation korrigiert werden.

▲ **Abbildung 9.27**
Drei Ansichtsoptionen stehen im Bedienfeld SEPARATIONSVORSCHAU zur Wahl.

9.5.2   Überdruckenvorschau

Sie befinden sich automatisch im Modus ÜBERDRUCKENVORSCHAU, wenn Sie im Bedienfeld SEPARATIONSVORSCHAU unter ANSICHT die Option SEPARATIONEN gewählt haben. Dieser Modus ist ebenfalls über das Menü ANSICHT wählbar. Überdrucken ist ein weiterer Fachbegriff aus dem Gebiet des Druckens, weshalb ich näher darauf eingehen möchte.

Jedes Objekt, das in InDesign eine farbige Kontur und/oder eine farbige Fläche hat, verdeckt die unter ihm liegenden Objekte (es sei denn, dem Objekt wurde über FENSTER • EFFEKTE eine Transparenz zugewiesen). Im Beispiel liegt ein gelber Kreis mit den CMYK-Werten 0/0/100/0 ❷ auf einem cyanfarbenen Rechteck mit den Werten 100/0/0/0 ❶. Für die Separation, also die Ausgabe einer Layoutdatei auf einem Belichter oder direkt auf die Druckplatten, bedeutet dies, dass verdeckte Objekte ausgespart werden. Im Beispiel wird der Kreis auf der Platte, die in der Druckmaschine Cyan druckt, ausgespart ❸.

Abbildung 9.28 ▶
Bei der Separation werden deckende Objekte ❷ von den unter ihnen liegenden Objekten ausgespart ❸.

Eine Ausnahme hierbei bildet die Farbe [SCHWARZ], sie überdruckt immer ❹, jedenfalls solange Schwarz mit dem Farbton 100 % wiedergegeben werden soll. Mit Überdrucken ist das genaue Gegenteil von Aussparen gemeint. Beim Überdrucken ist auf den anderen Farbauszügen nichts von der überdruckenden Farbe zu sehen ❺, was für den Druck bedeutet, dass bei überdruckenden Objekten alle beteiligten Farben übereinandergedruckt werden und gegebenenfalls eine Mischfarbe bilden.

Abbildung 9.29 ▶
Schwarz überdruckt immer, von den schwarzen Objekten ist deshalb auf den unteren Farbauszügen nichts zu sehen.

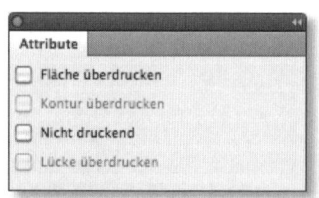

▲ Abbildung 9.30
Das ATTRIBUTE-Bedienfeld bietet selten eingesetzte Funktionen.

In manchen Fällen mag es von Vorteil sein, wenn man ein neues Farbfeld anlegt, um etwa ein bläuliches, wirklich sattes Schwarz zu erhalten. Die Farbanteile könnten z. B. 40/0/0/100 sein. Damit diese Farbe wie das voreingestellte [SCHWARZ] überdruckt, muss den Objekten, die überdrucken sollen, explizit die ÜBERDRUCKEN-Eigenschaft zugewiesen werden. Das hierfür nötige ATTRIBUTE-Bedienfeld befindet sich unter FENSTER • AUSGABE. Entsprechend dem markierten Objekt sind hier die Optionen FLÄCHE bzw. KONTUR ÜBERDRUCKEN aktivierbar.

9.6 Druckfarben-Manager

Über die Menüs der Bedienfelder Separationsvorschau und Farbfelder haben Sie Zugriff auf ein weiteres Bedienfeld, den Druckfarben-Manager. Dieser ist ebenso in der Kategorie Ausgabe des Druck- bzw. PDF-Exportdialogs zu finden. Im Druckfarben-Manager sind alle Farbauszüge der aktuellen Datei aufgelistet.

Stellen Sie sich vor, Sie arbeiten an einem InDesign-Dokument, in das verschiedene Logovarianten und andere Designelemente eines Kunden eingefügt werden sollen. Logos und Grafiken werden Ihnen gestellt und Sie stellen fest, dass in den Fremddaten derselbe Farbton, nämlich die Hausfarbe des Kunden, mit verschiedenen Volltonfarben realisiert wurde. Dies bemerken Sie an den zusätzlichen Farbfeldern ❻, die InDesign beim Import von Grafiken, in denen Volltonfarben verwendet wurden, der Farbfelderliste hinzufügt. In der Liste der Farbauszüge sind die drei zusätzlichen Volltonfarben ebenfalls zu sehen ❼. Schon allein deshalb lohnt sich bei der Reinzeichnung ein Blick hierhin.

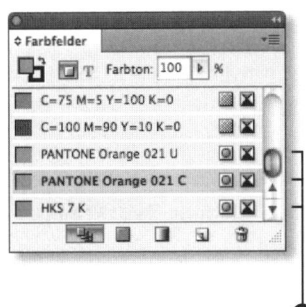

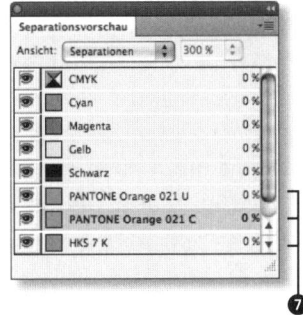

◀ **Abbildung 9.31**
Die verwendeten Volltonfarben werden in den Bedienfeldern Farbfelder und Separationsvorschau aufgelistet.

Eine solche Datei würde bei der Separation dann auch tatsächlich statt der regulären vier Farbauszüge gleich drei zusätzliche Farbauszüge ergeben. Die umständliche Methode, um das zu umgehen, würde so aussehen, dass alle betreffenden Daten in ihren Ursprungsprogrammen geöffnet und die Farben dort vereinheitlicht würden.

Mit dem Druckfarben-Manager hingegen lassen sich die Sonderfarben direkt aus InDesign heraus verwalten. Die Bilddaten müssen gerade dadurch nicht in anderen Programmen geöffnet und korrigiert werden und bleiben mit ihren unterschiedlichen Volltonfarben unangetastet.

Mit einem Klick auf das Spotcolor-Icon ❶ vor den Namen der Volltonfarben wird die entsprechende Farbe in 4c umgewandelt. Sollen alle vorhandenen Volltonfarben bei der Separation nach 4c konvertiert werden, genügt ein Klick auf die Checkbox ALLE VOLLTONFARBEN IN PROZESSFARBEN UMWANDELN ❷.

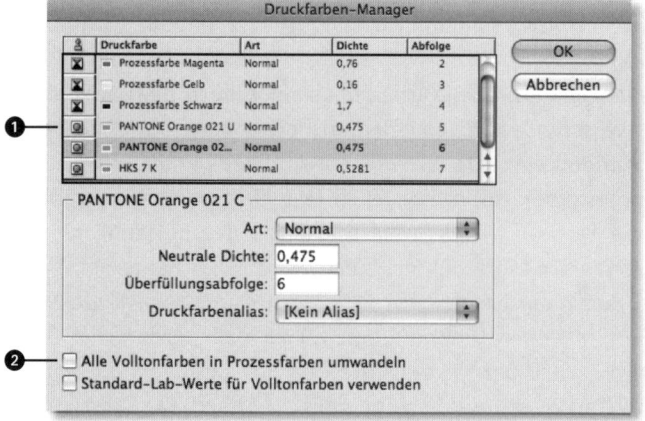

Abbildung 9.32 ▶
Mit dem DRUCKFARBEN-MANAGER haben Sie die Anzahl der Farbauszüge im Griff.

Als dritte Variante kann ein sogenannter Alias für Volltonfarben verwendet werden. Mit einem Alias ist man in der Lage, die verschiedenen Volltonfarben in einer zusammenzufassen. Dadurch wird im Beispiel statt der drei Farbplatten nur noch eine benötigt. Um das zu erreichen, wird die Farbe im DRUCKFARBEN-MANAGER gewählt, die nun keinen eigenen Farbauzug mehr erhalten soll ❸. Im zweiten Schritt wird im Dropdown-Menü DRUCKFARBEN-ALIAS ❺ diejenige Farbe gewählt, auf deren Auszug die oben ausgewählte Farbe ausgegeben werden soll. Im Beispiel werden die Farben PANTONE ORANGE 021 U und HKS 7 K ❹ bei der Ausgabe auf dem PANTONE ORANGE 021 C-Auszug erscheinen.

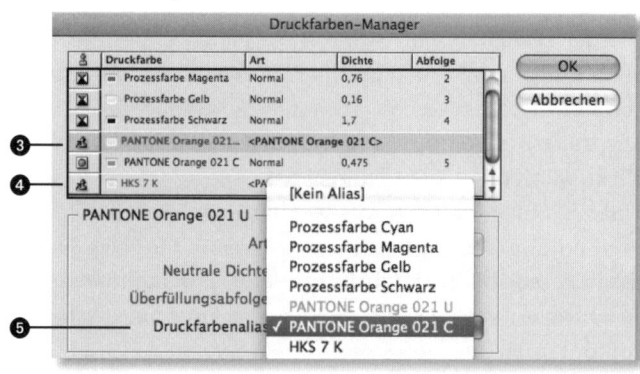

Abbildung 9.33 ▶
Über den DRUCKFARBEN-MANAGER lassen sich Volltonfarben zusammenfassen, ohne dass die betroffenen Grafiken geändert werden müssen.

Beachten Sie, dass diese Zusammenfassung keine Auswirkung auf die Farbfelder hat, dort bleiben alle drei Vollton-Farbfelder als solche bestehen ➏. Es wird also tatsächlich nur die Ausgabe modifiziert. In der SEPARATIONSVORSCHAU spiegelt sich die verringerte Anzahl der Farbauszüge natürlich wider ➐.

➏ ➐

◀ **Abbildung 9.34**
Werden Volltonfarben im DRUCKFARBEN-MANAGER zusammengefasst, hat dies keine Auswirkung auf die Farbfelder, auf die Separation allerdings schon.

9.7 Das Bedienfeld »Preflight«

Unter Preflight wird die Prüfung eines Dokumentes hinsichtlich der gewünschten Ausgabe verstanden. Hierbei wird beispielsweise geprüft, ob die verwendeten Bilddaten im richtigen Farbraum vorliegen und über die notwendige Auflösung verfügen. Die fantastische Funktion des Live-Preflights prüft laufend das jeweils geöffnete InDesign-Dokument auf die in den Preflight-Vorgaben hinterlegten Parameter. Diese Preflight-Vorgaben werden im Bedienfeld PREFLIGHT definiert und erlauben eine äußerste präzise Definition der zu überprüfenden Eigenschaften eines Dokumentes. Hier können nicht nur die Farbraum- und Auflösungseigenschaften von platzierten Bildern festgelegt werden, sondern beispielsweise auch, ob Sonderfarben und unproportional skalierte Bilddaten erlaubt sind. Texteigenschaften können ebenfalls von Preflight überprüft werden. Dazu zählen etwa Übersatztext, fehlende Schriften, Abweichungen von Absatz- und Zeichenformaten oder unproportional skalierte Zeichen.

Darüber hinaus können verschiedene Preflight-Profile erstellt werden, die den unterschiedlichen Ausgabegeräten und -techniken entsprechen. Soll ein Dokument an einem anderen Rechner weiterbearbeitet werden, kann das gewünschte Profil in die Datei eingebettet werden, damit der Preflight am zweiten Rechner ebenso wie auf dem Ursprungssystem vorgenommen werden kann.

Das Bedienfeld PREFLIGHT lässt sich über FENSTER • AUSGABE oder über einen Doppelklick auf die Statuszeile am unteren Rand des Dokumentfensters öffnen.

▲ **Abbildung 9.35**
Die Statuszeile des PREFLIGHT selbst hat auch ein Menü, über das Sie z. B. den Preflight auch deaktivieren können.

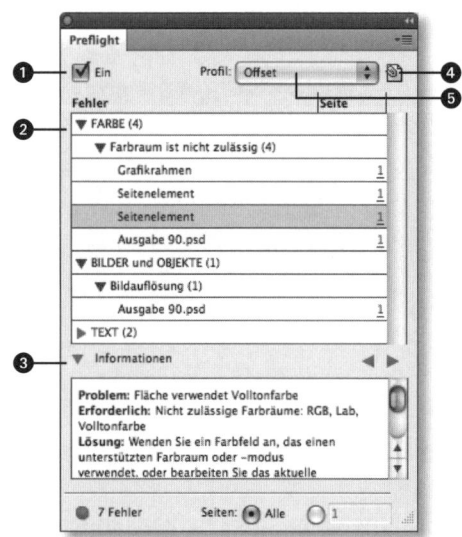

Abbildung 9.36 ▶
Im PREFLIGHT-Bedienfeld werden nicht nur detaillierte Fehlerbeschreibungen ausgegeben, sondern auch mögliche Lösungswege.

Sollten Sie sich von dem roten Button in der Statuszeile, der bei erkannten Fehlern eingeblendet wird, beim Layouten abgelenkt fühlen, können Sie hier ❶ den Preflight für das aktuelle Dokument ausschalten. Im Bereich FEHLER werden die gefundenen Probleme in verschiedenen Kategorien zusammengefasst ❷. Ein Klick auf die Ausklapp-Pfeile blendet die entsprechenden Fehler ein. Am rechten Bedienfeldrand sind die Seitenzahlen wie im VERKNÜPFUNGEN-Bedienfeld als Link dargestellt, dadurch wird das problematische Objekt nach einem Klick auf die Seitenzahl im Dokumentfenster eingeblendet. Im unteren Teil des PREFLIGHT-Fensters wird eine genaue Beschreibung des oben markierten Fehlers eingeblendet ❸. Darüber hinaus schlägt InDesign Arbeitsschritte zur Behebung des Fehlers vor. Mit Hilfe des EINBETTEN-Buttons ❹ kann das aktuelle Preflight-Profil in das InDesign-Dokument eingebettet werden, wenn das Dokument an Kollegen weitergegeben werden soll. Dieses Profil kann dann auf einem anderen Rechner verwendet werden. Im Pulldown-Menü PROFIL ❺ steht zunächst lediglich das vorinstallierte [GRUNDPROFIL] zur Auswahl. Über das Bedienfeldmenü können über den Befehl PROFILE DEFINIEREN... neue Profile erstellt werden. Im Beispiel in Abbildung 9.36 ist im Vorfeld ein Profil »Offset« angelegt und angewählt worden.

9.7.1   Ein neues Preflight-Profil anlegen

Wenn Sie im Menü des PREFLIGHT-Bedienfelds den Befehl PROFILE DEFINIEREN wählen, öffnet sich der Dialog PREFLIGHT-PROFILE. Hier können Sie definieren, was nach Anwahl des Profils im Bedienfeld überhaupt als Fehler erkannt werden soll. Die aufgeräumte Oberfläche macht die Anlage eines neuen Profils äußerst anwenderfreundlich, die Wahl der gewünschten Einstellungen erfolgt meist über Checkboxen oder über Pulldown-Menüs.

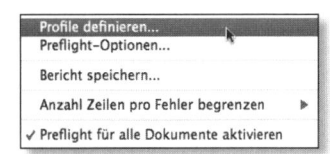

▲ **Abbildung 9.37**
Über das Bedienfeldmenü können neue Preflight-Profile angelegt werden.

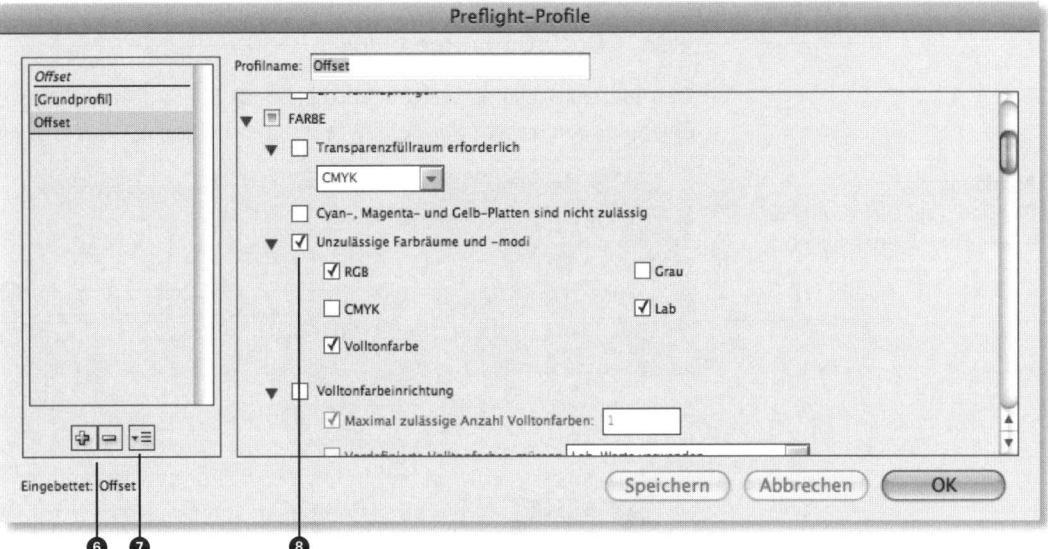

▲ **Abbildung 9.38**
Legen Sie eigene Preflight-Vorgaben an.

Mit den Plus- und Minus-Buttons ❻ wird ein neues Profil angelegt bzw. das in der Liste oberhalb markierte Profil gelöscht. Das PREFLIGHT-PROFILMENÜ ❼ bietet Optionen zum Laden, Exportieren und Einbetten von Profilen (siehe Abbildung 9.39). Nachdem man ein eigenes Preflight-Profil angelegt hat, kann dieses über den Befehl PROFIL EXPORTIEREN auf der Festplatte gesichert werden, um darauf von anderen InDesign-Dokumenten mittels des Befehls PROFIL LADEN zugreifen zu können. Im Beispiel wurde für das gewählte Preflight-Profil u. a. festgelegt, dass im Dokument keine RGB-, Lab- oder Volltonfarben eingesetzt werden dürfen ❽. Die getroffenen Einstellungen gelten sowohl für Objekte, die in InDesign erstellt wurden, als auch für platzierte Grafiken.

Neben den detaillierten Bildeigenschaften, die InDesign während des Live-Preflights prüfen kann, lohnt sich auch ein Blick auf die Texteigenschaften, die hier berücksichtigt werden können.

> Profil laden…
> Profil exportieren…
> Profil einbetten

▲ **Abbildung 9.39**
Im Dialog PREFLIGHT-PROFILE können weitere Optionen aufgerufen werden.

9.8 Drucken

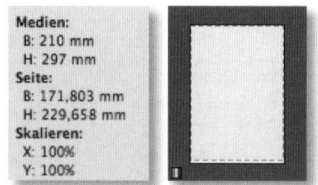

▲ **Abbildung 9.40**
Die von Ihrem System aus verfügbaren Drucker werden im Menü DRUCKER ❷ aufgeführt.

Die Ausgabe eines InDesign-Dokumentes auf einem Drucker dürfte die am häufigsten verwendete Ausgabeart darstellen. Wenn Sie ein Dokument drucken möchten, wählen Sie DATEI • DRUCKEN oder einfacher Strg/⌘+P (für engl.: *print*). Daraufhin öffnet sich der umfangreiche DRUCKEN-Dialog mit dem aktiven Register ALLGEMEIN ❹.

9.8.1 Register »Allgemein«

Der DRUCKEN-Dialog weist acht Register ❹ auf, deren wichtigste Einstellungen ich auf den folgenden Seiten vorstellen möchte.

Abbildung 9.41 ▶
Der DRUCKEN-Dialog mit den allgemeinen Einstellungen

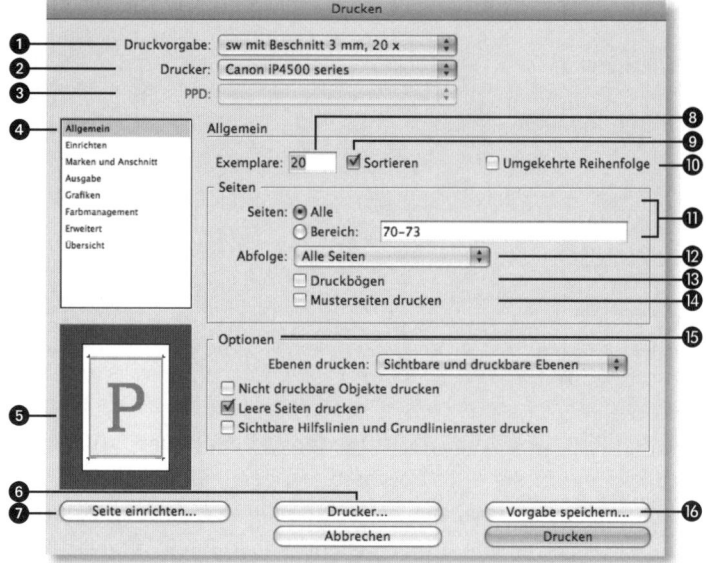

Medien:
B: 210 mm
H: 297 mm
Seite:
B: 171,803 mm
H: 229,658 mm
Skalieren:
X: 100%
Y: 100%

▲ **Abbildung 9.42**
Per Klick auf die Vorschau stehen noch zwei weitere Darstellungen zur Verfügung.

Alle Einstellungen, die Sie im DRUCKEN-Dialog treffen, können Sie mit Hilfe des VORGABE SPEICHERN…-Buttons ⑯ abspeichern. Diese Vorgaben sind dann unter DRUCKVORGABE ❶ aufrufbar. Unter DRUCKER ❷ stehen Ihnen die aktuell an Ihr System angeschlossenen Drucker zur Auswahl. Das Pulldown-Menü PPD ❸, in dem die diversen **P**ostScript **P**rinter **D**escriptions zum Erstellen von PDFs oder PostScript-Dateien anwählbar sind, soll uns hier nicht weiter beschäftigen. Auf die PDF-Ausgabe über den Export komme ich später zurück. In einer kleinen Vorschau ❺ wird die zu erwartende Seitenausgabe mit den wichtigsten Parametern dargestellt. Erkennbar ist hier beispielsweise, wie die Dokumentseite auf dem Ausdruck platziert werden wird (zentriert, links etc.) und ob beispielsweise die Beschnittzugabe und Passermarken ausgegeben werden.

Mit dem Button DRUCKER… ❻ wird der vom zuvor angewählten Drucker verwendete Druckertreiber mit seinen individuellen Einstellungsmöglichkeiten geöffnet. Hier finden Sie z.B. die Einstellungen zum verwendeten Papier. Dies sollte auch eine der wenigen Einstellungen bleiben, die Sie im Druckertreiber vornehmen, da bei allen Einstellungen, die sowohl im Druckertreiber als auch im InDesign-DRUCKEN-Dialog vorgenommen werden können, die Einstellungen des DRUCKEN-Dialogs Vorrang haben. Dasselbe gilt für den Mac-Button SEITE EINRICHTEN… ❼ – nach Möglichkeit sollten Sie ihn nicht verwenden, da die Seiteneinstellungen ebenso im DRUCKEN-Dialog vorgenommen werden können und gegenüber denen des Druckertreibers Vorrang haben. Bei EXEMPLARE ❽ können Sie die Zahl der Kopien angeben, die InDesign ausgeben soll. Wenn hier mehr als »1« eingetragen wurde, ist auch die Checkbox SORTIEREN ❾ aktivierbar. Ist sie markiert, werden die Kopien stapelweise ausgedruckt: Es werden dann erst alle Seiten der ersten Kopie ausgegeben, dann der komplette zweite Satz Seiten etc.

Die Bezeichnung der Checkbox UMGEKEHRTE REIHENFOLGE ❿ kehrt die Seitenabfolge, in der die Seiten normalerweise von Ihrem Drucker ausgegeben werden, um. Der Effekt dieser Option ist abhängig von der im Druckertreiber gemachten Einstellung.

Ob Sie alle, einen oder mehrere Bereiche des Dokumentes drucken möchten, entscheiden Sie mit der Aktivierung der entsprechenden Checkbox oder der Eingabe der gewünschten Seiten ⓫. Neben ALLE SEITEN können Sie im Menü ABFOLGE ⓬ festlegen, dass beispielsweise nur die ungeraden Seiten gedruckt werden sollen. Sollen die Seiten als Druckbögen gedruckt werden, ist dies mit der Aktivierung der Checkbox DRUCKBÖGEN ⓭ möglich. Die Seiten werden dann entsprechend ihrer Positionierung im SEITEN-Bedienfeld ausgegeben. Zur Ausgabe aller Musterseiten dient die Checkbox MUSTERSEITEN DRUCKEN ⓮.

Im Bereich OPTIONEN ⓯ stehen Ihnen noch weitere Steuerungsmöglichkeiten zur Verfügung. Interessant ist hier vor allem die Möglichkeit, Hilfslinien und Grundlinienraster mit auszugeben. Das kann beim Erstellen von Rastern hilfreich sein und so erstellte Ausdrucke können pzum Skizzieren von Layouts dienen.

✓ Alle Seiten
Nur gerade Seiten
Nur ungerade Seiten

▲ **Abbildung 9.43**
Im Menü ABFOLGE können Sie bestimmen, welche Seiten ausgegeben werden sollen.

Seitenbereiche
Es können auch nicht zusammenhängende Seitenbereiche gedruckt werden, diese geben Sie unter BEREICH ⓫ mit Kommata getrennt ein: etwa 90–91, 96, 98–115.

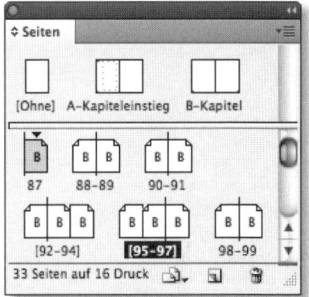

▲ **Abbildung 9.44**
Ist im DRUCKEN-Dialog DRUCK-BÖGEN markiert, werden zusammenhängende Seiten (90/91, aber auch 92–94) auf je einer Seite gedruckt.

Alle Ebenen
Sichtbare Ebenen
✓ Sichtbare und druckbare Ebenen

▲ **Abbildung 9.45**
Über das Menü EBENEN DRUCKEN lässt sich die Ausgabe der Ebenen entsprechend den im Bedienfeld EBENEN gemachten Einstellungen steuern.

9.8.2 Register »Einrichten«

Die Einstellungen im EINRICHTEN-Register sind weniger umfangreich als die von ALLGEMEIN, bieten aber weitere interessante Druckoptionen.

Abbildung 9.46 ►
Einstellungen unter dem
Menüpunkt EINRICHTEN

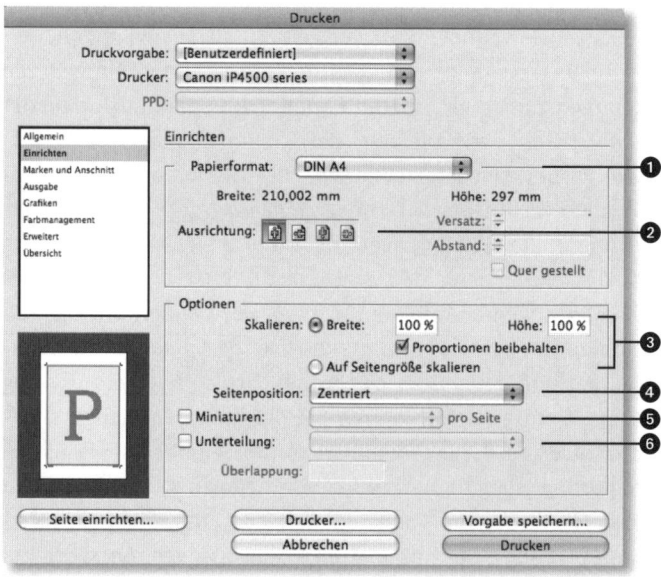

▲ Abbildung 9.47
Im Pulldown-Menü SEITEN-
POSITION stehen Ihnen vier
Optionen zur Verfügung.

> Oben links
> Horizontal zentrieren
> Vertikal zentrieren
> ✓ Zentriert

Unter PAPIERFORMAT ❶ können Sie aus den verfügbaren Medienformaten das gewünschte Format wählen. Mit den vier Buttons ❷ legen Sie die AUSRICHTUNG Ihres Dokumentes fest. Die verschiedenen Einstellungsoptionen im Bereich SKALIEREN ❸ stehen alle in engem Zusammenhang miteinander. InDesign bietet hier sogar die Möglichkeit, Layouts mit unterschiedlichen Proportionen auszugeben, was aber wohl nur selten gewünscht sein dürfte. Ist die Checkbox PROPORTIONEN BEIBEHALTEN aktiv, ändert sich der jeweils andere Wert bei BREITE bzw. HÖHE gleich mit. Von besonderem Interesse ist die Option AUF SEITENGRÖSSE SKALIEREN. Ist sie markiert, vergrößert oder verkleinert InDesign das Dokumentformat auf die maximale Ausgabegröße.

Wo das InDesign-Layout in Bezug auf das Druckerpapier ausgegeben wird, können Sie mit den bei SEITENPOSITION ❹ hinterlegten Optionen festlegen. Zur Seitenplanung oder zur Übersicht umfangreicher Dokumente können bis zu 21 Seitenminiaturen des aktuellen Layouts pro Druckseite ausgegeben werden ❺. Mit der Option UNTERTEILUNG ❻ können große Dokumente auf mehreren DIN-A4-Seiten ausgegeben werden.

9.8.3 Register »Marken und Anschnitt«

In diesem Register kann gesteuert werden, welche Druckermarken ausgegeben werden sollen und ob eine Beschnittzugabe mit ausgegeben werden soll.

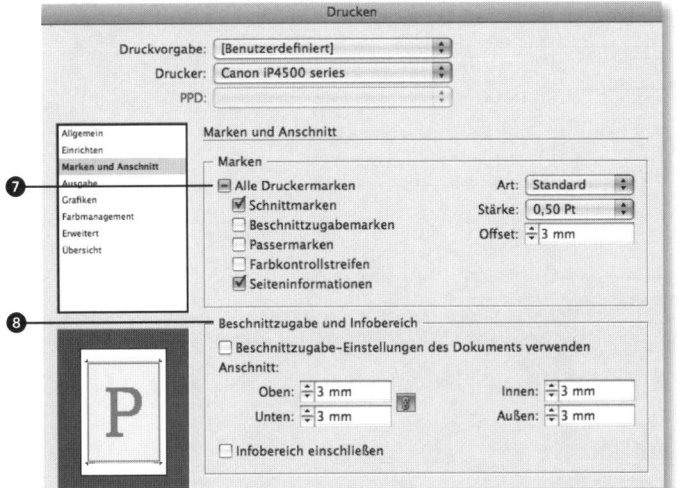

Möchten Sie alle fünf Druckermarken ausgeben, aktivieren Sie ALLE DRUCKERMARKEN ❼. Bedenken Sie, dass diese Marken einen Platzbedarf auf dem Druckerpapier haben: Ein Layout, das im DIN-A4-Format angelegt wurde, lässt sich auf einem DIN-A4-Format mit Druckermarken nur verkleinert ausgeben. Die SCHNITTMARKEN dienen der Orientierung und definieren das Nettoformat des Ausdrucks. Wird der Ausdruck an den Schnittmarken beschnitten, hat man die Dokumentseite ohne Beschnittzugabe o.Ä. vor sich. Die BESCHNITTZUGABEMARKEN brauchen in der Regel nicht mit ausgegeben zu werden, sie definieren lediglich den Bereich, der weiter unten im selben Dialog als Beschnitt definiert wurde. Die PASSERMARKEN dienen der Positionierung der verschiedenen Farbauszüge an der Druckmaschine, bei Tintenstrahlern o.Ä. sind sie nicht notwendig. Genauso verhält es sich bei dem FARBKONTROLLSTREIFEN, der wie die Passermarken erst im Offsetdruck von Bedeutung ist. Bei aktivierten SEITENINFORMATIONEN wird der Dokumentname samt aktueller Seitenzahl mit Ausgabedatum und -zeit mit ausgedruckt. Im Bereich BESCHNITTZUGABE UND INFOBEREICH ❽ können Sie in den Eingabefeldern neue Werte eingeben oder mit einem Klick die Dokumentwerte anwenden.

Schnittmarken

Bei der Ausgabe von Layouts als PDF stehen zum Großteil dieselben Optionen wie beim gewöhnlichen Druck zur Verfügung. Meist wird vom Druckdienstleister eine Beschnittzugabe im PDF gewünscht, die Sie wie im DRUCKEN-Dialog bei MARKEN UND ANSCHNITT definieren können.

◄ **Abbildung 9.48**
Das Ausdrucken von Schnittmarken erleichtert die Montage von Layouts z. B. für Präsentationen.

▲ **Abbildung 9.49**
Hier wurden alle Druckermarken aktiviert.

▲ **Abbildung 9.50**
Bei Tintenstrahldruckern stehen nur COMPOSITE-GRAU und -RGB zur Wahl, die anderen Optionen werden Sie kaum einsetzen.

Abbildung 9.51 ▶
Soll die Datei in Graustufen ausgegeben werden, kann dies im Register AUSGABE festgelegt werden.

9.8.4   Register »Ausgabe«

Im Register AUSGABE wird festgelegt, ob der Ausdruck in Farbe oder in Graustufen erfolgen soll.

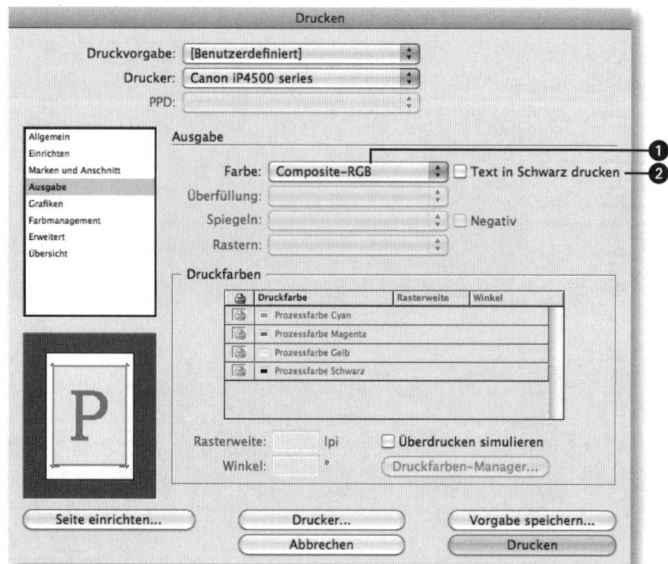

Bei FARBE ❶ stehen dafür die beiden Optionen COMPOSITE-GRAU und COMPOSITE-RGB zur Auswahl. Außerdem kann mit der Checkbox TEXT IN SCHWARZ DRUCKEN ❷ für die Ausgabe von Text, unabhängig von der im Layout zugewiesenen Textfarbe, Schwarz als Farbe erzwungen werden. Die Anwendung dieser Option wirkt sich nur auf Text aus, der in InDesign gesetzt wurde und nicht auf Texte in platzierten PDFs oder EPS-Daten.

9.8.5   Register »Grafiken«

Im Pulldown-Menü DATEN SENDEN ❸ können Sie zwischen vier Optionen wählen, die die Datenmenge beeinflussen, die zum Druck von Bildern an den Drucker gesendet wird. Bei gewählter Option ALLE werden die gegebenenfalls hochaufgelösten Daten gesendet, was natürlich zu den größten Datenmengen und dementsprechend zu längeren Verarbeitungszeiten führen kann. Die bei der Option AUFLÖSUNG REDUZIEREN gesendeten Datenmengen richten sich nach dem jeweiligen Drucker. Diese Option wird nicht auf PDFs und EPS-Grafiken angewendet. Für Layout- und Textkorrekturen bietet sich die Option BILDSCHIRMVERSION

▲ **Abbildung 9.52**
Mit diesen vier Optionen können Sie festlegen, welche Bilddaten zum Drucker geschickt werden.

an. Alle Bitmaps werden dann mit einer Auflösung von 72 dpi gedruckt. Für reine Textkorrekturen kann auch die Option OHNE gewählt werden. Bilder werden dann als Rahmen mit einem X ausgedruckt, Beschneidungspfade werden natürlich weiterhin berücksichtigt. Der Umbruch bleibt also trotz nicht ausgegebener Bilder vollständig erhalten.

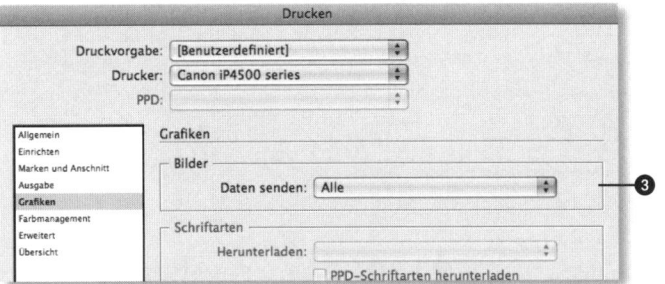

◀ **Abbildung 9.53**
Bei DATEN SENDEN können Sie die Datenmenge der Grafiken festlegen, die dem Drucker zur Verfügung gestellt werden.

9.8.6 Register »Farbmanagement«

Im Register FARBMANAGEMENT wird festgelegt, mit welchem Farbprofil gedruckt werden soll.

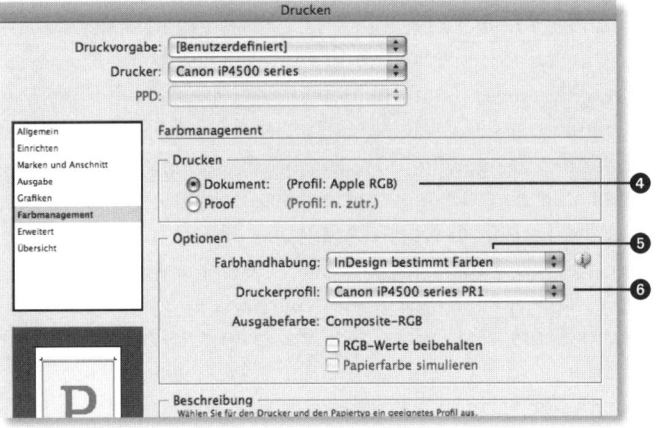

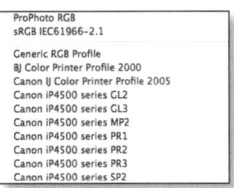

▲ **Abbildung 9.54**
Im Pulldown-Menü DRUCKER-PROFIL stehen Ihnen gegebenenfalls auch vom Hersteller installierte Farbprofile für Ihren Drucker zur Verfügung.

◀ **Abbildung 9.55**
Wählen Sie im Register FARB-MANAGEMENT das passende Druckerprofil.

Für einen gewöhnlichen Ausdruck auf einem Tintenstrahldrucker wählen Sie unter DRUCKEN ❹ DOKUMENT. Das aktuelle RGB-Dokumentfarbprofil wird Ihnen rechts in Klammern angezeigt. Deaktivieren Sie gegebenenfalls die FARBHANDHABUNG ❺ in Ihrem Druckertreiber. Und unter DRUCKERPROFIL ❻ brauchen Sie nur noch das für Ihren Drucker und das gewählte Druckmedium passende Farbprofil auszuwählen.

Wählen Sie im Bereich Drucken die Option Proof, haben Sie die Möglichkeit, sogar auf Desktop-Druckern Proofs auszugeben. Dafür müssen Sie zunächst über Ansicht • Proof einrichten • Benutzerdefiniert einen Dialog öffnen, in dem Sie das gewünschte Ausgabeprofil ❶ wählen:

Abbildung 9.56 ▶
Um die gewünschte Ausgabeart zu simulieren, brauchen Sie hier lediglich das entsprechende Farbprofil auszuwählen.

Mit der aktiven Option CMYK-Werte beibehalten ❷ rechnet InDesign die Farben für den Proof entsprechend dem gewählten Profil um, die Farbwerte im Dokument selbst bleiben dabei unverändert. Das lässt sich einfach überprüfen, indem Sie eine Farbfläche mit möglichst hohem Gesamtfarbauftrag erstellen. Messen Sie mit der Ansichtsoption Farbauftrag im Bedienfeld Separationsvorschau (Fenster • Ausgabe) die Farbe mit aktivierter und ohne aktivierte Option CMYK-Werte beibehalten. Durch Aktivierung von Papierfarbe simulieren ❸ stellt InDesign die Dokumentseiten statt in dem gewohnten reinen Weiß in einem mehr oder minder leichten Ton dar. Diese Färbung ist dem Papier, für das das gewählte Farbprofil gilt, nachempfunden.

Haben Sie im Dialog Proof-Bedingung anpassen das gewünschte Farbprofil für die Ausgabe gewählt, wird dieses bei Aktivierung von Proof im Drucken-Dialog angezeigt ❺. Soll die Papierfarbe auch auf dem Ausdruck ausgedruckt werden, klicken Sie die entsprechende Checkbox ❼ an. Die dann gedruckte Papierfarbe ist die durch das Farbprofil festgelegte Farbe und nicht etwa der Farbton, den Sie dem Farbfeld Papier ❹ zuweisen können, um beispielsweise ein Recyclingpapier zu simulieren:

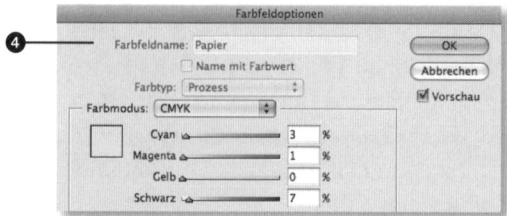

Abbildung 9.57 ▶
Sie können dem Farbfeld Papier einen individuellen Farbton zuweisen.

Bei DRUCKERPROFIL wählen Sie wie beim normalen Ausdruck den
passende Drucker aus ❻.

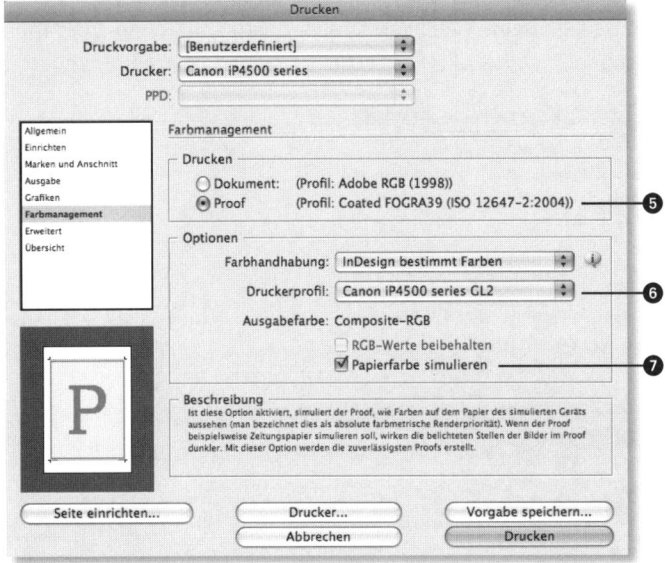

9.8.7 Register »Erweitert«

Sollen platzierte PostScript-Grafiken wie EPS-Dateien auf einem
nicht PostScript-fähigen Drucker ausgegeben werden, muss
damit gerechnet werden, dass diese nur mit einer Bildschirm-
auflösung von 72 dpi gedruckt werden. Ein Workaround für derartige Situationen wäre der Weg über den PDF-Export, da alle
Grafiken in PDFs auch von nicht PostScript-fähigen Druckern in
hoher Qualität reproduziert werden können. Ansonsten kann im
Register ERWEITERT auch der Druck von Dokumentseiten als Bitmap gewählt werden ❽. Wie weiter vorn besprochen, kann hier
auch gewählt werden, mit welchen Reduzierungsvorgaben Transparenzeffekte ausgegeben werden sollen ❾.

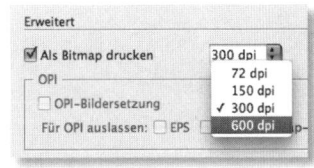

▲ **Abbildung 9.59**
Die Auflösung für die Bitmap-
Ausgabe kann über ein Menü
gewählt werden.

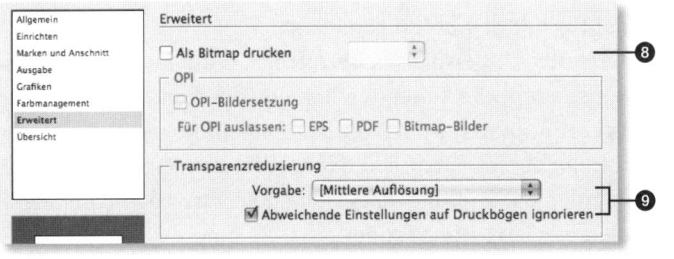

◄ **Abbildung 9.60**
Im Register ERWEITERT lässt sich
die gewünschte TRANSPARENZ-
REDUZIERUNG wählen.

9.8.8   Register »Übersicht«

Besonders wenn Sie mit verschiedenen Presets arbeiten, die Sie mit dem Button VORGABE SPEICHERN… angelegt haben, bietet das achte Register beim Wechsel zwischen verschiedenen Vorgaben einen schnellen Überblick über die jeweiligen Einstellungen:

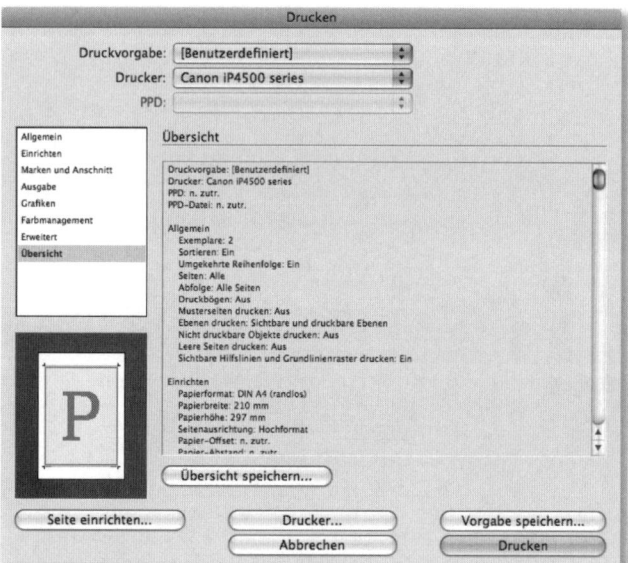

Abbildung 9.61 ▶
Das Register ÜBERSICHT fasst die vorgenommenen Einstellungen zusammen und bietet sich für den Vergleich verschiedener Vorgaben an.

9.9   Broschüre drucken

Neben dem soeben besprochenen Befehl DRUCKEN, bei dem die Seiten immer in der Reihenfolge (bzw. umgekehrten Reihenfolge) ausgegeben werden, in der sie im Dokument vorkommen, bietet InDesign noch einen weiteren Druckbefehl an, der oft übersehen wird: Mit dem Befehl BROSCHÜRE DRUCKEN wird eine Datei ausgeschossen gedruckt. Mit Ausschießen wird die Neupositionierung von Dokumentseiten bezeichnet, die eigentlich erst in der Druckvorstufe vorgenommen wird, damit die Seiten nach dem Druck überhaupt geheftet werden können ❶.

Im Offsetdruck beispielsweise werden keine Einzelseiten ausgegeben, sondern die Seiten werden entsprechend ihrer Position im fertigen Endprodukt paarweise auf einem Bogen montiert ❷. Ein Bogen im Offset entspricht damit nicht dem Druckbogen von InDesign, der ja immer die direkt nebeneinanderliegenden Seiten im Bedienfeld SEITEN bezeichnet.

Durch das Ausschießen liegt bei einem Achtseiter dann die erste Seite der letzten gegenüber, die zweite der vorletzten usw.

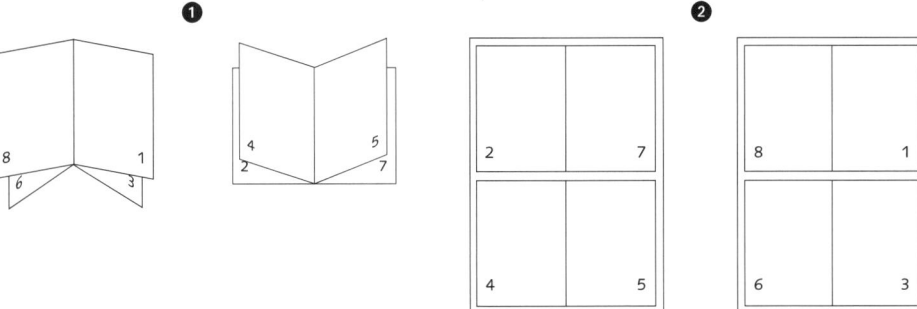

Nach dem Aufruf von DATEI • BROSCHÜRE DRUCKEN erscheint der entsprechende Dialog, mit dem Sie die Ausgabe einer Datei auf Doppelseiten steuern können:

▲ **Abbildung 9.62**
Beim Ausschießen werden die Dokumentseiten so angeordnet, dass sie nach dem Druck gefalzt und geheftet werden können.

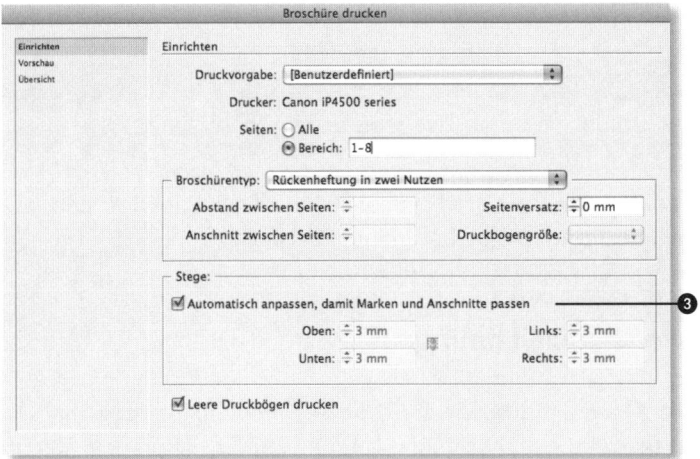

◄ **Abbildung 9.63**
InDesign kann für Sie das Ausschießen übernehmen.

Der Dialog BROSCHÜRE DRUCKEN verfügt über die drei Register EINRICHTEN, VORSCHAU und ÜBERSICHT. Die grundlegenden Einstellungen bezüglich der Druckausgabe sind über den Button DRUCKEINSTELLUNGEN… am unteren Dialogfeldrand zu erreichen.

Wenn Sie Ihr Layout mit Schnittmarken ausgeben möchten, kann InDesign das Dokument auf die nötige Größe so weit verkleinern, dass Beschnitt, Beschnittmarken etc. mit auf das gewählte Papierformat passen. Dafür aktivieren Sie den Button AUTOMATISCH ANPASSEN, DAMIT MARKEN UND ANSCHNITTE PASSEN ❸. Die benötigten Ränder werden automatisch in die Felder eingetragen.

✓ Rückenheftung in zwei Nutzen
Klebebindung in zwei Nutzen
Zwei Nutzen – fortlaufend
Drei Nutzen – fortlaufend
Vier Nutzen – fortlaufend

▲ **Abbildung 9.64**
Als BROSCHÜRENTYP stehen Ihnen mehrere Varianten zur Verfügung.

Nutzen

Mit Nutzen wird die größtmögliche Anzahl von Seiten, die auf einen Bogen passen, bezeichnet. Die Anzahl der Nutzen ist somit abhängig von Endformat und Bogengröße.

Im Register VORSCHAU erhalten Sie eine Übersicht, wie die Seiten ausgegeben werden. Für eine Rückendrahtheftung mit zwei Nutzen beispielsweise müssen die Seiten, die gedruckt werden, immer durch vier teilbar sein. Ein sechsseitiges Dokument würde von InDesign automatisch als Achtseiter ausgegeben werden, InDesign fügt beim Ausdruck die beiden benötigten Seiten selbstständig hinzu.

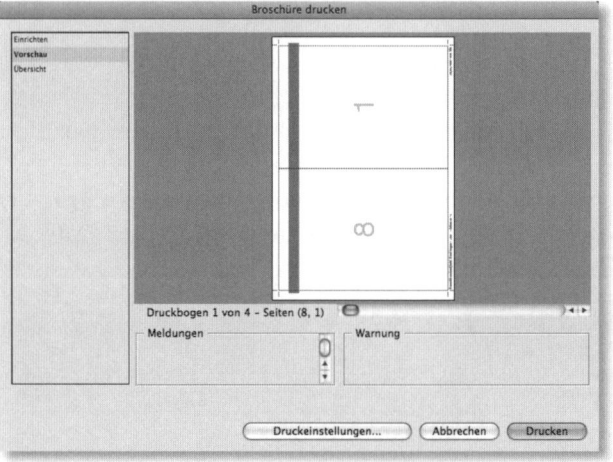

Abbildung 9.65 ▶
Das Register VORSCHAU bietet einen Eindruck von der gedruckten Broschüre.

Das Register ÜBERSICHT entspricht in seiner Funktion dem aus dem DRUCKEN-Dialog bekannten Register.

9.10 Reinzeichnung

Alle Arbeitsschritte, die zur Druckvorbereitung nach Layout und Textkorrektur durchgeführt werden, werden unter dem Begriff »Reinzeichnung« zusammengefasst. Die Reinzeichnung sollte insbesondere vor der Weitergabe der Druckdaten an eine Druckerei durchgeführt werden. Hierzu gehören z. B. Überprüfung und Korrektur aller randabfallenden Elemente, der verwendeten Farbräume von in InDesign erstellten Designelementen und Grafiken. Außerdem sollten die Werte von PPI EFFEKTIV überprüft und gegebenenfalls in Photoshop angeglichen werden. Über das Bedienfeld PREFLIGHT lassen sich alle genannten möglichen Fehlerquellen anzeigen.

Nach der gängigen Praxis werden Sie nach Absprache mit Ihrem Druckdienstleister PDFs zur Produktion weitergeben. Beim

Export einer InDesign-Datei in ein PDF können zwar auch Bilddaten auf die gewünschte Auflösung heruntergerechnet werden.
Dadurch vergibt man sich jedoch die Möglichkeit, die platzierten Grafiken in Photoshop scharfzuzeichnen. Scharfzeichnen ist
ein Effekt in Photoshop, der eigentlich auf alle zu reproduzie-
renden Bitmaps angewendet werden sollte, damit die im Druck
erwünschte Bildschärfe erreicht wird.

9.10.1 Bitmaps in Photoshop optimieren

Die Zusammenhänge zwischen den beiden in Kapitel 4, »Bilder«,
angesprochenen Größen ORIGINAL PPI und PPI EFFEKTIV und die
in Photoshop nötigen Arbeitsschritte zur Optimierung von Rasterbildern möchte ich im Folgenden erläutern.

Bitmaps werden in Layouts selten so verwendet, dass die Auflösung der Bilddatei, die mit ORIGINAL PPI angegeben wird, der
effektiven Auflösung entspricht. Das ist nämlich nur dann der
Fall, wenn das platzierte Bild im Layout nicht skaliert wird – nur
dann entspricht PPI EFFEKTIV dem Wert von ORIGINAL PPI. Im Beispiel wurde dasselbe Bild zweimal im Layout platziert: links in
der Originalgröße, die Spalte SKALIEREN bleibt dann leer, rechts in
50%. Die effektive Auflösung ist dann doppelt so hoch wie die
tatsächliche Auflösung.

▼ **Abbildung 9.66**
Achten Sie auf den Zusammenhang zwischen ORIGINAL PPI,
PPI EFFEKTIV und dem Skalierungswert.

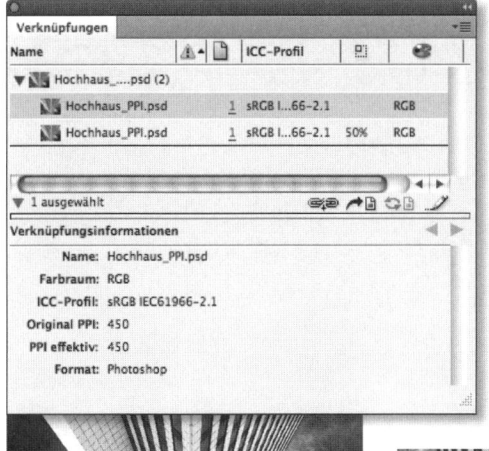
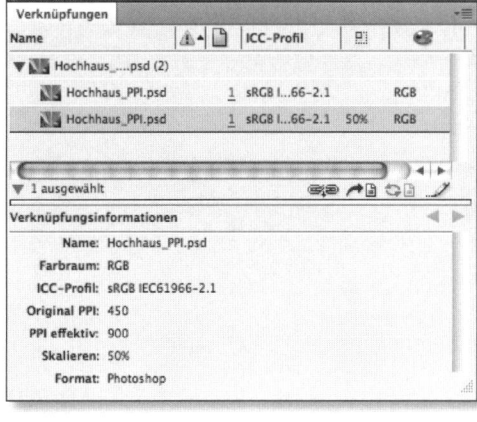

Eingaben zurücksetzen

Sollten Sie die Eingaben auf den Ausgangswert zurücksetzen wollen, halten Sie die ⌐Alt⌐/⌐⌐-Taste gedrückt. Der ABBRECHEN-Button ändert dadurch seine Beschriftung in ZURÜCKSETZEN.

Gemeinhin gelten 300 ppi effektiv als Größe, die für die allermeisten Druckverfahren angemessen ist. Den tatsächlich erwünschten Wert erhalten Sie von den Kollegen Ihres Druckdienstleisters. Wie Sie eben gesehen haben, vergrößert sich der Wert von PPI EFFEKTIV umgekehrt proportional zur Skalierung. Um eine Bilddatei auf die gewünschte Auflösung von 300 ppi effektiv herunterzurechnen, sind mehrere Arbeitsschritte nötig.

Als Beispiel dient das Bild aus Abbildung 9.66, das mit einer Skalierung von 50 % im Layout platziert ist. Die tatsächliche Auflösung des Bildes beträgt 450 ppi. Mit einem Doppelklick und gedrückter ⌐Alt⌐/⌐⌐-Taste wird das Bild in der Ursprungsapplikation, in diesem Fall also Photoshop CS5, geöffnet. Dort wird zunächst die tatsächliche Auflösung auf 300 ppi heruntergerechnet. Der Dialog BILDGRÖSSE im Menü BILD gibt Auskunft über die Größenverhältnisse der Datei. Die verschiedenen Größen können individuell oder in gegenseitiger Abhängigkeit verändert werden. Zunächst wird im Bereich PIXELMASSE mittels Pulldown-Menü die Einheit von PIXEL ❶ auf PROZENT ❸ geändert. Im dazugehörigen Eingabefeld wird der Skalierungswert, mit dem das Bild in InDesign platziert wurde, eingegeben. Im Beispiel sind dies 50 %. Die durch die Verkleinerung zu erwartende Dateigröße wird von Photoshop oben ❷ direkt ausgegeben.

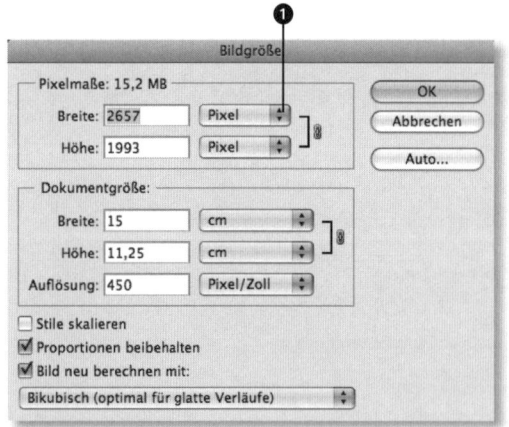
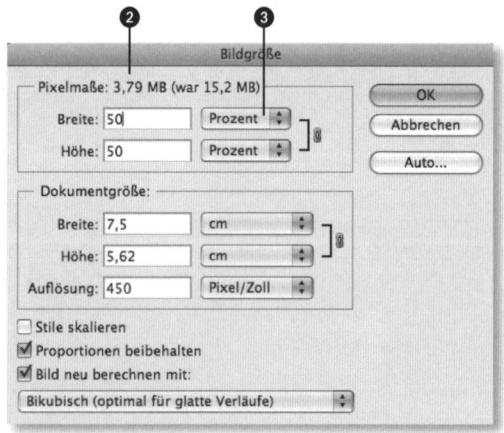

▲ **Abbildung 9.67**
Zunächst wird die Bilddatei auf 50 % der Ursprungsgröße verringert.

Im Feld AUFLÖSUNG wird der gewünschte Wert von 300 Pixel/ Zoll eingegeben ❺. Die Verringerung der Auflösung hat natürlich genau wie die Änderung der Pixelmaße eine weitere Verkleinerung der Dateigröße zur Folge ❹. Damit die Auflösung unabhängig von den Dokumentmaßen geändert werden kann, muss die

Checkbox BILD NEU BERECHNEN MIT ❻ aktiviert sein. Für eine Verkleinerung bietet Photoshop die Berechnungsmethode BIKUBISCH SCHÄRFER an ❼.

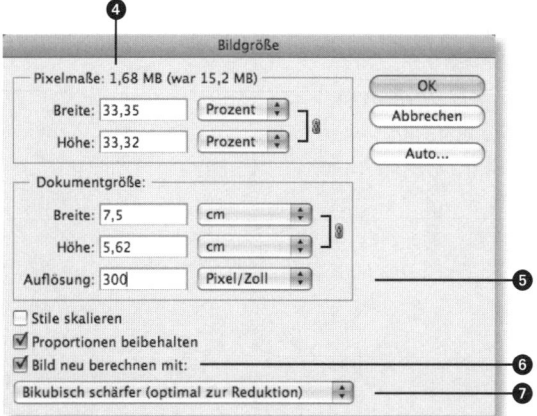

> Pixelwiederholung (harte Kanten beibehalten)
> Bilinear
> Bikubisch (optimal für glatte Verläufe)
> Bikubisch glatter (optimal zur Vergrößerung)
> ✓ Bikubisch schärfer (optimal zur Reduktion)

▲ **Abbildung 9.68**
In Photoshop CS5 stehen fünf verschiedene Methoden zur Bildgrößenberechnung zur Auswahl.

◄ **Abbildung 9.69**
Die Änderung der Auflösung hat eine weitere Verkleinerung der Dateigröße zur Folge.

Nun könnte die Datei in das gewünschte CMYK-Farbprofil umgewandelt werden. Dafür rufen Sie über BEARBEITEN • IN FARBPROFIL UMWANDELN den gleichnamigen Dialog auf, in dem Sie das Zielprofil ❽ wählen:

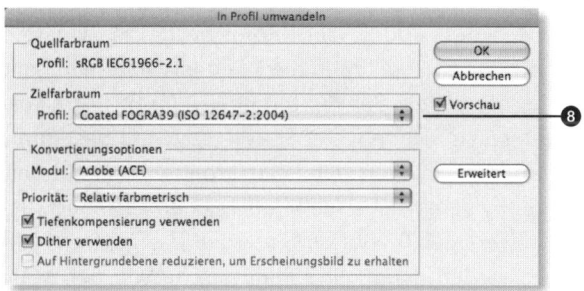

> **RGB-Workflow**
>
> Die Umwandlung von RGB-Daten in Photoshop nach 4c ist optional. Zur Farbkontrolle wählen Sie sowohl in Photoshop als auch in InDesign ANSICHT • FARBPROOF.

◄ **Abbildung 9.70**
Das gewünschte Farbprofil wird bei Bedarf auf die Bilddatei angewendet.

Als Nächstes soll die Datei scharfgezeichnet werden. Dafür wird FILTER • SCHARFZEICHNEN • UNSCHARF MASKIEREN aufgerufen. Dieser umständliche Name bezeichnet die Arbeitsweise dieses Effektes: Bereiche mit weichen Übergängen wie Haut oder Wolken können bei der Anwendung dieses Filters maskiert, also geschützt, werden. Die Scharfzeichnung wird somit auf die Bildbereiche beschränkt, die ohnehin schon Kontrast aufweisen, denn das Scharfzeichnen ist eigentlich eine Erhöhung des Kontrastes. Auf die hierfür benötigten Filterparameter haben Sie über den Dialog UNSCHARF MASKIEREN Zugriff. Schalten Sie auch hier die Vorschau ein, um die Auswirkung Ihrer Einstellungen direkt am Bildmaterial beurteilen zu können:

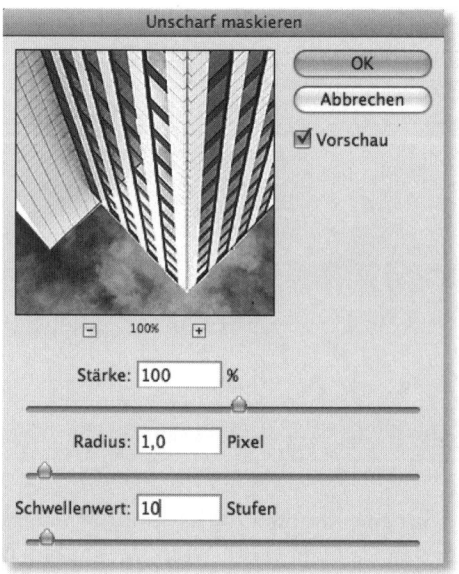

Abbildung 9.71 ▶
Für hochwertige Drucksachen sollten Bilder vor dem Druck grundsätzlich mit dem Photoshop-Filter UNSCHARF MASKIEREN bearbeitet werden.

Scharfzeichnung

Bedenken Sie beim Einstellen der Parameter von UNSCHARF MASKIEREN, dass die Scharfzeichnungswirkung am Monitor deutlicher erscheint als im gedruckten Endergebnis. Das bedeutet, dass die Scharfzeichnung am Monitor ruhig etwas übertrieben wirken kann, um im Druck gut auszusehen.

Mit STÄRKE wird die Verstärkung des Kontrastes geregelt. Werte um die 100 % reichen hier oft aus, empfehlenswert sind Werte etwa zwischen 80 % und 200 %. Der RADIUS bestimmt, wie viele Pixel des zu schärfenden Bereichs in die Kontrastverstärkung mit eingerechnet werden sollen. Bei Werten über 2 Pixel ist mit auffälligen Farbsäumen zu rechnen. Der SCHWELLENWERT bestimmt, ab welchen Farbunterschieden der Filter arbeiten soll. Hiermit wird die Maskierung von unscharfen Bildbereichen gesteuert. Bei einem Schwellenwert von 0 wird der Filter auf das gesamte Bild angewendet, es werden dann keine Bildbereiche von der Bearbeitung des Filters ausgenommen. Durch einen Schwellenwert von 10 werden im Beispiel die Wolken nicht scharfgezeichnet. Abhängig vom Bildmotiv kann man überzeugende Ergebnisse auch dadurch erzielen, dass nicht alle Farbkanäle scharfgezeichnet werden, sondern nur der K-Kanal. Dadurch entgeht man beispielsweise bei Porträts der Gefahr, kleine Hautunreinheiten durch eine Scharfzeichnung zu betonen.

Nach diesem letzten Arbeitsschritt der Schärfung werden alle vorgenommenen Änderungen an der Größe und Auflösung, die Umwandlung in ein Farbprofil sowie die Scharfzeichnung der Bitmap-Datei mit DATEI • SICHERN in die Datei geschrieben.

Nach dem Wechsel zurück zu InDesign werden nach der automatischen Aktualisierung alle grundlegenden Bildänderungen im Bedienfeld VERKNÜPFUNGEN wiedergegeben:

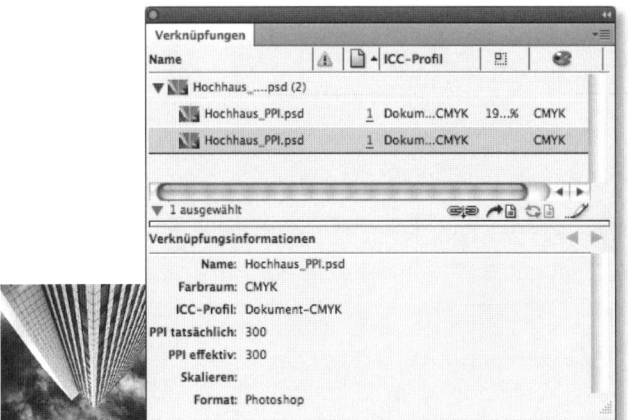

◀ **Abbildung 9.72**
Das VERKNÜPFUNGEN-Bedienfeld spiegelt die wichtigsten Änderungen in der platzierten Bilddatei wider.

9.11 PDF-Export

Soll ein InDesign-Layout an eine Druckerei weitergegeben werden, hat sich in den vergangenen Jahren hierfür PDF, das **P**ortable **D**ocument **F**ormat, als Datenformat durchgesetzt. Wurde früher die offene Layoutdatei, das heißt die Layoutdatei, wie sie auf Ihrem Rechner samt Verknüpfungen und Schriften vorliegt, an die sogenannte Druckvorstufe per ISDN verschickt, muss heute nur noch eine Datei je nach Größe per E-Mail verschickt oder auf den FTP-Server des Druckdienstleisters hochgeladen werden.

Diese Entwicklung hat für den Layouter zur Konsequenz, dass er sich viel mehr mit dem Thema Reinzeichnung auseinandersetzen muss, da eine PDF-Datei nach dem Versand nicht mehr in dem Maße editierbar ist wie ein offenes InDesign-Dokument. Früher wurde die Reinzeichnung nämlich häufig in der Druckvorstufe der Druckerei oder eines Prepress-Betriebes durchgeführt, heute liegen die hierfür notwendigen Schritte in der Verantwortung des Layouters. Die Weitergabe von offenen Daten war nicht nur deutlich fehlerbehafteter als die Arbeit mit PDFs, da Bilder oder Schriften beim Versand fehlten, verloren gingen oder beschädigt wurden, es musste auch immer geklärt werden, ob auf Layouter- und Prepress-Seite dieselbe Version der Layoutsoftware und dasselbe Betriebssystem eingesetzt wurden.

PDF

Dieses Dateiformat wurde von Adobe entwickelt und 1993 vorgestellt. Der Vorteil von PDF-Daten liegt darin, dass Layouts beim Empfänger durch die Einbettung von Grafiken und Schriften so aussehen, wie vom Layouter vorgesehen. Zudem ist zum Öffnen eines PDFs nicht das Ursprungsprogramm wie etwa InDesign notwendig, sondern nur der frei verfügbare Acrobat Reader. Auch die jeweils verwendeten Betriebssysteme sind bei der PDF-Weitergabe unerheblich.

Da Adobe seine Layoutsoftware mit der Preflight-Funktion, der Reduzierungs- und Separationsvorschau sowie praktikablen Presets zum Exportieren von Layouts als PDF ausstattet, ist eine ganze Reihe hilfreicher Funktionen an Bord, die die Erstellung von im Offset druckbaren PDFs selbst unerfahreneren Anwendern ermöglichen.

Soll ein Layout nun als PDF exportiert werden, wird der Befehl DATEI • EXPORTIEREN aktiviert. Im EXPORTIEREN-Dialog wird als FORMAT • ADOBE PDF (DRUCK) ❶ gewählt.

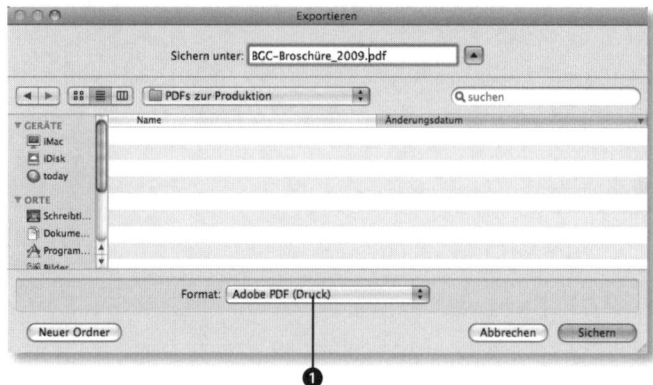

Abbildung 9.73 ▶
Nach der Anwahl des Befehls EXPORTIEREN im Menü DATEI wird ADOBE PDF (DRUCK) als Format gewählt.

9.11.1 Register »Allgemein«

Im Dialog ADOBE PDF EXPORTIEREN sind die diversen Einstellungs- und Kontrolloptionen in sieben Registern zusammengefasst.

[Druckausgabequalität]
[Kleinste Dateigröße]
[PDF/X-1a:2001]
[PDF/X-3:2002]
[PDF/X-4:2008]
[Qualitativ hochwertiger Druck]
✓ pdf x1 3mm Beschnitt FOGRA39

▲ Abbildung 9.74
Bei der Programminstallation wird auch eine Reihe durchaus praktikabler PDF-Presets installiert.

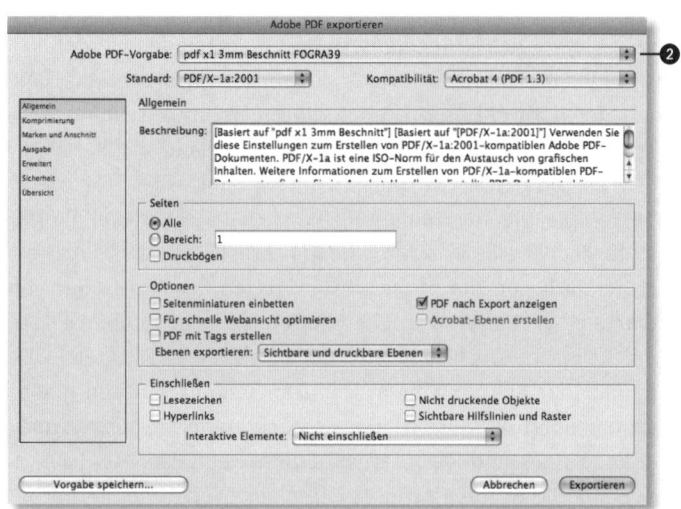

Abbildung 9.75 ▶
Der Dialog zum Export von PDF-Daten enthält neben den Optionen, die vom DRUCKEN-Dialog bekannt sind, weitere PDF-spezifische Optionen.

Da einige der Register des Dialogs ADOBE PDF EXPORTIEREN denen des DRUCKEN-Dialogs entsprechen, werde ich in diesem Abschnitt nicht noch einmal auf diese eingehen. Wie auch im DRUCKEN-Dialog lassen sich im ADOBE PDF EXPORTIEREN-Dialog über den Button VORGABE SPEICHERN… am unteren Dialogfeldrand selbst erstellte Presets abspeichern, die dann über ADOBE PDF-VORGABE ❷ wieder anwählbar sind. Die Optionen bei STANDARD, KOMPATIBILITÄT und SEITEN wurden bereits vorgestellt. Die Checkboxen in den Bereichen OPTIONEN und EINSCHLIESSEN betreffen das Aussehen und das Verhalten des PDFs, wenn es in Acrobat geöffnet wird, und spielen für die Ausgabe für einen Druckereibetrieb keine zentrale Rolle.

Statt selbst ein passendes Preset zu erstellen, erhalten Sie eventuell auch von Ihrem Druckdienstleister eine Vorgabedatei gestellt. Diese können Sie einfach über einen Dialog laden, der eingeblendet wird, wenn Sie DATEI • ADOBE PDF-VORGABEN • DEFINIEREN aufrufen. Nach dem Betätigen des LADEN-Buttons ❸ können Sie die Datei mit den PDF-Exportvorgaben auf Ihrer Festplatte wählen. Dieses Preset ist dann im Dialog ADOBE PDF EXPORTIEREN als Adobe PDF-Vorgabe anzuwählen.

PDFX1a 2001.joboptions

▲ **Abbildung 9.76**
Wenn Sie ein PDF-Preset von Ihrer Druckerei gestellt bekommen, können Sie dieses bequem laden und anschließend anwenden.

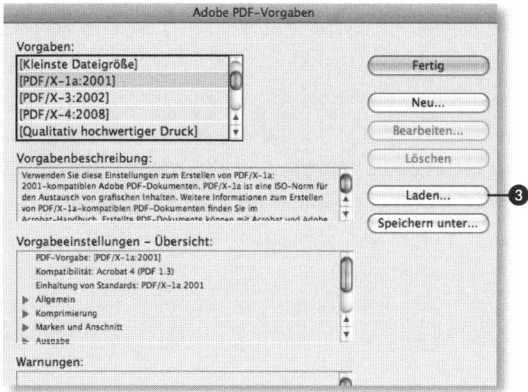

◄ **Abbildung 9.77**
Das Register VORGABEEINSTELLUNGEN – ÜBERSICHT fasst die vorgenommenen Einstellungen zusammen.

9.11.2   Register »Komprimierung«

Im zweiten Register können Einstellungen vorgenommen werden, die den Umgang mit Bilddaten beim PDF-Export steuern. Die von Adobe mitgelieferten Presets liefern alle vernünftige Ergebnisse und es lohnt sich, dass Sie sich beispielsweise die Komprimierungsvorgaben des Presets [KLEINSTE DATEIGRÖSSE] einmal genauer ansehen. Dieses Preset bietet sich an, wenn Layouts zur

Abstimmung per E-Mail an einen Kunden gesendet werden. Darüber hinaus machen PDFs mit niedrig aufgelösten Bildern durch ihre geringen Datenmengen bei der Veröffentlichung von Layouts im Kunden-Intranet oder im Internet Sinn.

Abbildung 9.78 ▶
Das Preset [Kleinste Dateigrösse] bietet sich für alle Anwendungen an, bei denen die höchstmögliche Bildqualität keine Priorität hat.

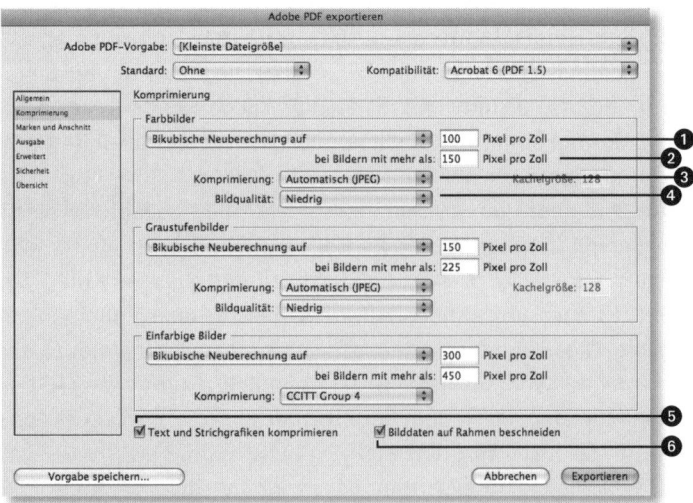

Abbildung 9.79 ▲
Als Bildqualität von JPEGs stehen Ihnen diese fünf Stufen zur Verfügung.

Register »Marken und Anschnitt«

Die Einstellungen dieses Registers entsprechen denen des Drucken-Dialogs (siehe Seite 415).

Das Register Komprimierung ist in die drei ähnlich aufgebauten Bereiche Farbbilder, Graustufenbilder und Einfarbige Bilder eingeteilt. Die Einstellungsmöglichkeiten werden am Beispiel Farbbilder vorgestellt. Als Interpolationsmethode ist standardmäßig diejenige gewählt, die die hochwertigsten Ergebnisse liefert: Bikubische Neuberechnung auf. Im Eingabefeld daneben kann die gewünschte Auflösung eingetragen werden ❶. Mit der Eingabe im nächsten Feld kann gesteuert werden, ab welcher Bildauflösung das sogenannte Downsampling, also die Verringerung der Auflösung, angewendet werden soll ❷. Welche Komprimierungstechnik angewendet wird, kann bei Komprimierung ❸ angewählt werden. JPEG ist zwar ein verlustbehaftetes Verfahren, für die meisten Anwendungen ist es dennoch die beste Wahl, da es bei geringer Datenmenge qualitativ akzeptable Ergebnisse liefert. Unter Bildqualität stehen fünf Stufen zur Auswahl ❹.

Die Aktivierung von Text und Strichgrafiken komprimieren führt zur verlustfreien Kompression von Text und Vektorgrafiken ❺. Sofern die Änderung des sichtbaren Ausschnitts von platzierten Bildern im PDF nicht vorgesehen ist, sollte die Option Bilddaten auf Rahmen beschneiden aktiviert werden ❻, da hierdurch nur der sichtbare Bereich von Bilddateien exportiert wird.

9.11.3   Register »Ausgabe«

Ist eine PDF/X-1-Datei erwünscht ❼, wählen Sie bei Farbkonvertierung ❽ die Option In Zielprofil konvertieren (Werte
beibehalten) und bei Ziel ❾ das gewünschte Farbprofil an. Der
Zusatz bei Farbkonvertierung weist darauf hin, dass keine
Reduktion des Gesamtfarbauftrages stattfindet, da alle Farben,
so wie sie im Layout verwendet werden, in das PDF übernommen werden. Aus diesem Grund sollte das InDesign-Dokument
vor der PDF-Ausgabe mit der Ansichtsoption Farbauftrag des
Bedienfeldes Separationsvorschau überprüft werden. Im Dokument platzierte RGB-Grafiken und in InDesign erstellte Objekte
im RGB-Farbraum werden durch diese Konvertierung in das
Zielprofil konvertiert. Wie weiter vorn erläutert, ist es ohnehin
ratsam, RGB-Farben und -Grafiken im Laufe der Layoutarbeit so
früh wie möglich in den 4 c-Farbraum zu überführen.

Die Funktion des Druckfarben-Managers wurde bereits vorgestellt (siehe Seite 407).

Wenn Sie sich bei Standard statt Ohne für einen bestimmten PDF/X-Standard ❼ entschieden haben, wird unter PDF/X ❿
bei Name des Ausgabemethodenprofils automatisch das oben
gewählte Zielprofil eingeblendet, da die PDF/X-Standards nach
einer derartigen Kennzeichnung verlangen. Die anderen Eingabefelder sind optional. Im Bereich Beschreibung ⓫ werden
aufschlussreiche Texte eingeblendet, wenn Sie den Cursor über
den fraglichen Eingabefeldern und Pulldown-Menüs positionieren.

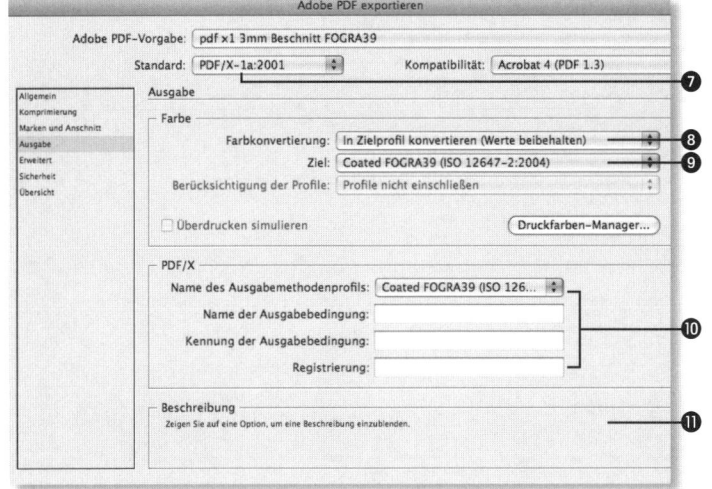

◄ **Abbildung 9.80**
Wählen Sie bei Farbkonvertierung für eine PDF/X-Datei
immer In Zielprofil konvertieren (Werte beibehalten).

9.11.4 Register »Erweitert«

Im Bereich SCHRIFTARTEN können Sie festlegen, wie InDesign beim Erstellen von PDFs mit Schriften verfahren soll, die in der InDesign-Datei verwendet werden. Es gibt hierbei zwei mögliche Alternativen: Entweder wird der komplette Schriftsatz in das PDF eingebettet oder nur eine sogenannte Untergruppe. Damit sind genau die Glyphen gemeint, die auch tatsächlich im PDF verwendet werden.

Beide Methoden haben ihre Vorteile: Wird die gesamte Schrift eingebettet, können mit Acrobat Professional Textkorrekturen im PDF vorgenommen werden. Die Dateigröße ist dann natürlich größer, als wenn nur die tatsächlich verwendeten Zeichen als Untergruppe eingebettet werden.

Mit dem Prozentsatz im Eingabefeld ❶ können Sie steuern, welches Konzept der Schrifteinbettung angewendet werden soll. Bei 100 % wird die Untergruppe, bei 0 % der komplette Zeichensatz eingebettet. Mit dazwischenliegenden Werten kann gesteuert werden, dass beispielsweise Schriften, deren Glyphensatz z. B. zu 50 % im Layout verwendet werden, komplett eingebettet werden.

Die Möglichkeit, bei der Ausgabe ein bestimmtes Transparenzreduzierungs-Preset anzuwenden, ist bereits weiter vorn erläutert worden (siehe Seite 401). Da für PDF/X-konforme Dateien keine Sicherheitseinstellungen vorgesehen sind, gehe ich auf das Register SICHERHEIT nicht ein. Die Funktion des Registers ÜBERSICHT ist schon in Abschnitt 9.8.8 vorgestellt worden.

▼ **Abbildung 9.81**
Im Register ERWEITERT können Sie steuern, wie Schriften in das PDF eingebettet werden.

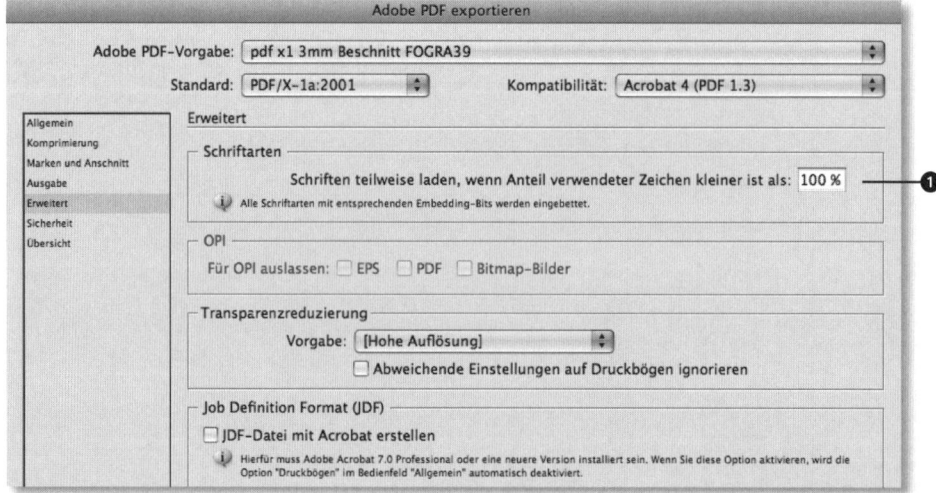

9.12 Verpacken

Wie bereits erwähnt, wurden in der Zeit vor der Entwicklung der PDFs die offenen InDesign-Dokumente mit allen verwendeten Schriften und Bilddaten an die Druckdienstleister verschickt. Um alle relevanten Daten einer Layoutdatei zusammenzuführen, gibt es den Befehl VERPACKEN… im Menü DATEI. Das durch diesen Befehl von InDesign ausgeführte Sammeln von Daten macht auch heute noch Sinn, etwa, wenn Bilddaten von verschiedenen Datenträgern wie Server, CD und Festplatte stammen und zur zentralen Verwaltung auf dem Rechner zusammengeführt werden sollen, auf dem das Layout erstellt wird. Eine zweite Gelegenheit für die Anwendung dieses Befehls bietet sich bei der Archivierung der Layoutdaten an. Wenn alle Daten eines Layouts in einem Verzeichnis abgelegt sind, kann hiervon ohne Weiteres ein Sicherungs-Medium wie eine CD oder DVD gebrannt werden.

Wird der Befehl VERPACKEN… angewählt, wird zunächst eine Übersicht über die verwendeten Daten eingeblendet (siehe Abbildung 9.82). Die zusammengestellten Informationen können über sechs Register gefiltert werden, so dass sich beispielsweise die Bilddaten in einer Übersicht innerhalb des Dialogs PAKET anzeigen lassen. Wird von InDesign hier keine Warnmeldung ausgegeben, kann der VERPACKEN-Button betätigt werden. Schließlich werden Sie zu einem Dialog geführt, in dem Sie den Speicherort und den Verzeichnisnamen für alle zusammengetragenen Daten angeben können. Durch das Betätigen des SICHERN-Buttons wird ein neues Verzeichnis erstellt, in das alle Layoutdaten kopiert werden. Dieses kann dann auf CD/DVD gebrannt werden.

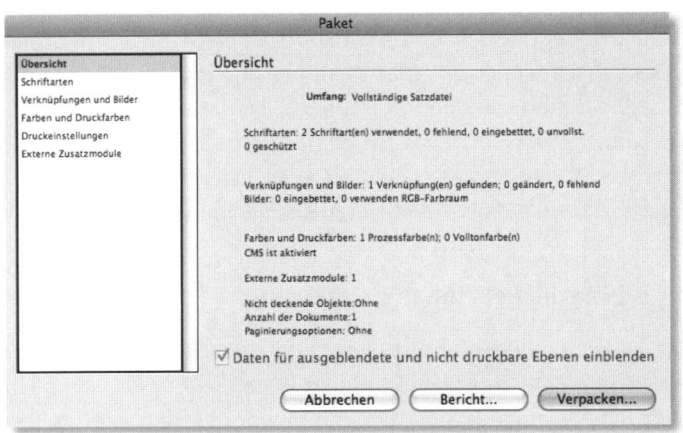

◄ **Abbildung 9.82**
Durch den Befehl VERPACKEN… werden zunächst alle relevanten Informationen der Layoutdatei eingeblendet.

9.13 Interaktive Dokumente

Neben der Ausgabe statischer Layouts als Drucksache können aus InDesign auch Dokumente erstellt und ausgegeben werden, die dem Benutzer die Möglichkeit zur Interaktivität bieten. So lassen sich klickbare Lesezeichen erstellen oder Buttons, mit deren Hilfe man durch ein Dokument klicken kann. Darüber hinaus können Diashows erstellt werden und in InDesign-Dokumenten lassen sich sogar Audio- und Filmdaten platzieren, die im exportierten Dokument abgespielt werden können.

Zunächst einmal gilt es, sich einen Überblick über die zur Verfügung stehenden Dateiformate zu verschaffen. Zum Export interaktiver Dokumente bietet InDesign CS5 drei Formate an ❶, die Sie im Export-Dialog anwählen können:

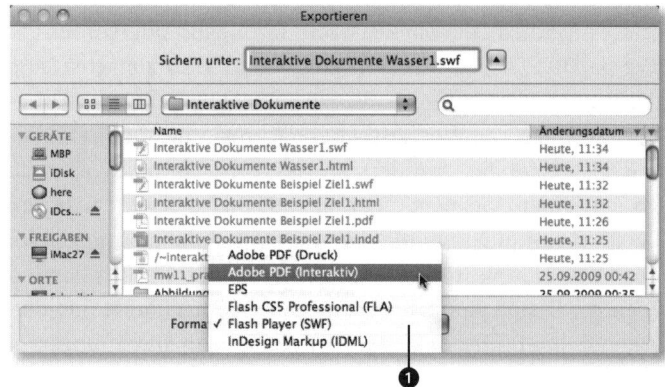

Abbildung 9.83 ▶
InDesign CS5 kann interaktive Dokumente in drei Formaten ausgeben.

Video-Training

Mehr zum Flash-Export erfahren Sie in Video-Lektion 3.2.

Im Unterschied zum Format Adobe PDF (Druck) enthält Adobe PDF (Interaktiv) alle interaktiven Elemente, die der Gestalter als solche angelegt hat. Nach dem Export eines Layouts im Format Flash CS5 Professional (FLA) kann es im Programm Flash CS5 weiterbearbeitet werden, interaktive Elemente werden bei dieser Exportoption nur teilweise beibehalten. Ein Dokument, das als Flash Player (SWF) exportiert wird, kann direkt im Browser angesehen und auf eine Website hochgeladen werden.

9.13.1 Lesezeichen/Inhaltsverzeichnis

Eine einfache und beliebte Art der Interaktivität ist die Möglichkeit, einem PDF Lesezeichen hinzuzufügen. Diese werden auch in ein SWF exportiert – die Programme, die zur Betrachtung von

PDFs verwendet werden, wie etwa Adobe Acrobat Reader, können Lesezeichen jedoch in einer Seitenleiste anzeigen und bieten dem Betrachter so neben einer schnellen Übersicht eben auch eine komfortable Möglichkeit zur Navigation, was umso hilfreicher ist, je länger das Dokument ist.

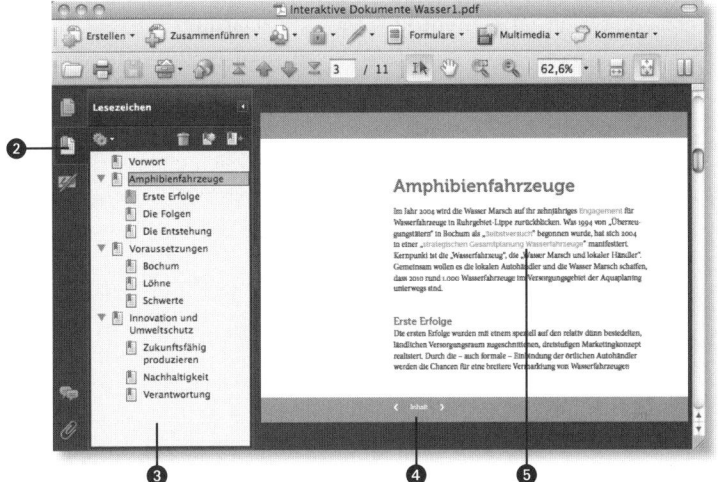

◀ **Abbildung 9.84**
Auch PDFs können eine Reihe interaktiver Elemente enthalten, die in InDesign angelegt wurden.

Sind Lesezeichen im InDesign-Dokument angelegt und in ein PDF mit exportiert worden, können diese mit einem Klick auf den entsprechenden Button ❷ eingeblendet werden ❸. Mit einem Klick auf den gewünschten Eintrag springt die Anzeige zur passenden Seite. Weitere Navigationselemente wie die Vor- und Zurück-Buttons sowie eine Schaltfläche, die von allen Seiten z. B. auf das eigentliche Inhaltsverzeichnis der PDF-Datei verweist, können ebenso in InDesign angelegt werden ❹. Verlinkte Querverweise ❺ ermöglichen es dem Leser eines interaktiven PDFs, von der betreffenden Textstelle direkt zu weiterführenden Infos zu gelangen.

Obwohl Lesezeichen auch mittels des gleichnamigen Bedienfeldes (unter FENSTER • INTERAKTIV zu finden) händisch erstellt werden können, bietet es sich an, hierfür einfach ein Inhaltsverzeichnis zu erstellen. Dabei ist es unerheblich, ob das Inhaltsverzeichnis tatsächlich im PDF zu sehen ist. Damit Lesezeichen exportiert werden, kann ein Inhaltsverzeichnis auch einfach auf der Montagefläche neben einer Dokumentseite erstellt werden.

Dafür wird einfach der Befehl LAYOUT • INHALTSVERZEICHNIS… aufgerufen. Es öffnet sich ein zwar umfangreicher, aber selbst-

> **Lange Dokumente**
>
> Themen wie Lesezeichen und Querverweise sind übrigens auch beim Umgang mit langen Dokumenten, die für den Druck erstellt werden, von großem Interesse. Die Anlage und die Verwaltung etwa eines Inhaltsverzeichnisses sind dabei unabhängig vom Ausgabeformat.

erklärender Dialog, in dem z. B. angegeben werden kann, welche Absatzformate zur Erstellung des Inhaltsverzeichnisses herangezogen werden sollen. Die Texte, die in den gewählten Absatzformaten formatiert wurden, erscheinen im Inhaltsverzeichnis.

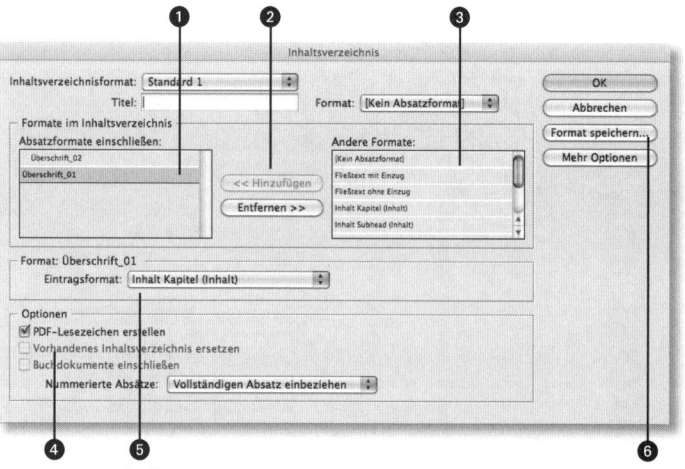

Abbildung 9.85 ▶
Ein Inhaltsverzeichnis samt Lesezeichen ist schnell erstellt, sofern konsequent mit Absatzformaten gearbeitet wurde.

Im Bereich ABSATZFORMATE EINSCHLIESSEN ❶ wird die Hierarchie der gewählten Absatzformate dargestellt. Im Beispiel ist ÜBERSCHRIFT_02 dem Absatzformat ÜBERSCHRIFT_01 untergeordnet. Alle im Dokument verfügbaren Absatzformate werden unter ANDERE FORMATE aufgelistet ❸. Mit Hilfe der beiden Buttons HINZUFÜGEN bzw. ENTFERNEN ❷ können die gewünschten Formate dem Inhaltsverzeichnis zugeordnet werden. Sollen die Texte des Inhaltsverzeichnisses anders als im sonstigen Dokument formatiert werden, können die zuvor angelegten Formate im Pulldown-Menü EINTRAGSFORMAT ausgewählt werden ❺. Damit die Lesezeichen auch in einem interaktiven PDF als solche angefertigt werden, muss die Option PDF-LESEZEICHEN ERSTELLEN aktiviert sein ❹. Für den Export als .swf-Datei ist die gewählte Option unerheblich, da die Lesezeichen in .swf-Dateien grundsätzlich als klickbare Links übernommen werden. Wird Text im Dokument geändert, der im Inhaltsverzeichnis aufgenommen wurde, wird dieser im Inhaltsverzeichnis nicht automatisch synchronisiert. Hierfür ist der Befehl LAYOUT • INHALTSVERZEICHNIS AKTUALISIEREN vorgesehen. Nach umfangreichen Einstellungen in diesem Dialogfenster lohnt es sich, diese Einstellungen innerhalb eines Inhaltsverzeichnisformates zu speichern. Hierfür ist der Button FORMAT SPEICHERN vorgesehen ❻.

9.13.2 Schaltflächen

Um dem Nutzer eines PDFs oder einer SWF-Datei mittels Buttons die Navigation durch mehrseitige Dokumente zu ermöglichen, können Schaltflächen in InDesign angelegt und mit einfachen Aktionen versehen werden. Zunächst wird hierfür die Schaltfläche erstellt. Dafür bieten sich Textrahmen und Pfade genauso an wie platzierte Grafiken.

Für das Beispiel in Abbildung 9.84 wurde zuerst der Text »Inhalt« auf der Mustervorlage, die auf alle Seiten angewendet wird, in einen eigenen Textrahmen eingegeben, positioniert und formatiert. Nach Aufruf des Bedienfeldes SCHALTFLÄCHEN im Menü FENSTER • INTERAKTIV kann das markierte Objekt ❼ durch einen Klick auf den Button OBJEKT IN SCHALTFLÄCHE KONVERTIEREN ❽ in ein interaktives Element umgewandelt werden.

Seitenübergänge

Im Menü des SEITEN-Bedienfeldes können diverse Animationen für den Seitenübergang gewählt werden.

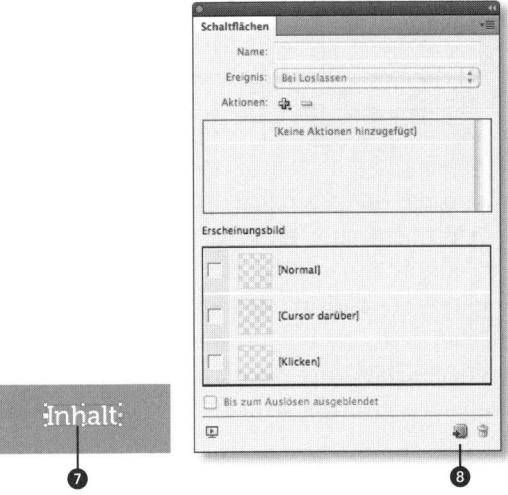

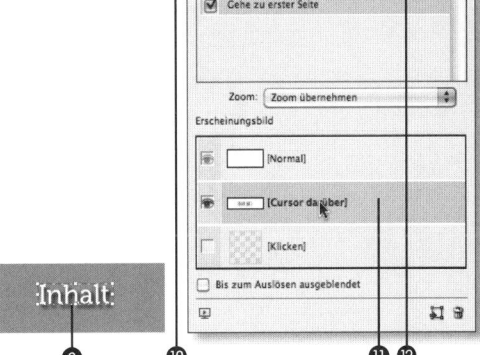

Im Pulldown-Menü EREIGNIS ❿ kann gewählt werden, wann eine Aktion stattfinden soll. Aktionen wie etwa GEHE ZU ERSTER SEITE können über den +/−-Button aus einer umfangreichen Liste hinzugefügt oder entfernt werden ❿. Soll die Schaltfläche ihr Aussehen in Abhängigkeit von der Mausposition und -bewegung ändern, kann dieses im Bereich ERSCHEINUNGSBILD realisiert werden. Ein Klick auf den Eintrag [CURSOR DARÜBER] erstellt automatisch eine Kopie des aktiven Objektes ⓫, die wie gewohnt geändert werden kann. Hier wurde der Schrift über FENSTER • EFFEKTE ein Schlagschatten hinzugefügt ❾, der im exportierten Dokument eingeblendet wird, wenn der Cursor über die Schaltfläche bewegt wird.

▲ **Abbildung 9.86**
Im SCHALTFLÄCHEN-Bedienfeld können Objekte in interaktive Elemente umgewandelt und bearbeitet werden.

9.13.3 Diashow

Mit einer Diashow innerhalb eines SWF-Dokumentes bieten Sie dem Nutzer die Möglichkeit, sich durch eine Reihe von Bildern hindurchzuklicken. Zur Realisation einer solchen Bildergalerie werden zunächst die gewünschten Bilder einfach in derselben Größe übereinander auf die Dokumentseite gestapelt: Nachdem das erste Bild platziert t wurde, wird dieses nach dem Kopieren über BEARBEITEN • AN ORIGINALPOSITION EINFÜGEN über dem vorherigen Bild eingefügt. Anschließend wird das jeweils neue Bild in den Rahmen platziert.

▼ Abbildung 9.87
Nachdem die gewünschten Bilder standgenau übereinanderliegen, werden diese in einem Objekt mit mehreren Status zusammengefasst.

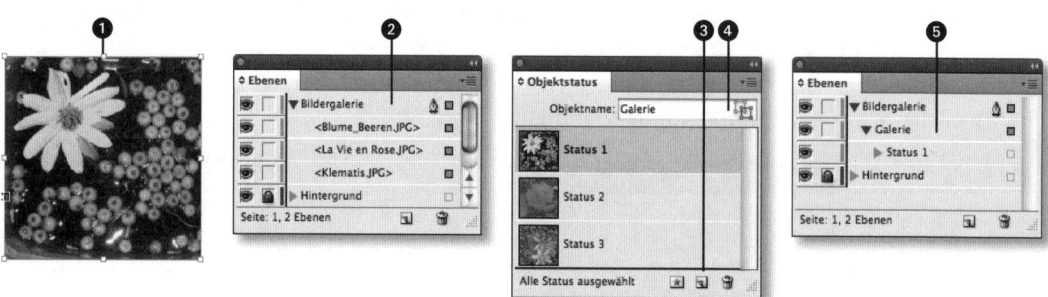

Im Beispiel oben sind die drei übereinanderliegenden Bilder ❶ im EBENEN-Bedienfeld zu erkennen ❷. Im Bedienfeld OBJEKTSTATUS, das Sie unter FENSTER • INTERAKTIV finden, werden alle drei markierten Bilder mit einem Klick auf den Abreißblock-Button ❸ in ein Objekt mit mehreren Status umgewandelt. Zur besseren Übersicht kann das neue Objekt mit einem Namen versehen werden ❹, der anschließend auch im EBENEN-Bedienfeld erscheint ❺.

Abbildung 9.88 ▶
Im Bedienfeld SCHALTFLÄCHEN werden die Pfeile in Buttons umgewandelt und mit der gewünschten Aktion versehen.

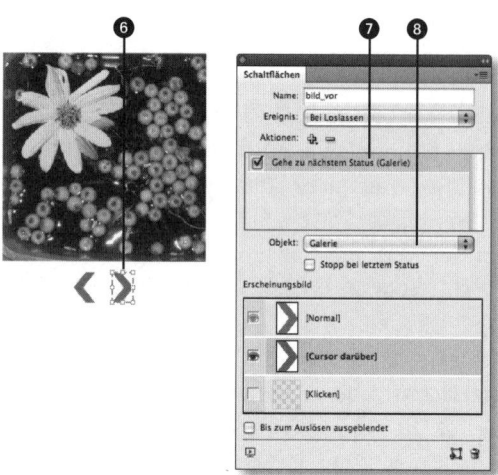

Nun werden nur noch die beiden Buttons für das Vor- und Zurückblättern benötigt, die, wie im vorigen Abschnitt beschrieben, auch aus Pfaden erstellt werden können ❻. Im Beispiel wird dem rechten Pfeil im SCHALTFLÄCHEN-Bedienfeld die Aktion GEHE ZU NÄCHSTEM STATUS zugewiesen ❼. Die Aktion soll sich auf das Objekt »Galerie« beziehen, das ebenfalls im selben Bedienfeld auswählbar ist ❽. Anschließend muss dem linken Pfeil nur noch die entsprechende Aktion zugewiesen werden.

9.13.4 Animationen

Für zeitbasierte Veränderungen von Objekten sind die neuen Bedienfelder ANIMATION, ZEITPUNKT und VORSCHAU zuständig, die alle unter FENSTER • INTERAKTIV zu finden sind.

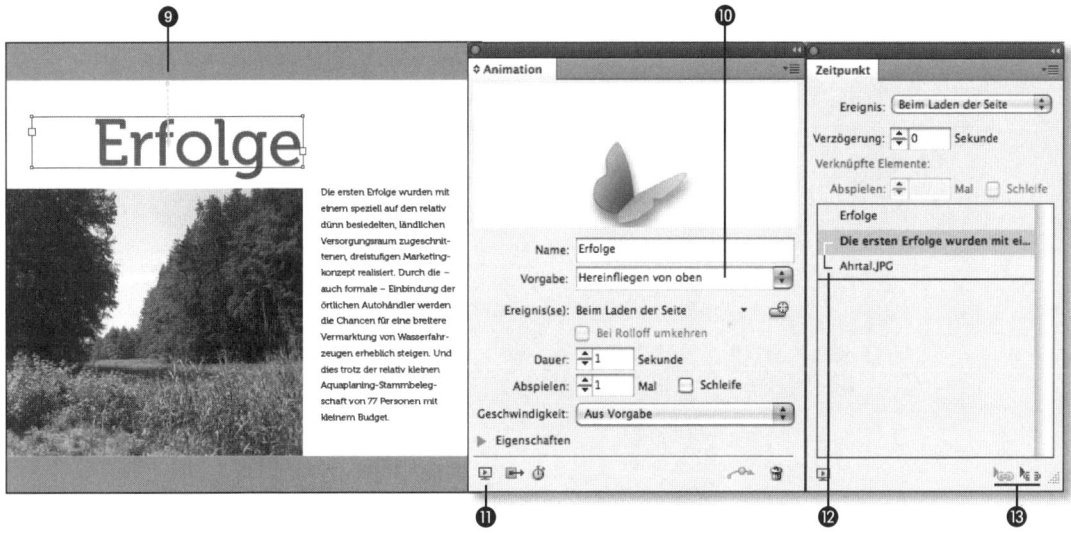

Unter VORGABE im Bedienfeld ANIMATION kann die gewünschte Animation gewählt werden ❿. Die gewählte Animation kann nicht nur im Bedienfeld mit den verschiedenen Eingabefeldern geändert werden, auch der Pfad, an dem sich gegebenenfalls ein Objekt entlangbewegt, kann in gewohnter Weise mit dem Direktauswahl-Werkzeug und dem Zeichenstift verändert werden ❾. Mit einem Klick auf den Button unten links ⓫ wird ein separates Vorschaufenster geöffnet. Im Bedienfeld ZEITPUNKT können verschiedene Animationen einer Seite in der zeitlichen Abfolge eingestellt und bei Bedarf gruppiert werden ⓬ ⓭.

▲ **Abbildung 9.89**
Animationen sind mit Hilfe der verschiedenen Bedienfelder im Nu erstellt.

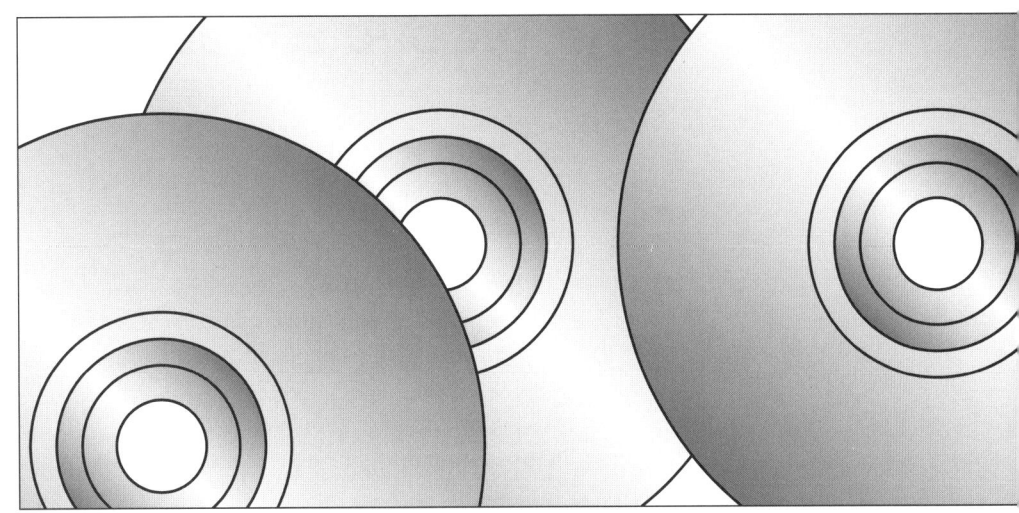

Kapitel 10

Die DVD zum Buch

10 Die DVD zum Buch

Die DVD zum Buch ist eine wahre Fundgrube, die Ihnen viel Freude bei der Arbeit mit InDesign CS5 bereiten wird. Sie setzt sich aus folgenden Verzeichnissen zusammen:

- ▶ Beispieldateien
- ▶ Testversion InDesign CS5
- ▶ Video-Lektionen

10.1 Beispieldateien

Das Verzeichnis enthält alle im Buch genannten Beispieldateien. Die Dateien sind in Verzeichnissen abgelegt, die dem jeweiligen Kapitel des Workshops entsprechen. Beispieldaten zu Kapitel 3, »Typografie«, finden Sie somit im Ordner KAPITEL_03.

10.2 Testversion

In diesem Verzeichnis finden Sie eine 30-Tage-Testversion von Adobe InDesign CS5 für Windows und Mac. Um das Programm zu installieren, kopieren Sie am besten den gesamten Ordner WINDOWS bzw. MAC auf Ihre Festplatte. Als Windows-Anwender klicken Sie dann die .exe-Datei doppelt. Mac-User entpacken die .dmg-Datei per Doppelklick.

Sollten Sie bereits einmal eine Demoversion von Adobe InDesign CS5 auf Ihrem Rechner installiert gehabt haben, so ist die erneute Installation einer Testversion leider nicht mehr möglich.

10.3 Video-Lektionen

In diesem Ordner finden Sie ein attraktives Special: Aus unserem Video-Training »Adobe InDesign CS5 – Das umfassende Traivon Orhan Tançgil (ISBN 978-3-8362-1573-2) haben wir für Sie relevante Lehrfilme ausgekoppelt. So haben Sie die Möglichkeit, dieses neue Lernmedium kennenzulernen und gleichzeitig Ihr Wissen zu vertiefen. Sie schauen dem Trainer bei der Arbeit zu und verstehen intuitiv, wie man die erklärten Funktionen anwendet.

10.3.1 Training starten

Um das Training zu starten, gehen Sie auf der Buch-DVD in den Ordner VIDEO-LEKTIONEN und klicken dort als Windows-Benutzer die Datei »start.exe« auf der obersten Ebene an (als Mac-Anwender die Datei »start.app«). Alle anderen Dateien können Sie ignorieren.

Das Video-Training startet und Sie finden sich auf der Oberfläche wieder.

10.3.2 Inhalt des Trainings

Zum Starten einer Lektion klicken Sie im rechten Bereich auf den entsprechenden Namen. Sie finden folgende Filme:

Kapitel 1: Grundlegende Techniken
1.1 Rahmen erstellen (07:51 min)
1.2 Objekte transformieren und ausrichten (12:34 min)
1.3 Effekte erzeugen (06:33 min)

Kapitel 2: Texte und Bilder importieren
2.1 Bilder platzieren (11:19 min)
2.2 Texte importieren (04:02 min)
2.3 Adressfelder ausfüllen (06:40 min)

Kapitel 3: Erweiterte Funktionalitäten
3.1 Werkzeuge für Redakteure (04:24 min)
3.2 Der Flash-Export (03:13 min)
3.3 Die Buch-Funktion (09:01 min)

Index

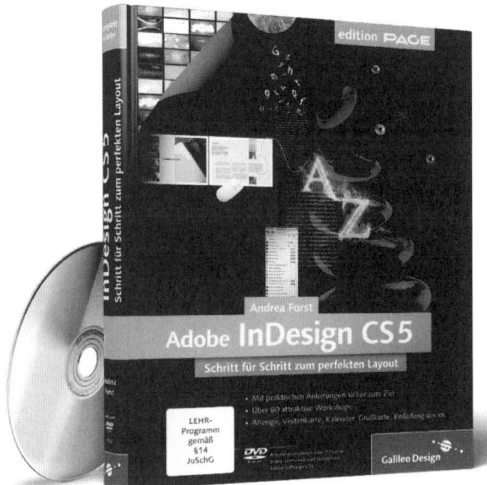

Lösungen für typische Gestaltungsaufgaben – Schritt für Schritt erklärt

Visitenkarten, Briefbögen, Flyer, Anzeigen u.v.m. gestalten

Inkl. DVD mit allen Beispieldateien zum direkten Nacharbeiten der Workshops

Andrea Forst

Adobe InDesign CS5

Schritt für Schritt zum perfekten Layout

Dieses Workshopbuch vermittelt Ihnen ein Gespür für die Arbeit mit InDesign CS5, ohne langwierig jede Funktion zu erklären. Denn hier erlernen Sie InDesign CS5 durch die Arbeit an realen Projekten: Visitenkarte, Briefbogen, Flyer, Cover, Plakat, Buch. Lassen Sie sich inspirieren!

397 S., 2010, komplett in Farbe, mit DVD, 39,90 Euro, 67,90 CHF
ISBN 978-3-8362-1592-3

>> www.galileodesign.de/2360

Galileo Design